SV

HANS MAYER

DAS UNGLÜCKLICHE BEWUSSTSEIN

Zur deutschen Literaturgeschichte von Lessing bis Heine

Suhrkamp

Zweite Auflage 1986

Druck: MZ-Verlagsdruckerei, Memmingen
Printed in Germany

Eine bedeutende Schrift ist, wie eine bedeutende Rede, nur Folge des Lebens; der Schriftsteller so wenig als der handelnde Mensch bildet die Umstände, unter denen er geboren wird und unter denen er wirkt. Jeder, auch das größte Genie, leidet von seinem Jahrhundert in einigen Stücken, wie er von andern Vorteil zieht, und einen vortrefflichen Nationalschriftsteller kann man nur von der Nation fordern.

Goethe, Literarischer Sansculottismus, 1795

Inhaltsverzeichnis

VORWORT: DAS UNGLÜCKLICHE DEUTSCHE BEWUSSTSEIN

Der Philosoph Helmuth Plessner, damals amtierender Rektor der Universität Göttingen, hatte sich ein sonderbares Thema gewählt, als er am 22. November 1952 die Immatrikulationsfeier des Wintersemesters nach akademischem Brauch mit einer Ansprache einleiten mußte. Er sprach »*Über Menschenverachtung*«. Der Kontrast war gewollt, wurde auch sogleich benannt: »Ein trübes Kapitel zu festlicher Stunde, ein bitterer Tropfen in einem Kelch von Musik, – mußten gerade hier und heute die Schatten beschworen werden, welche das Bild des Menschen verdunkeln?«

Das Bild des Menschen. Hier meldet sich der Anthropologe zu Wort: inmitten einer Festgesellschaft und sogleich nach der rituellen musikalischen Umrahmung. Helmuth Plessner war aus Deutschland vertrieben worden. Er konnte überleben: in den Niederlanden mit Hilfe von Menschenfreunden und trotz der Menschenverächter, die das Land überfallen und besetzt hatten. Plessner kehrte nach Deutschland zurück: plötzlich amtiert er als gewählter Rector Magnificus der berühmten Georgia Augusta. Warum also der Verzicht darauf, angenehmere Töne anstimmen zu wollen, und freudenvollere?

Weil die Neunte Symphonie (Beethoven und Schiller) schrecklich »zurückgenommen« worden war in jenen Zeiten, die »das Bild des Menschen verdunkelt« hatten. Fünf Jahre vor jener Rektoratsrede Helmuth Plessners hatte Thomas Mann in seinem Roman des deutschen und faustischen Tonsetzers Adrian Leverkühn den gezeichneten und mit dem Teufel verbundenen Musiker so sprechen lassen zu seinem Freunde Zeitblom, dem Lehrer an einem »humanistischen« Gymnasium: »Es soll nicht sein.« Der Andere versteht nicht und will wissen, was nicht sein solle. Dies die Antwort: »Das Gute und Edle … was man das Menschliche nennt, obwohl es gut ist und edel. Um was die Menschen gekämpft, wofür sie Zwingburgen gestürmt und was die Erfüllten jubelnd verkündet haben, das soll nicht sein. Es wird zurückgenommen. Ich will es zurücknehmen.« Der Freund und Humanist versteht immer noch nicht, wird dann aber mit einem Rätselspruch abgefertigt. Was zurückgenommen werden solle? »Die ›Neunte Symphonie‹«, erwiderte er. Und dann kam nichts mehr, wie ich auch wartete.«

Beides gehört zusammen: Thomas Manns Roman »Doktor Faustus« und Helmuth Plessners Gedanken »Über Menschenverachtung«. Es sind immer noch deutsche Nachtgedanken des Exils. Zweimal wird die Welt des »Großen deutschen Jahrhunderts«, wie man die Epoche zwischen 1750 und 1850 bisweilen bezeichnet hat, konfrontiert mit einer deutschen Ära, da man von Humanität als von Humanitätsduselei zu sprechen pflegte; da »Nathan« und »Don Carlos« oder »Wilhelm Tell« als unerwünscht galten (unerwünscht bei wem?); da alle bisherige Geschichte der Deutschen dem geheimen Ziel dienen sollte, den Einen hervorzubringen. Zuerst das Reich der Hohenstaufen, dann die Staatsgründung Otto von Bismarcks. Dies hier war das erträumte Dritte Reich. »Mindestens tausend Jahr ...« hatte der Emigrant Brecht boshaft gedichtet.

Man hatte sich, seit dem 30. Januar 1933, dem Jubel des Allgemeinen überlassen. Es gab von jetzt an nicht mehr bloß Menschen, sondern Herrenmenschen und Untermenschen. So sprach die Menschenfeindschaft, die rasch umschlagen sollte in die, gleichfalls allgemeine, Menschenverachtung. Plessner stellt fest: »Misanthropie lebt von der Verallgemeinerung, die ihr Objekt in die Sphäre des Abstrakten stellt. Darum wandelt sich ihr feindseliger Affekt von Haß in Verachtung ...« Das Verächtliche aber zu töten, massenhaft, kann ohne Emotion geschehen.

Im Geiste allgemeiner Menschenverachtung verordnet man den allgemeinen Tod: »Er ist also der kälteste, platteste Tod, ohne mehr Bedeutung als das Durchhauen eines Kohlhaupts oder ein Schluck Wassers.«

Der Satz steht nicht bei Helmuth Plessner, aber der Göttinger Rektor hat die Stelle genau gekannt und reflektiert. Der Satz stammt von *Hegel* und findet sich in einem Kapitel der »Phänomenologie des Geistes« unter der Überschrift »Die absolute Freiheit und der Schrecken«. Der Schrecken als Übersetzung von La Terreur. Hegel meinte, zehn Jahre nach Sturz und Hinrichtung der Robespierre und Saint-Just, die es dem Fallbeil überlassen hatten, die menschlichen Kohlhäupter abzuhauen, den Ablauf einer großen bürgerlichen Revolution, welche gleichzeitig die »Menschheit« befreit hatte von allen feudalen Ungleichheiten, *und* neue Ungleichheit bewirken sollte: als Erziehungsdiktatur der Vernünftigen über die schuldhaft Unmündigen und Unaufgeklärten. Dialektik der Aufklärung wird damals, um das Jahr 1800, zum erstenmal ins Selbstbewußtsein aufgenommen. Drei Männer vom Jahrgang 1770 haben sie, jeder in seiner Weise und Erfahrung, am deutlichsten verstanden: Hegel, Hölderlin und Beethoven. Sie sind *gleichzeitig*: Beethovens Napoleon-Symphonie und sein »Fidelio«; Hölderlins »Friedensfeier«, wo gleichfalls der Korse mitgemeint ist; Hegels »Phänomenologie des Geistes«, die er in Jena abschließt, als der siegreiche Kaiser der Franzosen in der Stadt einreitet. Ein »Weltgeist zu Pferde«, wie Hegel formuliert.

Hier findet sich, nachwirkend bis heute, die *große geschichtliche Zäsur*: mitten im Großen deutschen Jahrhundert. Sie bedeutet einen dialektischen Umschlag gegenüber allem Früheren. Hegel sprach, indem er scheinbar übergeschichtlich weit zurückliegende Stadien der Geistesgeschichte zu reflektieren sucht, abermals jedoch die eigene Zeit mitdenkt, vom *»Unglücklichen Bewußtsein«*. Die Überschrift »Das unglückliche Bewußtsein« findet sich in der Mitte der großen Triade, die vom Bewußtsein über das Selbstbewußtsein zur Vernunft zu führen hat. Das unglückliche Bewußtsein tritt als eine Form des Selbstbewußtseins auf. Als »die Wahrheit der Gewißheit seiner selbst«. In diesem Stadium menschlicher Geistesentwicklung beginnt man die jeweils eigene Zeitgenossenschaft zu reflektieren. Zuerst die dialektische Verbundenheit der Herrschaft mit der Knechtschaft. Der Knecht ist die Wahrheit seines Herrn. Das hatte, vor der Französischen Revolution, bereits Diderot in seinem Roman vom Fatalisten Jakob und seinem Herrn demonstriert. Hegel zitiert den Diderot.

Dann wird von der »Freiheit des Selbstbewußtseins« gehandelt. Man befindet sich, historisch gesehen, scheinbar erst am Ende der Antike und am Anfang der christlichen Ära. »Stoizismus, Skeptizismus und das unglückliche Bewußtsein«. Allein hier wird nicht Philosophiegeschichte betrieben. Das Christentum hat die Zweiheit von Herren und Sklaven geändert. Alle sind Menschen. Das Bewußtsein hat die gesellschaftlichen Gegensätze reflektiert und kann davon nicht mehr absehen. Es ist hinausgelangt über die Stoiker und die Skeptiker. Man hat das Bewußtsein der Herrschaft und der Knechtschaft, und man hat, wie Hegel auseinandersetzt, noch eine zweite Konstellation zu reflektieren: die Begierde und die Arbeit. Begierde nach dem, was man entbehrt. Arbeit ist nicht mehr Sklaverei. Dem unglücklichen Bewußtsein entspricht eine *entzweigebrochene Wirklichkeit*. Die Formel hat Hegel unterstrichen.

Damit ist, für Hegel selbst, zunächst der christliche Dualismus aus Diesseits und Jenseits gemeint. In seinen Erläuterungen zu Hegel in dem Buch »Subjekt – Objekt« nimmt *Ernst Bloch* die Formel vom unglücklichen Bewußtsein noch in solcher historischer Begrenzung auch für sich an. »Diese Unvereintheit von Jenseits und Diesseits«. Allein in den Dreißiger Jahren hatten französische Hegel-Interpreten, im Gefolge der legendären Vorlesungen Alexandre Kojèves über die »Phänomenologie des Geistes«, den Begriff einer »Conscience malheureuse« viel aktueller gefaßt. Zu den Kursteilnehmern gehörten damals Jean-Paul Sartre, Georges Bataille und Walter Benjamin.

Unglückliches Bewußtsein bedeutet immer wieder den ungelösten Gegensatz zwischen Humanisierung des Denkens und Fühlens auf der einen, wachsender Entmenschlichung der gesellschaftlichen Praxis auf der anderen Seite. Die Französische Revolution hatte diesen Konflikt freigesetzt: als Dialektik der Aufklärung. Georg Lukács und mit ihm Ernst Bloch sprechen vom Kontrast zwischen dem citoyen und dem bourgeois. Im Deutschen übersetzte man beides, nicht zuletzt bei Thomas Mann, unterscheidungslos mit dem Wort *Bürger*. Hegel dachte genauer. Er unterstrich nach wie vor den Konflikt zwischen dem Herrn und dem Knecht im Prozeß des Begehrens und der Arbeit. Gleichzeitig wies er hin, als Zeuge des einstigen Terrorismus und der Kohlhäupter, auf die beiden Formen, die eine »Herrschaft der Vernunft« anzunehmen vermag: »Das Herzklopfen für das Wohl der Menschheit geht darum in das Toben des verrückten Eigendünkels über ...«

Heinrich Heine plante, bald nach der Ankunft in Paris im Gefolge der Julirevolution von 1830, ein Deutschlandbuch, das die Entwicklung der Religion, der Philosophie und auch der »schönen Literatur« von der Reformation bis zu Heines eigener Lebenszeit darstellen sollte. Natürlich war das als Gegenentwurf gedacht zum Deutschlandbuch der Madame de Staël, das Heine, wohl nicht mit Unrecht, als geistiges Erzeugnis seines einstigen Bonner Professors August Wilhelm Schlegel verstand. Germaine de Staël hatte die Deutschen gelobt, vor allem auch, um den eigenen Todfeind Napoleon zu reizen. Ihr Deutschlandbild wies pädagogisch-utopische Züge auf: als Warnliteratur für die französischen Leser. Darin vielleicht gar nicht so unähnlich der »Germania« des Tacitus.

Auch Heine schrieb Deutschlandbücher der Warnliteratur: zum Teil als Warnung vor den rabiaten Deutschtümlern und Franzosenfressern, auch vor den Judenfeinden, die auf dem Wartburgfest der deutschen Studenten im Oktober 1817 das Bürgerliche Gesetzbuch Napoleons und Schriften zur Judenemanzipation auf den Scheiterhaufen im Hof der Wartburg geworfen hatten.

Trotzdem sollte ein positives Deutschlandbild entworfen werden. Heine glaubte den eigenen Standort als emanzipierter (und getaufter) Jude wie als deutscher Dichter am – vorläufigen – Ende einer unaufhaltsamen Progressionsentwicklung gefunden zu haben. Der philosophische Idealismus Immanuel Kants sei unvergleichlich radikaler als der Rousseauismus eines Maximilien Robespierre. »Lessing hat den Luther fortgesetzt«, heißt es in Heines Buch über die »Geschichte der Religion und Philosophie in Deutschland«: dem wichtigsten Teil jenes Deutschlandbuches. Das Parallelwerk über die »Geschichte der schönen Literatur« wurde nicht geschrieben. Vielleicht aus Scheu vor der dabei unausweichlichen Erörterung der historischen Bedeutung Goethes. Nur den polemischen Ausklang dieser deutschen Literaturgeschichte von Luther bis Heine komponierte Heine voller Sorgfalt: als Abrechnung mit der »Romantischen Schule«. Sie hat mehr als ein Jahrhundert lang ihre Wirkung getan: von Heinrich Heine bis zu Georg Lukács.

Das Buch »Zur Geschichte der Religion und Philosophie in Deutschland« von 1834 ist Warnliteratur und Liebeserklärung in sonderbarer Mischung. Das Vorwort gipfelt in dem Satz: »Ich grüße die Heimat mit dem freundlichsten Gruße.« Genau ein Jahr später, im Dezember 1835, verbot die »Heimat«, in Gestalt des Frankfurter Aktionszentrums der deutschen Fürsten, sämtliche bereits erschienenen und zukünftigen Bücher des Emigranten Heinrich Heine.

Deutsche Geistesgeschichte seit Ausgang des Mittelalters erscheint in Heines Darstellung, darin durchaus nicht unähnlich dem Hegelschen Philosophieren, das Heine, auch noch im Gespräch mit dem Meister selbst, in sich aufgenommen hatte, als unaufhaltsamer Aufstieg vom Bewußtsein zur Vernunft. Von Luther bis Lessing, bis Kant, bis Hegel. (Bis Heine.) Die Zäsur des Bonapartismus ist keine für den Napoleon-Verehrer Heine, der niemals im Getto hatte leben müssen: im Gegensatz zu den Moses Mendelssohn und Ludwig Börne.

Doktrin

Schlage die Trommel und fürchte dich nicht,
Und küsse die Marketenderin!
Das ist die ganze Wissenschaft,
Das ist der Bücher tiefster Sinn.

Trommle die Leute aus dem Schlaf,
Trommle Reveille mit Jugendkraft,
Marschiere trommelnd immer voran,
Das ist die ganze Wissenschaft.

Das ist die Hegelsche Philosophie,
Das ist der Bücher tiefster Sinn!
Ich hab sie begriffen, weil ich gescheit,
Und weil ich ein guter Tambour bin.

Ein Gedicht aus dem Jahre 1842: als der neue Preußenkönig Friedrich Wilhelm IV., der Besiegte in der Märzrevolution von 1848, die Repräsentanten einer anachronistisch gewordenen Romantischen Schule zu sich nach Berlin berief. Von dieser »Doktrin« wird noch zu sprechen sein.

Beide Konzepte stimmten nicht: weder Heines Progressionsdenken einer unvermeidlichen deutschen Revolution aus dem Geiste des deutschen Idealismus, noch der romantische Anachronismus des preußischen Königs. Es war kein Zufall, daß Heine, wie er später immer wieder bedauernd feststellte, nicht dazu kam, ausführlicher, und voller Achtung!, über drei Dichter zu schreiben, die auch ein so glänzender Analytiker wie Heinrich Heine kaum in sein Fortschrittsdenken hätte integrieren können: *Kleist, Grabbe und Immermann*. Penthesilea und Homburg, Grabbes Heldengestalten und Teufelsfratzen, die Herbstgedanken in Immermanns Roman von den »Epigonen«: das ergab eine deutsche Literatur ohne Reveille und ohne Jugendkraft.

Beides muß sichtbar werden beim Versuch, die Etappen deutscher Literaturentwicklung zwischen (etwa) 1750 und 1850 zu überdenken: die großen Hoffnungen und die großen Desillusionen. Deutsche Lyrik des jungen Goethe und seiner Freunde besitzt sie noch, die von Heine gerühmte Jugendkraft. Es ist Frühling einer Gesellschaft, alles scheint noch möglich. Hölderlin verspürt bereits die Sommerwende. Der Frühling Eduard Mörikes ist erinnerter Frühling. »– Alte, unnennbare Tage!« Es wird kälter auf dem Wege zu Conrad Ferdinand Meyer, zu Nietzsche, zu Rilke.

Die historisch-gesellschaftliche Zäsur verschont auch nicht die *Natur* und die deutschen Naturbilder. Dem Vertrauen Goethes und der frühen deutschen Romantiker antwortet bald die poetische Skepsis über eine domestizierte verbürgerlichte Natur. Vielleicht ist *E. T. A. Hoffmann* als erstem in Deutschland eine spezifische Dichtung der späteren *Moderne* gelungen: im Märchen vom Goldnen Topf aus dem Jahre 1809, aus der Zeit jener großen Zäsur. In diesem »Märchen aus der neuen Zeit«, so der Untertitel, soll demonstriert werden, daß Kunst wie Liebe unmöglich sind in der deutschen Misere, die hier Dresden heißt. Man muß sich aufteilen zwischen Dresden und Atlantis. Es entsteht eine Kunst der artifiziellen Paradiese. Die außerdeutsche Welt der Künstler und Literaten hat, nach Goethes Tod, eigentlich nur diesen beiden deutschen Schriftstellern geglaubt: *Heine und Hoffmann*.

Helmuth Plessners Deutschlandbuch mit dem späteren Titel »Die verspätete Nation. Über die Verführbarkeit bürgerlichen

Geistes« erschien erstmals im Exil und im Jahre 1935 mit der Überschrift »Das Schicksal deutschen Geistes im Ausgang seiner bürgerlichen Epoche«. Plessners Buch hatte im Jahre 1935 zeigen wollen, daß die Saat einer Absage an die idealistische Philosophie und ihre Aufklärungspostulate einmal reifen mußte. *Das begann um 1860.* Plessner nennt Autoren wie Langbehn und Chamberlain und Spengler. Er hätte auch Rathenau nennen können oder Theodor Lessing und den Thomas Mann der »Betrachtungen eines Unpolitischen«. Bei Plessner heißt es im Jahre 1935, ein Jahrhundert nach dem Verbot der Schriften Heines und der anderen Jungdeutschen: Es sind »die bedeutungsvollen Etappen auf dem Wege des Verfalls des klassischen Idealismus und des wachsenden Mißtrauens gegen die Macht des Geistes, des Fortschritts, der Toleranz und Humanität. Einmal mußte dieser Glaube an die schöpferische Gestaltungsmacht des Lebens die Schranken der Kontemplation durchbrechen und aus einem Prinzip der Deutung der Vergangenheit und allenfalls der Prognose zum *Programm der Aktion* werden.« (Helmuth Plessner, Gesammelte Schriften VI, 1982, S. 211)

Das Weitere ist bekannt. Es war gemeint und mitgemeint, als der aus dem Exil heimgekehrte Philosoph Plessner vor einer neuen akademischen Jugend über das Denken der Menschenverachtung sprach. Es ging nicht um Psychologie. Auch nicht um die feudale Melancholie und Misanthropie, wie in Shakespeares Komödien oder beim Misanthropen Alceste, den Molière auf die Bühne holte. Es war auch nicht mehr die Stunde der bürgerlichen Pessimisten und Schopenhauerianer aus dem deutschen 19. Jahrhundert.

Menschenverachtung im massenbürgerlichen Alltag: eine erschreckende, aller einstigen »Rücksichten« spottende Nivellierung des Verhaltens wie des Denkens. Plessners Rektoratsrede deutet es so: »Die Anpassung an etwas, das sich von Generation zu Generation so stark ändert, daß der einzelne mit dem, was ihm Elternhaus und Erziehung auf den Weg geben, nicht mehr auskommt«, sei erschwert durch eine Gesellschaft, die »auch noch die letzten Standes- und Klassenschranken« niederlege. Tut sie das wirklich? Oder verdeckt eine menschenverachtende und sich universal gebende Kleinbürgerei in Wirklichkeit alle nach wie vor ungelöst gebliebenen deutschen Konflikte? Menschenverachtung als Ausdruck einer Permanenz des unglücklichen deutschen Bewußtseins?

Die deutsche Geistesentwicklung von Lessing bis Heine stellt sich im Rückblick dar als ein Prozeß, worin die Verschränkung von Herrschaft und Knechtschaft alle früheren Antinomien hinfällig machte. Gelöst wurde nichts. Keine bürgerliche Revolution, aber auch keine umfassende Sozialreform. Karl Marx spottete, genau zu jener Zeit, da Heine das Gedicht »Doktrin« niederschrieb, die Deutschen seien stets beteiligt an den *Restaurationen* der anderen Völker, doch niemals an deren Revolten.

Die große deutsche Literatur hat es immer gewußt. Eine verspätete Nation, die bald aufhören sollte, selbst das zu sein, büßt es an ihrer Literatur. Goethe hat es früh schon ausgesprochen: just im Augenblick jener historischen Zäsur. Es ist wahr geblieben.

I. GRUNDPOSITIONEN: AUSSENWELT UND INNENWELT

Das Schiller-Zitat ist wohlbekannt, allzu bekannt. Politiker pflegen es gern und ironisch anzuführen, wenn von einer »deutschen Frage« nach zwei Weltkriegen gesprochen werden muß. Dann hat Schiller das Wort: »Deutschland? aber wo liegt es? Ich weiß das Land nicht zu finden.«

Mehr freilich wird nicht zitiert: auch wenn der einzelne Redner die Fortsetzung im Kopf hat. Vielleicht weiß er sogar, und als Zeitgenosse, der die Politik als Beruf betreibt, daß Schillers Epigramm weit mehr meinte, in prophetischer Weise, als die deutsche Identität oder Nicht-Identität. In den »Xenien von Schiller und Goethe«, die seit Herbst 1795 entstanden waren und zuerst als »gemeinsames Eigentum« der beiden Autoren im »Musenalmanach 1797« erschienen, in jener Zeitspanne zwischen dem Sturz Robespierres und dem Militärputsch des Generals Bonaparte am Ende des Jahrhunderts, wurde keine Absage an das Einigungsstreben der Deutschen erteilt. Da feststeht, daß es Friedrich Schiller war, nicht Goethe, der jenes Xenion über Deutschland und seine Menschen verfaßte, hätte er sich in Widerspruch gesetzt sowohl zur politischen Grundkonzeption seiner »Jungfrau von Orléans« wie erst recht des späteren »Wilhelm Tell«.

Friedrich Schiller meinte nicht, wie ein heutiges und verstümmeltes Zitieren glauben machen will, die Unsicherheit über Deutschlands (mögliche) Grenzen. Diese Fragwürdigkeit der geographischen und politischen Konturen war allgemein bekannt, mußte nicht eigens (und polemisch) wiederholt werden. Gemeint war ein anderes Grundproblem der deutschen Geschichte und damit der deutschen Misere: *das Auseinanderfallen der politischen und der geistigen »Deutschheit«*, um einen Ausdruck des von Schiller gehaßten Johann Gottlieb Fichte zu verwenden.

Schiller schrieb zwei Xenien, die einander ergänzen sollten. Beide tragen, ironischerweise, hochtrabende Titel, denen jeweils nur mit einem Distichon ein bißchen Genüge geleistet wird.

Das Deutsche Reich
Deutschland? aber wo liegt es? Ich weiß das Land nicht zu finden.
Wo das gelehrte beginnt, hört das politische auf.

Deutscher Nationalcharakter
Zur Nation euch zu bilden, ihr hoffet es, Deutsche, vergebens;
Bildet, ihr könnt es, dafür freier zu Menschen euch aus.

Während das späte 19. Jahrhundert, nach langen, unablässigen politischen und militärischen Experimenten mit einem Großdeutschland oder Kleindeutschland, über die Gegensätze zwischen einer *Staatsnation* und einer *Kulturnation* der Deutschen zu reflektieren pflegte, hatte Schiller eine tiefere und dauerhaftere Antinomie der deutschen Entwicklung reflektiert: die *Antinomie von Außenwelt und Innenwelt*. Seit den Zeiten der deutschen Humanisten, der deutschen Renaissance, der Reformation des Doktor Martin Luther war die geistige Entwicklung immer stärker divergierend verlaufen zur politischen Geschichte der Deutschen im Zeitalter der Gegenreformation, des Dreißigjährigen Krieges und der kleinfürstlichen Absolutismen des 18. Jahrhunderts.

Schon daß Schiller im ersten Xenion die Gegensätze als solche eines »gelehrten« und eines »politischen« Deutschland benennt, zeigt die Unreife des geistigen Lebens. Das bürgerliche Bewußtsein der Deutschen als ein solches der Gelehrten, nicht der Autoren, der Künstler, der Schulmeister. Eine Gelehrtenkultur und eine Kultur der protestantischen Pfarrhäuser. In seinem Essay über »Das Bild des Pfarrhauses in der deutschen Literatur« hat *Robert Minder* versucht, die tief gegensätzliche Genealogie der Literatur in Frankreich und in Deutschland zu demonstrieren. Ausgehend von der Frage: »Was entspricht in Frankreich dem deutschen Pfarrhaus als einer Urzelle des geistigen Lebens?« Die Antwort gibt Minder am Schluß seiner Studie mit dem Hinweis auf den Namen Baudelaire, um hinzuzusetzen: »Kein Pfarrhaus lutherischer Observanz steht hinter Baudelaire, so wenig wie hinter anderen französischen Dichtern.« Um fortzufahren, indem er die *Konvergenz des politischen und des literarischen Frankreich* der von Schiller konstatierten deutschen

Divergenz gegenüberstellt: »Schon Pascal ist nicht nur der Mathematiker und absolute christliche Denker: er ist auch der glänzende Gesellschaftskritiker, der scharfzielende Entlarver der Jesuiten, dessen satirisches Meisterwerk, die ›Provinciales‹, bis heute Schullektüre geblieben ist, genau wie ihr dramatisches Gegenstück, der ›Tartuffe‹. Ludwig XIV., der allerchristlichste Herrscher, deckte Molière vor der Geistlichkeit. Kein Hohenzoller hat je eine Pastorensatire decken müssen, denn kein deutscher Dichter hat sie geschrieben. Friedrich II. stellte sich vor Voltaire, stieß Lessing zurück. Und Lessings Polemik mit dem Hauptpastor Goeze kommt nur an hochqualifizierte Leser heran, nicht an Volk und Jugend. Die geschliffenen sozialkritischen Erkenntnisse Nietzsches aber überwallt nach wie vor der mythische Nebel, der aus den Höhlen Wagners in die Himmel Zarathustras hinaufbraut.«

Allein aus diesem Grundgegensatz des Verhältnisses von »Geist« und »Macht« in Frankreich und in Deutschland zog Schiller in seinem zweiten Xenion eine Folgerung, die undenkbar gewesen wäre für einen Schriftsteller der Franzosen, der Engländer, auch der Spanier des 17. und 18. Jahrhunderts. Statt den deutschen Autoren, auf die es ihm vor allem ankommen mußte, das Streben zur politischen Dichtung anzuempfehlen und dadurch eine Annäherung des künstlerisch-wissenschaftlichen Deutschland an die politische Einigungsbewegung anzuraten, vertiefte der Weimarer Klassizist, mitten im Ablauf der Französischen Revolution, die schroffe Antithetik. Nichts da mit literarischer und politischer Außenwelt. Individuelle Ausbildung der Humanität sei die Aufgabe. Zu welchem Ende? Schiller antwortet durch seine Überschrift »Deutscher Nationalcharakter«.

Thomas Mann hat, wie bekannt, seinen Schiller geliebt: seit dem Schulerlebnis des »Don Carlos« hatte er sich die Achtung bewahrt vor den Träumen seiner Jugend. Wenige Wochen vor dem Tode hielt er in Stuttgart und in Weimar einen letzten großen Vortrag, den »Versuch über Schiller. Seinem Andenken zum 150. Todestag in Liebe gewidmet«.

War dem Festredner in einem geteilten Deutschland nach zwei Weltkriegen bewußt, daß Schillers schroffe Trennung der deutschen Außenwelt von der Innenwelt, abgesehen von allen politischen Folgen einer »machtgeschützten Innerlichkeit«, wie auch wiederum Thomas Mann formuliert hatte, *nicht bloß die politische Geschichte der Deutschen unglücklich machte, sondern auch ihre Literaturgeschichte?* In einem Vortrag über »Die Kunst des Romans«, der 1939 vor amerikanischen Studenten gehalten worden war, sagte Thomas Mann: »Die große soziale Roman-Dichtung der Dickens, Thackeray, Tolstoi, Dostojewski, Balzac, Zola, Proust ist geradezu die Monumentalkunst des neunzehnten Jahrhunderts. Das sind englische, russische, französische Namen – warum fehlt der deutsche? Der Beitrag Deutschlands zur europäischen Erzählungskunst ist teilweise sublim: er besteht hauptsächlich in dem Erziehungs- und Bildungsroman ... Später haben Meister der unzulänglich verlaufenen bürgerlichen Revolution unseres Landes, Vertreter des ›Jungen Deutschland‹, Immermann, Gutzkow, soziale Romane geschrieben – sie haben wenig Welt-Interesse auf sich gezogen, sind nicht recht ins Europäische gedrungen ... Wie kommt es, daß das alles europäisch nicht recht mitzählen will?«

Gewiß ist hier mancherlei für den eigenen Gebrauch gesagt; auch die These des Vortrags, im deutschen Bereich sei das Gegenstück zur außerdeutschen bürgerlichen Romankunst des 19. Jahrhunderts in der epischen Musikdramatik *Richard Wagners* zu finden, hängt allzu eng mit Thomas Manns Auffassung vom Wesen des modernen Erzählers zusammen, als daß sie allgemeinere Geltung beanspruchen dürfte. Trotzdem sind diese Behauptungen über den Zusammenhang zwischen deutscher und außerdeutscher Literatur kaum zu widerlegen. Es sind Nachtgedanken der Exilzeit; der böse Blick ist zugleich ein scharfer Blick.

Wenn deutsche und außerdeutsche Romantik dem Lebensgefühl nach so stark voneinander abweichen, wenn die deutsche Literatur eines ganzen Jahrhunderts, bei aller Fülle der Begabungen, aller Verschiedenheit der Lebensläufe, weder im Gelingen noch auch nur im Streben mit Balzac und Tolstoi, Dickens oder Melville verglichen werden darf, so kann die Ursache nur in Besonderheiten der gesellschaftlichen Entwicklung in Deutschland gefunden werden. Sie hängt mit der Entwicklung des deutschen Bürgertums zusammen, denn seit dem Beginn des 18. Jahrhunderts ist diejenige Literatur, die geistig mitzählt, eine solche des Bürgertums: geschaffen in Bürgerhäusern, verbreitet durch bürgerliche Verleger, auf Buchmessen den Gesetzen der Rentabilität unterworfen, von bürgerlichen Menschen gekauft, gesammelt und gelesen. Die Maße dieser Literatur mußten den Proportionen der bürgerlichen Gesellschaft in Deutschland entsprechen. Das hatte Rückwirkungen auf die soziale Stellung und Reichweite des Schriftstellerstandes; auch die Beziehungen zwischen Schriftsteller und Leser waren durch die besondere deutsche Sozialstruktur bestimmt.

Im »goldenen Zeitalter« der *spanischen* Literatur gab es, vor allem auf dem Wege über das Theater, eine breite Volksschicht mit ausgeprägtem Geschmack und Sozialstreben als Abnehmer der Literatur. Wollte er diese Dramatik kennenlernen, so mußte selbst der Hof in die Theaterarena des Volkes hinuntersteigen. Am Beispiel der Dramatik Calderóns und seines Publikums von Mosqueteros hat das Werner Krauss demonstriert. Die große bürgerliche Literatur *Frankreichs* in der zweiten Hälfte des 17. Jahrhunderts kämpfte im Zeichen eines Bündnisses mit dem absoluten Königtum gegen die Adelsfronde. Daher konnte der Königsbote, den Ludwig XIV. ausschickte, am Schluß von Molières »Tartuffe« die szenische Verwirrung lösen: als königlicher deus ex machina. Erst die Wende des 17. zum 18. Jahrhundert brachte in Frankreich die bürgerliche Aufklärung in immer schärfere Kampfposition gegen den Absolutismus.

Die *englische* Literaturentwicklung des Bürgertums war untrennbar mit der bürgerlichen Revolution der 40er Jahre des 17. Jahrhunderts verbunden. Größe und Tendenz John Miltons hingen mit seiner politischen Aktion zusammen. Hier wurde die Tradition einer bürgerlichen Kampfliteratur begründet, die sich im Laufe von anderthalb Jahrhunderten in extremsten Positionen auszudrücken vermochte: vom Primat der Staatsraison, die bei Hobbes zu spüren ist, wenngleich er den Ausdruck nicht gebraucht, bis zum Umschlag des liberalen bürgerlichen Denkens in Anarchie bei William Godwin in dem Buch »Political justice« von 1795. Hobbes und Milton, Swift und Bolingbroke, Defoe und der John Gay der »Bettleroper«, Fielding und Smollet: Satire und Ironie, Schelmenroman und politischer Traktat, soziale Utopie und realistischer Roman: in allem Literatur einer bürgerlichen Klasse. Sie mag unscharf sein in ihren Konturen, vom adligen Buchverfasser bis zum verkommenen, fast lumpenhaften Literatentum reichen: die Substanz aber und Blickrichtung empfing sie durch die Lebensform einer bürgerlichen Schicht, die mit politischen Revolutionen im 17. Jahrhundert begann, um eine gewaltige industrielle Revolution im Laufe des 18. anzuschließen.

In *Deutschland* gibt es in dieser Zeit weder ein Gegenstück zu den wirtschaftlichen und politischen Umwälzungen, noch selbst zu den in Spanien und Frankreich seit Ausgang des Mittelalters entwickelten einheitlichen Staatsterritorien und späteren starken Absolutismen. Die bürgerliche Gesellschaft entwickelt sich ohne Hauptstadt, ohne ein starkes Stadtbürgertum, jeweils angewiesen auf kleine und kleinste fürstliche Absolutismen. Wo die wirtschaftlichen Verhältnisse dem örtlichen Bürgertum eine gewisse Finanzmacht ermöglichen, wie in Hamburg oder Leipzig, bilden sich sogleich Ansatzpunkte einer lebendigen bürgerlichen Literatur. Überschätzen darf man diese gesellschaftliche Basis keineswegs. Leipzig spielt in der deutschen Literatur der Aufklärung eine bemerkenswerte Rolle; trotzdem blieb das wohlhabende Bürgertum dieser Stadt stets abhängig vom Dresdner Hof. Eine »Freie Reichsstadt Leipzig« hat es nie gegeben. Wichtigste Impulse mußte sich daher die deutsche Literatur im 17. und auch noch im frühen 18. Jahrhundert überall dort außerhalb der deutschen Grenzen suchen, wo die bürgerliche Lebensstruktur klarer und wirksamer entwickelt war: in den Niederlanden, der Schweiz, in England, sogar in Dänemark. In diesen Zusammenhang gehört die Entwicklungszeit von Andreas Gryphius in Holland, später die Bedeutung Zürichs und der Schweizer für die deutsche Literaturentwicklung: von Klopstock bis Goethe. Georg Friedrich Händel und England (Gegensatz der großen Volksoratorien Händels und der Passionen Johann Sebastian Bachs: hier als Verschiedenheit geistiger Haltungen betrachtet, nicht in ihrem künstlerischen Wert gegeneinander ausgespielt). Lichtenberg und England. Noch die Bemühung eines *Johann Elias Schlegel* um die »Aufnahme des dänischen Theaters« und Lessings bitterer Epilog über die Notwendigkeit eines solchen literarischen Ausländertums: alles ist hierher zu rechnen.

An deutschen typischen Schicksalen läßt sich diese Besonderheit einer unterentwickelten bürgerlichen Gesellschaft erkennen. Das gilt für die Biographien der deutschen Schriftsteller vom 17. bis zum 19. Jahrhundert ebenso wie für die Lebensläufe ihrer Gestalten überall dort, wo versucht wurde, deutsche Wirklichkeit unmittelbar zum Gegenstand nachbildender, abbildender Gestaltung zu machen. Verkrüppelt, unerfüllt sind die Lebensgeschichten deutscher bürgerlicher Menschen bei *Johann Gottfried Schnabel* in der »Insel Felsenburg« ebenso wie – hundertfünfzig Jahre später – in Wilhelm Raabes Romanen. In Schnabels deutscher Robinsonade gibt es nicht bloß Elemente des Exotismus und der Utopie, sondern stärker eigentlich die verschiedenen Formen der Weltflucht. Schon dieser bemerkenswerte deutsche Roman strebt weg aus dem realen Deutschland, um eine Außenwelt der Harmonie zu suchen, die auf der Insel gefunden werden soll. *Die Außenwelt der »Insel Felsenburg« aber ist zugleich Innenwelt.* Innerliches Leben in einer utopischen, inselhaften Isolierung. Doppelte Form also der Wirklichkeitsflucht bereits in einem Frühstadium der bürgerlichen Literatur in Deutschland.

Von hier führt ein gerader Weg zu Wilhelm Raabe und zu dem *merkwürdigen Prozeß der Dezentralisierung*, der sich in der deutschen Literatur seit 1848 vollzieht. Schon Thomas Mann nannte als auslösenden Vorgang die »unzulänglich verlaufene bürgerliche Revolution unseres Landes«. Man erlebt abermals, nach 1848, in der deutschen Literatur eine doppelte Introvertierung. Zunächst tritt eine Vielheit der Regionalliteraturen und Heimatliteraturen an die Stelle der bisherigen »poetischen Nationalliteratur«, wie sie Gervinus genannt hatte. In diese Zeit fällt eine *erstaunliche Neublüte der niederdeutschen Literatur*; ein bis dahin etwas abstrakt-literarisches Deutschland zerlegt sich in die konkrete Vielfalt seiner Provinzen, Menschengruppen und Landschaften. Dadurch geht vorübergehend der Oberbegriff der Nation ebenso verloren wie der einer Nationalliteratur. Die Abwendung von der Nationalliteratur zur Regionalliteratur stellt sich dabei meistens unter den *Formen der Stadtflucht* dar.

Die Literatur entstrebt den langsam entstehenden deutschen Großstädten und sucht das Land auf, die Kleinstadt. »Husumerei« bei Theodor Storm, wie Gottfried Keller das spöttisch nannte. Raabe, Fritz Reuter, Storm, später auch Hermann Hesse und Wiechert und Carossa. Gegenliteratur zur Großstadt, schließlich Gegenliteratur zur Außenwelt. »Gib deine Waffen weiter, Hans Unwirrsch!« Immer wieder der »Weg nach innen«, bei Rilke der »Weltinnenraum«.
Das reicht bis in die *Wahl oder Nichtwahl der literarischen Gattungen.* Im deutschen 19. Jahrhundert fehlt nicht bloß der große Gesellschaftsroman. Lange vorher waren eigentümliche »Lücken« sichtbar geworden. Eine große deutsche Utopie, die den sozialen Bewegungen der Welt zur Beherzigung gedient hätte, ist ebensowenig entstanden wie ein deutscher bedeutungsvoller Staatsroman. Es gibt in der Literatur der sich entwickelnden bürgerlichen Gesellschaft in Deutschland weder eine »Utopia«, noch das »New Atlantis« eines deutschen Francis Bacon, weder ein Gegenstück zu Campanellas »Sonnenstaat« noch zu Mandevilles »Bienenfabel«. Eine neuere Untersuchung Martin Schwonkes »Vom Staatsroman zur Science Fiction« kann im deutschen Bereich nur auf Johann Valentin Andreae verweisen, einen schwäbischen lutherischen Pfarrer, dessen »Reipublicae Christianopolitanae Descriptio« von 1619 eigentlich mehr der Forderung nach neuen Formen naturwissenschaftlicher Forschung dient als dem Gesamtplan neuer gesellschaftlicher Ordnung. Außerdem kannte Andreae seinen Campanella. Die deutschen Staatsromane des 17. Jahrhunderts sind Haupt- und Staatsaktionen ohne gesellschaftlichen Postulatcharakter. Im 18. Jahrhundert wird die Gattung der großen Sozialutopien in Deutschland bezeichnenderweise durch jene andere des Fürstenspiegels ersetzt. *Die Emanzipation des deutschen Bürgertums vollzieht sich weitgehend als Streben zum bürgerlich-höfischen Kompromiß.* Das reicht bis zu Goethes Gedicht »Ilmenau« und zur Gestalt des Thoas in »Iphigenie auf Tauris«.
Es fehlen Staatsroman und Utopie; die große Sozialsatire eines Swift oder Gay, Voltaire oder Le Sage steht gleichfalls aus. Die Satire Christian Reuters ist provinziell, diejenige Rabeners bleibt zahm und geduckt. Standessatire in den meisten Fällen, oder

Spott über Ausnahmetypen: gelehrte Pedanten, Renommisten, ungehobelte Studenten, ärztliche Scharlatane. Kein großes Lustspiel oder Gesellschaftsstück vor Lessing, und auch dessen »Soldatenglück« bleibt ohne Nachfolge.

Grimmelshausen ist eine große Ausnahme, doch nicht in der Art, daß er jenen breit angelegten Schelmen- und Freskenroman geschaffen hätte, den man sonst in der deutschen Literaturentwicklung vergeblich sucht. Wenn es richtig ist, daß die deutsche bürgerliche Satire und Sozialkritik in der Literatur wesentlich den gesellschaftlichen Ausnahmen, Auswüchsen, Randerscheinungen nachgeht, nicht aber, wie bei Morus oder Mandeville oder Swift, gesellschaftliche Durchschnittswirklichkeit zum Objekt der Satire macht, so gilt dies auch für Grimmelshausen. »Wir haben es also«, meint Richard Alewyn, »bei Grimmelshausen mit einer Stilart zu tun, die formal nicht das Schlichte, sondern das Grelle, motivisch nicht das Gewöhnliche, sondern das Abnorme, stofflich nicht das Nächste, sondern das Fernste sucht, die die einfache Wirklichkeit umgeht und nur die gesteigerte oder geblähte oder verzerrte kennt.« Auch dort, wo dem nicht zugestimmt wird, wie in Siegfried Strellers Buch über »Grimmelshausens Simplicianische Schriften«, muß einschränkend festgestellt werden: »Den großen Überblick über die Verhältnisse der Welt gibt der Dichter nicht in der Gesamtkomposition, denn das ist nicht sein Anliegen. Er gibt ihn aber im ›Simplicissimus‹ ... auf andere Art, nämlich mit dem Mittel der Allegorie.« Damit ist aber gesagt, daß auch dieser große Roman aus dem deutschen 17. Jahrhundert nach Absicht und Anlage *nicht* auf ein Abbilden von Wirklichkeit gerichtet war, sondern auf das »Gleichnis«.

Die großen Utopien, Satiren, Sozialfresken fehlen nicht bloß, sie wurden nicht einmal, wenn sie vom Ausland her zu den deutschen Lesern und Schriftstellern gelangten, als Modelle benutzt. Nicht Defoe oder Fielding wurden zu Vorbildern der deutschen Romankunst im 18. Jahrhundert, sondern die Empfindsamkeit Richardsons und die sentimental-ironische Abkehr von der Wirklichkeitsdarstellung bei Laurence Sterne. Die politische Philosophie eines Hobbes drang nicht durch; noch Lessings angeblicher oder wirklicher Spinozismus veranlaßte Friedrich

Heinrich Jacobi zu einem eifernden Zank. Aber die auf Weltharmonie und ästhetische Erziehung gerichtete, nach »Maß« und »Einordnung« strebende Philosophie des Grafen Shaftesbury diente sogar noch den Stürmern und Drängern als wesentliches geistiges Ferment.

Einzelsatire gegen Gesamtsatire; gleichnishaftes Einzelschicksal statt der gesellschaftlichen Gesamtdarstellung; Ausbildung der Innerlichkeit statt Veränderung einer unwürdig und lebensunwert gewordenen Außenwelt; äußerste Subjektivität des Erzählens statt des objektiven epischen Panoramas; philosophischer Optimismus verstanden als Selbstbescheidung und Einordnung, so daß Voltaires »Candide«, der sich hiergegen eben gewandt hatte, bei Novalis schließlich fast als Schimpfwort gebraucht wird: *die Philosophie des deutschen Idealismus nimmt alles auf* und reicht es hinüber zur deutschen Klassik durch Kant (teilweise auch durch Hegel), zur deutschen Romantik durch Fichte und Schelling. Der englische Empirismus wird ebensowenig wirksam wie der französische Materialismus eines Holbach oder Helvétius: darin stimmt der junge Schiller der »Räuber« mit einem Plebejer wie Ulrich Bräker durchaus überein. Die Antithesen Materie und Geist, Wirklichkeit und Idee, Außenwelt und Innenwelt erweisen sich bis in die Gattungswahl und Themenstellung hinein als Grundpositionen der bürgerlichen Literatur in Deutschland.

Jene literarische Kontroverse, die in der ersten Hälfte des 18. Jahrhunderts verschiedene Thesen zur bürgerlichen Literaturentwicklung gegeneinanderstellt, erfolgte *im Zeichen einer Auseinandersetzung über die Grenzen des künstlerischen Realismus.* Wenn *Bodmer* und *Breitinger* mit *Gottsched* über die Rolle des »Wunderbaren« in der Literatur diskutieren, geht es nur obenhin um die Wahl der literarischen Vorbilder (französische oder englische), um Lehrbarkeit der Poesie oder Primat der Einbildungskraft. Entscheidender war die Frage, ob eine wünschenswerte Literatur darauf verzichten solle, die Grenzen einer nachahmenden oder abbildenden Tätigkeit zu überschreiten. Dabei ist es keineswegs so, daß die Schweizer gegenüber der »Kritischen Dichtkunst« ihres Leipziger Widersachers den Primat der Phan-

tasie betont hätten. Natürlich ging es auch darum. Die Auseinandersetzung war notwendig, wollte man nicht Gottscheds Behauptung unwidersprochen lassen: »Es kommt nur auf die Wissenschaft der Regeln an, die aber nicht ohne alle Bemühung und Geduld gefasset werden können.« (Vorrede zum »Cato« von 1732)
Johann Jakob Bodmer unterscheidet sich von Gottsched nicht dadurch, daß er den Subjektivismus der dichterischen Einbildungskraft, ohne Rücksicht auf Naturnähe, gegen die Regelhaftigkeit in Schutz nähme. Im Gegenteil sehen die Schweizer in Gottscheds Regeln, zumal diese ihren Ursprung in einer höfischen französischen Kunsttradition besitzen, eine Art von subjektivistischer Willkür und Naturverachtung. Bodmer erklärt: »Alles, was keinen Grund in der Natur hat, kann niemand gefallen als einer dunkeln und ungestalteten Imagination.« In den »Diskursen der Maler« bereits wird der »Scribent, der die Natur nicht getroffen hat«, als Lügner betrachtet, der bildende Künstler mit ähnlicher Tendenz soll als Pfuscher gelten. »Der erste saget Salbadereien und die andern machen Chimären.« Die Mimesis des Aristoteles hat nach wie vor den Vorrang. Auf das Nachbilden und Abbilden kommt es an.
Bleibt die Frage nach dem Wunderbaren. Der Rationalismus der Aufklärer ist auch bei den Schweizern lebendig: sie bemühen sich, die großen Werke einer romanesken Kunst gleichsam »vernünftig« auszulegen. Die Frage, wie man »reale Phänomene von imaginären zu unterscheiden« hätte, war bereits von *Leibniz* zum Thema einer Abhandlung gemacht worden. Er fragte sich, warum es uns »verdächtig« erscheine, wenn »wie bei Ariost, Menschen auf geflügelten Rossen durch die Luft eilen«. Die Antwort legte bereits den Akzent auf das Subjekt: »Gibt es etwas Reales, so ist dies allein in der Kraft des Handelns und Leidens zu suchen, die gleichsam als Materie und Form das Wesen der körperlichen Substanz ausmacht.«
Früh also erscheint *das Subjekt-Objekt-Problem in der deutschen bürgerlichen Literatur* als Ausgangspunkt kritischer Debatten. Daß man dem Vorbild der Natur nachschaffen müsse, ist ein allgemeines bürgerliches Postulat der Ästhetik: man sucht sich dadurch von der als höfisch und feudal angesehenen reinen Fabulierkunst abzugrenzen. Außerdem will der bürgerliche

Leser seine eigene Umwelt in der Literatur wiederfinden. Der Begriff des Romanesken ist zu Beginn der bürgerlich-literarischen Ära gleichbedeutend mit dem höfischen Ritterroman. Die natürliche Welt wird vom Bürgertum gegen die romaneske Fabulierkunst ausgespielt. Wo man diesen Kampf führt, wird überall Cervantes als Vorbild angerufen.

Trotzdem *modifiziert* sich dieser Grundaspekt in *Deutschland* in bemerkenswerter Weise. Nicht zufällig versucht Novalis am Ausgang des 18. Jahrhunderts, die Fäden zwischen den Begriffen romanesk und romantisch in neuer Art zu knüpfen. Auch die bürgerliche Literatur in Deutschland folgt dem Gesetz der Mimesis; allein sie bemüht sich mit einem Eifer, der im gleichen Zeitraum weder bei den Engländern noch den Franzosen beobachtet werden kann, der Antithese von Natur und naturnachahmender Kunst dadurch einen neuen Spannungsgrad zu geben, daß das *künstlerische Subjekt* in seinem Eigenrecht immer wieder hervorgehoben wird. Die Frage des Realismus wird dadurch entscheidend modifiziert: soll die objektive Außenwelt maßgebend sein, oder, wie das E. T. A. Hoffmann später genannt hat, die »innere Anschauung« des Künstlers von der Außenwelt den Ausschlag geben. Für Fielding und Diderot stellt sich diese Frage nicht. Nicht einmal für Sterne und Rousseau, auch nicht übrigens für Lessing. Der deutsche Sturm und Drang dagegen findet hier sein Zentralthema. Auch später – unter anderen gesellschaftlichen Aspekten – die romantische Ästhetik.

Diese Akzentuierung aber des subjektiven Künstlertums hängt mit dem Zustand der bürgerlichen Gesellschaft in Deutschland zusammen. Verkrüppelung des bürgerlichen Lebens, Zersplitterung und Ohnmacht der bürgerlichen Wirtschaft im deutschen 18. Jahrhundert ließen eine Ästhetik der objektiven Wirklichkeitsgestaltung gar nicht zu: *die gesellschaftliche Vorlage war unergiebig*. Das erste bürgerliche Trauerspiel Lessings, »Miss Sara Sampson«, wird nicht bloß den literarischen Anregungen Lillos und Richardsons zuliebe auf englischem Schauplatz angesiedelt. Wenn sich die literarische Satire oder Komödie in Deutschland vorzugsweise den gesellschaftlichen Ausnahmen, nicht den typischen Strukturen zugewandt hatte, so erhob man nun, im Sturm und Drang, die *subjektive Ausnahme des Künst-*

lertums zur ästhetischen Norm. Das regelsprengende »Genie« sollte in der Kunst bewirken, was der »Selbsthelfer« in anarchischer Zeit auf dem Schauplatz der Wirklichkeit zu leisten hatte. Die Auseinandersetzungen über Genie, Originalität und Selbsthelfertum um das Jahr 1770 sind unverkennbar deutsch, und mußten in dieser Form auch nur in Deutschland zur Auseinandersetzung führen.

Herders Abhandlung »Über die Mittel zur Erweckung des Genies in Deutschland« von 1767, also noch vor der großen Reise und dem Straßburger Aufenthalt entstanden, bedeutete weit mehr als eine Weiterführung der Gedanken von Young im Bereich der deutschen Literatur. Den Engländer beschäftigte immer noch der Streit über den Vorrang der antiken oder modernen Literatur. Bei Herder ging es bereits um die Forderung nach genialem, wenn auch möglicherweise regelwidrigem Kunstschaffen von Zeitgenossen: um dichterisches Selbsthelfertum. Außerdem strebte Herder, wie Pierre Grappin in seinem Buch über das Genieproblem nachgewiesen hat, insofern entscheidend über Young hinaus, als er nicht bloß Originalität und Genie forderte, sondern durch genaue geschichtliche Untersuchung zu prüfen gedachte, ob eine den Griechen vergleichbare und gleichwertige Originalkunst überhaupt entstehen könne. Diese Frage jedoch hing bei Herder stets mit der künstlerischen »Volkskraft« zusammen. Bürgerliches Selbsthelfertum *und* Hinwendung zum Volk und zu volkstümlichem Kunstschaffen sind in der Ästhetik des deutschen Sturm und Drang seit Herder eng miteinander verknüpft. Diese so eminent bürgerliche Literaturrichtung enthält bereits im Keim *ein wesentliches Element des Plebejischen*, des Außerbürgerlichen. Künstlerischer Subjektivismus verband sich einem neuen geschichtlichen Denken ebenso wie der Forderung nach plebejisch-populärem Kunstschaffen. Die vom Individuum wahrgenommene und verarbeitete Realität, nicht eine für sich allein gültige Außenwelt, hatte den Ausschlag zu geben. Nichts sei so »Natur« wie Shakespeare, erklärte, als Herders Schüler, der junge Goethe.

Die Besonderheiten bürgerlicher Entwicklung in Deutschland erlaubten weder im Gesamtprozeß der Aufklärung noch in ihren Einzelphasen eine Kunst des epischen Sozialfreskos oder der innerbürgerlichen Gesellschaftskomödie; ebensowenig ein Zusammenwirken der literarischen mit der bildnerischen Sozialkritik wie bei Hogarth und Fielding in England. Der »Werther« bleibt ebenso eine Ausnahme wie Lenzens »Soldaten« oder wie »Kabale und Liebe«. Die Positionen des deutschen Sturm und Drang ergaben eine allzu große Diskrepanz zwischen den gesellschaftlichen Grundlagen und den literarisch-politischen Tendenzen. Das läßt sich an der Wirkungslosigkeit dieser Literatur im gesellschaftlichen Bereich ebenso ablesen wie am Schaffensprozeß der wichtigsten Künstler. *Lenz* verstand seine Literatur ausdrücklich als Mittel zur praktischen Lebensreform. Er vermochte nichts zu erreichen. Die Selbsthelfer-Tragödie des Götz von Berlichingen wurde literarisch genommen und degenerierte in zahllosen Ritterdramen. »Emilia Galotti« und »Kabale und Liebe« verdankten ihre außerordentliche Sprengkraft der antifeudalen Haltung eines bürgerlichen Selbstbewußtseins. Auch dies blieb folgenlos, wurde bald darauf von Schiller selbst in die bloße Innerlichkeit, in den »Männerstolz vor Fürstenthronen« zurückgenommen. Was als umfassende Auseinandersetzung mit den Lebensverhältnissen des deutschen Bürgers in einem despotischen Kleinstaat angelegt war, degenerierte zu den theaterwirksamen Rührpraktiken von Iffland und Kotzebue. »Realistische« Literatur in einem erschreckenden Maße: alle Gesellschaftskonflikte in ethische Konflikte umgedeutet; Rührung statt der Empörung; Anerkennung der Obrigkeit bei gleichzeitiger Anerkennung der bürgerlichen Würde. Die Obrigkeit regierte im Staat, der deutsche Hausvater herrschte in seiner Familie.

In *Schillers Ästhetik* wird ein Kompromiß versucht. Die Polemik gegen Gottfried August Bürger deutet bereits an, wie die Absage an den Sturm und Drang gemeint sein soll. Nicht mehr die Popularität oder äußere Wirkung darf entscheidend sein; auch nicht das geniehafte Originalschöpfertum. Das Genie soll durch den »philosophischen Kopf« abgelöst werden. »Eine der ersten Erfordernisse des Dichters ist die Idealisierung, Veredelung, ohne welche er aufhört, seinen Namen zu verdienen.« Kants transzendentaler Idealismus gibt der Subjekt-Objekt-Relation für die Auseinandersetzung über Außenwelt und Innenwelt eine neue Grundlage. *Es läuft auf den Primat der Innenwelt hinaus.* Das Subjektive entscheidet. Der Künstler ist nicht mehr Selbsthelfer, sondern Lehrmeister. Harmonische Ausbildung der Einzelpersönlichkeit, die veredelte Wirklichkeit gestaltet, dadurch versittlichend und veredelnd in die Gesellschaft wirken soll, dadurch aber auch – vielleicht – neue, sittlichere Lebensformen herbeiführen könnte. *Der bürgerlich-höfische Kompromiß* in der deutschen Literatur ist hier widergespiegelt. Reform von oben; Fürstenerziehung; Primat des Ästhetischen. Ein Unterton der Resignation, fast des Fatalismus ist spürbar. Schillers »Braut von Messina« sollte weit mehr darstellen als ein bloßes Stilexperiment.

Schon zu Beginn des 19. Jahrhunderts, während der Entstehung der »Braut von Messina«, war *Goethe* diesem ästhetischen Programm gegenüber immer skeptischer geworden. In seinem Spätwerk erlebt der bürgerliche Realismus – so paradox das anmuten mag – einen Höhepunkt. Immer stärker soll die reale deutsche Wirklichkeit gestaltet werden: doch nicht in sklavischem Abbilden, in »einfacher Nachahmung der Natur«, auch nicht in genialischem Subjektivismus und Manierismus, sondern durch Gestaltung der Wirklichkeit als einer verstandenen, allseitig gedeuteten. Das ungeheure Befremden der Zeitgenossen vor den »Wahlverwandtschaften« ist nicht allein aus der Fabel und der heiklen Eheproblematik zu erklären, sondern wurde hervorgerufen durch die Allseitigkeit in der Darstellung von Beziehungen zwischen Adel und Bürgertum, zwischen kontrastierenden Ethiken und Ästhetiken. Ironie und Symbol müssen dem epischen Gesamtplan dienstbar gemacht werden. Der Primat der Außenwelt ist für Goethe niemals fragwürdig. Das Vertrauen auf die »Sinne« wird in dem Abschiedsgedicht »Vermächtnis« von 1829 zur Lebensmaxime erhoben. Dadurch aber wird eine so starke Entfremdung zwischen dem späten Goethe und seiner deutschen Umwelt erreicht, daß sein Werk *die Außenwelt nur noch mit Zügen der Entsagung oder der Utopie* auszustatten vermag: im Zweiten Faust, in den »Wanderjahren«. Weit ist man entfernt vom unmittelbaren Zusammenhang zwischen Kunstschaffen und Lebensreform, wie in der Zeit des Sturm und Drang. Goethes Spätwerk ist Geheimwerk, das entweder versiegelt, oder zwar gedacht, doch gar nicht erst gestaltet wird: die Autobiographie bricht ab mit der Berufung nach Weimar; die autobiographischen Ergänzungsschriften nehmen den Faden erst wieder mit der italienischen Reise auf. Die Erfahrung des Stürmers und Drängers im ersten Weimarer Jahrzehnt bleibt unbeschrieben: nicht bloß aus Rücksichtnahme auf Charlotte von Stein. Letztlich ist auch dies Spätwerk Goethes in der deutschen Literatur folgenlos geblieben. Wenn es nicht gar – wie an den Faust-Dichtungen nach Goethe und an den epischen Fortsetzern des Wilhelm-Meister-Modells dokumentiert werden kann – zur Regression kam, zur Zurücknahme.

Ungemein folgenreich hingegen hat die *Romantik* gewirkt. Von ihren ersten Regungen im Studentenbriefwechsel zwischen Wackenroder und Tieck bis zu Hardenbergs Traktat über »Die Christenheit oder Europa« stellt sie sich in Gegensatz zu allen Überlieferungen von Aufklärung, Sturm und Drang, dann der Weimarer Klassik. Bürgerliche entpolitisierte Innerlichkeit bei Wackenroder, während die Französische Revolution auf dem Höhepunkt ist; polemischer Aristokratismus bei Novalis, der dem »Wilhelm Meister« sein Interesse an bürgerlicher Wirtschaft und Gesellschaft zum Vorwurf macht, den Roman als einen »Candide« bezeichnet, der »gegen die Poesie gerichtet« sei. Schließlich die Ungezogenheit: »Wilhelm Meisters Lehrjahre oder die Wallfahrt nach dem Adelsdiplom«. Der »Ofterdingen« ist als Gegenroman zum »Wilhelm Meister« angelegt, als romantischer Roman. Der romantische Roman aber soll, folgt man den Fragmenten des Novalis, der feudalen und romanesken Überlieferung von neuem zugewandt sein. »Ein Roman ist ein Leben als Buch. Jedes Leben hat ein Motto, einen Titel, einen Verleger, eine Vorrede, Einleitung, Text, Noten usw. oder kann es haben.« An anderer Stelle: »Der Roman ist völlig als Romanze zu betrachten.« Und dann: »Der Romandichter sucht mit Begebenheiten und Dialogen, mit Reflexionen und Schilderungen Poesie hervorzubringen wie der lyrische Dichter durch Empfindungen, Gedanken und Bilder.« Schließlich: »Das Leben soll kein gegebener, sondern ein von uns gemachter Roman sein.«

Alles ist in der deutschen Literatur wirksam und prägend geworden. In extremster Weise wurde der Primat der Innenwelt unter Austilgung des abschätzig betrachteten bloß Realen verkündet. In einem »Versuch zur Poetik von Novalis« hat Ewald Wasmuth bemerkt: »Dichtung im Sinne von Novalis ist Ausdruck der inneren Welt. Er glaubte, in ihr das Mittel zu besitzen, die durch die Wissenschaft von der Natur vereinseitigte Weltdeutung aufheben und ablösen zu können ... Diese Änderung des gesamten Beziehungssystems war sein Ziel.« Hier setzt die große Zurücknahme ein in der deutschen Literatur. Die Änderung ist total gemeint: Zurücknahme der Aufklärung, der Reformation, der modernen Naturwissenschaft, letztlich der bürgerlichen Emanzipation. Auch hier gibt es bei Novalis selbst erhebliche Widersprüche. Der Freiberger Bergbauspezialist liegt mit dem Dichter des »Ofterdingen« in Konflikt. In der Dichtung aber und im Denken siegt die Ästhetik der Romantisierung, herrscht ein Primat der Innenwelt.

Der Kampf zwischen diesen Positionen erfüllt die gesamte spätere Literatur in Deutschland bis in unsere Tage. *Hoffmann und Heine bewegen sich als Dichter* – bei aller Gegensätzlichkeit zueinander und zum allgemeinen romantischen Credo – *in den Räumen der Innenwelt.* Das serapiontische Prinzip *E. T. A. Hoffmanns* will der »inneren Anschauung« des Künstlers den Vorrang einräumen: unbeschadet aller Anregungen, die von der Außenwelt her auf ihn eingewirkt hatten. Der epische Realismus ist bei ihm in doppelter Weise relativiert: durch die Reduzierung der geschilderten Außenwelt auf einen Vorgang innerer Vision, vielleicht gar Halluzination; zum andern durch die doppelte Welt des Erzählers Hoffmann, die zu gleichen Teilen aus mythischen und realen Elementen zusammengesetzt ist, mit verschiedenartigen Raum-, Zeit- und Kausalitätsbeziehungen. Mit dem subjektiven Idealismus Fichtes, der für Friedrich Schlegel und Novalis wichtig werden sollte, hat das nicht mehr viel zu tun; aber mit Schelling und Gotthilf Heinrich Schubert.

Heine ist ein entlaufener Romantiker, der mit den romantischen Rezepten zu spielen und umzugehen versteht. Seine Satire ist sachgerichtet; seine Polemik geht auf Realitäten, auf Provokation, Verspottung unechter Größen und unwahrer Positionen.

Bilder von Kampf und Krieg stellen sich dem Polemiker wie unwillkürlich zur Verfügung. Die Ursprungsbeziehung der »Polemik« zu Kampf und Feindbesiegung ist bei Heine wiederhergestellt; er strebt nach Vernichtung des Gegners: in der physischen Existenz, nicht bloß in der politischen und literarischen. Für Heines Traditionslosigkeit gibt es keine Spielregeln. Hier lebt er durchaus in der Außenwelt und in ihr allein. Seine Polemiken und Satiren in Vers und Prosa verzichten darauf, die Grenzen eines bürgerlichen »geistigen Lebens« anzuerkennen. Heine möchte allein stehen; die Attitüde einer Freundschaft mit Immermann hat nichts von echter Gemeinsamkeit. Mit den Jungdeutschen will er ebensowenig näheren Umgang haben, wie sie mit ihm. Hier wiederholt sich in einem Spätstadium das Selbsthelfertum der Stürmer und Dränger. Heine will allein kämpfen und als Originalgenie darangehen, unwürdige Lebensverhältnisse durch große schriftstellerische Kritik zu verändern. Ein verspäteter Stürmer und Dränger; dazu ein verspäteter Jakobiner. Das ergibt einen *Subjektivismus der Aktion*, der in Resignation umschlagen muß. Durch die Innenwelt werden die unvermeidlichen Niederlagen in der Außenwelt registriert. Darin liegt das eigentliche Geheimnis der Lyrik Heinrich Heines: die Ironie hat eben hier ihre Funktion zu erfüllen.

Die Gegenposition bei *Georg Büchner*. Er ist desillusioniert, doch kein Romantiker. Seine Dichtung ist nicht lyrisch, sondern strebt nach Entäußerung der Lebenserfahrung in kontrastierenden Prinzipien: Danton und St. Just; Woyzeck, Hauptmann und Doktor. Sein Lustspiel ist bloßes Spiel mit romantischen Requisiten, in der Substanz ebenso objektiv, real-satirisch gemeint wie das Lustspiel Christian Dietrich Grabbes. *Für Büchners Kunstauffassung gilt einzig der Primat der Außenwelt.* In der Lenz-Novelle heißt es: »Man versuche es einmal und senke sich in das Leben des Geringsten und gebe es wieder in den Zuckungen, den Andeutungen, dem ganzen feinen, kaum bemerkten Mienenspiel; er hätte dergleichen versucht im ›Hofmeister‹ und in den ›Soldaten‹. Es sind die prosaischsten Menschen unter der Sonne; aber die Gefühlsader ist in fast allen Menschen gleich, nur ist die Hülle mehr oder weniger dicht, durch die sie brechen muß. Man muß nur Aug und Ohren dafür haben.« In einem Brief an die

Eltern zur Erläuterung von »Dantons Tod« wird daraus die literarische Nutzanwendung gezogen: »Mit einem Wort, ich halte viel auf Goethe und Shakespeare, aber sehr wenig auf Schiller.« Auch dies ist – in den Grundthesen – unverkennbare Ästhetik des deutschen Sturm und Drang und steht den Ansichten des jungen Schiller gar nicht so fern, wie Büchner glauben mochte.

Im weiteren Verlauf des deutschen 19. Jahrhunderts wird eine Erkenntnistheorie und Ästhetik, die vom Primat der Außenwelt über die Innenwelt, des Objekts über das Subjekt ausgeht, immer weiter zurückgedrängt. Übernommen werden die realistischen Positionen vom Sozialismus, also von einer gegenbürgerlichen Position. Wenn *Karl Marx* im April 1859 an Ferdinand Lassalle schreibt und dessen verunglücktes Versdrama »Franz von Sickingen« zu kritisieren hat, wird ihm der Brief unter der Hand sowohl zu einer Auseinandersetzung mit der deutschen historischen Dramatik seit dem »Götz von Berlichingen« wie zu einer Auseinandersetzung über Idealismus und Realismus in der Dramaturgie. Auch hier gilt, wie bei Büchner, die These Shakespeare und nicht Schiller: »Du hättest dann ... mehr Shakespearisieren müssen, während ich Dir das Schillern, das Verwandeln von Individuen in bloße Sprachröhren des Zeitgeistes, als bedeutendsten Fehler anrechne.«

Das sind Grundpositionen. Im einzelnen gibt es die sonderbarsten Überschneidungen. Auch Otto Ludwig will Shakespeare gegen Schiller ausspielen. Allein sein eigener »poetischer Realismus« strebt zum unmöglichen Kompromiß. Das Dramatische mißglückt; und sogar die »realistischen« Erzählungen bekunden, wie Richard Brinkmann gezeigt hat, eine »Verwirrung von Objektivität und Subjektivität«, von Primat der Außenwelt und Primat der Innenwelt. Was dabei gelegentlich zutage tritt, wird von Brinkmann nicht unzutreffend als »Kitsch« bezeichnet. *Die Literatur des späten Bürgertums steht in Deutschland unter dem Zeichen der Desillusionierung wie der Verklärung.* Beide Grundhaltungen stehen nur selten im Werk des Künstlers in scharfer Antithese zueinander. Häufig werden Mischformen angestrebt: schmerzliche Verklärung einer untergehenden Welt; Verherrlichung geschichtlicher oder gegenwärtiger Zustände in offenkundiger Distanziertheit, gleichsam mit innerem Vorbehalt. Bei Theodor Fontane liegt das Schwergewicht auf dem realistischen Erzählen, allein die Diesseitsliteratur hat merkwürdig subjektive Züge. Der epische Bericht soll nicht selten das Untergangsreife in »Schönheit« dem Ende entgegenführen. Bezeichnend für Fontane ist dabei, daß der Verklärungswille weit stärker auf die *untergehende Adelswelt* als auf die gleichfalls überreife Bürgerwelt gerichtet wird. Der alte Stechlin wird mit anderen Mitteln geschildert als Frau Jenny Treibel. Eine weitere Eigenart dieser späten Bürgerkunst liegt in der beginnenden Auflösung des objektiven Erzählens: die Wirklichkeit wird zum Gesprächsgegenstand; das Geschehen wird durch den Dialog gleichsam gefiltert.

Die Gegenposition bei *Conrad Ferdinand Meyer.* Darstellung einer geschichtlichen, endgültig vergangenen Welt. Der Historismus ist ein schlechtes Auswahlprinzip, eigentlich überhaupt keins. Alles Geschehene und Vergangene ist ihm gleich wert und unwichtig. Conrad Ferdinand Meyer wählt seine Stoffe nicht in der Absicht, Gegenwartsthemen in historischer Verkleidung behandeln zu wollen. Der Götz von Berlichingen meinte eigentlich Sturm und Drang; Tell und Demetrius waren »Zeitstücke«; Büchners Danton hatte mit der revolutionären Gegenwart seit 1830 zu tun; Hebbels »Judith« bedeutete, nach Hebbels eigenem Eingeständnis, eine Auseinandersetzung mit der jungdeutschen Frauenemanzipation. Der »Jürg Jenatsch« aber »meint« nicht Bismarck. In den Erzählungen des Schweizers herrscht die Vergangenheit über die Gegenwart, das Abgelebte über das Aktuelle in ähnlicher Weise wie in den Erinnerungs- und Rahmengeschichten Theodor Storms, die jeweils ein Geschehen als unveränderlich und beziehungslos zur Gegenwart darzustellen lieben. Bei C.F. Meyer gibt es *gleichzeitig* die Sehnsucht nach der Renaissance als dem bürgerlichen Ursprung *und* die Distanz zu eben dieser Sehnsucht. Auch dies ist typisch für den Ablauf der bürgerlichen Literaturentwicklung seit der unzulänglich verlaufenen bürgerlichen Revolution von 1848/49. Das französische Gegenstück zu Conrad Ferdinand Meyer im Bereich der großen Romanform findet sich bei Flaubert.

Auch der deutsche Naturalismus von 1890 schwankt zwischen

Sozialreform, Enttäuschung, bürgerlicher Apologetik. Seine Theorie bezieht er weitgehend von Zola, der sie bei Taine entnahm. Die Milieu-Theorie Hippolyte Taines aber in ihrer Statik und schroffen Absage an alle Veränderbarkeit der Menschen und Umstände ist ein Erzeugnis bürgerlicher Auseinandersetzung mit dem Phänomen der revolutionären Arbeiterbewegung. Die Literaturauffassung Flauberts *und* die naturalistische Soziologie Taines sind im Kampf gegen die Pariser Kommune von 1871 entstanden, woraus kein Geheimnis gemacht wird. Nur scheinbar geht es um künstlerische Schilderung der Außenwelt. Da die Realität durchaus statisch betrachtet, gleichsam aus dem geschichtlichen Ablauf gelöst werden soll, bleibt ein Totes übrig. Panorama und Lebensbild, nicht Wirklichkeit in der Veränderung. Dergleichen wird im bürgerlichen Spätstadium der Literatur in Deutschland als musterhaft empfunden. Bei Gerhart Hauptmann noch ein Mittlertum; bei Arno Holz im »Phantasus« eine assoziative Innenwelt, die sich vergeblich als Außenwelt darzustellen sucht.

Der Determinismus Taines, der eine statische, unveränderbare Außenwelt voraussetzt, ist das Werk eines geschichtsfeindlichen Historikers. *Nietzsche* hat diese Geschichtslosigkeit des Historismus und des Determinismus (bei Taine und seinen Schülern) zu Ende gedacht. Bloßer Nachteil der Historie für das Leben, Kunst des Vergessenkönnens. Noch 1949 betonte Gottfried Benn in einem Bekenntnisbrief: »Meine Götter geblieben sind immer noch Heinrich Mann, Nietzsche und Taine, an denen habe ich mich gebildet.« In vollkommener Weise gehört *Gottfried Benn* in der Tat zur Literatur der bürgerlichen Spätzeit. Von jeher trennte er die Kunst vom Leben, leugnete Sinn und Gesetz in der Geschichte, hielt den Realitätscharakter der Außenwelt für fragwürdig und unbewiesen. Wo aber geschichtliche Evolution geleugnet wird, liegt es nahe, auch der – möglichen – Entwicklung eines Einzelwesens in der Geschichte mit Skepsis zu begegnen. Nicht zufällig bezeichnete Benn die erste nach dem Kriege (1948) erschienene Sammlung seiner Verse als »Statische Gedichte«. Was er durch die »Stimme hinter dem Vorhang« nach zwei Weltkriegen (1952) als Lebensmaxime verkünden ließ: »Im Dunkel leben, im Dunkel tun, was wir können«, also die Ohnmacht des und der Menschen vor allen Umgestaltungsplänen, hatte er schon 1917, im ersten Krieg, durch die Gestalt seines »Rönne« mitteilen lassen: »Ich wollte eine Stadt erobern, nun streicht ein Palmenblatt über mich hin.« Das sollte besagen: »Das Licht wuchs an, der Tag erhob sich; immer der gleiche, ewige Tag, immer das unverlierbare Licht.« Daher – für Benn – die Sonne Homers, oder besser: die »Dorische Welt«, als ewiges, geschichtsloses Hier und Jetzt. Was frommte daneben das Denken und Machen von Geschichte! Wenn die Historie verging, aber die statische Kunst blieb, mußte sich, wie Benn meinte, der Künstler zum »Doppelleben« zwingen: als Privatmann, der die Ereignisse vorübertreiben und sich mittreiben ließ, und als Dichter, der sich, unverrückbar, den gleichen Zuständen und Aufgaben ausgesetzt sah wie Pindar und Horaz, Goethe und Shelley.

Das Ergebnis ist Hohn auf das panta rhei, monologische Lyrik, Absage an jegliche Botschaft und Adresse im Gedicht. Der Weltinnenraum Rilkes *und* die monologische Lyrik Gottfried Benns gehören zusammen.

Heinrich Mann wurde neben Nietzsche und Taine als dritter Pate vom Dichter der »Ausduckswelt« genannt. Er hatte das »niedrigste Lebensgefühl« der deutschen Romantiker verachtet, von künstlerischer Verzückung und grundlosem Tiefsinn, erst recht von altdeutschen Maskierungen, wollte er nichts wissen. Heinrich Manns Essays handeln von den französischen Aufklärern und Sozialkritikern: von Stendhal und Victor Hugo, Zola und Anatole France. Eine kleine essayistische Gegenüberstellung von Voltaire und Goethe aus dem Jahre 1910 entscheidet sich ebenso hart wie ungerecht im Namen der Außenwelt und ihrer Wandlungen gegen Goethe als angeblichen Anwalt der deutschen Innerlichkeit. »Voltaire ist von Adeligen geprügelt worden: errötet ist er nicht, – und er hat ihnen die Guillotine errichtet. Er war es. Er kehrte zurück, als die Priester und die Könige fielen.« Dagegen Goethe: »Hinter seinem Sarge ging die Familie keines Calas. Er hat den Menschen, die schuldig werden müssen, Gerechtigkeit, Gleichheit, Freiheit nur in jenen Gefilden verheißen, mit denen Dichtung uns tröstet.« Thomas Mann nannte das einige Jahre später, in der öffentlichen geistigen Auseinandersetzung mit dem Bruder während des Weltkriegs, die Haltung eines »Zivilisationsliteraten«. Heinrich Manns Bestreben geht unverkennbar dahin, der deutschen literarischen Tradition abzusagen. Die Themen seiner Romane und Essays – von Zola bis zum König Henri Quatre – sind, wenn Positives gezeigt werden soll, dem Nachbarland entnommen. *Der deutsche Bereich wird im wesentlichen mit den Mitteln der Satire gestaltet:* das »Schlaraffenland« bürgerlicher Kommerzienräte an der Jahrhundertwende; die Schultyrannei des Professors Unrat; die Welt des »Untertan«. Heinrich Mann ist ein verspäteter Jakobiner. Er ist verspätet wie Heinrich Heine, übernahm jedoch nur dessen Pathos, nicht die Ironie mit dem schmerzlichen Unterton eines, der an den deutschen Zuständen leidet. Heinrich Mann entstrebte mit immer größerer Bewußtheit der deutschen Bürgerwelt und ihrer Überlieferung. Ein Aufklärer und Jakobiner, der die bürgerliche Revolution über das Bürgertum hinausführen möchte.

Kein größerer Gegenspieler, sollte man meinen, wäre für Gottfried Benn denkbar, als eben Heinrich Mann. Trotzdem nannte er ihn neben Taine und Nietzsche als seinen Hausgott. Mit Benns Freude am provokatorischen Denken ist das nicht zu erklären. Heinrich Mann gehört trotz allem – ganz wie Nietzsche – in den deutschen Bereich. Die allzu heftige Absage an Romantik, Innerlichkeit, an ein »tatenarmes und gedankenvolles« Deutschtum gehört dialektisch ebenso in den Bereich der bekämpften deutschen Grundposition, wie Nietzsches Anti-Christentum seine christlichen Ursprünge offenbart, wie das Lob von Bizets »Carmen« für die enttäuschte Liebe eines unheilbaren Wagnerianers zeugt.

Wichtigste Partien im Werk Heinrich Manns gehören durchaus zur deutschen Innenwelt, sogar zur romantischen Nachfolge. Die Phantasmagorien der letzten Romane (»Empfang bei der Welt« und »Der Atem«) machen es evident. Das letzte, merkwürdige, Fragment gebliebene literarische Projekt Heinrich Manns, als episch-dramatische Mischung angelegt, sollte »Die traurige Geschichte von Friedrich dem Großen« behandeln.

Eigentümlichkeiten der Literaturentwicklung in Deutschland, die den Unzulänglichkeiten des äußeren Lebens dadurch zu entgehen sucht, daß sie sich einer »machtgeschützten Innerlichkeit« verschreibt. Das Thema deutscher Selbstkritik gehört zu den Leitmotiven der deutschen Literaturentwicklung. Die literarischen Formen wechseln, der Motivkern bleibt. Lessings Schlußwort aus der »Hamburgischen Dramaturgie« und die Tiraden des Karl Moor; Hölderlin und Platen; Büchners »Leonce« und Heines »Wintermärchen«; »Abu Telfan« und »Der Untertan«. Ein eigenes *Heimkehrerthema* dient in der deutschen Literatur nur nebenbei der Darstellung individueller Konflikte, wie in Balzacs »Oberst Chabert«; es wird vielmehr als Kunstmittel verwertet, um die umfassende Kritik deutscher Zustände durch einen deutschen Dichter anbringen zu können. Das führt von Raabes Heimkehrer Leonhard Hagebucher, im »Abu Telfan«, der erkennen muß, Deutschland sei schlimmer als das Mondgebirge, über Brechts Andreas Kragler aus »Trommeln in der Nacht« (Ausgang des ersten Weltkriegs) bis zum Beckmann in »Draußen vor der Tür« von Wolfgang Borchert (Ende des zweiten Weltkriegs).

Das gleiche Thema in jeweils neuer geschichtlicher Konstellation: bürgerliches 19. Jahrhundert zweite Hälfte; Revolution 1918/19; Trümmerwelt des zweiten Nachkriegs. Dreimal die gleiche Wendung zur Innenwelt: Bei Leonhard Hagebucher; bei Kragler, der nach Haus geht, auf die Revolution verzichtet, um sich in »das große, weiße, breite Bett« zu legen; bei Borchert, der den monologischen Ruf nach Änderung, auf den »keiner Antwort« gibt, nur in drei Fragezeichen auszudrücken vermag. Auch diese Deutschland-Kritik bleibt lyrisch, monologisch, eingeschreint in einer Innenwelt.

II. DER BÜRGERLICH-HÖFISCHE KOMPROMISS

1. LESSING, DER MITTLER

Mitwelt und Nachwelt

»Wenige Schriftsteller nennt und lobt man so gern wie ihn: ja, es ist eine fast allgemeine Liebhaberei, gelegentlich etwas Bedeutendes über Lessing zu sagen. Wie natürlich: da er, der eigentliche Autor der deutschen Literatur, so vielseitig und so durchgreifend auf das Ganze derselben wirkte, zugleich laut und glänzend für alle, und auf einige tief.« Der Tonfall ist unverkennbar: des jungen *Friedrich Schlegel* genialische Unverschämtheit verleugnet sich auch dort nicht, wo er scheinbar auszieht, um zu loben. Sein berühmter Aufsatz »Über Lessing«, geschrieben und zuerst veröffentlicht 1797, dann 1801 in abgeänderter Form wieder aufgenommen in die Sammlung seiner »Charakteristiken und Kritiken«, bleibt zwar nach wie vor bedeutsam als ein Versuch, die Gesamtpersönlichkeit Lessings zu würdigen, bemüht sich aber voller Impertinenz, gerade dort zu loben, wo Lessing selbst für sich kaum etwas Lobenswertes gefunden hätte, all das fast verächtlich beiseite zu schieben, was dem großen Kritiker und Dramatiker als eigentliches Streben galt. Friedrich Schlegel besaß Übung in derlei Umdeutungen und Umwertungen: er hatte sich bereits die Ideen der Französischen Revolution romantisch zurechtgelegt, einen höchst wunderlichen Begriff des Republikanismus verkündet – und war nach seinem Lessing-Aufsatz auf dem Sprunge, Wilhelm Meisters Lehrjahre zwar in großartiger Weise als Kunstwerk zu analysieren, gleichzeitig aber all das beiseite zu tun, was für Goethe an pädagogischem Moralistentum mit dem Plan der »Lehrjahre« verbunden war.

Man könnte Friedrich Schlegels Lessing-Aufsatz als Zeugnis romantischen Mißverstehens und Ausdruck schärfster Antinomien zwischen Lessings Ästhetik und jener des Jenenser Romantikerkreises abtun. Allein seine Lessing-Analyse hat nachgewirkt: in wesentlichen Elementen trug sie dazu bei, das Lessing-Bild des deutschen bürgerlichen 19. Jahrhunderts zu beeinflussen. Man kann auch heute noch in der modernen Lessing-Literatur gewissen Ausstrahlungen der Schlegel-Konzeption begegnen.

Verführerisch in der Tat und überaus gefährlich ist die Gesamtwertung Lessings, wie sie der junge Schlegel etwa 16 Jahre nach Lessings Tod vorzunehmen beliebte. Als er im Jahre 1801 den Aufsatz in erweiterter Form neu herausgab, gestand er in einem Nachwort seine Absicht ganz unverhohlen. Er habe mit der »tieferen Absicht« über Lessing geschrieben, »ihn wegzurücken von der Stelle, wohin ihn nur Unverstand und Mißverstand gestellt hatte, ihn aus der Poesie und poetischen Kritik ganz wegzuheben und hinüber zu führen in jene Sphäre, wohin ihn selbst die Tendenz seines Geistes immer mehr zog, in die Philosophie, und ihn dieser, die seines Salzes bedurfte, zu vindiciren«. Hier hatte sich der romantische Theoretiker einmal vom romantischen »Occasionalismus« frei gemacht und klare Entscheidungen getroffen. Lessing sollte »weggehoben« werden aus der Geschichte der deutschen Poesie und Kritik, um als philosophischer Denker dem Pantheon weiter anzugehören. Dem Nachweis dieser These hatte der ganze Aufsatz gedient. Da war über Lessing gesagt worden: »Ich zweifle sogar, ob er überall ein Dichter gewesen sei, ja, ob er poetischen Sinn und Kunstgefühl gehabt habe.« Und noch entschiedener an anderer Stelle: »Er selbst war mehr werth, als alle seine Talente.«

Damit war Lessing für die Romantiker als Dichter gerichtet, als Philosoph vorläufig anerkannt. Aber auch seine Philosophie, überhaupt seine »Talente«, worunter doch wohl der Gesamtbereich von Lessings literarischer Tätigkeit verstanden werden muß, wollte man gering anschlagen gegenüber dem Wert des »Mannes«, also des Menschen Lessing. Kein Zweifel, das sind vertraute Thesen. Man preist den Mann, den großen Charakter, will aber seinem Lebenswerk die eigentliche Unsterblichkeit absprechen; und wenn man nicht umhin kann, Minna, Emilia oder Nathan als lebendiges Theater anzuerkennen, so ist doch sogleich der Schlegelsche Einwand zur Stelle, es seien zwar bedeutende Theaterstücke, doch eigentlich keine »Dichtungen«. Derlei wird durchaus nicht nur als Verunglimpfung gesagt; auch Friedrich Schlegel meinte es ernst mit seinem eigentümlichen Lobe Lessings. Er liebte und bewunderte den

Mann, wenngleich auf seine Art und in symptomatischer Verkennung des Eigentlichen.

Solche Verkennungen aber, wie wir sie hier schon im ausgehenden 18. Jahrhundert bei einem der größten deutschen Kritiker nach Lessing beobachten müssen, sollten veranlassen, diese Konfrontierung des »eigentlichen« Lessing, interpretiert nach seinen eigenen Absichten, und der zahllosen Lessing-Legenden von neuem zu versuchen. Nur einen Teil nämlich der Lessing-Legende hat *Franz Mehring* in seinem berühmten Buch widerlegt. Bei Mehring ist zweifellos der erste Teil, die »Kritische Geschichte der Lessing-Legende« behandelnd, das forschungsmäßig Neue, indem es die Beziehungen Lessings zum Staat Friedrichs II. von Preußen, und wiederum dieses Staates Beziehungen zur beginnenden deutschen Nationalliteratur historisch zurechtrückt. Allein es gibt noch andere Lessing-Legenden: die Lessing-Deutung Friedrich Schlegels gehört zu ihnen.

Merkwürdiger Fall: keiner verkennt heute, niemand verkannte im Grunde bereits in Lessings letzter Lebenszeit, daß hier, um Schlegels Worte von neuem anzuführen, »der eigentliche Autor der deutschen Literatur« zu finden sei. Dennoch wird niemand behaupten, die deutsche Nationalliteratur habe sich in der Richtung entwickelt, die Lessing für sie als wünschenswert ansah. Versteht man diesen Zusammenhang richtig, so scheint er eigentlich *für* die These Friedrich Schlegels zu sprechen: daß der Mann zwar höchsten Lobes wert sei, nicht aber sein Werk oder jedenfalls nicht dessen tiefste geistige Substanz. Die Abkehr von Lessing hat nicht erst bei den Romantikern begonnen. Dort war sogar Friedrich Schlegel der erste und einzige, der überhaupt bereit war, in irgendeiner Form Lessings Größe anzuerkennen. August Wilhelm Schlegel, Tieck, Wackenroder oder Novalis urteilten im Grunde noch schnöder und schneidender. Aber schon Lessings letzte Lebenszeit stand im Zeichen der Vereinsamung und Verkennung. Es gibt ergreifende Briefe des Bibliothekars zu Wolfenbüttel, die das erkennen lassen.

Lessing ist im Jahre 1775 ein Mann von 46 Jahren; dennoch spürt man tiefe Trauer und Verlassenheit, wenn er einen Brief an Wieland schreibt, der ihn eingeladen hatte, am »Teutschen Merkur« mitzuarbeiten. Lessing antwortet am 8. Februar 1775:

»Aber, liebster Wieland, haben Sie es auch bedacht? Ich an Ihrem Merkur Antheil nehmen? Je zufriedener ich damit bin, desto weniger kann ich mich dazu verstehen, ohne ihn in meinen eigenen Augen herabzusetzen. Was für Beiträge erwarten Sie von mir? Arbeiten des Genies? Alles Genie haben izt gewisse Leute in Beschlag genommen, mit welchen ich mich nicht gern auf meinem Wege möchte finden lassen. Litterarische Beiträge? Wer wird die lesen wollen?« Das zielt natürlich auf die Stürmer und Dränger und unterstreicht Lessings Gegensatz zu deren Geniekult und Geniebegriff.

Wir leben, ohne meist tiefer darüber nachzudenken, in der Vorstellung, die Lessing-Zeit liege scharf abgegrenzt vor der Epoche des Sturm und Drang: als gäbe es hier ein zeitlich genau abmeßbares Nacheinander. In Wirklichkeit finden wir ein Nebeneinander, doch in Form ungleichzeitiger literarischer Entwicklung in der gleichen Daseinszeit, die es zu verstehen gilt, will man Lessings eigentümliche Bedeutung für die deutsche Literatur richtig deuten. In den Jahren 1767-68 entsteht die »Hamburgische Dramaturgie«, allein das Manifest, eigentliche Geburtsurkunde des Sturm und Drang, Herders »Journal meiner Reise nach Paris im Jahre 1769«, liegt kaum zwei Jahre später. Lessings »Emilia Galotti« entsteht, während Goethe und Herder in Straßburg zusammentreffen. Zwischen Lessings Shakespeare-Bild aus der »Hamburgischen Dramaturgie« und dem polemisch, sogar pamphletistisch gegen Lessing gerichteten Shakespeare-Bild, das Jakob Michael Reinhold Lenz in seinen »Anmerkungen übers Theater« (1774) entwirft, liegen sechs Jahre.

Lessing, der so im Kampf steht um die Durchsetzung des von ihm als richtig und notwendig Erkannten, der spürt, wie die literarischen Moden und Zeitläufte von ihm wegstreben, ist damals ein noch junger Mann, ein Mensch Anfang der Vierzig. Er ist also keineswegs ein Alternder, der sein Werk fest gegründet hätte und nun zusehen dürfte, wie sich der Most bisweilen absurd gebärdet. Lessing steht im Kampf, muß sich seiner Haut wehren. Manchmal verspürt er Müdigkeit, wie in jenem Brief an Wieland; bisweilen übermannt ihn der Zorn, und dann schreibt er etwa am 20. April 1774 an seinen jüngeren Bruder Karl: »... Daß Götz von Berlichingen großen Beifall in Berlin gefunden, ist, fürchte ich, weder zur Ehre des Verfassers, noch zur Ehre Berlins. Denn eine Stadt, die kahlen Tönen nachläuft, kann auch hübschen Kleidern nachlaufen.« Da entsteht auch wohl ein Blatt mit dem Anfang eines Dramenentwurfs und dem Titel: »Werther, der beßere«. Dort kann man dann als Notiz zur ersten Szene des ersten Aktes die folgende Tonart angeschlagen finden: »Es ist Nacht, und er liegt noch im Bette, aber wach und voller Grillen und Verzweiflung.« Womit Lessing offenbar selbst den Plan auszuführen gedachte, den er in einem Brief an Eschenburg über den Werther – gleichsam als Verbesserungsvorschlag für Goethe – bereithielt, wenn er dort schrieb: »Glauben Sie wohl, daß je ein römischer oder griechischer Jüngling sich so, und darum das Leben genommen? Gewiß nicht ... Solche klein-große, verächtlich schätzbare Originale hervorzubringen, war nur der christlichen Erziehung vorbehalten, die ein körperliches Bedürfnis so schön in eine geistige Vollkommenheit zu verwandeln weiß.« Das schrieb Lessing an Eschenburg über den Werther, und fügte sogleich, als spräche er ratgebend zum Verfasser des Romans, den Satz hinzu: »Also, lieber Göthe, noch ein Kapitelchen zum Schlusse; und je zynischer, je besser!«

Diese Auseinandersetzungen zwischen Lessing und Goethe, eigentlich also zwischen Lessing und dem Sturm und Drang, sind folgenreich geblieben für die gesamte weitere Entwicklung. Goethe mochte sich später in »Dichtung und Wahrheit« innigen Dankes voll an Lessing erinnern; Herder mochte, da er mit Lessing in gutem Einvernehmen gestanden hatte, im Oktoberheft 1781 des »Merkur« einen herzlichen Nekrolog verfassen – von einer betonten ästhetischen Nachfolge auf Lessings Wegen war niemals bei ihnen die Rede; auch später nicht bei Schiller oder Hölderlin, bei Jean Paul oder Kleist.

Die Entfremdung zwischen Lessing und den wichtigsten Gestalten deutscher Nationalliteratur im ausgehenden 18. Jahrhundert beginnt also keineswegs mit dem stilisierten Lessing-Bild eines Friedrich Schlegel: die Auseinandersetzung hatte schon früher, mitten in Lessings kraftvollem Wirken begonnen. Daß es sich dabei nicht um persönliche Gegensätze handelte, zeigt sich auf beiden Seiten, denn die Stürmer und Dränger sind in der Sache scharf antilessingisch, hüten sich aber vor persönlicher Polemik.

Herder ist Lessing aufrichtig und herzlich zugetan. Lessing selbst hat die Begabung des jungen Goethe, des Werther-Goethe jedenfalls, und erst recht des Prometheus-Dichters, lebhaft anerkannt und auf alle öffentliche Polemik gegen ihn und seine Freunde verzichtet. Gerade darum aber geht es bei der Auseinandersetzung zwischen Lessing und seinen jüngeren Zeitgenossen Herder und Goethe um ganz andere Dinge, als vor etwa hundert Jahren der Lessing-Biograph *Adolf Stahr* meinte, der überall nur Mißverständnisse und später revidierte Fehlurteile in der Auseinandersetzung Lessing–Goethe–Herder zu erblicken glaubte. Im Grunde ging es um *Lessings Konzept der Literatur.* Sie war in entscheidenden Dingen anders als diejenige der Stürmer und Dränger, erst recht der Romantiker. Es gibt aber auch kaum tiefere Berührungspunkte zwischen ihr und der Weimarer Klassik. Wird man daraus schließen müssen, daß Lessing mit seinem wichtigsten Lebenswerk in Deutschland nicht eigentlich Schule gemacht hat?

Ohne Lessing, das wird niemand bestreiten und hätte auch der Straßburger Kreis um Goethe und Herder niemals bestritten, wäre unsere Nationalliteratur nicht denkbar. Er bedeutet etwas qualitativ Neues in der deutschen Geschichte, nicht bloß in der Literaturgeschichte. Der junge Karl Marx wies darauf hin, als er die Frage der »Befugnis« eines Menschen zur Literatur, den Begriff des »befugten Schriftstellers« zu behandeln hatte und dabei feststellte: »Wenn der Deutsche auf seine Geschichte zurückblickt, so findet er einen Hauptgrund seiner langsamen politischen Entwicklung wie der elenden Literatur vor Lessing in den ›befugten Schriftstellern‹.« Marx spricht verachtungsvoll von den »charakterlosen Universitätsschriftstellern des siebzehnten und achtzehnten Jahrhunderts mit ihren steifen Zöpfen und ihrer vornehmen Pedanterie und ihren winzig-mikrologischen Dissertationen«. Und fährt fort: »Die unbefugten Schriftsteller haben unsere Literatur gemacht. Gottsched und Lessing, da wählt zwischen einem ›befugten‹ und einem ›unbefugten‹ Autor!«

Das ist sicher ungerecht gegenüber Gottsched, bezeichnet aber das vollkommen Neue, bis dahin Unerhörte in Lessings Auftreten vor seinen Zeitgenossen. Die starke, kraftvolle, nach dem

Worte der Ringparabel »unbestochene« Persönlichkeit ersteht auf jeder Seite. Unvergleichlich bleibt Lessings Wirken für die Entwicklung der deutschen Prosa. Qualitativ neu ist die Sache, um die Lessing kämpft, und ein qualitativer Sprung wurde gleichzeitig in der Entwicklung der deutschen Prosa vollzogen. Niemand hat, auch seitdem, so polemisiert, alle Register von flammender Leidenschaft bis zum kaum spürbaren Lächeln beherrscht wie Deutschlands zeitlich und hierarchisch erster »freier Schriftsteller«. Gestalten wie den Pastor Samuel Gotthold Lange in Laublingen, wie den Professor Klotz aus Halle, den Hauptpastor Goeze in Hamburg hat er mit sich in die Unsterblichkeit geschleift: da finden wir sie nun, buntscheckig und gut konserviert durch eine unsterbliche Prosa. Was Lessing durch sein Auftreten, seine Person in Deutschland geleistet hat, wurde historisch richtig im Jahre 1856 von *Tschernyschewski* in seiner Lessing-Studie formuliert: »Nicht von dem Erscheinen Lessings hing daher, wie wir gesehen haben, ab, ob sich das deutsche Volk beleben oder in die frühere tödliche Apathie versinken würde. Das große Ereignis nahte unabwendbar und unvermeidlich. Aber ohne ihn hätte sich das langsam und ungeordnet vollzogen, was sich mit seiner Hilfe schnell, entschieden und harmonisch vollzog.«

Dennoch ergibt das eine wunderliche Antinomie. Als *ein Einzelner* hat Lessing in Deutschland das literarische Bewußtsein geprägt, Aufgaben gestellt, Maßstäbe gesetzt, an selbstgeschaffenen Kunstwerken die neuen künstlerischen Möglichkeiten demonstriert. Dabei stand dieser Mann, der in einem tieferen Sinne so viel von einem »Originalgenie« an sich hatte, der Ästhetik des Geniekults herb ablehnend gegenüber. Als ein großer Einzelner hatte er selbst gewirkt: allein angestrebt hatte er *gerade nicht* das in sich abgesperrte, monadenhaft abgesonderte literarische Schaffen genialischer Individuen. *Lessing strebte nach Regel, Gesetz, Ordnung.* Ihm stand eine »anwendbare«, eine modellmäßig geprägte Literatur vor Augen. Allein schon seine jüngeren Zeitgenossen nahmen das von Lessing Geschaffene – und zogen damit in durchaus andere Richtung. Man kann sagen, daß Lessing zwar Autor der neueren deutschen Nationalliteratur wurde, sich aber in seinen Kindern und Kindeskindern nicht wiedererkannte, und daß auch sie dem heimischen Bereich sehr bald entstrebten. Hier liegt die Ursache für Lessings Vereinsamung.

Lessing zerschlug die falschen Regeln und widerlegte was er für falsches Vorbild hielt. Allein nichts begehrte er sehnlicher, als die Durchsetzung neuer, der deutschen Literatur und, wie Lessing glaubte, der allgemeinen ästhetischen Gesetzlichkeit besser entsprechender Normierungen. Die suchte er zu entwickeln: in der Polemik, der ästhetischen Gesetzgebung, in einer modellhaft und vorbildmäßig gedachten dichterischen Praxis. *Erfolgreich gewesen ist er in der Polemik,* der Demolierung. Nur allzu erfolgreich, könnte man sagen, denn bis heute wirken Fehlurteile über die dichterische Größe Corneilles und Racines, die geschichtliche Bedeutung eines Voltaire, und das geht unmittelbar auf Lessing zurück. *Nicht erfolgreich blieb er als Gesetzgeber und Regelsetzer.* Auch die Wirkung seiner Dichtungen war anders, als er selbst es erstrebt und gewollt hatte. Aber modellmäßig gewirkt, wie Lessing wünschte, hat keine von ihnen. »Minna von Barnhelm« hat keine Lustspielgattung in Deutschland begründet. »Kabale und Liebe« ist bei aller thematischen Ähnlichkeit in der dramatischen Grundkonzeption zutiefst verschieden von der »Emilia Galotti«. »Nathan der Weise« hat nicht in der Form und nicht in der Substanz eine Nachfolge humanistischer Parabelstücke heraufgeführt. Wie ist dies alles zu erklären?

Lessing hat als klassischer Philologe und als Archäologe, als Philosoph und Theologe gewirkt; er hat sein kritisches Amt im Bereich bildender Künste, der Literatur und der darstellenden Künste verwaltet; er war Fabeldichter, Dramaturg und Dramatiker. In allen Sphären hat er umgestaltend, umwertend, regelstiftend gewaltet. *Allenthalben aber stellte er sich den Traditionen*: wo er einriß, bisher gültige Gesetzestafeln zerschlug, galt es dem Neuaufbau und der neu zu schaffenden künstlerisch-wissenschaftlichen Legalität. Immerzu bemühte er sich dabei, die neuen Gebäude und neuen Regeln nach bewährten Grundrissen, die überliefert waren, zu konstruieren. Daher seine Gründlichkeit und Lernbegier. Überall wollte er genauestens informiert sein, ehe er eine eigene Interpretation wagte. Ehrfurcht erfüllte ihn vor den Meisterwerken und Meistergedanken. Wenn er Corneille bekämpfte und Shakespeare auf den Schild hob, geschah das aus Ehrfurcht vor der Poetik des Aristoteles und in der Überzeugung, daß diese von Aristoteles gelehrten und für Lessing über jeden Zweifel erhabenen dramaturgischen Gesetze im Drama des französischen Klassizismus verfälscht und schlecht verwaltet worden seien. Für Lessing bedeutete Shakespeare die höchstmögliche Erfüllung aristotelischer Gesetzlichkeit; für Lenz und die meisten anderen unter den Stürmern und Drängern war Shakespeare die angebliche Widerlegung aller aristotelischen Poetik und Dramaturgie. Schroffere Gegensätze sind kaum denkbar.

Indem Lessing nach Vorbildern suchte, mußte er nahezu den gesamten Bereich damaliger Wissenschaft, Kunstlehre und künstlerischer Praxis ins Blickfeld holen. Das hat er getan. Wir kennen seine bescheiden-selbstbewußten Worte im letzten Stück der »Hamburgischen Dramaturgie«: »Seines Fleißes darf sich jedermann rühmen: ich glaube, die dramatische Dichtkunst studiert zu haben; sie mehr studiert zu haben, als zwanzig, die sie ausüben. Auch habe ich sie so weit ausgeübt, als es nötig ist, um mitsprechen zu dürfen: denn ich weiß wohl, so wie der Maler sich von niemandem gern tadeln läßt, der den Pinsel ganz und gar nicht zu führen weiß, so auch der Dichter. Ich habe es wenigstens versucht, was er bewerkstelligen muß, und kann von dem, was ich selbst nicht zu machen vermag, doch urteilen, ob es sich machen läßt.« Als die große Religionsdisputation mit der protestantischen Orthodoxie, vertreten durch den Hamburger Hauptpastor Goeze, fällig wird, hat der Sohn des protestantischen Pfarrers zu Kamenz alles theologische Rüstzeug zur Hand, so daß er freundlich-drohend in dem Aufsatz »Gotthold Ephraim Lessings nötige Antwort auf eine sehr unnötige Frage des Herrn Hauptpastor Goeze in Hamburg« eine Auseinandersetzung über die Dokumente des früheren Christentums und die Kirchenväter vorschlagen kann mit den bezeichnenden Worten: »Der Belesenste hatte in dieser Sache nicht mehr Quellen als ich. Der Belesenste kann also auch nicht mehr wissen, als ich.« Die überlegene Meisterschaft Lessings wurde von allen Zeitgenossen, auch den Gegnern, ohne weiteres eingeräumt, und der

Hauptpastor Goeze in Hamburg hütete sich wohl, mit Lessing die angeregte Kirchenväterdisputation wirklich zu wagen.
Lessing strebte nicht nur nach umfassender Kenntnis seiner Stoffe und Gehalte; er war auch unablässig bemüht, das, was er für wertvoll und verwendbar hielt, zu übernehmen und mit seiner eigenen Gedanklichkeit zu amalgamieren. Das ergab eine Eigentümlichkeit seines Werkes, des wissenschaftlichen wie des dichterischen, die bis heute immer wieder mißverstanden und gar gegen ihn ausgespielt worden ist. Es ist *die Frage nach Lessings geistiger Selbständigkeit.* Es gibt ein ebenso dickleibiges wie absurdes Werk eines gewissen Paul Albrecht mit dem Titel »Lessings Plagiate«. Hier hatte sich ein kleiner Geist des späten 19. Jahrhunderts die Lebensaufgabe gestellt, Lessing überall gleichsam »auf die Sprünge zu kommen« und posthum nachzuweisen, »wo er es hernahm«. Die Thesen dieses Buches sind töricht, aber das herbeigeschaffte Material bleibt nützlich, zeigt es doch, in welchem Maße Lessing vor allem die Meisterwerke der Weltliteratur gekannt und studiert hat. Lessing wollte lernen und Gelerntes lehrbar machen: auch in seinen paradigmatisch gemeinten Dichtungen. Der Vorwurf des Plagiats geht also von einem Originalitätsbegriff aus, der nicht Lessings war, sondern erst mit dem Genie-Begriff der Stürmer und Dränger, und später mit dem Künstler-Begriff der romantischen Schule seinen Einzug hält. Lessing wollte kein »originales« Genie sein. Der Plagiatsvorwurf wird vor seinem Werk, das entscheidend als Weiterarbeit und Vermittlung überlieferter Stoffe und Formen gedacht war, ebenso sinnlos wie vor den Partituren Bachs oder Händels, die gleichfalls außerhalb heutiger Originalitätsideen liegen.
Mit diesem Traditionalismus Lessings aber hängt aufs engste eine Eigentümlichkeit seiner Dichtungen zusammen. *Max Kommerell* hat sie in seinem Buch über »Lessing und Aristoteles« formuliert: »Die Selbstdarstellung mußte Lessing immer fremd bleiben. Hierin ist Lessings seelische Verfassung altertümlicher, mit Goethe beginnt die eigentlich moderne Art des Dichtens.« Es wäre sogleich hinzuzusetzen, daß es weniger, wie Kommerell meint, um eine »seelische Verfassung« Lessings oder Goethes geht, sondern um *grundsätzliche Unterschiede in ihrer Bezie-*

hung zur Literatur. Lessing betrachtet seine Dichtung nicht als Selbstfindung oder auch als Selbstüberwindung. Es gibt bei ihm nicht das Verhältnis von Mann und Werk, wie bei Goethe und Werther, Goethe und Tasso, Kleist und Homburg, Büchner und Danton. Nathan der Weise »ist« nicht Lessing, sondern vertritt Lessings Gedanken. Nicht eine dichterische Selbstaussage war mit dem Parabelstück geplant, sondern die Weiterführung der Auseinandersetzung mit Goeze auf einer neuen »Kanzel« und auf einem neuen Forum: dem der Schaubühne. Lessings Literaturauffassung ist grundverschieden von jener der Stürmer und Dränger, der Klassiker wie der Romantiker. Diese alle streben nach Selbstfindung und Selbstverwirklichung in der Dichtung und durch die Dichtung: dabei wird ihnen das lyrische Gedicht und das Bekenntnisdrama zur fruchtbarsten Gattung. Aber es fehlt in der gleichen Zeit der große, naturgemäß über den Erlebnischarakter hinausstrebende Gesellschaftsroman – und es fehlt das deutsche gesellschaftskritische Lustspiel. Diese beiden Gattungen nämlich sind nur erreichbar einer Literaturauffassung, der es nicht vor allem anderen um dichterische Selbstaussage geht, sondern um talentvolles, handwerklich meisterhaftes Weiterwirken am Werk der Überlieferung. In dieser Weise verstand Lessing die Dichtung und Literatur. Nicht zufällig, daß gerade ihm eine Schöpfung wie »Minna von Barnhelm« gelang – und daß sie in unserer Literatur und Dramatik so folgenlos blieb.

Lessings Dramen stehen demnach in Absicht und Gelingen als dichterische Modelle vor uns, und wurden nicht genutzt. Sie sind unsterblich, aber sie sind nicht fruchtbar geworden. Noch ein anderes ist ihnen eigentümlich, vergleicht man sie mit späteren Meisterwerken der deutschen Schaubühne. Lessing hat unendlich lange um »Emilia Galotti« gerungen: das Werk ist in der Prägnanz der Sprache und des Handlungsverlaufs nach wie vor unübertrefflich. Doch eine wirkliche Tragödie, gar in jenem Sinne, den Lessing in der »Hamburgischen Dramaturgie« von Aristoteles herleiten wollte, ist daraus nicht geworden. Bei aller Bewunderung der Zeitgenossen für das Werk, das einen Wendepunkt in der Geschichte der deutschen Theaterdichtung bedeutet, haben sie sich nicht täuschen lassen. Sehr schön hat es in seiner gütigen Art *Matthias Claudius* ausgedrückt, wenn er in seiner Emilia-Kritik schrieb: »Ein Ding hab' ich nicht recht in Kopf bringen können, wie nämlich die Emilia sozusagen bei der Leiche ihres Appiani an ihre Verführung durch einen anderen Mann und an ihr warmes Blut denken konnte.« Die »Präventivtötung auf Verlangen«, wie man überspitzt die Lösung im 5. Akt des Dramas bezeichnen könnte, wird immer wieder der echten tragischen Wirkung entgegenstehen; und der Gesellschaftskonflikt endet mit einem Kompromiß: die Schuld bleibt bei Marinelli, der Prinz wird nicht in den Abgrund mitgerissen. Man vergleiche die Lösung in »Kabale und Liebe«, wo in der Gestalt des Präsidenten von Walter auch sein Fürst mitgerichtet wurde, um diesen *sonderbaren Ausgleichscharakter der Lessing-Stücke* richtig zu verstehen.

Es ist nicht bloß das Bemühen um lustspielhafte Lösung, dem wir den reitenden Boten des Preußenkönigs am Schlusse des Schauspiels vom »Soldatenglück« verdanken. So wenig »friderizianisch« dieses Stück ist, so eng hängt sein Ausklang mit Lessings Dramenkonzeption zusammen. Lessing will keine Selbstaussage machen, sondern nachahmbare Modelle für die deutsche Schaubühne schaffen, die ihrerseits nach besten Modellen früherer Meister und nach den ästhetischen Regeln des Aristoteles, wie sie Lessing zu verstehen glaubt, gebildet sind. Radikale gesellschaftliche Entscheidungen können daher, nach Lessings Meinung, mit diesen Dichtungsmodellen nicht verbunden werden. So bleiben drei Meisterwerke unseres Theaters, die immer wieder durch ihre Schlußszenen den ernsthaft nachgestaltenden Spielleiter vor schwere Aufgaben stellen: Königsbotschaft in der Minna, Auseinanderbrechen der gemeinsamen Front zwischen Prinz und Marinelli in der Emilia, parabolische, aber nicht mehr dramatische Lösung in der Schlußapotheose des Nathan.

Wie ist diese unverkennbare Besonderheit der Lessingschen Dramatik zu erklären? Offensichtlich nicht aus Lessings »Scheu vor der Tragödie«, denn gerade um die echte Tragödie, die ihm wie seinen Zeitgenossen als wichtigste Dichtungsart erschien, hat Lessing als Theoretiker und Dramatiker immer wieder gerungen. Es handelt sich nicht um subjektive Faktoren im Bereich von Lessings Persönlichkeit, also weder um mangelndes Können noch um Scheu vor tragischer Folgerichtigkeit, sondern weit eher um Lessings Ansichten über die Funktion der Dichtung. *Der Kompromißcharakter seiner Dramen* hängt eng zusammen mit seiner Vorstellung von einem deutschen Nationaltheater, für welches er seine Stücke bestimmt hatte, und auch mit seiner Vorstellung von der Thematik, die er dem Werkbestand eines deutschen Nationaltheaters zuzuweisen gedachte. Woraus erhellen mag, daß diese einzigartige, gleichzeitig folgenreiche und folgenlose Stellung in der deutschen Literaturgeschichte, vor Mitwelt und Nachwelt, eng zusammenhängt mit der gesellschaftlichen Funktion derjenigen sozialen Schicht, die Lessing im höchsten Maße als Mensch, Bildner und Denker repräsentiert hat: des deutschen Bürgertums.

Das mag an einigen Bemerkungen über *Lessings Auffassung von einem deutschen Nationaltheater* gezeigt werden. Es ist klar, daß es sich hierbei, besonders in den Auseinandersetzungen zwischen Lessing und Diderot, um das Gesamtthema der deutschen Aufklärung und ihrer gesellschaftlichen Grundlagen handeln muß.

Lessing war nicht der erste, der im 18. Jahrhundert inmitten deutscher territorialer Zerrissenheit den Plan eines einigenden nationalen Theaters hegte. Die entscheidenden Schläge, die Lessing im 17. Literaturbrief der Kritischen Dichtkunst eines Gottsched und dessen gesamter Bemühung um die deutsche Schaubühne versetzte, haben den Mann und Kritiker Gottsched gleichsam als Karikatur, fast in einem Narrenkleide auf die Nachwelt gebracht. Dennoch setzt Lessing, der in seinen Anfängen durchaus den Wegen Gottscheds folgte, dort ein, wo Gottsched stehengeblieben war. Bei allem guten Willen, großer Belesenheit und viel Scharfsinn hatte Gottsched die politischen Aufgaben nicht erkannt, die mit dem Gedanken einer deutschen Nationalliteratur und eines deutschen Nationaltheaters verbunden waren. Als *Theodor Wilhelm Danzel*, der bedeutende Kritiker und Ästhetiker, Gottscheds umfangreichen Briefwechsel herausgab, mußte er voller Erstaunen feststellen: »Es ist unglaublich, aber es ist wahr, in diesem bändereichen Briefwechsel kommen kaum ein oder zwei Äußerungen politischer Art vor, obgleich Gottsched selbst seinerzeit sogar einmal die Universität Leipzig auf dem Landtage vertrat.« Lessings Gedanke

eines deutschen Nationaltheaters aber gehört durchaus zu den großen politischen Konzepten.
Was Gottsched niemals verstanden hatte, war bei Lessing von vornherein als Hauptaufgabe gestellt: daß die Frage nach den Vorbildern für ein zu schaffendes deutsches Nationaltheater, also die Frage Sophokles, Shakespeare, Corneille oder Voltaire *weit über den Rahmen einer Literaturdebatte hinausreiche.* Daß eine nationale *und* soziale Auseinandersetzung dabei durchkämpft werden müsse: national als Auseinandersetzung zwischen deutschem und französischem Theater, sozial als notwendig zu treffende Entscheidung zwischen höfischer und bürgerlicher Kunst. Erst Lessing hat diese Frage gestellt und entschieden: zugunsten des Deutschtums und zugunsten des Bürgertums.
Für Lessings Kampf um ein deutsches Nationaltheater und eine deutsche Nationalliteratur (denn als Voraussetzung für ein Nationaltheater der Deutschen empfand Lessing, wie er immer wieder betonte, ein erst zu schaffendes Reservoir authentischer deutscher meisterhafter Theaterstücke) war darum die Auseinandersetzung mit der französischen klassizistisch-nachklassizistischen Dramatik und Theatralik als Grundaufgabe gestellt. Schon von Franz Mehring, erst recht später von Georg Lukács wurde immer wieder darauf hingewiesen, daß darunter kein Kampf gegen Frankreich, Franzosen oder französischen Geist schlechthin verstanden werden darf. Lukács formulierte es so: »Es ist ein beliebter Fälschungstrick des modernen deutschen Chauvinismus, den großen Aufklärern ein Antifranzosentum anzudichten. Wenn etwa Lessing Corneille und Voltaire kritisierte, so tat er es zumindest ebenso stark im Namen Diderots als in dem Shakespeares!« Diese nationalistische Entstellung ist übrigens nicht erst, wie der Satz von Lukács andeuten könnte, neuesten Datums. Mehring enthüllte bereits die gleichen Gedankengänge an den Lessing-Analysen von Wilhelm Scherer und Erich Schmidt. Allein schon in dem Lessingbuch Adolf Stahrs, den Mehring als stellvertretend betrachtet für den deutschen bürgerlichen Liberalismus der Jahre nach 1848, ist dieser deutschtümelnde Hochmut gegen alles Französische zu finden. Stahr erblickt in Lessings Auftreten eine »Befreiung des deut-

schen Geistes ... aus der voltairisierenden Frivolität seichter Aufklärerei zu der göttlichen Freiheit, Milde und Gerechtigkeit der wahren Religion des Geistes und der Humanität«.
Da läßt man, um Lessings wirkliches Verhältnis zu Voltaire und damit überhaupt zu Frankreich auf eine knappe Formel zu bringen, am besten den Meister selbst sprechen. Im Musenalmanach für 1780 erschien, 1779 geschrieben, ein kleines Lessinggedicht mit der Überschrift:

Grabinschrift auf Voltairen

Hier liegt – wenn man euch glauben wollte,
Ihr frommen Herrn! – der längst hier liegen sollte.
Der liebe Gott verzeih aus Gnade
Ihm seine Henriade
Und seine Trauerspiele,
Und seiner Verschen viele:
Denn was er sonst ans Licht gebracht,
Das hat er ziemlich gut gemacht.

Das ist leicht, fast spielerisch hingesetzt – und enthält dennoch in wenigen Zeilen Lessings Meinung über den Franzosen, der auch Lessings Denken, wie dieser genau wußte, entscheidend mitgeformt hatte. *Gegnerschaft und Bruderschaft sind hier nebeneinandergestellt.* Voltaire ist tot: und Lessing verspottet zunächst den frommen Eifer kirchlicher Orthodoxie, dem Voltaires Langlebigkeit seit jeher als ein gleichsam himmlisches Ärgernis erschienen war. Er selbst aber war nicht Voltaires Feind im Sinne jener, mochten sie Katholiken sein, Calvinisten oder Lutheraner. Er verübelte Voltaire den Alexandrinerpomp der Henriade, einer, wie Lessing empfand, falschen, im antiken Sinne unechten Epopöe. Er verwarf Voltaires klassizistische Trauerspiele: wie einst in den Literaturbriefen und der Dramaturgie, so noch hier im Versnekrolog. Der übrige Voltaire aber, so scheint es Lessing, habe seine Sache »ziemlich gut gemacht«. Das Übrige aber: das war Voltaires Philosophie, Geschichtsschreibung, Publizistik, sein jahrzehntelanges Wirken als Verfechter menschlicher Würde und geistiger Selbständigkeit gegen alle Infamien von Absolutismus und Orthodoxie. In diesen Fragen aber stand der Deutsche Lessing in den Fußstapfen des Franzosen Voltaire.

Von *Diderot* zu schweigen. Lessing hat die beiden bürgerlichen Schauspiele Diderots übersetzt und der deutschen Öffentlichkeit erschlossen. Er hat in den Literaturbriefen nachdrücklich die Dramaturgie Diderots vertreten. Im 17. Literaturbrief hatte Lessing den Kampf gegen Gottsched und für ein deutsches Nationaltheater eröffnet. Im 81. Brief vom 7. Februar 1760 entwikkelte er das Bild der deutschen Theatermisere und der daraus erwachsenden Aufgaben: »Wir haben kein Theater. Wir haben keine Schauspieler. Wir haben keine Zuhörer.« Dann wird Diderot das Wort gegeben, der, von Lessing übersetzt und als Kronzeuge angerufen, die Notwendigkeit eines Theaters für bürgerliche Menschen, ein Theater fordert, das »die Aufmerksamkeit eines ganzen Volkes an seinen feierlichsten Tagen beschäftigen« solle. Was Diderot für Frankreich fordert, verlangt Lessing für Deutschland. Erbittert setzt er noch aus eigenem hinzu: »So redet ein Franzose! Und welcher Sprung von dem Franzosen auf den Deutschen! Der Franzose hat doch wenigstens noch eine Bühne; da der Deutsche kaum Buden hat. Die Bühne des Franzosen ist doch wenigstens das Vergnügen einer ganzen großen Hauptstadt; da in den Hauptstädten des Deutschen die Bude der Spott des Pöbels ist.« Der Nationaltheatergedanke bei Lessing ist untrennbar mit Diderots Forderungen verknüpft. Auch in der »Hamburgischen Dramaturgie« ist Lessing, sieben Jahre später, nach wie vor dem großen Enzyklopädisten verbunden.

Das alles ist nicht neu, war noch einmal anzudeuten, weil das deutsche Schulmeisterbild vom Franzosenbezwinger Lessing, der gleichsam in der »Hamburgischen Dramaturgie« einen Parallelsieg zu König Friedrichs Sieg in der Schlacht von Roßbach errungen habe, immer noch zu gelten scheint.

Weniger beachtet wurde bisher *die große Auseinandersetzung zwischen Lessing und Diderot*, die man gleichfalls in der »Hamburgischen Dramaturgie« findet. Die Beziehungen zwischen Lessing und der französischen Aufklärung, erst recht zwischen deutscher und französischer Literaturentwicklung, sind reich an dialektischen Vermittlungselementen. Wir kennen nicht bloß

Lessings Kampf gegen den französischen Klassizismus und seine feudalabsolutistische Grundstruktur, nicht bloß die Bundesgenossenschaft zwischen Lessing und dem Aufklärer Voltaire, erst recht zwischen Lessing und Diderot. Nicht minder bedeutsam aber ist *der ungleichmäßige Verlauf deutscher und französischer Aufklärung.* Das zeigt sich am deutlichsten bei einem Vergleich zwischen Lessings Deismus oder Spinozismus und dem ausgeprägten philosophischen Materialismus des reifen Diderot. Allein gerade auch in Lessings und Diderots Konzeption des Theaters spüren wir bei weitgehender Gemeinsamkeit doch sehr tiefgehende Gegensätze.

Es spricht für Lessings Wahrhaftigkeit, die gerade auch vor Freunden und Bundesgenossen nicht abzudanken bereit ist, daß er die Gegensätze zu Diderot so scharf herausgearbeitet hat. Zunächst allerdings begegnen wir in der »Hamburgischen Dramaturgie« noch weitestgehenden Übereinstimmungen zwischen beiden. Die Auseinandersetzung zwischen Lessing und Diderot beginnt am 19. Februar 1768 mit dem 84. Stück, das diesmal einer Rezension von Diderots »Hausvater« gewidmet ist, der in Hamburg aufgeführt worden war. Zunächst überwiegen Ausdrücke der Verehrung des Kritikers für den diesmal zu rezensierenden Autor. Das 86. Stück dagegen eröffnet jene für die Geschichte der deutschen Ästhetik und Literaturkritik bedeutungsvolle Auseinandersetzung darüber, ob Diderot recht habe, wenn er als Dramaturg behauptete, in der Wirklichkeit gäbe es höchstens ein Dutzend »wirklich komische Charaktere, die großer Züge fähig waren«; mithin werde vorgeschlagen, »nicht mehr die Charaktere, sondern die Stände auf die Bühne zu bringen«. Es geht nicht an, bloß als Literaturhistoriker diese Gegensätze zwischen Lessing und Diderot als vertiefte Darstellung der Genese des deutschen Nationaltheaters herauszuarbeiten, ohne daß man sie bewertete. Die Antwort kann man schon in der Lessing-Zeit selbst finden, nämlich *in der Entwicklung Johann Gottfried Herders.* Herder folgte zunächst der Argumentation Lessings. In einem Aufsatz über Thomas Abbts Schriften aus dem Jahre 1768, dessen zweiter Teil erst aus dem Nachlaß Herders stammt, hatte sich der Theoretiker Herder äußerst scharf gegen Diderots Theater der Stände gewandt und boshaft erklärt: »Gewiß viel gefolgert, fast so viel, als daß man, eigentlich zu reden, nicht mehr natürliche, sondern politische Menschen, nicht mehr Menschen, sondern Affen auf die Bühne bringen muß.« Allein diese Auffassung stand ersichtlich noch unter Lessings Einfluß. Der spätere Herder hat auch hierin wesentlich schärfer gesehen, wenn er 1794 in Weimar schreibt: »Natürlich können Stände ohne bestimmte Charaktere auf dem Theater keine Wirkung tun; aber bilden sich die Charaktere der Menschen nicht in und nach Ständen?« Und es ist sicherlich der Ironiker Herder, der sogleich auch das Beispiel einer Dramengestalt anzuführen weiß, welche als »Charakter nach ihrem Stande« gebildet wurde. Es ist, nach Herder, *der Prinz in Lessings »Emilia Galotti«*. Damit aber öffnet sich ein weiter Horizont; gleichsam als Panorama steht Lessings Verhältnis zu Mitwelt und Nachwelt ausgebreitet: hier im Aspekt einer scheinbar bloß dramaturgischen Frage. Aber was mag man hier »bloß« dramaturgisch nennen, wo unverkennbar die Klassenprobleme im Bereich der Literatur und Dramaturgie auftreten, und zwar *Klassenprobleme eines bürgerlichen Theaters*. In der Auseinandersetzung über ein bürgerliches deutsches Nationaltheater konnte sich Lessing der Gemeinschaft Diderots sicher wissen, und auch Diderot hatte sich in Frankreich ausdrücklich zu Lessing bekannt.

Hier aber, in der Frage eines Theaters der Stände und Typen – oder der »Charaktere« ohne ausgeprägten gesellschaftstypischen Charakter, scheidet sich offenbar der deutsche vom französischen Aufklärer. *Aber in der Sache recht hatte doch offenbar Diderot*, der hinter einem seiner scheinbar so paradoxen und jäh aufschießenden genialen Einfälle die tiefere Einsicht in das Wesen gesellschaftlich typischer Dramengestaltung bewies. Wie nicht zuletzt der späte Herder feststellte, indem er – denn was wäre anders dabei gemeint? – unmerklich lächelnd konstatierte, daß Lessings dramatische Praxis zu gewissen Grundsätzen der »Hamburgischen Dramaturgie« im Widerspruch stehe, und daß eine Gestalt wie der Prinz in der »Emilia Galotti«, eine Gestalt, wie wir zugeben müssen, von schärfster klassenmäßiger Prägung, weit eher den dramatischen Postulaten Diderots entspricht, als den Grundsätzen ihres eigenen Autors.

Muß es in der Debatte Lessing – Diderot so scheinen, als zeige sich deutlicher als sonst auch die Begrenztheit von Lessings Gedanken über Drama und Theater, so kann auf der anderen Seite gesagt werden, daß man schon bei Lessing viele fruchtbare Ideen findet, die man im allgemeinen erst einer späteren Phase der deutschen Literaturentwicklung zuzurechnen pflegt. Daß es Lessing bei seinem Kampf um das deutsche Nationaltheater wesentlich um meister- und musterhafte Stücke ging, in zweiter Linie erst um meister- und musterhafte Darstellung auf der Szene, zeigt sich, liest man die bitteren Briefe, die Gotthold Ephraim Lessing an seinen jüngeren Bruder Karl richtet, um ihn im Jahre 1777 über den gescheiterten Versuch zu unterrichten, nach der mißglückten Hamburger Entreprise von 1767/68 nun in Mannheim auf soliderem Fundament dies ersehnte Nationaltheater zu schaffen.

Hoffnungsfreudig war Lessing nach Mannheim gekommen: tief verbittert berichtet er dann aus Wolfenbüttel am 25. Mai 1777: »Mit einem deutschen Nationaltheater ist es lauter Wind, und wenigstens hat man in Mannheim nie einen andern Begriff damit verbunden, als daß ein deutsches Nationaltheater daselbst ein Theater sei, auf welchem lauter Pfälzer agirten. An das, ohne welches wir gar keine Schauspieler hätten, ist gar nicht gedacht worden.« Das eben war es: man hatte in Mannheim nicht begreifen wollen, daß ohne Werke einer genuinen deutschen Dramatik auch nicht das Ensemble und der Darstellungsstil eines solchen deutschen Nationaltheaters entwickelt werden könne. Theater großen Stils kann sich nur entwickeln, wenn es einer Tragödie oder Komödie großen Stils zu dienen gewillt ist. Das hat keiner in Deutschland vor Lessing so klar erkannt und vorgeredet.

Darum zeigt der *Nachlaß* des Dramatikers und des Gelehrten Gotthold Ephraim Lessing, wie unermüdlich ein Mann am Werke war, dieser nationalen Dramatik der Deutschen neue Themen, Stoffe, auch Literaturformen zu erschließen. Man hat sich gemeinhin daran gewöhnt, in Lessing einen Ästhetiker zu finden, der eigentlich nur die Antike und im gewissen Sinne den aristotelisch umgedeuteten Shakespeare als Muster anerkannt habe. Nichts ist unrichtiger. Lessing war ein ausgezeichneter Kenner gerade auch der alt- und mittelhochdeutschen Literatur;

für ihn gab es in der deutschen Literatur des 16. und 17. Jahrhunderts durchaus keine »weißen Flecke«. In Wolfenbüttel sitzt der Bibliothekar Lessing über Wolfram und anderen Texten des 13. Jahrhunderts; er studiert die deutschen Volksbücher und ist besonders durch den Eulenspiegel angezogen, dessen einzigartig deutschen Ursprung er genau versteht; er liest Thomas Murner, Opitz und Lohenstein, ist leidenschaftlich gefesselt von Steinbachs Unternehmen eines deutschen Wörterbuchs. Daneben aber stehen, gleichfalls als in sich zusammengehörende Themenkreise des Dramatikers Lessing, die Bemühungen um Stoffe, die mit großen politischen Auseinandersetzungen der Vergangenheit, besonders Freiheitskämpfen, zusammenhängen: Alkibiades und die Demokratie von Athen, Spartacus und der Sklavenaufstand, Samuel Henzi, und Masaniello, der Führer der aufständischen Fischer von Neapel.

Auch *Lessings Faust* gehört hierher. Eine Probeszene hatte er schon im 17. Literaturbrief von 1759 mitgeteilt. Nach Berichten von Lessings Freunden soll das Faustdrama vollendet vorgelegen haben; das Manuskript ging offensichtlich, wie Karl Lessing mitteilte, in einer Kiste auf dem Transport von Dresden nach Leipzig verloren. Aus den Berichten derer, die das Manuskript gesehen oder von Lessing die Grundkonzeption seines Faust exponiert bekamen, geht hervor, daß auch *Lessing bereits vor Goethe eine Höllenfahrt Faustens verwarf*: er wählte den eigentümlichen Ausweg, teuflisches Treiben und Höllenfahrt des berühmten Doktors bloß an einem Phantom, einem Traumgebilde vollziehen zu lassen, während der wirkliche Faust das Schicksal des Phantoms als Warnung im Traum erblickt. Zu dieser Konzeption Lessings paßt natürlich auch, daß er bereits im Jahre 1750 den Plan gehegt hatte, Calderóns Schauspiel »Das Leben ein Traum« zu übersetzen.

Alles zeigt Gotthold Ephraim Lessing in einer Weite der Stoffbeherrschung, einer staunenswerten Vorwegnahme von Themen, Gedankengängen und Stoffkreisen, wie wir sie erst mit der Klassik und Romantik verbinden, so daß nichts ungerechter wäre als eine Auffassung, die Lessing zwar als Anreger einer deutschen Literatur gelten lassen will, nicht aber als wirklichen Kenner deutscher Literaturentwicklung im Mittelalter und Nachmittelalter. Auch über die Bedeutung von Lessings »Laokoon« für die ästhetische Diskussion sollte man nicht allzu rasch urteilen. Natürlich konnte man am Beispiel der Laokoongruppe, die man jahrhundertelang schon vor Lessing fälschlicherweise als ein Werk aus der Blütezeit der griechischen Kunst ansah, dessen geschichtlichen Spätcharakter, wenn nicht Epigonencharakter, man also verkannte, keine wahrhaft gültigen Kategorien für die Grenzziehung zwischen bildender Kunst und Dichtkunst entwickeln. Es ist richtig, wenn Heinz Ladendorf in seiner umfassenden Darstellung der Bedeutung des Laokoonproblems für die europäische bildende Kunst darauf hinweist, daß den Künstlern des 19. Jahrhunderts die Laokoongruppe sogar zu einem Sinnbild des Akademismus geworden war, so daß auf einer Zeichnung Menzels von 1833 der Laokoonkopf aufgefaßt ist als »das redende Zeichen für Perückenstock und Zopf des Lehrbetriebes im Gipssaal«. Allein wenn Ladendorf die »fast unbegreiflich feste Geltung von Lessing formulierter Gedanken durch das ganze 19. Jahrhundert« konstatiert, so wird man nicht bloß den Gestaltwandel festzustellen haben, den die gesetzgeberisch gemeinten und ursprünglich durchaus kühnen Gedanken in Lessings »Laokoon« im bürgerlichen Klassizismus erfahren mußten. Es gibt auch andere Denkelemente in Lessings »Laokoon«, die nicht abgetan werden konnten. Auf die richtige Bedeutung der Gedanken des Laokoon für die realistische Dichtung in der deutschen Klassik, vor allem die Dichtung Goethes, hat Tschernyschewski hingewiesen. Unser modernes Thema der Differenzierung zwischen »erzählender« und »beschreibender« Dichtung, leitet sich in unmittelbarer Folge von gewissen Gedankengängen in Lessings »Laokoon« her.

In Lessings Gesamtwirken läßt sich immer wieder ein *eigentümlicher Zwischencharakter* feststellen. Am Beispiel seiner Dramatik wurde von einem Streben nach Ausgleich und Kompromiß gesprochen. In seiner Auffassung vom Nationaltheater steht er zwischen den Klassizisten und den rücksichtslos bürgerlich-revolutionären Forderungen, wie sie Diderots Theater der Stände repräsentiert. Mit seinen Gedanken über Literatur und bildende Kunst steht er zwischen Akademismus und Geniekult. Eine sonderbare Verkettung scheint diesen ursprünglich so einzelgängerischen, kühn vorwärtsstürmenden Mann *immer wieder in Positionen des Ausgleichs*, der Vermittlung oder des Dazwischen zu stellen, die allerdings der Philosophie des Aristoteles sehr vertraut sind, aber wesentlich stärker durch besondere gesellschaftliche Merkmale bestimmt werden. Wo also steht Lessing, dieser bürgerliche Mensch und Künstler? *Welches Bild macht er sich vom Bürgertum und seiner Zukunft?* Damit ist zugleich die Frage nach Lessings Stellung zum Volk aufgeworfen. Auch sie hat er, wie alles, was ihm zu denken gab, überaus klar und unkonventionell für sich gestellt und beantwortet.

Wenn es zu den Eigentümlichkeiten des Lessingschen Geistes und seiner Arbeitsweise gehörte, daß er seine wichtigsten Erkenntnisse häufig zu bestimmten äußeren Anlässen formulierte und dabei, über diesen Tageszusammenhang hinaus, zu grundsätzlichen Betrachtungen fortgetrieben wurde, so kann es nicht wundernehmen, daß man die prinzipiellste selbstgeprägte Formel Lessings für sein *Verhältnis zum Volk* nicht in irgendeinem programmatischen Aufsatz, sondern in einem persönlichen Brief finden muß. Er wurde geschrieben am 22. März 1772, und zwar an *Johann Wilhelm Ludwig Gleim*, den Lyriker, dessen sogenannte Grenadierlieder während des Siebenjährigen Krieges, 1758, mit einer Vorrede Lessings erschienen waren. Nunmehr, also zu Beginn des Jahres 1772, hat Gleim eine neue Gedichtsammlung mit dem Titel »Lieder für das Volk« herausgegeben. Lessing dankt ihm für die Übersendung und kommt dabei auf das Thema Volkslieder oder Lieder für das Volk zu sprechen. Der Brief wurde übrigens für wichtig genug gehalten, nach Lessings Tode wenigstens in den allgemein gültigen Partien des Schreibens veröffentlicht zu werden.

In Gleims »Liedern« für das Volk erblickt Lessing etwas Wichtiges und Neues, das seinen Beifall findet. Weshalb er schreibt: »Man hat oft gesagt, wie gut und nothwendig es sey, daß sich der Dichter zu dem Volke herablasse. Auch hat es hier und da ein Dichter zu thun versucht. Aber noch keinem ist es eingefallen, es auf die Art zu thun, wie Sie es gethan haben: und doch denke ich, daß diese Ihre Art die vorzüglichste, wo nicht die einzig wahre ist.« Man muß sich vor Augen halten, daß wir dieses Schreiben mit der ersten Höhepunktsentwicklung der Stürmer und Dränger synchronisieren müssen. Herders Volksliedkonzeption, zu schweigen von jener Hamanns, ist den Zeitgenossen bereits bekannt. Es kann also nicht zweifelhaft sein, wen und was Lessing meint, wenn er auch seinerseits zu diesem Thema spricht. Lessing fährt in seinem Gedankengang fort, wobei ihm sein Sprachgefühl und die besondere Fähigkeit seines Geistes zur scharf antithetischen Pointenbildung zu Hilfe kommen. Er meint nämlich, alle bisherige »Herablassung« zum Volke habe man als Angelegenheit des *Verstandes* betrachtet; es sei aber eine Sache des *Standes*. Was heißen soll: bisher habe man die Beziehung bürgerlicher Dichter zum Volk als Weg der Niveausenkung, der, wie Lessing sagt, Leichtfaßlichkeit betrachtet. Es handle sich aber darum, erkennen zu müssen, daß Dichtung für das Volk nicht bürgerliche Dichtung mit geringeren Ansprüchen sei, sondern etwas qualitativ anderes: welches, um Lessing zu zitieren, »in einer täuschenden Versetzung in die mancherley Umstände des Volkes besteht«.

Man müsse also das Volk zunächst einmal kennenlernen, ehe man sich dichtend zu ihm herablasse. Das aber habe bisher nur Gleim wirklich versucht. Die übrigen hätten das Volk lediglich als »schwachdenkendsten Teil des Geschlechts« genommen und einen sorgfältigen Unterschied gemacht, wenn sie »für das vornehme und für das gemeine Volk« sangen. Anders Gleim. »Sie nur haben das Volk eigentlich verstanden, und den mit seinem Körper thätigern Theil im Auge gehabt, dem es nicht sowohl am Verstande, als an der Gelegenheit fehlt, ihn zu zeigen. Unter dieses Volk haben Sie sich gemengt: nicht, um es durch gewinstlose Betrachtungen von seiner Arbeit abzuziehen, sondern um es zu seiner Arbeit zu ermuntern, und seine Arbeit zur Quelle ihm angemessener Begriffe, und zugleich zur Quelle seines Vergnügens zu machen.«

Das sind sonderbare Sätze und Gedankengänge. Nicht entscheidend mag sein, daß Lessing, historisch gesehen, seinen Briefpartner Gleim weit über Gebühr erhöht und in dessen Liedern für das Volk die gemäße Dichtung für den gemeinen Mann erblicken möchte: mit deutlicher Spitze gegen die Stürmer und Dränger. Wichtiger ist die hier formulierte Ansicht Lessings vom Verhältnis zwischen Dichter und Volk. Lessing geht so weit, in den nächsten Sätzen des Briefes den Dichter Gleim besonders dafür zu loben, daß er den Zustand der Handarbeit in einer Art besinge, die, wie Lessing sagt, »dem Epikur und dem Seneca so sehr gefiel« und die er als laeta paupertas, als »fröhliche Armut« bezeichnet. Dichtung für das Volk soll also, nach Lessings Auffassung, den Handarbeiter nicht »durch gewinstlose Betrachtungen von seiner Arbeit abziehen«, sondern »zu seiner Arbeit ermuntern«, indem sie ihm den stoischen wie epikureischen Begriff »fröhlicher Armut« dichterisch vor Augen hält. Aber wir müssen Lessings Gedanken über Volk und Dichtung für das Volk abermals mit der Volksdichtungskonzeption der Stürmer und Dränger zusammenstellen. Wird man leugnen, daß sich gerade auch in Lessings Verhältnis zum Volk, in seinen Lobesworten für Gleim, jenes Streben nach dem Ausgleich wiederfindet, das man bereits in seiner Dramatik, seiner Dramaturgie, seiner Theorie der bildenden Kunst und der Literatur hervorbrechen sah?

Wollte man Lessings Philosophie genauer umschreiben, so würde auch dort, in seinem Zurückgreifen auf urchristliche Gedankengänge, in der Antithese von Religiosität und Dogmenfeindschaft, in seinem Gedankengang von der positiven Gleichwertigkeit aller Religionen, wie sie im Nathan verkündet wird, endlich in den Beziehungen des späten Lessing zum Spinozismus eine ähnliche Zwischenstellung beobachtet werden. *Auch hier steht Lessing zwischen den Orthodoxien und dem Materialismus eines Holbach, Helvétius oder Diderot.* Gewiß steht er damit, als Schüler Spinozas, dem Atheismus nahe. Friedrich Heinrich Jacobi verstand dies Tendieren Lessings nicht unrichtig, wenn er ihm die These entgegenhielt: »Spinozismus ist Atheismus.« Allein es ist ebenso nachzuweisen, daß der Spinozismus des jungen Goethe wesentlich weiter in der Richtung materialistischer Weltanschauung vorgetrieben wurde als der Spinozismus Gotthold Ephraim Lessings. Man wird auch Lessings Philosophie nur als ein *vorläufiges* Resultat seiner religiösen Bemühungen um Wahrheitsfindung betrachten können.

Lessing starb als ein Mann im Mannesalter. Seine letzte bedeutsame Schrift, als eine Art Testament wirkend, der in hundert Paragraphen vorgetragene Traktat »Die Erziehung des Menschengeschlechts«, zeigt ihn im Prozeß geistiger Auseinandersetzung und Selbstfindung. Nicht umsonst hatte er auf der Bibliothek zu Wolfenbüttel rastlos gelesen, exzerpiert und überdacht. Er war nicht bloß mit der frühen deutschen Dichtung dabei zusammengestoßen, sondern auch mit den Gedankengängen der europäischen Mystiker, deren sozial-reformatorischen Gehalt er zu verstehen glaubte, so daß wir im Paragraphen 87 der Erziehung des Menschengeschlechts lesen können: »Vielleicht, daß selbst gewisse Schwärmer des dreizehnten und vierzehnten Jahrhunderts einen Strahl dieses neuen ewigen Evangeliums aufgefangen hatten; und nur darin irrten, daß sie den Ausbruch desselben so nahe verkündigten«, und daß der Paragraph 88 dann fortfährt: »Und gewiß hatten sie keine schlimmen Absichten, wenn sie lehrten, daß der Neue Bund eben so wohl antiquiret werden müsse, als es der Alte geworden.« Das führt über die Thesen des Anti-Goeze und des Nathan weit hinaus: ein Bogen spannt sich von den Joachiten und manchen Gedankengängen aus der Volksreformation des Thomas Münzer zu Ideen des Saint-Simonismus, insbesondere zur Vermischung dieser Ideen eines »Neuen Bundes« mit saint-simonistischen Gedankengängen bei Heinrich Heine.

Lange Zeit hatte man die Gegensätze zwischen der deutschen Aufklärung und dem Sturm und Drang überakzentuiert, wobei man sich mit dem Gegensatzpaar »Rationalismus« und »Irrationalismus« zufriedengab. Eine neue gesellschaftswissenschaftliche Betrachtung dieser Aera führt unabweislich dazu, Lessing-Periode und Sturm und Drang als höhere Einheit, als ineinandergreifende Phasen eines Gesamtprozesses zu verstehen: nämlich der Herausbildung der bürgerlichen Kunst, des bürgerlichen gesellschaftlichen Bewußtseins. Vielleicht ist nunmehr der Zeitpunkt gekommen, auch wieder, bei allem Festhalten am Gesamtcharakter dieser Entwicklung, die qualitativ verschiedenen Momente in Lessings Welt und Wirken und im Weltbild der Stürmer und Dränger genauer herauszuarbeiten. Daß hier entscheidende Gegensätze vorhanden sind, daß eine Deutung Lessings auch nur in Verbindung mit diesen Gegensätzen gesucht und gefunden werden kann, wurde darzulegen versucht.

Lessing vertritt, wie keiner vor ihm und zu seiner Zeit, in aller Bewußtheit das Credo der bürgerlichen Klasse. Was er als Einzelner zu wirken begann, ist von allen Schichten des deutschen Bürgertums aufgenommen und zunächst fruchtbar gemacht worden: natürlich auch von den Stürmern und Drängern, die sich dann von ihm trennten. Darin hat er unter den verkrüppelten deutschen Verhältnissen eine ähnliche Rolle der Konzentrierung und Koordinierung aller bürgerlichen Kräfte gespielt wie Diderot mit seinem enzyklopädischen Unternehmen in Frankreich. Betrachtet man jedoch die Gegensätze, die sich in Frankreich zwischen *Diderot* als Repräsentanten der gesamten bürgerlichen Klassenbewegung und *Rousseau*, dem Vertreter plebejischer Forderungen, herausgebildet haben und die wir durch den gesamten Prozeß der Französischen Revolution in ihrer Gegensätzlichkeit verfolgen können, so scheint naheliegend, für Lessings Auseinandersetzung mit Herder, dem jungen Goethe, überhaupt der Sturm- und Drangbewegung, *eine ähnliche Antithetik zwischen gesamtbürgerlichen und partiell-plebejischen Forderungen* als Basis anzunehmen. Es ist nicht zufällig, daß Rousseau, der nahezu auf alle bedeutenden Deutschen zwischen 1770 und 1800 so unermeßlich eingewirkt hat, auf Herder und Goethe, Schiller und Jean Paul, Forster und Seume, Hölderlin und Kleist, seinem Zeitgenossen Lessing nirgendwo zum bedeutenden Erlebnis wurde.

»Lessing hat den Luther fortgesetzt«, schrieb Heine in seiner Überschau über die Geschichte der Religion und Philosophie in Deutschland, und er bemühte sich, diese Parallelwirkung Lessings und Luthers im einzelnen mit stellenweise bestechenden Argumenten zu belegen. Lessing bedeutet in der Geschichte Deutschlands ein ebenso tief einschneidendes Ereignis wie vor ihm Luther. Vermutlich würde man sogar auf überraschende Ähnlichkeiten in der gesamtgesellschaftlichen Funktion stoßen dergestalt, daß in beiden Fällen eine umfassende Erneuerungsbewegung und Zusammenfassung aller ans Licht drängenden Kräfte ausgelöst wurde, während beide, aus ganz verschiedenen Motiven und in gründlich verschiedenen Situationen, im Interesse der Ausgleichs- und Sammlungswirkung den besonderen plebejischen Strömungen ablehnend gegenüberstanden.

Die poetische Praxis

In Schillers »Räubern« hat der jugendliche Autor, bevor die Katastrophe über Franz Moor hereinbricht, als retardierendes Moment ein Religionsgespräch eingeschaltet. Der Freigeist und dezidierte Atheist Franz Reichsgraf von Moor ließ sich den protestantischen Pastor Moser kommen: »Weil ich Langeweile hab' und eben am Schachbrett keinen Geschmack finde. Ich will mir einen Spaß machen, mich mit Pfaffen herumzubeißen. Mit dem leeren Schrecken wirst du meinen Mut nicht entmannen. Ich weiß wohl, daß derjenige auf Ewigkeit hofft, der hier zu kurz gekommen ist; aber er wird garstig betrogen. Ich hab's immer gelesen, daß unser Wesen nichts ist, als Sprung des Geblüts, und mit dem letzten Blutstropfen zerrinnt auch Geist und Gedanke. Er macht alle Schwachheiten des Körpers mit, wird er nicht auch aufhören bei seiner Zerstörung? nicht bei seiner Fäulung verdampfen? Laß einen Wassertropfen in deinem Gehirne verirren, und dein Leben macht eine plötzliche Pause, die zunächst an das Nichtsein grenzt, und ihre Fortdauer ist der Tod. Empfindung ist Schwingung einiger Saiten, und das zerschlagene Klavier tönet nicht mehr. Wenn ich meine sieben Schlösser schleifen lasse, wenn ich diese Venus zerschlage, so ist's Symmetrie und Schönheit gewesen. Siehe da! Das ist eure unsterbliche Seele!«
Der Pfarrer antwortet, was seines Amtes ist und was Moor, immer unruhiger werdend, mit den Worten »Pfaffengewäsche, Pfaffengewäsche!« quittiert. Aber der Geistliche hat leichtes Spiel, denn vor ihm steht kein lächelnder Libertin, sondern ein Verbrecher in Todesfurcht. Das eigentliche Religionsgespräch findet nicht statt. Moor jagt den Partner davon. »Geh in tausend Grüfte, du Eule! wer hieß dich hierher kommen? Geh, sag' ich, oder ich stoß' dich durch und durch!« Worauf Mosers Abgang sowohl theatralisch wie geistlich gesichert ist durch die Worte: »Kann das Pfaffengewäsche so einen Philosophen in Harnisch jagen? Blast es doch weg mit dem Hauch Eures Mundes!«
Schiller wußte, warum er diese Konstellation wählte. Er war als Zögling in einem Musterinstitut der aufgeklärten Pädagogik herangewachsen: in Herzog Karl Eugens Hoher Karlsschule zu Stuttgart. Nun war dieser württembergische Herzog, den man

sich auch heute noch, eben in Erinnerung an Schillers Jugendgeschichte, als wütenden und unbelehrbaren Autokraten vorzustellen pflegt, wofür in der Tat – man denke an Schubart – einiger Anlaß besteht, zugleich auch ein typischer Vertreter fürstlich-aufgeklärter Reformsucht im achtzehnten Jahrhundert. Die Stuttgarter Karlsschule war eine erste deutsche Erziehungsanstalt, die einen weitgehend säkularisierten Lehrplan besaß. Trotzdem sah Schiller im Bilde Karl Eugens die Verbindung von Aufklärung und Despotismus als politische Einheit. Gegen sie stellte er das rousseauistische Natürlichkeitsideal, die Forderung nach Volkstümlichkeit und nach natürlicher Religion. Sein Schauspiel mußte als Tragödie enden.

Gut dreißig Jahre vor Schiller hatte ein anderer jugendlicher deutscher Dramatiker gleichfalls die Auseinandersetzung zwischen einem Freigeist von adliger Herkunft und einem protestantischen Geistlichen zum Gegenstand einer Bühnenschöpfung gemacht, die abermals mit der moralisch-theatralischen Widerlegung des Freidenkers und dem Sieg des Kirchenmannes enden sollte. Wieder wird die Freigeisterei als Ausdruck einer gesellschaftlich privilegierten, aristokratischen Leichtfertigkeit verstanden. Die natürliche Menschlichkeit verkörpert sich im einfachen Bürger, der ein geistliches Amt verwaltet.

Freilich läßt *Gotthold Ephraim Lessing* sein Theaterstück *»Der Freigeist«*, das er 1749 verfaßte, als er im gleichen Alter stand wie Schiller, da er die Szenenfolge der »Räuber« heimlich niederschrieb, nicht als Trauerspiel ablaufen. Er bedient sich vielmehr der typischen Formen und Gattungsprinzipien des zeitgenössischen gesellschaftskritischen Lustspiels: wie im »Jungen Gelehrten« oder im »Misogyn«. Auch bei ihm aber ist die gesellschaftliche Konstellation: hier adliger Libertin, dort bürgerlicher Glaubensmann, nicht zufällig. Lessing weiß, was er meint und wen er meint, wenn er seinen adligen Freigeist Adrast dem Gelächter preisgibt. Das Lustspiel entstand in Berlin, am Ende des ersten Regierungsjahrzehnts eines dezidiert aufgeklärten preußischen Königs, der soeben zwei Eroberungskriege siegreich absolviert hat und nun das Gespräch mit den aus Paris importierten Philosophen eines entschlossenen Materialismus sucht. Lessing lernte sie in Berlin kennen, nicht bloß Voltaire, sondern vor

allem den von ihm ingrimmig verfolgten La Mettrie, den er sogar als Wissenschaftler zu kompromittieren bemüht war.
Auch der junge Lessing scheint die atheistischen Zynismen Friedrichs II. und seiner französischen Berater für wenig anderes gehalten zu haben als für aristokratischen Luxus, der sich selbst und anderen Privilegierten die Freidenkerei gestattet, dem Volk aber das strenge lutherische Kirchenregiment erhalten möchte. Schon in der ersten Szene des Lustspiels läßt er seinen Pfarrer Theophan – auch dieser Name ist, ebenso wie derjenige des Gegenspielers Adrast, bedeutsam im Sinne der gelehrten Anspielung – an das Herz des Gegenspielers appellieren, das mehr wisse und Besseres als der Geist, also der Verstand: »Ihr Herz ist also das beste, das man finden kann. Es ist zu gut, Ihrem Geiste zu dienen, den das Neue, das Besondere geblendet hat, den ein Anschein von Gründlichkeit zu glänzenden Irrtümern dahinreißt, und der, aus Begierde bemerkt zu werden, Sie mit aller Gewalt zu etwas machen will, was nur Feinde der Tugend, was nur Bösewichter sein sollten. Nennen Sie es, wie Sie wollen: Freidenker, starker Geist, Deist; ja, wenn Sie ehrwürdige Benennungen mißbrauchen wollen, nennen Sie es Philosoph: es ist ein Ungeheuer, es ist die Schande der Menschheit.«
Das sind starke Worte; sie könnten, bestärkt durch den Ablauf der Handlung, welcher den Freigeist beständig ins Unrecht setzt und schließlich dazu zwingt, die Freundschaft des verachteten Geistlichen zu suchen, dies Jugendlustspiel Gotthold Ephraim Lessings im Licht der Rückschrittlichkeit und Duckmäuserei erscheinen lassen. Tatsächlich hat es an solchen oberflächlichen Interpretationen nicht gefehlt: hier habe sich Lessing einfach bemüht, dem Vater und Pastor Johann Gottfried Lessing in Kamenz etwas zu Gefallen zu schreiben. Man dürfe dies Lustspiel nicht besonders ernst nehmen, denn schließlich sei gerade der junge Lessing, was in der Tat nicht bestritten werden kann, selbst ein Freidenker gewesen, ein starker Geist, ein Deist.
In Lessings Entwürfen zum Lustspiel vom Freigeist wird Adrast mit dem Zusatz vorgestellt »ohne Religion, aber voller tugendhafter Gesinnungen«; über den Geistlichen Theophan heißt es: »so tugendhaft und edel als fromm«. Dennoch verfehlt eine Interpretation, die hier ein erbauliches Lustspiel vorzufinden

glaubt, sowohl den Verfasser wie sein Werk. Lessing entscheidet durchaus nicht für die Geistlichkeit und gegen den Deismus, wohl jedoch sieht er Zusammenhänge zwischen Aristokratismus und oberflächlicher Freigeistigkeit, die ihre aufgeklärte Geistesstärke im wesentlichen dazu benutzen möchte, die Verhaltensweisen und anständigen Gesinnungen unter Mitbürgern zu verletzen. Adrast ist denn auch, am Schluß des Lustspiels, keineswegs bereit, sein Denken zu opfern und ins Lager des Theophan überzugehen. Er weiß sich nur im Unrecht gegenüber einem einzigen Kirchenmann, den er ungerechterweise, wie sich zeigte, verspottet und verdächtigt hatte. Seine Folgerung: »Himmel! wenn ich mich überall so irre, als ich mich bei Ihnen, Theophan, geirret habe.«

Das Werk endet in herkömmlicher Lustspielmanier mit zwei Verlobungen, wobei gerade die scheinbar inadäquaten Partner zusammengeführt werden. Ein Freigeist schrieb die Komödie eines Freigeistes, der eigentlich keiner war, oder nur in jenem für Lessing verächtlichen Sinn, wie ihn die Tafelrunde von Sanssouci zu repräsentieren schien. Weit davon entfernt, eine opportunistische Entgleisung des ängstlichen und von Schulden bedrängten Pfarrerssohnes Gotthold Ephraim zu sein, ist vielmehr das Lustspiel vom Freigeist in Wirklichkeit eine erste und charakteristische Schöpfung Lessingscher Dramaturgie.

Ein Freigeist und Deist, der seinen aufgeklärten Philosophen Adrast in lustspielhafte Verwicklungen führt, kompromittiert, trotzdem aber nicht die Ideen Adrasts widerlegt, sondern nur ihren libertinistischen Mißbrauch. Der sorgfältig zu scheiden weiß zwischen seiner eigenen Aufklärung und derjenigen, die Friedrich von Preußen mit Voltaire und La Mettrie zu verbinden schien. Das Lustspiel »Der Freigeist«, eine Schöpfung des zwanzigjährigen Lessing, führt mitten in die Problematik der Aufklärung in Deutschland. Mit Recht haben italienische Germanisten, Ladislao Mittner (Venedig) und Cesare Cases (Turin) in bemerkenswerten Neuinterpretationen der Lessingschen Jugendwerke und insbesondere eben dieses Spiels um den Freigeist gezeigt, wie stark hier bereits einige der wichtigsten Konstellationen der späteren Bühnenwerke vorgebildet wurden. Adrast hat manches von einem frühen Major Tellheim. Auch steht er schließlich vor dem richtig handelnden Theophan, den er, der Freigeist, ob seines Glaubens verspottet hatte, nicht viel anders als der christliche Tempelherr vor dem ursprünglich ob seines Glaubens verspotteten, doch richtig handelnden Nathan.

Damit stellt sich die *Frage nach der Kontinuität in Lessings poetischem Schaffen.* Die Literaturwissenschaft hatte lange Zeit die Jugenddramen dieses Dichters als bloße Fingerübungen und Gesellenstücke betrachtet; die genuine Entwicklung des großen Dramatikers wollte man erst seit der »Miß Sara Sampson« datieren. Gegen diese willkürliche Aufteilung des Lessingschen poetischen Œuvres nach Vorgeschichte und »eigentlicher« Geschichte spricht aber nicht bloß die Tatsache, daß einige der wichtigsten dramatischen Konstellationen des späteren Werkes nicht verstanden werden können ohne den Rückgriff auf das frühe Werk: der »Freigeist« weist hinüber zu den lustspielhaften Konstellationen von »Minna von Barnhelm« und »Nathan der Weise«; der Kernsatz aus diesem letzten märchenhaften Spiel über die Gleichberechtigung der Religionen, Nathans Ausruf nämlich »Wer ist denn hier der Jude«, wird schon in Lessings Jugendschauspiel »Die Juden« abgehandelt, das gleichfalls, wie der »Freigeist«, im Jahre 1749 »verfertiget« wurde; sogar das erste Werk des achtzehnjährigen Lessing, sein Lustspiel vom »Jungen Gelehrten«, enthält – in noch konventioneller Fassung – eine Wissenschaftsproblematik, die unmittelbar weitergeführt werden sollte in dem leider bis auf wenige Reste verlorengegangenen Faust-Fragment.

Geistige Kontinuität ist in Lessings poetischem Schaffen immer spürbar. Es kommt hinzu, daß auch die Gesamtinterpretation jener von den Jugendwerken reinlich abgetrennten späten Meisterdramen der bisherigen Forschung nicht allzusehr glücken sollte. Die moderne Lessingforschung hat sich im allgemeinen mit Einzelinterpretationen der großen Dramen begnügt, aber die Frage nach der *Eigenart der dramatischen Praxis* bei Lessing zurückgestellt. Dann blieben als Ertrag drei große Werke übrig: je ein Lustspiel, Trauerspiel und Parabelstück, ergänzt vielleicht durch zwei Werke, denen man sich weniger gern und bereitwillig zuwandte, dem bürgerlichen Rührstück »Miß Sara Sampson« und jenem hochmerkwürdigen Trauerspiel und Kurzdrama

»Philotas«, das man nicht mit Unrecht als »dramatisches Epigramm« bezeichnet hat.
Gibt es aber, abgesehen von der unverwechselbaren Diktion Lessings, die alles sogleich kennzeichnet, was er schrieb, jene genuine Einheit eines dramatischen Kosmos bei diesem Stückeschreiber, die uns erlaubt, die Welt des Dramatikers Lessing als genauso eigenständig anzusehen wie die der Dramatiker Schiller, Kleist oder Büchner, um Shakespeare nicht zu nennen?
Damit ist nach der Formenwelt und den Gattungsbereichen in Lessings dichterischem Lebenswerk gefragt. Leicht ist festzustellen, was alles diesen Dichter *nicht* zur Formgebung reizte. Lessing hat weder Romane noch Erzählungen hinterlassen. Selbst als er sich, aus Ärger über die damals grassierende Werther-Mode in aller Welt, daranmachen wollte, eine Goethe-Parodie unter dem Titel »Werther, der Bessere« zu verfassen, dachte er charakteristischerweise durchaus nicht an einen polemischen Gegenroman zu Goethes berühmtem Briefroman, sondern an eine dramatisierte Polemik.
In Lessings Werken fehlt das große Erlebnis- und Bekenntnisgedicht ebenso wie jeglicher Versuch, das eigene Leben und Schaffen als Zeitgenosse und Zeitkritiker in autobiographischer Form darzustellen. Es gibt gelegentlich Bekenntnisse, etwa am Schluß der »Hamburgischen Dramaturgie«, aber den Plan zu einem Buch im Sinne von »Dichtung und Wahrheit« hätte er wohl niemals fassen mögen. *Lessing war niemals gewillt, sich selbst historisch zu sehen,* was sich Goethe bereits in jungen Jahren als permanente Übung auferlegt hatte. In Lessings Gesamtwerk wurde alles ausgespart, was an dichterische Selbstdarstellung gemahnen mochte. Weder Erlebnisgedicht noch Entwicklungsroman, keine Transponierung des eigenen Schicksals auf die Schaubühne wie im »Torquato Tasso«, und keine Autobiographie.
Lessing betrachtete seine Dichtung nicht als Selbstfindung. Daß sich bei Lessing diese Formen einer subjektiven Poesie im weitesten Verstande nicht finden lassen, daß sich seine Gedichte, jene lyrischen »Kleinigkeiten«, mit welchen er 1751 debütierte, weitgehend als Pointendichtung und Epigrammatik präsentieren, vergleichbar den Aphorismen und philosophischen Maximen

der französischen Moralisten, und übrigens nicht selten auch schon einen geheimen Impuls zur dramatischen Antithese verraten, hängt abermals mit Lessings *Aufklärertum* zusammen. Jean-Jacques Rousseau war für diesen deutschen Aufklärer vom Jahrgang 1729 nicht zum Erlebnis geworden. Die kühle Distanz zu Rousseau ist evident. Mehr noch: Rousseau hat ihn niemals wirklich interessiert. *Lessings französischer Partner, bei allen Divergenzen, war Diderot.* Im Werk des Genfers beschäftigten ihn nur die beiden großen Diskurse. Doch die Art, wie sich Rousseau selbst als Individuum, als fühlende und denkende Einzigartigkeit, wichtig nahm, mußte Lessing ein Greuel sein. Auch dies gehört zur Dialektik seiner Aufklärung. Kaum ein Zeitgenosse hat so wie er das Dasein einer freien schriftstellerischen Existenz und Individualität vorgelebt: keiner aber hat weniger als er nach solcher Paradigmatik gelechzt. Goethes Erlebnisdichtung und spätere Autobiographie, die romanhafte Nachfolge von Rousseaus »Neuer Heloïse« im Werther: alles ist ohne Rousseau nicht zu denken. All dieser Rousseauismus aber, der den deutschen Sturm und Drang prägen sollte, hat Lessings Werk im mindesten nicht berührt. Darum gestaltet der junge Schiller die Auseinandersetzung zwischen Franz Moor und Pastor Moser als ein deutscher Volkstümler und Rousseauist, der die ursprüngliche französische Aufklärung nur als lasterhaftes Denken versteht. Lessing dagegen versucht bereits als junger Dramatiker *jenen Ausgleich oder auch Kompromiß auf der Bühne*, den Rousseau in seinem gesamten Leben und Denken ebenso zu verwerfen gedachte, wie es seine deutschen literarischen Zöglinge zu halten suchten, der Werther-Dichter und der Dichter des Karl Moor. Ihnen allen wuchs sich die Auseinandersetzung zwischen den bürgerlich-aristokratischen Trägern des Illuminismus und dem plebejisch-rousseauistischen Sturm und Drang zur Tragödie aus. Lessing dagegen, der sich als Theoretiker so hartnäckig um die Erkenntnis der Tragödie, also der Rezepte zur Erzeugung von Mitleid und Furcht bemühte, hat sich als Dramatiker der Tragödie, wo irgend es ging, versagt. Als er den Versuch unternahm, das Musterdrama zur eigenen Theorie zu schreiben, in der »Emilia Galotti«, ist er – in freilich großartiger Weise – gescheitert.

Die dichterische Praxis und Formwelt Lessings nämlich, die sich der Selbstdarstellung ebenso versagte wie der scharfen, tragödienhaft zugespitzten weltanschaulichen Antithese, hat gerade dadurch die Eigentümlichkeit seines dichterischen Kosmos bewirkt. Die neuere in Deutschland erschienene Gesamtdarstellung, die Lessing gewidmet wurde (das 1966 erschienene Buch von Wolfgang Ritzel), geht so weit, *von einer besonderen Logik in Lessings Gesamtwerk* zu sprechen. Es sei schwer, meint Ritzel, »die logische Ordnung zu erfassen, die Lessing an die Stelle der durch die alte Logik begründeten Klassifikation setzt«. Die drei herkömmlichen Strukturen einer logischen Ordnung könne man bezeichnen nach den Antithesen von sowohl/als auch, von entweder/oder und von weder/noch. Die These dieser neuen Lessing-Monographie aber lautet: »Die Logik, an die Lessing sich in bedeutsamen Zusammenhängen hält, ist eine solche des *sowohl/als auch*.«

Diese Einteilung könnte fruchtbar werden, wenn man versucht, *die Logik der dramatischen Dichtung Lessings* näher zu bestimmen. Die Arbeiten dieses Stückeschreibers nämlich sind zweifellos nicht nach dem Prinzip des Weder/Noch angelegt. Diese Art einer logisch-dramatischen Struktur arbeitet mit scharf konturiertem Spiel und Gegenspiel, wobei die dramatische Lösung in einer *zweifachen Negation* erblickt wird. An Modellen einer solchen Dramatik des Weder/Noch fehlt es nicht im deutschen Drama. Gerade Schillers »Räuber« sind nach dieser Logik aufgebaut: weder Karl Moor noch Franz Moor. Später heißt es bei Schiller: weder Wallenstein noch Octavio Piccolomini. Noch »Dantons Tod« zeigt, nüchtern betrachtet, ohne daß also der Versuch gemacht wird, Georg Büchner mit Georges Danton zu identifizieren, die Struktur einer Dramatik der mehrfachen Negierung. Kein Werk Lessings dagegen ließe sich in befriedigender Weise diesem Negationsprinzip subsumieren.

Auch nicht einer dramatischen Struktur im Sinne des Entweder/Oder, also einer *Alternative*. Das ragende Beispiel für diese Art des dramatischen Aufbaus bleibt der »Hamlet«: zumal hier auch das Bewußtsein selbst, vor einer Alternative zu stehen, als Bauelement des Dramas verwendet wird. Insofern ist der Hamlet-Monolog über die Alternative zwischen Sein und Nichtsein und

die Rolle des Bewußtseins bei einer solchen Dezision als Kernstelle des Werks zu verstehen. Allein auch jene Werke der deutschen Dramatik, die einen rätselhaft »offenen« Schluß aufweisen, sind entstanden aus der logischen Struktur einer Alternative. Entweder/oder – nach diesem Prinzip hat Kleist die Schlußszene des »Amphitryon« aufgebaut, Hebbel diejenige seiner »Judith«.
Lessings Theaterstücke dagegen sind ebensowenig nach dem Bauprinzip der Alternative angelegt wie nach jenem der mehrfachen Negierung. Das logische Prinzip dieser praktischen Dramaturgie ist in der Tat der Grundsatz eines Sowohl/Als-auch, eines *Ausgleichs* oder Kompromisses. Von hier aus kann man erst verstehen, warum Lessing immer wieder, entgegen den eigenen Theoremen, als Dramatiker dem schroffen Tragödienvollzug auszuweichen suchte. Wo es irgend ging, bevorzugte er, bereits im »Freigeist«, eine Art des dramaturgischen Relativitätsprinzips, aufgebaut als möglichst breites »Geltenlassen« der Positionen. Darum mußte Schiller als Kritiker des »Nathan« ebenso versagen, und aus ähnlichen Gründen, wie als Kritiker des »Egmont« von Goethe. In seiner Abhandlung über naive und sentimentalische Dichtung warf er Lessing bekanntlich vor, in »Nathan der Weise« den ausgezeichneten Entwurf zu einer Tragödie – wir dürfen hinzusetzen: zu einer Schiller-Tragödie – verfehlt zu haben. Die Ursache glaubte Schiller im Stoff selbst des Nathan zu erblicken: »Hier hat die frostige Natur des Stoffes das ganze Kunstwerk erkältet.« Worauf Schiller hinzufügt: »Ohne sehr wesentliche Veränderungen würde es kaum möglich gewesen sein, dieses dramatische Gedicht in eine gute Tragödie umzuschreiben; aber mit bloß zufälligen Veränderungen möchte es eine gute Komödie abgegeben haben.«
Von dieser Fehlinterpretation her ließe sich die Eigenart der Lessingschen Dramatik im Gegensatz zu derjenigen Schillers genau bestimmen. Für Schiller kann es im Grunde keine Dramatik des Ausgleichs geben. Selbst dort, wo er, wie im »Wilhelm Tell«, die Positionen der Rütli-Partner und des Titelhelden nach dem Grundsatz des Geltenlassens exponiert, braucht er die Szene des Parricida, um allzu großer Toleranz rechtzeitig zu steuern.

Darum auch ist Schillers Interpretation des »Nathan« vom Ansatz her verfehlt, denn niemals konnte dieses Werk den Ansatz zu einer echten Tragödie bieten. Daß es dagegen durchaus, wie Schiller meint, als gute Komödie hätte passieren können, wird durch jede Aufführung des dramatischen Gedichts von neuem bestätigt. Dennoch ist »Nathan der Weise« etwas anderes geworden als eine Komödie, selbst im Sinne des Shakespearschen Komödienbegriffs.

Im 78. Stück der »Hamburgischen Dramaturgie« hatte Lessing von der kathartischen Reinigung der Leidenschaften durch die Tragödie im – angeblichen – Sinne des Aristoteles gesprochen und gemeint, daß »diese Reinigung in nichts anderem beruht als in der Verwandlung der Leidenschaften in tugendhafte Fertigkeiten«. Der Lessing-Forscher Hans M. Wolff hatte daraus geschlossen, Lessing verwandle den Theatersaal in ein »moralisches Korrektionshaus«. Das tut er nicht. Wohl wendet sich diese Formel des Hamburgischen Dramaturgen gegen den Prozeß rauschhafter Einfühlung des Zuschauers, gegen das emotionelle Einverständnis zwischen dem Theaterbesucher und dem Treiben einer Dramenfigur auf der Szene. In dieser Hinsicht ist Lessing – was immer Brecht als Gegner Lessings meinen mochte, oder Georg Lukács als Verteidiger Lessings gegen Brecht – ein Gegner des sogenannt »kulinarischen« Theaters. Es wird kaum eine Figur geben auf dem Lessingschen Theater, welche zur schrankenlosen, mitleidig-furchtsamen Identifikation bis zum Schluß einlüde. Ganz gewiß wird man das weder von den Titelgestalten Miß Sara Sampson noch Emilia Galotti sagen können. Die eine ist allzusehr Opfer und Gegenstand der Passion, die andere geht, wie schon Matthias Claudius erkannte, daran zugrunde, daß eine erst virtuelle Gefährdung mit der Katastrophe beantwortet wird. Oder um Claudius – nochmals – zu zitieren: »Ein Ding hab' ich nicht recht in Kopf bringen können, wie nämlich die Emilia sozusagen bei der Leiche ihres Appiani an ihre Verführung durch einen anderen Mann und an ihr warmes Blut denken konnte.«

Keine Einfühlungsdramatik also; wohl dagegen, wenigstens der Forderung nach, eine dramatische Aktion, welche dem Zuschauer erlaubt, seine Empfindungen vor dem Ablauf eines

Theaterstücks von Lessing in Erkenntnis der eigenen Wirklichkeit zu verwandeln. Auch dies ist authentische Dramaturgie eines Aufklärers. Sogleich aber entsteht dadurch ein neuer Widerspruch, daß die Wirklichkeit des Theaterbesuchers nur durch Werke beeinflußt werden könnte, welche eine Identifikation zulassen, was bei Lessing im mindesten nicht geschieht. Überdies kann Wirklichkeit auf der Bühne nur dann zum Gegenstand der Reflexion außerhalb der Bühne gemacht werden, wenn – dem Anschein nach wenigstens – der Realismus auch auf der Szene dominiert. Nun schließen Realismus und parabolische Dramatik einander keineswegs aus. Dafür gibt es Beispiele genug: von Goethes »Iphigenie« bis zum »Guten Menschen von Sezuan«. Aber Lessings Art, in seinen Stücken die Leidenschaften in tugendhafte Fertigkeiten zu verwandeln, führt zu einer Paradigmatik oder Parabolik höchst merkwürdiger Art.

Es gibt in allen wichtigen Lessing-Dramen trotzdem eine Figur, die engste Beziehungen zu ihrem Autor unterhält: dergestalt also, daß nahezu alles, was sie sagt oder tut, vom Verfasser als beispielhaft und richtig präsentiert wird. Die Figur besitzt gleichsam eine dramaturgische Exerritorialität. Ihr eigenes Handeln und Reden bewirkt keine Verwicklungen, da es sich auf den Vorgang der Interpretation und der Kritik am Handeln der eigentlich dramatischen Figuren beschränkt. Man findet bei Lessing damit einen dramatischen Typ, der sonst im allgemeinen in der dramatischen Literatur hohen Ranges kaum vorzukommen pflegt, weil er in sich undramatisch wäre und überdies durch permanente Rechthaberei nur zu verstimmen vermag. In den Boulevardkomödien des 19. Jahrhunderts bis hin zu Hermann Sudermann pflegte er sein Wesen zu treiben. Der Fachausdruck für diese Art der Figuren hieß: »Der Raisonneur«. Ibsen tat der Figur den Tort an, daß er den Raisonneur Gregers Werle in der »Wildente« in die Rolle des mißglückten und taktlosen Besserwissers zwang.

Das Lessing-Theater greift immer wieder auf diesen *Typ des Raisonneurs* zurück. Neuer Widerspruch in dieser dramatischen Dialektik eines Aufklärers: der Mensch Lessing, der bestrebt war, hinter seine Gedanken und Werke zurückzutreten, und

dem es nicht eingefallen wäre, eigenes Leid in Form eines Werther-Romans oder Tasso-Dramas darzubieten, hatte keinerlei Bedenken, jeweils eine Figur ins Bühnengeschehen zu stellen, deren wichtigste Funktion darin bestand, die Vorgänge so zu beurteilen, wie der Autor selbst sie beurteilt sehen wollte.
In seiner Interpretation von »Nathan der Weise« hat Günter Rohrmoser gemeint: »Lessing tritt aus der Haltung des aufsteigenden, mit Möglichkeiten nur weise spielenden Erzählers nicht heraus.« Über das Wort vom »Erzähler«, also die Charakterisierung des Werks als einer insgeheim epischen Schöpfung, wird man streiten mögen; richtig ist in jedem Falle, daß Lessing gerade in seinem letzten Schauspiel diese Dramaturgie des Raisonneurs zu einem Höhepunkt geführt hat.
Sie findet sich aber auch in allen andern wichtigen Werken dieses Dramatikers. Im »Philotas« hat der König Aridäus keineswegs die Funktion eines Gegenspielers zum Titelhelden. Lessings »Philotas« ist ein Monodrama, denn der ins Unmenschliche und in die Selbstvernichtung umschlagende heroische Stoizismus des Titelhelden bleibt gleichsam gegenstandslos; der Sprecher Lessings, eben jener Aridäus, hat nur noch die Wahl, die heroische Inhumanität zu bewundern – oder daran mitzuwirken, daß sie nicht Schule macht. In erstaunlicher Weise wählt Lessing im Schlußwort des Aridäus wieder das – hier fast unmögliche – Sowohl/Als-auch: »Umsonst haben wir Ströme Bluts vergossen; umsonst Länder erobert. Da zieht er mit unserer Beute davon, der größere Sieger! – Komm! Schaffe mir meinen Sohn! Und wenn ich ihn habe, will ich nicht mehr König sein. Glaubt ihr, Menschen, daß man es nicht satt wird?«
Die dramatischen Schwächen der »Emilia Galotti« sind oft analysiert worden. Da ist vor allem die in der Tragödie unangemessen wirkende Tendenz zum Ausgleich und Kompromiß sogar noch in extremis. Die Art wie der Prinz die Last der Verantwortung auf Marinelli abwälzt, den er fortschickt, um ihn vermutlich, nach angemessener Trauerzeit um Emilia, wieder zurückzuholen, ist nur mit politischen Rücksichten des Dramatikers zu erklären. Dieses Guastalla des Prinzen lag, wie jedermann wußte, im nördlichen Deutschland. Eine Konfrontation mit dem Schluß von »Kabale und Liebe« zeigt deutlich, warum

Tragödie und Dramaturgie des Sowohl/Als-auch hier gegeneinander wirken mußten.

Weniger beachtet wurde indessen, daß die Figur des Raisonneurs auch in der »Emilia Galotti« ihre Funktion erhalten hat: das Urteil des Autors über die Ereignisse zu verkünden und Wege der vernünftigen Aktion anzudeuten.

In ihrer Interpretation der Emilia Galotti behauptet die schweizerische Kritikerin Elisabeth Brock-Sulzer, es fehle in diesem Werk ein Interpret der »Weisheit«, vergleichbar dem Aridäus, der Minna und Franziska im Lustspiel, schließlich dem Nathan selbst: »In der ›Emilia Galotti‹ hat die Tugend keine Zeit, weise zu sein, da bäumt und türmt sich alles auf zu der ein Ende setzenden und damit rettenden Tat.«

Je nun, über die »rettende Tat« in dieser Tragödie wäre zu rechten. Aber Weisheit, und sogar ein Sprecher der Weisheit, sind vorhanden. Nur hat ihn Lessing in einem der großartigsten Theatereinfälle so gewählt, *daß dieser Raisonneur gleichzeitig die Vernunft und die Unvernunft repräsentiert.* Es handelt sich um die Figur der *Gräfin Orsina.* Ihre großen Auftritte im 4. Aufzug haben die doppelte dramaturgische Funktion, Klarheit zu schaffen über die Lage von Vater und Tochter Galotti, Illusionen über den Prinzen zu zerstreuen, schließlich jene »rettende Tat« vorzuschlagen, die auch der Autor selbst als einzige Möglichkeit des Handelns erkannt zu haben glaubt. Was die Gräfin über die Konstellation sagt, stimmt durchaus, deckt sich mit Lessings Urteil über seine dramatische Handlung. Nirgendwo findet sich eine Andeutung dafür, daß Lessing die Racheforderungen der Orsina, die schließlich in der Tat den katastrophalen Abschluß bewirkten, mißbilligte oder nur als subjektive Interpretation des Geschehens durch diese einzelne Figur gelten ließe.

Mehr noch: Lessings Dialektik verlangt, daß hier die Weisheit verkündet wird durch den Mund einer Umnachteten. Es ist Vernunft der Unvernunft. Nur so ist der berühmte und vielzitierte Satz der Orsina zu verstehen: »Und glauben Sie, glauben Sie mir: wer über gewisse Dinge den Verstand nicht verlieret, der hat keinen zu verlieren.« In dieser Gestalt der Gräfin Orsina hat Lessing, der Aufklärer und Theatermann, eine Figur der raisonnierenden Weisheit geschaffen, die als vielleicht großartigste Inkarnation einer Dialektik der deutschen Aufklärung zu verstehen wäre. Die Unvernunft der Zustände findet ihre angemessene Interpretation nicht im herkömmlichen Raisonneur, weil eine Vernünftelei solcher Art insgeheim mit den Zuständen paktiere, statt sie in Frage zu stellen. Nur die Unvernunft, die nach Aufhebung der unvernünftigen Wirklichkeit verlangt, darf als wirkliche Vernunft angesprochen werden. An dieser Stelle freilich hat Lessing aufgehört, ein Dramatiker des Sowohl/Alsauch zu sein.

Hingegen schuf er seine reinsten und bis heute gültigsten Schöpfungen, als er nichts anderes zu sein gedachte als ein Dramatiker des Kompromisses und Ausgleichs auf der Bühne: als *Toleranz* mithin zum Bauprinzip des Werkes werden konnte. Tragödien freilich konnten so nicht entstehen. Aber selbst die Wirklichkeit mußte dramatisch transzendiert werden. *So entstand eine Dramatik mit Hilfe der Kategorie Möglichkeit.* Zwei Werke Lessings sind nur zu verstehen als Schöpfungen einer solchen Dramaturgie des Sowohl/Als-auch, die in der Werksubstanz eine Überwirklichkeit des Wirklichen anstrebt, also ein utopisches Element einführt, eine Antizipation.

Für »Nathan der Weise« wird dies Moment nicht bestritten werden. Allein auch »Minna von Barnhelm«, dies angebliche Grundmodell eines realistischen deutschen Lustspiels, ist nur aus dieser Dialektik von Wirklichkeit und Möglichkeit, realer deutscher Misere und antizipierter Gesellschaftsharmonie zu verstehen. Darum ist der Schluß des Lustspiels vom Soldatenglück mit dem reitenden Boten jenes aufgeklärten Königs Friedrich, des Freigeists von 1749, keine säkularisierte Form eines Gottes, der auf der Maschine hereingerollt wird, sondern etwas ganz anderes.

Daß es sich beim Schluß des Lustspiels um alles andere handelt als eine Verherrlichung des Preußentums und der landesväterlichen Weisheit Friedrichs von Preußen, braucht seit Franz Mehrings berühmtem Buch über die »Lessinglegende« von 1893 nicht mehr nachgewiesen zu werden. Die Thesen Erich Schmidts vom »fritzischen« Lessing, die sich auf eine Formulierung Goethes zu stützen suchten, sind in neuerer Zeit nicht mehr vorgetragen worden. Im Gegenteil darf man die Intervention des Königs zugunsten des abgedankten Majors von Tellheim fast eher zu den märchenhaften Zügen des Stückes rechnen. *Diesmal* nimmt die Geschichte ein gutes Ende, nachdem nahezu alle Vorgänge im Berliner Gasthaus, fünf Akte lang, vom polizeiamtlich spitzelnden Wirt bis zu dem französischen Gauner in Offiziersuniform, demonstriert hatten, wie wenig, in solchen Verhältnissen, mit einem guten Ausgang des Rechtshandels Tellheim contra König von Preußen gerechnet werden konnte. Der preußische Geschäftsträger in Hamburg wußte, was er tat, als er nach dem Lesen des Lessing-Textes durch Intervention in Berlin und bei der Hamburger Regierung im September des Jahres 1767 ein Verbot der Aufführung zu erreichen suchte. Allerdings gehörte es auch wieder zu den Eigentümlichkeiten des friderizianischen Preußen, daß Lessings eigene Intervention in Berlin erfolgreich war und vom Ministerium der Bescheid nach Hamburg abging: man habe gegen die Aufführung des Lustspiels vom Soldatenglück nichts einzuwenden.

Vielleicht entschied man so, weil der Märchenschluß in der Tat als Huldigung an den Preußenkönig empfunden wurde. Wie wenig Lessing ihn dahin verstanden hatte, zeigt Minnas kühle, den Enthusiasmus Tellheims erkältende Replik, als sie das Handschreiben aus Sanssouci gelesen hat: sie habe dazu eigentlich nichts zu sagen: »Doch ja: daß Ihr König, der ein großer Mann ist, auch wohl ein guter Mann sein mag. – Aber was geht mich das an? Er ist nicht mein König.«

Da gerade die Titelheldin so urteilt, darf man annehmen, daß auch hier wieder eine Figur, im Sinne des Autors raisonnierend, die eigentlichen Thesen Lessings vorträgt. Fragt man nach dem typischen Raisonneur im Stück, so ist zunächst an Franziska zu denken. Hier hat Lessing mit außerordentlicher Kunst und Originalität das dramatische Schema durchbrochen, das die Möglichkeiten eines »confident« oder einer »confidente« der dramatischen Helden in engsten Grenzen hielt. Die Vertrauten hatten nur Stichworte abzugeben für die großen, dramaturgisch notwendigen Konfessionen der Hauptfiguren. Im Verhältnis zwischen Minna und Franziska sind die Relationen nahezu umgekehrt. Franziska ist nüchterner als ihre verliebte Freundin; sie beurteilt die Fälle Tellheim, Werner, Riccaut nicht herzlos, doch unsentimental. Immer gibt sie die treffende Interpretation der Charaktere und Vorgänge. Da jedoch das Fräulein von Barnhelm überall dort, wo es ohne Emotion zu urteilen vermag, in ähnlich vernunftvoller Weise die Vorgänge beurteilt, entsteht eine Komposition, *die Vernunft weitgehend gleichsetzt mit Weiblichkeit*, während das männliche Prinzip tendenziell nicht bloß der Unvernunft, sondern fast der Unmenschlichkeit zutreibt.

In einer schönen, altersweisen Interpretation des Lustspiels hat Georg Lukács dieses Lessingwerk mit Mozart verglichen und angedeutet, wie stark in dieser Bühnenschöpfung, neben allem Realismus, ein *Moment der Vorwegnahme* zu spüren sei: »Das für eine Komödie notwendig gesetzte Ende ist kein happy end, noch weniger eine Glorifizierung des friderizianischen Regimes: es ist das Aufklärungsmärchen vom notwendigen Endsieg einer zur Anmut gewordenen Vernunft.«

Auch Minna von Barnhelm ist ein Märchen, wie das Parabelspiel vom weisen Nathan. Beide Werke gehören strukturell zum Bereich der Kategorie Möglichkeit. Daß sie so angelegt werden konnten und zu wirken vermögen, hängt mit Lessings Dramatik des Ausgleichs zusammen. In »Minna von Barnhelm« wird diese Logik des Sowohl/Als-auch als Bund des männlichen und des weiblichen Prinzips aufgebaut: als eheliche Harmonie. Im »Nathan« wird die Harmonie am Archetypus des Geschwistertums orientiert. Humanität ist hier verstanden als säkularisierte Geschwisterschaft. Der Raisonneur wurde zum Titelhelden.

Die Eigenart des Dramatikers Gotthold Ephraim Lessing, und damit seine poetische Praxis, besteht also aus lauter Widersprüchen. Ein Aufklärer, der die Grenzen der Aufklärung eng ziehen möchte, weil er dem aristokratischen Rationalismus ebenso mißtraut wie der plebejischen Empfindsamkeit im Gefolge Rousseaus. Ein Erzieher des Menschengeschlechts, der Toleranz weitgehend als Kompromiß und Ausgleich verstehen möchte: aus Sorge vor den Folgen einer durch exzessive Aufklärung bewirkten Zerrissenheit. Darum ein Kontrast zwischen Theorie und Praxis. Hamburgische Dramaturgie, die immer wieder untersucht, wie in neuerer Zeit am besten die Nachfolge der antiken Tragiker und der Tragödien Shakespeares anzutreten wäre. Eine dramatische Praxis dagegen, welche dem tragischen Vollzug nach Möglichkeit auszuweichen sucht und durch die Einführung des kommentierenden Raisonneurs die Stimme der Vernunft auch im leidenschaftlichsten Geschehen durchzusetzen strebt: was zum Zerbrechen der Tragödie führt. Ein Sieg dieser Dramatik des Sowohl/Als-auch überall dort, wo die Vorwegnahme künftiger Harmonien, die Virtualität, als Moment der Aktualität eingesetzt wird.

Freilich war er kein Dichter im romantischen Verstande, so wie er auch nicht, zu Schillers Mißvergnügen, Tragödien hinterlassen hat, die Schillers Kunstmodellen im mindesten entsprochen hätten. Lessings Weltbild war bereits den Stürmern und Drängern zu eng geworden. Unsere eigenen Erfahrungen mit dem Toleranzprinzip lassen kaum noch eine Lessing-Nachfolge zu. Es war Verlegenheit, wenn man die deutschen Theater nach dem zweiten Weltkrieg mit Lessings Parabelspiel zu eröffnen pflegte. Was beim Autor des »Nathan« eine große und fordernde Antizipation gewesen war, wurde als Erbaulichkeit mißbraucht. Aber man versteht Lessing nur dann ohne Erbaulichkeit und Gönnergebärde, wenn man das Ungelöste im scheinbar Harmonischen erkennt: weil die Bühnenharmonie von Minna und Nathan nur möglich wird als Kontrast zur Unharmonie der Wirklichkeit. Die beiden Parabelstücke, die dichterisch glückten, gehören *mit* der mißglückten Tragödie »Emilia Galotti« zum dramatischen Kosmos Lessings. Was die Gräfin Orsina an Vernunft verkündet, weil sie selbst unvernünftig ist, das postulieren die beiden dramatischen Märchen als Aufgabe. Überall war in Lessings letzter Lebenszeit erkannt worden, wieviel an scheinbar gesichertem Wissen und Verhalten, mit Lessing zu sprechen, »antiquiret« werden müsse. Daß er selbst diesen Prozeß der notwendigen »Antiquierung« gleichzeitig fürchtete, ersehnte und zu befördern trachtete, darin liegt, von uns her gesehen, die eigentliche Größe auch des Stückeschreibers Lessing.

2. WIELANDS »OBERON«

Daß die Beschäftigung mit Stoffen und Formen, an die man nicht mehr zu glauben vermag, auf den Weg der Parodie führen muß, war eine Erkenntnis, die der späte *Thomas Mann* immer wieder auszusprechen liebte. Übrigens handelte er selbst dieser Einsicht gemäß. Als er dem »Doktor Faustus« im Jahre 1951 einen »kleinen Roman« mit dem Thema des gewaltigen Sünders und Büßers Gregorius folgen ließ, äußerte er sich, seiner Neigung der Selbstkommentierung nachgebend, über diese Werkmischung aus Mittelalter und bürgerlicher Spätzeit: »Der Erwählte ist ein Spätwerk in jedem Sinn, nicht nur nach den Jahren seines Verfassers, sondern auch als Produkt einer Spätzeit, das mit Alt-Ehrwürdigem, einer langen Überlieferung sein Spiel treibt. Viel Travestie – nicht lieblos – mischt sich hinein. Höfische Epik, Wolframs Parzival, alte Marienlieder, das Nibelungenlied klingen parodistisch an – Merkmale einer Spätheit, für die Kultur und Parodie nah verwandte Begriffe sind. Amor fati – ich habe wenig dagegen, ein Spätgekommener und Letzter, ein Abschließender zu sein und glaube nicht, daß nach mir diese Geschichte und die Josephsgeschichten noch einmal werden erzählt werden.«

Im Grunde hätte *Christoph Martin Wieland* hundertachtzig Jahre früher über sein Gedicht in 14 Gesängen (die er später in zwölf zusammenzog, um der bewunderten Aeneis auch darin zu gleichen) nicht viel anders urteilen können. Der 1780 erschienene »Oberon« enthält bereits alle von Thomas Mann aufgezählten Elemente eines Spätwerks. Mit jener Ausnahme, daß Wieland als ein Mann von siebenundvierzig Jahren sein Meisterepos vollendete, also nicht im Greisenalter stand wie der Verfasser des Gregorius-Romans. Von dieser biographischen Besonderheit jedoch abgesehen, ist auch der Oberon das »Produkt einer Spätzeit«, und auch Wieland treibt »mit Alt-Ehrwürdigem, einer langen Überlieferung sein Spiel«. Wird man nicht auch für sein Gestaltungsprinzip die Formel Thomas Manns aufnehmen müssen, daß es geprägt sei durch »Merkmale einer Spätheit, für die Kultur und Parodie nah verwandte Begriffe sind?«

Die Quellen zum »Oberon« sind von der Forschung, besonders

von französischen Germanisten, eingehend untersucht worden. Viel originale Erfindung Wielands blieb dabei nicht anzumerken. Der Grundeinfall freilich war eigentümlich, doch vorerst nur in dem Sinne, daß der Epiker zwei getrennte Themenbereiche der Überlieferung miteinander verflocht: den französischen Ritterroman von »Huon de Bordeaux«, den er in einer Volksbuchfassung aus dem 16. Jahrhundert übernahm, mit Oberons und Titanias Elfenreich, das ihm durch Shakespeare vertraut war, übrigens auch durch den älteren Chaucer und den jüngeren Pope. Wie beim »Erwählten« von Thomas Mann findet sich auch bei Wieland die unerschöpfliche Fabulierquelle der Gesta Romanorum. Wenn Scherasmin seinem Ritter als Warnung die Geschichte vom alten Gangolf und seiner jungen Frau Rosetta erzählt, sind wir im ureigenen Bereich berühmter Novellentradition des europäischen Mittelalters und der Renaissance. Mit alledem steht Wieland voller Bewußtheit in großen Überlieferungen des Fabulierens. Stoffliche Erfindungen des Oberon-Dichters, so haben die nachlebenden Forscher konstatiert, finden sich vor allem dort, wo Idyllen und einzelne Zustände des Alltagslebens beschrieben werden, nicht aber dort, wo Kämpfe und Kampfspiele, Intrigen und Verwicklungen geschildert werden müssen. Den Alltag seiner Liebenden Hüon und Rezia kann Wieland erfinden: wenn es dagegen um Karl den Großen geht und den Kalifen von Bagdad, um Kämpfe in der Wüste und Palastkabalen in Tunis, so bedient er sich sogleich aller verfügbaren Erzählkonventionen.

Auch Wieland steht der eigentlichen Fabel als ein Künstler gegenüber, der alle »Merkmale einer Spätheit« aufweist, also auch diejenigen, die mit Ironie und Parodie zusammenhängen, zwei Ausdrucksformen innerer Distanz zwischen Künstler und Stoff, Erzähler und Erzähltem.

Die Geschichte des frommen und standhaften Ritters Hüon von Bordeaux lebt aus dem als gültig anerkannten Ideal des christlichen Ritters. Schuld und Sühne sind undenkbar ohne die fraglos übernommenen Prinzipien des Lehnsrechts und der katholischen Sittenlehre. Für Christoph Martin Wieland, den bürgerlichen Aufklärer des 18. Jahrhunderts, *gilt weder die Feudalität noch das kirchliche Gebot.* Indem er einen Stoff behandelt, der beider Gültigkeit voraussetzt, kann er sich zu diesem Stoff und

zum geheimen historischen Gehalt der eigenen Fabel nur noch distanziert verhalten: nämlich parodistisch.
Mit Ironie und Parodie haben alle Partien des Gedichts zu tun, die von Hüons Ritterlichkeit und Christlichkeit berichten müssen. Daher erscheint der strahlende Held zwar überall dort als rührend und als »schöne Seele« im Sinne des empfindsamen Zeitalters, wo Liebe und Liebesbewährung im Spiel ist, Standhaftigkeit des Gefühls, nicht bloß dumpfe Diensthaftigkeit eines adligen Lehensmanns. Im übrigen aber haben wir uns nach dem Willen des Epikers seinen Helden als hübschen und kräftigen jungen Mann mit langwallendem blondem Haar vorzustellen, der ein anständiger Junge ist, doch nicht besonders klug, ziemlich ungebildet, mit manchem Zug eines biederen Schlagetot. Wenn Wieland zu schildern hat, wie Hüon als christlicher Ritter den Riesen Angulaffer als schlafenden Herkules in heidnischer Nacktheit antrifft, so geschieht das in folgender Weise:

> Der Ritter stutzt: denn in den Altertümern
> Lag seine Stärke nicht, und so vorm keuschen Blick
> Des Tages, im Kostüm der Heidenzeit zu schimmern,
> Deucht ihm ein wahres Heidenstück.

Auch Rezias Bekehrung zum Christentum erweist Hüon nicht gerade als einen Meister der theologischen Künste:

> Der Ritter, sie von dieser Pest zu heilen,
> Eilt was er kann – die Liebe hieß ihn eilen –,
> Sein bißchen Christentum der Holden mitzuteilen;
> An Eifer gab er keinem Märt'rer nach;
> Er war an Glauben stark, wiewohl an Kenntnis schwach,
> Und die Theologie war keineswegs sein Fach:
> Sein Pater und sein Credo, ohne Glossen,
> In diesen Kreis war all sein Wissen eingeschlossen.

Rechnet man die komische Konstellation hinzu, die von Wieland unbekümmert aus der Geschichte des biblischen Joseph übernommen wurde, um den standhaften Hüon im Serail der liebestollen Almansaris zu zeigen, so läßt sich nicht verkennen, daß der Erzähler seinem »marmorharten jungen Mann« einigermaßen belustigt zusieht. Der Autor hat natürlich für Hüons Bewährung im Sinnenfeuer zu sorgen, so verlangt es der Stoff, aber gerührt von dieser Standhaftigkeit scheint er nicht zu sein. Auch der Leser soll merken, daß der Sieg keineswegs leicht errungen wird.

> Unwillig fühlt die überraschten Sinnen
> Der edle Mann an dieser Glut zerrinnen.
> Er schließt zuletzt die Augen mit Gewalt
> Und ruft Amandens Bild zum mächt'gen Gegenhalt.

Kurzum, wo die Sphären des christlichen Ritters aus Feudalität und kirchlicher Rechtgläubigkeit behandelt werden müssen, spürt man Wielands Distanz. Dies alles ist ihm bloßer Stoff, kein Gehalt, mit dem er sich als Epiker innerlich auseinandersetzen möchte. In all diesen Partien ist der »Oberon« kein Erbauungsbuch, sondern ironisch-parodistische Nacherzählung einer in vergangenen Zeiten einstmals erbaulichen Geschichte. Auch Hüons Kämpfe und siegreiche Streitfahrten werden eher belustigt erzählt, ohne viel Respekt. Das Massenmorden wird wie in der Puppenkomödie geschildert, was nicht unberechtigt ist, denn all diese vom Ritter erlegten Riesen und »Ungläubigen« sollen nicht als lebendige Wesen aufgefaßt werden, sondern als Marionetten, die nun einmal zur Geschichte gehören. Wo der bürgerliche Dichter der Aufklärung einen solchen Vorgang seelisch vertiefen möchte, bewirkt er beim Leser nahezu das Gegenteil. Die Bedingung des Kaisers Karl verlangt, daß der Mann zur Linken des Kalifen erschlagen werde. Wieland sorgt dafür, daß wir in ihm den bösen und undankbaren Prinzen, den falschen Bräutigam der Rezia, wiederfinden, was der Tat des Hüon für den Augenblick eine seelische Ursächlichkeit gibt, die hier bloß zu stören vermag.

Daß Hüon nicht gerade ein Meister in der Kunst diplomatischer Überredung ist, verschweigt Wieland ebensowenig. Der Ritter aus dem Lande der Garonne kann dreinschlagen, sieht gut aus und steht treu zum Lehnsherrn und zu seiner Liebe. Doch ist er unbedacht, wo er vorsichtig sein sollte, wie sich bei der verbotenen Liebesvereinigung mit Rezia herausstellt, dann aber auch wiederum sehr höfisch-korrekt, wo das höchst unpassend wirken muß. Etwa wenn er mit vollendetem Anstand den Kalifen also anredet:

»Kaiser Karl, von dem ich Dienstmann bin,
Läßt seinen Gruß dem Herrn der Morgenländer melden
Und bittet dich – verzeih! mir fällt's zu sagen hart!
Doch, meinem Herrn den Mund sowie den Arm zu lehnen,
Ist meine Pflicht – um vier von deinen Backenzähnen
Und eine Handvoll Haar' aus deinem Silberbart.«
Er spricht's und schweigt und steht gelassen,
Des Sultans Antwort abzupassen.

Bleibt zu fragen, ob sich das Spiel mit Stoff und Gehalt bloß auf die Sphären der Feudalität, einer mittelalterlichen Christlichkeit und orientalischen Dekoration erstreckt. Der »Oberon« wird von Wieland als »Gedicht in 14 Gesängen« bezeichnet. »Gedicht« ist ein Sammelbegriff jener Zeit, der Lyrik und Versepik umfassen kann. Die Unterteilung in »Gesänge« dagegen, nun gar in die definitiven 12 Gesänge der endgültigen Ausgabe, stellt das Werk mit aller Absicht *in die Nachfolge des Homer und Vergil.* Die Form der Stanze, deren sich Wieland statt des antiken Hexameters bedient, weist hinüber zur großen italienischen Epik, zu Ariost vor allem, aber auch zu den Stanzen von Tassos »Befreitem Jerusalem«. Unverkennbar also die Nachfolge in der hohen Versepik, die Wieland zu beanspruchen scheint. Das »alte romantische Land« der zweiten Verszeile meint *das romaneske Land der großen und vorbildhaften Versepen,* ist also *gerade nicht* als Vorstufe zur romantischen Ästhetik der Brüder Schlegel zu verstehen. Für die Herausgeber und Mitarbeiter der späteren Zeitschrift »Athenäum« erfüllte sich das poetische Ideal in einem als Gesamtkunstwerk verstandenen Prosaroman. Der erfolgreiche Herausgeber des »Teutschen Merkurs« dagegen, Wieland, scheint immer noch an die Möglichkeiten des romanesken Epos am Ausgang des 18. Jahrhunderts zu glauben. Er kennt und schätzt die großen Möglichkeiten der eigentlichen Romanform.

Kurz nach Vollendung des »Oberon« macht er sich an die Umarbeitung seines wichtigsten Romanwerks, der »Abderiten«, aber gerade diese Parallelgestaltung von Oberon und Abderiten verrät, ebenso wie die merkwürdig geniale und gleichzeitig zwiespältige Einleitung des großen Versgedichts, daß Wieland auch der Gattung gegenüber, deren er sich im »Oberon« bedient, ein Empfinden der ironischen Distanz, einer Spätzeitlichkeit nicht los wird.

Vielleicht sind die formalen Besonderheiten dieses Gedichts, seine von Ariost und Tasso, um Homer gar nicht zu nennen, so stark abweichenden Wirkungen daraus zu erklären, daß es sich um ein *humoristisches Epos* handelt. Oder stimmt die These vom humoristischen Epos im Falle des »Oberon« gar nicht: so daß die humoristischen Wirkungen nicht durch den Stoff oder die Gattung gegeben wären, sondern durch ein humoristisch-distanziertes Spiel des Autors mit einer als grundsätzlich ernst verstandenen Gattung? Die Vermischung der heiteren und märchenhaft anmutigen mit den rührenden, gelegentlich tiefernsten Episoden, macht den »Oberon« noch nicht zu einem humoristischen Versgedicht. Die Heiterkeit entspringt nicht dem Stofflichen, zumal dies von den Ursprüngen her eine durchaus würdige und seelisch übereinstimmende Haltung beim Hörer der Geschichte voraussetzt. Wielands Heiterkeit vermag sich erst in der ironisch-reservierten Haltung des Erzählers zu seinem Stoff zu entfalten. Damit aber wird der Oberon in einem noch tieferen Sinne zum literarischen Erzeugnis einer Spätzeit oder auch »Spätheit«, wie Thomas Mann das nannte.

Beschäftigung mit Stoffen und Formen, an die man nicht mehr zu glauben vermag. Das wurde bei den Stoffen bereits angemerkt, gilt aber noch mehr für die epische Form: für die Form des wielandischen Epos. Mehr als dreißig Jahre vor dem »Oberon« hatte sich *Klopstock*, unbedroht von Zweifeln an den künstlerischen Möglichkeiten einer Epik, die antik in der Gestaltungsform sein sollte, aber christlich im Gehalt, an das epische Unterfangen seines »Messias« gemacht. Schon 1746, noch als junger Mensch, hatte er den ursprünglichen Prosaplan aufgegeben und die antike Form des Hexameters als gültig übernommen. Die künstlerische Bedeutung dieses Unterfangens, jeden-

falls der ersten Messias-Gesänge, für die Erschließung neuer Möglichkeiten einer deutschen Sprachkraft und Verskunst war unermeßlich; allein die Vollendung des Gedichts zog sich bis zum Jahre 1773 hin, es war also nur wenige Jahre vor Beginn des »Oberon« zu Ende gebracht worden. In der Zwischenzeit aber hatte man, hatte vor allem auch Wieland, gegen den man den Messias-Dichter nur allzu oft polemisch ausspielte, einigermaßen gelernt, bei Klopstock das geglückte Detail vom grundsätzlich mißglückten Gesamtplan zu unterscheiden.
Den Gehalt hatte der »Messias« von Miltons »Verlorenem Paradies« übernommen. Dem Anruf an die »Heavenly Muse« im »Paradise Lost« entsprach die Invokation der unsterblichen Seele bei Klopstock. Miltons traditionell-englische Blankverse freilich waren durch den Hexameter ersetzt worden, im übrigen bot sich die Messiade, unbekümmert um alle geschichtlichen und gesellschaftlichen Differenzen, als deutsches großepisches Gegenstück zu einem Werk dar, dessen Entstehung undenkbar war ohne die Erfahrungen seines Dichters mit Revolution und Restauration, mit Illusionen und Desillusionen der Milton-Zeit.
Das »Verlorene Paradies« John Miltons entstand als Abschluß einer revolutionären Ära und in der Einsamkeit eines Dichters, der von restaurativen Ideen und Handlungen umgeben war. Klopstock als Nachahmer Miltons schien dergleichen kaum geahnt zu haben. Sonderbarerweise wird sein in Nachahmung Miltons konzipiertes Epos vom Messias zu einem Moment der künstlerischen und schließlich auch der politischen Emanzipation des Bürgertums in Deutschland. Daß sich Klopstock mit zunehmendem Alter dieser Zusammenhänge deutlicher bewußt geworden war, zeigen Thematik und Form seiner späteren Werke, vor allem auch seiner Dramen. Wie dem aber auch sein mochte: als künstlerische Gesamtschöpfung hatte der Messias nicht überzeugen können. Bereits die verschiedenen Schichten des religiösen Verhaltens und Erlebens, die an einem Werk so vieler Jahre sichtbar wurden, standen einer solchen Gesamtwirkung entgegen. Es fehlte zudem die einheitliche Zeitgesinnung eines Milton. *Deutschland lebte nicht mehr in einer Renaissance und noch nicht in einer Epoche der bürgerlichen Revolution.* Die

geschichtlichen Verhältnisse waren dem Wiedererstehen eines Epos der großen Form, das sich mit den Meistern der Antike und italienischen Renaissance hätte messen können, im mindesten nicht günstig. Den Beweis dafür hatte Klopstock wider Willen geliefert.

Sein *Gegenspieler Wieland* erkannte das nur allzu rasch und genau. Wielands frühere kleine Versepen hatten sich ängstlich bemüht, alle Vergleichsmöglichkeiten mit Homer und Vergil zu vermeiden. Auch ein Rivalisieren mit Klopstock hatte sich der spätere Oberon-Dichter selbst in seinen »seraphischen« und unverhüllt pietistischen Lebensmomenten untersagt. Warum er das tat, sagt er in satirischer Zuspitzung im Abderiten-Roman. Dort besteht ein Symptom des Schildbürgertums der Einwohner von Abdera gerade darin, überaus stolz zu sein auf »ein großes Nationalheldengedicht in 48 Gesängen«, dem sie den schönen Titel einer Abderiade gegeben hatten. Der Erzähler aber des Abderiten-Romans, Wieland, zeigt eben dadurch, *daß eine Iliade nicht denkbar ist ohne trojanischen Krieg,* daß eine Odyssee das Format eines Odysseus voraussetzt, während ein episches Heldengedicht in zwölf bis achtundvierzig Gesängen, das nicht, wie bei Vergil, die Gründung Roms als Zukunftsausblick zu bieten vermag, sondern bloß die höchst fragwürdige Gründung und Geschichte des Städtchens Abdera, ganz leicht und unfreiwilligerweise aus scheinbarer Erhabenheit in den Bereich der Komik gerät. Abdera lag bei Wieland in Deutschland. Eine unter Herrschaft der deutschen Zustände konzipierte epische Dichtung aus der Nachfolge des Homer und Vergil mußte daher – so wird man die Satire des Abderiten-Romans zu lesen haben – als Abderiade enden.

Dennoch aber Oberon als ein Epos der großen Form? In seinem Wielandbuch bemerkt Friedrich Sengle: »Für den Rokokodichter Wieland war der Versuch Klopstocks oder gar Schönaichs nicht mehr diskutabel, und darin scheint sich in seiner Weimarer Periode im Grundsatz nicht viel geändert zu haben. Wir können nicht einfach zu Homer, Vergil oder auch Ariost zurück.« Weil dem aber so ist, scheint es einigermaßen fraglich, wie dies in Sengles Interpretation des »Oberon« geschieht, das Epos von Hüon und Rezia, Oberon und Titania allzu stark bereits in die

Nähe einer Goetheschen Klassizität zu rücken, oder gar als homerisierendes und märchenhaftes Gegenstück zu Goethes Homerisieren in »Hermann und Dorothea« zu präsentieren. Denn Wielands Homerisieren im »Oberon« – wenn überhaupt davon gesprochen werden kann – hat nichts mit dem Goetheschen Klassizismus zu tun, der undenkbar war ohne das italienische Erlebnis. Als der »Oberon« erschien, hatte Goethe sein erstes Weimarer Jahrzehnt zu durchleben, an dessen Ende – und Scheitern – die Flucht stand. Er hatte zwar Wielands Epos mit größter Begeisterung gelesen und dem Oberon-Dichter einen Lorbeerkranz geschickt, doch nicht aus einer Kunsthaltung, wie man sie später im Briefwechsel mit Schiller zu finden vermag. Gerade in einer Rede über Wieland und Goethe hat abermals Friedrich Sengle die Ursache für Goethes Freude über den »Oberon« richtig diagnostiziert: »Was Goethe am ›Oberon‹ lobte, war wieder das Spezifische der Form, der Kunst, das, wovon die Stürmer und Dränger nichts hatten wissen wollen.« Übereinstimmung aber mit dem angeblich Homerischen in Wielands Stanzenepos? Homer war ein Hausgott des jungen Werther, seines Dichters, aller Stürmer und Dränger. Wenn Goethe den Oberon daher als Gegenschöpfung zur einstigen Ästhetik seiner Sturm-und-Drang-Zeit betrachtete, so wohl auch, nicht ohne Grund, *als Gegenschöpfung zu allem Homerisieren*. Schon die Wahl der Stanze statt des Hexameters mußte ihm aus diesem Grunde besonders zusagen.

Auch Goethe selbst sollte einige Jahre nach dem »Oberon«, und noch vor der italienischen Reise, eine große epische Versdichtung in Stanzenform planen. Ein religiöses Epos mit dem Titel »Die Geheimnisse«, im Gehalt inspiriert durch Herders Gedanken von einer einheitlichen Menschheitssubstanz, die allen Religionsformen zugrunde liege, in der Wahl der Stanze beeinflußt durch Wieland. Wenngleich Goethes Stanzen – wie man an dem Gedicht »Zueignung« zu erkennen vermag, das als Einleitung zum Epos »Die Geheimnisse« gedacht war – durch Reinheit der Form und Strenge des Aufbaus weit mehr den großen italienischen Vorbildern zu folgen schienen als dem sehr lockeren Spiel Wielands mit der Stanzenform. Vom »Oberon« führte kein Weg zurück zu »Ilias« und »Aeneis«, es führte aber auch kein Weg hinüber zu »Hermann und Dorothea« oder gar zu Goethes letztem Homerisierungsversuch mit der »Achilleis«. Weit davon entfernt also, einen Widerspruch zu Wielands eignem Spott über die »Abderiade« der Abderiten darzustellen, ist der »Oberon« als künstlerisches Produkt einer Überlegung aufzufassen, die das Vertrauen auf die Möglichkeiten großer Epik unter deutschen Licht- und Lebensverhältnissen verloren hat.

Die Bereiche der Lehenswelt und einer Christlichkeit, die schroff zwischen Gläubigen und Ungläubigen unterscheidet, werden ironisch gesehen, es fehlt an der einstigen seelischen Übereinkunft zwischen dem Dichter und seinem Stoff. Die große Form des Versepos wird vom Dichter dieses Epos innerlich bereits aufgegeben. Der Rückweg zu Homer und Ariost ist für immer versperrt, nur Abderiten haben das noch nicht begriffen. Der »Oberon« ist daher *in aller Bewußtheit als ein Abschied vom Epos* gedacht. Die Anrufung an die Muse im Ersten Gesang entbehrt sowohl der antiken wie der christlichen Sinngebung, die man noch bei Milton hatte erleben können. Die Erscheinung der Muse bei Wieland weist alle Züge der Parodie auf. Sie wird ins bürgerliche Wohnzimmer des 18. Jahrhunderts genötigt, das Flügelpferd ist bloß aus Konvention beibehalten. Wie es dieser Nachfahre der großen Epiker, der nicht mehr an große Epik glaubt, mit seiner Muse zu halten gedenkt, setzt er dem Leser ganz unmißverständlich auseinander:

> Doch, Muse, wohin reißt dich die Adlerschwinge
> Der hohen trunknen Schwärmerei?
> Dein Hörer steht bestürzt, er fragt sich, was dir sei,
> Und deine Gesichte sind ihm geheimnisvolle Dinge.
> Komm, laß dich nieder zu uns auf dieses Kanapee,
> Und – statt zu rufen: »Ich seh', ich seh'«,
> Was niemand sieht als du – erzähl' uns fein gelassen,
> Wie alles sich begab.

Bei einem in aller scheinbaren Lockerheit des Stils so bewußt arbeitenden Künstler wie Christoph Martin Wieland ist es von höchster Bedeutung, *daß die Worte »Noch einmal« das Werk eröffnen.* Ein Werk des Abschiednehmens und der inneren

Distanz zu Form und Gehalt des eigenen epischen Unterfangens.

Hierdurch gerade wird auch wieder die geheime Modernität dieser Versschöpfung begründet. Nicht in dem Sinne, daß der »Oberon« in unserer Gegenwart so viele und begeisterte Leser zu finden vermöchte wie in der Goethe-Zeit oder auch in der späteren Metternich-Ära, die sich für Wielands Gestalten so begeisterte, daß Carl Maria von Weber seiner Zeitströmung entgegenkam, als er bei Wieland den Stoff seiner letzten Oper suchte. *Die eigentümliche Modernität des »Oberon« ist von anderer Art* und hängt sowohl mit dem zusammen, was ironisch oder gar parodistisch behandelt wird, als auch mit jenen Elementen des Werks, die vom Dichter unvermittelt und ungebrochen gestaltet wurden.

Am 5. März 1780 schreibt Wieland an Gleim, um sich für dessen so herzliche und verständnisvolle Würdigung des »Oberon« zu bedanken: »Dank, tausend Dank für die liebevolle freundliche Art, womit Sie diesen Oberon aufgenommen haben, an welchem nun so manche, nicht nur die sich vermessen ihn zu recensieren, sondern selbst die ihn loben, und sich über den lustigen Mönchs- und Nonnentanz bucklicht lachen möchten, so gröblich irre werden. Selig sind die reinen Herzens sind, und Sinn und Empfänglichkeit für das Wahre und Gute haben! Ihre Zahl ist klein, aber dafür sind sie auch die Auserwählten und die, von denen Oberon sagt: ›Sie sind mit mir verbrüdert.‹« Eine genauere Interpretation der eigentlichen Schöpfungsabsichten Wielands mit diesem epischen Gedicht der ironischen Distanz ist kaum denkbar. Das Zaubertreiben, alles folglich, was an, durch oder für Hüon und Rezia geschieht, ist bloße Beigabe, lediglich Fabel in dem doppelten Sinne des Stofflichen und des Fabulierten. Die Grundidee des Werks, *die durchaus sittlicher Natur ist*, von aller Ironie demnach freigehalten werden muß, bleibt davon unberührt.

Es ist *die Sphäre Oberons*. Wie es nicht Zufall ist, daß Wieland mit den Worten »Noch einmal« seinen Gesang intoniert, so entspricht es dem geheimen und eigentlichen Werkplan, daß nicht der Hauptheld zur Titelgebung berufen wird, wie bei Ariost, oder das sonderbar heitere Kreuzzugsunterfangen auf

Kaiser Karls Gebot, ähnlich wie in Tassos »Befreitem Jerusalem«, sondern der »schöne Zwerg«, der Elfenkönig Oberon. Der aber ist nicht mehr ein Naturgeist und von menschlichen Beziehungen nahezu unberührter Waldschrat und Gefährte Pucks, wie er aus Shakespeares Text hervorschaut, sondern ein aufgeklärter, zwergenhafter, doch rätselhaft-schöner Schicksalslenker des 18. Jahrhunderts. Knabenhaft zart und schön, aber unerbittlich. Seine Gaben sind kostbar und spielerisch: Becher und elfenbeinernes Horn, doch sein Silberwagen wird von Leoparden gezogen.

Oberon ist ein Lichtgott durchaus im Sinne des Aufklärungszeitalters, des »siècle des lumières«. Er ist Knabe und Mann und Geist in einem, insgeheim ungeschlechtlich, wenn nicht gar dem Geschlechtlichen abhold. Das bekommt Titania als Schützerin der Ehebrecherin Rosetta ebenso zu spüren wie das Liebespaar Hüon und Rezia. Als Aufklärer ist Oberon auch ein Feind aller Vorurteile und Heucheleien, darum müssen Mönche, Nonnen und Hofleute des Kalifen beim Klang seines Horns in die Raserei des entfesselten Tanzes verfallen. Die sittliche Idee, verkörpert im Elfenkönig, lockt bei der Begegnung aus dem sittenlosen Menschen seine ganze, im Alltag verhüllte Unsittlichkeit hervor. Darum erinnert Wielands Oberongestalt weit eher an Shakespeares Prospero im »Sturm« als an den Elfenkönig aus dem »Sommernachtstraum«, denn *Oberon ist ein Weltprinzip*, das bei jeder Begegnung den Partner zu sich selbst zwingt: zu seiner eigenen inneren Reinheit oder Unreinheit. Die Unreinen erweisen sich auch bei Wieland vor Oberon nicht viel anders, als sich Caliban zu Prospero verhält.

Da jedoch Wielands Elfenkönig eigentlich Verkörperung einer Idee, eines Aufklärungsprinzips ist, Inkarnation derer, wie es der Autor in seinem Brief an Gleim betont, »die reinen Herzens sind, und Sinn und Empfänglichkeit für das Wahre und Gute haben«, kann er nicht eigentlich zur plastischen Gestalt werden. Anders als bei Shakespeare, ist sein Streit mit Titania nicht hart und sinnlich-dinglicher Natur, sondern eher symbolischer Art: als Zwist zwischen den Lebenskräften Geist und Trieb. Wie Oberon trotz aller Beschreibungsversuche Wielands eigentlich unkörperlich, geschlechtslos, ätherisch wirkt, so ist auch sein

Walten im Verlauf der Versgeschichte insgeheim fragwürdig. Hüon und Rezia wird die Bedingung der Enthaltsamkeit bis zur Eheschließung gestellt, also eine Prüfung auferlegt. Es scheint aber keine echte Prüfung zu sein, denn Oberon ist offenbar mit der Gabe der Allwissenheit ausgestattet und scheint den Gang der Ereignisse im voraus zu kennen. Das wird offenbar in dem Augenblick, da er den Verlobten sein Keuschheitsgebot auferlegt.

»Daß der verbotnen süßen Frucht
Euch ja nicht vor der Zeit gelüste!
Denn wisset, daß im Nu, da ihr davon versucht,
Sich Oberon von euch auf ewig trennen müßte.«
Er sagt's und seufzt, und stiller Kummer schwillt
In seinem Aug'; er heißet sie ihm nahen
Und küßt sie auf die Stirn; und als sie aufwärts sahen,
Zerfloß er wie ein Wolkenbild
Aus ihrem Blick. Der goldne Tag verhüllt
Sein Antlitz. Traurig rauscht's wie Seufzer durch die Palmen,
Und Land und Meer scheint, dumpf und tief erstillt,
In trübem Duft gestaltlos zu verqualmen.

Auch an dieser Stelle wird sichtbar, daß Oberon ein Naturgeist ist und das Prinzip reiner Natürlichkeit, das für Aufklärer gleichzeitig ein sittliches Prinzip bedeutete, darzustellen hat: weshalb im Verlauf des Gedichts das Naturgeschehen, wenn es nicht bloßen Zauber zu bewirken hat, stets genau mit Oberons Stimmungen im Einklang steht, je nachdem als Freude, Trauer, Zorn, also in den Formen der schönen, bedrückenden, unwetterhaften Naturerscheinung. Dies ist nicht mehr die »Mutter Natur« des Gegenspielers Klopstock. Oberon *ist* reine Natur und reine Sittlichkeit in einem.
Allein er bedeutet gleichzeitig das Prinzip göttlicher Allwissenheit, wodurch Determinismus ins Spiel kommt. Scheint es nicht, als habe Oberon sowohl Hüons Verfehlung wie seine Reue und sittliche Einkehr von vornherein mitberechnet? Andererseits scheint sich Titania, als sie das Kind zu retten

bemüht ist, der Exzesse von Oberons Zorn durchaus bewußt zu sein.

Es bleibt ein Rest, der gedanklich nicht aufgelöst werden kann und wohl auch nicht aufgelöst werden soll. Wieder ahnt man die behutsame Zurückhaltung Wielands vor allen großen weltanschaulichen, insbesondere religiösen Entscheidungen. Ginge der Dichter, wenn er Oberons göttliche Voraussicht und also Schicksalsbestimmung darzustellen hat, einen Schritt weiter, er geriete bei Darstellung seines Elfengottes mit den Prinzipien der christlichen Offenbarungsreligion in Widerstreit. Die Aura des Rätselhaften, eines körperlich-geistigen Zwischenzustandes, die Oberon umgibt, gehört durchaus zu Wielands Gesamtwerk, nicht bloß zu dieser späten Rückkehr ins alte romantische Land.

Doch nicht allein im Auftreten Oberons sind Elemente der Vorherbestimmung, einer gleichsam innerweltlichen Prädestination zu spüren. Ähnlich steht es mit den *parallelen Träumen* Hüons von Rezia, der Rezia von Hüon. Das sind alte romaneske Motive: der wahre Geliebte und die »richtige« Braut als Traumgestalten, die zu suchen man auszieht. Das wirkt weiter, über den romanesken Bereich Wielands hinaus, bis zur deutschen Romantik. Wie Hüon und Rezia, so träumen auch, bei Kleist, der Graf Wetter vom Strahl und das Käthchen von Heilbronn voneinander, so daß die wirkliche Begegnung zwischen ihnen zur bloßen Traumerfüllung wird.

Da es Wieland auf diesen eigentlichen sittlichen Gehalt der Oberonwelt als einer Verkörperung der reinen Natur und höchster menschlicher Sittlichkeit ankam, nicht aber auf irgendeinen Selbstzweck der phantastischen oder burlesken Episoden, durfte er sich unbekümmert aller überlieferten Fabuliermotive bedienen, so daß man in diesem Epos einem wahren Inventar der Märchen- und Novellenthemen des 18. Jahrhunderts begegnet. Wie sehr die eigentliche Hüon-und-Rezia-Handlung damaliger Konvention entsprach, zeigt der bloße Hinweis auf *Mozarts* deutsches Singspiel »Die Entführung aus dem Serail«, das 1782, zwei Jahre also nach dem »Oberon« erschien und in der Konstellation der beiden Liebespaare fast getreulich das Schema Wielands auf der Opernbühne wiederholt, ohne daß im eigentlichen

Sinne hier von einem »Einfluß« Wielands auf Mozart und seine Textdichter gesprochen werden könnte. *Der Stoff bedeutete für Wieland und Mozart eine gemeinsame Konvention.* Bemerkenswert bleibt freilich, daß Wieland, in folgerichtiger Durchführung der Aufklärungslehre von der menschlichen Brüderlichkeit, die Beziehungen zwischen Hüon und Scherasmin nicht durch das überlieferte Schema vom Herrn und Diener beeinträchtigt, sondern den Ritter und seinen getreuen Vasallen im Zustand menschlicher Gleichberechtigung zeigt.
Der Epiker des »Oberon« ging ohne sonderliches Bemühen um stoffliche Originalität zu Werke. Ebenso unbekümmert wurden die Fabelmotive des Gedichts nach Erscheinen des Oberon von den Zeitgenossen und Nachlebenden geplündert. Die Opernbühne wartete nicht erst auf Carl Maria von Weber, um Wielands Episoden und Motive nutzbar zu machen. Bei Mozarts »Entführung« handelte es sich einfach um die gemeinsame stoffliche Konvention. *Mozarts »Zauberflöte« dagegen ist ohne den »Oberon« schwerlich zu denken.* Es ist nicht bloß die Ähnlichkeit von Zauberhorn und Zauberflöte, die Suche nach dem treuen und standhaften Liebespaar, auch nicht der Ring des großen Königs Salomon, der in Wielands siebentem Gesang beschrieben wird; ganze Versgruppen wirken wie eine Vorwegnahme entsprechender Episoden der späteren Mozart-Oper, etwa wenn die Elfenkönigin der Rezia erscheint.

»Auf!« spricht sie. »Fasse Mut! Dein Sohn und dein Gemahl,
Sie atmen noch, sind nicht für dich verloren.
Erkenne mich! Wenn du zum drittenmal
Mich wieder siehst, dann ist, was Oberon geschworen,
Erfüllt durch eure Treu'.«

Die Dreizahl, die bereits im Aufbau des Oberon eine bedeutsame Rolle spielt, wurde bei Mozart zum entscheidenden textlich-musikalischen Gestaltungsprinzip. Es wäre aber verfehlt, daraus folgern zu wollen, hier äußere sich die Gemeinsamkeit eines Zahlensymbols der Freimaurerloge, denn die »Zauberflöte« ist zwar unbestrittenerweise eine Freimaurer-Oper, aber zur Entstehungszeit des »Oberon« stand Wieland, wie gleichfalls bekannt ist, dem Weimarer Treiben der Freimaurer durchaus ablehnend gegenüber. Seine Aufnahme in die Loge erfolgte erst gegen Lebensende. Die Zahlenproportionen des Epos hängen daher weit eher mit allgemeinen Märchentraditionen zusammen als mit Freimaurersymbolen.

Bei aller Ironie und Parodie im Verhalten des Autors zu seinem Stoff und seiner Form stellt sich die leitende Idee des »Oberon« als ein Werk der Zeitgenossenschaft dar: einer authentischen deutsch-bürgerlichen Aufklärung. Gewiß ist es richtig, wenn Victor Lange in seiner Studie über den Ausgang des achtzehnten Jahrhunderts eine Selbstaussage Wielands zitiert, wonach er einer von jenen Künstlern sei, »die den Geist der heiligen Götter empfangen haben, um die Bilder der großen Menschen, die nicht mehr sind, aus Marmor und Elfenbein zu schnitzen und den Göttern, an die niemand mehr glaubt, schöne Tempel aufzubauen und die Taten der Helden, die niemand mehr tun kann oder, wenn er könnte, nicht tun darf, in schönen Schauspielen vorzuführen«. Aber Wieland war nicht bloß das. Die Oberon-Gestalt blieb unberührt von aller distanzierenden Ironie. Es war nicht eigentlich »Spätzeitlichkeit«, was dazu führte, daß der tiefere Gehalt des Versgedichts bei vielen damaligen Zeitgenossen über dem scherzhaften Puppenspiel übersehen wurde. Wielands »Oberon« erschien unter der literarischen Herrschaft der Stürmer und Dränger, wenngleich auch diese Bewegung damals bereits ihren Höhepunkt überschritten hatte. Immerhin: *Wielands »Oberon« und Schillers »Räuber«* entstanden in enger zeitlicher Nachbarschaft *als zwei extreme Möglichkeiten bürgerlicher Emanzipationsdichtung* in Deutschland.

Es wäre leicht, dahin zu schließen, daß eine Dichtung, die im Augenblick ihrer Entstehung bereits in einer Form entstand, der ihr Schöpfer sogar innerlich mißtraute, mitten im zwanzigsten Jahrhundert vollends vereinsamt wirken müßte, nicht bloß aller Leser beraubt, sondern aller Möglichkeit, jemals wieder Leser anzulocken. Versepen freilich sind durchaus nicht mehr in der Mode. Dem Siegeszug der Romane mußten die großen epischen Gebilde weichen, die heroischen wie die humoristischen, die Nachfolger der Ilias und auch jene des Froschmäusekriegs. Sonderbarerweise aber läßt sich in der Lyrik des 20. Jahrhunderts ein Hang der Dichter zur zyklischen Gestaltung ihrer Gedichte, zum großen Verspoem beobachten, das einstweilen noch vorwiegend lyrischer Natur bleibt, jedoch den lyrisch-epischen Grenzbereich in vielen Fällen bereits erreicht hat. Majakowski und Neruda, Aragon wie Eliot. Gewaltige Divergenzen also der Substanz und Tendenz, gemeinsam aber ist diesen Dichtern der neue Zug zum großen Poem.

Nicht bloß Wielands epische Spätschöpfung hat viel von ihrer Anziehungskraft verloren, auch seine großen Vorbilder Homer, Vergil, Ariost und Tasso haben weithin aufgehört, lebendige Literatur darzustellen, die man wirklich liest und zu genießen vermag, also nicht bloß in Festreden und zu Bildungszwecken zitiert. Als der »Oberon« entstand, war Homer für die jungen Stürmer und Dränger eine erregende Alltagslektüre. Er ist es heute nicht mehr. Soll man darum auf Neuausgaben der Ilias und Odyssee verzichten? Wohl ebensowenig wie auf eine neue Publikation des Oberon. Wer den bloß lesen möchte, um eine spannende Geschichte zu erfahren, wird rasch und gelangweilt das Buch aus der Hand legen und von den bezaubernden Stanzen Wielands wieder zur Prosa des Romanalltags zurückkehren. Wer aber Schönheit der Sprache, höchsten Zauber deutscher Verskunst, Kolorit der Rokokomalerei und sittliche Festigkeit eines großen deutschen Aufklärers erleben möchte, sollte sich von neuem dem Dichter und seiner Muse zum Ritt ins alte romantische Land anvertrauen. Es gibt auch beim Erlebnis deutscher Sprachkunst des 18. Jahrhunderts eine Beglückung, die sich vergleichen läßt der Wirkung großer Suiten und Symphonien.

III. DER BÜRGERLICH-PLEBEJISCHE KOMPROMISS

1. LENZ ODER DIE ALTERNATIVE

Prinz: In Eurem Morast ersticke ich – treib's nicht länger – mein Seel' nicht! Das der aufgeklärte Weltteil! Allenthalben wo man hinriecht, Lässigkeit, faule, ohnmächtige Begier, lallender Tod für Feuer und Leben, Geschwätz für Handlung – Das der berühmte Weltteil! o pfui doch!

Lenz, Der neue Menoza

Nachwelt und Nachruhm

Er sehnte sich sehr nach der Vollkommenheit. Unter den Vorträgen, die er, in seiner glücklichsten Lebensepoche, vor der Société de philosophie et des belles-lettres in Straßburg hielt, welche im Jahre 1775 auf seine Anregung hin den Namen einer Deutschen Gesellschaft annahm, befindet sich auch ein »Versuch über das erste Principium der Moral«. Hier stellt Lenz die Frage: »Was ist Vollkommenheit?« und begründet die Berechtigung dieser Themenstellung so: »Es muß in unserm Bestreben nach Vollkommenheit eine gewisse Übereinstimmung aller unserer Kräfte zu einem Ganzen, eine gewisse Harmonie sein, welche eigentlich den wahren Begriff des höchsten Schönen gibt. Sehen Sie nun, daß die Linien des wahren Schönen und des wahren Guten im strengsten Verstande, in einen Punkt zusammen laufen?«
Auf den ersten Blick könnte man diese Art der Aufgabenstellung als Vorwegnahme späterer Thesen der deutschen Klassik ansehen. Lenz wirkt wie ein zu früh gekommener Kantianer. Die Abhandlung über das erste Moralprinzip dürfte in der Straßburger Zeit, also zwischen 1771 und 1775, entstanden sein. Vierzehn Jahre später formuliert der vorkantische Schiller (1789) eine ähnliche Einheitsvision in seinem Gedicht über »Die Künstler«:

... Die furchtbar herrliche Urania,
Mit abgelegter Feuerkrone

Steht sie – als *Schönheit* vor uns da.
Der Anmut Gürtel umgewunden,
Wird sie zum Kind, daß Kinder sie verstehn.
Was wir als Schönheit hier empfunden,
Wird einst als *Wahrheit* uns entgegengehn.

Lenz hatte das »wahre« Gute und das »wahre« Schöne als Konvergenzbewegung verstanden. Wenn aber das Bestreben nach Vollkommenheit, nach einer harmonischen Gestaltung des Lebens, die er mit der wahren Schönheit gleichsetzt, im Menschen angelegt ist, so muß weiter gefragt werden, wie sich Lenz zu zeigen bemüht, »welcher Zustand unserer Vollkommenheit der angemessenste sei«. Die Lösung des Jean-Jacques Rousseau biete sich an. »Rousseau ist für den Zustand der Ruhe, oder der kleinstmöglichsten Bewegung.« Lenz dagegen versteht die Vollkommenheit ganz anders: »Nein! Der höchste Zustand der Bewegung ist unserm Ich der angemessenste, das heißt derjenige Zustand, wo unsere äußern Umstände unsere Relationen und Situationen so zusammenlaufen, daß wir das größtmöglichste Feld vor uns haben, unsere Vollkommenheit zu erhöhen, zu befördern und andern empfindbar zu machen, weil wir uns alsdenn das größtmöglichste Vergnügen versprechen können, welches eigentlich bei allen Menschen in der ganzen Welt in dem größten Gefühl unserer Existenz, unserer Fähigkeiten, unsers Selbst besteht«. (Jakob Michael Reinhold Lenz, Werke und Schriften I, Seite 489, 492/93)
Das eben hatte er sich ersehnt: zu leben in dem »größten Gefühl seiner Existenz, seiner Fähigkeiten, seines Selbst«. Es ist ihm anders ergangen. Als er im Jahre 1792, mit 41 Jahren, arm und umnachtet in Moskau gestorben war, geschrieben hatte er schon seit geraumer Zeit nichts mehr, gab es in der »Allgemeinen Literaturzeitung« vom Mai 1792 einen schnöden Nachruf mit etwas herablassendem Mitleid: »Er starb, von wenigen betrauert, und von keinem vermißt. Dieser unglückliche Gelehrte ... verlebte den besten Teil seines Lebens in nutzloser Geschäftigkeit, ohne eigentliche Bestimmung. Von allen verkannt, gegen Mangel und Dürftigkeit kämpfend, entfernt von allem, was ihm teuer war, verlor er doch nie das Gefühl seines Wertes; sein Stolz

wurde durch unzählige Demütigungen noch mehr gereizt und artete endlich in jenen Trotz aus, der gewöhnlich der Gefährte der edlen Armut ist. Er lebte von Almosen, aber er nahm nicht von jedem Wohltaten an, und wurde beleidigt, wenn man ihm unaufgefordert Geld oder Unterstützung anbot, da doch seine Gestalt und sein ganzes Äußere die dringendste Aufforderung zu Wohltätigkeit waren.«

Das also, was Lenz als Voraussetzung aller Moralität, alles Strebens mithin nach Vollkommenheit konzipiert hatte, die Verbindung theoretischer Erkenntnis mit praktischem Handeln, die eine allseitige Ausbildung der eigenen Fähigkeiten und Fertigkeiten verlangt, wird in diesem Nekrolog als »nutzlose Geschäftigkeit« gedeutet, als Mittelpunktslosigkeit dieser Existenz des Schriftstellers und Gesellschaftsreformers Jakob Michael Reinhold Lenz.

Mit Goethe wurde er verglichen, seit er die Heimat in Livland verließ und ins westliche Europa kam. Die im Jahre 1774 in Leipzig erschienene Hofmeister-Komödie hielt man für ein Werk von Goethe. Der hatte es zwar nicht geschrieben, aber zum Druck befördert. Lenz war stolz auf diese Wahlverwandtschaft, die – wie er glaubte – weit hinausragte über eine bloß literarische Affinität. Die aus Lenzens Nachlaß veröffentlichte Literatursatire »Pandaemonium Germanicum« zeigt bereits in der erten Szene, wie Goethe und Lenz gemeinsam den steilen Berg erklettern, der sich als unnahbar erweist für alle Epigonen, Rezensenten, Journalisten und Philister. Freilich: Goethe »springt 'nauf«, wie es im Text heißt, aber »Lenz kriecht auf allen vieren«. Dennoch Wahlverwandtschaft.

Schon in dieser ersten Szene aber spricht Lenz in Form einer Selbstaussage gleichsam das Urteil über sein späteres Tun und Schreiben. Als sie auf dem Felsen beieinander stehen, Lenz und der »Bruder Goethe«, fragt der Patriziersohn aus Frankfurt den kleinen Gefährten: »Wo kommst du denn her?« Lenz antwortet: »Aus dem hintersten Norden. Ist mir's doch, als ob ich mit dir geboren und erzogen wäre.« Warum er so weit hergereist sei? »Alle klugen und erfahrnen Leute widerrieten's mir. Sie sagten, ich suche zu sehr, was zum Gutsein gehöre, und versäume darüber das Sein. Ich dachte: seid! und ich will gut sein.«

Goethe nimmt – in dieser Sehnsuchtsvision vom »Pandaemonium Germanicum« – den Gefährten auf. »Bist mir willkommen, Bübchen! Es ist mir, als ob ich mich in dir bespiegelte.«
In Überschätzung dieser Freundschaft war Lenz 1776 zu Goethe nach Weimar gekommen, wurde der Baronin von Stein präsentiert, hatte höchstes und öffentliches Mißfallen erregt (die Ursache ist niemals geklärt worden) und war dann, sicher nicht ohne Goethes Zutun, ausgewiesen worden. Nun begann Lenzens Suche nach der glücklicheren eigenen Vergangenheit als Rückweg nach Straßburg. Als Goethe im Jahre 1779 zum zweitenmal, diesmal als Begleiter des Herzogs Karl August, in die Schweiz reist, kehrt er auf der Rückreise durch das Elsaß in Sesenheim ein. Sein Bericht darüber lautet so: »Ich finde Friederike Brion wenig verändert, noch so gut, liebevoll, zutraulich wie einst, gefaßt und selbständig. Der größte Teil der Unterhaltung war über Lenzen. Dieser hatte sich nach meiner Abreise im Hause introduziert, von mir, was nur möglich war, zu erfahren gesucht, bis sie endlich, da er sich die größte Mühe gab, meine Briefe zu sehen und zu erhaschen, mißtrauisch geworden. Er hatte sich indessen nach seiner gewöhnlichen Weise verliebt in sie gestellt, weil er glaubte, das sei der einzige Weg, hinter die Geheimnisse des Mädchens zu kommen, und da sie nunmehr gewarnt, seine Besuche ablehnte und sich mehr zurückzieht, so treibt er es bis zu den lächerlichen Demonstrationen des Selbstmords, da man ihn dann halbtoll erklären und nach der Stadt schaffen kann. Sie klärt mich über die Absicht auf, die er gehabt hat, mir zu schaden und mich in der öffentlichen Meinung und sonst zugrunde zu richten.«
In ähnlicher Weise hat man Lenz, gleichsam in permanenter Anwendung eines goetheschen Verdikts, bis in unser Jahrhundert hinein zu deuten beliebt. Goethe hatte Lenzens Charakter mit dem englischen Wort »whimsical« bezeichnet, was einen grillenhaften, wunderlichen Menschen meint. Die Ausdrücke »Grillen« und »grillenhaft« tauchen nicht selten bei Lenz auf: oft im Zusammenhang mit dramatischen Charakteren, die autobiographische Beziehung zu ihrem Autor besitzen.
Der Pfarrer Oberlin in dem Vogesendorf Waldbach beschrieb, wie Lenz im Januar 1778 nach irrer Wanderung durch die Win-

terlandschaft bei ihm um Zuflucht nachsuchte. Die Umnachtung hatte sich damals bereits angekündigt. Zu Lenzens sonderbarem Hang, stets in Goethes Umkreis gleichsam nachlieben zu müssen (Friederike Brion, Charlotte von Stein), gehörte auch seine hektische Verehrung für Goethes Schwester Cornelia, die Gattin von Goethes Freund Schlosser. Cornelia Schlosser war am 8. Juni 1777 gestorben. Im März 1778 nimmt Schlosser den kranken Lenz bei sich auf und berichtet: »Er ist wie ein Kind, keines Entschlusses fähig; ungläubig gegen Gott und Menschen.« Georg Büchners Erzählung »Lenz«, die sich auf Oberlins Aufzeichnungen stützen konnte, aber Fragment geblieben ist, schließt mit den Worten: »So lebte er hin.«

So also hatte sich der Fall Lenz dem Urteil der Zeitgenossen und auf lange Zeit hin auch der Nachwelt präsentiert: erfolglose Schriftstellerei und »nutzlose Geschäftigkeit«, während die Absicht gewesen war, Harmonie herzustellen zwischen Theorie und Praxis, Erkenntnis und Handeln. In jämmerlicher Weise war alles zuschanden geworden. Rückblickend mochte die geistige Erkrankung als Entschuldigung geltend gemacht werden. Bei solchem Psychologisieren jedoch kam man dazu, auch das Werk des Schriftstellers Lenz, vor allem seine Theaterstücke und kritischen Abhandlungen, als Schöpfungen eines gestörten Geistes abzutun. Wo Lenz – zum Beispiel in der Parallelaktion seiner Komödie »Die Soldaten« mit einer sozialreformatorischen Studie gegen das Verbot der Soldatenehen – seine Theaterstücke als gesellschaftskritische Schöpfungen konzipiert und mit der Aufgabe betraut hatte, soziale Veränderung zu bewirken, sah man bloß einen wirren Geist am Werk, der sich offenbar nicht zwischen der Literatur und der Politik zu entscheiden wußte.

In der Literaturgeschichte wurde Lenz unter dem Firmennamen »Sturm und Drang« geführt: zusammen mit Klinger, der später General des russischen Kaisers wurde, also den gleichen Landesherrn besaß wie Lenz, zusammen mit dem früh verstorbenen Heinrich Leopold Wagner, mit dem Maler Müller. Dieser Dichter schien weit eher symptomatisch zu sein als eigenschöpferisch.

Wie es mit der Bühnenwirkung des Dramatikers Lenz aussah,

kann man heute, dank einer ausführlichen Untersuchung der französischen Germanistin Elisabeth Genton, genau nachprüfen (Elisabeth Genton: »Jacob Michael Reinhold Lenz et la scène allemande«, 1966).
Lenz hat keines seiner Theaterstücke auf der Bühne sehen dürfen. Damit erging es ihm wie später den Stückeschreibern Kleist, Grabbe und Büchner. Er war also unglücklicher nicht bloß als Goethe, sondern auch als Klinger, der seine Stücke auf der Bühne erleben konnte. Dabei war der »Hofmeister« in einer Bearbeitung Friedrich Ludwig Schröders in Hamburg und Berlin gespielt worden. In Mannheim wurde er noch zwischen 1780 und 1791 insgesamt elfmal gespielt. Dann aber verdrängten vielleicht weniger die Dramen Schillers und Goethes als die Rührstücke eines Iffland und Kotzebue die Werke des Sturm und Drang von der Bühne. Elisabeth Gentons theaterwissenschaftliche Forschung ermittelte erst wieder eine Lenz-Aufführung im Jahre 1863: da unternimmt es der Wiener Dramatiker Eduard von Bauernfeld, für das von Heinrich Laube geleitete Wiener Burgtheater eine Bearbeitung der »Soldaten« zu liefern unter dem Titel »Soldatenliebchen«. Allein der Ludergeruch von Lenzens böser Bürgerkomödie aus – angeblich – Lille war immer noch so stark, daß Publikum und Presse zu Wien die Novität brüsk ablehnten. Man spielte die Geschichte vom Soldatenliebchen bloß dreimal im Jahre 1863.
Die Wiederentdeckung des Dramatikers Lenz beginnt erst im 20. Jahrhundert, schon bald nach der Jahrhundertwende. Zuerst steht sie im Zeichen der Münchner Boheme, spielt sich im Umkreis Frank Wedekinds und der kabarettistischen »Elf Scharfrichter« ab. Wedekinds Freund und Biograph Arthur Kutscher liefert diesmal eine Bearbeitung der »Soldaten«. Mitten im ersten Weltkrieg spielte Max Reinhardt das Stück; bald wagte man sich auch an Lenzens Dramatische Phantasie »Der Engländer«. Selbst seine Bearbeitungen nach dem Plautus gelangen auf die Bühne.
Diese literarische Renaissance umfaßt gleichzeitig Lenz und seinen posthumen Schüler Georg Büchner. Die Kunde wird von Wedekind weitergereicht zu Brecht. Aus allem scheint sich eine dramatisch-dramaturgische Einheit zu bilden in den Zwanziger

Jahren: aus den Stücken der Elisabethaner neben Shakespeare, den Stürmern und Drängern neben dem jungen Goethe und dem jungen Schiller, aus Grabbe und Büchner.

Am 16. Oktober 1926 inszeniert Jürgen Fehling in Berlin die »Soldaten« von Lenz. Hatte Max Reinhardt für seine Inszenierung bei der Ausstattung die Umwelt des ausgehenden 18. Jahrhunderts, mithin die Entstehungszeit des Schauspiels rekonstruiert, so transponiert Fehling das Stück gleichsam in die Epoche Georg Büchners, macht aus der Liebesgeschichte der Tochter eines bürgerlichen Galanteriehändlers zu Lille mit den adligen Offizieren der dortigen Garnison etwas wie eine antizipierte Bourgeoiskritik. Die Offiziere scheinen dem napoleonischen Empire anzugehören, die Bürger von Lille sehen aus wie auf den monumentalen Bourgeoisporträts aus der Zeit des Bürgerkönigs Louis-Philippe: Gehröcke und geblümte Westen.

Bertolt Brecht ist dann, wie bekannt, in seiner berühmten Bearbeitung des »Hofmeisters« aus dem Jahr 1950 in dieser Richtung weitergegangen. Was bei Lenz als bürgerliche Kritik an den feudalen Erziehungsmethoden, vor allem am Hofmeisterunwesen, verstanden worden war, verwandelt sich bei Brecht in eine Kritik an den bürgerlichen Reformideen der Stürmer und Dränger, also auch des Jakob Michael Reinhold Lenz. Merkwürdigerweise läßt Lenz in seinen wichtigsten Stücken die antiaristokratische Kritik weitgehend durch Aristokraten vortragen: durch den Geheimrat von Berg im »Hofmeister«, den Prinzen Tandi im »Neuen Menoza«, durch die Gräfin de La Roche in den »Soldaten«.

Seitdem ist Lenz wieder Literatur von heute geworden, moderne Weltliteratur. Ein innerer Zusammenhang wird offenbar, wenn sich im deutschen Musiktheater des 20. Jahrhunderts der Vertonung von Büchners »Wozzeck« und Wedekinds »Lulu« durch Alban Berg im Jahre 1965 die Opernpremiere der »Soldaten« nach Lenz in einer Vertonung von Bernd Alois Zimmermann erfolgreich anschließt.

Die Zeit ist gekommen, hinter der angeblich nutzlosen Geschäftigkeit die wirklichen Absichten des Schriftstellers und Gesellschaftsreformers Lenz zu suchen. Lange war er nicht viel mehr als eine symptomatische Gestalt der deutschen Literaturgeschichte. Nun sollte eine genauere Kenntnis des Gesamtwerks dazu beitragen, die Dimensionen dieses merkwürdigen, offensichtlich gescheiterten, doch eben *in seinem Scheitern symptomatischen* Autors kennenzulernen.

Lenz und die Antinomien des Sturm und Drang

> Du bist hier nicht in Kumba, mein Sohn, wir sind hier in Sachsen, und was andern Leuten gilt, das muß uns auch gelten.
>
> *Der neue Menoza*

Wie einer das Phänomen der deutschen Aufklärung interpretiert, davon hängt vieles ab. So lange man darauf ausging, die Aufklärungsetappe, also die Lessing-Zeit im weitesten Verstande, dadurch vor allem vom eigentlichen Sturm und Drang abzuheben, daß man mit einer Antithetik des Rationalen und des Gemüthaften arbeitete, blieb alle Deutung der Vorgänge auf die Unterscheidung von Stilelementen und Wirkungsweisen beschränkt. Auch hier wurde die literarische Bewegung vom gesellschaftlichen Gesamtprozeß isoliert. Dabei zeigt gerade das Wirken von Lenz, wie notwendig es ist, die ästhetischen Maximen einer Bewegung als Ausdruck gesellschaftlicher Konstellation zu interpretieren. Emphase wie Hohn in Lenzens »Anmerkungen übers Theater« sind nicht bloß durch Literatur inspiriert: sie meinen *die Stellung der Schriftsteller in der damaligen deutschen Gesellschaft*, ihre aktuelle Misere und ihre virtuelle Größe. Wenn sich im »Neuen Menoza« in der Siebenten Szene des Ersten Aktes der Prinz Tandi mit dem aufgeklärten Bakkalaureus Zierau unterhält und das Lob der bekanntesten Aufklärungsschriftsteller (Wieland voran) mit anzuhören genötigt ist, die alle durch Lenz dadurch entwertet werden, daß eben Zierau sie derart einfältig und eindringlich feiert, so erleben wir nicht bloß einen Wendepunkt des literarischen Lebens, sondern auch ein politisches Urteil über die deutschen Zustände.
Georg Lukács hat in seinen Studien zur deutschen Literaturge-

schichte die These vertreten, der Sturm und Drang bedeute keinen Gegensatz zur bürgerlichen Aufklärungsliteratur, er präsentiere sich vielmehr als neue, fortgeschrittene Etappe eben dieses Aufklärungsprozesses. Die These wird sich, falls man eine historische Gesamtbewegung im damaligen Deutschland für gegeben hält, kaum widerlegen lassen. Der Übergang von Gottsched zu Lessing, von Lessing zu den von ihm nicht besonders geschätzten Stürmern und Drängern hat nichts zu tun mit einem Übergang von den bürgerlichen Trägern der Aufklärung zu einer neuen sozialen Repräsentantenschicht. Man bleibt im Bereich der vordrängenden bürgerlichen Emanzipation, auch in der Literatur. Daraus ergibt es sich, daß die oft schroffen literarischen Antithesen nach kurzer Zeit einer Verständigung zwischen den einstigen literarischen Kontrahenten weichen müssen, nachdem man, stilistischer und stofflicher Gegensätze ungeachtet, die Gemeinsamkeit der Aufklärungsposition verstanden hat. So erklärt sich in Weimar die rasche Aussöhnung zwischen Goethe und Wieland, später zwischen Wieland und Lenz. Von hier aus muß Lessings ambivalentes Verhältnis zum Sturm und Drang verstanden werden: einmal das Mißvergnügen über »Götz« und »Werther«, dann aber die Faszination, die Goethes »Prometheus« auf den Spinozisten Lessing auszuüben vermochte. Auch Lenz macht im »Pandaemonium Germanicum« vor Lessing einen höflich-distanzierten Kratzfuß. Es kommt ihm nicht in den Sinn, die Verve und Boshaftigkeit seiner Wieland-Polemik auf den wichtigsten literarischen Aufklärer der älteren Generation, Lessing also, auszudehnen.

Lenz selbst steht in seinen Anfängen der literarischen Aufklärung im engeren Sinne nahe. Sein Verhältnis zu den Stoffen, die er behandelt, zu den Wirkungen, die er im Gedicht anstrebt, oder in seiner Erstlingspublikation, dem epischen Gedicht »Die Landplagen«, das noch 1769 in Königsberg ediert wurde, erst recht in den ersten beiden Stücken, also dem »Hofmeister« und dem »Neuen Menoza«, ist durchaus das eines Aufklärers. Daher überwiegt das didaktische Element; die Lehrhaftigkeit aber möchte Bewußtseinsveränderungen im Leser herbeiführen. Gleichzeitig jedoch verraten schon die ersten Versuche des Dramatikers Lenz ein tiefes Ungenügen an aller Didaktik des Erziehers, die nichts vermitteln will als kritische Einsicht in gesellschaftliche Mißstände, dem Leser und Theaterbesucher es aber vorbehält, ob er die Mißstände verändert sehen und etwas zu ihrer Veränderung beitragen möchte.

Die Entwicklung des Dramatikers Lenz innerhalb der Aufklärung vollzieht sich als Weg von Livland nach Straßburg und von dort nach Weimar. Ausgangspunkt ist der Dualismus von »Hofmeister« und »Neuem Menoza«. Noch sind das dramatische Attitüden eines Beobachters und literarischen Pädagogen im Sinne damaliger Aufklärungstradition. Immer deutlicher aber stellt sich für Lenz *die Frage nach der praktischen Wirkung seiner Stücke,* überhaupt seines literarischen Treibens. Es scheint nicht zu genügen, kritische Literatur zu schaffen: man muß mithelfen bei der Veränderung der Zustände. So begleitet er sein Schauspiel »Die Soldaten« durch einen kritischen Traktat über die Lebensformen der Soldaten in den großen Garnisonen. Hier wird die Literatur bereits als Praxis verstanden. Immer noch ist aber die wohlhabende bürgerliche Welt der Ausgangspunkt. Erst in Weimar entsteht, ohne leider abgeschlossen zu werden, ein dramatisches Werk, das jetzt nicht mehr, wie die früheren Arbeiten, auf dem Konflikt zwischen Feudalwesen und bürgerlicher Welt beruht, *sondern eine dreifache soziologische Aufschichtung verrät: Aristokratie, herrschende Bürgerschicht – und »les petites gens«*, die Welt der kleinen Leute. In dieser Evolution vollzieht sich die geschichtlich bedeutsame, einzigartige Auseinandersetzung von Lenz mit den gesellschaftlichen Antinomien der deutschen Aufklärung und des deutschen Sturm und Drang.

Die Haltung des Beobachters und Erziehers

Vielleicht kann man den *»Hofmeister«* unter allen Werken des Stückeschreibers Lenz am ehesten der typischen Aufklärungsliteratur zurechnen. Zwar ist die Komödie selbst innerhalb der deutschen Dramatik jener Zeit ebenso »untypisch« wie der Vorgang, den sie behandelt und der auf eine ostpreußische Skandalgeschichte zurückgeht, die Lenz in seiner Jugend erlebt oder

erfahren haben muß. Verglichen mit dem Schicksal des Hofmeisters Läuffer, dem vom Dichter nicht einmal ein Vorname gegönnt wird, nimmt sich Goethes »Werther« geradezu harmonisch aus, zumal Goethes Briefroman vor der Kontinuität eines Übergangs von der Idylle zur Tragödie nicht zurückschreckt, sondern auch den Stil des zweiten Romanteils dieser Wandlung vom Alltäglichen zum durchaus Ungewöhnlichen angepaßt hat. Lenz dagegen gibt seinem Stück, das (unter dem Titel »Der Hofmeister oder Vorteile der Privaterziehung«) ebenso wie »Der neue Menoza oder Geschichte des Kumbanischen Prinzen Tandi« dank der Vermittlung Goethes im Jahre 1774 zu Leipzig »in der Weygandschen Buchhandlung« erschien, den Untertitel »Eine Komödie«. Da auch der »Neue Menoza« als »Komödie« präsentiert wird, darf man Lenz gleichsam als einen Vorläufer des heutigen Komödienschreibers Friedrich Dürrenmatt betrachten, in dessen »Komödien« gleichfalls, wie bei Lenz (Selbstentmannung des Hofmeisters, Mordkomplott und Selbstmord im »Menoza«), das grausige Detail hart neben philosophische Reflexionen zwischen Dramenfiguren und neben satirische, auf Lustspielwirkung erpichte Verzerrungen postiert wird.
Nun lautete der Untertitel in der ersten Fassung des »Hofmeisters« zwar noch »Lust- und Trauerspiel«, weshalb Karl S. Guthke den »Hofmeister« als erste Form einer deutschen »Tragikomödie« verstehen möchte und dem von Lenz gewählten definitiven Untertitel »Eine Komödie« keine Bedeutung beimißt. (Karl S. Guthke: Geschichte und Poetik der deutschen Tragikomödie, 1961, S. 22) Walter Hinck beruft sich demgegenüber – in einer neuen Ausgabe des »Neuen Menoza«, die zu den wichtigsten jüngeren Publikationen über Lenz gehört (Jacob Michael Reinhold Lenz »Der neue Menoza. Eine Komödie«, Text und Materialien zur Interpretation besorgt von Walter Hinck, Sammlung KOMEDIA, Nr. 9, 1965, S. 83) – auf ein Fortwirken von theatralischen Überlieferungen der deutschen Barockliteratur, der Hanswurstiaden und auch der Fastnachtsspiele. Daß Lenz sich hier (und im deutschen Puppenspiel seiner Zeit) schon in Livland und Ostpreußen, also vor seinen Besuchen in Berlin, Leipzig und Straßburg, ausgekannt hat, darf als gesichert gelten.

Dennoch wird man gut daran tun, den *Komödienbegriff* weniger aus der Tradition, auch nicht so sehr als Vorwegnahme künftiger dramatischer Gattungen zu verstehen, als im Zusammenhang mit den eigenen theoretischen Überlegungen von Lenz, vor allem seinen »Anmerkungen übers Theater«. Daß es Widersprüche gibt zwischen dem Dramaturgen und dem Dramatiker Lenz, ist unbestreitbar. Auch in den »Anmerkungen« selbst herrscht alles andere als strenge theoretische Folgerichtigkeit. Trotzdem spürt man bei der Gegenüberstellung seiner noch vor der Straßburger Zeit entstandenen Schauspiele mit den späteren typischen Argumentationen eines Stürmers und Drängers, daß Lenz von Anfang an einen genuinen Schauspieltyp angestrebt hat.

Diese aber von ihm selbst zu schaffende neue Gattung war nur in ihren Anfängen mit der »reinen« Aufklärungstheorie in Einklang zu bringen. Die Aufklärungsdidaktik setzte voraus, daß in der Komödie ein Mißstand durch vernünftige Kritik beseitigt wird, während ein Verharren auf der unvernünftigen Leidenschaft keines anderen als eines tragischen Ausgangs sicher sein könnte. Nach diesem Schema hatte Lessing sein Schauspiel vom »D. Faust« angelegt, worin zwar das rationale Prinzip selbst, exzessiv angewendet durch Faust, einen Konflikt erzeugen mochte, aber die Tragik (also Höllenfahrt) dadurch ausgeschlossen wurde, daß die himmlischen Mächte, ähnlich wie bei Calderón im »Wundertätigen Magier«, den höllischen Widersachern einfach ein Phantom zugespielt hatten. So umging der Aufklärer Lessing den tragischen Konflikt inmitten des Aufklärungszeitalters.

Lenz hingegen scheint eine dramatische Lösung anzustreben, die weder inspiriert bleibt durch Vernunftsoptimismus, noch Unvernünftigkeit gleichsetzen will mit tragischer Notwendigkeit.

So entsteht das einzigartige Gebilde des »Hofmeister«, *worin zwei typische Konflikte der konventionellen Tragik abgebogen werden zur komischen Schlußharmonie.* Das entehrte Adelsfräulein braucht nicht im Selbstmord oder Elend zugrunde zu gehen. Ihr Sprung in den Teich, aus dem der Vater sie auffischt, da der Graf Wermuth nicht schwimmen kann, wirkt wie eine höhnische Absage an die tragische Konvention. Hier wird mit dem Selbstmordmotiv, also der Wertherei, nicht ohne Bosheit gespielt. Büchners durch den in Werthers Farben blau und gelb gekleideten Valerio am Sprung in den Teich gehinderter Prinz Leonce wurde vorweggenommen. Gustchen von Berg braucht nicht, obgleich ein »gefallenes Mädchen«, den Leidensweg Gretchens, des Evchen Humbrecht bei Heinrich Leopold Wagner oder der Marie Wesener in Lenzens »Soldaten« zu gehen. Einen adligen Ehemann erhält sie trotzdem.

Auch Hofmeister Läuffer, der eine wertherische Hybris im Umgang mit ostpreußischen Junkern entfaltet hat, muß nicht sterben. Sein Dramatiker betrügt ihn sogar um die tragische Wirkung der Kastration. Er darf zum gutbürgerlichen Ehemann avancieren, und der Schulmeister Wenzeslaus begrüßt ihn, den Eunuchen durch eigene Willensentscheidung, enthusiastisch als neuen Origenes: »Laß dich umarmen, teures, auserwähltes Rüstzeug! Ich kann's Euch nicht verhehlen, fast – fast kann ich dem Heldenvorsatz nicht widerstehen, Euch nachzuahmen. So recht, werter Freund! Das ist die Bahn, auf der Ihr eine Leuchte der Kirche, ein Stern erster Größe, ein Kirchenvater selber werden könnt. Ich glückwünsche Euch, ich ruf' Euch ein Jubilate und Evoë zu, mein geistlicher Sohn – Wär' ich nicht über die Jahre hinaus, wo der Teufel unsern ersten und besten Kräften sein arglistiges Netz ausstellt, gewiß, ich würde mich keinen Augenblick bedenken –«

Eine böse Komödie. Sie war dazu prädestiniert, eines Tages dem Stückeschreiber Brecht unter die Augen zu kommen, um in seinem Sinn und nach den Grundsätzen der »zweiten Aufklärung« umfunktioniert zu werden.

Trotz dieser Kühnheiten jedoch und originellen Abweichungen vom Aufklärungsschema ist der »Hofmeister« immer noch dadurch mit den allgemeinen Grundsätzen des europäischen Illuminismus verbunden, daß der Autor und die in seinem Sinne argumentierenden Figuren des Stückes den Vorrang der vernünftigen Überlegung vor der verändernden Praxis beibehalten.

Der Geheimrat von Berg, den Lenz zum wichtigsten Sprecher seines dramatischen Kampfes gegen das Hofmeisterunwesen macht (Lenz wußte, wie es damit stand, er war selbst Hofmeister von zwei kurländischen Junkern, den Brüdern von Kleist, in

Königsberg gewesen und hatte sie auf ihrer Reise nach Berlin und Leipzig, später nach Straßburg begleitet; auch nach seiner Ankunft in Straßburg im Frühsommer 1771 mußte er den Aufenthalt im Jahr 1772 noch einmal unterbrechen, um die Kleists auf einer neuen Reise zu begleiten), argumentiert vor dem devoten, dann jedoch aufbegehrenden Vater und Pastor Läuffer: »Laßt den Burschen was lernen, daß er dem Staat nützen kann! Potz hundert, Herr Pastor, Sie haben ihn doch nicht zum Bedienten aufgezogen, und was ist er anders als Bedienter, wenn er seine Freiheit einer Privatperson für einige Handvoll Dukaten verkauft? ... Ihr beklagt euch so viel übern Adel und über seinen Stolz, die Leute sähn Hofmeister wie Domestiken an, – Narren! was sind sie denn anders? Stehn sie nicht in Lohn und Brot bei ihnen wie jene? Aber wer heißt euch ihren Stolz nähren? Wer heißt euch Domestiken werden, wenn ihr was gelernt habt, und einem starrköpfischen Edelmann zinsbar werden, der seine Tage von seinen Hausgenossen nichts anders gewohnt war als sklavische Unterwürfigkeit?«

Bemerkenswerterweise äußert sich der Schulmeister Wenzeslaus zu seinem Flüchtling Läuffer, der sich Mandel nennt, in ganz ähnlicher Weise. Lenz läßt seine Kritik an den »Vorteilen der Privaterziehung« also *gleichzeitig durch einen aufgeklärten Aristokraten und einen kleinen Dorfschulmeister* vortragen. Es handelt sich um eine communis opinio der bürgerlichen Aufklärung. Allein man sollte nicht übersehen, daß Lenz sogleich auch die plebejische Mannhaftigkeit des Schulmeisters dadurch relativiert, daß er ihn als komischen Dorfpedanten und illusionären Untertanen präsentiert, der nichts an sich hat von einem Cato oder Spartacus. Läuffer ist unfein genug, den Bürgerstolz des Wenzeslaus durch die Frage nach der Entlohnung zu kränken. Der Schulmeister antwortet: »Was für Lohn? Das war dumm gefragt, Herr Mandel. Verzeih' Er mir; was für Lohn? Gottes Lohn hab' ich dafür, ein gutes Gewissen, und wenn ich da vielen Lohn von der Obrigkeit begehren wollte, so hätt' ich ja meinen Lohn dahin.«

Aufklärungspositionen und kritische Vorbehalte sind daher schon im »Hofmeister« in einer höchst eigentümlichen Weise miteinander im Spiel. Nicht anders steht es mit dem »*Neuen*

Menoza«. Der Prinz Tandi aus dem phantastischen Reich Kumba, den Lenz dazu bestimmt, das Schicksal einer Romanfigur des Dänen Eric Pontoppidan zu imitieren – Pontoppidans Roman mit dem Titel »Menoza, ein asiatischer Prinz, welcher in der Welt umhergezogen, Christen zu suchen, aber des Gesuchten wenig gefunden« war 1742 in deutscher Übersetzung erschienen; Lenz hatte ihn, einen Briefroman übrigens, wohl schon im Pfarrhaus seines Vaters gelesen, denn es handelte sich um einen protestantischen Erbauungsroman (Hinck, a.a.O. S. 75) –, wird in der Ersten Szene durch den Herrn von Biederling so vorgestellt: »Es ist keiner von den Alltagspassagieren, Frau! es ist ein Prinz aus einer andern Welt, der unsere europäische Welt will kennenlernen und sehen, ob sie des Rühmens auch wohl wert sei. Also müssen wir an unserm Teil unser Bestes tun, ihm eine gute Meinung von uns beizubringen. Denk einmal, bis in Kumba hinein bekannt zu werden, ein Land, das nicht einmal auf unserer Landkarte steht.«

Der Prinz versucht gar nicht erst, wie der ursprüngliche Menoza, die echten Christen in Europa zu finden; er ist, als aufgeklärter Beobachter, auf der Suche nach Menschen von Humanität. Dabei handelt er im Sinne des üblichen Aufklärungsgegensatzes von Voltaire bis Seume; also der Antithetik von edelwildem Huronen, Perser oder hier Kumbaner und verfaultem, inhumanem Europäer. Lenz verbindet die Literatursatire gegen Wielands traditionell-aufklärerischen »Fürstenspiegel« mit satirischer Darstellung der deutschen Zustände. Immer von neuem wird dem Prinzen durch die Figuren bedeutet, seine Meinungen und Taten möchten vielleicht in Kumba möglich sein, keinesfalls aber »in Sachsen«. Er repliziert voller Bitterkeit: »Aber wißt Ihr, was die Ursache ist, daß Eure Sitten nur Fremden so auffallen? – O ich mag nicht reden, ich müßt' entsetzlich weit ausholen, ich will Euch zufrieden lassen und nach Hause reisen, in Unschuld meine väterlichen Besitztümer zu genießen, mein Land regieren und Mauern herumziehn, daß jeder, der aus Europa kommt, erst Quarantäne hält, eh' er seine Pestbeulen unter meinen Untertanen vervielfältigt.«

Dies bleibt immer noch Ausdruck des allgemeinen Aufklärungsklischees in Europa. Origineller ist Lenz darin, daß er eben diese

Aufklärungsklischees über Literatur und auch Staatswesen ausgerechnet durch den schnöselhaften jungen Zierau, den Sohn des Naumburger Bürgermeisters, vortragen läßt, dem der Vater am Schluß das Gerede über die aristotelischen Einheiten im Drama ebenso wie das rousseauistische Nachgeplapper von der »schönen Natur« dadurch austreibt, daß er ihn ins Bürgertum zurückholt und hinter einen Tisch mit Akten setzt: »Du sollst mir in mein Kontor hinein, Geschmackshöcker! Dich krumm und lahm schreiben, da soll dir das Püppelspiel schon drauf schmecken. Hab' ich in meinem Leben das gehört; ich glaube, die junge Welt stellt sich noch zuletzt auf den Kopf vor lauter schöner Natur. Ich will Euch kuranzen, ich will Euch's Kollegia über die schöne Natur lesen, wart nur!«

In einer Selbstanzeige seines Stückes hat Lenz, als der Menoza keineswegs beim Publikum das gleiche Interesse fand wie der Hofmeister, sehr nüchtern die Ursachen für diesen Mißerfolg am Stück selbst aufgedeckt. Er sah in der *distanzierten* Haltung des Prinzen als eines aufgeklärten Beobachters, der sein Phantasiereich Kumba gegen das reale deutsche Sachsen auszuspielen sucht, die eigentliche Ursache für das Scheitern: »Ein Prinz, der ohne den geringsten Anteil, mit dem kalten Auge eines Beobachters, aber eines Beobachters, dem darum zu tun war, Wahrheit, Größe und Güte zu finden, von allen marktschreierischen Nachrichten, die ihm *Jesuiten* und *Missionarien* gaben, auf die höchste Erwartung gespannt, quer durch mein Vaterland reist und darinnen nun nicht viel findt, wenigstens das nicht findt, was er suchte, konnt' in demselbigen sein Glück nicht machen.«

Es komme aber nicht auf diese Distanz an, sondern auf den Versuch, ein neues Publikum in Deutschland selbst zu gewinnen. Darunter versteht Lenz bereits in dieser »Rezension des Neuen Menoza«, die im Jahre 1775 im engsten Umkreis von Goethe und Herder, nämlich in den »Frankfurter gelehrten Anzeigen« erschien, nicht mehr den aufgeklärten Adel und das gebildete Bürgertum, sondern das eigentliche Volk. Er postuliert: »Daher müssen unsere deutschen Komödienschreiber komisch und tragisch zugleich schreiben, weil das Volk, für das sie schreiben, oder doch wenigstens schreiben sollten, ein sol-

cher Mischmasch von Kultur und Rohigkeit, Sittigkeit und Wildheit ist.«
Aufklärungspostulate also *und* Fortstreben aus den bürgerlichen Schranken. Die ersten beiden Stücke des Dramatikers Lenz sind gleichzeitig Aufklärungsdichtung *und* Kritik an der bisherigen bürgerlichen Aufklärung in Deutschland. Die Straßburger Zeit von 1771 bis 1776 zeigt Lenz als Repräsentanten einer neuen Phase der Aufklärungsliteratur. War der Dramatiker, wie er glaubte, gleich seinem Prinzen Tandi, dadurch gescheitert, daß er den Beobachter von außen spielte und seine Tätigkeit unter den Primat der Kritik stellte, so versucht er nun, in seinen Absichten bestärkt durch die Begegnung mit Goethe und Herder, den Primat der praktischen Veränderung und das Streben nach realistischer Darstellung der deutschen Verhältnisse miteinander zu verbinden.

Dramatik als gesellschaftliche Praxis

Alle Aufklärungsliteratur, die wortreich dem Vorrang der Didaktik und der bewußtseinsverändernden Wirkung aller Literatur zu huldigen pflegte, mußte sich die berühmte römische Juristenfrage vorlegen: Cui bono?
Die Literatur hatte nützlich zu sein, vernünftige Bewußtseinshaltungen herbeizuführen. Weshalb Lenz, als authentischer Stürmer und Dränger, in Straßburg sogleich den Kampf aufnimmt gegen dies rationale Wirkungsstreben. Dabei verbindet er, abermals in verwirrender Weise, das Geniedenken mit dem Zweifel an einer erzieherischen Wirkung aller Literatur, besonders auch der dramatischen Literatur. Goethes »Götz« schien ihm beides zu exemplifizieren: die Möglichkeit eines Kunstwerks, das selbst ein Stück Natur darstelle, so wie Goethe in seiner Shakespeare-Rede den britischen Dramatiker als Inbegriff von Natur gefeiert hatte, *und* Wirkung ins Leben hinein, nicht bloß für den Verlauf eines Theaterabends.
Der Vortrag »*Über Götz von Berlichingen*«, den Lenz wohl schon 1773 vor den Freunden Salzmanns in Straßburg hielt, fragt höhnisch vor Goethes Ritterstück nach dem Cui bono? Der

»Götz« lasse sich nicht mit den üblichen Theaterstücken, sogar den guten, vergleichen: »Behüte mich der Himmel, ungerecht zu sein. Wir nehmen ein schönes wonnevolles süßes Gefühl mit nach Hause, so gut als ob wir eine Bouteille Champagner ausgeleert – aber das ist auch alles. Eine Nacht drauf geschlafen und alles ist wieder vertilgt. Wo ist der *lebendige* Eindruck, der sich in Gesinnungen, Taten und *Handlungen* hernach einmischt, der prometheische Funken der sich so unvermerkt in unsere innerste Seele hineingestohlen, daß er wenn wir ihn nicht durch gänzliches Stilliegen in sich selbst wieder verglimmen lassen, unser ganzes Leben beseligt; das also sei unsre Gerichtswaage nach der wir auch mit verbundenen Augen den wahren Wert eines Stücks bestimmen. Welches wiegt schwerer, welches hat mehr Gewicht, Macht und Eindruck auf unsre Meinungen und Handlungen? Und nun entscheiden Sie über Götz. Und ich möchte dem ganzen deutschen Publikum wenn ich so starke Stimme hätte, zurufen: Samt und sonders ahmt Götzen erst nach, lernt erst wieder denken, empfinden, handeln, und wenn ihr euch wohl dabei befindet, dann entscheidt über Götz.«

Dies ist authentische Ästhetik des deutschen Sturm und Drang. Lenz teilt seine Anschauungen mit allen Straßburger Freunden. Im Augenblick aber, da er nun, von dieser neuen ästhetischen Position aus, dramatische Schöpfungen entwirft, verspürt er sogleich die neue Desillusionierung. Seine Komödie »*Die Freunde machen den Philosophen*«, in Straßburg entstanden und 1776 zuerst im westfälischen Lemgo »im Verlage der Meyerschen Buchhandlung« erschienen, ist ein Werk der Bitterkeit und der autobiographischen Selbstkritik. Lenz verlegt die »Komödie« in ein märchenhaftes Spanien. Seine Zentralgestalt »Strephon, ein junger Deutscher, reisend aus philosophischen Absichten«, spielt mit dem griechischen Eigennamen auf den Namen seines Dichters an. Außerdem wird der Philosoph ausdrücklich als »Reinhold Strephon« angesprochen. Es ist dargestelltes Lebensschicksal von Reinhold Lenz, wenn der Freund Arist den Philosophen ins Vaterland zurückbringen will: der Vater sei sehr aufgebracht. Hier beschreibt Lenz unmittelbar die aktuelle und die künftige Lebenstragödie:

»Arist: Ich darf Eurer nicht schonen. Es sind acht Jahr, daß Ihr

ihn nicht gesehen habt, daß Ihr so herumirrt und Euren nichtswürdigen Grillen folgt –
Strephon (aufgebracht): Vetter, das stille Land der Toten ist mir so fürchterlich und öde nicht als mein Vaterland. Sogar im Traum, wenn Wallungen des Bluts mir recht angsthafte Bilder vors Gesicht bringen wollen, so deucht mich's, ich sehe mein Vaterland.«

Wieder das Wort von den »Grillen«. Allein es ist nicht nur Druck der Umwelt, der diese Komödie in die Nähe einer Selbstmordgeschichte bringt, freilich nur in die Nähe. Daneben steht *die Verzweiflung Strephons als eines desillusionierten Prinzen Tandi.* In der Wertherhaltung, während er die Pistole von der Wand nimmt und lädt, sagt Strephon: »Philosoph – welch ein Schimpf in meinen letzten Augenblicken! Ein Mensch, der allen Rechten der Menschheit entsagt, um sich bei andern in ein törichtes Ansehen zu setzen. So einer war ich freilich, Mezzotinto, wie jeder Mensch gern das wird, wofür andere ihn halten. Seraphine hat meine Eitelkeit zuerst überwunden und mich überzeugt, daß ein bloßer Beobachter nur ein halber Mensch sei.«

Vorher bereits hatte er gefragt: »Also ein Philosoph? – nichts weiter?« Man darf die Selbstaussage so formulieren: Also ein Literat? – und nichts weiter? Der Titel ist wieder höhnisch gemeint: wie früher jener von den »Vorteilen der Privaterziehung«. Die Komödie zeigt, was aus einem Philosophen durch die Umwelt seiner Freunde werden muß. Diese Freunde aber muß man, bei der autobiographischen Anlage des Stückes, wohl als die Dichtergesellen vom Sturm und Drang und von der Straßburger Tafelrunde verstehen. Nicht irgendeine abstrakte Umwelt richtet diesen Reinhold Strephon zugrunde, sondern die Intrige und platte Vernünftigkeit seiner wohlmeinenden Ratgeber. Man spürt den Zwiespalt des Dichters, wenn er sich zeigen lassen muß, wie man ihn ausnutzt und schädigt. Seine arme Replik: »Alle diese Leute – sind dennoch meine Freunde.« Hier ist die Krise Lenzens im Verhältnis zu seinen Straßburger Freunden, wohl auch zum fernen Goethe, als dramatische Handlung gestaltet, ebenso aber die verlorene Illusion über das Wirken des Dramatikers in der Praxis.

Lenz hat sich nun auch von allen Illusionen des Sturm und Drang entfernt, so wie früher von den pädagogischen Literaturprinzipien der ersten Aufklärungsphase. Er hatte den Weg nach Deutschland nehmen wollen; *dem Kampf mit der deutschen Misere, dem Gegensatz mithin zwischen Kumba und Sachsen, gedachte er nicht auszuweichen.* Nun muß Strephon gestehen: »Ach, nehmen wir, was wir bekommen können, oder wählen uns die Bären zu Gesellschaftern! Ich bin ein Fremder, ich habe keinen Umgang, keine anderen Mittel, dieses Land und seine Sitten kennen zu lernen, und jeder dieser Leute vermehrt meine innere Konsistenz durch das, was er mir entzieht. Ich suche denn nach in mir, ob ich nicht noch etwas habe, das sie mir nicht entziehen können, und das gibt mir einen gewissen Stolz, der mich über sie hinaussetzt und mein Herz wieder ruhig macht.«

Solche Sätze könnten in der Erzählung »Lenz« von Georg Büchner stehen. Strephon, der Philosoph, ist allein. Er hat nur noch die Wahl zwischen seinen Freunden vom Sturm und Drang und der Rückkehr in die Heimat, ins »stille Land der Toten«: in die Welt »angsthafter Bilder«.

Gegenüber dieser Komödie vom Philosophen Reinhold Strephon und seinen Freunden müssen »*Die Soldaten*« fast zahm wirken, weil ihnen die autobiographische Substanz fehlt. Hier ist eine neue Phase gesellschaftskritischer Dramatik seit der Geschichte vom Hofmeister. Damals der Kampf gegen das Hofmeisterwesen, verbunden jedoch mit dem Hohn über eine Pädagogik der plebejischen Untertänigkeit. Läuffer und Wenzeslaus gleichzeitig als Objekte einer kritischen Dramatik. In den »Soldaten« wird abermals die gesellschaftliche Konkretheit geboten, um das Schicksal des Bürgermädchens Marie Wesener und das Schuldigwerden der Garnisonsoffiziere zu erläutern. Auch hier keine Rede von moralischer Abwägung der Verschuldensmomente. Der moralische Kritiker wird veranlaßt, besser Gesellschaftskritik zu üben als Gewissenserforschung zu betreiben. Über Marie Wesener sagt der Feldprediger Eisenhardt: »Eine Hure wird niemals eine Hure, wenn sie nicht dazu gemacht wird.« Dem empörten Protest eines Offiziers, man sei schließlich ein Edelmann und Ehrenmann, antwortet er: »Ich wünsche Ihnen viel Glück zu diesen Gesinnungen. Solang ich aber noch entretenierte Mätressen und unglückliche Bürgerstöchter sehen werde, kann ich meine Meinung nicht zurücknehmen.« Allein dieselbe Frage stellt er sich vor diesen Offizieren: »O Soldatenstand, furchtbare Ehelosigkeit, was für Karikaturen machst du aus den Menschen!«

Das Schlußgespräch wird weitergeführt in Lenzens Traktat: wie man dem Eheverbot der Soldaten abhelfen und dadurch Fälle wie jenen der Demoiselle Wesener vermeiden könne. *Auch hier vorweggenommener Büchner, freilich noch im Bürgerbereich*. Woyzecks Frage nach den Umständen außer uns wird schon von Lenz in den »Soldaten« vorweggenommen.

Vom »Hofmeister« zu den »Soldaten«. Bürgerkritik und Zweifel an den Möglichkeiten dieser Kritik. Vom »Neuen Menoza« zur Komödie von den Freunden, die den Philosophen machen. Kritik an einer distanzierten Kritik, aber auch schon Kritik an den Möglichkeiten einer Praxis, die nichts wäre als literarisch-philosophische Praxis. In seiner begeisterten Rezension über den »Götz von Berlichingen« hatte Lenz gefordert, der Dramatiker müsse für das wirkliche Volk schreiben, für diese Mischung aus realer Roheit und virtueller Kultur. *Deutsche Misere, aber mit ungeahnten Möglichkeiten,* wofern man sich an das wirkliche Volk hielt, das im wörtlichen Sinne un-kultivierte, durch Bildung daher weder erhobene noch verdorbene. Natürlich war dies deutscher Rousseauismus. Aber Lenz wurde, als er Straßburg im März 1776 verließ, um Goethe in Weimar wiederzusehen, durch die wenigen Monate seines Aufenthalts (am 1. Dezember 1776 mußte er das Herzogtum wieder verlassen), durch Erfahrung am eigenen Leibe und durch die Berührung mit einer staatlich-gesellschaftlichen Praxis genötigt, die Grenzen dieses Rousseauismus zu überdenken.

Der Weg zu den kleinen Leuten

Der Aufsatz über den »Götz« hatte der Natur vertrauen wollen. Diese harmonische Natur aber fand Lenz weder beim Adel noch beim aufgeklärten Bürgertum. Nun sucht er das wirkliche Volk: als die wirkliche Natur. Das Fragment einer Komödie mit dem

Titel »Die Kleinen«, womit die kleinen Leute gemeint sind, ist abermals autobiographisches Bekenntnis und Gesellschaftskritik. Der Räsonneur, Hanns von Engelbrecht, wiederum von Adel demnach, hat dem Geniekult ebenso entsagt wie dem didaktischen Rationalismus der Aufklärung.

Die Absage erfolgt in solcher Härte, daß man dergleichen, vor Georg Büchner, wohl nur bei Seume oder Georg Forster antreffen könnte: »Das sei mein Zweck, die unberühmten Tugenden zu studieren, die jedermann mit Füßen tritt. Lebt wohl große Männer, Genies, Ideale, euren hohen Flug mach ich nicht mehr mit, man versengt sich Schwingen und Einbildungskraft, glaubt sich einen Gott und ist ein Tor. Hier wieder auf meine Füße gekommen, wie Apoll, als er aus dem Himmel geworfen ward, will ich unter den armen zerbrochenen schwachen Sterblichen umhergehn und von ihnen lernen, was mir fehlt, was euch fehlt – Demut. Wer machte euch zu dem was ihr seid? Waren sie es nicht?« Dann die Folgerung aus dieser neuen Erkenntnis: »Willkommen ihr lieben Kleinen! kommt an meine Brust, hier ist ein Herz, das euch tragen kann, das eure Größe in sich vereinigen möchte, wie eine große Hauptstadt alles was schön und vorzüglich ist, in sich verschlingt und dadurch allein Hauptstadt wird.«

Das ist abermals Rousseau, wonach die reine Natur nur als eine noch nicht zivilisierte zu verstehen sei. Allein dagegen stellt Lenz bereits *die Kritik am Rousseauismus*. Die kleinen Leute sind zwar, wie es später die utopischen Sozialisten formulieren sollten, als einzige eine »produktive Klasse«, allein sie sind vorerst noch sprachlos, bedürfen eines Sprechers aus der verdorbenen Bürgerwelt. Allein was war von jenen zu halten? Lenz und sein Sprecher Engelbrecht sagen es deutlich: »Ach ihr großen aufgeklärten Menschen, wenn ihr wüßtet wie es in dem kleinen engen Zirkel der Gedanken jener Unterdrückten aussieht, denen ihr ihn immer weiter einschränkt, wie schwach und ohnmächtig jeder Entschluß, wie dunkel und traurig jede Vorstellung.«

Durchaus möglich, daß es sich bei diesem Entwurf um jenes Werk von Lenz gehandelt hat, von welchem Goethe aus Weimar berichtete: Lenz sei eben dabei, eine Komödie zu schreiben, worin sie alle, der Weimarer Kreis mithin, porträtiert würden.

Man wird dies weit gediehene Fragment von den kleinen Leuten mit dem Romanfragment »Der Waldbruder« konfrontieren müssen. Beide Texte weisen den Weg zurück nach Straßburg. Engelbrecht fragt geradezu: »Schönes Kind, wo geht der Weg nach Straßburg?« Allein das könnte auch als List beim Schreiben der Wahrheit verstanden werden, als eine durchsichtige Tarnung. Denn die biographischen Einzelheiten, im »Waldbruder« wie in der Komödie von den kleinen Leuten, weisen nach *Weimar*. Wie man unschwer die Baronin Charlotte von Stein und das Hoffräulein Louise von Göchhausen hinter den Romanfiguren der Honesta und Schatouilleuse entdecken kann (übrigens recht garstige Namen), so stimmen auch die Grundkonzepte im Roman und Komödienfragment miteinander überein. In beiden Fällen die Einsiedelei: die im Zeichen des Rousseauismus und später, bei den Romantikern, so beliebte Eremitage. Daran wird erkennbar, daß für Lenz, nach den Straßburger und den weimarischen Erfahrungen bloß noch *die Alternative* möglich zu sein schien *von Weltflucht* im Sinne des Waldbruders, *oder als Weltkompromiß*: was für ihn gleichbedeutend sein mußte mit dem Verzicht auf die Literatur.

Eine tragische Lösung scheint Lenz nicht vorgeschwebt zu haben. Als Friedrich Schiller im Jahre 1797 das Waldbruder-Fragment im zehnten Heft der »Horen« abdruckte, gab er dem Text folgenden Untertitel: »Ein Pendant zu Werthers Leiden«. Das entsprach an sich einer Formel, die Lenz selbst geprägt hatte. Trotzdem war offensichtlich kein tragischer Romanschluß beabsichtigt.

Auch das Komödienfragment von den kleinen Leuten sollte ersichtlich nicht die Grenzen der Gattung sprengen. Andererseits hatte Lenz offenbar einen bösen Schluß geplant, dessen falsche Harmonie, wie beim Ausklang des »Hofmeister«, ahnen ließ, wie weit man hier, im Leben und auf dem Theater, von aller Harmonie entfernt war. Die kleinen Leute nämlich bleiben in diesem für sie geschriebenen Theaterstück eine bloße Sehnsuchtsvision. Sie werden nicht real. Ihr Vorhandensein bringt den Dramatiker und seinen Sprecher auf der Bühne, den Herrn von Engelbrecht, bloß dazu, die Unvereinbarkeit der eigenen Gesellschaftsvorstellungen mit kleindeutschen Fürstenverhältnissen zu konstatieren.

Goethe und Lenz selbst sind in vielfältiger Spiegelung sowohl hinter dem Einsiedler und Engelbrecht wie auch hinter dem Einsiedler und dem Premierminister Bismarck zu spüren. Bismarck und der Einsiedler sind Brüder. Aber auch in diesem Stück verwendet Lenz das Motiv der Brüderlichkeit nicht bloß im leiblichen Sinne, sondern gleichzeitig in dem der Wahlverwandtschaft. Immer noch, aber nun in grausamer Verzerrung, empfindet er sich, wie damals im »Pandaemonium Germanicum«, als geistigen Bruder des weimarischen Staatsministers, der ihn über die Grenze schaffen ließ.

Die abschließenden Sätze des Komödienfragments sind unverhohlen autobiographisch. Der körperlich klein gewachsene Lenz, der sich auch in seiner dramatisierten Literatursatire mit solchen Kennzeichen eingeführt hatte, versteht am Ende seiner Komödie offenbar auch sich selbst als einen der so sehnsüchtig wie vergeblich umworbenen »kleinen Leute«: »Das ganze Gemälde beschließt ein Kleiner, der die ganze Welt durchreist ist, seinen Geschmack zu erweitern und zu bilden, vollkommen wahr und richtig die Schönheiten aller Kunstwerke ausfühlt und kein Wort sagt oder merken läßt, Schönheit also bloß um sein selbst willen studiert hat. Wenn ihn eine Situation drängt, auch wohl Verse macht, sie aber bloß der Diskretion des Schicksals überläßt, ob andere Menschen sie wert finden werden, erhalten zu werden. So auch mit seinen Gemälden und seiner Musik. Nie aber, was er gemacht hat, sammelt oder aufbehält. Der aber niemals etwas selber gemacht oder zu machen versucht hat (denn das gibt Schnitzelei). Genie bringt auf einmal dann aus der Tiefe eine Welt hervor.«

Auch im Falle von Lenz brachte das Genie »aus der Tiefe eine Welt hervor«. Allein es blieb eine Welt auf dem Papier. Die Wirklichkeit war nicht bereit, das Konzept vom Blatt zu spielen. Die Komödie von den kleinen Leuten war als Absage an den Geniekult der Straßburger Tafelrunde und der übrigen deutschen Gesellen vom Sturm und Drang konzipiert worden. Die kleinen Leute hatten den Ruf nicht vernommen oder nicht beachtet. So fand sich das Genie Lenz wieder zurückgeworfen in die eigene und ursprüngliche Einsamkeit. Die Einsiedelei des Waldbruders Lenz war identisch mit seinem poetischen Bereich. *Genie mußte gleichgesetzt werden dem Eremitentum.* Die Antinomien des deutschen Sturm und Drang, die Gegensätze also zwischen den immensen Aspirationen der Stürmer und Dränger und den gleichzeitig unreifen wie überreifen deutschen Zuständen, hatten ihre schärfste Zuspitzung erfahren.

Lenz ist ein großer Sonderfall in der deutschen Literaturgeschichte. Das macht: im Gegensatz zu Goethe und Schiller oder auch Klinger »überwindet« er nicht die Sturm-und-Drang-Phase, sondern zerbricht an ihr. Seine Komödien vermochte er in schlimmer Eintracht ausklingen zu lassen, doch sein eigenes Wirken als Schriftsteller blieb weit entfernt von dem, was Karl Marx später, indem er den klassischen deutschen Idealismus zu kennzeichnen suchte, den »Übergang von der platten in die überschwengliche Misere« genannt hat. Lenz schrieb keinen »Tasso« und auch keinen kritischen Essay, der sich mit Schillers theoretischer Selbstabrechnung im Gewand einer Rezension Gottfried August Bürgers vergleichen ließe. Er ist *als Stürmer und Dränger* und mit dem Sturm und Drang zugrunde gegangen.

Natürlich bleibt es bloße, vielleicht unfruchtbare Konjektur, fragen zu wollen, wie Lenz, hätte er länger gelebt, in geistiger Gesundheit auf den Bastillesturm und den praktizierten Rousseauismus eines Robespierre reagiert hätte. Nichts in dem von ihm hinterlassenen Werk spricht dafür, daß auch er an der Idealisierung der deutschen Wirklichkeit, am Konzept einer ästhetischen Erziehung des Menschen, mitgearbeitet hätte. Weit eher sieht man Lenz in der Gemeinschaft Georg Forsters und der jungen Jakobiner aus dem Tübinger Stift. Vielleicht war in Jakob Michael Reinhold Lenz die wirkliche *Alternative* zur Weimarer Klassik möglich. Doch sie ist nicht Wirklichkeit geworden.

Die Folgen

Genaues Studium der Schriften von Lenz führt zu einem paradoxen Ergebnis. Einmal erweist die Gesamtanlage dieses Œuvres das außerordentliche poetische und auch denkerische Format eines Schriftstellers, der durch Genie und Ernst in der Tat weit hinausragte über die anderen Genossen vom Sturm und Drang, und der wirklich nur mit Goethe zusammen genannt werden konnte. Wenn daher – von den ersten Nekrologen bis weit hinein in die Literaturforschung des 20. Jahrhunderts – Lenz so lange Zeit bloß als Symptom, als Bestandteil einer literarischen Strömung verstanden wurde, so scheint es an der Zeit, die literarische Persönlichkeit dieses Autors genauer zu studieren.

Dabei wird man eine sonderbare und wichtige literarhistorische Feststellung machen können. Die sorgfältige Analyse nämlich des Gesamtwerks von Lenz kann bezeugen, wie groß der Einfluß war, den das Werk dieses Schriftstellers auf den nachgeborenen Leser und debütierenden Autor *Georg Büchner* auszuüben vermochte. Erst die Kenntnis des ganzen Lenz vermittelt Einsicht in Büchners hohe Selbständigkeit, gleichzeitig aber offenbart sie manche literarische Abhängigkeit von Lenz in jenen Werken Georg Büchners, die man bis dahin und unbesehen als Originalschöpfungen eines in der Tat unvergleichlichen Genies angesehen hatte. Bei manchen Figuren Büchners – etwa bei einem Vergleich des Hauptmanns Pirzel in den »Soldaten« mit dem Hauptmann im »Woyzeck« – und auch bei manchen angeblich authentischen Formulierungen des Danton-Dichters wird sich die Wirkung einer umfassenden und genauen Lenzlektüre nachweisen lassen. Die drei Bände »Gesammelte Schriften von J. M. R. Lenz, herausgegeben von Ludwig Tieck«, die in Berlin 1828 erschienen waren, hat Büchner jedenfalls im Vaterhaus vorgefunden und genau gelesen. In einem Brief an die Braut zitiert er, offensichtlich aus dem Kopf, aus Lenzens Gedicht »Die Liebe auf dem Lande«. Es war also wohl nicht so, daß Büchner in Straßburg, als ihm Oberlins Aufzeichnungen über den umnachteten Lenz vor Augen kamen, mit der bloßen Anteilnahme des Psychologen und angehenden Neurologen beschloß, den Weg dieses Poeten in die Umnachtung als Erzählung nachzugestalten. Wobei die Figur des »Patienten« für den Erzähler Büchner nicht mehr bedeutet hätte als die irgendeines anderen Kranken. Vielmehr war es die tiefe Affinität Büchners mit Lenz, die ihn nach den Dokumenten greifen ließ. Sie erst machte es möglich, daß das berühmte Kunstgespräch in der Lenz-Novelle nicht bloß authentische Maximen von Lenz enthält, sondern Büchner gleichzeitig erlaubte, durch den Mund der Novellengestalt Lenz sein eigenes ästhetisches Credo zu verkünden. Er konnte das getrost tun, denn die Übereinstimmung zwischen Lenzens und Büchners Forderungen an die Aufgaben der Kunst vor der Wirklichkeit ist oft eine solche der wörtlichen Konkordanz.

Daß Büchner viel von Shakespeare hielt, sehr wenig von Schiller, hat er selbst deutlich genug ausgesprochen. Sein wilder und satirisch-erbarmungsloser Antiidealismus durfte sich dabei auf Lenz berufen. Fragt man nach der Deutung eines bis heute rätselhaft gebliebenen Phänomens, *nämlich der plötzlichen poetischen Eklosion in Büchner,* dem Studenten der Medizin und der Naturwissenschaften, dem illegalen Politiker und Publizisten, fragt man also, wie die jähe Genese von »Dantons Tod« bei einem Manne möglich sein konnte, der bis dahin als Belletrist eigentlich nur gelegentlich dilettiert hatte, so wird man wahrscheinlich die Wirkungen der Lenzlektüre auf Büchner analysieren müssen.

Darum auch war es in der Ordnung, daß sich *die Wiederentdekkung Lenzens und Büchners* gleichsam in derselben Zeit und unter dem Einfluß derselben geistigen Veränderungen vollzog. Diesmal ebnete Büchner den Weg. Die Kenntnis seiner dramatischen Werke machte neugierig auf Arbeiten einer ähnlichen Diktion und Thematik. Daß dabei Mißverständnisse auftraten, war unverkennbar. Aber die Schüler Wedekinds, voran Bertolt Brecht, konnten nun dramatische Texte studieren, die in der Tat wenig Ähnlichkeit hatten mit den beiden damals vorherrschenden Modellen einer Theatertechnik und Bühnensprache: dem neoklassizistischen und neoidealistischen Versdrama oder dem naturalistischen Dialektstück, das oft um der angeblichen Realistik willen darauf verzichtete, die Sprache als Kunstmittel zu verstehen.

Lenz dagegen wie Büchner sind Antiidealisten, aber sie wollen, wie es in der Erzählung »Lenz« ausgedrückt wird, der Wirklichkeit als Dichter so nahe wie möglich kommen: so nahe nämlich, wie es der Bereich der Kunst irgend zuläßt.

Diese Kunst aber bleibt, im Werk von Lenz wie von Büchner, stets *als solche* konfrontiert mit den deutschen Zuständen. Kunst ist für beide gleichbedeutend mit Gesellschaftskritik. Dadurch unterscheiden sie sich von aller idealistischen Verklärung der Misere ebenso wie vom – achselzuckenden – Determinismus der Naturalisten. Gerhart Hauptmann hat sich früh schon und feurig zu Büchner bekannt, aber Hauptmanns und Büchners Mitleid, das ist zweierlei.

Der Weg von Lenz zu Büchner führte weiter zu *Brecht*. Man könnte es auch dann zeigen, wenn nicht jenes Indiz vorhanden wäre: Brechts Bearbeitung und Umfunktionierung der »Hofmeister-Komödie«. Sie wirkt scheinbar (und war wohl auch so gedacht) wie eine »Zurücknahme« der Aufklärungspositionen von Lenz. Wo der ursprüngliche Autor den Geheimrat von Berg voller Sympathie seine pädagogischen Thesen verkünden läßt, präsentiert Brecht eben diesen Geheimen Rat als schönrednerischen und wenig aufrichtigen Ideologen, damit auch der Geheimrat die Lehre des Stückes den heutigen Zuschauern zu vermitteln imstande sei: das »ABC der Teutschen Misere«.

Will es aber nicht scheinen, als enthalte das Gesamtwerk von Lenz, wenn man es in seiner Entwicklung versteht: als Auseinandersetzung mit den Antinomien damaliger deutscher Gesellschaft, im Keim bereits die Ansätze zu einer Kritik, die dann in umfassender Form erst durch Brecht geleistet werden konnte? *Lenz oder die Alternative*. Dieser elend gescheiterte, nach Vollkommenheit für sich und für die Gesellschaft strebende Schriftsteller hat einmal eine große Möglichkeit bedeutet. Eine große Begabung war am Werk, es fehlte nicht an Fleiß, Wissen, Redlichkeit. Es war auch wohl nicht so, daß die »Nerven« versagt hätten, vielmehr müßten die Umnachtungsperioden eher als Reaktion auf Niederlagen des Menschen und Künstlers gedeutet werden.

Betrachtet man das Gesamtwerk, so lernt man einen Mann kennen, der meist nur als Symptom und Mitläufer bewertet wurde, während man erst jetzt seine eigenen und authentischen Dimensionen zu ermessen vermag. Dann aber stellt sich die Frage nach den Möglichkeiten in Lenz. Das aber ist zugleich auch wieder eine Frage nach dem symptomatischen Schicksal einer hohen und genialischen Individualität in Deutschland. Nach dem unglücklichen Bewußtsein.

2. WERTHERS »LEIDEN«

Ein Buch, das vor zweihundert Jahren erschien. Was wäre daran besonders zu feiern? Ein sehr berühmter Roman, gewiß. Viel wurde darin und darüber geweint. Allein zweihundert Jahre, das pflegte Bertolt Brecht zu erinnern, sind eine lange Zeit.

Die hessische Landschaft des »Werther« ist unsere nicht mehr. Die Furcht der jungen Leute vor dem Gewitter, die Lottchen, der eigenen Beklemmung ungeachtet, zur Spielmeisterin beim Abzählspiel werden läßt, macht lächeln. Die Natur in diesem Buch ist in allen Jahreszeiten als unmittelbare gegenwärtig: nicht bloß der junge Werther vermag sie als solche zu fühlen. Stadt, Dorf und Land sind absolute Gegensätze. Werther ist »auf dem Lande«, was für ihn und seine Zeitgenossen noch heißt: jenseits der städtischen Riten und Gesittungen. Poesie ist ein Teil des eigenen Fühlens geworden: man erlebt poetisch, und auch die Natur wird als eine poetische vermittelt. Diese Aufgabe kann, wofern sie nur die gewünschten Empfindungen bereithält, sogar eine gefälschte Ersatzdichtung erfüllen, nämlich der angeblich so keltische »Ossian«. Natur und Kunst, sie scheinen einander zu entsprechen.

Bisweilen ergibt das heute beim Lesen ein kleines Gelächter: »Sie stand auf ihren Ellenbogen gestützt, ihr Blick durchdrang die Gegend; sie sah gen Himmel und auf mich, ich sah ihr Auge tränenvoll, sie legte ihre Hand auf die meinige und sagte: ›Klopstock!‹«

Sehr fern mutet dergleichen an: nach zweihundert Jahren. Wer auf die politische Sprengkraft des Buches im Jahre 1774 verweist, macht sich etwas vor. Historische Revolten sind *historische* Revolten. Auch ist es mit der bürgerlichen und gegenfeudalen Revolte in »Werthers Leiden« nicht so weit her. Da wurde bei Lenz, dem damaligen Freund des Werther-Autors, mehr gesagt und demonstriert: im »Hofmeister«, im »Neuen Menoza«, erst recht in den »Soldaten«. Im »Werther« ist das bürgerliche Selbstbewußtsein, das sich in Kritik der adelsstolzen Feudalwelt ergeht, kaum mehr als Ressentiment aus Demütigung. Die Episode, worin Werther vor der Hochnäsigkeit der Provinzjunker aus der Adelssoiree weichen muß, ist Goethe selbst in Wetzlar nicht widerfahren. Das gehörte zum Realanteil der Lebensgeschichte des jungen Selbstmörders und Braunschweigischen Legationssekretärs Karl Wilhelm Jerusalem. Der Romancier des »Werther« entnahm das Motiv den Berichten über Jerusalems Verhalten und Sterben, die ihm Kestner erstattet hatte, der Bräutigam, dann Ehemann der Lotte Buff: also der Albert des Romans.

Der »Werther« ist *kein* Werk der bürgerlichen Empörung. Goethes schneidende Kritik am Feudalwesen ist – merkwürdigerweise – in seiner Jugend, also im Sturm und Drang, trotz »Götz« und »Prometheus« und »Urfaust«, weit weniger stark akzentuiert als später im »Tasso« und in den Schriften aus der Zeit der Französischen Revolution. Erst recht darf man die Totalsatire einer höfischen Welt in »Faust II«, nämlich in den Szenen am Kaiserhof und nach dem Teufelssieg des Kaisers über den Gegenkaiser, als Ausdruck eines Goetheschen bürgerlichen Selbstbewußtseins interpretieren.

Überdies: das politische Feuer von einst wärmt uns nicht. Es leuchtet freilich durch die Dunkelheit, wenn es gilt, die sonderbare, fast einer Hysterie nahekommende *Wirkung* dieses Buches zu verstehen. Daß selbst die verhältnismäßig ephemere Motivik der Feudalkritik im Roman mithalf, Empörung der bürgerlichen Zeitgenossen freizusetzen, denen es ähnlich ergangen war wie dem jungen Werther, ist unbestreitbar. Außerdem gibt es einen sonderbaren Kronzeugen: *Napoleon Bonaparte*. Der Korse war ein Kind von fünf Jahren, als das Buch erschien. Der literarische Erfolg des »Werther« erwies sich jedoch allenthalben in Europa, und bis hinüber nach Amerika und nach China, als so dauerhaft, daß auch der junge Bonaparte die Geschichte schließlich fast auswendig wußte, wie so viele seiner Zeitgenossen, und übrigens wie der junge Edgar Wibeau, bei Plenzdorf, in der DDR.

Goethe war ein Mann von 59 Jahren, der Kaiser der Franzosen

ging ins vierzigste Lebensjahr an jenem 2. Oktober 1808, als die beiden in Erfurt zusammentrafen. Sie unterhielten sich, da der Imperator das Gespräch zu lenken hatte, wie konnte es anders sein, über »Werthers Leiden«. Bonaparte war aufgestiegen als General der Revolution, sie hatte ihn zum Konsul gemacht, ein Staatsstreich des 18. Brumaire gab ihm die Diktatur, die schließlich, nach vielen Kriegen und ephemeren Siegen, als Kaisertum legitimiert wurde. Kaiser Napoleon hatte eine eigene neue, revolutionär-bonapartistische Aristokratie kreiert, über die sich die alte Adelswelt mokierte. Man kann das bei Proust nachlesen. Allein der Empereur las seinen »Werther« jetzt anders. Nun störte ihn, inmitten der Liebesgeschichte, das Motiv des gedemütigten, aus der Adelsszenerie gestoßenen Bürgers. Das sei ein Kunstfehler, meinte er zu Goethe. »Ich hörte ihm«, so hat Goethe berichtet, »mit heiterem Gesichte zu und antwortete mit einem vergnügten Lächeln, ... daß an dieser Stelle etwas Unwahres nachzuweisen sei.«

Sprach so der geschmeidige Höfling, oder war es Spott, oder gar Einverständnis mit Napoleon darüber, daß der Sozialkonflikt ein fremdes, störendes, folglich unkünstlerisches Moment bedeute? Es wird so leicht nicht auszumachen sein.

Der Antifeudalismus in »Werthers Leiden« wäre kaum ein Anlaß, den Roman von 1774 aus der Obhut der Germanistischen Seminare zu entlassen. Die gesellschaftliche Position Goethes liegt nicht so sehr in solchen Elementen einer enthüllenden Kritik. Goethe mißtraute den Negationen, seine Wahrheit suchte er in den Sympathien. Daran aber fehlt es im »Werther« nicht. Sie gelten den *Kleinen Leuten*. Goethe selbst »ist« Werther insoweit, als er mit Leichtigkeit den Zugang findet zur Welt der Kinder und der armen Leute. Darin ist er ein Protagonist des Sturm und Drang und seines ebenso innigen wie erfolglosen Suchens nach der plebejischen Tradition, nach dem Volk. Entsprechend sind, kontrapunktisch zur Bürgergeschichte des jungen Werther, die plebejischen Episoden angeordnet: die arme Bauernfamilie mit den vielen Kindern, und der Bauernknecht, der seine Herrin liebt und begehrt. »Leute von einigem Stande werden sich immer in kalter Entfernung vom gemeinen Volke halten«, schreibt der Romanheld voller Mißbilligung. Setzt aber hinzu: »Ich weiß wohl, daß wir nicht gleich sind, noch sein können ...« Auch dies ist ferngerückt. Eine Natur und Gesellschaft, die es nicht mehr gibt. Tränen von einst, und ein Lächeln von heute. Aber da ist eine unsterbliche Liebesgeschichte, wird eingewandt werden. Freilich: sie hat sich sogar noch, bei den Franzosen immerhin, im Opernrepertoire gehalten. Als »Werther« von Massenet. Unverwüstlich im französischen Konsum wie »Mignon« von Ambroise Thomas, und wie der »Faust« von Gounod. Gar kein Grund, darüber zu spotten. Nicht eben sehr Goethisch, dies alles, doch meist sehr hübsche Musik. Unpolitisches Musiktheater immerhin, wie angemerkt werden darf. Rossinis »Tell« und die Schilleropern des jungen Verdi waren weitaus bewußter als politische Forderungen des Tages konzipiert. Was mit den gesellschaftlichen Positionen Goethes wie Schillers zu tun hat.

Eine Liebesgeschichte also, die blieb? Wie sonderbar. Dies ist *eine durchaus unreine Liebesstory*. Die Verlobten Albert und Lotte, und da ist noch ein Dritter. Vielleicht hat Charlotte den Werther stärker geliebt, als den Bräutigam und Gatten. Einiges läßt daran denken. Doch fehlt es an aller Leidenschaft, die gesetzliche Bindungen negiert. Die »Wahlverwandtschaften« gehen weit über den »Werther« hinaus. Der Romancier des »Werther« ist nicht schüchtern: die Sache will es nicht. Werthers Liebe ist kranke Liebe, auch Liebe eines Kranken. Eine legale Verbindung in der deutschen Bürgerprovinz, und dann ist da noch einer, der Störer, der Fremdling und Unbehauste. Liebt Werther seine Charlotte, oder liebt er in ihr vor allem die Unerfüllbarkeit solcher Liebe, den Untergang, den Tod?

Einer, der sich gut auskannte bei Werther, hat es so gesehen. Vor Abschluß seines Romans »Lotte in Weimar« hat *Thomas Mann* seine Gedanken zum Werther in einem Vortrag formuliert. Unbedenklich bezog er die Begebenheiten des Selbstmörders im Roman auf Begebenheiten des Dr. Goethe. Da sind die moderierten Gefühle und Bindungen von Johann Christian Kestner und Charlotte Buff. »In dieses Verhältnis tritt Goethe als Dritter, als von beiden Brautleuten bewunderter und herzlich wohlgelittener Freund und Gefährte ein – der Dichter, das Genie, der treuherzige und aufrichtige, aber auch wieder treulose und in irdischem Sinne unzuverlässige Vagabund des Gefühls ...«

Vagabund des Gefühls. In einer anderen Goetherede von Thomas Mann wird, ähnlich wie im Roman »Lotte in Weimar«, von Goethes *Hang zum erotischen Parasitentum* gesprochen. Die verlassene Friederike Brion, und jetzt die verlobte Charlotte in Wetzlar. Gleich darauf die blutjunge Maximiliane von La Roche, allein die heiratet den um 20 Jahre älteren Peter Brentano und zieht zu ihm nach Frankfurt. Lotte Buff hatte blaue Augen, die Maxe dagegen schwarze. Werthers Lotte hat die schwarzen Augen der Maximiliane Brentano. In Thomas Manns Roman nimmt die Hofrätin Charlotte Kestner das noch vierzig Jahre später übel ...

Ein Vagabund des Gefühls. Auch in Weimar bei Charlotte von Stein; den Geheimrat von Willemer drängt er mit mehr als sechzig Jahren in die undankbare Rolle Alberts aus dem »Werther«. Man muß all dies Biographische nicht wissen, und wird doch beim Lesen oder Wiederlesen von »Werthers Leiden« die angeblich so schöne und reine Liebesgeschichte als ambivalent, unrein, absonderlich und nicht typisch empfinden.

Hier wird *Georg Lukács* seinen Einspruch geltend machen. Ihm ist (in einer Wertherstudie von 1936) das berühmte Buch nicht allein »einer der größten Liebesromane der Weltliteratur« im ästhetischen Verstande, sondern insbesondere, »weil Goethe das ganze Leben seiner Periode mit allen ihren Konflikten in diese Liebestragödie konzentriert hat«.

Tat er das wirklich? Allerdings hat der alte Mann, der so ungern an Werther erinnert wurde, und doch fast zwanghaft auf ihn zurückkam, zu Eckermann gemeint, die sogenannte Wertherzeit sei überhaupt keine geschichtlich situierbare Epoche, sondern bedeute vielmehr die Lebensetappe eines jeden jungen Menschen: »Gehindertes Glück, gehemmte Tätigkeit, unbefriedigte Wünsche sind nicht Gebrechen einer besonderen Zeit, sondern jedes einzelnen Menschen ...« Daher könne sich die Wertherzeit stets wiederholen.

Das ist auch für Lukács ein bißchen viel an sogenannter Zeitlosigkeit. Die Werthertragödie sei zwar allgemein, doch nicht zeitlos, nämlich als »Konflikt von Persönlichkeit und Gesellschaft in der bürgerlichen Gesellschaft«.

Wirklich? Georg Lukács glaubt so schließen zu dürfen, weil er »Werthers Leiden« als *eine Tragödie der noch unverlorenen Illusionen* interpretiert. Werther geht, nach dieser Deutung, »in der Morgenröte der heroischen Illusionen des Humanismus vor der Französischen Revolution tragisch unter«.

Das ist groß gedacht, verkleinert jedoch Goethes Roman, dessen spezifische Größe just in der Ambivalenz liegt: in Goethes höchst kunstvoller und – ihrerseits – heroischer *Nichtidentifikation mit dem jungen Werther.* Die Emotion dieses berühmtesten Buches einer Epoche sogenannter »Empfindsamkeit« ist gedrosselte Empfindung; der sorgsam arbeitende Romancier operiert aus dem Pathos der Distanz.

Das hat der fünfundzwanzigjährige Dr. Goethe gewollt und geleistet. Schon am Aufbau des Romans läßt es sich entdecken. Das erste Buch ist Übersetzung Goethescher Erleidnisse in Wetzlar. Die Jahreszeit stimmt: Mai bis September 1771. Damals war der junge Jurist am Reichskammergericht. Anfang September reiste er ohne Abschied ab: Flucht wie so oft vorher und später. Vom zweiten Buch des Romans hat Kestner, nach Erscheinen eines Buches, das ihn verstören mußte, ziemlich kühl brieflich bemerkt: »Der zweite Teil geht uns garnichts an. Da ist Werther der junge Jerusalem, Albert der Pfälzische Legationssekretär und Lotte des letzteren Frau ...«

So ist es. Blauer Frack und gelbe Weste sind Merkmale des Selbstmörders Jerusalem; ihm lieh Kestner, auf eine briefliche Bitte hin, die bei Goethe wiederkehrt, die Pistolen »zu einer vorhabenden Reise«; beim sterbenden Jerusalem, einem Freunde Gotthold Ephraim Lessings, fand man das aufgeschlagene Exemplar der »Emilia Galotti«. Kestner hatte getreulich referiert: »Barbiergesellen haben ihn getragen; das Kreuz ward vorausgetragen; kein Geistlicher hat ihn begleitet.«

Das ist Kestners Bericht aus Wetzlar nach Frankfurt, *doch alles ist von Goethe*: so wie alles aus Oberlins Krankheitsbericht über den umnachteten Lenz von Georg Büchner ist. Der Vergleich gehört zur Sache. Nicht allein, weil erstaunlicherweise, wenngleich mit Händen zu greifen, die Wertherstruktur in Büchners Erzählung niemals genauer untersucht wurde. Mehr noch, weil an dieser Nachfolge des Goetheromans bei Büchner *die spezifische Größe und Modernität von »Werthers Leiden«* zu ermessen ist.

Dieser Roman des jungen Goethe ist *ein vollkommenes Kunstwerk*. Das konnte gelingen, weil der Erzähler die äußerste Nähe und Ferne unbekümmert und gleichzeitig als optisches Kunstmittel einsetzte. Am 28. August läßt er *Werther* ins Tagebuch schreiben: »Heute ist mein Geburtstag.« In durchaus unerhörter Weise arbeitet der Romancier mit den »Korrespondenzen«: wie ein Erzähler des 20. Jahrhunderts. Dokumentarisches wird wörtlich zitiert, ohne als Zitat herausgehoben zu sein: so wird es Bestandteil der epischen Totalität. Literarische Reflexion ist ein Teil des scheinbar natürlichen Geschehens. Werther ist ein Literat, der sich der Introspektion zu bedienen weiß. Er verwandelt Erleben in Literatur. Von Homer geht er zu Ossian über, und der Erzähler will uns bedeuten, daß darin ein Erkrankungsvorgang zu diagnostizieren sei.

Entsprechung auch in der Wechselwirkung zwischen Natur und individuellem Ergehen. Frühlingsglück am Anfang, am Schluß ist es schauerlich und winterlich geworden. Werther tötet sich in unmittelbarer Weihnachtsnähe. Ein Vorgang der seelischen Vereisung wird als ein klinischer dargestellt. Lotte nennt ihn krank, er widerspricht nicht. Der Erzähler hält die Erzählung immerdar in der Schwebe zwischen tiefer Anteilnahme für einen untergehenden Menschen, der an sich und der Gesellschaft zugrunde geht, und kühler Diagnostik. Wo im ersten Teil, in der Glücks- und Jugendphase, die Briefe Werthers und seine Tagebuchnotizen alles aussagen konnten, wird im Vollzug der Krankheitsgeschichte der berichtende Herausgeber eingeschaltet, der mitfühlend ist, aber doch ein Anderer. So wird die Geschichte gleichzeitig von innen und von außen erzählt.

Mit *Leitmotiven* überdies. Eine wagnerisch anmutende Transformation der Reflexionen und sprachlichen Wendungen macht den Leser zum Mitfühlenden *und* zum Diagnostiker. Einfühlung und Verfremdung gleichzeitig als Kunstmittel eingesetzt. »O was ist der Mensch, daß er über sich klagen darf!« So debü-

tiert Werthers Geschichte. Am 4. Mai 1771. »Was ist der Mensch, der gepriesene Halbgott!«, heißt es am 6. Dezember. Alles ist darauf angelegt, in einem Weltaussage zu werden, *und* Symptom eines pathologischen Falles. Man vergesse nicht, daß Goethe, nicht bloß im ersten Buch des Romans, sondern auch späterhin immer wieder, *seine eigene Passion als Krankengeschichte analysiert*. Nach Abschluß der Redaktion schreibt er, am 1. Juni 1774, an den Grafen Schönborn: »Allerhand Neues hab ich gemacht. Eine Geschichte des Titels ›Die Leiden des jungen Werthers‹, darin ich einen jungen Menschen darstelle, der, mit einer tiefen reinen Empfindung und wahrer Penetration begabt, sich in schwärmende Träume verliert, sich durch Spekulation untergräbt, bis er zuletzt durch dazutretende unglückliche Leidenschaften, besonders eine endlose Liebe zerrüttet, sich eine Kugel vor den Kopf schießt.«
Man kann es nicht besser, und nicht kühler sagen. Das schreibt ein Diagnostiker und unheilbarer Literat. Zwar arbeitet er mit eigenem Lebensmaterial, doch geht es vor allem um Literatur. Er hat die Stirn, im März 1774, während er am Roman schreibt, ausgerechnet Lotte Kestner heiter mitzuteilen, sie sei die ganze Zeit bei ihm gewesen. »Ich lasse es Dir eh'stens drucken. Es wird gut, meine Beste.«
Doch ist das nur die eine Seite eines durchaus zweideutigen Vorgangs aus »Dichtung« und »Wahrheit«. Die andere ist, daß Goethe den Werther schreiben mußte, um weiterleben und *weiterschreiben* zu können. Werther muß darum sterben: gleichsam stellvertretend. Goethe schauderte auch später immer wieder vor dem zurück, was als Materie in den Roman einging. Der 2. Auflage von 1775 setzte er zweimal ein Motto voran. Das zum zweiten Buch ermahnt den Wertherleser: »Sei ein Mann und folge mir nicht nach.«
Der erste und perfekteste von Goethes Romanen. Vergleichbar in der Art, wie hier das Erlebte und Durchdachte ganz in die spezifische dichterische Form einging, mit sehr wenigen anderen Goethewerken, sieht man von der eigentlichen Lyrik ab. Vergleichbar im Verlauf dieses langen Schaffens im Grunde nur dem »*Torquato Tasso*« und der *Marienbader »Elegie«*. Das nimmt nicht wunder, denn diese drei Werke gehören insgeheim zusam-

men, und mußten so erbittert durchgearbeitet und geformt werden, weil es auch später von neuem letal zuging. Tasso sei ein »gesteigerter Werther«, schrieb der Franzose Ampère, ein Neffe des Physikers, und Goethe freute sich über diese Charakteristik. Die Marienbader Elegie, nach der Begegnung mit einer allzu jungen Pandora, erhielt ein Motto aus dem »Tasso« und wurde mit zwei anderen Gedichten zur »Trilogie der Leidenschaft« vereinigt. Das dritte und letzte soll lindern und lösen, was die beiden ersten aufgewühlt hatten, das zweite Poem, also die »Elegie«, und das erste, das den Titel »An Werther« trägt ... Darin heißt es:

Wir feierten dein kläglich Mißgeschick,
Du ließest uns zu Wohl und Weh zurück;
Dann zog uns wieder ungewisse Bahn
Der Leidenschaften labyrinthisch an ...

Zweideutigkeit der Form auch in dieser dreifachen Vollendung. Der »Werther« als Roman aus Erzählung und Deutung, aus Innen und Außen. Der »Tasso« als ein Schauspiel, dem die Tragödie nicht gestattet wird. Die »Elegie« als Gedicht, das die Grenzen aller Erlebnislyrik überschreitet. Vollkommene Werke trotz, oder wegen solcher Widersprüche.

Fragt man nach der »Botschaft« des Wertherromans, so wird Verlegenheit herrschen. Schöne Sprache? Aber gegen das Ende zu, darüber möge man sich nicht täuschen, gerät Werther ins Schwatzen, seine Gefühlskadenzen sind, nach dem Willen des Erzählers, gar nicht mehr schön, sondern klinisch.

Eben dies macht »Werthers Leiden« zum eminent modernen Buch, dessen Fortsetzungen geschrieben wurden im »Lenz« und auch im bedrohlichen Innen/Außen der Romane von Franz Kafka.

Alles vollzieht sich *durch Sprache*. Die hatte es so noch nicht gegeben. Nicht »schöne Sprache«, sondern genaue, die zuerst sich ihre Tatbestände auffinden und benennen mußte. Keiner hat das früher und klarer gesehen als *Lenz*, der sowohl den tiefen wie den bösen Blick besaß. In seinen »Briefen über die Moralität der Leiden des jungen Werthers«, die 1775 verfaßt wurden, heißt es:

»Eben darin besteht Werthers Verdienst, daß er uns mit Leidenschaften und Empfindungen bekannt macht, die jeder in sich dunkel fühlt, die er aber nicht mit Namen zu nennen weiß.« Das erfährt, jäh und an unerwarteter Stelle, der junge Edgar Wibeau bei *Ulrich Plenzdorf*. Er kennt das Buch nicht, weiß sich keinen Verfasser zu denken. Auch seine angepaßten Partner und Gegenspieler, sein Albert und seine Charly-Charlotte haben kein Erinnern, weil »Werthers Leiden« nicht zum Pflichtpensum des Nationalen Kulturerbes gehört. Doch die Sprache wirkt noch zweihundert Jahre später verstörend. Wo sie erklingt, auf Band gesprochen oder live, entwest die allzu gewitzten Denkklischees und die allzu bequemen Floskeln. Man wird, wie Lenz erkannt hatte, mit Leidenschaften und Empfindungen bekanntgemacht, die jeder in sich dunkel fühlt, ohne sie benannt zu haben. Der »Werther« ist geblieben, was er war: genaue Benennung von Empfindungen und Reflexionen, von solchen der Kommunikation, und auch von solchen der Isolation. Was so verstörend blieb, man sollte es feiern.

3. AUFKLÄRER UND PLEBEJER: ULRICH BRÄKER, DER ARME MANN IM TOCKENBURG

Am 5. Oktober 1788, es ist ein Sonntag, sitzt Ulrich Bräker in seinem Bauernhaus auf der Hochsteig in der schweizerischen Berglandschaft Toggenburg vor seinem Tagebuch, um durch »Kritzeleien«, wie er das nennt, Ablenkung zu finden von der Schuldenlast, in die ihn der schlecht gedeihende Garn- und Tuchhandel stürzte – und auch von den Zänkereien seiner »gestrengen« Frau Salome. Es hat in der näheren Umgebung wieder ein paar Todesfälle gegeben, und Bräker schickt sich an, darüber ein bißchen zu meditieren. Er legt sich die Frage vor, was aus diesen abgeschiedenen Seelen – eine »angesehene Dame von ungemein gutem Rufe« und ein wohlhabender, aber in seinem Geschäftsgebaren wenig achtenswerter Kaufmann waren

gestorben – in dem Totenreiche geworden sein möge. Obwohl er zunächst nicht an eine Veröffentlichung dieser Aufzeichnungen denken kann, hält er es doch nicht für müßig, gleichsam eine beschwichtigende Vorbemerkung vorauszuschicken: »Die Herren Philosophen und Theologen mögen mir gütigst verzeihen, wenn ich schon ein bißchen überecks und querfeldein komme. Denn ich bin ein einfältiger Laie und schreibe nur meine Gedanken.« Darauf bemüht sich Bräker nicht etwa, erbauliche theologische und philosophische Betrachtungen niederzuschreiben, sondern versucht als ein genauer und überaus sorgsam beobachtender Kenner der Wirklichkeit, das Ergehen dieser Verstorbenen in der Unterwelt als Totengespräch zu gestalten.
Bräker ist damals bereits ein belesener Mann. Er ist weit über sein kleines Toggenburg hinaus als Schriftsteller bekannt geworden, denn im Sommer dieses Jahres 1788 hatte der Verleger Johann Heinrich Füßli in Zürich in seiner Zeitschrift »Schweizer Museum« die ersten Abschnitte aus Bräkers selbstverfaßter Lebensgeschichte des *Armen Mannes im Tockenburg* veröffentlicht und dabei große Beachtung der Leser gefunden. Der Bauernjunge, friderizianische Söldner, Deserteur, Salpetersieder und Garn- oder Tuchhändler Ulrich Bräker besitzt also bereits eine gewisse »Routine« im Schreiben. Vielleicht findet er es gar nicht abwegig, daß auch diese Niederschrift vom 5. Oktober 1788 einmal gedruckt und als literarisches Erzeugnis gelesen werden könnte. Daher sein Bemühen um eine im damaligen literarischen Leben beliebte Literaturform: um jene Totengespräche, wie sie Lukian zuerst in der Literatur eingeführt und wie sie Wieland als Verdeutscher der griechischen Dialoge dem Publikum des 18. Jahrhunderts zugänglich gemacht hatte.
Es entsteht eine Niederschrift, die abermals jenes für Ulrich Bräker so eigentümliche Gemisch aus bäuerlicher und allgemeinplebejischer Lebenserfahrung, genauer Kenntnis der Menschen- und Charaktertypen und allgemeinphilosophischer Spekulation darstellt. Zunächst geht es dem Schreibenden bloß um die Charaktere der wohlbekannten Menschen, die dahingestorben sind. Man spürt, daß dieser Mann, der vor seinem Bauerntisch sitzt und schreibt, ohne literarischen Plan vorgeht. Im Anfang beschäftigt ihn das Urteil über die Menschen, die er zu Lebzeiten

kannte und nun nach ihrem Lebensende zu beurteilen gedenkt. Bald aber übermannt ihn die literarische Möglichkeit eines solchen Dialoges im Schattenreich: nun kann sich der Schreibende als Schatten- und zugleich Weltenrichter fühlen und das Urteil zur Allgemeinbetrachtung erweitern.

Bräker ist nicht gut zu sprechen auf die »Großen« der Welt. Die abgeschiedene gnädige Frau bemerkt, wie Schatten in großer Menge hinter anderen Schatten zornig und als Verfolger herjagen. Sie muß erfahren: »Das sind Soldaten, Bauern, Christen, Juden, Griechen, Türken, meist auf den Schlachtfeldern niedergesäbelte Opfer der Großen. Diese verfolgen eine große Menge Pfaffen, Priester als Lügner, Betrüger und Verführer. Diese sollten ihnen ihr Paradies zeigen und könnens selber nicht finden.«

Nun häufen sich die Visionen dieses bäuerlichen Dante. Da sind abgeschiedene Seelen, die sich »gewaltig sträuben« und »wie Mückentänze durcheinanderfahren«. Auch hier wird die neuangekommene Seele der gnädigen Frau belehrt: »Das sind lauter abgesegelte Philosophen und Weltweise, lauter große, starke Geister. Da sieht man den Geist Friedrichs des Einzigen über alle anderen herausragen, noch als Held sich sträubend, die Schatten Voltaires, Maupertuis', D'Alemberts wie feige Memmen, wie Würmer zu seinen Füßen kriechen, seine Vorwürfe geduldig zu schlucken scheinen.«

Ein merkwürdiges Bild, und ein merkwürdiges historisches Urteil. Mit ingrimmiger Verachtung scheint Bräker die Vertreter der Aufklärung, die »starken Geister«, wie man dazumal die Vertreter der Freigeisterei und Aufklärung zu bezeichnen pflegte, im Totenreich bestrafen zu wollen, denn Friedrich von Preußen, der doch scheinbar ihr Schüler war und der Voltaire, Maupertuis und D'Alembert in seine Tafelrunde aufgenommen hatte, gibt ihnen nun im Totenreich den Zorn des enttäuschten Schülers zu spüren. Zwei Jahre sind seit dem Tode Friedrichs vergangen, und Bräker hat ihm im Totenreich eine Heldenrolle zugedacht. Er meint, Friedrich werde auch bald den ihm gebührenden Rang einnehmen können, »wenn er nur erst die feigen Schurken von Schöngeisterchen gezüchtiget hat«.

Bräker scheint überhaupt in diesem Totengespräch plötzlich vergessen zu haben, daß er ausgegangen war von der Not der kleinen Leute, die als Opfer der großen Feldherren und Monarchen, also auch eines Friedrich von Preußen, ihr Leben lassen mußten. Denn auch die politische und militärische Gegenspielerin Friedrichs II., die Kaiserin Maria Theresia, kommt bei Bräker in der Unterwelt gut weg. Von ihr heißt es gleich darauf: »Auch Theresia wird eine glänzende Rolle spielen ...« Allein Bräker wird im Weiterschreiben nun doch wieder zu seinem Ausgangspunkt zurückgeführt: der Zorn des armen Bauern gewinnt von neuem die Oberhand über den Verkünder einer traditionellen bürgerlichen Monarchen- und Heldenverehrung. In ehrlichem Zorn beklagt er »die unschuldig Gemordeten zu Millionen, deren Seelen immer Rache rufen«. Die Rache des Totenrichters und seines irdischen Stellvertreters Ulrich Bräker folgt besonders »allen falschen Verrätern, geizigen, unersättlichen Menschen- und Geldschindern«. Ihnen ist in dieser Göttlichen Komödie des Armen Mannes im Tockenburg folgendes Schicksal zugedacht: »Diese tappen im Finstern herum, ohne Rast noch Ruh, quälen einander unaufhörlich, suchen ihre Schätze und haschen nach Schatten.« Eine wunderliche Darstellung. Groß in der Visionskraft, auch im sprachlichen Ausdruck, und doch voller Widersprüche der Haltung und gesellschaftlichen Stellungnahme. Haß und Mitleid mit den Opfern der dynastischen Kriege, gleichzeitig aber die übliche Heroisierung »Friedrich des Einzigen«. Respekt vor der »hochangesehenen Dame« – und bitterer Haß, der schmerzlichsten Lebenserfahrungen entspringt, gegen die reichen »Menschen- und Geldschinder«. Diese Widersprüche durchziehen Ulrich Bräkers gesamtes Dasein und Weltbild: sie sind untrennbar verbunden mit *der einzigartigen Stellung dieses wohl ersten echt plebejischen Schriftstellers* in der Literatur des ausgehenden 18. Jahrhunderts in Deutschland.

Es könnte unverständlich erscheinen, daß ausgerechnet Ulrich Bräker nach dem Tode Friedrichs von Preußen in den Chor der Lobpreiser dieses Monarchen einstimmt, denn wie kaum ein anderer, und jedenfalls wie kaum ein anderer Schriftsteller jener Zeit, hatte er *das wahre Gesicht des friderizianischen Preußen* kennengelernt. Als blutjunger und unerfahrener Bauernjunge war er bei seinem ersten Ausflug in die Welt den preußischen

Soldatenwerbern in die Hände gefallen, zuerst durch Betrug und Versprechungen, schließlich, als man im Preußischen angelangt war, durch Zwang und brutale Gewalt in das Söldnerheer »Friedrichs des Einzigen« gepreßt worden. Er hatte das jammervolle Dasein preußischer Rekruten im Berlin des Jahres 1756 kennengelernt, mußte mitziehen in den dritten Krieg um Schlesien, den Siebenjährigen Krieg, und war bereits bei der ersten Schlacht, die er mitzumachen hatte, der Schlacht bei Lobositz (1. Oktober 1756), desertiert und nach manchen Fährnissen in die Heimat zurückgelangt.

Er hatte vielerlei im Staate des aufgeklärten Despoten mit ansehen müssen. Unter anderem dies: »Bald alle Wochen hörten wir nämlich neue ängstigende Geschichten von eingebrachten Deserteurs, die, wenn sie noch so viele List gebraucht, sich in Schiffer- und andre Handwerksleuthe, oder gar in Weibsbilder verkleidt, in Tonen und Fässern versteckt, u. d. gl. dennoch ertappt wurden. Da mußten wir zusehen, wie man sie durch 200 Mann, achtmal die lange Gasse auf und ab Spißruthen laufen ließ, bis sie athemlos hinsinken – und des folgenden Tags aufs neue dranmußten; die Kleider ihnen vom zerhackten Rücken heruntergerissen und wieder frisch drauf losgehauen wurde, bis Fetzen geronnenen Bluts ihnen über die Hosen herabhingen. Dann sahen Schärer und ich einander zitternd und todtblaß an, und flüsterten einander in die Ohren: ›Die verdammten Barbaren!‹ Was hier nächst auch auf dem Exerzierplatz vorging, gab uns zu ähnlichen Betrachtungen Anlaß. Auch da war des Fluchens und Karbatschens von prügelsüchtigen Jünkerlins, und hinwieder des Lamentierens der Geprügelten kein Ende.« So steht es in der Lebensgeschichte des *Armen Mannes im Tockenburg* – und die war kurz vor dem »Totengespräch« niedergeschrieben worden.

Allein diese Widersprüche gehören nicht bloß zu Bräkers Weltbild, sondern müssen auch bei einer Betrachtung der Stellung des »Armen Mannes« in der deutschen Kultur- und Literaturgeschichte zugrunde gelegt werden. Wie es nicht angeht, Bräker nach dem Vorbild herkömmlicher Literaturbetrachtung gleichsam voller Herablassung als eine Art plebejischen Anhangs der damaligen zeitgenössischen Literatur, also als einen durch Herkunft und Bildungsmangel gehemmten Mitläufer zu behandeln, so darf umgekehrt nicht eine Stilisierung und Ausschmückung seiner geschichtlichen Gestalt versucht werden, die große subjektiv-gesellschaftskritische Impulse dort zu erblicken glaubt, wo sie fehlen. Die gesellschaftskritische Bedeutung, und damit überhaupt Bräkers einzigartige Stellung in der deutschen Literatur, entspringt nicht seinem subjektiven Wollen, sondern der Unerbittlichkeit und Unbestechlichkeit seiner Lebensbeschreibungen und Zustandsschilderungen.

Stellt man, wie das herkömmlicherweise meist geschah, die Lebensgeschichte des Armen Mannes Ulrich Bräker neben die zahlreichen und aufschlußreichen Selbstbiographien des deutschen 18. Jahrhunderts, so ist sie fraglos in ihrer subjektiven Zielsetzung und kritischen Haltung wesentlich zahmer als etwa die Lebensschilderung eines anderen Deutschen von niederer Herkunft, der gleich Bräker unter die Soldaten gepreßt und in das furchtbare Dasein eines geschundenen, schließlich sogar übers Meer verkauften Lohnsoldaten gepreßt wurde. *Johann Gottfried Seume* war an Klarheit der Weltsicht und bürgerlich-revolutionärer Gesinnung dem Armen Mann im Tockenburg unendlich überlegen. Aber Seume entstammte nicht den entsetzlich beengten Verhältnissen, wie sie uns Bräker im Bericht über sein Elternhaus geschildert hat. Der Bauer Andreas Seume, der Vater, war ein freier Bauer in Poserna bei Leipzig. Er war Böttcher und Innungsmeister gewesen und wurde später Gastwirt. Johann Gottfried Seume hatte also die Möglichkeit, zumal er obrigkeitliche Unterstützung erhielt, eine gute Bildung zu erwerben und an der Universität Leipzig zu studieren.
Auch ein anderer, wenn auch jüngerer Zeitgenosse Bräkers, der als Kind kleiner Leute den Start ins Leben beginnen mußte, auch *Johann Gottlieb Fichte*, der Bandwirkerssohn aus Rammenau in der Oberlausitz, war Bräker gegenüber unendlich begünstigt. Zwar waren Fichtes Eltern erbuntertänige Landleute, aber sie besaßen doch als dörfliche Bandwirker ein gewisses Vermögen; auch Fichte konnte studieren und sich trotz aller Schwierigkeit einem geistigen Beruf zuwenden.
Nicht so Ulrich Bräker. Er war das Kind ganz armer Bauern,

aufgewachsen in einem landschaftlich ebenso schönen wie von allen kulturellen Möglichkeiten abgeschlossenen Bergtal, das dem Fürstabt von St. Gallen untertan war. Was er zu lernen – oder vielmehr nicht zu lernen vermochte, hat er in wunderbarer Schlichtheit und Eindringlichkeit selbst beschrieben. Dann kam die Episode seines Söldnerdienstes, der Flucht aus einem Heeresverband, zu dem ihn, den Schweizer, nichts hinzog, kam die Rückkehr in die Heimat, die Heirat mit einer ungeliebten Frau, kamen Nahrungssorgen und Ehesorgen, Schulden und gescheiterte Projekte, schließlich, gegen das Lebensende, bittere Erfahrungen mit den Kindern und Schwiegerkindern, die aus Not mit dem Strafgesetz in Konflikt gerieten. Seine Bildung – er wurde schließlich ein wahrhaft gebildeter, belesener, urteilsfähiger Schriftsteller – mußte er sich fast ohne Unterstützung erarbeiten. Im Gegenteil: seine Leserei und »Kritzelei« brachte zusätzliche Verbitterung in das Familienleben. Es geht also nicht an, in Ulrich Bräkers Entwicklung als Schriftsteller einen unter zahlreichen Fällen zeitgenössischer Selbsterziehung zu sehen: Bräkers Fall steht auch in seiner Epoche ohne Beispiel und Vergleich da. Nur aus dieser einmaligen und unvergleichbaren Laufbahn läßt sich die besondere Bedeutung seines Berichtes über *Lebensgeschichte und natürliche Abentheuer des Armen Mannes im Tockenburg* erklären.

In dieser Autobiographie hat Ulrich Bräker die Geschichte seiner Jugend- und Mannesjahre beschrieben. Er wurde am 22. Dezember 1735 geboren, am Weihnachtstag zu Wattwil im Toggenburg getauft, war mithin 45jährig, als er 1781 die Niederschrift seiner Lebensgeschichte begann. Die hat er im wesentlichen bis zu den Ereignissen des Jahres 1785 durchgeführt. Dennoch kann man nicht ohne weiteres den literarhistorischen Bericht über Ulrich Bräkers Entwicklung mit der autobiographischen Schilderung zur Deckung bringen. Allerdings ist es nicht Bräkers Absicht, seine Lebensgeschichte als Kunstwerk, als ein Erzeugnis aus Dichtung und Wahrheit vorzutragen. Bräker schreibt nieder, was er erlebte, dachte und empfand. Er will Wirklichkeit berichten. Zudem ist ihm bei der Niederschrift der Gedanke an eine Veröffentlichung oder gar literarische »Auswertung« ganz fremd: nur durch Zufälle geraten die Aufzeichnungen im Jahre

1785 in die Hände des Pfarrers Imhof, der kurz vorher nach Wattwil versetzt worden war und dort in seiner Pfarrgemeinde den schriftstellernden Garn- und Tuchhausierer Bräker kennenlernte. Dabei erfährt der Pfarrer Imhof, daß Bräker seine Lebensgeschichte niederschreibt. Er darf sie lesen, ist von Darstellung und Dargestelltem stark erfüllt, so daß das Manuskript zu Füßli nach Zürich wandert und dort im »Schweizer Museum« in den Jahren 1788 und 1789 in Fortsetzungen erscheint. Aber mit diesem Ablauf hatte Bräker nicht gerechnet und auch nicht rechnen können. Er schrieb aus Erinnerung und Bedrängnis, aus Gestaltungsleidenschaft und Trostbedürfnis. »Dichtung« wollte er nicht geben, sondern wirklichkeitstreue Berichterstattung. Eine Art Lebensbeichte für sich selbst, vielleicht zur Belehrung seiner Kinder. Vielleicht auch in der Hoffnung, daß sein Familienkreis beim Lesen dieser Aufzeichnungen zu milderem und gütigerem Verhalten dem scheinbar so nutzlos Lesenden und Schreibenden gegenüber gelangen könnte.

Besteht mithin zwar kein Anlaß, der Echtheit und den berichteten Tatsachen zu mißtrauen, so darf dennoch Bräkers Urteil über sich und seine Geschichte nicht mit dem Urteil des nachlebenden Historikers gleichgesetzt werden. Bräker gibt ein Bild der Ereignisse, wie er sie empfand und zu deuten versuchte. Allein diese Deutung ist untrennbar verbunden mit allen Einflüssen, denen er bildungsmäßig unterlag. Unverkennbar zum Beispiel ist die Darstellung seiner Lebensgeschichte gefärbt von den religiösen und geistigen Wandlungen, die er durchmacht. Alle Widersprüche seines Lebens und gesellschaftlichen Bewußtseins sind in den Bericht eingegangen, der dadurch seine besondere Aussagekraft und kulturgeschichtliche Wichtigkeit erhält. Allein der objektive Lebenshintergrund des Armen Mannes im Tockenburg bietet noch ein anderes Bild, als es Bräker bei aller Genauigkeit seiner Wirklichkeitsschilderung zu geben vermochte.

In St. Gallen – und zwar sowohl in der Stadt wie in den bäuerlichen Gebieten, die dem Fürstabt unterstanden – war im 18. Jahrhundert die Baumwollindustrie entstanden. Um 1750 hatte sich die Leinwandfabrikation und besonders auch die Musselinstickerei stark entwickelt. Die Stadt St. Gallen wurde zu einem Mittelpunkt des Baumwollwarenhandels. Das war auch der Grund, warum Ulrich Bräker nach der Rückkehr aus preußischen Diensten und aus dem Kriege daran dachte, anstelle des traditionellen Berufs eines Kleinbauern und Salpetersieders die scheinbare wirtschaftliche Konjunktur zu nutzen und als Garnhausierer sich durchzuschlagen. Salome Ambühl, seine Braut, obwohl auch aus kleinen Verhältnissen stammend, wollte keinen Bauern und Salpetersieder heiraten: in seiner Lebensgeschichte berichtet der Arme Mann, daß sie Wert darauf legte, ein eigenes Haus zu haben und einen »Kaufmann«, mochte es auch nur ein Garnhändler sein, zu heiraten. Darum beginnt Bräker, der erst 1761 heiratet (seine Frau ist gleichaltrig), schon am 5. April 1759 mit dem Ankauf von 46 Pfund Baumwolle, das Pfund zu zwei Gulden. Die sucht er abzusetzen. Die Salpetersiederei behält er bis zur Eheschließung bei. Dann leiht er sich Geld, um das Haus auf der Hochsteig zu bauen, kämmt und spinnt dort Baumwolle, stellt sich selbst einen Webstuhl für Tücher her, webt später, seit 1779, für einen Kaufmann in Glarus, seit 1780 für eigene Rechnung.

Diese Tücher muß er nun auf ständiger Wanderschaft verkaufen. Damit aber gerät er in das Getriebe der Konjunkturen und Krisen. Die Schulden wollen abgedeckt, die Zinsen bezahlt sein. Ulrich Bräker sieht bei seinen vielen Mißgeschicken immer nur die Hartherzigkeit der Gläubiger, der »Menschen- und Geldschinder«, wie er sie in dem Totengespräch nennt. (Dabei berichtet er selbst immer wieder in seinem Lebensbericht und den späteren Tagebüchern von Zügen herzlicher Hilfsbereitschaft und Schonung von seiten dieser Gläubiger, die ihrerseits meist kleine Leute oder Bauern sind, denen in gleicher Weise die eigenen Gläubiger zu schaffen machen.) Bräker erkennt aber nicht, daß er nun in einen *ökonomischen Umschichtungsprozeß eingegliedert wurde, der die bäuerlichen Verhältnisse in kapitalistische verwandelte.* Die ursprüngliche Blüte des Garn- und Tuchhandels im St. Galler Gebiet hielt nicht an. Mit dem wachsenden Bedarf und der Bevölkerungszunahme war auch die Konkurrenz angewachsen. Die größere Kapitalkraft verdrängte die kleinen Einzelunternehmer und Händler auf eigene Rechnung. Kamen dann noch Mißernten hinzu, wie in dem »Hungerjahr« 1783, wo Bräker in sein Tagebuch schreiben muß: »Der

Handel mit Baueltüchern hat sich fast gänzlich gestockt. Die Herren Fabrikanten von Genf, Neuenburg u. s. f. begehren gar keine Ware. Sie erwarten ohne Zweifel aus Ostindien spottwohlfeile«, so herrschte schwere Not im kinderreichen Bauernhaus im Toggenburg. Dieser gesellschaftliche Zwischenzustand aber zwischen bäuerlicher Herkunft und Wirtschaft, herkömmlicher Salpetersiederei, Garnspinnerei, Garn- und Tuchhandel, diese sonderbare Mischung aus »freien« und höchst abhängigen Verhältnissen, hatte entscheidende Rückwirkungen auf Bräkers Weltbild und Lebensauffassung.

Es kommt hinzu, daß ihn seine Begabung und Originalität aus der Umwelt heraushoben. Als die »Moralische Gesellschaft« in Lichtensteig, dem Hauptort im Toggenburg, für ihre bürgerlichen und »philanthropischen« Mitglieder im Jahre 1776 nach damaliger Sitte zwei Preisfragen zur Beantwortung ausgeschrieben hatte, die in ihrer Fragestellung unverkennbar die bürgerlichen Interessen der Gesellschaftsmitglieder widerspiegelten: ob nämlich der auswärtige Kredit als nützlich oder schädlich zu betrachten sei und ob man es vorteilhaft finde, daß das Baumwollgewerbe unter Vernachlässigung des Leinwandhandels besonders gefördert werde, da beteiligte sich Bräker auf den Rat eines befreundeten Schulmeisters am Wettbewerb und erlangte für seine Denkschrift den Preis der Gesellschaft. Im gleichen Jahre wurde er von der Lichtensteiger »Moralischen Gesellschaft« als Mitglied aufgenommen. Allerdings *nur mit Stimmenmehrheit*, denn offensichtlich hatten einige bürgerliche Gesellschafter Einspruch gegen die Zuziehung des Plebejers erhoben. (Bis dahin waren alle anderen Mitglieder einstimmig gewählt worden.) Damit erlangt Bräker nicht bloß den Zutritt zu den Leseschätzen der Gesellschaft, sondern auch nähere Bekanntschaft und Berührung mit dem aufgeklärten Bürgertum seiner engeren und kurz darauf auch weiteren Heimat. Er lernt *Lavater* kennen, wird näher bekannt mit seinem Verleger Füßli in Zürich, freundet sich vor allem aber mit dem St. Galler Bankier und Kaufmann Daniel Girtanner an. Seine letzte Lebenszeit verbringt er damit abermals in einer eigentümlichen gesellschaftlichen Zwischenstellung. Er ist nach wie vor der kleine Händler vom Dorfe. Aber er lebt als Schriftsteller und in seinen geistigen

Berührungen zugleich in den Kreisen des wohlhabenden Bürgertums. So erwirbt er sich Freundschaften und nicht zuletzt auch die Möglichkeit, immer wieder Darlehen zur Tilgung dringender Schulden und Lasten von seinen »Gönnern« zu erbitten und zu erhalten. Diese Trennung aber zwischen seiner objektiven wirtschaftlichen Gebundenheit und seinem bürgerlichen Freundeskreis erhöht noch die Widersprüche und Zwiespältigkeiten seines Weltbildes und mithin auch seines literarischen Schaffens. Das sind Zusammenhänge, die Bräker selbst nicht zu durchschauen, wohl aber in seinem Werk widerzuspiegeln vermag. Erst die Einsicht jedoch in die Zusammenhänge ermöglicht ein gerechtes Urteil über Bräkers Entwicklung als Schriftsteller.

Die von Samuel Voellmy in jahrelanger mühevoller Arbeit und in herzlicher Anteilnahme an Bräkers Leben und Werk betriebenen Studien, vor allem die von ihm zum erstenmal nach den Originalhandschriften herausgegebenen Tagebücher des Armen Mannes erlauben heute einen genauen Einblick in Ulrich Bräkers geistige Entwicklung. Die ersten Tagebücher, die erhalten sind, behandeln Ereignisse von der Jahreswende 1768/69, die letzte Tagebuchnotiz trägt das Datum des 14. August 1798. Einen Monat später starb Bräker. Durch diese Eintragungen aber ist zugleich die notwendige und erforderliche Ergänzung zur Autobiographie des Toggenburgers gegeben, denn Ulrich Bräker führte seine selbstverfaßte Lebensdarstellung im wesentlichen nur bis zum Jahre 1785. Die Ereignisse der darauffolgenden Jahre sind bloß noch in knapp gehaltenen Ergänzungen behandelt und gar nicht mehr schriftstellerisch durchgestaltet. Außerdem können wir heute mit Hilfe der Tagebücher noch das letzte Lebensjahrzehnt Bräkers, vom Erscheinen der Lebensgeschichte bis zum Tode ihres Verfassers, überblicken. Das ist besonders darin wichtig, daß eben *dieses Lebensjahrzehnt zusammenfällt mit dem Verlauf der Französischen Revolution* und ihren Auswirkungen auf die schweizerische Eidgenossenschaft im allgemeinen, besonders aber auf Bräkers engere Heimat, auf das Toggenburg.

Die erste erhaltene Eintragung aus dem Jahre 1768 behandelt ein theologisches Thema. Es handelt sich um eine Niederschrift über das Vaterunser. Die umfangreichen Aufzeichnungen des letzten Lebensjahres dagegen schildern, um eine Kapitelüberschrift Bräkers zu zitieren, im großen und ganzen die »Revolution im Tockenburg«.

Auch die geistige und damit literarische Laufbahn des Tagebuchschreibers ist durch einen solchen Wandel der Themenstellung im wesentlichen angedeutet. Gewiß schildert Bräker im Laufe dieser dreißig Jahre des Tagebuchschreibens stets jene Ereignisse, die er vor Augen hat, die ihn beschäftigen und, die ihm vom Erleben her die Vorlage für Betrachtungen und auch Gefühlsergüsse bieten können. Bräker bleibt immer ein Mann, der den Alltag bewußt erlebt und zu deuten sucht. Auch wenn er Totengespräche niederschreibt oder eine bäuerliche Komödie nach dem Vorbild von *Was Ihr wollt*, also nach dem Modell des innig bewunderten Shakespeare, geht er von den unmittelbar wirkenden Lebenseindrücken aus. Aber im Laufe dieser drei Jahrzehnte wandelt sich in entscheidender Weise die Art, auf diese Lebenseindrücke zu reagieren. Es wandeln sich die Erlebnisreaktionen, es verändert sich zugleich die Art der Deutung.

Ulrich Bräker hatte keinerlei Schulunterricht genossen. Er hatte das Lesen an ein paar erbaulichen Schriften und an jenen Büchern gelernt, die man in den Bauernstuben der Ostschweiz um die Mitte des 18. Jahrhunderts vorfinden konnte. Das waren neben dem Bibeltext im wesentlichen Traktätchen. Die sehr schweren Lebensverhältnisse dieser Menschen hatten auch hier der Strömung des Pietismus und der Weltflucht einen günstigen Boden bereitet. Ulrich Bräker kommt von diesen pietistischen und asketischen Strömungen lange nicht los. Das reimt sich schlecht mit seinem Jugenderlebnis eines Offiziersdieners und friderizianischen Söldners. Trotzdem haben wir keinen Grund, Bräkers Aussage zu mißtrauen, wenn er in seiner Lebensgeschichte berichtet, daß ihm auch sein Aufenthalt in Deutschland, und besonders in der preußischen Hauptstadt, keinerlei moralische »Anfechtung«, um es in seiner eigenen Sprache zu sagen, verursacht habe.

Dabei lernen wir Bräker in seiner Lebensgeschichte, seinen Tagebuchaufzeichnungen und seinen anderen literarischen Versuchen als einen gesund-triebhaften, sinnenfrohen Menschen kennen, dem allerdings eine Erfüllung seines Trieblebens niemals zuteil wurde. Über das Unfrohe seines Ehelebens hat er genau berichtet und Erläuterungen hinterlassen. Seine rührend-komische Liebesgeschichte mit dem »Annchen« hat er ausführlich in der Lebensgeschichte behandelt, aber glücklich wurde er auch hierbei nicht. Wenn er die Periode seiner Militärzeit als eine Zeit der Enthaltsamkeit (oder wohl auch der erotischen Erfolglosigkeit) bezeichnet, so dürfte auch dieser Bericht tatsachengetreu sein. Ulrich Bräker bleibt als Bedienter eines Offiziers der Rokokozeit und als Soldat des Preußenkönigs der mit Bibel und pietistischer Askese aufgewachsene Bauernjunge. Es ist eigentümlich, daß er auch später jedesmal, wenn er aus irgendeinem Anlaß glaubt, Verse schreiben zu sollen, wie selbstverständlich an den Tonfall des protestantischen Kirchenliedes und die pietistische Lyrik des deutschen Barockzeitalters anknüpft. Das gilt für jene Trostverse, die er am 27. September 1771 in sein Tagebuch schreibt, nachdem ihm in den Tagen vorher zwei seiner Kinder an der Ruhr dahingestorben waren. Das Gedicht trägt die Überschrift »Alles lauft seinem Ursprung zu« und endet mit den Versen:

> Was aus der Erden kommt hervor,
> So hoch es hebt sein Haupt empor,
> So muß es doch, sei arm und reich,
> Der Erden wieder werden gleich.

Noch neun Jahre später, wenn er sich hinsetzt, um ein dickes Schreibheft mit Aufzeichnungen über Shakespeares Schauspiele zu füllen, wählt er für die Huldigungsverse an den »göttlichen William« wie unwillkürlich einen Tonfall und eine Art der Anrede, wie sie das 17. Jahrhundert der geistlichen Lyrik und pietistischen Christusdichtung vorbehalten hatte. Allein die Verse richten sich nicht an Christus, sondern an Shakespeare:

> Wann man dich auch citieren kann,
> Komm doch ein Weil zu mir,
> Und gönne mir, du großer Mann,

Ein kurz Gespräch mit dir.
Hört uns das Gsind und spottet mein,
So bitt ich, hilf du mir.
Ich will dir dann dein Rüpel sein,
Sonst kann ich nichts dafür.

Noch im Jahre 1771 hatte Bräker alle weltliche Lektüre für sich abgelehnt. In einem Tagebuchaufsatz aus dem Jahre 1769 »Über die Bücher« hatte er gemeint, selbst die am wenigsten schädlichen Werke nicht geistlichen Inhalts, Fabeln oder moralische Traktate, seien nicht viel nutz. Die eigentlichen weltlichen Bücher aber: »Geschichtbücher, geographische, Weltbeschreibungen, Helden-, Staats- und Lebensbeschreibungen ... achte ich zur Seligkeit nicht notwendig.« Dabei gibt der damals 34jährige Garnhändler im gleichen Zuge des Schreibens freimütig zu: »Ich hatte jederzeit große Lust zum Bücherlesen gehabt.« Aber die pietistischen Strömungen scheinen ihn auch hier, wie im Triebleben, zur Enthaltsamkeit und Askese zu treiben.
Das ändert sich um das Jahr 1774. Nun findet man bei Bräker *Gedankengänge des Pantheismus* und einer religiösen Toleranzauffassung, die sich zunächst wohl noch ohne den unmittelbaren Einfluß der zeitgenössischen Literatur bei ihm durchsetzen. Auch in den Tagebuchnotizen tritt die erbauliche und religiöse Betrachtung hinter Wirklichkeitsbetrachtungen, oft auch humoristischer Art, zurück. Dann kommt es zu Bräkers Bewerbung um die Preisaufgaben der »Moralischen Gesellschaft« in Lichtensteig, zur Erlangung des Preises und zur Mitgliedschaft in dieser Gesellschaft. Jetzt endlich hat er die Möglichkeit, seiner »Lust zum Bücherlesen« zu frönen. Der Einfluß, den der Schulmeister Ambühl schon vorher auf ihn ausgeübt hatte, ergänzt sich nun durch die Möglichkeit zur unentgeltlichen Benutzung der Gesellschaftsbücherei. Bräker hat von da an unendlich viel gelesen: vor allem und fast ausschließlich aber »weltliche« Bücher! Nun tauchen auch Buchrezensionen, die er für sich allein verfaßt, in den Tagebüchern auf. *Die große Literatur der Aufklärung und der Empfindsamkeit zieht ein in das Bauernhaus auf der Hochsteig*: Rousseau und Goethes Werther, Geßners Idyllen und der »Hudibras«, jene witzige antipuritanische Satire

des Engländers Samuel Butler (1612-1680). Eine erstaunliche Wandlung bei dem bisherigen schweizerischen und plebejischen Puritaner! In den späteren Jahren finden sich Aufzeichnungen über die meisten wichtigen Werke der damals zeitgenössischen Literatur. Ulrich Bräker liest Smollets letzten Roman, den *Humphrey Clinker*, er liest Jung-Stillings berühmte Lebensgeschichte ebenso wie den psychologischen Roman *Anton Reiser* von Karl Philipp Moritz. Er liest Schubarts *Vaterländische Chronik*, Wieland, Lavater oder Campe.

Wobei nicht vergessen sein mag, daß dieser Joachim Heinrich Campe (1746-1818), der berühmte deutsche Bearbeiter des *Robinson*, im Jahre 1791 in Paris *Briefe über die Französische Revolution* verfaßte. Eben diese Briefe liest Bräker sogleich nach dem Erscheinen. Er liest zahllose historische und philosophische Darstellungen. Und immer wieder Cervantes und immer wieder Shakespeare! Seinem Einfluß auf die bürgerlichen Herren der Lichtensteiger Gesellschaft ist es zu danken, wenn Lavaters teure und vielbändige *Physiognomik* für die Bibliothek angeschafft wird. Bräker selbst schreibt zur Selbstverständigung und gleichzeitig auch zur Auseinandersetzung mit Lavater, den er inzwischen kennengelernt hat, eine eigentümlich scharfsinnige und bedeutende Kritik an dieser Charakterlehre nieder.

Als die Gesellschaft in Lichtensteig unter dem Einfluß der Revolutionsereignisse im Jahre 1791 zerfällt, da offenbar die politischen Spannungen zwischen den Mitgliedern einen hohen Grad erreicht haben, wird Bräker in St. Gallen Mitglied der 1789 gegründeten dortigen »Literarischen Gesellschaft«. Seine Freunde in Lichtensteig, St. Gallen und Zürich, diese bürgerlichen Kaufleute, Schulmeister, Pfarrer und Literaten, hatten ihn in ihren Kreis aufgenommen. Bräker ist nun – unter dem Einfluß dieses Umgangs und unter den Nachwirkungen seiner Lektüre – zu einem (ziemlich zahmen) Aufklärer geworden. Allerdings hat sich seine materielle Lage nicht gebessert, sondern verschlechtert. Immer wieder muß er seine wohlhabenden »Gönner« um Darlehen bitten, wenn die Schuldenlast besonders drückend wurde. Als die französischen Truppen in die Schweiz einmarschieren und das Ende des Ancien Regime auch dort herangekommen ist, sind die bürgerlichen Mäzene durch die Unsicherheit ihrer eigenen Lage an wirksamer Hilfe verhindert. Bräkers letztes Lebensjahr, das Jahr 1798, sieht zugleich seinen vollständigen wirtschaftlichen Zusammenbruch. Das Fabrikunternehmen seines Schwiegersohnes ist bankrott, Bräker soll für die Schulden aufkommen. Am 22. März macht er sich auf, um zu Fuß über St. Gallen und Konstanz nach Zürich zu Füßli zu wandern und dann, abermals über St. Gallen, zurück auf die Hochsteig. Er ist bereits schwer krank, zudem tief bedrückt über diesen Zusammenbruch im eigenen Hause und in der Wirtschaft von Tochter und Schwiegersohn. Nennenswerte Hilfe scheint er weder bei Füßli in Zürich noch bei Girtanner in St. Gallen gefunden zu haben. Die französischen Truppen, die im Lande stehen, haben allein von der Einwohnerschaft Zürichs drei Millionen Livres Kriegsentschädigung gefordert ...

Unter diesen Umständen erlebt der kranke Bräker die Revolution in der Schweiz, in St. Gallen, im Toggenburg. Er hat über die Ereignisse im Tagebuch genau berichtet. Seine Haltung ist eigentümlich zwiespältig. Noch ist er Bauer und Plebejer genug, um die Notwendigkeit einer Befreiung des Landes von der Untertänigkeit und den Feudallasten zu empfinden. Bei der Abstimmung hat offenbar auch er für die neue Ordnung gestimmt, wenngleich er mit vorsichtiger Zurückhaltung diesen Punkt behandelt. Daneben aber stehen immer wieder besorgte Klagen über mögliche weitere Unruhen, gerührte Betrachtungen über die Abschiedsrede des letzten Landvogts, ratlose Feststellungen, daß es schwer sei, zwischen den widerstreitenden Meinungen der Konservativen und der revolutionären Neuerer einen Ausgleich zu finden. Dabei aber ist es auch wieder für Bräker, der sein Leben lang ein armer Mann war, immer die Hartherzigkeit wohlhabender bäuerlicher Gläubiger oder städtischer Geldgeber beklagen mußte, sehr bezeichnend, daß er gewissen »jakobinischen« Reden einiger Revolutionäre im Toggenburg mißtraut, da die Sprecher sich früher hartherzig und unterdrückerisch benommen hätten. Er sagt, es seien Menschen, »die aber bei allem ihrem Geschrei von Freiheit und Gleichheit dennoch keines Menschen Freund sind, außer, solange sie von einem Interesse haben. Und doch wollen sie warme Vaterlandsfreunde sein. Diese stecken sich hinter Bauern von ihrer Den-

kungsart, welche in ihrem engeren Kreis die ärgsten Despoten sind, von den Produkten ihrer Ländereien keinem armen Nebenmenschen etwas in billigen Preisen zukommen lassen, alles so hoch anschlagen als sie nur können«.
Und dann rechnet ihnen der Arme Mann im Tockenburg in seinem Tagebuch vor, daß ihr jetziges jakobinisches Reden diese »Volksfreunde« damals nicht gehindert habe, bei der Teuerung das Pfund Schmalz für einen Gulden und noch mehr zu verkaufen. Es geht also weder an, Ulrich Bräker in diesen revolutionären Ereignissen als Jakobiner noch als einen Anhänger der alten Feudalordnung zu bezeichnen. Auch hier bleibt er in höchst persönlicher Weise der bedeutende Realist, der gleichzeitig die Reden anhört, sich aber auch die Redner anschaut und mit dem Bilde vergleicht, das er sich zu anderen Zeiten von ihnen gemacht hat. Im Grunde bleibt Ulrich Bräker auch in der Revolution der arme Bauer und Hausierer, den weniger staatliche und rechtliche Wandlungen interessieren, als die materiellen Lebensverhältnisse. Die aber ändern sich in dieser bürgerlichen Revolution, noch dazu unter dem Einfluß der Fremdherrschaft und der französischen Besatzung, in den wesentlichen Dingen durchaus nicht.

So steht Ulrich Bräker, der Arme Mann im Tockenburg, vor und zu den Zeitereignissen. Sein Charakter ist ebenso widerspruchsvoll wie sein Weltbild, mag man es im Ablauf der Entwicklung oder in seiner Gesamtheit betrachten. Pietismus und Aufklärung, geistliches und weltliches Denken sind ineinander geschlungen. Es ist bemerkenswert, daß Bräker einen Dialog zwischen einem »Aufklärer« und einem »Pietisten« niederschreibt, aber im Ablauf des Gesprächs zu keiner Parteinahme gelangt. Askese und Weltlust, bäuerliche Herkunft, armseliges Handelstreiben und bürgerliche Geselligkeit vermischen sich nicht minder widerspruchsvoll. Allein erst diese Widersprüche in ihrer Gesamtheit kennzeichnen die Gestalt und den Weg dieses einzigartigen Mannes in der deutschen Literaturentwicklung.
Denn zur deutschen Literatur gehört er ohne Frage, der Uli Bräker aus dem Weiler Näppis in der Gemeinde Wattwil, der

Hirtenjunge aus dem Dreyschlatt, der preußische Söldner, Salpetersieder und hausierende Garn- oder Tuchhändler. Nicht bloß durch Eigentümlichkeit, durch ein Was im Lebensbericht ist er auf die Nachwelt gekommen, sondern durch die unverkennbar poetische Begabung, durch Echtheit des Erlebens und Gestaltungskraft beim Niederschreiben des Erlebten. Immer wieder wird man die Jugend- und Mannesgeschichte, die erlittene Barbarei und durchlittene Not, die Glücksmomente in der Natur und in der Liebe, denen Bräkers Darstellung gilt, mit Ergriffenheit lesen. Die Menschen des 18. Jahrhunderts liebten alle literarischen Formen der Autobiographie: Briefromane, polemische Rechtfertigungen, psychologische Deutungen, romanhaft aufgeputzte Tatsachenhäufungen. Neben ihnen allen aber hat sich die Lebensgeschichte des Armen Mannes im Tockenburg behauptet. Weil sie – allen Widersprüchen zum Trotz – zwischen den modischen Literaturströmungen trockener Lehrhaftigkeit und tränenseliger Empfindelei den Ausgleich zu finden weiß. Nüchternheit, Kraft des Wortes, Lauterkeit des Gefühls, Schärfe der Beobachtung machen Bräkers berühmtes Buch nach wie vor zu einem der wichtigsten poetischen und kulturhistorischen Dokumente der damaligen Zeit.

Die besondere Begabung dieses Mannes aber bestand darin, neben der genau beobachteten Wirklichkeit auch noch jene Literatur für sich fruchtbar werden zu lassen, die den ungelehrten und literarisch ganz unerfahrenen Laien dazu befähigte, realistische Darstellung gleichsam am höchsten Vorbild zu studieren. Gemeint ist *das Shakespeare-Erlebnis Ulrich Bräkers*. Im Jahre 1780 entleiht er die zwölf Bände der Eschenburgschen Shakespeare-Übersetzung, die er Wort für Wort und Szene für Szene durchliest und miterlebt. Der Eindruck ist so groß, daß er sich sogleich hinsetzt, um jedes der gelesenen Werke gleichsam in einem vertraulichen Zwiegespräch mit Shakespeare durchzusprechen und zu analysieren. Es handelt sich bei Eschenburg noch um Prosaübersetzungen. Nur »Sommernachtstraum« und »Richard III.« waren in Versen nachgedichtet. Mit dem »Sommernachtstraum« kann Bräker nicht viel anfangen: er hält sich an die Rüpelszenen. Die Schönheit der Versübersetzung in dem

Königsdrama dagegen weiß er zu würdigen und in innigen Worten an den Übersetzer dankbar entgegenzunehmen. Im einzelnen ist Shakespeare für seinen bäuerlichen Leser im Grunde kein Kunsterlebnis, sondern ein Wirklichkeitserlebnis. Shakespeare ist ihm die gewaltige Natur schlechthin. In einer Neuausgabe der Shakespeare-Studien Bräkers hat *Walter Muschg* darauf hingewiesen, daß Bräker, der damals weder Goethes noch Herders Shakespeare-Auffassung kannte, bis in die Formulierung hinein die gleiche Auffassung vom »Naturgenie« des großen Engländers vertritt, wie wir sie fast um die gleiche Zeit bei Goethe in »Wilhelm Meisters theatralischer Sendung« nachlesen können.

Im einzelnen sind Bräkers Bemerkungen zu den verschiedenen Tragödien, Komödien und Historien oft sehr scharfsinnig, niemals von einer literarischen Mode beeinflußt, sondern echt, in der Empfindungsweise meist auch unverkennbar bäuerlich. Im »Sturm« genießt er die hohe Schönheit des Gesamtgebäudes, vermag aber aus der eigenen Lebenserfahrung keinen Zugang zur geistigen Welt Prosperos zu finden. Hier überschreitet die Gestalt seinen Begriff des »Natürlichen«. In »Maß für Maß« ist Bräker – weitab von dem eigenen früheren Puritanismus – nicht mehr bereit, Isabellas Weigerung, die Frauenehre gegen das Leben ihres Bruders einzutauschen, als moralisch gerechtfertigt anzusehen. In »Was ihr wollt« freut er sich als Bauer über den bestraften Hochmut Malvolios. Typen wie diesen Malvolio kennt er zu gut, um ihnen nicht die verdiente Strafe zu gönnen. Daß er bei »Der Widerspenstigen Zähmung« an seine angetraute Salome und ihren Widerspruchsgeist denkt, kann nicht verwundern. In »Viel Lärm um nichts« vergleicht er das alberne Gerede der Gerichtsdiener Holzapfel und Schlehwein mit eigenen Lebenserfahrungen: »Meiner Treu, ich kannte Richter und Beamte, die ebenso dumm daher räsonierten und doch angesehene Leute sein wollten und waren.« Der Arme Mann steht auf der Seite Falstaffs und kann es nicht billigen, daß er von seinem prinzlichen Zechbruder fallengelassen wird. Romeo und die Liebesraserei des berühmten Paares sind ihm fremd. Die Leidenschaft des jungen Menschen geht ihm auf die Nerven.

Vor allem aber liebt er »Julius Cäsar«, »König Lear« und den

»Hamlet«. Das ist um so bedeutungsvoller, als Bräker trotz seiner umfangreichen Lektüre immer wieder die merkwürdigsten Bildungslücken aufweist. Zu »Troilus und Cressida« muß er gleichsam vom Hörensagen her notieren: »Die Hauptgeschichte soll eine Belagerung von Troja wegen einer geraubten Helena sein.« Aber in »Julius Cäsar« erlebt er das Geschehen durchaus als eine für ihn aktuelle politische Auseinandersetzung. Entgegen der allgemeinen Literaturauffassung der damaligen Zeit ist Bräker durchaus nicht der Ansicht, Brutus sei als Hauptheld zu betrachten. Der Arme Mann im Tockenburg steht auf seiten Cäsars. Das moralische Recht des Brutus, um einer angeblichen Idee willen Cäsar zu töten, will er nicht anerkennen. Ebenso einfach wie schön meint er: »Die Vaterlandsliebe heischt nicht Bürgerblut.«

Gar bescheiden hatte Ulrich Bräker die Niederschrift über Shakespeare präsentieren wollen. Er hatte sie für den Druck bestimmt, obgleich er mit einer eigentlichen Publikation zunächst wohl nicht rechnen konnte. Möglicherweise hat er an Abschriften für die Mitglieder der Gesellschaft zu Lichtensteig gedacht. Darum setzte er auf das Vorsatzblatt die Überschrift: »Etwas über William Shakespeares Schauspiele von einem armen ungelehrten Weltbürger, der das Glück genoß, ihn zu lesen.« 1780 entstanden diese Shakespeare-Studien eines schweizerischen Bauern und Plebejers. Erst 1877 wurden sie gleichsam als »Kuriosität« im Jahrbuch der deutschen Shakespeare-Gesellschaft veröffentlicht. Heute wird man das Shakespearebüchlein des Armen Mannes im Tockenburg als eine zweite, eigentümliche und kulturhistorisch wichtige Arbeit neben der berühmten Lebensgeschichte anerkennen müssen, und damit zugleich die geistige Gestalt Ulrich Bräkers gerechter beurteilen.

Denn auch über Ulrich Bräkers Platz in der deutschen Literaturgeschichte herrscht nach wie vor Unklarheit. Seine Lebensgeschichte hatte dadurch Erfolg bei den bürgerlichen Zeitgenossen, daß man hier, im Aufklärungsgeiste, die rührenden, aber achtenswerten Bemühungen eines ungelernten und ungelehrten Mannes um Bildung anerkennen und wohlwollend begrüßen konnte. Auch bestach die poetische Kraft der Schilderung. Ansonsten gibt es nicht viel Anzeichen dafür, daß die deutschen

Dichter jener Zeit den armen Schweizer beachtet hätten. Herman Grimm, der Sohn Wilhelm Grimms, verwies zwar viele Jahrzehnte nach Bräkers Tod auf die einzigartige Bedeutung sowohl der Lebensgeschichte wie auch der Shakespeare-Studien des Armen Mannes; Gustav Freytag wählte in tiefer Einsicht die Schilderungen Ulrich Bräkers über das friderizianische Preußen, um sie in den »Bildern aus der deutschen Vergangenheit« zur Kontrastierung neben Dokumente der offiziellen Heroisierung Friedrich II. von Preußen zu stellen.

Im übrigen aber wurden Bräker und sein Werk in den großen Literaturgeschichten totgeschwiegen. Wilhelm Scherer scheint ihn nicht zu kennen, selbst in Hermann Hettners Literaturgeschichte des deutschen 18. Jahrhunderts erscheint der Name des Schweizers nicht ein einziges Mal. Später pflegten die Literaturhistoriker aus Wilhelm Scherers Schule den »Armen Mann« mit vielen anderen Namen in die lange Reihe der Selbstbiographien jener Epoche einzureihen: mehr um der Aufzählung als der Charakterisierung willen. Meist wurde gönnerhaft der gute Wille des Ungelehrten gebilligt, wobei man Bildungsmangel und Naivität zu belächeln liebte.

Wofern nicht gar ein bösartig bourgeoiser Hochmut den »Eindringling« in die Schranken wies, wie es noch 1928 in einem Feuilleton von Fritz Ernst geschah, der über Bräker nur zu berichten wußte: »Er ist ein Prototyp jener Flüchtlinge aus der realen in die ideale Welt, wo ihres Bleibens aber selten ist. An ihm fraß ein unheilvolles Übel: die Verbildung. Sie vor allem war es, die ihn zwischen Erde und Himmel jämmerlich zugrunde gehen ließ.« Man weiß nicht, was hier verwunderlicher anmutet: die Dreistigkeit eines Kastenhochmuts oder die völlige Unkenntnis der Lebens- und Werktatsachen im Falle Ulrich Bräkers.

Es ist wohl auch als Symptom zu werten, wenn erst im Jahre 1945, abermals unter der Verantwortung und sorgfältigen Leitung Voellmys, eine dreibändige Gesamtausgabe des Bräkerwerks erscheinen konnte. Erst dieses Gesamtwerk Bräkers aber gibt die Möglichkeit, das Porträt des Armen Mannes im Tockenburg von allen Verfälschungen zu säubern und an einem Ehrenplatz im Bildersaal aufzustellen.

4. EXKURS ÜBER SCHILLERS »RÄUBER«

Schillers erstes Theaterstück so zuzubereiten, daß alle Welt wieder einmal vom engagierten Theater spricht: nichts leichter als das. Der Vorgang ist nicht neu, der Einfall kam vielen. Nach dem ersten Weltkrieg sah man die »Räuber« als Spartakisten. Den damaligen Karl Moor hatte man sich vorzustellen als Arbeiterführer Max Hölz, umgeben von Proletariern aus Thüringen.
Über die Inszenierung Erwin Piscators mitten in der Wirtschaftskrise der Zwanziger Jahre ist damals, und auch seither, viel geschrieben worden. Mit Schillers Dramaturgie wurden nicht viel Umstände gemacht. Drei Monologe simultan auf dreigeteilter Bühne. Der Verräter Spiegelberg erschien in der Maske Leo Trotzkis. Was heißen sollte: Karl Moor verkörpert die echte Revolution des Zwanzigsten Jahrhunderts, sein einstiger Freund und späterer Rivale Moritz Spiegelberg dagegen die Verfälschung einer Idee.
War nicht jüngst die Meldung zu lesen, worin irgendein Spielleiter irgendwo mitteilen ließ, er werde Schillers »Räuber« aus den Erfahrungen der heutigen Studentenrevolten inszenieren? Auch dies ist nicht allzu schwer. Nur ist dabei die Einfallslosigkeit nicht zu verkennen. Heinrich Mann äußerte um 1948 nicht ohne Bitterkeit: »Immer wenn Deutschland einen Krieg verliert, wird mein ›Untertan‹ neu aufgelegt.« Dann wäre also jedesmal die Stunde der »Räuber« gekommen, wenn der Gleichlauf des bürgerlichen Alltagslebens durch Unruhen und Empörungen gestört wurde.
Nur: in all diesen Fällen mißt man Schillers genialisches Schauspiel, das sein Verfasser vermutlich schon mit 18 Jahren zu schreiben beschloß und mit 21 beendete, mit allzu kleinlichem Maß. Ein regressiver Zug dieser krampfigen Aktualisierungen ist evident. Das literarische Unbehagen über Spielleiterwillkür mag noch angehen: allein man begreift nicht recht, warum das Streben nach zeitgemäßem Theaterspiel unbedingt durch Rückgriff auf ein bewährtes Repertoire realisiert werden sollte. Diese Theaterrevolte ist nur scheinbar. In Wirklichkeit hält auch sie es mit der bürgerlichen Synthese von Bildung und Besitz. Noch die

vom Spielleiter willkürlich entbeinten »Räuber« verraten den geheimen Respekt vor dem klassischen Bildungsbesitz. Auch dann vollzieht sich, mit Brecht zu reden, wiederum die »Einschüchterung durch Klassizität«. Bedenklich auch das Geschichtsbild, das sich hinter so kühnen Gesten engagierter Stürmer und Dränger der Stadt- und Staatstheater offenbart. Es ist herzhaft reaktionär. Nietzsche nannte es die »Ewige Wiederkehr des Gleichen«. Gottfried Benn hat sich noch am Ende seines Lebens dazu bekannt. Was zu denken gibt.

Es gibt aber keine Wiederkehr. Der »Wiederholungszwang« mag, wie Sigmund Freud behauptet, einen häufig anzutreffenden psychischen Mechanismus darstellen. Einen gesellschaftlichen Mechanismus auf keinen Fall. Die Welt, worin Schillers »Räuber« entstanden, bleibt unwiederholbar. Wer ernsthaft gewillt ist, dies Theaterstück heute zu spielen, muß davon ausgehen, daß eine Welt von einst präsentiert wird, die sich allen Aktualisierungen widersetzt. Dies Stück eines jungen Stürmers und Drängers der bereits zweiten Generation konnte nur damals entstehen: nicht früher und nicht später. Kronzeuge für diese These ist Friedrich Schiller selbst. Mit Leidenschaft und hoher Kunst der literarischen Diplomatie versuchte der junge und unbekannte Autor dem Reichsfreiherrn von Dalberg in Mannheim, dem Protektor also der geplanten Uraufführung, auseinanderzusetzen, warum Dalbergs Absicht, das Stück ins deutsche 16. Jahrhundert zurückzuversetzen, mit der Substanz des Textes unvereinbar sei. Alle Charaktere, erläutert Schiller, noch von Stuttgart aus, am 12. Dezember 1781, seien unlösbar verbunden mit der Gegenwart. Alle Personen sprächen »zu modern, zu aufgeklärt für die damalige Zeit«. Und weiter: »Ich beginge ein *Verbrechen* gegen die Zeiten Maximilians, um einem *Fehler* gegen die Zeiten Friedrichs II. auszuweichen.«

Was heißen soll: Wer die »Räuber« ins Jahr 1510 versetzt, verfälscht das Werk ebenso wie er die Epoche des Kaisers Maximilian verzerrt. Noch dazu aus einem Motiv der Feigheit: weil er nicht zugeben wolle, daß die »Räuber« Zeittheater sind und im Zeitalter der bürgerlichen Aufklärung und Friedrichs II. von Preußen spielen. Nichts ist hier umkehrbar. Es gibt weder die Zurückdatierung noch die Aktualisierung. Schillers »Räuber«

auf einer deutschen Bühne des Jahres 1968 können *nichts anderes präsentieren als Bilder aus einer deutschen Vergangenheit.* Der Wert einer solchen Aufführung liegt, für den Zuschauer, in der *Nichtidentifikation.* Aktuell bleibt nicht die Revolte der Leipziger Studenten von 1781 unter Führung eines Grafensohnes, sondern die Tatsache, daß es keine Revolte war.

Darum auch wird der Schluß dieses Theaterstückes – gleichviel, welche der verschiedenen Fassungen Schillers man präsentiert – niemals als moralische Lösung gedeutet werden können: etwa in dem Sinne, daß der Räuber Moor freiwillig seine Untaten sühnt. In freier Erkenntnis einer sittlichen Schuld. Vielleicht wird es einige Leser des Stückes verwundern, daß Schiller durchaus nicht der Meinung war, Karl Moor werde nun auf dem Richtplatz für seine Untaten büßen: Noch in der letzten Lebenszeit trug Schiller sich mit einem dramatischen Projekt unter dem Titel: »Die Braut in Trauer. Zweiter Teil der Räuber«. Ein handschriftlicher Entwurf dazu hat sich erhalten. Der Geist des Franz Moor soll auftreten, auch der Geist der Amalia. Karl lebt unerkannt unter dem Namen Graf Julian. Um ein bißchen zu zitieren: »Karl Moor hält den Himmel für versöhnt ... Ein zwanzigjähriges Glück läßt ihn keinen Umschlag mehr fürchten. Er hat in dieser Zeit Gutes gestiftet, er hat Unglückliche getröstet, er hat eine wohltätige Rolle gespielt. Er lebt in einem fremden Land, und sieht in die frühe Zeit nur wie in einen schweren Traum zurück.«

Durchdenkt man diese verblüffende Vision des Autors vom weiteren Schicksal seines Haupthelden, so erkennt man vielleicht, daß in dieser Perspektive, welche durchaus nicht im Widerspruch steht zum eigentlichen Dramentext, die wirkliche Aktualität liegt eines entschieden »unaktuellen« Stückes.

Es sei denn – es sei denn, man nähme Schillers grobschlächtige Moritat als *bloßen Stoff.* Das mächtige Element der Kolportage in Schillers Aktivitäten ist in neuerer Zeit mit Recht immer wieder analysiert worden. Ernst Bloch hat seine Schiller-Analyse weitgehend als Spannungsverhältnis zwischen Kolportage und Sublimierung verstanden: hier krasse Geschichten mit Mord und Totschlag, dort eine so exzessive Verfeinerung des moralischen Empfindens, weit noch über Kant hinaus, daß seine Postulate unvollziehbar sein mußten. Kolportage in Schillers Romanfragment vom »Geisterseher«, auf dessen Fortsetzung die Leser mit Ungeduld zu warten pflegten. Blutrünstigkeit, die in Komik umschlägt, wenn Fiesco mit vielem Ha! und Oh! seine geliebte Gattin versehentlich umbringt. Phantastische Einfälle aus dem Groschenheftchen, wenn er dem Verfasser des »Egmont« rät, im Schlußbild, mitten in Egmonts Freiheitsvision hinein, den rotgekleideten Henker auftreten zu lassen. Was bei Goethe nur ein Achselzucken bewirkte.

Freien Lauf erhält diese trivialliterarische Strömung im Erstlingswerk, in den »Räubern«. Das erklärt sich nicht bloß aus Naivitäten eines ganz jungen Mannes. Die nämlichen Elemente des grausig-komischen, oder auch eines plebejischen »Vergnügens an tragischen Gegenständen«, um eine spätere Formel Schillers zu verwenden, manifestieren sich in der handschriftlichen Skizze zu einer Fortsetzung der »Räuber«. Man darf abermals ein bißchen zitieren: »Karl Moor ist Vater von einem Sohn und einer Tochter. Die Tochter soll vermählt werden, aber der Bruder liebt sie leidenschaftlich und kann den Gedanken nicht ertragen, sie in die Arme eines andern wandern zu sehen. Er hat seine Leidenschaft bisher noch zu verbergen gewußt, und niemand als die Schwester weiß darum. Der Vater ist streng und wird gefürchtet. – Beim herannahenden Vermählungstag bricht die Leidenschaft des Bruders aus. Er gesteht sie der Schwester, der Geist hetzt ihn, er hat eine Furcht und einen gewissen Widerwillen gegen den Vater, der ihm streng ist. – Ein Parricida muß begangen werden, fragt sich von welcher Art.« Und dann handelt Schiller, mit Erwägungen, die ziemlich genau denen seines Franz Moor entsprechen, die blutigsten und daher schönsten Möglichkeiten ab: »Vater tödet den Sohn, oder die Tochter. Bruder liebt und tödet die Schwester, Vater tödet ihn. Vater liebt die Braut des Sohns. Bruder tödet den Bräutigam der Schwester. Sohn verräth oder tödet den Vater.«

Natürlich läßt sich auch dies Element der »Räuber«, und zwar dies allein, auf die Bühne bringen. Es ist auch schon praktiziert worden. Hanseatisches Ungestüm ließ sich diese Möglichkeit nicht entgehen. Schillers Erstling als Krimi der harten

Art, aufgezogen gleich einem Western, ein freies Leben führen wir, ein Leben voller Wonne. Man hat sich verstanden.
Freilich sollte man auch hier nicht besonders stolz sein auf diese Bühnenerrungenschaft. Wer die »Räuber« aktualisiert und die Räuber um Schweizer, Spiegelberg und Schufterle nach der jeweiligen Tagesmode anzieht, verrät nicht nur den Text eines großen Autors, sondern beschwindelt auch, bei allem Getue mit Modernität, die eigene Gegenwart. Man präsentiert falsche Gleichzeitigkeiten, wo echte Ungleichzeitigkeiten zu demonstrieren wären. Die Reflexion über das Gewordensein unserer heutigen Zustände aus denen von gestern und damals wird frustriert zugunsten falscher Feste des Wiedererkennens. Der Anblick der »deutschen Misere«, um eine Formel von Karl Marx zu zitieren, wird entweder durch aktuelle Kulissen verstellt, oder man tut so, als sei das Verhältnis der Sturm- und Drangzustände zu unsern heutigen ein solches der Identität. Das alles bedeutet Fatalismus und Quietismus in einem.
Nun gar eine Inszenierung der »Räuber«, reduziert als Wollust der Kolportage. Auch dann erleben wir Regression. Die Zurückführung von Dramatik auf die Dimensionen der Jahrmarktsmoritat ist ein legitimes Mittel moderner Bühnenkunst. Eine dialektisch vermittelte, also nicht mehr unmittelbare Schaubudendramaturgie, ganz ohne psychologische Vertiefung, beschränkt auf die letale Konstellation, findet sich häufig in neuerer Dramatik: von Brechts »Dreigroschenoper« bis zur Kasperlekomödie »Nacht mit Gästen« von Peter Weiss. Auch im »Marat« hat der Stückeschreiber diese moritatenhaften Elemente sehr kunstvoll eingesetzt. Man wählt sich nicht umsonst einen Marquis de Sade zum Helden.
Nichts also gegen die Legitimität solcher Spiele. Wer hingegen die »Räuber« in solcher Weise zubereitet, reduziert ein sehr komplexes und gerade ob solcher Widersprüche erregendes Werk auf die bloße Fabel. Dann spielt man die »Räuber« ohne Schiller. Das Entscheidende, was bei der Mannheimer Uraufführung die Ekstase des Publikums provozierte, war nicht der Blutgeruch oder die Sensation des mörderischen Kampfes zwischen den ungleichen Brüdern. Dies alles war dem damaligen Publikum seit langem vertraut. Wir wissen heute, wo Schiller die

Ingredienzien seiner Fabel fand: von Fielding bis zu Daniel Christian Schubarts Erzählung »Zur Geschichte des menschlichen Herzens«. Natürlich ist die vulgär-germanistische Trennung zwischen sogenannt hoher und trivialer Literatur unvollziehbar. Viele bedeutende Werke unserer Literatur, von Schiller und Kleist bis zu Wedekind und Brecht, ganz zu schweigen von Goethes »Faust«, verleugnen keineswegs ihre Herkunft aus dem literarischen Untergrund. Das gilt auch für die »Räuber«. Dennoch war es gerade *nicht* die aufregende Story, was an jenem 13. Januar 1782 im Mannheimer Theater soviel Aufregung verursachte. Ein Augenzeuge hat einen berühmt gewordenen Bericht hinterlassen: »Das Theater glich einem Irrenhause, rollende Augen, geballte Fäuste, stampfende Füße, heisere Aufschreie im Zuschauerraum! Fremde Menschen fielen einander schluchzend in die Arme, Frauen wankten, einer Ohnmacht nahe, zur Thüre. Es war eine allgemeine Auflösung wie im Chaos, aus deßen Nebeln eine neue Schöpfung hervorbricht.«
Warum dies alles? Hier müßte, wie mir scheint, die heutige Analyse des Stückes einsetzen. Bequem wäre es, die Antwort dahin zu formulieren: es sei eben *die schöne Sprache* gewesen, Schillers glanzvolle Rhetorik in diesem Erstlingswerk, die über alle Roheit des Stoffes triumphierte. Wer so denkt, praktiziert eine idealistische Ästhetik des edlen Scheins, hält sich an philosophische Thesen des späteren Schiller, des Kantianers, wonach die Form den Stoff gleichsam verzehre. Allein wie immer man diese Kunsttheorie des späteren Schiller bewerten mag, für die »Räuber« gilt sie keineswegs. Kronzeuge dagegen ist abermals Schiller selbst. Was er von der Sprache seines Stückes hielt, erläuterte er in einer anonymen Selbstrezension der »Räuber« noch im Jahre 1782. Natürlich ist Koketterie im Spiel. Sein Text ist Selbstinterpretation und Selbstlob in einem. Um glaubwürdig zu wirken, muß der Anonymus ein bißchen herummäkeln. Trotzdem brauchen wir nicht anzunehmen, Schiller habe nicht wirkliches Unbehagen empfunden, wenn er schrieb: »Die blumigte Sprache verzeihen wir nur der erhitzten Phantasie, und Franz sollte schlechterdings kalt sein. Das Mädchen hat mir zuviel im Klopstock gelesen. Wenn man es dem Verfasser nicht an den Schönheiten anmerkt, daß er sich in seinen Shakespeare vergafft hat, so

merkt man es desto gewisser an den Ausschweifungen. Das Erhabene wird durch poetische Verblümung durchaus nie erhabener, aber die Empfindung wird dadurch verdächtigt. Wo der Dichter am wahrsten fühlte und am durchdringendsten bewegte, sprach er wie unser einer. Im nächsten Drama erwartet man Besserung, oder man wird ihn zu der Ode verweisen.«

Die Sprache also kann es nicht sein. Zuviel war hier aus zweiter Hand. Weshalb es, wie mir scheint, kaum ein gangbarer Weg sein konnte, als Gustaf Gründgens noch in seiner Düsseldorfer Zeit alle Szenen der »Räuber« gleichsam als Wortoratorium anlegte. Dem er dann freilich in seiner eigenen Darstellung der Rolle des Franz Moor einen künstlerischen, nun gar nicht oratorischen Gegenpol zu geben suchte.

Man wird immer wieder auf die *Struktur des Stückes* selbst verwiesen. Nicht falsche Gleichzeitigkeit, nicht Rückkehr zur Moritat, auch nicht Erhitzung der Gemüter durch Sprach- und Sprecherhitzung. In all diesen Fällen arbeitet der Spielleiter mit einer Dramaturgie, die auf Einfühlung, Mitschwingen, Sympathie hinarbeitet. Worauf aber könnte ein Sympathisieren mit den Figuren gegründet werden? Verstehen ist wichtiger als Mitgefühl. Wer Schillers »Räuber« aus geschichtlichem Verständnis des Heute interpretiert, sieht sich vor ein Problem gestellt, das zum Bereich einer *Dialektik der bürgerlichen Aufklärung* in Deutschland gehört.

Zuerst ist dabei vom *Problem der Macht* zu sprechen, wie es sich in den »Räubern« präsentiert. Vater Moor ist seines Zeichens »Regierender Graf von Moor«. Reichsunmittelbar also, nicht domestizierter Hofadel. Er ist souverän. Das Stück verrät auch, wie diese gewaltige Hausmacht zustande kam. Man hat nicht, falls von Grafen oder Grafschaft die Rede ist, die höfische Hierarchie zu assoziieren. Im Heiligen Römischen Reich Deutscher Nation war der Herrschaftsbereich eines Reichsgrafen nicht unbedingt kleiner und ärmlicher als derjenige eines Fürsten. Daß Schiller die Verhältnisse des württembergischen Herzogtums auch in den »Räubern«, ebenso wie später in »Kabale und Liebe«, vor Augen hatte, darf angenommen werden.

Damit aber entfernt sich die Auseinandersetzung zwischen den Brüdern, distanziert sich besonders Franz Moors Kabale von aller Misere eines bloßen Familienzwistes. Nun stehen nicht mehr die Kategorien der Vater- und Bruderliebe und des familiaren Zusammenhalts im Vordergrund. Die Quantität des Einsatzes, absolute Herrschermacht, schlägt um in neue Qualität. *In den notwendig reduzierten Verhältnissen der deutschen Klein- und Vielstaaterei wird Shakespeares Stück vom dritten Richard gespielt.* Es geht um Thronfolge, um die Macht. Daß Schiller sich die Figur des Richard Gloster als Vorbild seines Franz gewählt hat, ist evident und vom Autor ausdrücklich einbekannt. Damit aber wird es notwendig, die Aktion des jüngeren Sohnes Franz, der im Falle eines Regierungsantritts von Bruder Karl nur die Wahl hat, Offizier in fremden Diensten zu werden oder sich mit kleinem Grundbesitz abspeisen zu lassen, da die lutherische Reformation in Deutschland den katholischen Ausweg des hohen Prälaten versperrte, ebenso zu interpretieren wie man heute Shakespeares Königsdramen zu verstehen beginnt. Kein monströser Einzelfall mit Buckel und Hinken und Grimassen und roter Perücke; ebensowenig die moralische Scheußlichkeit eines, der gewillt ist, ein Bösewicht zu werden. Sondern Sichtbarwerden einer notwendigen Aktion in einer bestimmten gesellschaftlichen Konstellation. Franz kann nicht anders handeln. Seine Mittel müssen adäquat sein den erstrebten Zielen. Es mag reizvoll sein, mit Kategorien *Sigmund Freuds* die Handlungen dieses Benachteiligten aufzuhellen. In seiner berühmten Studie über »Dostojewski und das Problem der Vatertötung« hat Freud am Beispiel der »Brüder Karamasow« einiges ausgeführt, was auch für die Beziehungen zwischen Vater und Sohn Moor gültig sein könnte. Immer vorausgesetzt, daß der regierende Graf von Moor in Auftreten und Format dem Ernst dieser Auseinandersetzung gewachsen ist und nicht als kindischer Greis herumlallt.

Wichtiger ist *der Mechanismus selbst von Macht und Machtergreifung.* Damit hängt auch die Bedeutung der Fehler zusammen, die Franz, dieser Machiavelli einer deutschen Kleinfürsterei, zu seinem Schaden begeht. Der Umschlag von der routinemäßigen Servilität des jüngeren Sohnes zur Arroganz des neuen Souveräns erfolgt zu rasch. Der dritte Richard machte noch eine Weile gemeinsame Sache mit dem Herzog von Buckingham, bevor er auch ihn köpfen ließ. Franz aber arbeitet zu rasch und ohne Bundesgenossen. Im ersten Entwurf ließ Schiller seinen Franz auf den unglücklichen Einfall kommen, den alten Diener Daniel als Spieß- und Mordgesellen heuern zu wollen. Das änderte er bald und stellte die richtige Beziehung zwischen Thronanwärter und Nutznießer in der Gestalt des Bastards Hermann her. Ein ausgezeichneter Einfall: der eheliche, aber jüngere Sohn im Bündnis mit dem unehelichen. Die doppelte Vatertötung aus konvergierenden Motiven. Nur übersah Franz dabei die Notwendigkeit, dies Bündnis zu festigen. Daß er es nicht tat, wird ihm zum Verhängnis.

Hinzu aber tritt, neben das Problem der Machterlangung und Machtbehauptung, die faszinierende *Widersprüchlichkeit des Atheisten Franz Moor* in seiner Doktrin und seiner Praxis. Hier liegt vielleicht Schillers merkwürdigste Leistung im Entwurf der »Räuber«. Dies greift weit hinaus über die Konventionen des damaligen Sturm und Drang. *Franz Moor repräsentiert in einzigartiger Weise die Dialektik bürgerlicher Aufklärung in Deutschland.* Daß Schiller seinem Schurken Franz Moor mit zärtlicher Liebe zugetan war, verriet er am deutlichsten in einer ersten Fassung der Vorrede zu den »Räubern«, die kurz darauf zurückgezogen wurde, deren Wortlaut sich aber erhielt. In vorsichtiger Weise – denn der erste Druck des Schauspiels im Selbstverlag und mit fingierten Verlagsorten mußte jeden Hinweis auf den realen Autor vermeiden – erläutert er die Funktion, die Franz im Schauspiel erfülle: »Die Oekonomie desselben machte es nothwendig daß mancher Karakter auftreten mußte, der das feinere Gefühl der Tugend beleidigt, und die Zärtlichkeit unserer Sitten empört. (Ich wünschte zur Ehre der Menschheit, daß ich hier nichts denn Karrikaturen geliefert hätte, muß aber gestehen, so fruchtbarer meine Weltkenntniß wird, so ärmer wird mein Karrikaturen-Register,) Noch mehr – Diese unmoralische Karaktere mußten von gewissen Seiten glänzen, ja offt von Seiten des Geists gewinnen, was sie von Seiten des Herzens verlieren.«

Franz Moor sollte also, da er nicht gerade einen gemütvollen Charakter besaß, von seiten des »Geistes« glänzen, um den Leser oder Theaterbesucher für sich zu gewinnen. Welches Geistes ist nun aber Franz Moor? Alles andere als ein brillanter

Causeur im Sinne dessen, was man im 18. Jahrhundert als Witz oder Esprit zu bezeichnen pflegte. Geistvoll und tief ist Franz im Gespräch niemals: da vergreift er sich immer wieder in der Dosierung seines Verhaltens. Zuerst kriecherisch und servil, später hochfahrend und tyrannisch ohne Klugheit. Den Geist entfaltet diese Bühnengestalt, nach ihres Autors Absicht, bloß im Selbstgespräch, im Monolog. Hier tritt die übliche Aufgabe des dramatischen Selbstgesprächs weitgehend zurück. Die konventionelle Aufgabe, den Zuschauer über die wirklichen Empfindungen, die reale Einschätzung der Lage zu unterrichten, wird nur nebenbei und obenhin erfüllt. Franz Moor unterscheidet sich auch darin von Shakespeares Richard, daß er seine Monologe nicht den Zuschauern offenbart. Niemandem vertraut er jenseits der Rampe an, er sei gewillt, ein Bösewicht zu werden.

Franz argumentiert auch nicht mit sich selbst, wie später der Schillersche Wallenstein. *Franz Moor denkt*. Wir werden Zeugen eines Denkprozesses, welcher in doppelter Weise merkwürdig genannt werden kann: als Eigentümlichkeit einer dramatischen Figur, und als Eigentümlichkeit einer geistigen Konstellation. Das Denken Franz Moors ist *materialistisches Denken*. Dieser Intrigant ist, ebenso wie sein künstlerischer Urheber, ein Zeitgenosse der großen französischen Materialisten, des Helvétius und des Barons Holbach, deren gesamte Philosophie sich dem Thema der Interrelationen zwischen Geist und Materie gewidmet hatte. Geist wurde von ihnen als Materie verstanden. Der überlieferte Spiritualismus erschien korrumpiert durch die Bedeutung, die ihm das Christentum beim Versuch zugebilligt hatte, den menschlichen Geist als Krone und Sonderfall der Schöpfung zu postulieren. Holbach und Helvétius dagegen bereiteten jene später im Darwinismus gipfelnde Rückordnung des Menschen in den Gesamtbereich des Daseins vor, die Sigmund Freud als »zweite große Kränkung« des menschlichen Selbstbewußtseins seit Kopernikus bezeichnet hat.

Der junge Schiller kannte sich aus, vor allem dank seines Medizinstudiums, in solchen Gedankengängen. Noch auf der Karlsschule hatte er eine Abhandlung über die Zusammenhänge zwischen der tierischen und der geistigen Natur des Menschen geschrieben.

Von dieser Lektüre profitiert Franz Moor. Er ist ganz unverkennbar ein Materialist und Atheist. Die Materialität des menschlichen Geistes und Gemüts veranlaßt ihn zu dem Schluß, daß das Prinzip des naturwissenschaftlichen Experiments ohne weiteres auch auf jenen Bereich der Materie anzuwenden sei, den man bis dahin als wesentlich immateriell bezeichnet habe: die menschliche Seele. Franz Moor beschließt daher *die materialistische Manipulation der Seele.* Er will nicht Handlungen begehen, die bei andern Menschen, seinem Vater und Bruder vor allem, zu tiefen Emotionen führen müssen, sondern strebt umgekehrt danach, mit wissenschaftlicher Genauigkeit zuerst die Emotionen zu erzeugen, die sich dann unfehlbar in Aktionen entäußern. Hören wir ihn selbst: »Müssen denn aber meine Entwürfe sich unter das eiserne Joch des Mechanismus beugen? – Soll sich mein hochfliegender Geist an den Schneckengang der Materie ketten lassen? – Ein Licht ausgeblasen, das ohnehin nur mit den letzten Öltropfen noch wuchert – mehr ists nicht – Und doch möcht ich das nicht gern selbst getan haben um der Leute willen. Ich möchte ihn nicht gern getötet, aber abgelebt. Ich möcht es machen wie der gescheite Arzt, nur umgekehrt. – Nicht der Natur durch einen Querstreich den Weg verrannt, sondern sie in ihrem eigenen Gange befördert. Und wir vermögen doch wirklich die Bedingungen des Lebens zu verlängern, warum sollen wir sie nicht auch verkürzen können?«

Daraus zieht Franz sogleich die Folgerung: »Philosophen und Mediziner lehren mich, wie treffend die Stimmungen des Geists mit den Bewegungen der Maschine zusammenlauten. Gichtische Empfindungen werden jederzeit von einer Dissonanz der mechanischen Schwingungen begleitet – Leidenschaften mißhandeln die Lebenskraft – der überladene Geist drückt sein Gehäuse zu Boden – Wie denn nun? – Wer es verstände, dem Tod diesen ungebahnten Weg in das Schloß des Lebens zu ebenen! – den Körper vom Geist aus zu verderben – ha! ein Originalwerk! – wer das zustand brächte!«

Daß er mit alledem am Ende scheitert, ist bekannt. Das Scheitern liegt nicht bloß, was ziemlich grobschlächtig demonstriert wird, im Mißerfolg seiner Berechnungen: der Vater ist nicht tot, Hermann bleibt nicht zuverlässig. Wichtiger ist der *geistige Zusammenbruch des Materialisten und Atheisten* im Gespräch mit Pastor Moser. Dabei ist der Geistliche kaum glanzvoll in seinen Argumenten. Auf der Höhe seines Geistes hätte Franz ein leichtes Spiel gehabt mit einem Disputanten, der keine Argumente hat, bloß Affirmationen: »Wenn du auch eben so leicht den Donner wegblasen könntest, der mit zehntausendfachem Zentnergewicht auf deine stolze Seele fallen wird! dieser allwissende Gott, den du Tor und Bösewicht mitten aus seiner Schöpfung zernichtest, braucht sich nicht durch den Mund des Staubes zu rechtfertigen. Er ist ebenso groß in deinen Tyranneien, als irgend in einem Lächeln der siegenden Tugend.«

Noch bleibt Franz Moor unbußfertig und unbekehrt, ganz wie Mozarts »Don Giovanni«, der fünf Jahre nach der Uraufführung der »Räuber« zum ersten Mal in Prag auf der Bühne erschien. Aber das Nein des bestraften Wüstlings war ehrlich gemeint und trotzig. Franz Moor dagegen wird von Schiller im Prozeß der geistigen Zersetzung gezeigt. Noch hat er die Argumente seiner Bücher: »Mit dem leeren Schrecken wirst du meinen Mut nicht entmannen. Ich weiß wohl, daß derjenige auf Ewigkeit hofft, der hier zu kurz gekommen ist: aber er wird garstig betrogen. Ich habs immer gelesen, daß unser Wesen nichts ist als Sprung des Geblüts, und mit dem letzten Blutstropfen zerrinnt auch Geist und Gedanke. Er macht alle Schwachheiten des Körpers mit, wird er nicht auch aufhören bei seiner Zerstörung? nicht bei seiner Fäulung verdampfen? Laß einen Wassertropfen in deinem Gehirne verirren, und dein Leben macht eine plötzliche Pause, die zunächst an das Nichtsein grenzt, und ihre Fortdauer ist der Tod. Empfindung ist Schwingung einiger Saiten, und das zerschlagene Klavier tönet nicht mehr. Wenn ich meine sieben Schlösser schleifen lasse, wenn ich diese Venus zerschlage, so ist Symmetrie und Schönheit gewesen. Siehe da! das ist eure unsterbliche Seele!«

Aber Moser hat diesmal recht, wenn er einfach repliziert: »Das ist die Philosophie eurer Verzweiflung.« Schiller kontrastiert als existentiellen Vorgang die Realität des Schuldgefühls mit den angelesenen Argumenten der Freigeisterei. Die Lektüre hilft nicht in der letalen Situation. Jedenfalls nicht jene Lektüre, die Franz Moor so eifrig betrieb. Der Pastor kann einen leichten und triumphalen Abgang erringen, ohne viel geleistet zu haben. Franz Moor wird durch Franz Moor zerstört. Was geht hier vor? Der Sonderfall einer Dramaturgie und eines dramatischen Charakters weitet sich zum Panorama einer bis heute folgenschweren gesellschaftlichen Konstellation in Deutschland. Da ist das Erstlingswerk eines Autors, der mit Recht unter die »Stürmer und Dränger« gerechnet werden konnte, dessen Werk von damaliger Jugend als Inkarnation der Revolte empfunden wurde, so daß noch sieben Jahre später, im Mai 1789, also wenige Wochen vor Erstürmung der Bastille, die Antrittsvorlesung des Geschichtsprofessors Friedrich Schiller in Jena vor enthusiastischem Auditorium gehalten werden konnte. Das Auditorium war nach wenigen Wochen enttäuscht von diesem neuen Professor. Der glich in nichts mehr dem Dichter der »Räuber«. Auch der französische Nationalkonvent meinte den Verfasser eben dieses Stückes, als er Schiller zu einer Zeit zum Ehrenbürger der Französischen Republik ernannte, als der also Geehrte damit umging, eine Verteidigungsschrift für den angeklagten und abgesetzten Franzosenkönig zu verfassen.

Ein authentisches Werk der Revolte also. Andererseits ist kaum zu bestreiten, daß die materialistische Philosophie in der französischen Aufklärung, weit hinausführend über allen oft noch zaghaften Deismus bei Voltaire, teilweise auch bei Diderot, übrigens auch bei Lessing, einen progressiven Höhepunkt des Denkens in der bürgerlichen Gesellschaft repräsentierte. In aller Bewußtheit hat Karl Marx bei Konzipierung eines dialektischen, nicht mehr mechanischen Materialismus, auf die Lehrmeister des Franz Moor zurückgegriffen.

Wie also? Eine kühne und – von heute aus gesehen – eminent fruchtbare Denkanstrengung wird in einem – gleichfalls von heute aus gesehen – eminent antiautoritären und rebellierenden Kunstwerk als wertloses Hirngespinst traktiert. Mehr noch: der Materialismus des Franz Moor wird in der Gesamtkomposition des Stückes von Schiller als Ausdruck eines *lasterhaften Aristokratismus* interpretiert. Der einfache und volkstümliche

lutherische Dorfpfarrer obsiegt über das geistige Raffinement des aristokratischen Atheisten.
Dies ist ein symptomatischer Fall, keine Sonderkonstruktion des jungen Schiller. Eben darum bedarf er der Interpretation. Schon der junge *Lessing* hatte in seinem Lustspiel »Der Freigeist« einen lasterhaften Aristokraten und Freidenker widerlegt durch einen rechtschaffenen lutherischen Pfarrer. Das war nicht zu erklären, wie man gelegentlich behauptet hat, mit dem Opportunismus des jungen Gotthold Ephraim, welcher dem Vater Pfarrer in Kamenz auch einmal etwas zu Gefallen schreiben wollte. Lessing lebte damals, 1749, in Berlin: im Anblick der libertinistischen und freidenkerischen Tafelrunde Friedrichs II. und seiner aus Frankreich importierten Philosophen. Der junge Lessing sah in alledem einen aristokratischen Denkmißbrauch, welcher der Obrigkeit gestattet, nach Herzenslust zu philosophieren, dem Volk aber den Katechismus und Rohrstock zudiktierte. Eine Aufklärung also mit autoritärer Tendenz, verbunden mit dem Bestreben, das Volk von aller Aufklärung fernzuhalten.
Die gleiche Konstellation in den »Räubern«. Franz Moor ist beides zugleich: *Freigeist und Despot*. Seine Philosophie wird als Eigentümlichkeit der Tyrannei verstanden. Die gegenaristokratische Position, auf die es Schiller unzweifelhaft ankommt, vertritt dagegen ein einfacher Pfarrer von den rechtlosen Untertanen des regierenden Grafen Franz von Moor.
Diese säkulare Auseinandersetzung wird bei Lessing in argloser Lustspielmanier vorerst beigelegt. Bei Schiller bildet sie den Abschluß einer individuellen Tragödie. Zwölf Jahre nach der Uraufführung der »Räuber« wurde diese Auseinandersetzung zwischen elitärem Materialismus und demokratischer Religiosität in Paris als politischer Fraktionskampf ausgetragen. Die besiegten Atheisten und Materialisten, die Freunde Héberts, warf man unters Fallbeil. Den Befehl dazu gab Robespierre, der konsequente Schüler Rousseaus, der Tribun und Verkünder eines staatlich verordneten Glaubens an ein »Höheres Wesen«. Der junge Schiller war gleichfalls Rousseauist. Das wäre den »Räubern« anzumerken, auch wenn keine schwärmerischen Gedichte des Autors an Rousseau vorhanden wären. Wie es um die aristokratische Synthese von privater Freigeisterei und abso-

lutem Despotismus bestellt war, hatte er am Beispiel des aufgeklärten Herzogs Karl Eugen von Württemberg erfahren müssen. Die Karlsschule nämlich war keineswegs, wie Franz Mehring später behauptet hat, eine »Sklavenplantage«, sondern eine moderne Bildungsanstalt der despotischen Aufklärung. Geschaffen gegen den ländlichen Pietismus des Theologenstiftes zu Tübingen.

Schiller entscheidet sich für die volkstümliche Religion und gegen eine elitäre Aufklärung. Dann wuchs sich das Problem aus zum realen Klassenkampf mitten im Prozeß einer bürgerlichen Revolution in Frankreich. Noch ein halbes Jahrhundert später wiederholt sich die Auseinandersetzung bei *Georg Büchner* in »Dantons Tod«. Danton ist ein Libertin, aber auch bereits objektiv ein Repräsentant der Gegenrevolution. Robespierre antwortet bei Büchner mit der Argumentation des jungen Schiller und aller Schüler Rousseaus, auch des historischen Robespierre: das Laster sei zu gewissen Zeiten Hochverrat. Es führt in der geistigen Auseinandersetzung, die sich in Deutschland immer wieder als Auseinandersetzung mit der Französischen Revolution versteht, ein gerader Weg von der Position des Franz Moor zu jener des Danton bei Büchner und des Marquis de Sade bei *Peter Weiss*. Auch Sade nämlich – sowohl der geschichtliche Marquis wie die Bühnenfigur – inkarniert diese Synthese des Franz Moor: höchste geistige Libertinage und aristokratische Menschenverachtung. Deshalb führen in den »Räubern« die Führer der Revolte einen gerechten Kampf gegen pervertierte Aufklärung.

Damit aber pervertiert sich gleichzeitig die Aufklärung auch durch sich selbst. *Dialektik der Aufklärung* präsentiert sich in höchster Widersprüchlichkeit gerade in denjenigen, die dem Stück den Titel gaben: *in den Räubern und ihrem Räuberhauptmann Karl Moor*. Abermals kann von einer inaktuellen Aktualität des Stückes gesprochen werden. Wir fragen nach den Motiven, Trägern und Mißerfolgen dieser Rebellion.

Was ihm, dem Autor, die Räuberwelt bedeutet hat, das formulierte Schiller unmißverständlich in jener umfangreichen Selbstrezension von 1782: »*Räuber* aber sind die Helden des Stücks, Räuber, und einer, der auch Räuber niederwägt, ein *schleichen-*

der Teufel. Ich weiß nicht, wie ich es erklären soll, daß wir um so wärmer sympathisieren, je weniger wir Gehilfen darin haben; daß wir dem, den die Welt ausstößt, unsere Tränen in die Wüste nachtragen; daß wir lieber mit Crusoe auf der menschenverlassenen Insel uns einnisten, als im drängenden Gewühle der Welt mitschwimmen. Dies wenigstens ist es, was uns in vorliegendem Stück an die so äußerst unmoralische Gaunerhorden festbindet. Eben dieses eigentümliche Korpus, das sie der bürgerlichen Gesellschaft gegenüber formieren, seine Beschränkungen, seine Gebrechen, seine Gefahren, alles lockt uns näher zu ihnen, aus einer unmerkbaren Grundneigung der Seele zum Gleichgewicht meinen wir durch unsern Beitritt, welches zugleich auch unserm Stolze schmeichelt, ihre leichte unmoralische Schale so lang beschweren zu müssen, bis sie waagrecht mit der Gerechtigkeit steht. Je entferntern Zusammenhang sie mit der Welt haben, desto nähern hat unser Herz mit ihnen. – Ein Mensch, an den sich die ganze Welt knüpft, der sich wiederum an die ganze Welt klammert, ist ein Fremdling für unser Herz.«

Der Autor also hält zu diesen Räubern, möchte sogar mit der Kraft seiner Zuneigung die gerechte Beurteilung einer Revolte erzwingen, die er versteht, aber ausdrücklich nicht zu billigen vermag. Noch Goethes Götz von Berlichingen war, ein Jahrzehnt vor den Räubern, mit aller Approbation als Selbsthelfer in einer anarchischen Gesellschaft verstanden worden. Das Raubrittertum des Götz und sein Paktieren mit den aufständischen Bauern verstand der junge Goethe als Betätigung der Freiheit. Götz hatte recht, der Selbsthelfer, die bischöfliche Gegenwelt war verächtlich.

Verächtlich ist die Gegenwelt zur Räuberbande auch bei Schiller. Die etablierte Macht eines fürstlichen, städtischen oder geistlichen Regimentes wird nur in Haß und Verachtung gezeichnet. In den böhmischen Wäldern erzählt auch der Räuber Moor dem Pater als Vertreter der Obrigkeit eine *Ringparabel*. Es ist aber eine Parabel der Intoleranz, nicht der Toleranz wie bei Lessing: »(Er streckt seine recht Hand aus) Bemerken Sie die vier kostbaren Ringe, die ich an jedem Finger trage – gehen Sie hin, und richten Sie Punkt für Punkt den Herren des Gerichts über Leben und Tod aus, was Sie sehen und hören werden – diesen Rubin zog ich einem Minister vom Finger, den ich auf der Jagd zu den Füßen eines Fürsten niederwarf. Er hatte sich aus dem Pöbelstaub zu seinem ersten Günstling emporgeschmeichelt, der Fall seines Nachbarn war seiner Hoheit Schemel – Tränen der Waisen huben ihn auf. Diesen Demant zog ich einem Finanzrat ab, der Ehrenstellen und Ämter an die Meistbietenden verkaufte und den traurenden Patrioten von seiner Türe stieß. – Diesen Achat trag ich einem Pfaffen Ihres Gelichters zur Ehre, den ich mit eigener Hand erwürgte, als er auf offener Kanzel geweint hatte, daß die Inquisition so in Zerfall käme – ich könnte Ihnen noch mehr Geschichten von meinen Ringen erzählen, wenn mich nicht schon die paar Worte gereuten, die ich mit Ihnen verschwendet habe –«

Hier spricht Schiller durch den Mund des *Karl Moor*, ganz ohne Frage. Karl Moor ist an dieser Stelle der edle Räuber aus den plebejischen Träumen von einem besseren Leben. Ein Selbsthelfer im Dienste austeilender Gerechtigkeit. Was er tut, ist dem Gesetze nach ebenso illegal wie die Rechtsprechung des Azdak im »Kaukasischen Kreidekreis« von Brecht. Der edle Räuber, der die Hütten betritt, und am Schluß noch dem armen Mann dazu verhilft, das Kopfgeld auf das Haupt des Räubers Moor einzustreichen.

»Friede den Hütten, Krieg den Palästen«: die berühmte Formel aller bisherigen Revolutionen ist weit älter, wie bekannt, als ihre Neuverwendung bei Büchner im »Hessischen Landboten«. Es ist auch die Formel zum Verständnis von Schillers »Räubern«. Allein da sind keine Hütten, und die Teilnehmer der Räuberbande sind auch nicht von dort her entlaufen. Es sind zunächst bürgerliche Leipziger Studenten aus dem Freundeskreis eines prominenten Kommilitonen von hohem Adel. Bürgersöhne, teils schlicht und rechtschaffen, wie Schweizer und Roller, teils intellektuell verspielt und durch Freigeisterei verdorben, wie Moritz Spiegelberg. Schiller hatte Spiegelberg in der ersten Fassung der Leipziger Eingangsszenen weit stärker und aktiver konturiert als Karl Moor. Das hat er später retuschieren müssen; allein Spiegelberg ist im Bereich der Räuberbande noch einmal ein Repräsentant der Position Franz Moor.

Eine heterogene Bande kommt so zusammen. Uneinheitlich

bereits bei ihrer Formierung, gegründet mit höchst divergierenden Motiven aus Trotz und Angst, Gaunerei und gesellschaftlicher Entrüstung, pervertiert sie zusehends im Augenblick, da sie in Aktion tritt und damit dem Kriterium der Praxis unterliegt, also des augenblicklichen Erfolgs. Nun finden sich die deklassierten und virtuellen Empörer einer deutschen unreifen Gesellschaft zusammen: Bauernknechte und der Zunft entlaufene Handwerker, Elende im doppelten Verstande der gesellschaftlichen und der moralischen Misere. Der regierende Graf von Moor gibt seinen Geist auf, als Karl ihm verkünden muß: »Diese Deine Retter sind Räuber und Mörder! Dein Karl ist ihr Hauptmann!«

Eine Revolte *für* das Volk, aber nicht *durch* das Volk. Selbsthelfer in anarchischer Zeit, aber auf eigene Rechnung. Diese Räuber des Karl Moor sind Selbsthelfer im doppelten Wortsinne: sie üben Selbsthilfe, und sie helfen sich selbst. An ihrer Spitze ein Aristokrat, den sie sich auch deshalb zum Hauptmann wählen, weil er es ist. Schillers »Räuber« demonstrieren wieder einmal, wie so oft in der deutschen Geschichte, eine autoritäre Revolte, eine Rebellion von oben. Es gibt zu denken, daß die wichtigsten dramatischen Sprecher des jungen Schiller gleichzeitig Aristokraten sind und Rebellen: Karl Moor, Ferdinand von Walther, Marquis Posa.

Nur von hieraus ist der *Schluß des Stückes* zu verstehen, der keiner ist. In der ersten Fassung, die Schiller der Gattung nach als »Ein Schauspiel« bezeichnet hatte, vermag Karl Moor seiner Revolte nur einen individuellen Sinn zu geben: den des Opfers, während die eigene Aktion der Räuberbande aller Rechtfertigung beraubt wird. Der Autor billigt der Rebellion in der Selbsterkenntnis des Räubers Moor nicht einmal mehr eine Legitimität der Absichten zu, welche bloß durch unangemessene Mittel entstellt worden seien. Viel schroffer bestreitet Schiller, der sich plötzlich, abermals jedoch als Rousseauist, auf die Vorsehung beruft, der Räuberbewegung sogar das Recht zur Aktion schlechthin. Nicht Raub und Mord bloß sind verwerflich. Schon das Tun bedeutete Überhebung. Man suchte sich in elender Lage selbst zu helfen und wurde dadurch bereits schuldig. Die bloße Aktion bedeutete Schuld. Nicht anders ist die berühmte Schlußbilanz des Karl Moor zu interpretieren: »O über mich Narren, der ich wähnete die Welt durch Greuel zu verschönern, und die Gesetze durch Gesetzlosigkeit aufrecht zu halten. Ich nannte es Rache und Recht – Ich maßte mich an, o Vorsicht, die Schatten deines Schwerts auszuwetzen und deine Parteilichkeiten gutzumachen – aber – O eitle Kinderei – da steh ich am Rand eines entsetzlichen Lebens, und erfahre nun mit Zähnklappern und Heulen, daß zwei Menschen wie ich den ganzen Bau der sittlichen Welt zugrund richten würden. Gnade – Gnade dem Knaben, der Dir vorgreifen wollte – Dein eigen allein ist die Rache. Du bedarfst nicht des Menschen Hand. Freilich stehts nun in meiner Macht nicht mehr, die Vergangenheit einzuholen – schon bleibt verdorben, was verdorben ist – was ich gestürzt habe, steht ewig niemals mehr auf.«

Wo die *Aktion* bereits ein Verstoß gegen Vorsehung und etablierte Ordnung bedeutet, muß die *Passion* als Sühne aushelfen: »Aber noch blieb mir etwas übrig, womit ich die beleidigten Gesetze versöhnen, und die mißhandelte Ordnung wiederum heilen kann. Sie bedarf eines Opfers – eines Opfers, das ihre unverletzbare Majestät vor der ganzen Menschheit entfaltet – dieses Opfer bin ich selbst. Ich selbst muß für sie des Todes sterben.«

Damit aber wird vom Autor die gewaltsame Erhebung nachträglich als solche verurteilt. Der Widerspruch mitten im Werk ist offensichtlich, denn er gehört zu den damaligen deutschen Zuständen. Wie die etablierte Ordnung aussah, hat Karl Moor an der Geschichte der vier Ringe demonstriert. Franz Moor gab die Ergänzung ab. Nun jedoch wird alles wieder zurückgenommen. Passion, Opfer, Sühne – zu wessen Gunsten? Doch offensichtlich jener Ordnung, die als schmählich enthüllt worden war. Wenn Karls Schuld darin bestand, selbsthelferisch an die Stelle der Vorsehung getreten zu sein, so ist gleichzeitig die Vorsehung schuldig, die über schändlichen Zuständen zu wachen schien. Schillers »Räuber« enden als völlige Verwirrung. Die moralische Individuallösung des Opfers, selbst wenn Schiller niemals an ein Weiterleben des Räubers Karl gedacht hätte, bildet keinen Abschluß, sondern eine empörende Wirrnis: eine schändliche Obrigkeit obsiegt über den, der auszog, mit unangemessenen Mitteln, fragwürdiger Anhängerschaft und wirren Absichten, sie zu bekämpfen. Das revolutionäre Stück eines echten Stürmers und Drängers endet als Apologetik schlechter und unwürdiger Zustände.

Schiller hat das geahnt. Weshalb er in der überarbeiteten und leidlich veredelten zweiten Fassung, der sogenannten »Trauerspiel-Version«, einen positiven Ausweg, gleichsam ein geistiges Vermächtnis des Karl Moor anfügte, das alles nur noch schlimmer macht. Schweizer und Kosinsky behält er bei sich, vor dem Opfergang. Den andern verkündet er sein Testament: »Ihr seid treu an mir gehangen. – Treu ohne Beispiel – hätt euch die Tugend so fest verbrüdert als die Sünde – ihr wäret Helden geworden, und die Menschheit spräch eure Namen mit Wonne, gehet hin, und opfert eure Gaben dem Staate. Dienet einem Könige, der für die Rechte der Menschheit streitet – Mit diesem Segen seid entlassen.«

Dies nun ist eine deutsche Mischung aus obrigkeitlicher Erziehungsdiktatur und politischer Utopie. Der aufgeklärte Monarch, der für die Rechte der Menschheit streitet. Die im Räubertum fehlgelenkte individuelle Begabung soll in den Dienst des Staates gestellt werden, wodurch sie gleichsam entsühnt wird. Welches Staates? Die Frage bleibt ohne Antwort.

Diese bestürzende Wirrnis eines bedeutenden Theaterstückes muß dargestellt werden. Jede andere Interpretation auf der heutigen Bühne kann nur Beschönigung und apologetische Harmonisierung bewirken, eben weil sie die Frag*würdigkeit* dieser Revolte, im Widerspruch zur Geschichte wie zu unserer Gegenwart, als Frag*losigkeit* darstellen möchte. Schiller glaubte in den »Räubern«, erst recht in seiner Trauerspiel-Fassung, eine geschlossene Form geboten zu haben. Mochte man den Abschluß in der Passion des Opfers oder in der Utopie des aufgeklärten Königs erblicken: ein tragischer Schluß riegelte das Geschehen des Bühnenabends scheinbar ab. Dieser Riegel muß gesprengt werden. Der offene Schluß demonstriert eine ungelöste Geschichte, denn die edelmütige Utopie erwies sich als Phrase, die Passionshaltung dessen, der sich zum Opfer bringt, bestätigte die Existenz einer schlechten und unwürdigen Obrigkeit. Das berühmte Schauspiel eines berühmten deutschen Klassikers offenbart sich gerade in seinen Vorzügen und leidenschaftlichen Impulsen als tief bedenklich. Unkritisches Bekenntnis zu diesem Werk bedeutet unkritisches Verhalten zu den Zuständen, die es vorfand, zu gestalten versuchte, und hinterlassen hat.

IV. ENDZEIT DES ANCIEN REGIME

1. DER LITERARISCHE AUSKLANG

Am 26. Mai des Jahres 1789, wenige Wochen nach dem Zusammentritt der französischen Generalstände in Paris, der eine revolutionäre Weltbewegung einleiten sollte, tritt der durch Vermittlung Goethes zum Professor für Geschichte an der Universität Jena ernannte Schriftsteller Friedrich Schiller in den überfüllten Hörsaal, um seine Einführungsvorlesung zu halten. Als Thema wählte er sich den Fragesatz: »Was heißt und zu welchem Ende studiert man Universalgeschichte?«
Am 14. Juli des Jahres 1789 marschierte das Volk von Paris vom Palais Royal durch den Faubourg St. Antoine nach Osten, zum Stadtgefängnis der Bastille. Das Bollwerk einer willkürlichen Verhaftungspraxis mit Hilfe von königlichen Arretierungsbefehlen wurde zerstört und abgerissen. Es gab aber nicht mehr viele Gefangene zu befreien. Eine läßliche Praxis des unsicher gewordenen Absolutismus hatte den Terror bürokratisiert und dadurch gemildert. In der Nacht zum 5. August beschlossen die Repräsentanten der drei Stände im französischen Volk (Adel, Geistlichkeit und Bürgerstand) die Abschaffung aller Privilegien. Von nun an sollte die bürgerliche Gleichheit herrschen.
Am 29. Dezember dieses Jahres 1789 lud Mozart in Wien seine Logenbrüder Puchberg und Haydn zu einer »kleinen Opernprobe« in seine Wohnung. Es handelte sich um »Cosi fan tutte«. Die Premiere fand am 26. Januar in der Kaiserlichen Oper statt: mit großem Erfolg. Dann starb Joseph II. im Februar. Die Aufführungen der Opera buffa mußten abgebrochen werden. Nach Ablauf der Trauerzeit kam das Werk wieder auf den Spielplan: nach wie vor mit dauerhafter Wirkung.
Man wird zu fragen haben, ob sich zwischen diesen drei so heterogenen Ereignissen des Jahres 1789 ein innerer Zusammenhang in der Retrospektive herstellen läßt. Gleichzeitigkeit pflegt die Aleatorik nicht auszuschließen. Von der zufälligen Koinzidenz aber sind die Gleichzeitigkeiten wie Ungleichzeitigkeiten zu trennen. Auch bei einer »Gleichzeitigkeit« im Sinne der Geschichtsphilosophie wird man im Sinne von Henri Bergson zwischen »Temps« und »Durée« unterscheiden müssen: zwi-

schen der nach dem Uhrzeiger ablaufenden Zeit, und der »Dauer«. Diese Durée jedoch hat mehr zu bedeuten als bloße, subjektiv bestimmte Erwartungszeit.
Auch der historische Kalender kennt den Kontrast zwischen der chronologischen Gleichzeitigkeit, und einer »Dauer«, welche zwischen den scheinbar disparaten und unvergleichbaren Vorgängen eines umgrenzten geschichtlichen Ablaufs die Zusammengehörigkeit herzustellen sucht: sei es im Sinne einer Übereinstimmung und Konkordanz, sei es auch im Sinne der dezidierten Ungleichzeitigkeit. Endzeiten vor allem, die einer geschichtlichen Katastrophe vorausgingen, sind häufig gekennzeichnet durch solchen Kontrast zwischen Zeit und Dauer, Chronologie und geistiger Zusammengehörigkeit. Zu unterscheiden ist die geschichtliche Anfälligkeit einer Gesellschaft, welche ersichtlich von der Krankheit zum Tode befallen wurde, von den geistigen oder künstlerischen Leistungen, die während einer solchen geschichtlichen Agonie zustande kommen. Dann konfrontiert sich der geistige Überbau einer Gesellschaft im engeren Sinne, wo Dekadenz der Gesellschaft im dekadenten Bewußtsein ihren Widerschein findet, mit der künstlerischen oder intellektuellen Vorwegnahme eines Künftigen. Dem Widerschein des Untergangs antwortet *zur gleichen Zeit* die Antizipation eines Neuen, also ein »Vorschein« im Sinne von Ernst Bloch.

Gleichzeitigkeit und Ungleichzeitigkeit im Jahre 1789

Die Zusammenschau der Jenenser Antrittsvorlesung Friedrich Schillers mit dem Ereignis des Bastillesturms und der Verkündung von Menschen- und Bürgerrechten ist als solche der geschichtlichen Gleichzeitigkeit zu verstehen. Zeit und Dauer fallen zusammen. In einem Brief an Christian Gottfried Körner hat Schiller über die Umstände dieser ersten akademischen Vorlesung berichtet. Ein Hörsaal war ausgewählt worden für etwa hundert Zuhörer; er ist sogleich überfüllt. Man muß in das größte Auditorium umziehen. Der Zug der Studenten bewegt sich durch die Straßen Jenas. Das Gerücht kommt auf, es sei

Feueralarm gegeben worden; am Schloß kam die Wache in Bewegung, aber dann heißt es: »Der neue Professor wird lesen.« Schiller wird gefeiert, bekommt am Abend ein Ständchen, am 27. Mai wiederholt er die Rede noch einmal: abermals vor vollbesetztem Saal. Es handelte sich nicht nur, wie die Wohlmeinenden etwas verärgert angenommen hatten, um die Sensation eines Augenblicks, wo man herbeieilte, um den skandalösen Dramatiker der »Räuber« nunmehr auf dem akademischen Katheder zu bestaunen. Beziehungen waren unschwer herzustellen zwischen der objektiven Endzeit in jenem Frühjahr des Jahres 1789, und den Antizipationen in Schillers Perspektive einer Beschäftigung mit der Universalgeschichte. Folgt man den Schlußgedanken dieser programmatischen Vorlesung, die so entschieden zwischen dem Karrierismus des Brotstudenten und den geschichtlichen Spekulationen eines »philosophischen Kopfes« zu unterscheiden weiß, so stellt sich die Verbindung her zu den Pariser Ereignissen des Sommers 1789. Bei Schiller bereits findet sich die Verurteilung einer Endzeit zugleich mit dem Bekenntnis zur Geschichte als einer Historie der permanenten Aufklärung: »Der Mensch verwandelt sich und flieht von der Bühne; seine Meinungen fliehen und verwandeln sich mit ihm: die Geschichte allein bleibt unausgesetzt auf dem Schauplatz, eine unsterbliche Bürgerin aller Nationen und Zeiten. Wie der homerische Zeus sieht sie mit gleich heiterm Blicke auf die blutigen Arbeiten des Kriegs und auf die friedlichen Völker herab, die sich von der Milch ihrer Herden schuldlos ernähren.«

Schiller konnte an jenem 26. Mai 1789 nicht ahnen, wie nahe bereits die Endzeit herangekommen war, allein das Verhalten der Geschichte vor solchen Endzeiten ist ihm durchaus bewußt: »Kein falscher Schimmer wird sie blenden, kein Vorurteil der Zeit sie dahinreißen, denn sie erlebt das letzte Schicksal aller Dinge. Alles, was aufhört, hat für sie gleich kurz gedauert: sie hält den verdienten Olivenkranz frisch und zerbricht den Obelisken, den die Eitelkeit türmte. Indem sie das feine Getriebe auseinander legt, wodurch die stille Hand der Natur schon seit dem Anfang der Welt die Kräfte des Menschen planvoll entwikkelt, und mit Genauigkeit andeutet, was in jedem Zeitraume für diesen großen Naturplan gewonnen worden ist; so stellt sie den wahren Maßstab für Glückseligkeit und Verdienst wieder her, den der herrschende Wahn in jedem Jahrhundert anders verfälschte. Sie heilt uns von der übertriebenen Bewunderung des Altertums und von der kindischen Sehnsucht nach vergangenen Zeiten; und indem sie uns auf unsre eigenen Besitzungen aufmerksam macht, läßt sie uns die gepriesenen goldenen Zeiten Alexanders und Augusts nicht zurückwünschen.«

Der dann folgende Schluß der Rede ist natürlich eine Exhortation im Sinne der rhetorischen Überlieferung; allein er ist in weit höherem Maße zugleich eine Bestimmung der Perspektive. *Die jedoch wird nicht von der Endzeit her gesehen, sondern vom geschichtlich und gesellschaftlich Neuen*, das Schiller nicht konkret anzugeben vermochte, und dem er sich auch, wie bekannt, sogleich entzog, als es in Form einer verstörenden Realität auftrat. Der junge Professor aber hatte es mitgewollt in seinem Redetext: »Unser menschliches Jahrhundert herbeizuführen, haben sich – ohne es zu wissen oder zu erzielen – alle vorhergehenden Zeitalter angestrengt. Unser sind alle Schätze, welche Fleiß und Genie, Vernunft und Erfahrung im langen Alter der Welt endlich heimgebracht haben. Aus der Geschichte erst werden Sie lernen, einen Wert auf die Güter zu legen, denen Gewohnheit und unangefochtener Besitz so gern unsre Dankbarkeit rauben: kostbare teure Güter, an denen das Blut der Besten und Edelsten klebt, die durch die schwere Arbeit so vieler Generationen haben errungen werden müssen! Und welcher unter Ihnen, bei dem sich ein heller Geist mit einem empfindenden Herzen gattet, könnte dieser hohen Verpflichtung eingedenk sein, ohne daß sich ein stiller Wunsch in ihm regte, an das kommende Geschlecht die Schuld zu entrichten, die er dem vergangenen nicht mehr abtragen kann?«

Vision und Spekulation hatten damals Schiller weit vorgetrieben. Gleichzeitigkeit wurde hergestellt, die der Professor in Jena noch während der ersten Ereignisse, die aus Paris berichtet wurden, mitzuvollziehen und zu sanktionieren gewillt war. In Jena selbst übrigens hatte sich die Zukunftsvision bald im akademischen Alltag verflüchtigt. *Zurückgeblieben war deutsche Misere.* Schiller war nicht als Ordentlicher Professor berufen worden. Er hatte einen Titel und einen Anspruch auf Hörergebühren, doch kein Gehalt. Deshalb befürwortete Goethe in Weimar die Berufung des damals noch ungeliebten Mannes, weil sich damit eine »Akquisition ohne Aufwand« für das Herzogtum einrichten ließ. Im zweiten akademischen Semester zu Jena hatten sich, als Folge von Ungeschicklichkeiten und Mißverständnissen, nur dreißig Hörer eingefunden, von denen bloß zehn die Kolleggelder entrichteten. Bereits am Ende dieses Jahres 1789 empfindet Schiller sein Lehramt als Belastung. Die Antrittsvorlesung über Perspektive und Funktion eines Studiums der Weltgeschichte paßte als Gleichzeitigkeit in eine Epoche, die Weltgeschichte im höchsten Verstande bedeuten sollte: als Endzeit und Anfang in einem.

Das zeitliche Zusammenspiel hingegen zwischen Bastillesturm, Abschaffung der Privilegien, Proklamierung von Bürger- und Menschenrechten in Frankreich – und der Bühnenpremiere einer Opera buffa aus der Feder von Lorenzo da Ponte und W. A. Mozart müßte – obenhin betrachtet – als Gleichzeitigkeit des Zufalls am Ende dieses Jahres 1789 registriert werden. Allein just die Verkennung und lange Zeit geradezu bösartige Verdammung der Oper »Cosi fan tutte« spricht gegen eine solche Aleatorik. *Auch »Cosi fan tutte« hat mit der Endzeit des Ancien Regime und mit den Ereignissen des Jahres 1789 zu tun.* Dies letzte Gemeinschaftswerk nämlich von da Ponte und Mozart blieb singulär. Der Mozartforscher Alfred Einstein bezeichnete das Libretto da Pontes als dessen Meisterwerk. Für den »Figaro« hätte es das Schauspielmodell von Beaumarchais gegeben; für den »Don Giovanni« eine ganze dramatische Bühnentradition: Hingegen wurde das Spiel der drei Frauen und drei Männer in »Cosi fan tutte« voller Originalität entworfen. Das Ergebnis sei, meint Alfred Einstein, ein Zustand der ästhetischen Zufriedenheit wie bei einer glanzvoll durchgeführten Schachpartie.

Andererseits hat sich das bürgerliche 19. Jahrhundert über das unmoralische Libretto weidlich entrüstet und es dem Tonsetzer nahezu als Lüsternheit ausgelegt, daß er sich dazu herbeiließ, die elegante Zote zu komponieren. Beethoven betonte, einen Text solcher Art zu komponieren, wäre für ihn unmöglich gewesen, was man aufs Wort glauben darf. Richard Wagner ging noch weiter und behauptete, es gereiche Mozart zur Ehre, daß ihm die

Musik zu einem höfischen Auftragswerk wie dem »Titus« schwächer ausgefallen sei als jene zum »Don Giovanni«, und die Musik zu »Cosi fan tutte« – erfreulicherweise! – weit schwächer als zum »Figaro«. Womit Wagner sagen will, eine bessere Musik zu »Cosi fan tutte« wäre bei solchem Libretto vom Übel gewesen: »Wie schamlos würde es die Musik entehrt haben!«, schreibt der Komponist der Venusbergmusik aus dem »Tannhäuser«.

Der Irrweg der Oper durch das viktorianische Europa im 19. Jahrhundert ist reich an Zügen der Groteske. Der Mozartforscher Otto Jahn war um Beispiele nicht verlegen; allein auch er selbst mißdeutete das rätselhafte Spätwerk Mozarts, wenn er die spezifische Originalität einer Musik, welche keineswegs schwächer ist, wie Wagner behauptet hatte, als die Partitur von »Figaros Hochzeit«, als dramaturgischen und künstlerischen Mangel ankreidete: die verwirrende Fähigkeit dieser Musik nämlich, immer wieder von der Lüge in die Akzentuierung wahren Gefühls auszuweichen. Weshalb Jahn und Ulibischew auch nicht daran glauben, daß Dorabella den als Exoten verkleideten Guglielmo und Fiordiligi den ebenso verkleideten Ferrando wirklich »lieben können«. Wenngleich die Musik für diesen Sachverhalt spricht, der freilich eine Konstellation der Untreue bedeutet und damit – im Sinne des bürgerlichen Familienrechts – der weiblichen Unmoral. Es gab eine deutsche Bearbeitung von »Cosi fan tutte« unter dem pastoralen Titel »Liebe und Versuchung«. Der Dresdner Bariton Scheidemantel kam auf die absurde Idee, das Libretto da Pontes schlechthin zu beseitigen und Mozarts Musik zum Libretto der »Dame Kobold« von Calderón spielen zu lassen. Es gehört zu den vielen Hellsichten und erfreulichen Erkenntnissen in Ernst Lerts Buch »Mozart auf dem Theater« von 1921, wenn er den inneren Zusammenhang von Mozart und da Ponte gegenüber allen prüden Bearbeitern folgendermaßen interpretiert: »Am glücklichsten fand noch Devrients Bearbeitung die Feigenblätter für Mozarts Stück, welche Bearbeitung die allen sicher besitzenden Eheherren so erschreckliche Wahrheit, daß es necessità del cuore, eine Herzensnot der Frauen, bilde, Sinnengeschöpfe des Augenblicks zu sein, der Pastorenmoral zu dienen, in einem sehr ehrbaren

Streich verballhornt, den zwei bräutliche Lustspielbackfische ihren eifersüchtigen Ehekünftigen spielen. Was aber – beim Eros! – hat die Birch-Pfeiffer in Mozarts Partitur wiederzukäuen? Nur damit unsere ehelichen Gatten den ruhigen Schlaf des befriedigten Alleinbesitzers schnarchen dürfen, soll der freie Mimus Mozarts kastriert werden?«

Man wird auf jene Zusammenhänge vom Jahre 1789 zurückgehen müssen. »Cosi fan tutte« ist ein Werk, dessen Premiere zwar ein halbes Jahr nach Erstürmung der Bastille stattfand, *das aber in höchst vermittelter und bedrohlicher Weise zur Epoche gehört,* die mit dem 14. Juli 1789 abgeschlossen wurde. Mozarts Oper von Lüge und Wahrheit, Treue und Untreue, Ambivalenz der Gefühle wie der Moralbegriffe gehört zum Ausklang der Rokoko-Gesellschaft. Sie antizipiert das Ende der Feudalwelt, weil sie, in aller C-DUR-Herrlichkeit, vollkommen hoffnungslos zu Ende geht. Dies ist eine Opera buffa, bei welcher das Lachen vergeht.

Endzeitbewußtsein im Ancien Regime

Man hat sich die Frage kaum gestellt, ob die europäische Literatur und Dramatik des letzten Jahrzehnts vor Ausbruch der Französischen Revolution, die Epoche also zwischen 1780 und 1789, Anzeichen dafür bietet, daß die Zeitgenossen *im Bewußtsein lebten, einer gesellschaftlichen Endzeit anzugehören.* Bildende Kunst verklärte und ironisierte den Verfall der etablierten Moral und Gefühlswelt. Im verbürgerlichten England hatte William Hogarth immer wieder eine Welt der Libertinage und Verführung beschworen, die mit Mitteln der *Satire* jenen selben Tatbestand evozierte, den Mozart und da Ponte mit den Kunstmitteln der *Elegie* behandelt hatten. Der Germanist Wolfdietrich Rasch hat in seinen »Annalen der deutschen Literatur« behauptet, in der deutschen Literatur beweise die Vielfalt von Publikationen in den Achtziger Jahren ‚eine erstaunliche Vielfalt der Kultur. Er stellte den von Goethe entrüstet abgelehnten, damals erschienenen Roman »Ardinghello« von Wilhelm Heinse neben Goethes »Iphigenie auf Tauris«,

die »Kritik der reinen Vernunft« neben Mozarts »Don Giovanni«.
Allein das ist eine Pedanterie der Erscheinungsdaten, die vielleicht von Vielfalt kündet, doch nicht von einer treibenden geistigen Bewegung in jenem letzten Jahrzehnt des Ancien Regime. Anders sieht es aus, wenn man den Roman »Ardinghello« mit seiner Utopie des irdischen und moralfreien Eudämonismus mit Goethes »Torquato Tasso« zusammenstellt. Wenn man erinnert, daß damals der Roman »Anton Reiser« von *Karl Philip Moritz* erschien mit dem Untertitel »Ein psychologischer Roman«, und wenn man »Cosi fan tutte« einbezieht in jene singulären Produktionen der achtziger Jahre. Zu schweigen von dem in Frankreich zuerst im Jahre 1782 erschienenen Roman »Les liaisons dangereuses« von Choderlos de Laclos.
Worin besteht die Gemeinsamkeit solcher Werke eines Ausklangs der Feudalwelt? Man kann sie als Vorgang einer *Erotisierung und Ästhetisierung des Lebens* interpretieren. Die »glücklichen Inseln« der erotischen Freizügigkeit bei Wilhelm Heinse *und* die Formalisierung der Lebensformen im »Torquato Tasso«, wo erlaubt ist, was sich ziemt, und wo sich ziemt, was die feudale Hierarchie rechtfertigt, gehören zusammen. Die Theaterwelt im »Anton Reiser« und die bewußt von Mozart und da Ponte erdachte *Theaterwirklichkeit* von »Cosi fan tutte« ergänzen einander als Situationsanalyse. Das Ancien Regime ist nicht »unmoralisch« im Sinne von Vorstellungen der bürgerlichen Tugend, weil Unmoral immer noch eine Bejahung der Moral voraussetzt. Die Welt des Ancien Regime hingegen lebte als Immoralismus. Erotischer Genuß und ästhetische Formvollendung sind an die Stelle einer Lebensperspektive getreten. Moralität ist nicht denkbar ohne Finalität. Das Ancien Regime besaß kein Ziel mehr, nur noch den Genuß. Man lebte in einer ewigen Gegenwart ohne Zukunft.

Ästhetisierung der Existenz in einer gesellschaftlichen Endzeit

Es gibt einen merkwürdigen Aufsatz *Friedrich Nietzsches* vom Jahre 1873, der also noch in den Zusammenhang der »Unzeitgemäßen Betrachtungen« gehört. Unter dem Titel »Über Wahrheit und Lüge im außermoralischen Sinn« reflektiert der damalige Schopenhauerianer und Noch-Wagnerianer über das Denken einer Endzeit, worin Glaubensinhalte von einst zu rituellen Übungen und Konventionen degeneriert sind. Nietzsche formuliert in Kenntnis seiner bürgerlichen Konventionen: »Wir wissen immer noch nicht, woher der Trieb zur Wahrheit stammt: denn bis jetzt haben wir nur von der Verpflichtung gehört, die die Gesellschaft, um zu existieren, stellt: wahrhaft zu sein, das heißt, die usuellen Metaphern zu brauchen, also moralisch ausgedrückt: von der Verpflichtung, nach einer festen Konvention zu lügen, herdenweise in einem für alle verbindlichen Stile zu lügen.« Diese Welt aber, worin es keine Unterscheidungskriterien mehr gibt zwischen Lüge und Wahrheit, wohl auch nicht zwischen wahren und falschen Gefühlen, hinterläßt, wie Nietzsche erkannt hat, eine geistige Leere. Geblieben ist, was der Philosoph als »Residuum einer Metapher« definiert: die Identität des Menschen ist gestört. Gelangte er zum Bewußtsein dieses Vakuums, »so wäre es sofort mit seinem ›Selbstbewußtsein‹ vorbei«. Wer in solcher Leere zu leben gezwungen ist, muß folglich den Alltag wie den Festtag seines Daseins als Konvention und Ritual konzipieren: als »Metapher«. Die Metapher aber, das Ritual, das Fest und die festliche Konvention: sie alle gehören im weitesten Verstande zu einer ästhetischen Sphäre. Nietzsche formulierte vorsichtig, wenn er vom »außermoralischen Sinn« gesprochen hatte, allein das war bloß eine negative Abgrenzung. Es handelte sich, im Gegensatz zu einer (möglichen) moralischen Existenz, um die ästhetische Daseinsentwicklung. Ästhetische Existenz aber ist undenkbar ohne die mehr oder weniger totale *Erotisierung des Daseins*. Nicht zufällig gipfelt bei *Sören Kierkegaard* in seinem Buch »Entweder – Oder« die Darstellung einer nichts als ästhetischen Existenz in der umfassenden Analyse des Donjuanismus und des »Don Giovanni« von Mozart.

Friedrich Nietzsches Hellsicht hatte früh bereits die *Ästhetisierung und Erotisierung auch des bürgerlichen Lebens* vorausgesehen. Auch die bürgerliche Welt nämlich, die als moralische Antithese am Ausgang des Ancien Regime der ästhetisch-erotischen Lebensform des Feudalismus opponiert hatte, war im

Lauf des 19. Jahrhunderts ihrerseits unaufhaltsam formalisiert und schließlich ästhetisiert worden. Die moralischen Postulate der bürgerlichen Aufklärung und der Französischen Revolution verloren ihren Sinn. Im Zeitalter Friedrich Nietzsches waren sie zur Metapher degradiert. Im deutschen Sturm und Drang opponierten jeweils die bürgerlichen Moralisten gegen Frivolität und Libertinage der Aristokraten und ihrer Parasiten: durch Beaumarchais gegen Clavigo, durch den Pastor Moser als Gegenspieler eines Franz Moor. In der Französischen Revolution verlangten die Jakobiner unter Führung von Robespierre, man müsse »die Tugend auf die Tagesordnung setzen«, und noch bei Büchner in »Dantons Tod« wirft der bürgerliche Moralist Robespierre seinem Gegenspieler Danton, den er des geheimen Aristokratismus zeihen will, vor: »Danton, das Laster ist zu gewissen Zeiten Hochverrat.«

In seiner Analyse der moralischen Existenz, die er mit dem bloß ästhetischen Dasein konfrontiert, wählte sich *Kierkegaard* die Beispiele einer geopferten Moralität ausschließlich im Bereich der späten Rokoko-Welt: bei *Goethe und Mozart*. Sie alle sind Opfer einer herrenhaften Libertinage: Marie Beaumarchais aus dem »Clavigo«; das kleinbürgerliche Gretchen; die Bürgersfrau Donna Elvira aus Burgos. Dem Entweder des Don Giovanni stellt Kierkegaard das Oder der Donna Elvira gegenüber.

»Les liaisons dangereuses«

Fast 110 Jahre liegen zwischen Nietzsches Betrachtung über Wahrheit und Lüge im außermoralischen Sinn und dem Roman »Les liaisons dangereuses« von Choderlos de Laclos, der in einer Auflage von 2000 Stück zuerst im März 1782 herauskam und sogleich von einer faszinierten und verwirrten Leserschar verschlungen wurde, so daß noch im Erscheinungsjahr eine zweite Auflage nötig wurde. Auch die Königin Marie Antoinette las das Buch, das auf weite Strecken hin alle Möglichkeiten auch ihrer eigenen Existenz zu streifen schien. Die Tochter der Maria Theresia war jedoch auf der Hut. Der Roman von Laclos wurde zwar eingebunden gleich anderen Büchern der königlichen

Bibliothek, allein er wurde nicht als Bestandteil dieser offiziellen Bücherei registriert.
Auch die »Gefährlichen Liebschaften« gehören, gleich dem »Ardinghello« von Wilhelm Heinse und der Oper »Cosi fan tutte«, zu den skandalösen Erzeugnissen dieses ausgehenden Ancien Regime in Europa. Ein Jahrhundert lang wurde der Roman von Laclos immer wieder verboten, verbrannt, verurteilt. Nicht bloß in den Jahren 1823/24 als sich bourbonische Restauration in Frankreich um eine bigotte Moralität mühte: ohne viel Erfolg. Noch am 3. Dezember 1865 kam es zu einer gerichtlichen Verurteilung des »obzönen« Literaturwerks. Als Groteske innerhalb einer damaligen Umwelt des genießenden, erotisierten Zweiten Kaiserreichs eines Dritten Napoleon. Es war nicht bloß Heuchelei dabei im Spiel. Noch die Brüder Edmond und Jules de Goncourt bezeichnen in ihren Tagebüchern die »Liaisons dangereuses« als ein »livre admirable et exécrable«. Gleichzeitig glaubten die Goncourts jedoch den Verfasser als Reformator der Sitten und Ankläger der Unsittlichkeit zu verstehen.
Seltsamerweise sieht auch *Heinrich Mann* in seinem berühmten Essay über Choderlos de Laclos, den er der eigenen Übersetzung der »Schlimmen Liebschaften« voranstellte, in Laclos einen Moralisten und bürgerlichen Aufklärer, keineswegs jedoch Ausläufer der aristokratischen Libertinage: »Hier ist 18. Jahrhundert: ein Geist, ein Schwert und der stürmische Umbau einer Gesellschaft«, so beginnt Heinrich Mann die Analyse des Romans und die Charakterisierung des Romanverfassers. Ausdrücklich nimmt er den Verfasser dieses Romans gegen seine moralisch suspekten Bewunderer in Schutz. »Er wollte versittlichen, und sie sind Immoralisten.« (Heinrich Mann)
Allein der großherzige Versuch, *ein Meisterwerk der gesellschaftlichen Endzeit* als Widerstandsliteratur und als Vorwegnahme des bürgerlich-revolutionären Moralismus zu deuten, muß scheitern, wenn man Laclos ernst nimmt, und vor allem die wichtigsten Gestalten seines Romans: die Merteuil und Valmont.
Choderlos de Laclos, vom Jahrgang 1741, entstammte einer spät erst geadelten Familie. Er wurde Soldat, Artillerist, war Garni-

sonsoffizier in Toul, Straßburg, Grenoble und Besançon. Es ist jene Welt der französischen Garnisonen gegen Ende des Ancien Regime, die sich Jakob Michael Reinhold *Lenz* auch für sein Schauspiel »Die Soldaten« ausgesucht hat, dessen Schauplatz im »französischen Flandern« zu suchen sei. Der Ortsklatsch, später die philologische Forschung haben eruiert, daß man wohl die Stadt Grenoble als Schauplatz jener Romanepisoden anzusehen hat, die sich mit der »Präsidentin« beschäftigen.
Laclos wird Major im Jahre 1780, er war offensichtlich ein guter Soldat, Spezialist des Festungsbaus. Geschrieben hatte er für Musenalmanache, auch Libretti zu Opern, die regelmäßig durchfielen. Im September 1781 erbat er sich einen Urlaub von sechs Monaten, um ein Buch zu schreiben. Damals entstanden die »Liaisons dangereuses«. Der Skandalerfolg des Romans hat dem Offizier geschadet, er mußte ins Regiment zurück und wurde von nun an ziemlich lange schlecht behandelt. Im Jahre 1788 trat er in den Dienst des Herzogs von Orléans, des Vetters und Gegenspielers von König Ludwig XVI. Laclos hat offensichtlich für den Herzog die politische Korrespondenz geführt. Bei Ausbruch der Revolution wurde er Jakobiner, gab mit dem Geld seines Protektors seit Oktober 1790 ein »Journal des Amis de la Constitution« heraus, allein man duldete ihn nicht lange in der Redaktion. Laclos hegte die Hoffnung, sein Herzog von Orléans könne zum neuen König gewählt werden, weshalb der einstige Offizier und jetzige Politiker den Jakobinerklub im Juli 1791 verließ. Orléans wird aber ganz sicher nicht König, was Laclos seit der Verhaftung des Königspaars und dem Sturm auf die Tuilerien im Spätsommer 1792 erkennen muß. Im Oktober 1792 verläßt er die Partei des Herzogs, macht sich zum Republikaner und kehrt zum Militär zurück. Als der Herzog von Orléans verhaftet und später hingerichtet wird, muß auch Laclos ins Gefängnis. Man läßt ihn wieder frei, sperrt ihn von neuem ein. Erst nach dem Sturz Robespierres und durch die Intervention von Barras, einem Mitglied des Directoire, wird der tüchtige Soldat wieder befreit, befördert und im Dezember 1799, also beim Staatsstreich Napoleon Bonapartes, zum Infanteriegeneral ernannt. Ein Jahr später versetzt ihn Bonaparte, der nunmehrige Konsul, als Fachmann zurück zur Artillerie, Laclos befehligt am

Rhein und in Italien, wo er mit dem napoleonischen Leutnant Henri Beyle zusammentraf: also mit Stendhal. Am 5. September 1803 geht dies Leben in Tarent zu Ende.

Heinrich Mann urteilte so über den Autor und seinen Roman: »Ihr Dichter war ein Soldat der Revolution. Er war es als General bei der Rheinarmee und der in Italien; und er war es in seinem Buch. Es erschien 1772, noch drei Jahre vor »Figaros Hochzeit«, und es ist als Parteischrift gemeint. Valmont und die Merteuil bedeuten die Verkommenheit des Adels; als dritte Hauptfigur vertritt die von den beiden Verbrechern zu Tod gequälte Präsidentin Tugend und Frömmigkeit des Bürgertums. Ohne Willen Laclos' schillert aber sie erst recht von Zersetzung. Unredliche Sinnlichkeit blinkt in ihren tränenden Augenaufschlägen. Sie ist eine Zeitgenossin der Sünderinnen des Greuze und eine späte Verwandte der Magdalenen von Carlo Dolci.«

Der Lebenslauf dieses kleinadligen Choderlos de Laclos mitsamt den Etappen seiner opportunistischen Laufbahn widerspricht jedoch, wenn man die genaue Dokumentation betrachtet, die Heinrich Mann damals nicht zur Verfügung stand, der These vom tugendhaften Bürgergeneral der Revolution. Auch sind die »Schlimmen Liebschaften« durchaus kein Briefroman, den man unbedenklich aus der allzu offensichtlichen Antithese von aristokratischer Abscheulichkeit und bürgerlicher Tugend interpretieren könnte. Die bürgerliche Tugend der Präsidentin ist Heinrich Mann nicht ohne Grund verdächtig. Solche Ambivalenz aus Innerlichkeit und Sinnlichkeit mußte einem Romancier wie Heinrich Mann mißfallen. Andererseits scheint dieser bedeutende Interpret eines bedeutenden Buches das Motto des Romans ernstgenommen zu haben. Dies Motto aber ist ein Zitat aus Jean-Jacques Rousseau, nämlich aus dem Vorwort zum Roman »La Nouvelle Héloïse«. Das von Laclos gewählte Zitat aber lautet: »J'ai vu les mœurs de mon temps, et j'ai publié ces lettres.«

Das klingt aufrichtig und unschuldsvoll. Das Vorwort des angeblichen »Redakteurs« paßt genau dazu. Wie der Genfer Rousseau, so scheint auch der Herr de Laclos einen moralischen Roman vom Konflikt zwischen aristokratischer Lüsternheit und standhafter Bürgertugend schreiben zu wollen: als Fortsetzung jener englischen Romane Samuel Richardsons, die in Deutschland noch abfärben sollten auf Lessings Dramaturgie. Laclos schreibt einen Briefroman gleich der »Novelle Héloïse«, übrigens auch gleich dem »Werther«, den man in Frankreich ebenso gierig verschlungen hatte wie ein Jahrzehnt später die »Liaisons Dangereuses«.

Allein viele Argumente lassen sich für die These anführen, daß das Motto bei Laclos nahezu parodistisch gemeint ist, und daß es sich bei den im Roman berichteten schlimmen Liebschaften weit weniger um eine Fortsetzung und Ergänzung der »Neuen Héloïse« handeln sollte, *als um eine Widerlegung, wenn nicht um eine »Zurücknahme« von Thesen des Genfers Rousseau.*

Der wesentliche Unterschied zwischen den Briefromanen von Rousseau und Laclos besteht darin, daß *Rousseau*, was seiner Philosophie entsprach, wenngleich durchaus nicht seinem Charakter, *die Reinheit der Gefühle zum Axiom erheben möchte.* Es gibt die Bosheit und die Unschuld, die Intrige und ihr reines Opfer. Ambivalenz der Gefühle ist unerwünscht und würde von dem Genfer Philosophen vermutlich als zivilisatorische Entartung gedeutet werden.

Laclos hingegen, wodurch er sich ausdrücklich als Repräsentant einer gesellschaftlichen Endzeit versteht und darstellt, mißtraut, vermutlich aus genauer Kenntnis der gesellschaftlichen Zustände, dem manichäischen Dualismus von Tugend und Laster. Reinheit der Gefühle wird als Naivität, oft als Torheit gedeutet. Die Ambivalenz im Charakter der Präsidentin gehört hierzu. Ein anderes Beispiel ist der LX. Brief, den der Chevalier Danceny an den Marquis de Valmont schreibt. Dies ist ein rousseauistisches Briefdokument der Herzensqual. Ein Unglücklicher vertraut sich dem angeblich treuen Freund an. »Sie werden mich bedauern, Sie werden mir helfen – ich setze mein Vertrauen nur in Sie. Sie sind empfindsam, Sie kennen die Liebe, und Sie sind der Einzige, dem ich mich anvertrauen könnte ...« Der treue Freund Valmont jedoch legt den Brief einem Schreiben bei, das er am selben Tage, einem 8. September, an die Marquise de Merteuil richtet. Sein spöttischer Kommentar dazu: »Solche Liebesklagen kann man nur anhören als Rezitative mit obligater Begleitung oder in Arienform.« Die Gesamtstruktur der »Liai-

sons Dangereuses« läßt erkennen, daß es sich um *eine Gegenschöpfung zu Rousseau* handeln sollte, nicht um eine rousseauistische Fortsetzung und bloße Variante.
Der Roman von Laclos arbeitet mit großer kompositorischer Sorgfalt die *Ambivalenz aller Gefühle* heraus. Nicht nur darin übrigens, daß wahre Gefühle von den Protagonisten Valmont und Merteuil als Torheiten abgelehnt werden; auch nicht allein dadurch, daß nicht vorhandene Empfindungen zum Zwecke der Intrige vorgespiegelt werden. Die Scheu vor eindeutigen Empfindungen scheint so groß zu sein, daß sie alles daransetzen, dort sogar den Zynismus zu heucheln, wo sie wahrhaft empfinden. So entsteht ein Verwirrspiel, worin Gefühle vorgetäuscht, gleichzeitig aber auch echte Empfindungen vertuscht werden sollen. Ein Beispiel dieses Verfahrens ist der CXXXIII. Brief Valmonts an die Marquise, worin er sich zynisch über seine Empfindungen äußert gegenüber Madame de Tourvel. Allein die überlegene Intrigantin Merteuil läßt ihm nichts durchgehen. Im nächsten Brief bekommt er die Antwort: »Or, est-il vrai, que vous vous faites illusion sur le sentiment qui vous attache à Madame de Tourvel? C'est de l'amour, ou il n'en exista jamais: vous le niez bien de cent façons, mais vous le prouvez de mille.«
Um die Unreinheit der Empfindungen genau verstehbar zu machen, bedient sich der Romancier einer *Spiegeltechnik*. Dasselbe Ereignis wird von verschiedenen Seiten und durch divergierende Briefschreiber dargestellt, mithin interpretiert. Laclos strebt nach einer Konfrontation der wahren und der falschen Gefühle. Es ist ihm ersichtlich darum zu tun, dem Leser zu demonstrieren, daß auch reine und echte Empfindungen, die nicht geteilt werden, mit Notwendigkeit zerfallen und sich zersetzen müssen.
Die »Liaisons Dangereuses« haben im Grunde als zentrales Thema: nicht allein die Ambivalenz von Gefühlen, sondern den *Verrat*. Was Friedrich Nietzsche visiert hatte mit seinen Betrachtungen über Wahrheit und Lüge im außermoralischen Sinn, wird in den »Liaisons Dangereuses« exemplifiziert. Der Roman lebt von der *Ästhetisierung des Verrats*. Wenn Genuß, unter der besonderen Form des erotischen Genießens, alle Romanfiguren zueinander in Beziehung setzt, dann bedeutet der Genuß des

Genießens eine höchste ästhetische Steigerung. Sie kann jedoch nur erreicht werden, wenn Bewußtsein die Gefühle reflektiert und durch Reflexion zersetzt. Weshalb auch bei Laclos, *ganz wie in »Figaros Hochzeit« und in »Cosi fan tutte«* (und wie später bei Proust!) die Herrenwelt zusammen mit der Dienerwelt durchaus gleichwertig am Genuß partizipiert.

Angesichts dieser Romanstruktur kann folglich die angebliche Vorrede des Herausgebers nur als Hohn interpretiert werden: hier habe jemand »... es gewagt, in unseren Kleidern und mit unseren Lebensgewohnheiten eine Verhaltensweise darzustellen, die uns sehr fremd ist«. Nicht minder höhnisch gemeint auch jene Stelle aus dem Vorwort, wonach es die Aufgabe der »Liaisons Dangereuses« sein müsse, die Sitten der Leser dadurch zu bessern, daß man ihnen zeigt, wie Leute von schlechten Sitten darauf ausgehen, die guten Sitten anderer zu verderben.

Das berühmte Selbstporträt der Marquise de Merteuil im Brief LXXXI läßt genau erkennen, daß Laclos *einen Gegenroman zur »Nouvelle Héloïse«* schrieb und schreiben wollte. Der Kontrast zwischen Gefühlswahrheit und Verrat, moralischer Askese und erotischem Opportunismus, zwischen ethischer und ästhetischer Existenz im Sinne Kierkegaards wird von der Merteuil nicht als Individualfall der Sittenkorruption interpretiert, sondern als *Grundphänomen der damaligen Gesellschaft*: des ausgehenden Ancien Regime. Alle Aufklärung der Philosophen und Moralisten hat bei dieser aufgeweckten und genauen Leserin nicht Menschenfreundschaft bewirkt im Sinne Rousseaus, sondern die Isolation des einsamen Genießens verstärkt. »J'étudiai nos mœurs dans les Romans; nos opinions dans les Philosophes; je cherchai même dans les Moralistes les plus sévères ce qu'ils exigeaient de nous, et je m'assurai ainsi de ce qu'on pouvait faire, de ce qu'on devait penser, et de ce qu'il fallait paraître.«

Die Übereinstimmung der Adligen Valmont und Merteuil mit dem jüngeren Sohn Franz des deutschen Reichsgrafen von Moor in *Schillers »Räubern«* ist erstaunlich. Übrigens besteht historische Gleichzeitigkeit zwischen den »Räubern« und den »Liaisons Dangereuses«. Franz von Moor hat gleichfalls, wie die Merteuil, die Philosophen und Moralisten befragt. Was er lernte, formuliert er gleich in der ersten Szene dieses ersten Schiller-

Dramas: »Jeder hat gleiches Recht zum Größten und Kleinsten, Anspruch wird an Anspruch, Trieb an Trieb und Kraft an Kraft zernichtet. Das Recht wohnet beim Überwältiger, und die Schranken unserer Kraft sind uns gesetzt.«

Der Unterschied freilich zwischen dem deutschen Stürmer und Dränger und dem französischen Romancier besteht darin, daß *Schiller als bürgerlicher Schriftsteller* jene Position einnimmt, die Heinrich Mann – wohl mit Unrecht – für Laclos beanspruchen möchte: die des Aufklärers und Wegbereiters einer bürgerlichen Revolution. Daß der opportunistische Laclos später auf den Pfaden des Orléanismus, des Jakobinismus, des Directoire, schließlich des Bonapartismus wandeln sollte, vermag nicht (nachträglich) die Struktur seines berühmt-berüchtigten Romans zu modifizieren. Das Buch von den Gefährlichen Liebschaften gehört, vor allem dank der Zusammenhänge zwischen ästhetisch-erotischer Existenz und Spiegeltechnik, zwischen wahren und falschen Gefühlen, unverkennbar zum künstlerisch-literarischen Ausklang des Ancien Regime.

Die Königin Marie Antoinette wußte durchaus, was sie tat, als sie das Buch von Laclos zwar las, doch vor der eigenen Umwelt verleugnete. Es sprach ihre Existenz aus, diejenige der Königin von Frankreich, Tochter einer Kaiserin. Nicht in dem Sinne freilich, daß man Marie Antoinette, wie es die republikanische Propaganda später zu tun pflegte, als eine gekrönte Merteuil darstellen dürfte. Allein die Schwester Josephs II., des bürgerlichen Aufklärers, war der Marquise de Merteuil insofern verbunden, als auch für sie die moralische Konfrontation zwischen sittlichem und unsittlichem Handeln belanglos erscheinen mußte neben der realeren Konfrontation von gesellschaftlichem Sein und Schein.

»Ardinghello und die glückseligen Inseln«

In der Rezension eines Buches über »Die Problematik des ästhetischen Menschen in der deutschen Literatur« von K. J. Obenauer kommt *Walter Benjamin* zu folgender Unterscheidung: »Es öffnet sich die Kluft zwischen den Ardinghello und Hyperion, die in den großen Resten der Antike den Aufruf der Vergangenheit an ihre, die eigene Gegenwart vernahmen, und jenen Klassizisten, die in Rom nur darum eine alte Sehnsucht stillen, weil sie die Kunst um der Kunst willen suchten.«

Eine Koppelung des Romans »Ardinghello und die glückseligen Inseln« von Wilhelm Heinse (1787) mit Hölderlins »Hyperion«, dessen Anfänge schon um 1792 anzusetzen sind, ist legitim. Daß Hölderlin den »Ardinghello« gelesen und bewundert hat, ist unbestritten. Das merkwürdige Zusammentreffen Hölderlins, der die aus Frankfurt vor den französischen Truppen geflüchtete Susette Gontard und ihre Kinder nach Kassel begleitet hatte, *mit Wilhelm Heinse*, hat Spuren hinterlassen. Im Brief an den Bruder, datiert »Kassel, d. 8. August 96«, schreibt Hölderlin: »Auch Herr Heinse, der berühmte Verfasser des Ardinghello, lebt mit uns hier. Es ist wirklich ein durch und durch trefflicher Mensch. Es ist nichts Schöners als so ein heitres Alter, wie dieser Mann hat.« Die Konstellation ist in der Tat merkwürdig: *Diotima, Hyperion und Ardinghello.* Man blieb einige Wochen zusammen. Heinse begleitete Frau Gontard und den jungen Hofmeister, den er nicht sonderlich beachtete, nach Hannoversch-Münden. Am 9. August war man in Bad Driburg. Nach der Räumung Frankfurts durch die Franzosen trennte man sich wieder vom berühmten Verfasser des »Ardinghello«. Allein Hölderlins Gedicht »Brot und Wein« trägt die Widmung »An Heinze«, was keinen Schreibfehler bedeutet, denn so hieß der Verfasser des »Ardinghello« in der Tat. Er selbst hatte seinem Namen die neue Schreibweise Heinse gegeben.

Der »Ardinghello« teilt mit den »Liaisons Dangereuses«, auch mit »Cosi fan tutte«, das Schicksal eines Auseinanderfallens von öffentlicher und heimlicher Wirkung. Heinses scheinbar immoralistischer Renaissanceroman wird gierig konsumiert, doch öffentlich verleugnet, wenn nicht geschmäht. Der von Walter Benjamin konstatierte Widerspruch des Buches zu den ästhetischen Maximen der Weimarianer, noch vor Schillers Ankunft, war evident. Einstige Anhänger des Sturm und Drang waren verstört. Friedrich Leopold Graf Stolberg las das »böse« Buch mit »Ärgernis und mit wahrer Betrübnis über den Genius unserer Zeit«. Auch Stolberg sah, wie später Goethe, eine ungesunde

Zeittendenz im Parallelismus von Schillers »Räubern« und dem »Ardinghello« des weitaus älteren, schon 1746 geborenen Wilhelm Heinse. Die Damen in Weimar freilich waren ebenso angetan vom jungen Ardinghello, seinen Liebes- und Mordtaten, wie die Königin Marie Antoinette fasziniert wurde vom schlimmen Roman des Choderlos de Laclos. Herder hingegen, als Fachmann für Philosophie, hielt das große philosophische Gespräch über Vitalismus und Eudämonismus, das in Heinses Roman auf dem Dach des Pantheon zu Rom stattfindet, für dilettantisches Geschwätz.

Am schärfsten hat sich später *Friedrich Schiller*, als er die letzten Spuren eines Stürmers und Drängers von sich abzutun gedachte, gegen jegliche Gemeinsamkeit zwischen Schiller und Heinse gewehrt. Freilich lebte man damals bereits in der Mitte der französischen Revolutionsentwicklung. Girondisten, Hébertisten, Dantonisten, Robespierristen waren auf der Guillotine zu Tode gebracht worden. Es regierte das Directoire mit Hilfe einer Stabilisierungspolitik, die durch Eroberungen im Ausland den Wohlstand der Konsumierenden in Frankreich zu sichern hoffte.

Deshalb mußte die politische Philosophie in Heinses »Ardinghello« geradezu als prophetische Vorwegnahme jener französischen Zustände empfunden werden. Daß der Mensch ein Raubtier sei, im Grunde das größte von allen, war Heinses innige Überzeugung. Im »Ardinghello« hatte man lesen können: »Kurz, wir kamen beieinander, so verschieden auch mancher vorher dachte, in folgenden Grundbegriffen überein: Kraft zu genießen, oder, welches einerlei ist, Bedürfnis, gibt jedem Dinge sein Recht, und Stärke und Verstand, Glück und Schönheit den Besitz. Deswegen ist der Stand der Natur ein Stand des Krieges.« Es kam hinzu, daß die Leser des Romans nicht umhin konnten, vom Immoralismus der Romanfiguren, die in der Tat bei Heinse blaß konturiert sind, oft bloß als Gefäße angesehen werden müssen für die eloquent vorgetragenen Thesen und Maximen ihres Autors, auf die Person des Romanciers zu schließen. Die Romangestalten sind entschieden moralfeindlich und sinnenfreundlich. Wilhelm Heinse hatte bereits im Jahre 1773, noch vor der Italienreise und der Freundschaft mit den Brüdern Jacobi in Düsseldorf, das *»Satiricon« des Petronius* übersetzt: unter dem Titel »Begebenheiten des Enkolp«. Heinses eigene Anmerkungen und Glossen zu den ebenso lustigen wie lasziven Schilderungen aus der ersten Römischen Kaiserzeit durften als Affirmation verstanden werden.

Von hier aus muß *Schillers* ebenso kurze wie schneidende Abfertigung des »Ardinghello« im berühmten Traktat über »Naive und sentimentalische Dichtung« verstanden werden. Um den Hochmut offenkundig zu machen, wird in Schillers Polemik gegen Heinse, dessen Name nicht fallen darf, die Argumentation sogar aus dem eigentlichen Text verbannt und in eine Fußnote verwiesen. Die Thesen des Traktats hatten so gelautet: »Und so hätten wir denn den Maßstab gefunden, dem wir jeden Dichter, der sich etwas gegen den Anstand herausnimmt und seine Freiheit in Darstellung der Natur bis zu dieser Grenze treibt, mit Sicherheit unterwerfen können. Sein Produkt ist gemein, niedrig, ohne alle Ausnahme verwerflich, sobald es kalt und sobald es leer ist, weil dieses einen Ursprung aus Absicht und aus einem gemeinen Bedürfnis und einen heillosen Anschlag auf unsre Begierden beweist. Es ist hingegen schön, edel und ohne Rücksicht auf alle Einwendungen einer frostigen Dezenz beifallswürdig, sobald es naiv ist und Geist mit Herz verbindet.« Dann folgt die schnöde Abgrenzung und Abfertigung. Auch derjenige Autor nämlich, der es gewagt habe, aus angeblicher Verehrung des Natürlichen, »sich etwas gegen den Anstand« herauszunehmen, dürfe dann weiter gelten, wenn sein Erzeugnis nicht bloß naiv sei, sondern geistvoll und herzlich. Dies alles könne hingegen für Heinses »Ardinghello« nicht in Anspruch genommen werden. Schillers Anmerkung sucht den Fall rasch zu erledigen: »Mit Herz: denn die bloß sinnliche Glut des Gemäldes und die üppige Fülle der Einbildungskraft machen es noch lange nicht aus. Daher bleibt ›Ardinghello‹ bei aller sinnlichen Energie und allem Feuer des Kolorits immer nur eine sinnliche Karikatur, ohne Wahrheit und ohne ästhetische Würde. Doch wird diese seltsame Produktion immer als ein Beispiel des beinahe poetischen Schwungs, den die bloße Begier zu nehmen fähig war, merkwürdig bleiben.«

»Ardinghello« mithin als »eine sinnliche Karikatur, ohne Wahrheit und ohne ästhetische Würde«. Die Formel ist immer wieder von späteren Kritikern repetiert worden. Sie hat die Leser niemals daran gehindert, insgeheim dem hinreißenden Immoralismus des Buches sich zu öffnen.

Die geistige Nachkommenschaft des »Ardinghello« ist ungewöhnlich. Walter Benjamin hat recht, wenn er hier eine *mögliche Alternative zum Weimarer Klassizismus* erblickte, zur späteren »Wolfgang Goetheschen Kunstperiode«, wie Heinrich Heine formulieren sollte. Der Antiklassizismus, auch in den überreichen Betrachtungen des Buches zur Bildenden Kunst, ist evident. Lange vor Ausarbeitung des ästhetischen Kanons durch den aus Italien heimgekehrten Goethe und seine Weimarischen »Kunstfreunde«, wird im »Ardinghello« jede Nachfolge der Malerei eines Poussin verweigert. Nach allzuviel griechischer Antike bei Winckelmann, Lessing, sogar noch bei Herder, erschließt sich *die Welt der italienischen Renaissance als mögliche und ebenbürtige Alternative*. Mit der edlen Einfalt und stillen Größe angeblicher Antike kontrastieren demonstrativ die maßlosen, triebhaften und triebbewußten Figuren des Romans. Nicht allein die männlichen Gestalten, sondern sogar die Frauengestalten: wie in der berühmten Romanszene des Bacchanals am Ufer des Tiber. Auch Fiordimona, Fulvia oder jene Lucinde, deren Namen sich Friedrich Schlegel für einen eigenen eudämonistischen Roman aneignen sollte, leben nach dem Gesetz des Eudämonismus, der den Genuß preist und auf Kraft, Geistesstärke, physische Schönheit zu gründen sucht.

Alles scheint den »Ardinghello« als Produkt einer gesellschaftlichen Endzeit zu charakterisieren: als deutsches Gegenstück zu den »Liaisons Dangereuses«. Die Ästhetisierung des Lebens, gipfelnd in der Erotisierung, findet sich hier wie dort. Von Wilhelm Heinse führt der Weg nicht bloß zum »Hyperion« (der freilich von Heinse, neben der Struktur eines Briefromans, den Versuch einer Realisierung der griechischen Utopie übernommen hat, doch nicht die eudämonistische und vitalistische Romansubstanz), sondern auch zu *Schlegels »Lucinde«*, diesem einzig geglückten Projekt eines romantischen Romans. Die Renaissance des »Ardinghello« bei den Jungdeutschen von 1830 kam nur scheinbar unerwartet, doch der Immoralismus von Karl

Gutzkows Roman »Wally, die Zweiflerin« wirkte deutsch-provinziell und verkrampft gegenüber dem natürlich-sinnlichen Schwung des »Ardinghello«. Immerhin genügte noch diese matte und späte Kopie, um das politische Verbot solcher Produkte durch Metternich und seine Bundesgenossen zu rechtfertigen.

Der junge *Richard Wagner* war ein begeisterter Leser des »Ardinghello«. Wagners erste Oper, »Das Liebesverbot«, ist unmittelbar inspiriert durch Heinse. Cosimas Tagebücher berichten, wie Wagner sich später noch in Bayreuth bemüht, sein jugendliches Erlebnis mit Heinse zu erneuern und Cosima daran teilnehmen zu lassen. Die Vorläuferschaft schließlich des »Ardinghello« für *Friedrich Nietzsche* ist oft und ausführlich analysiert worden. Viele Maximen des Romans, insbesondere viele Bekenntnisse des Titelhelden, lesen sich wie eine Antizipation des »Zarathustra«.

Mit diesem Hinweis auf Folgen und Nachfahren Heinses und seines »Ardinghello« wird gleichzeitig jedoch die *Divergenz zwischen Heinse und Laclos* unterstrichen. Daß der Immoralismus beider Bücher einer Endzeit angehört, die alle einstmals auf Moralkonsens gegründete Lebensweise nunmehr erotisiert und damit ästhetisiert, gehört offensichtlich zur historischen Situation. Die Aufrechterhaltung der bisherigen Existenz wird nur noch durch äußere Macht garantiert, die der Ohnmacht angenähert wurde. Andererseits unterscheidet sich Heinse dadurch von Laclos, daß er seine Botschaft des ästhetischen Vitalismus nicht in der eigenen Gegenwart und Umwelt ansiedelt, *sondern in Zeit und Raum verfremdet*. Bei Laclos lebt man in der französischen Gegenwart, bei Heinse in einem traumhaft stilisierten Italien der Renaissance. Wilhelm Heinse schrieb seinen Roman nach der Rückkehr aus Italien, als ihm die Mittel ausgegangen waren und er nach Düsseldorf zurückkehren, dann (im Oktober 1786) in die Dienste des Kurfürsten Friedrich Karl Joseph von Erthal in Mainz treten mußte.

Dennoch ist der *Gegensatz* zwischen Heinse und Laclos, zum andern *zwischen den Italienreisen Heinses und Goethes* nicht zu verkennen. Die »Gefährlichen Liebschaften« entwerfen das Bild einer in sich geschlossenen und zukunftslosen Welt. Sie kann nichts mehr erleben als den Genuß ihres eigenen Untergangs. Der Tod Valmonts und der Sturz der Merteuil am Schluß der Erzählung täuschen eine moralische Perspektive vor, die vom Autor nicht ernstgenommen wird. Die physische, finanzielle und gesellschaftliche Degradierung der Merteuil wird so exzessiv betrieben, daß man an Schillers boshaften Vers denken muß: »Wenn sich das Laster erbricht, setzt sich die Tugend zu Tisch.«

Der Titel von Heinses Roman jedoch: »Ardinghello und die glückseligen Inseln«, *verbindet die Evokation einer starken und sinnenhaften Vergangenheit mit der Zukunft der Utopie*. Wie in allen utopischen Inselromanen, nicht zuletzt in der »Insel Felsenburg« von Johann Gottfried Schnabel, die auch Heinse gelesen hatte, landen am Romanschluß alle Hauptgestalten auf dem griechischen Inselterritorium. Ein Dutzend Seiten genügen dem Romancier, der sich auf die »männliche Jugend und Schönheit« seines Ardinghello verlassen kann, um beim jungen Sultan Amurath für alle das Niederlassungsrecht auf Naxos und Paros zu erhalten. Man praktiziert einen neuheidnischen Kult der vergöttlichten Natur: »Demetri ward zum Hohenpriester der Natur von allen einmütig erwählt. Ardinghello zum Priester der Sonne und der Gestirne, Diagoras zum Priester des Mars, Fiordimona zur Priesterin der Erde und zur Priesterin der Luft.«

Im Gegensatz jedoch zu den wirklichen Utopien und großen utopischen Staatsromanen beschränkt sich Heinse am Schluß des »Ardinghello« auf einige banale Aufklärungsprinzipien, ohne den Roman in der Tat als gesellschaftliche Vorwegnahme zu strukturieren. Der Ästhetizismus des Ancien Regime wirkt immer noch in der scheinbaren Utopie und verbindet das Buch dadurch weit stärker mit einer untergehenden Welt, als mit dem Vorschein einer neuen.

Die Religion nämlich auf den glücklichen Inseln Ardinghellos und Heinses beruht auf dem *literarischen Klassizismus*: Demetri und Ardinghello und Fiordimona setzen Gesänge auf »aus dem Moses, Hiob, den Psalmen, dem Hohenlied und dem göttlichen Prediger, und aus dem Homer, dem Plato und den Chören der tragischen Dichter und ihrer eigenen Begeisterung im Italienischen für sich und die anderen Priester und Priesterinnen und die

Gemeinde« und erfanden heilige Gewänder »alter ionischer Grazie und Schönheit«.

»Vernichten und Schaffen, Eins und Alles«: das war ein gemeinsames Bekenntnis der Kunstfigur Ardinghello aus dem 16. und seines Autors Heinse aus einem ausgehenden 18. Jahrhundert. In seiner Einleitung zur ersten italienischen Ausgabe des »Ardinghello«, die im Jahre 1969 in Bari erschien, interpretiert der Übersetzer und Herausgeber Lorenzo Gabetti dies geistige Fazit des Romans in folgender Weise: »Zerstören und Tun, das ist eine einzige Sache. Das war bereits ein Motto des Heraklit. Primitives und heroisches Leben, körperliches Behagen in der Liebe wie auch im Duell, das Naturrecht wiederherstellt als Recht des Stärkeren; körperliches Behagen auch inmitten des Kampfes und der Gewalt. Der Krieg wird zum größten Schauspiel der Menschen: als ein gleichzeitig zerstörendes und schaffendes Feuer. Dies sind die äußeren Grundlagen, worauf bei Heinse die Utopie der Glücklichen Inseln beruht: als Utopie eines Staates mit vagen Zügen der Gemeinschaft und des Sozialismus, der aber in Wirklichkeit wild aristokratisch und elitär ausgefallen ist.«

Daß Gabetti die wesentlichen Positionen des »Ardinghello«, zutreffend interpretiert, kann nicht bestritten werden. Wichtig ist vor allem, daß Heinses Roman, in solcher Weise verstanden, *vielleicht enger einem Buch wie den »Liaisons Dangereuses« angenähert werden muß, als dem »Hyperion«.* Gerade das scheinbare Zukunftselement als Vision eines neuen gesellschaftlichen Inselglücks ist nicht als »Vorschein« zu verstehen im Sinne des Hoffnungsprinzips, sondern als *Produkt eines höchst verfeinerten Endzeitbewußtseins.*

Zerstören und Schaffen ist Einerlei: Macht und Genuß, Zärtlichkeit und Gewalt. Wie in jeder gesellschaftlichen Endzeit werden die moralischen Positionen und Antithesen mit Hilfe des Genußprinzips planmäßig ästhetisiert. Das Moralische verschmilzt mit dem Ästhetischen: ganz wie sich, bei Nietzsche, in einem außermoralischen Sinn auch die Wahrheit mit der Lüge kopuliert hatte.

Die Geschichte des Kalifen Vathek

Die Entstehung von *William Beckfords* französisch geschriebener »Geschichte des Kalifen Vathek« wurde von der Forschung auf die erste Hälfte des Jahres 1782 datiert. Die Geschichte der Veröffentlichung war, wie fast alles im Leben und Schreiben Beckfords, recht abenteuerlich. Das Buch erschien zuerst, eigenmächtig übersetzt von einem Reverend Samuel Henley, am 7. Juni 1786 in London. Nun mußte Beckford, der damals bereits im selbstgewählten Exil auf dem Kontinent lebte, das französische Original herausbringen, das im Dezember 1786 in Lausanne erschien: übrigens mit der unrichtigen Jahreszahl 1782, die nachträglich an die wirkliche Entstehung des Buches erinnern sollte.

Der »Vathek« gehört durchaus zur literarischen Endzeit des Ancien Regime. Die Lebensgeschichte William Beckfords wirkt bisweilen wie eine Antizipation der Biographie *Oscar Wildes*: nicht bloß wegen der homosexuellen Komponente in beiden Lebensläufen, denn auch William Beckford mußte, wenngleich er als unermeßlich reicher Erbe aufgewachsen war und vor einer glänzenden Laufbahn auch als Politiker stand, das damals noch keineswegs »victorianische« England wegen eines Sittenskandals im Jahre 1784 verlassen.

Der Autor des »Vathek« konnte später in die Heimat zurückkehren, lebte aber isoliert und gesellschaftlich geächtet auf dem väterlichen Herrensitz Fonthill, wo er sich, damit als Nachahmer seines Kalifen Vathek, einen riesigen Turm erbaute, der lange Zeit, bis er endgültig einstürzte, als Wunderwerk einer neugotischen Architektur, lange vor der neugotischen Mode in England, bestaunt oder auch verflucht wurde.

Daß der »Vathek« französisch geschrieben wurde, ganz wie später Oscar Wilde sein Drama »Salomé« als französischen Text konzipierte, sollte nicht gleichfalls als Vorläuferschaft Beckfords zu Wilde verstanden werden. Oscar Wildes französische Schriftstellerei entsprang der Preziosität, weit stärker aber dem Versuch einer Verfremdung des eigenen Schaffens mit Hilfe einer Sprache, die endlich einmal Schwierigkeiten bereitete. William Beckford hingegen, der Sohn eines Kolonialherrn und Nutznießers der Sklaverei auf den Zuckerrohrplantagen von Jamaica, schrieb die französische Herrschaftssprache des Ancien Regime ohne Schwierigkeit. Er war früh in allen Künsten, Fertigkeiten und Wissenschaften unterwiesen worden. Als Knabe hatte er in London mit einem anderen Knaben namens Mozart vierhändig gespielt. Die französische Originalfassung der »Geschichte des Kalifen Vathek« ist gar nicht manieriert. Sie stellt sich im Gegenteil mitsamt den vier als Fortsetzung geplanten »Episoden«, von denen zwei redigiert wurden, während eine Fragment blieb, die zu Lebzeiten ihres Autors nicht publiziert werden konnte, in die Tradition der französischen Romankunst.

Eine von Gisela Dischner edierte, gekürzte, dafür aber üppig beredete Neuausgabe des »Vathek« hat in einem reißerischen Untertitel die Geschichte des bösen Herrschers Vathek als »Schauerroman aus dem britischen Empire« charakterisiert. Man kann es nicht falscher sagen. Empire bedeutet Imperium, also Kaiserreich. Vom britischen Kaiserreich aber konnte erst gesprochen werden, als der Premierminister Disraeli seine Königin Victoria zur Kaiserin von Indien machte. Alles Schaurige aber, das im »Vathek« vorgeführt wird, macht den Roman trotzdem durchaus nicht zum »Schauerroman«. Mit Recht hat daher Reinhold Grimm in einer genauen Analyse des Buches die von Gisela Dischner behauptete Beziehung zu einem wirklichen englischen Schauerroman aus dem 18. Jahrhundert, nämlich zum »Castle of Otranto« (1764) von Sir Horace Walpole, ausdrücklich bestritten.

Mit gutem Grund. Die »Geschichte des Kalifen Vathek« ist ein *voltairianischer Roman* und gehört zum literarischen Ausklang des Ancien Regime. Gisela Dischners Behauptung: »Die Ironie, die an Voltaire, den Engländer Lawrence Sterne und gleichzeitig an Heine erinnert, weicht im Laufe der Geschichte immer mehr einem schwarzen Humor ...«, ist abermals unhaltbar. Die Ironie Voltaires hat mit derjenigen Sternes wenig zu tun, denn die Subjektivität Voltaires tritt, sehr im Gegensatz zu Yorick, als Erzählposition zurück. Es findet keine ironische Brechung statt zwischen Erzähler und Erzähltem. Voltaire beurteilt die Schicksale seines Candide durchaus anders als dieser selbst: dadurch eben wird ironische Distanzierung bewirkt. Bei Laurence Sterne hingegen, und in wiederum anderer Weise später bei Heinrich Heine, liegt aller Nachdruck auf dem Subjekt des Erzählens. Das Stoffliche der zu erzählenden Geschichte verblaßt und wird seinerseits ironisiert. Wir erfahren nicht allzuviel von der Geschichte Tristram Shandys.

Der »Vathek« arbeitet als episches Gebilde durchaus ohne solche Brechung der Subjektivität. William Beckford als Erzähler ist scheinbar nicht vorhanden. Es soll eine objektive Geschichte erzählt werden. Das beginnt so: »Vathek, der neunte Kalif aus dem Hause der Abbasiden, war der Sohn des Motassem und Enkel des Harun al Raschid. In jungen Jahren bestieg er den Thron. Die großen Fähigkeiten, die er ganz früh schon besaß, ließen seine Völker auf eine lange und glückliche Regierung hoffen.« Die ironische Brechung wird bei Beckford dadurch bewirkt, daß Untaten und schaurige Aktionen des Kalifen und seiner hexenhaften Mutter Carathis voller Behaglichkeit geschildert werden, als handele es sich um Einladungen zu einer Landpartie. Die Schauerromane und ihre Schauerromantiker legten es beim Leser darauf an, Gänsehaut und gesträubtes Haar zu provozieren. Beckford hingegen, ganz wie Voltaire bei Schilderung der Greueltaten im »Candide«, schreibt genußvoll und betont heiter. Maximen des Bösen werden verkündet, als handele es sich um Axiome der christlichen Moral. Wenn die Kalifenmutter Carathis mit ihren Negerinnen einen schlimmen Zauber vorbereitet, beginnt Beckford seine Schilderung mit dem schönen Satz: »Wenn man Schlechtes vorhat, tut man es schnell.« Hier schreibt ein Freigeist des 18. Jahrhunderts: »Je mehr er aß, desto frömmer wurde er, sprach Gebete und verlangte gleichzeitig den Koran und Zucker.«

Die behagliche und geradezu taktvolle Art, wie die Geschichte des Kalifen Vathek erzählt wird, eines Nachfahren des Propheten Mohammed und allmächtigen Herrschers über ein Riesenreich, stellt sich dem heutigen Leser dar als *Ästhetisierung und damit Banalisierung des Bösen.* Der Schauerroman weiß, daß er Scheußliches berichten will. William Beckford schildert die Opferung von fünfzig unschuldigen Knaben an den Höllengeist oder die Strangulierung aller Würdenträger des Kalifen Vathek durch taubstumme Negerinnen und auf Geheiß des Kalifen mit einer Beiläufigkeit, die irgendein Mitgefühl im mindesten nicht aufkommen läßt. Es lag an solcher Substanz des Romans, nicht minder an dieser besonderen und demonstrativ harmonischen Schreibweise, wenn *Stéphane Mallarmé* den »Vathek« für sich neu entdeckte und mit einem Vorwort herausgab, worin er zu loben weiß: »Meisterliche Architektur der Fabel, und ihre Idee nicht weniger schön! Etwas Verhängnisvolles oder etwas wie ein verborgenes Gesetz beschleunigt den Abstieg der Macht in die Hölle, Abstieg eines Fürsten, begleitet von seinem Reich.« Das ist bei Mallarmé ganz ästhetisch gesehen. Die Geschichte des Kalifen Vathek stellt sich ihm als absolute Prosa dar. Auch Gottfried Benn hat in seiner letzten Lebenszeit plötzlich für sich diesen Beckford entdeckt und gleichfalls, wohl ohne Kenntnis von Mallarmé, das stets gesuchte Ideal einer absoluten Prosa im »Vathek« als Antizipation empfunden.

Die Geschichte des Kalifen Vathek nämlich führt in die Hölle. Keine christliche natürlich, keine homerische Unterwelt, trotzdem eine Hölle: sowohl im räumlichen Verstande einer unterirdischen Welt wie im theologischen Sinne der ewigen Verdammnis. Das Reich des Eblis bei Beckford ist keine Welt der mittelalterlichen Teufelsfratzen, sondern ein elegisch-luziferischer Kosmos der gefallenen schönen Gottheit. In den vier geplanten »Episoden« schildert Beckford formvolle Höllengespräche. Man sitzt höflich beieinander: fast wie später bei Sartre in einer »Geschlossenen Gesellschaft«.

Ironisches Spiel mit der epischen Überlieferung auch hier. William Beckford, der den »Vathek« übrigens mit 22 Jahren schrieb, hatte zunächst nur den Abstieg des Kalifen in die Hölle schildern wollen, einen Abstieg, wie Mallarmé bemerkt, »begleitet von seinem Reich«. Höllenfahrt eines einzelnen Machthabers also und gleichzeitig Untergang eines Reiches. *Höllenfahrt und Endzeit in einem.* Die später von Beckford als Fortsetzung der Geschichte des Kalifen konzipierten »Episoden« sind Höllengespräche, doch nicht Totengespräche. Die Erzählenden sind keines irdischen Todes gestorben: sie gelangten ins unterirdische Reich und warten darauf, daß ihre Herzen zu brennen anfangen in alle Ewigkeit. Es sind Höllengespräche, aber Gespräche unter noch Lebenden. Die Form ist übernommen von den Erzählern der Antike und der italienisch-französischen Renaissance. Wie im »Decamerone« werden Lebensgeschichten im Kreis der Gleichgestimmten mitgeteilt. Nur befindet man sich nicht, wie bei Boccaccio, oberhalb von Florenz auf der Flucht vor der Pest, oder in der Herberge »Zum Heroldseck« in Southwark, also auf der Pilgerschaft nach Canterbury, wie bei Chaucer, sondern schlichtweg in der Hölle.

Der Kalif Vathek vereinigt in sich Momente des Don Juan Tenorio wie des Dr. Faustus. Es gibt bei ihm ein Analogon zum Teufelspakt, und es gibt, wie bei Don Juan, den Hochmut eines Wüstlings, den die Höllendrohung nicht schreckt.

Die Affinität des »Vathek« zu den »Liaisons Dangereuses« ist immer wieder erstaunlich. In beiden Fällen die Ästhetisierung der moralischen Welt; nicht minder die Leere eines Lebens in der Oberschicht, wo alles erreichbar und möglich wurde, eben dadurch jedoch den Überdruß hervorruft. Es ist eine Welt, die nur noch der Gelegenheit zum Genuß nachstrebt. In einem solchen »Occasionalismus« freilich ist *ein Element der späteren deutschen Romantik* vorgebildet: auch politisch. Laclos und Beckford sind die klassischen literarischen Zeugen für den bevorstehenden Untergang des Ancien Regime.

Zwischen Laclos und seinem Roman von den gefährlichen Liebschaften war Identität kaum festzustellen. Ein Protest gegen die Welt der Merteuil und des Valmont ließ sich nicht entdecken. Heinrich Mann mußte für seine These dazu Anleihen aufnehmen bei der späteren Laufbahn des Generals Laclos, also mit Hilfe einer nicht schlüssigen Nachdatierung. William Beckford war und blieb, trotz der gesellschaftlichen Ächtung und des in späten Jahren langsam schwindenden Reichtums, ein großer Herr in der englischen Welt eines Hogarth und Sterne, eines Edmund Burke und auch noch des Lord Byron. Er war einer der ersten, der erkannt hatte, wie Reinhold Grimm formuliert, »daß diese als ›Aufklärung‹ begrüßte Wende ... auch das ›Zeitalter der Angst‹ heraufführen würde. Was sein halluzinatorischer Blick damals voraussah, war bereits die Vernichtung der Menschheit.«

Merkwürdig ist schließlich Beckfords Vorstellung vom Wesen der Hölle. Den Schluß seiner »Episoden« hat er nämlich noch zu konzipieren vermocht und damit den Schluß des gesamten epischen Konzepts. Die ewige Verdammnis an den fünf Prinzen und der Prinzessin, also auch am Kalifen Vathek, vollzieht sich so: »Ihre Herzen flammten auf, und da war es, daß sie die kostbarste Himmelsgabe verloren: die Hoffnung.«

Sade und die Dialektik der Aufklärung

Als Schriftsteller verhält sich der *Marquis de Sade*, der in seinen Büchern die Gattungen des Epischen und Dramatischen ineinanderfließen läßt, zum Erzähler William Beckford wie die Einfühlung zur Verfremdung. Damit übernimmt er neben Laclos und Beckford eine *dritte mögliche Position* innerhalb der Literatur jener Endzeit. Laclos spielte den Moralisten und Rousseauisten mit dem offenkundigen Ziel, die geistige, erst recht die intellektuelle Ohnmacht des Rousseauismus zu demonstrieren. Der Voltairianer Beckford hat die Emotionen fortgebannt. Das epische Subjekt nimmt nicht Stellung zu Handlungsweise und Beweggrund des Kalifen Vathek.

Der Marquis de Sade hingegen geriert sich als *Moralist des Immoralismus*. Das Vorwort zu seiner »Philosophie dans le Boudoir« ist ausdrücklich an die »Libertiner« gerichtet, worunter man im 18. Jahrhundert (zum Beispiel in Schillers »Räubern«) sowohl intellektuelle Freigeister wie moralische Wüstlinge zu verstehen pflegte.

Ihnen verkündet der »divin Marquis« im Vorwort solche Lehre: »Wollüstlinge jeden Alters und Geschlechts, euch allein widme ich dies Werk; nährt euch an seinen Grundsätzen: diese Grundsätze begünstigen eure Leidenschaften, und diese Leidenschaften, vor denen euch blöde Moralisten Furcht einflößen möchten, gehören zu den Mitteln, deren sich die Natur bedient, um die Menschen ihren Zwecken dienstbar zu machen; haltet euch einzig an diese entzückenden Neigungen, denn keine andere Stimme als diejenige der Leidenschaften kann euch ins Glück geleiten.«

Sade hat die Gespräche im Boudoir nach allen Regeln eines platonischen Dialogs aufgebaut, allein dies ist nicht mehr wie bei Platon, ein Männergespräch. Madame de Saint-Ange, die junge

Eugénie und der zynische Dolmancé sind im wesentlichen Typen für eine Typologie des Plaisirs. Madame de Saint-Ange hat nicht die intellektuell-teuflische Brillanz einer Merteuil, der Liebhaber entbehrt aller Tiefe eines Valmont, weil er in der Tat, wie es Sade von ihm fordert, die Lust, besonders die absonderliche, fast ohne intellektuelle Zuspitzung und Anschärfung erstrebt. Der Marquis versteht die drei Gesprächspartner im Boudoir ausschließlich als sexuelle Möglichkeiten. Den lüsternen Frauen empfiehlt das Vorwort die Madame de Saint-Ange, den jungen Mädchen rät es, jener Eugénie des Romans nachzueifern bei der raschen und totalen Entkleidung von Vorurteilen, und Dolmance soll »allen liebenswürdigen Wüstlingen« ein Vorbild sein.
An solchem Schematismus wird, im Gegensatz zu den »Liaisons Dangereuses«, der *pornographische* Charakter des Schriftstellers Sade evident. Die Figuren sind reduziert auf ihre Virtualität in der erotischen Konstellation. Sade scheint sich nur mehr für die Aktionen des Trios und für Gespräche zu interessieren, die Aktion bewirken sollen. Dem entspricht die gesellschaftliche Neutralität des Milieus. Natürlich handelt es sich um die aristokratische Oberschicht des Ancien Regime. Während jedoch bei Laclos die Nuancen zwischen Hochadel, Kleinadel und gehobener bürgerlicher Magistratur sorgfältig beachtet sind und im Zusammenhang mit dem ästhetisch-erotischen Spiel verstanden werden müssen, braucht Sade nur den adäquaten Rahmen für den intendierten und »einfühlsam« ersehnten Ablauf des Geschehens. Das Schlafzimmer natürlich. Auch hierin nimmt der Marquis alle literarischen Merkmale einer späteren pornographischen Massenliteratur vorweg.
Der Unterschied freilich zwischen Sade und einer heruntergekommenen Massenpornographie der bürgerlichen, also nicht der feudal-absolutistischen Endzeit, besteht darin, *daß sich diese Literatur der Einfühlung gleichzeitig und entschieden als Aufklärung versteht*. Die Langeweile, die der erotisch abgehärtete Leser bei der Sade-Lektüre empfindet, beruht auf dem pädagogischen Eifer eines Bekehrers zur Immoral. Sade ist weitaus rousseauistischer als Jean-Jacques Rousseau. Für ihn ist der Begriff der »Natur« nicht mehr idealistisch verfälscht und damit verniedlicht. Die »religion naturelle« des Sadismus, im Gegen-

satz zum Rousseauismus, könnte nicht, wie später unter Robespierre, für den Kult eines neuen »Höheren Wesens« genutzt werden. Andererseits wird der Marquis nicht, wie Beckford, von Höllenvisionen geplagt. Er glaubt weder an den Messias noch an Luzifer, sondern nur an die im eigenen Selbst erkannte Natur.

Hierin vor allem offenbart sich die Literatur des Marquis de Sade in der Tat als Beitrag nicht allein zum literarischen Ausklang des Ancien Regime, sondern auch zur Dialektik der Aufklärung. Es war durchaus folgerichtig, daß *Horkheimer und Adorno* in der »Dialektik der Aufklärung« den ersten Exkurs dem Thema der instrumentalen Vernunft und ihrem idealtypischen Vorkämpfer Odysseus gewidmet hatten, den zweiten Exkurs hingegen mit der Überschrift »Juliette oder Aufklärung und Moral« einer Analyse des Marquis de Sade und der sadistischen Moral.

Die sadistische Moral ist in der Tat konzentrierte und gleichsam skelettierte Aufklärung. Daran erweist sich der folgerichtige Rationalismus als spezifisches Erzeugnis eines verfallenden Ancien Regime. Sade, Beckford und Laclos gehören zu dieser eigentümlichen und unwiederholbaren Gesellschaftskonstellation. *Sie widerlegen das Vorurteil, als sei Aufklärung ausschließlich Waffe einer aufsteigenden bürgerlichen Gesellschaft.* Im Gegenteil haben Horkheimer und Adorno hervorgehoben, daß die bürgerliche Aufklärung undenkbar bleibt ohne das Element der Utopie, konkretisiert als *Hoffnung*. »Jene Utopie aber, die zwischen Natur und Selbst, die Versöhnung ankündigte, trat mit der revolutionären Avantgarde aus ihrem Versteck in der deutschen Philosophie, irrational und vernünftig zugleich, als Idee des Vereins freier Menschen hervor und zog alle Wut der Ratio auf sich.«

Hierdurch unterscheidet sich Heinses »Ardinghello«, der die Perspektive der Zukunft nicht aufgibt, wenngleich sie am Romanschluß bloß wie ein matt geratenes Finale aufscheint, von den Beckford und Laclos und Sade.

Doch gibt es auch Gemeinsamkeiten und Überschneidungen zwischen dem späten, aufgeklärten Immoralismus des Ancien Regime und der frühen bürgerlichen Gefühlsroheit. Aufklärung postulierte allenthalben den intellektuellen Scharfsinn, vor

welchem sich die Gebote der Religion vergeblich zu rechtfertigen suchten. »Ein toter Gott!«, heißt es in der »Juliette« von Sade, »nichts ist komischer als diese zusammenhanglose Wortfolge des katholischen Wörterbuchs: ›Gott, will heißen ewig; tot, will heißen nicht ewig. Idiotische Christen, was wollt ihr denn mit eurem toten Gott machen?‹
Der Nietzscheanismus solcher Maximen ist unverkennbar: in der »Dialektik der Aufklärung« wird darauf hingewiesen. Allein es ist in einem weiteren Verstande merkwürdig, daß alle charakteristischen Erzeugnisse dieser literarischen Endzeit eines Ancien Regime von Mitleidlosigkeit zeugen, von der Hoffnungslosigkeit und vom Kult der Gewalttat. Für aufgeklärtes Denken ist Hoffnung nicht erweislich, Mitleid schlechthin unnatürlich, Gewalttat hingegen legitim und offenkundig von der Natur gewollt. Der Verfall der späteren bürgerlichen Aufklärung wurde bereits in einem sehr frühen Stadium reflektiert und konstatiert. Ardinghello wie Juliette wie Vathek und Valmont gehören zur Kumpanei der Libertiner im Doppelsinn einer moralischen und intellektuellen Freigeisterei. *Sie sind folgerichtig aufgeklärt*; die Anhänger des Prinzips Hoffnung wirken, dagegengestellt, wie liebenswürdige, doch wenig denkscharfe Opportunisten.

»Cosi fan tutte«

Thematisch hat das letzte gemeinsame Werk von Lorenzo da Ponte und Wolfgang Amadeus Mozart nicht eben viel zu tun mit den Mordtaten, den ästhetischen Reflexionen und den erotischen Abenteuern eines Ardinghello. Der zynische Don Alfonso aus dem italienischen Caféhaus, der sich über die verliebten jungen Offiziere Ferrando und Guglielmo lustigmacht, weist mit dem Kalifen Vathek und seiner hexenhaften Mutter kaum Ähnlichkeit auf. Das Kammermädchen Despina, das sich schon mit 15 Jahren im erotischen Alltag auskannte, wäre uninteressant gewesen für den Marquis de Sade: sie hätte dem göttlichen Marquis vermutlich ebenso schnippisch geantwortet wie dem Don Alfonso. Als Alfonso eine Mithelferin gewinnen möchte,

während Despina eine erotische Annäherung vermutet, entsteht folgender Dialog:
Alfonso: Despina mia, di te bisogno avrei.
Despina: Ed io niente di lei.
Alfonso: Ti vo' fare del ben.
Despina: A una fanciulla un vecchio come lei non può far nulla.
Dann freilich erhält sie einen stattlichen Vorschuß, und alles ist verändert. Despina bleibt sich trotzdem im Tonfall gleich, wenn sie nun wissen will, was sie zu tun hat: E che vorebbe? È l'oro il mio giulebbe. So spricht keine Justine bei Sade und keine Merteuil bei Laclos.
Trotzdem gehört »Cosi fan tutte« nicht allein durch die Entstehungszeit des Jahres 1789 im wörtlichen Sinne zum »Ausklang« des Ancien Regime. Es führte deshalb nicht sehr weit, wenn Ernst Lert die Beziehungen zwischen Tonsetzer und Partitur vom angeblichen Erleben her deuten wollte und meinte: »Es ist Mozarts und seiner Zeit mächtigstes Sexualproblem, welches ›Cosi fan tutte‹ wieder abhandelt: der Mann zwischen zwei Frauen. Eine wahre, wienerische Begebenheit soll zugrunde liegen, welche der Kaiser mit echt österreichischer Hetzfreude als warnendes Beispiel auf das Theater bringen wollte. Also lag die Gefahr solcher wahren Begebenheiten in der Luft.«
Aufschlußreicher ist bereits, daß da Ponte und Mozart bei der scheinbar freien Erfindung der Handlung von »Cosi fan tutte« mit erfolgreich bewährten Situationsmodellen arbeiten durften. Liebesprobe und Erprobung der Frauentreue galten als bewährter Topos der Komödie und der Opera buffa. Ein unmittelbares Modell mögen Mozart und da Ponte in der Komischen Oper »Der krumme Teufel« von *Haydn* und Bernardon gefunden haben. Dort heißt der Don Alfonso noch Dr. Arnoldus. Bei Haydn freilich steht nur eine Frau zwischen zwei Liebhabern, der es nichts ausmacht, die beiden leichthin für sich sterben zu lassen. Das tiefe männliche Mißtrauen gegenüber der Solidität weiblicher Empfindungen findet sich dort wie auch in »Cosi fan tutte«.
Allenthalben gehen die Autoren der Musikalischen Komödie auf Gelächter im Publikum aus, auch dort (und gerade dort), wo auf der Bühne scheinbar gelitten, geweint und schließlich sogar

gestorben werden soll. Immerhin liegen die angeblichen Levantiner mit ihrem vielen Geld, den stattlichen Bärten und anderen Vorzügen, von welchen Guglielmo in der von Mozart dann ausgeschiedenen D-Dur-Arie »Rivolgete a lui lo sguardo« (Köchel-Verzeichnis 584) zotenhaft zu berichten wußte, einen Augenblick scheinbar vergiftet auf dem Bühnenboden. Erst die verkleidete Despina als Arzt mit dem riesigen Magnet, einer spöttischen Anspielung auf die damalige Mode des Mesmerismus, bringt sie wieder ins Leben zurück, und der schwarze Humor beginnt sich zu lichten.

Es gibt die Satire und die Ironie. Zur Darstellung falscher Gefühle bedient sich Mozart, wie bereits am Beispiel der Donna Elvira im »Don Giovanni« und später in der Auftrittsarie der Königin der Nacht, der traditionellen Formen musikalischer Hofkunst und der abstrakten Gefühlsklischees aus der Opera seria. Ein treffendes Beispiel für die Verbindung von objektiv unechtem Gefühl, das die Singende jedoch subjektiv für echt hält, und satirischer Überzeichnung der Arienform findet sich in der Arie der Dorabella in Es-Dur, allegro agitato (Nr. 11 der Partitur).

Außer mit den Instrumenten der Satire und Ironie arbeiten Librettist und Komponist mit den unheimlichen, nicht ganz geheuren Bedeutungsstrukturen einer *Literatur der Grenzüberschreitung*. Die Wette des Don Alfonso mit den beiden verliebten Tölpeln meint viel mehr als ein schwankhaftes Glücksspiel. Übliche Wetten haben das Tun eines der Wettenden zum Inhalt. »Ich wette, daß du nicht ...« In »Cosi fan tutte« wird jedoch um ein Tun-Lassen gewettet, das darin besteht, eine Manipulation der Seelen durch abgefeimtes Tun nicht zu verhindern. Alfonso ist ein *opernhafter Teufel*, worauf übrigens der Name Asmodeos bei Haydn noch hingewiesen hatte. Er wettet zwar nicht mit Gott um die Seele des Faust, doch mit Liebenden um die Seelen der geliebten Frauen. Weshalb das Finale von »Cosi fan tutte«, abermals als Sextett, den Abschluß von Mozarts »Don Giovanni«, nach der Höllenfahrt gleichsam wiederholt. Der enthüllte Betrug hätte den Umschlag in einen tragischen Ausgang, ein reales Töten, keineswegs ausgeschlossen. Daß sich an den musikalischen Höhepunkten der Oper ein Umschwung ins Tragische und Heroische ereignen könnte, wird besonders deutlich an der großen Arie der Fiordiligi in E-Dur (Nr. 25). Es ist bekannt, daß sich Beethoven den Aufbau dieses Musikstücks zum Vorbild nahm für die große Leonoren-Arie. Sogar Mozarts Tonart E-Dur kehrt wieder bei Beethoven.

Dem mephistophelischen Don Alfonso entspricht eine durchaus nicht soubrettenhaft-harmlose Despina, der trotz aller Verkleinerung als »Despinetta« nicht getraut werden darf. Despina ist keine zweite Susanne aus dem »Figaro«, sondern eine erfahrene Frau von plebejischer Herkunft. Sie ist mehr als die traditionelle Kupplerin der italienischen Komödie. Bei Goldoni und noch beim »Barbier von Sevilla« hilft der Kuppler den Liebenden. Despina hingegen hilft tatkräftig, in stets neuen Verwandlungen und mit falschen Ratschlägen, bei der *Destruktion der Liebesbindung.* Das Zusammenwirken von Despina und Don Alfonso ist ein Werk der Gefühlsverneinung. Weshalb die Zofe nicht allein durch Dukaten zur Tätigkeit angespornt werden muß. Was Alfonso im Caféhaus von der Liebe gesagt hatte: daß sie dem Phönix aus Arabien gleiche, den niemand je zu Gesicht bekam, leuchtet der Plebejerin unmittelbar ein. Sie wäre im Caféhaus bereit gewesen, dieselbe Wette mit den Geliebten ihrer beiden Damen abzuschließen.

Das Zusammenwirken Alfonsos und Despinas gemahnt an die mit viel Geld und völliger Herzlosigkeit geplanten Kabalen des Herrn de Valmont und der Marquise de Merteuil. Einige der wichtigsten Nummern der Mozart-Partitur wirken wie eine musikalische Illustration von Erkenntnissen der Madame de Merteuil: daß alle Empfindungen, analysiert mit Hilfe einer zu Ende gedachten Aufklärung, der sich auch der Marquis de Sade ergeben hatte, *den Keim der Unwahrheit in sich tragen, folglich der Zerstörbarkeit.* Wenn die verkleideten Liebhaber in »Cosi fan tutte« jeweils um die Braut des Freundes werben, und zwar mit Erfolg, so steht in den Verführungsszenen das gespielte Gefühl des Mannes gegen das echte der erotisch faszinierten Frau.

Viele Abstufungen bei Dorabella und Fiordiligi zwischen bewußt gespielter heroischer Pose und einer Gefühlsintensität, die sich selbst emphatisch genießt, weil man ihrer insgeheim nicht mehr sicher ist. Die Arie des Ferrando und die große heroische Arie der Fiordiligi wirken so markant innerhalb des teuflischen Spiels, weil nur in diesen beiden Momenten, wo Mozart sich selbst eine Echtheit des Gefühls gestatten durfte, jenes Licht der Hoffnung aufscheint, das schließlich die Wahl der Tonart C-Dur auch im Finale zu rechtfertigen vermag. Allein auch dieser Vorschein auf eine Welt der nicht manipulierbaren Gefühle ist blaß, und das Finale endet rasch. Abermals erlebt man ein Finale der untergehenden Gesellschaft: den ästhetischen Ausklang einer Endzeit.

2. MYTHOS UND AUFKLÄRUNG

> Da die Vernunft keine inhaltlichen Ziele setzt, sind die Affekte alle gleich weit von ihr entfernt. Sie sind bloß natürlich. Das Prinzip, demzufolge die Vernunft allem Unvernünftigen bloß entgegengesetzt ist, begründet den wahren Gegensatz zwischen Aufklärung und Mythologie.
>
> *Horkheimer/Adorno, Dialektik der Aufklärung*

Auch die »Zauberflöte« von Mozart und Schikaneder, zwei Jahre nach dem Bastillesturm entstanden, gehört zum Ausklang des Ancien Regime. Andererseits ist sie unverkennbar ein Werk der Aufklärung: nicht allein in den freimaurerischen Symbolen, die den Kult der heiligen Dreizahl bis in die Grundtonart Es-Dur mit den drei Vorzeichen hinein respektieren. Eben dadurch aber beweist die Mozartoper, ganz wie das Freimaurertum übrigens, daß Vernunft und folglich Aufklärung am mythologischen Material zu arbeiten haben: sie besitzen keine eigene, antimythologische Substanz. Die Antithese zwischen Sarastro und der nächtlichen Königin, nicht minder übrigens die Antithese von Sarastro und Papageno, die auf neuer Stufe der Aufklärung die Shakespearesche Auseinandersetzung zwischen Prospero und Caliban aus dem »Sturm« fortsetzt, ist zwar als eine solche der Vernunft und der Unvernunft zu verstehen, bedient sich aber bei der szenischen Demonstration aller Requisiten des mythologischen Instrumentariums. Astralmythen, magische Rituale der Einweihung, Fruchtbarkeitszauber.

Die drei Knaben verkünden im Finale den Anbruch eines Morgens der Vernunft. Der Aberglaube wird schwinden. Sarastro nimmt die These auf in seinem Schlußwort: die Strahlen der Sonne vertreiben die Nacht. Das Dunkel ist gleichgesetzt dem Aberglauben wie der Bosheit. Nächtliches Dunkel wird gleichzeitig als Unvernunft und als Schlechtigkeit verstanden. Das ist Sonnenkult, gewiß, aber es bestätigt gleichzeitig, daß Sarastro als Zwingherr zur Vernunft tief befangen bleibt in mythologischen Traditionen. Der Mohr Monostatos bringt es im wörtlichen Sinne »an den Tag«.

Er ist der einzige, der ausgeschlossen wird vom brüderlichen Fest »im Namen der Menschheit«, wie Sarastro in Emanuel Schikaneders etwas hochtrabender Diktion formuliert hatte. »Weiß ist schön, ich muß sie küssen...«, sang der liebeshungrige Neger vor der schlafenden oder bewußtlosen Pamina. Er gehört nicht zu jener Menschheit, der immerhin Papageno mit seiner Papagena auf subalterner Stufe angehören darf. Monostatos ist der absolute Außenseiter: »weil ein Schwarzer häßlich ist«. Schwarz gleich häßlich gleich schlecht: hier findet die Aufklärung ihre Schranke. Monostatos scheitert nicht am Mythos, sondern an der Aufklärung. Sie nämlich ist immer noch rationales Postulat in einem gesellschaftlichen Umkreis des Ancien Regime, wo Humanisierung naiverweise gleichgesetzt wird dem Europäertum. Dazu gehört der Neger nicht.

Papageno ist ein anderer, nämlich für die Aufklärung relevanter Fall. Er ist weiß, er ist unvernünftig, und er ist »natürlich«. Vor allem ist er eine mythische Figur, und damit ein ideales Objekt für aufgeklärte Pädagogik. Das hat *Kierkegaard* erkannt, als er den Vogelfänger als zweites Stadium des »Musikalisch-Erotischen«, zwischen Cherubino und Don Juan, interpretierte.

Kierkegaard hält die »Zauberflöte« als Gesamtwerk schlechthin für »unmusikalisch«. Insbesondere den Tamino und seine Zauberflöte, wie »denn überhaupt die geistige Entwicklung, die das Stück vollbringen will, eine völlig unmusikalische Idee ist«. (Kierkegaard) Er meint das Aufklärungskonzept der »Zauberflöte«. Damit setzt sich Kierkegaard in Widerspruch zum mythologischen Schema des Weisheitstempels, Sonnenkreises und der Erziehungsdiktatur des Sarastro und seiner Priester. Kierkegaard ergreift Papagenos Partei. Seine »Unmittelbarkeit« im dialektischen Verstande sei nicht geistiger, sondern sinnlicher Art. Papageno bedeute nicht »Unmittelbarkeit des Geistes«, sondern »Unmittelbarkeit der Sinnlichkeit«. Damit werde er zur musikalischen und zur erotischen Figur: ganz im Gegensatz zu seinem Herrn Tamino.

Der Kontrast zwischen der Selbstinterpretation der Autoren Mozart und Schikaneder im Jahre 1791, und Sören Kierkegaards Analyse in dem Buch »Entweder/Oder« von 1843 ist offensichtlich. *Dort* die Grundthese, auch ein primitiver, sinnlicher und denkschwacher Mensch wie der Vogelfänger Papageno könne durch Familie, geordnete Sinnlichkeit und Gehorsam langsam humanisiert werden und mithin aufhören, eine unaufgeklärte, mythische Existenz weiterzuführen. *Hier* dagegen die Verteidigung Papagenos gegen solche Versuche: zugunsten des Weiterbestandes seiner sinnlichen Unmittelbarkeit, was bei Kierkegaard bedeutet: zugunsten einer Weiterexistenz als »mythischer Papageno«.

Es handelt sich nicht allein um Gegensätze zwischen Mozart und Kierkegaard, dem Mozartverehrer. Das würde wenig besagen. Was den antithetischen Deutungen zugrunde liegt, ist ein Wandel der historischen Konstellation. Die »Zauberflöte« gehört zum ideologischen Ausklang des Ancien Regime, damit zu einer Aufklärung, die noch ohne die Zwänge einer etablierten und siegreichen bürgerlichen Gesellschaft auszukommen vermag. Kierkegaard hingegen lebt inmitten der bürgerlichen Wirklichkeit, die auch Religion rationalisieren, nützlich machen, als ästhetische oder gar moralische Erbauung konsumieren möchte. Dagegen kämpft das Buch »Entweder/Oder«. Weshalb es die Verteidigung der Außenseiter gegen bürgerliche Normen übernehmen muß: des unordentlichen und auch Unordnung stiftenden Cherubino; des sinnlich-unmittelbaren, unaufgeklärten, un-

weisen Papageno; des Don Juan schließlich als einer »Figur der Grenzüberschreitung« (Ernst Bloch).
Deutsche Aufklärung war im 18. Jahrhundert energisch bestrebt gewesen, die Mythen aufzuklären und damit unschädlich zu machen. Das gelang im Kunstwerk, weil die Wirklichkeit kaum erst mit solchen Postulaten ernstmachen konnte. Ein bißchen josephinische und friderizianische Toleranz lieferte noch keine gesellschaftlichen Bedingungen der Möglichkeit. Die Französische Revolution wurde zum Wendepunkt. Allein das war ein »exogener« Vorgang. Der Wandel in der Darstellung eines »aufgeklärten Mythos« von Goethe bis Hebbel und von Mozart bis Kierkegaard stellt sich dar als langsamer, doch unaufhaltsamer Umschlag vom aufgeklärten Mythos zu einer von neuem mythisierten und damit unschädlich gemachten Aufklärung.

Über die Menschenfresser (Montaigne)

Das XXXI. Kapitel im Ersten Buch der »Essais« von Montaigne aus dem Jahre 1580 trägt die Überschrift »Des Cannibales«. In der kühlen Ruhe eines Denkens, das im Alltag philosophiert und die unmittelbaren Gegebenheiten der sinnlichen Erfahrung überdenkt, übt ein Aristokrat am Ufer der Dordogne die damals ungewöhnliche Fähigkeit, das Ungewöhnliche im Leben nicht an irgendwelchen vorgegebenen Normen zu messen, sondern als Besonderheit zu verstehen. Montaigne ist die folgerichtige Inkarnation eines Denkers der Aufklärung, weil seine Vernunft nicht von irgendwelchen materialen Normen ausgeht, sondern das vernünftige Abwägen in jedem Einzelfall gegen die Abstraktionen und angeblichen Gewißheiten der öffentlichen Doktrin zu stellen weiß.
Im XIX. Kapitel des Zweiten Buches, das »De la Liberté de Conscience« überschrieben wurde, was dem Text nach sowohl die Bekenntnisfreiheit meint wie das freie Denken, ergreift der Verfasser der »Essais« die Partei des von allen Christen geschmähten, nach katholischer wie protestantischer Theologie verworfenen römischen Kaisers Julian Apostata: des Abtrünnigen, der die Gefahren christlicher Religion für sein Imperium

ermaß und bekämpfen wollte, dabei jedoch unterlag. »Er war in Wahrheit ein seltener und sehr großer Mann«, sagt Montaigne, »und seine Seele war hell geworden durch die philosophischen Erwägungen, nach denen er seine Handlungen zu richten suchte.«

Dies ist eine Verteidigung des absoluten ideologischen Außenseiters. Sie wird unternommen mitten in einem erbarmungslosen Religionskrieg. Im XXX. Kapitel des Zweiten Buches demonstriert Montaigne am Beispiel eines Kindes, das als Mißgeburt aufwächst, wie notwendig es sei, daß sich ein Denken, das die Gleichheit aller Menschen postuliere, auch vor einem solchen Fall bewähre.

Das Kapitel über die »Kannibalen« muß von solchen philosophischen Grundpositionen her verstanden werden. Da Montaigne sein Denken als Gelegenheitsphilosophie betreibt, ganz fern aller späteren deutschen Systematik, gibt es in den »Essais« scheinbar kein Fortschreiten des Gedankens. Montaigne bleibt – scheinbar – nicht beim Thema. Es macht ihm nichts aus, einem Kapitel über die Bedeutung der Daumen ein anderes folgen zu lassen, wo nachgewiesen wird, daß Feigheit die Mutter der Grausamkeit ist.

Das Kapitel über die Menschenfresser beginnt, wie üblich bei Montaigne, mit einer Darstellung der üblichen Ansicht über die »Barbaren«, die man in Frankreich stets gekannt hatte: als Eingeborene aus Afrika, die aber seit dem Zeitalter der Entdeckungen in neuer Zahl und Qualität aufgetreten waren im christlichen Europa. Caliban als gesellschaftliches, politisches und juristisches Phänomen, das man besichtigen konnte als Reisender nach dem neuentdeckten westlichen Indien, aber auch besichtigen durfte als Import von versklavten Kreaturen, beschäftigte das Denken wie die Einbildungskraft. Der Dominikaner-Bruder Bartolomé de Las Casas, der sich bei Philipp II. von Spanien gegen eine Politik der Sklaverei und Ausrottung zur Wehr setzt; Montaignes Versuch über die Kannibalen, der sich stellenweise liest wie ein vorweggenommener Jean-Jacques Rousseau im Preis von Schönheit und Natürlichkeit dieser »Wilden«; die Unsicherheit und geheime Faszination schließlich, die man bei Shakespeare spürt, wenn er Prospero und Caliban miteinander konfrontiert: sie stellen konvergierende Bemühungen des Geistes dar vor einem ungewohnten neuen Phänomen des Menschentums. Das Denken der Renaissance, gerade darin den antiken Traditionen eng verbunden, hatte sich hier wahrhaft zu bewähren.

Montaigne beginnt die Betrachtung über Barbaren und Kannibalen ironischerweise mit dem bekannten Hinweis darauf, daß die Griechen alle Nichtgriechen einfach als »Barbaren« zusammenfaßten. Dennoch habe der Grieche Pyrrhos von Epirus beim Anblick einer römischen Schlachtordnung ausgerufen: sehr barbarisch komme ihm das nicht vor!

Das bringt Montaigne auf Zeugenaussagen über den Barbarismus von Eingeborenen im neuentdeckten südlichen Amerika. Es handelt sich um Brasilien. Einer von Montaignes Leuten sei dort fast zwölf Jahre lang gewesen: ein schlichter und grober Mensch, was den Philosophen entzückt, weil einem solchen Urteil zu trauen sei, da es außerstande wäre, etwas zu erfinden. Nach den Aussagen dieses Zeugen über die dortigen Eingeborenen sei zu folgern: »Ich entdecke nichts Barbarisches und Wildes an dieser Nation, nach allen Berichten, außer daß jeder das für barbarisch hält, was seinen eigenen Gewohnheiten widerspricht. Wir haben offenbar keinen anderen Wahrheits- und Vernunftsbeweis, als die Meinungen und Gewohnheiten des Landes, wo wir leben. Hier bei uns gibt es die vollkommene Religion und Politik, den perfekten Gebrauch aller Dinge. Dort aber gibt es Wilde ...«

Dann folgt eine Antizipation des Rousseauismus. Wir sprechen, meint Montaigne, von wilden Früchten, um die natürlichen Erzeugnisse abzuwerten, während die Produkte unserer Züchtungen in Wirklichkeit als Entartung verstanden werden müßten. »Wir haben die Schönheit und den Reichtum der Natur durch unsere Erfindungen so belastet, daß wir sie erstickt haben.« Das gelte auch für die Menschen: »Diese Völker sind nur insoweit barbarisch, als sie nur sehr wenig Formung des menschlichen Geistes erhalten haben und ihrer ursprünglichen Unbefangenheit noch sehr nahe sind.«

Mit traurigem Hohn vergleicht der Essai über die Menschenfresser die Tötungszeremonien der Wilden an ihren Feinden mit der raffinierten Grausamkeit der Portugiesen, die den Barbaren erst beigebracht hätten, daß man einen Menschen auch lebendig begraben und auf ausgesuchte Art quälen kann. Sogar den Kannibalismus, als ein Essen von Menschenfleisch, will Montaigne unter Berufung auf die Stoiker Chrysippos und Zenon mit Hilfe der Vernunft rechtfertigen.

Das Kapitel endet, gleichsam als Vorwegnahme von philosophischen Märchen des 18. Jahrhunderts von edlen Wilden und korrumpierten Europäern, als Reflexion über Erfahrungen mit jenen Eingeborenen aus dem südlichen Amerika, die nach Europa und zwar an den Hof der Valois gekommen seien: »nicht ahnend, daß sie ihre Kenntnis der hiesigen Verderbtheiten eines Tages mit ihrem eigenen Glück und Seelenfrieden bezahlen müssen, und daß der Umgang mit uns ihren Ruin bedeuten wird ...«

Bemerkenswert aber findet Montaigne, was jenen Besuchern aus der barbarischen Welt jenseits des Atlantik aufgefallen war. Man hatte sie an den Hof des Königs Karl IX. gebracht, eines geistesschwachen Knaben, der vorzeitig, durch den plötzlichen Tod seines Bruders Franz II., auf den Thron gelangte. Den Wilden fiel auf, und sie sagten es auch, daß so viele stattliche Erwachsene, stark und bärtig, einem Kind gehorchten, statt sich einen ebenso starken Herrscher zu wählen. Dann aber hatten die Besucher bemerkt, »daß die Hälfte der Menschen mit allen Annehmlichkeiten ausgestattet war, und daß die andere Hälfte an den Türen bettelte, ausgezehrt von Hunger und Armut. Und sie fanden es seltsam, daß jene Hälfte eine solche Ungerechtigkeit hinnahm, statt jene andere an der Kehle zu packen und ihre Häuser in Brand zu setzen.«

Montaigne fügt noch ein eigenes Gespräch an mit einem jener offenbar privilegierten »Hauptleute« der Barbaren zu den Zeugenaussagen und Betrachtungen. Er habe jenen gefragt, welches Privileg er bei den Seinen in Friedenszeiten genießen könne. »Er antwortete, daß man ihm beim Besuch in den Dörfern, die ihm untertan seien, die Wege durch das Gestrüpp bahne, damit er bequem hindurchgehen könne.«

Montaigne schließt: »Das ist gar nicht so übel. Aber freilich tragen sie Schuhe mit Stelzen!«

Die einzigartige Bedeutung dieser Betrachtung Montaignes über die Kannibalen liegt im Einsatz einer gleichsam *absoluten Aufklärung*. Der Seigneur de Montaigne ist reich und hochadlig. Er ist angesehen am Hofe des Louvre und besitzt hugenottische Freunde. Er lebt zwischen den Parteien der Religionskriege, als Zeitgenosse Philipps von Spanien und der Königin Elisabeth. Der Erstdruck der »Essais« im Jahre 1580 entzückt den letzten Valois, König Heinrich III., aber auch der durchaus antikatholische Shakespeare wird ein aufmerksamer Leser der »Essais«. Montaigne hat erkannt, daß sich die menschliche Vernunft in dieser Epoche einer geistigen »Wiedergeburt« an zwei Grundphänomenen der Gesellschaft bewähren muß: an der Glaubensspaltung und an der ungeahnten Existenz von Menschen und Kulturen, die aufgewachsen und gewachsen sind ohne Antike und Christentum, *ohne Platon und die Bergpredigt*. Die absolute Aufklärung der »Essais« besteht drin, daß nirgendwo eine inhaltliche Fixierung von Vernunftpostulaten versucht wird. Aufklärung ist eine Geisteshaltung und Arbeitsmethode, kein Normenkatalog. Daher später die Mühe Immanuel Kants, dem diese Eigentümlichkeit von Aufklärung bewußt geblieben war, trotzdem mit Hilfe des formalen Verfahrens zu inhaltlichen Maximen, etwa in Form des kategorischen Imperativs, zu gelangen.

Die Gedanken über Kannibalen und Kannibalismus demonstrieren gleichzeitig, daß die absolute Aufklärung nicht die Aufgabe übernehmen darf, vorhandene Mythen zu zerstören, um sie durch andere, scheinbar weniger »barbarische« zu ersetzen. Der aufgeklärte Mythos, der alle Gegenwelt als Aberglauben abtut und ersichtlich genau zu wissen scheint, wie sich normative Aufklärung zu verhalten hat, bewirkt nicht Humanisierung, sondern eine neue Form scheinbar illuminierter Mythologie. Das wird an Shakespeares letztem Werk, dem »Sturm«, offenbar.

Prospero und Caliban

Dem Caliban in Shakespeares »Sturm«, dem Sohn der Hexe Sycorax und eines Teufels, ist die Affinität mit den Kannibalen bereits im Namen mit auf den Weg gegeben worden. So daß der deutsche Moralist *Gustav Landauer*, als er im Kriegsjahr 1917 mit seinen Shakespearevorlesungen bei dem rätselhaften Schlußwerk angelangt war, die Wahrheit Calibans, wonach aus einer Kopulation mit der jungen Miranda eine »brave brood« entspringen würde, mit dem Kannibalismus der Studenten aus der Szene in Auerbachs Keller konfrontiert: »Wenn wir calibanisch die Wahrheit sagen wollen: denken denn die, denen kannibalisch wohl ist ›als wie fünfhundert Säuen‹, in ihrer Wollust an die Brut, an die Kinder?«

Man hat die Bedeutung Calibans für die Struktur und Dramaturgie des »Sturm« jahrhundertelang verkannt. Daß sich Prospero und Caliban, die eigentlichen Gegenspieler, zueinander keineswegs in Form der reinen Position und der reinen Negation verhalten, ist spät erst verstanden worden. Genau: seit das Scheitern der bürgerlichen Aufklärung und das Fehlen einer Alternative zu ihr nicht länger beschwiegen werden konnte. Die Literaturpsychologen des 19. Jahrhunderts waren fasziniert von den rätselhaften Relationen zwischen dem »Erlebnis« eines Autors und seiner »Dichtung«. Ob der Abschied Prosperos von der Magie einen Abschied Shakespeares vom Theater umschreibe (der angesehene dänische Literaturwissenschaftler Georg Brandes verwandte viel Sorgfalt auf diese These), war wichtiger, weil nicht entscheidbar, als der Text des Stückes.

In seiner entschiedenen Gegenposition zu aller Art des Naturalismus (und übrigens auch des russischen Realismus in Tolstois oder Dostojewskis Romanen) weigerte sich der amerikanische Wahlengländer *Henry James* im Jahre 1907, in seiner Einleitung zur Ausgabe des »Tempest« in der Renaissance Edition, das letzte Shakespearestück überhaupt anders zu interpretieren denn als artistische Schöpfung von höchster ästhetischer Vollendung. Der »Sturm« sei vollkommene Musik, von einem Meister vor dem Harpsichord erfunden. Worauf das Instrument vom Spieler zugeklappt wurde.

In dieser Interpretation des entschiedenen Formalismus wird jegliche »Botschaft« Shakespeares geleugnet. Die Handlung des »Sturm« sei belanglos. Die Grundlagen der Shakespearekomödien würden durch »Altweibergeschichten« konstituiert. Die Königsdramen hätten überhaupt keine Handlung, und die sogenannte Story des »Sturm« sei »vollkommen nichtig, denn jede Geschichte kann mit einer fernen Insel dienen, mit einem Schiffbruch und mit Zufällen«. Da sei nichts als vollkommener Stil: »Ariel und Caliban und die Inselllüfte und Inseldüfte und auch der übrige magische Zauber und die unauslöschliche Zartheit des Ganzen (eine Zartheit, die am schönsten gelang im Entwurf des Caliban und in seiner Ausführung), alles ist Stil ...« Worin freilich die ästhetische Vollendung des Calibankonzepts bestehen soll, das gedenkt Henry James dem Leser nicht mitzuteilen.

Zehn Jahre später (1917) wird die ästhetische durch eine dezidiert moralische Deutung des Geschehens zwischen Prospero und Caliban abgelöst. *Gustav Landauer* versteht den Antagonismus aus einer starken und emotionalen Identifikation des Deuters mit der Weisheit Prosperos. Der aus der Macht vertriebene Intellektuelle, der sich durch Zauberbücher sein Inselreich errichtete, mit Caliban als einzigem Untertan, erscheint bei Landauer, im Zeichen des expressionistischen Menschheitsglaubens, als Sinnbild des europäischen Humanisten. Wobei sich der Interpret in der Tat nicht allein auf die Montaigne-Anklänge im Text des »Sturm« berufen darf, sondern auch auf das rätselhafte, in der Sprache Shakespeares so seltene Wort, womit Prospero, bevor er sein Zaubergerät von sich tut, alle Mühe um Caliban umschreibt.

> A devil, a born devil, on whose nature
> Nurture can never stick; on whom my pains,
> Humanely taken, all, all lost, quite lost; (IV, 1)

Humanely taken. Ein Versagen des Humanisten nicht vor dem Bildungslosen, sondern vor dem Bildungsfeind.

Auch Landauer sieht den Caliban mit Prosperos Augen: »Er ist die verkörperte, die wahrhaft von der inneren Niedertracht her Körper und bewegter Organismus gewordene Häßlichkeit.« Wobei der Interpret in seinem moralischen Eifer übersieht, daß Begriffe wie Niedertracht und Häßlichkeit ein ethisches und

ästhetisches Normensystem voraussetzen, dem Caliban aus eigener Substanz nicht entsprechen kann.
Weshalb Gustav Landauer sogleich, ohne solchem Einwand sich zu stellen, nach mildernden Umständen sucht für das Kind der Hexe und des Teufels: »Und doch hat Caliban etwas an sich, was uns zu Versöhnung und fast zu Rührung stimmen könnte ... Man kann ihn nicht mehr schuldig nennen als eine Hyäne oder eine Schlange; er trägt die Urschuld oder Erbsünde der gesamten Schöpfung, nicht mehr, nicht weniger ...«
Allein der am Boden kriechende, mit Flossen behaftete, des »aufrechten Ganges« unfähige Caliban ist kein Tier, sondern ein Mensch. Die aus Büchern destillierte Unterweisung durch Prospero blieb nicht folgenlos. Man hat mit Recht bemerkt, daß Caliban bei Shakespeare in Versen spricht. Auf dem Höhepunkt der alkoholischen Beglückung erweist er sich als einer, der Reime zu singen vermag.

> No more dams I'll make for fish;
> Nor fetch in firing
> At requiring;
> Nor scrape trenches, nor wash dish;
> 'Ban, 'Ban, Cacaliban
> Has a new master: – get a new man. (II, 2)

Und dann ein Gebrüll in Prosa: nach Freiheit, nach Freiheit! Er hat das Identitätsgefühl des Knechtes, der den Herren wechselt, den eigenen Namen weiß, und sogar Sprachspiele damit zu treiben vermag. Da ist nichts von Unschuld der Hyäne oder Schlange. *Caliban läuft weg aus der Schule der Aufklärung*. Er weiß auch, was Dankbarkeit ist, denn er entschied sich für die Undankbarkeit. Dem Prospero zollt er höhnisch Dank dafür, daß er ihn Worte lehrte für das Fluchen. Er weiß auch, was Herrschaft und Knechtschaft bedeuten. Einst war er selbst Herr der Insel. Der scheinbar so aufgeklärte Weise hat ihn geknechtet: mit Hilfe der Bücher. Weshalb Caliban seinem neuen Herrn und Gott Stephano, als er nüchtern und rational planend die verschiedenen Möglichkeiten zur Ermordung des schlafenden Prospero durchspielt, dringend zurät, zuerst sich der Bücher Prosperos zu bemächtigen, da er ohne die Bücher machtlos und nur ein armer Dummkopf sei wie er selbst: wie Caliban.

Caliban wurde zwischen den Mythos und die Aufklärung gestellt. Er entscheidet sich für den Mythos. Der Gott der Hexe Sycorax, und folglich auch der seine, war Setebos: ein Gott der Indianer. (Eine Erzählung *Arno Schmidts* aus dem Band »Kühe in Halbtrauer« ist betitelt »Caliban an Setebos«.) Am Mythos hält Caliban fest, dennoch ist die Aufklärung nicht wirkungslos geblieben. Caliban hat mit dem Sprechen auch die »instrumentale Vernunft« gelernt. So lebt er bei Shakespeare um das Jahr 1610 bereits den Synkretismus vor. Gleich jenen Völkern der dritten Welt, die Woodoozauber und moderne Medizin synkretistisch im Dasein amalgamieren.

War alle Aufklärung Prosperos vor Caliban gescheitert? Die Shakespearedeutung von *Jan Kott*, die mit Recht weder eine gewaltlose Güte Prosperos gelten läßt, noch eine Tierhaftigkeit Calibans, will trotzdem nicht ein völliges Scheitern konstatieren.

In der Sammlung seiner Shakespeare-Studien hat Kott für die Analyse des »Sturm« die naheliegende Überschrift gewählt »Prosperos Stab«. Damit benennt er jene Welt der Magie, die der alleingebliebene Beherrscher der Inselwelt abtut von seinem Pfad, bevor er nach Mailand, in sein Herzogtum, zurückkehrt. »Wer ist Prospero und was bedeutet sein Stab? Warum verbindet er Wissen mit Magie, und was ist der endgültige Sinn seiner Konfrontation mit Caliban? Denn Prospero und Caliban sind die Helden des ›Sturm‹.«

Im Gegensatz zu den Interpreten der Figur des Prospero, die sich, wie der polnische Literaturwissenschaftler höhnisch anmerkt, den vertriebenen Herzog von Mailand und Magier einer Inselwelt im langen Astrologenkleid vorstellen möchten, versteht Kott mit gutem Recht die Geschichte Prosperos als eine solche der *gescheiterten Aufklärung*. »Alles konnte sich ändern und nichts änderte sich.« Daß Prospero von Shakespeare nach dem Vorstellungsbild des *Leonardo da Vinci* entworfen wurde, ist mehrfach in der Forschung betont worden. Auch Kott weist hin auf die Affinität zwischen dem legendären italienischen Meister/Magier und der Kunstfigur William Shakespeares. Daß Prospero auch ein Leser Montaignes war, ist unverkennbar. Schon Hamlet hatte in seinen monologischen Gedanken über den Menschen als Meisterwerk, über edle Vernunft und seine unbegrenzten Fähigkeiten (Hamlet II, 2) aus den »Essais« von Montaigne zitiert: um schmerzlich den Kontrast der menschlichen Wirklichkeit zur Möglichkeit zu beklagen. Auch Prospero wird verzehrt von diesem Widerstreit zwischen virtueller Vernunft und realer Unvernunft. Gedanken Montaignes über die Kannibalen sind gleichfalls bei Shakespeare verarbeitet, wie Kott mit Recht anführt. Doch in welcher Form? Gewiß hat Prospero seinen Montaigne gelesen, aber auch der ohnmächtige, gutwillig-schwache Gonzalo, der nichts tat, um dem Intellektuellen Prospero das Mailänder Herzogtum zu bewahren. Gonzalo war bloß fähig, dem vertriebenen Fürsten seine Bücher zu retten. So wird aus Gonzalos Bericht von der *utopischen Gesellschaft* durch die Art, wie Shakespeare den Höfling vor erschöpften und gelangweilten Aristokraten auf einem wüsten Eiland die Vision vortragen läßt, eine Szene von bitterer Heiterkeit.

Der noble Traum eines Thomas Morus und Montaigne wird kontrastiert mit der Dummheit und Niedertracht von Schiffbrüchigen, die nach ihrer wunderbaren Rettung eifrig darangehen, neue Ränke zu spinnen und neue Torheiten zu äußern. Kott formuliert: »Aber Shakespeare glaubte nicht an die guten Wilden, wie er nicht an die guten Könige glaubte. Suchte er die Utopia, so placierte er sie im Ardennerwald ... Shakespeare glaubte nicht an die glücklichen Inseln. Sie lagen den Kontinenten zu nahe ...«

Weshalb der »Sturm« in der Interpretation von Jan Kott als *melancholische Komödie der verlorenen Illusionen* gedeutet wird. Prospero als gescheiterter Aufklärer zu einer Zeit, da die bürgerliche Aufklärung in Europa noch gar nicht ihre gesellschaftliche Grundlage gefunden hatte. Prospero verkörpert den aufgeklärten Mythos: doch im Widerstreit mit einer Welt, die einerseits immer nachdrücklicher die Technik der instrumentalen Vernunft in Handel und Schiffahrt, auch im Wirtschaftsprozeß einer ursprünglichen Akkumulation anzuwenden weiß, gleichzeitig jedoch geistig weiter beharrt im mythischen Denken. Giordano Bruno wird verbrannt, Thomas Morus enthauptet, auch Thomas Müntzer, die Inquisition wird eingesetzt durch die spanische Gegenreformation. Leonardo da Vinci stirbt einsam, ganz wie später der Naturwissenschaftler Galilei. In ihre Reihe stellt Shakespeare auch seinen Prospero.

Prospero ist kein guter Fürst, auch nicht in der Einsamkeit des Zaubereilands. Mit Zaubergewalt macht er sich den Luftgeist Ariel dienstbar, mit Zauber, der Gewaltanwendung zu erzeugen verstand, unterwirft er sich den eingeborenen Herrn der Insel: Caliban. Soll man hier bereits, lange vor den europäischen Umwälzungen, die solche Systeme schließlich hervorbrachten, in Prosperos Reich von einem *aufgeklärten Despotismus* sprechen? Die aufgeklärte Despotie ist allenthalben in Europa gescheitert. Am nachdrücklichsten im 18. Jahrhundert in Wien beim guten Kaiser Joseph, und in Potsdam bei König Friedrich von Preußen. Auch an seinem einzigen Untertan Caliban mißlingt der despotische Illuminismus Prosperos. Caliban mag kein kannibalischer Mensch sein, aber ein edler Wilder im Sinne europäischer Aufklärung des 18. Jahrhunderts ist er ganz gewiß nicht.

Jan Kott behauptet zwar von Caliban: »Vielleicht ist er der einzige im Stück, der sich wirklich ändert.« Allein das weiß man nicht, und Shakespeare läßt die Frage offen.

Genauso offen wie seine Antwort auf die berühmte Schwärmerei der jungen und ahnungslosen Miranda über Schönheit und Größe des Menschen:

> »O, wonder!
> How many goodly creatures are there here!
> How beauteous mankind is! O brave new world,
> That has such people in't!« (V, 1)

Der Zauberer Prospero, der diese wackere neue Welt nur allzugut kennenlernte, antwortet kurz: »Tis new to thee.« Nicht zufällig daher, daß Aldous Huxley seine berühmte Gegenutopie von einer total verwalteten und nivellierten Welt im Jahre 1932 mit eben jenem Ausspruch der naiven Miranda versah: »Brave New World«.

Auch *Leslie A. Fiedler* gibt der Darstellung von Außenseitern in

Shakespeares »Sturm« diesen trockenen Satz als Überschrift: »Tis new to thee.« Er weist darauf hin, daß sowohl das Wort vom Kannibalen wie folglich das Anagramm des Namens Caliban zurückzuführen sei auf das Wort »Carib«. Die Bezeichnung Carib meinte den ersten Indianerstamm, der in Europa bekannt wurde. Auch Fiedler interpretiert Caliban durchaus als Menschen, aber aus bisher unbekannter Gegend und von vorerst ungewohnter Gestalt: wenn man sagt, daß Caliban bei Shakespeare ein Indianer ist, so meint man damit, daß er ein Problem darstellte, denn Shakespeares Zeitalter war nicht fähig gewesen zu unterscheiden, was diese Indianer in Wirklichkeit seien. Übrigens unterstreicht Fiedler, der gleichfalls, wie Jan Kott, und im Gegensatz etwa zu Gustav Landauer, viel Zuneigung aufbringt für Caliban, die bei Shakespeare naiv und genußvoll dargestellte naive Sinnlichkeit dessen, den seine Kumpane Stephano und Trinculo stets nur als »klein Monster« anzureden pflegen. Caliban hatte das Kind Miranda vergewaltigen wollen. Prospero konnte ihn daran hindern. Ironisch meint Fiedler über Caliban: »So wird er der erste farbige Vergewaltiger innerhalb der Literatur des weißen Mannes.«

Überblickt man die Jahrhunderte der Aufklärung in Europa von den Anfängen bei Montaigne oder Shakespeare bis zur Konfrontation zwischen Sarastro und Papageno am Ausgang des 18. Jahrhunderts, so stellt sich der Ablauf unweigerlich dar *als Prozeß der Selbsttäuschung und Beschönigung*. Michel de Montaigne hatte die Kannibalen als Menschen und damit als seinesgleichen gedeutet. Er bewunderte ihre Schönheit, Natürlichkeit und Würde. Allein er schrieb als aufgeklärter Einzelner in mythisch-unaufgeklärten Zeitläuften. Shakespeare übernahm, als Leser, die Gedanken des französischen Skeptikers, um die Konfrontation zwischen Prospero und Caliban als hoffnungslose und glücklose Beziehung zu deuten, worin die Aufklärung mißlingt, die mythische Welt Calibans intakt bleibt, höchstens durch gelernte Aufklärung ein wenig modifiziert werden kann.

Bei Mozart und Schikaneder steht in Prospero-Sarastro auch ein Aufklärer auf der Opernbühne, dem Gewalttat nicht fremd ist. Pamina wurde geraubt, das Reich der Königin der Nacht muß zerschmettert werden. Man zwingt nicht zur Liebe, aber gewährt die Freiheit nicht.

Caliban aber wurde aufgeteilt in Papageno und Monostatos. Monostatos bleibt draußen und ausgeschlossen von aller Aufklärung, »weil ein Schwarzer häßlich ist«. Überdies finden Mozart und Schikaneder für seinen Untergang an der Seite der nächtlichen Königin sogar noch ein Schuldmoment: Strafe für den Verrat. Das ursprüngliche Ritual dringt abermals durch. Auch der Mohr versucht, wie einstmals Caliban, die Vergewaltigung der schönen weißen Frau.

Papageno hingegen ist ein Weißer, womit die bedrohliche Schärfe der ursprünglichen Konstellation zwischen Prospero und Caliban zurückgenommen wurde. Zwar wird er nicht zugelassen zur Gemeinschaft der Illuminaten, darf aber mit seiner Papagena im Sonnenreich wohnen und sich vermehren. Er behält seine mythische Welt, darf aber der Vorteile eines aufgeklärten Lebens teilhaftig werden. So wollen es die Freimaurer, doch war ihre Gemeinschaft, zu welcher sich die aufgeklärten Despoten Joseph und Friedrich ebenso zählten wie Goethe, Wieland oder Mozart, ein elitärer Verband der weißen Männer, der Frauen ebenso ausschloß wie Fremde aller Art, oder Außenseiter. In der aufgeklärten Theorie wurde die Gleichheit aller Menschen postuliert, doch die aufgeklärte Praxis kontrastierte mit solcher Theorie. Gelöst wurde nichts mit dem Postulat der formellen Gleichheit aller Menschenrassen. Das erkennt man an den trotzigen Bemühungen Immanuel Kants um solche Egalität ebenso, wie an den fast besessenen Anstrengungen der Dichter, den Konflikt zwischen Europäerwelt und Welt der Fremden entweder in Harmonie ausklingen zu lassen, oder als bloß individuelle Tragödie aus individueller Schuld zu spezifizieren. Allein man kam nicht los vom Kontrast zwischen der Griechin Iphigenie und den fremden Skythen auf Tauris; von der fremden Medea im zivilisierten Korinth; von Achilleus und der Amazonenkönigin Penthesilea.

Immanuel Kants »Bestimmung des Begriffs einer Menschenrasse«

In einer kritischen Würdigung, die *Franz Mehring* zum hundertsten Todestag Immanuel Kants im Jahre 1904 verfaßte und die auch einen ähnlichen Titel hätte tragen können wie Mehrings Schiller-Biographie vom Jahre 1905, nämlich »Ein Lebensbild für deutsche Arbeiter«, wehrt sich der sozialdemokratische Historiker und Literaturtheoretiker gegen alle Versuche, die sozialistische Theorie in Deutschland als Vermischung von Marxismus und Kantianismus zu verstehen. Jene später und nach dem Tode von Mehring (1919) vor allem von Max Adler und anderen Austromarxisten unternommenen Bemühungen um eine Synthese aus Kant und Marx bekämpft Mehring mit dem besten Argument: dem Hinweis nämlich auf das grundsätzlich *ungeschichtliche* Philosophieren des transzendentalen Idealismus. Mehring wehrt sich gegen alle Versuche, die Formel Immanuel Kants, wonach der einzelne Mensch niemals als bloßes Mittel zu einem ihm selbst entfremdeten Zweck benutzt werden dürfe, als Faustregel bei der Errichtung einer sozialistischen Gesellschaft anzuwenden: »indem man argumentiert, in der sozialistischen Gesellschaft würden alle Menschen zugleich Mittel und Zwecke sein«.

Mehring repliziert: »Allein diese Argumentation bestätigt nur die Tatsache, daß Kant auf seine Jünger ... seinen gänzlichen Mangel an historischem Sinn vererbt hat. Die einzige Ausnahme bildet Schiller, und diese Ausnahme ist auch nur scheinbar. Denn Schillers historischer Sinn entsprang durchaus nur seiner dichterischen Intuition, wie ein Vergleich zwischen seiner dilettantenhaften Geschichte des Dreißigjährigen Krieges und seiner genialen Wallenstein-Trilogie zeigt.«

Die Kritik ist berechtigt. Sie wird bestätigt durch das Mißlingen aller theoretischen und politischen Bemühungen des Austromarxismus um ein Amalgam aus Kant und Marx, vor allem durch die unentbehrliche Hegel-Komponente des historischen Materialismus, die als Weiterführung der Auseinandersetzung Hegelscher Geschichtsphilosophie mit dem Aufklärungsdenken Kants und der Kantianer verstanden werden muß.

Daß Immanuel Kant alles andere als »abstrakt« dachte in dem von Hegel verspotteten Sinne, zeigt die Lektüre vor allem seiner philosophischen Arbeiten zur Anthropologie und auch zur Geschichtsphilosophie. Andernfalls wäre das Konzept einer Arbeit mit dem Titel »Idee zu einer allgemeinen Geschichte in weltbürgerlicher Absicht« nicht zu verstehen. Allein die Konkretheit und fachwissenschaftliche Bildung, die Kant in seinen anthropologischen Studien demonstrierte, beruht darauf, daß er seine Aussagen über die Beziehungen zwischen Menschenrassen und Geographie, Klima, Reichtum oder Armut des Wirtschaftens niemals als Produkte geschichtlicher Entwicklung versteht. Das Denken und Fühlen von Menschen der verschiedenen Rassen bringt Kant durchaus mit den natürlich-gesellschaftlichen Gegebenheiten in Verbindung. Diese Gegebenheiten selbst jedoch betrachtet er in der Tat als vorgeprägt, und wohl auch als grundsätzlich unveränderbar. Dadurch entsteht ein geschichtsloser Raum des Philosophierens. Die Idee einer Geschichte in weltbürgerlicher Absicht ist insgeheim geschichtslos. Für Kant gibt es, als Grundlage der neun Thesen seiner Untersuchung vom November 1784, die Gegebenheiten der »Natur« zum einen, andererseits einer zwar in verschiedenen Rassen sich darstellenden, jedoch als Einheit zu verstehenden Menschheit. Die *Größe dieses Philosophierens* besteht darin, daß Kant alle Menschen, unabhängig von ihrem Aussehen, Ergehen und Bildungsstand, als gleichberechtigt ansieht. Sie alle sind einem geheimen Plan der Natur unterworfen. Weshalb die Untersuchung postuliert: »Man kann die Geschichte der Menschengattung im großen als die Vollziehung eines verborgenen Plans der Natur ansehen, um eine innerlich – und, zu diesem Zwecke, auch äußerlich – vollkommene Staatsverfassung zu Stande zu bringen, als den einzigen Zustand, in welchem sie alle ihre Anlagen in der Menschheit völlig entwickeln kann.«

Da die Aufsätze Kants zur Anthropologie und Geschichtsphilosophie, die zumeist in der »Berlinischen Monatsschrift« im Jahrzehnt zwischen 1784 und 1794 erschienen, unverkennbar eine Einheit darstellen, gehört zu ihnen auch der Aufsatz: »Beantwortung der Frage: Was ist Aufklärung?« Die ersten Sätze jener Abhandlung vom 5. Dezember 1783 sind immer

wieder zitiert und bisweilen auch belächelt worden. »Aufklärung ist der Ausgang des Menschen aus seiner selbst verschuldeten Unmündigkeit. Unmündigkeit ist das Unvermögen, sich seines Verstandes ohne Leitung eines anderen zu bedienen.«
Man hat später verwundert gemeint, es könne doch nur von einer *unverschuldeten* Unmündigkeit gesprochen werden. Allein so steht es nicht bei Kant. Eine solche Art der Argumentation hätte außerdem ein Denken in geschichtlicher Entwicklung – von der Unmündigkeit zur Mündigkeit – vorausgesetzt. Kant aber philosophiert ebenso geschichtsfremd wie rigoros. Von Schuld sei zu sprechen, nämlich von »Faulheit und Dummheit«. Als Folgerung schreibt er den Satz: »Es ist so bequem, unmündig zu sein.«
Folgerichtigerweise müßte eine Interpretation des Shakespeareschen »Sturm« durch Immanuel Kant alle Divergenz zwischen Prospero und Caliban von Grund auf negieren. Da Kant den von Prospero geknechteten Caliban als menschengleich zu seinem Herrn verstehen muß, wird das Spannungsverhältnis zwischen Mythos und Aufklärung eliminiert. Es stehen zwei Arten der Aufklärung gegeneinander. Vielleicht auch zwei Arten einer durch Faulheit wie Dummheit verschuldeten Unmündigkeit.
Daß Kant in solcher Schroffheit argumentieren würde, ergibt sich aus seiner Untersuchung »Bestimmung des Begriffs einer Menschenrasse«, wo es heißt: »Die Klasse der Weißen ist nicht als besondere Art in der Menschengattung von der der Schwarzen unterschieden; und es gibt gar keine verschiedenen Arten von Menschen. Dadurch würde die Einheit des Stammes, woraus sie hätte entspringen können, abgeleugnet, wozu man, wie aus der unausbleiblichen Anerbung ihrer klassischen Charaktere bewiesen worden, keinen Grund, vielmehr einen sehr wichtigen zum Gegenteil hat.«
An einer solchen These werden die besonderen *Widersprüche der Aufklärung in Deutschland am Vorabend der Französischen Revolution* sichtbar. Der natürliche Mensch im Sinne von Kant ist virtuell aufgeklärt. Der alten Formel von einer anima naturaliter christiana entspricht bei Kant und seinen Schülern die Vorstellung vom Menschen als einer anima naturaliter illuminata.

Dadurch wird die Spannung zwischen Mythos und Aufklärung durch theoretische Prämissen zwar ausgemerzt, aus der Wirklichkeit hingegen nicht fortgebannt. Weshalb jenes Werk der deutschen Literatur, das sich so ausdrücklich und angelegentlich mit der Überwindung des Mythos durch Aufklärung beschäftigt hatte, die formale dichterische Vollendung durch Entschärfung der Konflikte teuer erkaufen mußte: die *»Iphigenie auf Tauris«* von Goethe. Auch dies ist ein Werk, das vom Ausklang des Ancien Régime zu zeugen hat. Hier soll in einem langen Entstehungsprozeß zwischen 1779 und 1786, im Schwanken zwischen vershafter Erhöhung des Geschehens und prosamäßigem Diskurs, die Fremdheit zwischen skythischem Mythos und griechischer Humanität zugunsten einer allgemeinen Humanität aufgehoben werden. Dies aber gelingt nur in der poetischen Sphäre, indem die eigentliche Auseinandersetzung durch Verinnerlichung der Konflikte negiert wird.
Das Aufklärungsdenken Kants und die Aufklärungsdichtung Goethes am Ende jenes für Goethe so schmerzhaften ersten Weimarer Jahrzehnts versuchen, unabhängig von einander, denn Goethe ist niemals zum Kantianer geworden, den gleichen Konflikt in gleicher Weise zu lösen: durch das Postulat einer allgemeinen und virtuellen Prädestination aller Menschheit zur aufgeklärten Humanität.

Der eliminierte Mythos in Goethes »Iphigenie auf Tauris«

Daß die poetische Vollkommenheit seines Schauspiels, dem er gleich zu Beginn der Italienischen Reise die endgültige Gestalt hatte geben können, erkauft sei durch Glättung aller Konflikte, war Goethe bewußt. Es war nicht Koketterie im Spiel, was er am 19. Januar 1802 an Schiller schreibt, weil die »Iphigenie auf Tauris« in Weimar gespielt werden soll. Er übersendet das »Gräcisierende Schauspiel« mit den folgenden Worten: »Ich bin neugierig, was Sie ihm abgewinnen werden. Ich habe hie und da hineingesehen, es ist ganz verteufelt human.« Hier äußert sich Ironie aus Verlegenheit. Der Dramaturg Friedrich Schiller nimmt den gleichsam vorweggenommenen Einwand sogleich ernst und kommt in seiner Antwort zur Sache. Was Schillers Brief vom 22. Januar 1802 kritisiert, trifft den Kern des Konflikts und die grundlegende Schwäche der »Iphigenie auf Tauris«.

Es geht um Orest und seine Befreiung vom Mythos mit Hilfe der Aufklärung. Schiller urteilt rücksichtslos: »Orest selbst ist das Bedenklichste im Ganzen; ohne Furien ist kein Orest, und jetzt da die Ursache seines Zustandes nicht in die Sinne fällt, da sie bloß im Gemüth ist, so ist sein Zustand eine zu lange und zu einförmige Qual, ohne Gegenstand; hier ist eine von den Gränzen des alten und neuen Trauerspiels. Möchte Ihnen etwas einfallen, diesem Mangel zu begegnen, was mir freilich bei der jetzigen Oekonomie des Stücks kaum möglich erscheint; denn was ohne Götter und Geister daraus zu machen war, das ist schon geschehen. Auf jeden Fall aber empfehl ich Ihnen, die Orestischen Scenen zu verkürzen.«

Es ist leicht, dies rücksichtslose Votum zu belächeln und anzumerken, daß Schiller die spezifische Kühnheit der »Iphigenie auf Tauris« offensichtlich mißverstand. In Wirklichkeit hatte er nur allzugut die neuen Positionen Goethes begriffen, um sie abzulehnen: im Namen der dramaturgischen Konvention wie der herkömmlichen Mythologie.

Weshalb Schiller Sorge trug, gleich zu Beginn seines Briefes zu postulieren: »Das Historische und Mythische muß unangetastet bleiben, es ist ein unentbehrliches Gegengewicht des Moralischen ...« Eben dies jedoch geschieht bei Goethe nicht, in voller Absicht. Die historische Konstellation zwischen Skythen und Griechen ist nur noch im Kostüm und in einigen dramaturgischen Kniffen aufbewahrt. In Wirklichkeit sind Thoas und Arkas selbst aufgeklärte und ebenbürtige Partner der Griechen; kaum noch erkennbar als Vertreter einer mythisch-barbarischen Lebensweise. Es herrscht der Diskurs, das gebildete, bisweilen auch heftige Gespräch aufgeklärter Menschen von divergierender Herkunft und Überlieferung.

Die beiden möglichen Repräsentanten der mythischen Welt, Thoas und Orest, sind virtuell aufgeklärt. An Thoas gelingt, durch das Gespräch der Iphigenie, was Prospero bei Caliban mißlungen war: die Herstellung einer gemeinsamen Ebene des Dialoges und Konsenses.

Die mythische Welt aber, die den Muttermörder Orest von Mykene nach Delphi, von dort nach Tauris trieb, ist verinnerlicht und dadurch entschärft. Eben dies meinte Schiller mit seiner Formel: »Ohne Furien ist kein Orest.« Goethe hat die beiden Möglichkeiten einer Herausstellung des mythischen Zustandes ausdrücklich ungenutzt von sich gewiesen. Einmal die theatralische Evokation der Furien, die nicht auftreten, folglich auch nicht sichtbar entweichen können. Dann aber hat Goethe die Auseinandersetzung zwischen den beiden Repräsentanten des Mythischen ausgespart: *die Auseinandersetzung zwischen Thoas und Orest*. Erst im Fünften Aufzug kommt es zu einer nebensächlichen Auseinandersetzung zwischen den ertappten Räubern des Götterbildes der Diana und dem Herrn auf Tauris. Doch ist Orest in diesem Stadium der Handlung bereits in die Kenntlichkeit des aufgeklärten, wenngleich verbrecherischen Griechen zurückgekehrt. Thoas seinerseits ist im Gespräch mit Iphigenie, wenngleich stockend und widerstrebend, zum Partner des aufgeklärten Dialogs geworden. Als Königssohn von feudalen Manieren schlägt Orest dem König der Skythen in kindlicher Weise ein ritterliches Duell vor, was Thoas, eingedenk der tiefen Divergenzen zwischen den Kulturen, gleichsam hochmütig ablehnt: »Dies Vorrecht hat die alte Sitte nie / dem Fremden hier gestattet« (V, 6). Was Orest, abermals kindlich, mit dem Argument widerlegen möchte: dann solle man sogleich mit einer neuen Sitte beginnen. Wodurch er nur demonstriert, daß er das Wesen einer mythischen Welt nicht begreift.

Als ein Kantianer, der trotzdem als Dramatiker die archaischen Formen der Tragödie bewahren möchte, hat Schiller folglich durchaus recht, wenn er die Dramaturgie der »Iphigenie auf Tauris« von Grund auf mißbilligt.

Man hat in diesem Zusammenhang (auch beim analog untragischen Abschluß des »Torquato Tasso«) von Goethes angeblicher »Scheu vor der Tragödie« gesprochen. Dabei verkannte man, daß solches Ausweichen vor dem Bühnentod im Fünften Aufzug nicht psychologisch erklärt werden kann, sondern der philosophischen Argumentation bedarf. *Es handelt sich nicht um Nervenschwäche des Dramatikers, sondern um geistige Konsequenz eines Aufklärers*. Goethe steht unmittelbar in der Nachfolge

Lessings. Die Künstlichkeit im Tragödienschluß der »Emilia Galotti« mißfiel den Zeitgenossen. Matthias Claudius konnte den Sterbensvorsatz der Emilia nicht begreifen. Die virtuell durchaus denkbare Tragödie zwischen dem Major von Tellheim und Minna von Barnhelm wird mit Hilfe eines reitenden Boten des guten Königs lustspielhaft entschärft. Der Abschluß von »Nathan der Weise« ist singspielhaft: allegorisch und utopisch in einem. Vergleichbar dem Quintett am Ausklang von Mozarts »Entführung aus dem Serail«, wo der Außenseiter Bassa Selim reduziert wird zur Sprechrolle.

Die Tragödie ist undenkbar ohne Respektierung einer mythischen Totalität. Deshalb scheitert die folgerichtige Aufklärung vor der Tragödie. *Die mögliche Tragödie »Iphigenie auf Tauris« ist unvereinbar mit dem Konzept eines »aufgeklärten Mythos«.* Indem Goethe die Überwindung des Mythos im Falle des Orest verinnerlicht, den Beherrscher eines mythischen Reiches, König Thoas, von vornherein als virtuellen Aufklärer anlegt, überspielt er in der ästhetischen Sphäre die Gegensätze zwischen Mythos und Aufklärung genauso, wie Kant sie im Erkenntnisprozeß eskamotiert hatte.

Es ist durchaus richtig, wenn *Erich Heller* in seinem Essay über »Die Vermeidung der Tragödie« bei Goethe konstatiert: »Wenn der Fluch auf dem Haus des Tantalus und die Tat des Orest als *wirklich* gelten sollen – als ebenso wirklich wie zum Beispiel Macbeths Mord –, dann ist Goethes Lösung dramatisch unwahr.« Eben dies hatte Schiller gemeint. Auch Heller stellt fest, vielleicht ohne an Schillers identische Argumentation zu denken: »Wir müssen Fluch und Mord als mythologische Vokabeln für eine weniger dramatische Schuldverstrickung hinnehmen, ... um uns von der Wirksamkeit einer rein menschlichen Erlösung überzeugen zu lassen.«

In Wahrheit ist die Humanität dieser »Iphigenie auf Tauris« so »verteufelt«, weil sie die mythische Schrecklichkeit des rituellen Menschenopfers zwar vernünftig beredet, allein gerade dadurch unschädlich gemacht hat. Es kommt hinzu, daß die mythische Wirklichkeit an den drei Stellen des Schauspiels, wo sie evoziert werden muß, *stets als Bericht und Erinnerung* auftreten darf, dadurch bereits entschärft wurde. Im Bericht der Iphigenie vor

Thoas von den Greueln der Atriden; in Orests Darstellung des Muttermordes; vor allem in der Heraufbeschwörung der mythischen Freund-Feind-Spannung zwischen Göttern und Menschen im »Gesang der Parzen«. Das Parzenlied aber ist für Iphigenie bloße Erinnerung an »das alte Lied«, das die Amme den Kindern des Agamemnon und der Klytämnestra vorsang: der Iphigenie, der Elektra, dem Orest. »Vergessen hatt' ich's und vergaß es gern –.« Die Amme lebte in dieser mythischen Welt der Götter und Tantaliden. Für Iphigenie war dies bloß noch tradierte Kunde aus einer fernen Welt. In Tauris taucht es, einen Augenblick lang, als Gefährdung der Aufklärung durch den Mythos empor. Allein die Aufklärung weigert sich, zurückzutauchen in jene furchtbaren und geheimnisvollen Gründe.

Gerade die Verweigerung der Tragödie bei Lessing und Goethe macht erkennen, wie sehr die folgerichtige Aufklärung in Deutschland *einer Phase bürgerlicher Emanzipation unter dem herrschenden Feudalismus* zugerechnet werden muß. Es ist weit mehr als eine Sonderbarkeit der deutschen bürgerlichen Aufklärung, wenn nicht allein die wichtigsten Träger des Selbsthelfertums und der Aufklärungspostulate als Aristokraten von Geburt auftreten. Sonderbarer noch ist es, daß die Verweigerung der Tragödie, bei Lessing wie bei Goethe, als Vorgang des gebildeten Gesprächs und des fürstlich-bürgerlichen Kompromisses vollzogen wird. Als Kompromiß zwischen den – christlichen wie islamischen – Aristokraten mit dem jüdischen Bürger von Bildung und Besitz in »Nathan der Weise«; als Einverständnis unter Aristokraten, die sowohl das Menschenopfer ablehnen wie den feudalen Zweikampf, in der »Iphigenie auf Tauris«. Vielleicht war es gerade die geheime Unernsthaftigkeit (bei tiefem Ernst!) des »Nathan« und der »Iphigenie«, was just diese beiden Werke deutscher Dramatik prädestiniert zu machen schien für eine »Weihe des Theaterhauses« nach der deutschen Katastrophe des Jahres 1945. Man genoß, einen Theaterabend lang, den schönen Schein: die glanzvolle Rhetorik Lessings und die poetische Schönheit Goethescher Verse. Man war einmal noch davongekommen bei der Rückkehr anachronistischer Mythen eines angeblichen Germanen- und Ariertums. Überlebt hatte man, was damals mit der Formel vom »Reich der finsteren Dämonen«

beschwichtigt wurde. *Übersehen wurde gleichzeitig, daß sich jener zurückgekehrte mörderische Mythos mit äußerster Rationalität verbunden hatte.* Neomythik im Dienste einer bedenkenlosen, moralisch nicht mehr gehemmten instrumentalen Vernunft.

Es war folgerichtig, daß sich *Theodor W. Adorno* als Mitverfasser des Buches »Dialektik der Aufklärung« diesem Tatbestand des deutschen Klassizismus und insbesondere der Goetheschen »Iphigenie auf Tauris« zuwenden mußte. Adorno konstatiert nachdrücklich: »Die pragmatische Voraussetzung der Iphigenie ist Barbarei. Sie stimmt zum mythischen Schicksal als Zone des Unheils.« Das ist vollkommen richtig: wenn man die Fabel der »Iphigenie auf Tauris« überdenkt und sich der archaischen Hintergründe des Atriden-Mythos erinnert. Allein es stimmt durchaus nicht, wenn nach den Voraussetzungen des Schauspiels bei Goethe gefragt wird. Weshalb auch jene andere These in Adornos Essay »Zum Klassizismus von Goethes Iphigenie« in Frage gestellt werden muß. Die Behauptung nämlich: »So eindeutig indessen die Iphigenie fürs Humane optiert, so wenig erschöpfte sich ihr Gehalt im Plädoyer; eher ist Humanität der Inhalt des Stücks als der Gehalt.«

Wogegen einzuwenden wäre, daß der Inhalt der »Iphigenie auf Tauris« in der Tat in doppelter Weise vom Prozeß einer Humanisierung berichtet: bei Orest wie bei Thoas. Von Goethe aus gesehen, wird durch diese Vorgänge innerhalb der Fabel zugleich der Gehalt eines Schauspiels bestimmt, das sich ausdrücklich der – durchaus möglichen – Tragödie verweigert. Eben diese Zurücknahme des tragisch-mythischen Ablaufs durch Goethe, der sowohl auf die Intervention der Göttin Diana in auswegloser Konstellation verzichtet wie auf das gleichfalls denkbare Blutbad, *wird man als humanitären Gehalt deuten müssen.* Freilich wird er dadurch erkauft, daß ein formvolles Gespräch unter aufgeklärten Aristokraten an die Stelle der intervenierenden Gottheit tritt.

Hierzu freilich hat Theodor W. Adorno in bemerkenswerter Weise konstatiert, daß trotzdem, vermutlich im Gegensatz zu Goethes eigenen Intentionen, ein mythisches Element zurückblieb, das sich nicht auflösen ließ, und das weiterwirkt. Adorno formuliert: »Eben weil Goethe nicht archaisiert, fällt seiner Dichtung ein Archaisches zu.« Und an anderer Stelle: »Der geschichtsphilosophische Akzent auf dem Prozeß zwischen Subjekt und Mythos verleiht dem Text sein unverwelkt Modernes ...«

Dies läßt sich in doppelter Weise verstehen. Einmal ist Goethes »Iphigenie auf Tauris«, der klassizistischen Attitüde zum Trotz, alles andere als überzeitlich oder gar »ewig-menschlich«. Wer sich an der schönen und offenbar überhistorischen Gültigkeit der Humanitätspostulate zwischen Iphigenie und Thoas erfreut, hat die brodelnde Unruhe nicht gespürt, die diesem singulären Werk nach wie vor eigentümlich bleibt. Die aufgeklärten Griechen werden schuldig gegenüber dem scheinbar barbarischen König der Skythen. Ihm das Götterbild der griechischen Artemis entwenden zu können, scheint gleichbedeutend mit einer Überlegenheit des Griechentums gegenüber der taurischen Barbarei. In Wirklichkeit wird die Zivilisation dadurch schuldig an der skythischen Welt: *die Aufklärung vergeht sich am Mythos.* Diese Folgerung wird auch bei Adorno gezogen, wenn er zur Gestalt der Iphigenie bemerkt: »Zu sich selbst, und zur Versöhnung, gelangt sie nur, indem sie sich negiert, durch das Geständnis, das die kluge Griechin dem humanen Barbarenkönig ablegt.«

Iphigenie schafft Wahrheit zwischen sich und Thoas. Damit legt sie es in seine Hand, das mythische Menschenopfer zu vollziehen, diesmal sogar mit dem guten Gewissen des Richters, der Schuldigen das Urteil sprechen kann, ohne schuldhafte Verstrikkung verstehen zu wollen. Die Replik des Thoas ist bitter und ironisch in einem. Freilich spricht in solcher Weise ein virtueller Aufklärer, kein Barbar.

> »... Du glaubst, es höre
> Der rohe Skythe, der Barbar, die Stimme
> Der Wahrheit und der Menschlichkeit, die Atreus,
> Der Grieche, nicht vernahm?« (V, 5)

Die verteufelte Humanität einer solchen Entscheidung war Goethe von jeher bewußt. Er hatte damit eine Möglichkeit des menschlichen Verhaltens auf der Bühne demonstriert, die mit der deutschen Wirklichkeit damaliger Zeit heftig dissonieren mußte. Der Mythos wird überwunden unter Gleichen, die freilich Herrschende sind. *Gilt solche Wahrheit auch zwischen der Herrschaft und der Knechtschaft?* Es wäre denkbar, daß Goethes berühmter Brief an Charlotte von Stein, geschrieben in Apolda am 6. März 1779, eben diesen Sachverhalt meinte: »Hier will das Drama gar nicht fort, es ist verflucht, der König von Tauris soll reden, als wenn kein Strumpfwürker in Apolde hungerte.«

Das Uneingelöste, nach wie vor Exorbitante der ethischen Konstellation in dieser »Iphigenie« hat dem Werk auch das Weiterwirken seiner Unruhe garantiert. Denn es ist richtig, wenn es bei Adorno heißt: »Blinde, naturwüchsige Verhältnisse überdauern auch in der Gesellschaft des aufgeklärten Zeitalters.« Das ist die wohlbekannte Grundthese des Buches »Dialektik der Aufklärung«.

Alle Versuche deutscher Aufklärung am Ausklang des 18. Jahrhunderts, mit dem Konflikt zwischen Prospero und Caliban fertig zu werden, verfielen einem Verhalten, das man, aller subjektiven Redlichkeit des Intellekts ungeachtet, als Entschärfung und Beschönigung bezeichnen muß. Das gilt für Kants Postulate der menschlichen Gleichheit ebenso wie für die Auseinandersetzung zwischen Thoas und Orest, zwischen Sarastro und den beiden Nachfahren Calibans: Monostatos und Papageno. Auf dem Höhepunkt des bürgerlich-höfischen Gesellschaftskompromisses, *bei Kant, Goethe und Mozart*, wird erkennbar, *daß die Verweigerung der Historizität durch Kant, der Tragödie durch Goethe, der Rassengleichheit durch Mozart und Schikaneder* immer wieder an ungelöste Widersprüche innerhalb der deutschen Gesellschaft erinnern mußte. Da diese Widersprüche weder politisch noch militärisch gelöst werden konnten, sondern als Folge französischer Besatzungspolitik und kriegerischer deutscher Selbstbefreiung überlagert wurden im gesellschaftlichen Bewußtsein durch die jeweilige Realität des anbrechenden 19. Jahrhunderts, war eine Weiterentwicklung der Auseinandersetzung um den »aufgeklärten Mythos« nicht mehr möglich. Im Gegenteil kam es auch in der deutschen Literatur immer nachdrücklicher zur großen Zurücknahme. Die mythische Welt löste sich aus den Banden einer formalen Aufklärung, die ohnehin unfähig war, durch bloße Vernunft irgendwelche »inhaltlichen Ziele« zu setzen. Bei Kleist, bei Grillparzer, am folgerichtigsten schließlich bei Friedrich Hebbel wird der Mythos gegenüber einer derart ohnmächtigen Aufklärung machtvoll retabliert, und anschließend legalisiert.

Die Zurücknahme der Aufklärung: Penthesilea, Medea, Rhodope

Über Goethes berühmten Brief an Heinrich von Kleist hat man sich oft mokiert und abermals von angeblicher Blindheit Goethes gegenüber dem für ihn fremden und befremdlichen Genie des preußischen Junkers hingewiesen. Allein dieser Brief vom 1. Februar 1808 ist im Gegenteil eine genaue Analyse des Trennenden. Der Dramatiker einer verteufelt humanen »Iphigenie auf Tauris« interpretiert den Gegensatz zu dieser neuen, verteufelt inhumanen »Penthesilea«. Mit dem Jahresbeginn 1808 hatten Heinrich von Kleist und Adam H. Müller das erste »Stück« einer neuen Zeitschrift herausgegeben »Phöbus. Ein Journal für die Kunst«. Selbstverständlich hatte man dem verehrten Geheimrat in Weimar, um dessen Mitarbeit man warb, ein Widmungsexemplar zugeschickt, wofür sich der Empfänger nunmehr bedankt. Das neue Journal hatte mit einem Versprolog aus der Feder von Kleist eingesetzt. Schon die dritte Verszeile mußte als Spott des »Phöbus« über die »Horen« gelesen werden: also als Hohn der Herausgeber Kleist und Müller über die ein Jahrzehnt vorher abgeschiedene Zeitschrift Friedrich Schillers, dessen Tod nicht allzu lange zurücklag. Goethe hatte, wie bekannt, die »Horen« eifrig unterstützt. Bereits der Prolog des »Phöbus« war folglich nicht dazu angetan, am Frauenplan zu Weimar enthusiastisch akzeptiert zu werden. Nun gar das erste poetische Stück des neuen Journals. Ein »organisches Fragment« aus dem Trauerspiel »Penthesilea« wird abgedruckt. Kleist ist in Dresden reich an noch nicht gedruckten Manuskripten. Damit überschwemmt er die neue Zeitschrift. »Penthesilea« im Januar, das zweite Stück im Februar, sie druckt

zum ersten Mal die »Marquise von O.«, Fragmente aus dem »Zerbrochenen Krug« im März, Fragment aus dem »Robert Guiskard« im April. Gefolgt von Kostproben aus dem »Käthchen von Heilbronn«.
Inzwischen scheint Kleist begriffen zu haben, daß eine Mitarbeit Goethes am »Phöbus« undenkbar bleibt. So antwortet er indirekt auf jenen Brief über die »Penthesilea« mit folgendem Epigramm:

Herr von Göthe
Siehe, das nenn' ich doch würdig, fürwahr,
sich im Alter beschäft'gen!
Er zerlegt jetzt den Strahl, den seine Jugend einst warf.

Das ist nicht allein unfreundlich gedacht und geschrieben von einem damals Dreißigjährigen, der einem berühmten, keineswegs uralten Mann von achtundfünfzig Jahren ein steriles Greisentum vorwirft. Es konfrontiert auch nicht so sehr den einstigen Stürmer und Dränger mit dem offenbar unpoetischen Goethe von 1808, der immerhin, wie wir heute wissen, für das Jahr 1809 die »Wahlverwandtschaften« vorbereitete. Spott noch dazu über Goethes »Farbenlehre«. Schärfer zugespitzt ist das Epigramm, wenn man es als Antwort Kleists auf jenen Goethebrief versteht: als Konfrontierung der »Penthesilea« mit der einstigen »Iphigenie auf Tauris«.
Wie konnte Kleist ernsthaft glauben, jener einstige, gleich einem Phöbus strahlende Goethe der »Iphigenie« und des »Torquato Tasso« hätte sich brüderlich angerührt fühlen müssen beim Lesen jener »organischen Fragmente« aus dem Trauerspiel um die Amazonenkönigin?
»Penthesilea« ist in allem als *Negation und Zurücknahme der »Iphigenie auf Tauris«* zu verstehen. Dem mühsam durch aufklärende Humanität gebändigten Mythos wird der von neuem befreite Mythos gegenübergestellt. In allen Fällen ist es *nicht* die griechische Welt und Landschaft, wo Mythos und Aufklärung miteinander ringen müssen. Ein Tauris der Skythen bei Goethe; ein Schlachtfeld vor Troja bei Kleist; Kolchis ist die Heimat der Medea. Allenthalben wird das Griechentum, das einzustehen

hat für humane Gesittung, mit einer Barbarenwelt des Ostens konfrontiert.

Alles scheint Goethe bei der Lektüre des Fragments gespürt zu haben. Er schreibt an Kleist keinen banalen Höflichkeitsbrief, sondern eine Warnung aus dem tiefen Gefühl einer – möglichen – Affinität. Höflich deutet er an, er könne sich mit der Penthesilea »noch nicht befreunden«. Das endgültige Urteil wird also bis zur Lektüre des gesamten Trauerspiels vertagt. Worauf Goethe weiterschreibt, näher auf die Amazonenkönigin eingehend: »Sie ist aus einem so wunderbaren Geschlecht und bewegt sich in einer so fremden Region, daß ich mir Zeit nehmen muß, mich in beide zu finden. Auch erlauben Sie mir zu sagen (denn wenn man nicht aufrichtig sein sollte, so wäre es besser man schwiege gar), daß es mich immer betrübt und bekümmert, wenn ich junge Männer von Geist und Talent sehe, die auf ein Theater warten, welches da kommen soll. Ein Jude der auf den Messias, ein Christ der aufs neue Jerusalem, und ein Portugiese der auf Don Sebastian wartet, machen mir kein größeres Mißbehagen. Vor jedem Brettergerüst möchte ich dem wahrhaft theatralischen Genie sagen: hic Rhodos, hic salta!«

Was Goethe meint, wird deutlich, wenn man jene organischen Fragmente nebeneinander stellt, die Kleist für den Abdruck in jenem ersten Heft des »Phöbus« ausgewählt hatte. Die Exposition natürlich, dann aber den 14. Auftritt des Trauerspiels, worin die Amazonenkönigin ihrem angeblichen Gefangenen Achill die Entstehung des Frauenstaates schildert; darauf die 19. Szene mit dem Aufbruch der rasenden Penthesilea zum Gemetzel an dem griechischen Geliebten.

Für Goethe gehört Penthesilea in der Tat zu einem »wunderbaren Geschlecht«; die Welt der Amazonen ist ihm von Grund auf fremd. Hier gilt nicht mehr die Aufklärung; vernünftige Gespräche sind wirkungslos. Vermutlich hat Goethe längst erkannt, daß Heinrich von Kleists Dramatik und Dramaturgie nicht im vernünftigen Gespräch gründet, sondern im Schweigen, Verschweigen, in einem Sprechen aus Mißverständnissen. Was Penthesilea lehrt, als Bericht über ein Gemetzel an den männlichen Eindringlingen bei Gründung des Amazonenstaates, muß der Leser Goethe fast unerträglich finden:

Und dies jetzt ward im Rat des Volks beschlossen:
Frei, wie der Wind auf offnem Blachfeld, sind
Die Fraun, die solche Heldentat vollbracht,
Und dem Geschlecht der Männer nicht mehr dienstbar.
Ein Staat, ein mündiger, sei aufgestellt,
Ein Frauenstaat, den fürder keine andre
Herrschsücht'ge Männerstimme mehr durchtrotzt,
Der das Gesetz sich würdig selber gebe,
Sich selbst gehorche, selber auch beschütze;
Und Tanais sei seine Königin!
Der Mann, des Auge diesen Staat erschaut,
Der soll das Auge gleich auf ewig schließen;
Und wo ein Knabe noch geboren wird,
Von der Tyrannen Kuß, da folg' er gleich
Zum Orkus noch den wilden Vätern nach.

Folglich muß Goethes brieflicher Hinweis auf ein abzulehnendes Theater der Zukunft genau gelesen werden. Das Theater, dem eine Aufführung jener »Penthesilea« möglich wäre, hat nichts mehr zu tun mit dem Theater der Aufklärung und Vernunft, wie es Goethe zu jener Zeit (1808), kaum drei Jahre nach Schillers Tode, immer noch für möglich hält. Die Dramatik Schillers als Nexus von Schuld und Sühne, Wandlung der Helden, das Goethesche Theater des aufgeklärten Mythos werden durch Werke gleich der »Penthesilea« zurückgenommen. Daß dieses vor Troja spielende Trauerspiel Kleists den Mythos abermals freisetzt, den Iphigenie zu bändigen unternahm, konnte Goethe keineswegs entgehen. Auch der Amazonenstaat wird durch Kleist nicht negiert. Penthesileas Selbsttod mit Hilfe des aus seelischem Abgrund durch Willenskraft heraufgeholten »vernichtenden Gefühls« widersprach, als poetische Erfindung, aller Gesittung und aller Seelenlehre der Goethezeit. Vielleicht war es erzromantisch, aber auch das war nicht dazu angetan, den Kritiker Goethe zu beschwichtigen. Wenn das Theater der Zukunft so aussah, dann wurde durch Kleist nicht allein das Theater Shakespeares und Schillers negiert, sondern sogar die mit Religion und Wundern vertrauten Umgang haltende spanische Dramatik eines Calderón. Weshalb Goethe in jenem Brief an Kleist ausdrücklich das Theater Calderóns in Schutz nimmt gegen jene neue Bühnenkunst des freigesetzten Mythos und einer verteufelten Unmenschlichkeit.

Übrigens dachten die meisten Leser eines ersten Stücks des neuen »Phöbus« kaum anders. Allgemein schien man der Ansicht zu sein, daß die essayistischen Beiträge des Bandes, nämlich Adam Müllers »Fragmente über die dramatische Poesie und Kunst« wesentlich akzeptabler seien als Kleists poetische Fragmente. Das schreibt Goethe an Charlotte von Stein, der er ausdrücklich von einer Lektüre des poetischen Teils abrät. Mit gutem Grund, wenn man in Gedanken die Freifrau von Stein neben Kleists Amazonenkönigin postiert. Ein bösartiger Kritiker in der Berliner Zeitschrift »Der Freimüthige« verreißt die Fragmente aus »Penthesilea« als Produkt einer wildgewordenen Theatralik. Das hätte ein Kotzebue mal wagen sollen! Der Versbau Heinrich von Kleists sei »im ganzen nicht zu tadeln, nur einzelne Stellen enthalten Härten ... Dagegen finden sich eine Menge Stellen, wo der Sinn entweder ganz und gar nicht zu finden, oder doch sehr verdreht und verschroben ist ...«

Der nüchterne Varnhagen von Ense kann mit dem ersten Heft des »Phöbus« nichts anfangen. Fouqué hingegen antwortet ihm: »Oder ist nicht vielmehr eine wirklich bacchantisch tolle Kraft in diesem Gewühl?« Ein junger Mann in Tübingen hingegen ist begeistert. *Ludwig Uhland* schreibt an den Freund Karl Mayer von »trefflichen Fragmenten aus einem Trauerspiel Kleists«.

Die geschichtliche und literarische Konstellation dieser neuen Bühnenkunst beschreibt Kleists Mitherausgeber Adam Müller in einem Brief an Friedrich von Gentz: als Antwort auf einen Brief, worin der Freund und Mitarbeiter Metternichs offenbar sein Mißbehagen über die »Penthesilea« geäußert hatte. Adam Müller antwortet: »Wir dagegen wollen, es soll eine Zeit kommen, wo der Schmerz und die gewaltigsten tragischen Empfindungen, wie es sich gebührt, den Menschen gerüstet finden, und das zermalmendste Schicksal von schönen Herzen begreiflich und nicht als Paradoxie empfunden werde. Diesen Sieg des menschlichen Gemüts über kolossalen, herzzerschneidenden Jammer hat Kleist in der Penthesilea als ein echter Vorfechter für die Nachwelt im voraus erfochten.«

Das ist als literarisches Urteil unzweifelhaft richtig; es wurde von der Nachwelt bestätigt. Dennoch verkennt sogar Adam Müller, im Gegensatz offensichtlich zu Goethe, das eigentlich Befremdliche an diesem neuen Trauerspiel seines Freundes Heinrich von Kleist. Gewiß, hier wurde die Spannweite der auf dem Theater möglichen Leidenschaften ausdrücklich erweitert. Das Grauenhafte wie das Groteske sollten durch Kleist als Autor und durch Adam Müller als Ästhetiker legitimiert werden. Allein darum konnte der Streit nicht gehen, es sei denn, man hätte jenen prüden Standpunkt der Wohlerzogenheit akzeptiert, den Kleist bereits in den Anfängen mit seiner »Familie Schroffenstein« verletzt hatte. Auch war das Theater der Antike, besonders der römischen Antike eines Seneca, durchaus vertraut mit blutrünstigen Aktionen. Nicht minder das Theater der Elisabethaner. Auch der von Goethe zitierte Calderón war nicht kleinlich gewesen bei Darstellung von Schmerz und Tod.

Das aber war es nicht, was die »Penthesilea« so radikal unterscheiden mußte von aller herkömmlichen Dramatik. Calderón oder auch Corneille vertraten die Gewißheit des katholischen Glaubensbekenntnisses. Kleist schrieb in einer Zeit der Säkularisation und einer Revolution, die ihn zuerst begeistert, dann angewidert hatte. Er hatte eine Rousseau-Krise ebenso hinter sich gebracht wie eine Kant-Krise. Was er im Jahre 1801 in Paris gesehen hatte, der Hauptstadt einer Aufklärung *und gleichzeitig der präsumptiven Welteroberung*, bedeutete für ihn den Abschluß aller aufklärerischen Illusionen. Der wahrhaft besessene Franzosenhaß der Kleistschen Produktionen von 1809, gipfelnd in der dezidierten Inhumanität einer »Hermannsschlacht«, wird vorbereitet.

Von hier aus wird man die Zurücknahme der Aufklärung zugunsten des Mythos in der »Penthesilea« verstehen müssen. Die mythische Welt des Amazonenreiches wird durch Kleist nicht negiert. Penthesilea stirbt, doch die Welt der Oberpriesterin ist unerschüttert geblieben am Schluß der Tragödie. In der »Iphigenie auf Tauris« vollzog sich, vergleichbar einer individuellen Wandlung des Helden im herkömmlichen Sinne, *gleichsam die Wandlung einer ganzen Zivilisation: vom Mythos zur Aufklärung*. Thoas vertauschte die mythische Welt der Dämonenfurcht und Menschenopfer mit einer Daseinsform des vernünftigen Gesprächs.

Nichts dergleichen bei Heinrich von Kleist. Es ist durchaus nicht, wie immer behauptet wurde, die komplexe Gefühlskraft der Amazonenkönigin, die gleichzeitig barbarisch und, im wörtlichen Sinne, bestialisch agiert. Penthesilea möchte gleichzeitig das individuelle Gefühl *und* den Mythos des Amazonentraums verteidigen. Darin gleicht sie bereits der Natalie, die gegenüber dem Kurfürsten zugunsten des Prinzen von Homburg sowohl das Kriegsgesetz wie die lieblichen Gefühle respektiert wissen möchte. Penthesilea erstrebt ein Sowohl/Als-auch von individuellem Glück und mythischem Amazonenstaat. Daran scheitert sie, doch der Mythos bleibt in Kraft.

Zwischen jenen ersten Auszügen aus der »Penthesilea« und *Franz Grillparzers* Arbeit am Argonautenstoff liegen etwa zehn Jahre. Der 26jährige Grillparzer macht sich im Jahre 1817 erste Notizen zu einem Trauerspiel mit der *Medea* als Heldin. Grillparzer bekannte sich ausdrücklich zu Goethe und zur Nachfolge einer weimarischen Kulturtradition. Von der Lektüre Heinrich von Kleists fühlte er sich, nach eigenem Geständnis, »angewidert«. Übrigens hielt er es, wie Marie Luise Kaschnitz in ihrer Analyse der »Medea« mit Recht bemerkt, nicht anders, wenn er »dem melancholischen Lenau aus dem Wege ging«. Daß Kleists »Penthesilea« und Grillparzers »Medea« zueinander im Spannungsverhältnis stehen, ist unverkennbar. In seinem Buch *»The Death of Tragedy«* konfrontiert George Steiner die beiden Werke und ihre Verfasser als »Dramatiker einer Übergangszeit«. Sie hätten sowohl die griechische wie die elisabethanische Hinterlassenschaft zu einer modernen Form des Theaters verschmelzen wollen. »Ihre Verwendung der griechischen Mythologie und der klassischen Modelle war daher experimentell.« (p. 232) Das ist richtig, berührt aber nur die dramaturgische Faktur von Werken wie »Penthesilea« und »Medea«, nicht deren mythische oder aufklärerisch-moderne Substanz. Grillparzers Widerwille gegen Kleist *und* seine Ehrfurcht vor dem Phänomen Goethe, die ihn, wie bekannt, in Weimar daran hinderte, der zweiten und privaten Einladung Goethes zu folgen, weil sich ein Gefühl der Überwältigung anzukündigen schien, könnte den Schluß nahelegen, daß seine »Medea« als Wiederanknüpfung an das Modell einer »Iphigenie auf Tauris« zu verstehen sei. Als Zurücknahme jener Zurücknahme durch Kleist: gleichsam als Negation einer Negation.

Dem ist durchaus nicht so. Es wurde oft behauptet, die Beziehungen zwischen Medea und Jason, oder auch des »Schwächlings« Jason und jener Kreusa, die der griechenstolze Philologe Ulrich von Wilamowitz-Moellendorff spöttisch als »Cousinchen« charakterisierte, seien bei Grillparzer psychologisiert im bürgerlichen Sinne des 19. Jahrhunderts, indirekt also im Gefolge des Aufklärungsdenkens. Dagegen steht die Tatsache, daß Grillparzer die mythische Welt seiner »Medea« ausdrücklich respektiert, im Grunde sogar erhöht zugunsten des Verlogen-Zivilisatorischen von Korinth. Nimmt man die »Medea« Grillparzers als Abschluß der Argonauten-Trilogie, so scheint die »Schuld« der Barbarin nicht in ihrer Fremdheit zu liegen, sondern im untauglichen, durch Liebe motivierten Versuch, sich der fremden Welt Jasons willfährig zu erweisen. Der Schluß der Trilogie muß gleichsam *als dialektische Synthese aus Kolchis und Korinth* verstanden werden. Negiert wird die mythische Welt ihres Ursprungs ebenso wie die zerrissene moderne Welt einer sich zersetzenden bürgerlichen Aufklärung.

Dem Ausklang nach scheint die »Medea« dem Modell der »Iphigenie auf Tauris« angenähert zu sein. Goethe hat die Fortsetzung einer »Iphigenie in Delphi« erwogen. Grillparzer entläßt uns mit der Vision einer »Medea in Delphi«:

> Nach Delphi geh' ich. An des Gottes Altar.
> Von wo das Vlies einst Phryxus weggenommen,
> Häng' ich, dem dunklen Gott das Seine gebend,
> Es auf, das selbst die Flamme nicht verletzt
> Und das hervorging, ganz und unversehrt,
> Aus der Korintherfürstin blut'gem Brande.
> Dort stell' ich mich den Priestern dar, sie fragend,
> Ob sie mein Haupt zum Opfer nehmen an,
> Ob sie mich senden in die ferne Wüste,
> In längerm Leben findend längre Qual.
> Erkennst das Zeichen du, um das du rangst?

Das dir ein Ruhm war und ein Glück dir schien?
Was ist der Erde Glück? – Ein Schatten!
Was ist der Erde Ruhm? – Ein Traum!
Du Armer! Der von Schatten du geträumt!

Marie Luise Kaschnitz kommentiert den Ausklang, wenn sie das Scheiden der Medea analysiert: »Wie ein abgeschiedener Geist sollte sie nach einer Notiz Grillparzers zum großen Szenar vor Jason erscheinen und auf diese Weise, wie der Chor bei den Alten, auch mit ihm sprechen, ihrer Individualität entkleidet, weder liebend noch hassend, weder eine Göttin der Unterwelt, noch eine eifersüchtige Frau aus Grillparzers eigener Zeit. ›Trage – dulde – büße‹, das sind Töne aus Goethes Märchen oder Zauberflötentöne, und wir erinnern uns, wie Grillparzer als Kind, auf dem Schoß des Stubenmädchens sitzend, den Text der ›Zauberflöte‹ las, von dem er annahm, ›daß er das Höchste sei, zu dem sich der menschliche Geist aufschwingen könnte‹.« Demütig-Christliches also, am Ende der großen Darstellung menschlicher Leidenschaft und menschlichen Versagens ...«
Allein auch dies ist eine Form der Zurücknahme von Aufklärung. Die mythische Welt von Kolchis wird vertauscht mit der nicht minder mythischen des delphischen Apollo. Bei Goethe war die Heimführung des Götterbildes der Artemis nach Griechenland und in den Bereich des göttlichen Bruders ein *mythologisches Zitat*, das die aufklärerische Substanz des Schauspiels unberührt ließ. Medea in Delphi hingegen bedeutete nicht ein mythologisches Zitat, sondern einen mythischen Vollzug. Der Aufklärer Grillparzer beläßt dem Mythos alle Rechte.
Das hat (hellsichtig und widerwillig) *Friedrich Gundolf* deutlicher erkannt als jene Interpreten, die sich an das angebliche Psychologische Grillparzers hielten. Bei Gundolf heißt es: »Am Argonauten-Mythus zog den Romantiker und den Theatraliker Grillparzer weniger die plastische Nähe als die schaurige Ferne an. Aus dem romantischen Reizbedürfnis, aus Fernsucht und schweifender Wallung, aus literarisch psychologischer Wollust hat er nach diesem Mythenstoff gegriffen, der seine antike Fassung dem echten Schicksalsgrauen und dem heroischen Glauben dankt. Das Mythische an seiner Argonauten-Trilogie ist also

abermals romantische Stimmung und historische Bildung, nur für Theaterdirektoren und für Schulmeister von Wert ...«
Man wird diese Schulmeisterei nicht billigen können, muß aber bestätigen, daß bei Grillparzer die Respektierung des Mythos gewahrt bleibt. Auch die von Gundolf mißbilligte Sehnsucht nach der mythischen Ferne ist evident. Die Zurücknahme der Aufklärung und Retablierung des Mythos bei Kleist entsprang der Enttäuschung über das in Frankreich scheinbar kompromittierte Illuminatentum. Grillparzers Respekt vor Kolchis und Medea *entspringt sicherlich auch dem Selbsthaß*. Daß im Reden und Handeln des Jason auch Autobiographisches mitschwingt, ist oft erläutert worden. Wichtiger ist der demonstrierte Zusammenbruch einer aufklärerischen Zivilisation, welche nur noch Konventionen kennt einer Humanität, die von aller Substanz entleert wurde.
Kleist stellte den Mythos gegen die Aufklärung. Grillparzer strebte nach einer aufgeklärt-mythischen Synthese, die zwar als Schauspielschluß akzeptabel war, nicht jedoch als weltanschauliche Entscheidung. Medea in Delphi: das war denkbar nur als Theatralik. Insofern hat Gundolf richtig geurteilt.
Die »Iphigenie auf Tauris« entstand am Vorabend einer bürgerlichen Revolution, die »Penthesilea« beim Umschlag der Revolution in militärischen Expansionismus, gegen welchen sich, unter Berufung auf die Selbstbestimmung der Völker, die Besiegten zur Wehr setzten. Grillparzers »Medea« ist unverkennbar ein Erzeugnis der restaurativen Metternich-Zeit: *als Darstellung des respektierten Mythos und einer ohnmächtigen Aufklärung*. Was Medea zu verkünden hat, ist nichts anderes, als was zehn Jahre nach der »Medea« von Grillparzer in »Der Traum ein Leben« verkündet wird: daß alles Machtstreben und Glücksstreben nichts sei als kaschierte Ohnmacht.
Die Tragödie »Gyges und sein Ring« von *Friedrich Hebbel* ist abermals das Erzeugnis einer Restaurationsepoche. Vorangegangen war diesmal jedoch nicht ein Befreiungskrieg gegen das Volk der Bastillestürmer, sondern eine Revolution (1848/49) von durchaus neuem Typus. Hebbel schrieb sein Drama um die Jahreswende 1853/54 in Wien.
Wie ihm zumute war während des Ablaufs einer Revolution und

der dagegengesetzten Konterrevolution, das hat Hebbel selbst in einem merkwürdigen Zeitungsaufsatz beschrieben, den er für die »Wiener Reichszeitung« verfaßte unter dem Titel »Mein Traum in der Neujahrsnacht 1849«. Gemeint war die Jahreswende 1849/50. Damals stand fest, daß die Revolution beendet und eine neue Restauration oktroyiert worden war. Bewahrheitet hatte sich auch hier die böse Vorahnung des jungen Karl Marx aus dem Jahre 1844, wonach es für die Deutschen immer nur Restaurationen gegeben habe, doch keine Revolutionen. Zuerst wurde man restauriert, weil die Fürsten Angst hatten, anschließend aber auch, weil die Fürsten keine Angst mehr hatten.
Friedrich Hebbel ist kein Marxist. Die Restauration scheint ihm recht zu sein, wenn sie die revolutionäre Unordnung zu beenden vermag. Darum leben alle in Hebbels neuer Wiener Gesellschaftsschicht, die sehr unähnlich ausfiel gegenüber der Kinderwelt in Wesselburen, in trüber Stimmung, wenn das Jahr 1848 zu Ende geht und ein Jahr 1849 beginnt: »Am 31. Dezember 1848 wagte man wenigstens bei uns in Wien und wohl in Deutschland überhaupt, kaum ein Glas auf das kommende zu leeren, es schien wie eine Torheit, wenn man es tat, so lachte man dabei. Man hatte das Pflaster der Gesellschaft aufgerissen gesehen, man hatte erfahren, wie schwer jeder Stein vor Jahrhunderten zu legen gewesen sein mußte, man hatte bis in den mit Bären und Wölfen bevölkerten deutschen Urwald zurückgeblickt und sich mit Schaudern befragt, ob die rauhen Bestien vielleicht den eigentlichen Nationalrock tragen.«
Wie anders war die Stimmung im Wiener Bürgertum am Silvesterabend 1849/50: am 31. Dezember 1849 schmeckte der Wein wieder, die Toaste wurden nach alter Weise zu Dutzenden ausgebracht, und nicht bloß Auswanderungspläne besprochen. Es schien gar nichts vorgefallen oder doch jeder Störung des wiedergekehrten behaglichen Zustandes für immer begegnet zu sein ...
So weit, so gut. In solcher Weise spricht ein Repräsentant des Juste Milieu, der erleichtert sein Glas klingen läßt beim Sieg der Nachfolger Metternichs: in Form militärischer Aktionen eines Radetzky und der diplomatischen Aktivität des Fürsten Schwarzenberg.
Allein Friedrich Hebbel ist mehr und anderes als ein unruhig-

beruhigter Spießbürger. Sein Unbehagen über die neue Sorglosigkeit ist nicht minder groß als ein Jahr vorher seine Sorge um die eigene und die gesellschaftliche Zukunft. Weshalb der Bericht über den Traum in der Neujahrsnacht 1849 in unerwarteter Weise fortgesetzt wird: »... und diese unbedingte Sicherheit hatte, ich leugne es nicht, für mich eben so gut ihr Schreckliches, wie das frühere Rasen und Toben. Diesmal wollte ein junger Freund mir nicht aus dem Sinn, der, unfreiwilliger Zeuge der blutigen Ereignisse am Rhein, vor einigen Monaten hier durchreiste, um rasch sein väterliches Gut zu verkaufen und nach Amerika zu gehen. Wenn ich diesen, dessen Mut und Energie ich aus Proben kannte, mit manchem befrackten Recken des Tages verglich, der den vorjährigen Ausbruch des europäischen Vulkans darauf zurückführen möchte, daß er nicht zeitig genug hineinspuckte, so kam mir doch ein bedeutender Zweifel, auf welcher Seite die wahre Einsicht in die Lage der Dinge zu suchen sei.«

Das sind Gedanken am Abend einer Revolution und am Morgen einer neuen Restauration, die allenthalben in Fragezeichen ausmünden, obwohl Hebbel die Zeichen nicht setzt. Er schreibt für die »Wiener Reichszeitung«. Dann aber folgt eine klare, keineswegs mehr als Frage sich präsentierende Aussage: »Denn die Welt hat den alten Schwerpunkt verloren und den neuen noch nicht wiedergefunden, darum sind wir noch lange nicht über die Übergangsperiode hinaus ...«

Was hier scheinbar in der unverbindlichen Form des Feuilletons ausgesprochen wird, enthält gleichzeitig die geistige Konstellation der Tragödie »Gyges und sein Ring«. Übrigens auch der »Agnes Bernauer« von 1851, die Hebbel im Untertitel als »Ein deutsches Trauerspiel« definiert hatte.

In der »Agnes Bernauer« waren die Positionen von Revolution und Restauration gegeneinander gestellt worden, in einer Handlung, die zeitlich genau fixiert worden war »zwischen 1420 und 1430«. Bürgerliche Emanzipation und Staatsraison. Individuelles Glück und etablierte Ordnung standen in dieser Dramaturgie gegeneinander. *Der »Gyges« ist eine Tragödie, kein deutsches Trauerspiel.* Seine Welt ist nicht historisch, sondern mythisch. Hebbel präzisiert: »Die Handlung ist vorgeschichtlich und mythisch; sie ereignet sich innerhalb eines Zeitraums von zweimal vierundzwanzig Stunden.« Vorgeschichtlich heißt diesmal: übergeschichtlich, also auch, was nur scheinbar paradox sein kann, zugleich zeitgeschichtlich. Die mythische Welt der Rhodope, des Kandaules, Gyges und eines lydischen Sklaven, der die mythische Ordnung verteidigt und ausdrücklich von Hebbel mit dem Namen »Thoas« belehnt wird, kombiniert in merkwürdiger Weise sowohl die Prinzipien der Staatsraison aus der »Agnes Bernauer« wie auch die Erfahrungen mit einer gescheiterten Revolution der bürgerlichen und proletarischen Aufklärer. *Es siegt in dieser Tragödie der Mythos der Rhodope und des »Thoas« über den aufgeklärten König Kandaules.* Doch die Entscheidung endet als Skepsis: vergleichbar dem Unbehagen des politischen Dichters Hebbel in jener Neujahrsnacht der anhebenden Restaurationsperiode.

Der Dramatiker Hebbel war fasziniert von solchen Perioden einer Übergangszeit. Seine Sympathie galt aber, ganz unverkennbar, *den untergehenden Systemen*. Trotzdem verstand er sie ausdrücklich als untergehend. Weshalb auch die scheinbare Rechtfertigung des Mythos am Schluß von »Gyges und sein Ring«, die sich als Sieg sowohl des indischen Reinheitsmythos der Königin Rhodope wie als scheinbare Legitimierung der göttlichen Heraklidenordnung des Thoas darzustellen scheint, von Hebbel voller Skepsis präsentiert wird. Gewiß, der Aufklärer Kandaules, der keine mythischen Ordnungen respektiert, sondern menschliche Verhältnisse rational-vernünftig durchdenken möchte, muß in einen absurden Tod gehen, der ihn dazu zwingt, die Respektierung des Mythos mit seinem Leben und seiner Krone zu honorieren. Dennoch wird Kandaules nicht überzeugt von der Richtigkeit einer mythischen Existenz und von der Hybris des eigenen Aufklärertums. Im Gegenteil: daß die Aufklärung in Zukunft siegreich sein wird, ist ihm auch in dem letzten Gespräch mit Gyges im mindesten nicht zweifelhaft:

> Ich bin gewiß, die Zeit wird einmal kommen,
> Wo Alles denkt, wie ich; was steckt denn auch
> In Schleiern, Kronen oder rost'gen Schwertern,
> Das ewig wäre? Doch die müde Welt

Ist über diesen Dingen eingeschlafen,
Die sie in ihrem letzten Kampf errang,
Und hält sie fest. Wer sie ihr nehmen will,
Der weckt sie auf.

Das entspricht den Gedanken Friedrich Hebbels aus jener restaurativen Neujahrsnacht 1849. Nichts ist in Wirklichkeit restauriert worden durch den augenblicklichen Sieg über die Rebellen von 1848. Keinerlei Rechtfertigung erblickt der todgeweihte Kandaules in seinem Sterben, die gegen eine Zukunft der Aufklärung sprechen könnte. Gewiß, die traurige Botschaft an Gyges lautet: nicht an den Schlaf der Welt zu rühren. Dennoch ist dieser berühmte und vielzitierte Satz *nicht als höhnischer Quietismus zu verstehen.* Eher wäre die These dahin zu interpretieren, daß Aufklärung stets nur so weit gehen möge, wie im jeweiligen Augenblick erreichbar ist: ohne daß der Schlafende geweckt wird und einer schlaftrunkenen Raserei verfällt. Übrigens hat Hebbel den König Kandaules ausdrücklich nicht allein als gekrönten Aufklärer entworfen, sondern auch als königlichen Bourgeois. Das Scheitern des Kandaules muß gedeutet werden als Untergang eines Aufklärers, der mythenfeindlichen Rationalismus zu kombinieren sucht mit dem bourgeoisen Besitzdenken, das alle Tradition nur noch zu quantifizieren vermag.

Weshalb der skeptische Hebbel nicht den tragischen Aufklärer Kandaules zum Titelhelden macht, im Gegensatz zu späteren Bearbeitern des Stoffes wie *André Gide* oder *Hugo von Hofmannsthal*, die Kandaules zum Titelhelden erhöhten, sondern den Griechen Gyges. Das ist scheinbar durch die Dramaturgie des Stückes nicht gerechtfertigt. Die Auseinandersetzung zwischen Mythos und Aufklärung findet statt zwischen Rhodope und Thoas zum einen, dem König Kandaules zum anderen. Weshalb man Gyges zu Unrecht bisweilen als bloßen Fortinbras bezeichnet hat, der eine Handlung abrundet, die mit ihm selbst kaum viel zu tun hatte. Gyges aber bedeutet für Hebbel das Element der Synthese und damit der *Versöhnung*. Der Hebbel-Forscher Helmut Kreuzer formuliert: »So hat Hebbel die tragische Versöhnung in die Wiederherstellung der gestörten Ordnung gelegt ... und in den Ausblick auf die Zukunft ... Aber beide relativieren einander; unser Verhältnis zu ihnen bleibt ambivalent.« Hebbel hatte ausdrücklich, wie oft in seiner späten Dramatik, übrigens schon in der »Judith«, heterogene Kulturen gegeneinander gestellt: den indischen Reinheitsmythos der Rhodope; den Heraklidenmythos der Lydier; das Aufklärertum des Königs Kandaules; das Griechentum des Gyges gleichsam als Negation der Negation, als eine Synthese der Klassizität.

Das erste Werk des Dramatikers Friedrich Hebbel entstand als Konfrontation der Judith mit der Schillerschen Jungfrau von Orleans. Daß Hebbel bei der Beschäftigung mit dem Gyges-Stoff eingehend die »Iphigenie auf Tauris« reflektiert und für sich als Herausforderung empfunden hat, wird durch seine Tagebücher bestätigt. Am Werk selbst ist diese Antithetik zu Goethe abzulesen. *Die Gestalt der Rhodope ist ebenso eine Zurücknahme der »Iphigenie auf Tauris«, wie die Gestalt der Amazonenkönigin bei Kleist.* »Rhodopes furchtbare Entschlossenheit, Tod zu geben und zu empfangen, ist so goethefern wie das Rasen Penthesileas.« (Helmut Kreuzer) Der Unterschied zwischen Kleist und Hebbel, oder auch zwischen Grillparzer und Hebbel liegt darin, daß Kleist die Aufklärung negiert und den Mythos retabliert; daß Grillparzer die Entscheidung verweigert, weil die mythische Existenz der Medea durch Schuld entwertet und die griechische Aufklärung durch Schwäche korrumpiert ist, so daß die Schlußvision einer Medea in Delphi, also des aufgeklärten Mythos, als Schluß einer Tragödie taugen mag, nicht aber als Grundsatzentscheidung.

Friedrich Hebbel beläßt dem Aufklärer Kandaules seine Würde ebenso wie den mythischen Traditionen. Er verweigert nicht die Synthese im Sinne Grillparzers, sondern versucht sie zu *vertagen*. Darum ist Gyges der Titelheld dieser Tragödie zwischen Mythos und Aufklärung. Allein die Vertagung einer Entscheidung bedeutet gleichzeitig die Entscheidung für eine Nichtentscheidung. Insofern kann man das Theaterstück »Gyges und sein Ring« als Dramatisierung jener traumhaften Nachtgedanken Friedrich Hebbels an der Jahreswende 1849/50 interpretieren.

Die Skepsis eines Prospero über die von Miranda ahnungslos gerühmte »brave new world« findet – über zweieinhalb Jahrhunderte hinweg – ihre Entsprechung in den Abschiedsworten des gescheiterten und königlichen Aufklärers Kandaules über den Schlaf der Welt. Alle Versuche der Aufklärung: von Montaigne bis Kant, von Goethe bis Hebbel, die gewaltigen Residuen mythischen Denkens und Nachvollzugs im europäischen Menschen der Neuzeit durch Aufklärung zu reglementieren, sind gescheitert. Die philosophischen Einsichten eines Montaigne und Kant, die Gegengestaltungen der Auseinandersetzung zwischen Mythos und Aufklärung von Goethe bis Hebbel machen deutlich, daß ein ungleicher Kampf geführt und immer von neuem durchstanden werden muß. Die mythische Existenz ist durch Inhalte gesättigt, durch Wertvorstellungen, denen man nachfolgen darf. Aufklärung stellt dagegen die scheinbare »Leere« einer Geistesmethode, die aller inhaltlichen Fixierung entraten muß. Darum die etwas komische und anachronistische Wirkung, wenn Kant in seiner »Kritik der praktischen Vernunft« als Aufklärer trotzdem nach materialen ethischen Werten sucht. Sogleich wird er dann, wie *Max Horkheimer* in seiner Studie über »Materialismus und Moral« von 1935 demonstriert hat, zum Anwalt einer zeit- und gesellschaftsgebundenen Moral, die ihrerseits viel von einem Bürgermythos an sich hat, weniger von einer folgerichtigen Aufklärung.

Als historische Konstellation gehört die Auseinandersetzung um den aufgeklärten Mythos unverkennbar zum *gesellschaftlichen Ausklang des Ancien Regime*. Gleich der Ästhetisierung und Erotisierung des Lebens ist auch die Bemühung um eine Reglementierung mythischer Lebensformen durch den vernünftigen Diskurs als Versuch zu verstehen, *eine deutlich empfundene Endzeit hinüberzuleiten in einen neuen Anfang,* der seinerseits »vernünftig« sein sollte und aufgeklärt, freundlich – und unter Verzicht auf die blutigen Menschenopfer.

Es ist anders gekommen. Aus Gründen, die mit der Fixierung der bürgerlichen Aufklärung an die konkreten gesellschaftlichen Interessen des Bürgertums zusammenhingen. Trotzdem hat sich das vorrevolutionäre Aufklärungsdenken in Deutschland nicht durch den Ausbruch der Französischen Revolution, durch Girondisten und Jakobiner und Direktoren, durch Robespierre oder Bonaparte widerlegen lassen. Da im Bereich des moribunden Heiligen Römischen Reiches Deutscher Nation keine Revolution ausbrach und die revolutionäre Aufklärung angeblicher Rousseauisten in Form der Eroberung und Überwältigung ertragen werden mußte, blieb die geistige Auseinandersetzung immer von neuem mit den vorrevolutionären Positionen befaßt. Das Ancien Régime wurde abgelöst durch eine Ära der europäischen Kriege und Bürgerkriege, durch neue Restaurationen, die ihrerseits negiert wurden in neuen Revolutionen. Wenn aber die »Iphigenie auf Tauris« als stellvertretendes Werk eines ausgehenden Ancien Régime zurückgenommen werden sollte, in jeweils divergierenden Positionen durch Kleist und Grillparzer und Hebbel, so war dieser Prozeß weit weniger zu deuten als epigonale Auseinandersetzung der Nachfahren mit einem berühmten Theaterstück.

Bedeutsamer war, *daß die Auseinandersetzung weiterging*. Immer wieder siegte Aufklärung über die jeweiligen Mythen, immer wieder brachen neue Mythen unter aller scheinbar etablierten Aufklärung hervor. Die Französische Revolution verstand sich selbst, in ihren Anfängen, als Sieg der Aufklärung über den Mythos, den man gleichsetzte dem kruden Aberglauben. So verstanden es die Politiker in Paris, als sie den Katalog der Menschen- und Bürgerrechte verabschiedeten. So sangen es Mozarts drei Knaben im Finale der »Zauberflöte«. Aber die Widersprüche der Aufklärung traten nun erst, als Folge einer bürgerlichen Revolution, in aller Schärfe hervor. Die Auseinandersetzung der deutschen Literatur und Philosophie mit den französischen Ereignissen ließ sich nicht schematisch zensieren mit guten Noten für die – angeblich – folgerichtigen Jakobiner wie Georg Forster und die – angeblich – reaktionären Weimaraner und Romantiker. Die »Penthesilea« taugt nicht als Widerlegung von Goethes »Iphigenie«. Die Französische Revolution widerlegte nicht die ästhetische Theorie Friedrich Schillers. Schillers Elegie »Der Spaziergang« hat seine eigene Wahrheit (und Begrenzung) als Zivilisationsentwurf auch gegenüber dem »Archipelagus« von Friedrich Hölderlin. Medea in Delphi: das ist wenig mehr als eine dramaturgische Ausflucht. Kandaules scheitert, doch weiß er zugleich, daß sein Denken davon unberührt blieb. Die permanente Auseinandersetzung zwischen

Mythos und Aufklärung wird nun erst, im Zeichen der Französischen Revolution und ihrer Folgen, zum zentralen Thema des Denkens und Handelns unter den Deutschen.

V. DEUTSCHE LITERATUR UND FRANZÖSISCHE REVOLUTION

1. DIE FERNEN JAKOBINER

Stellt man zwei Gedichte Klopstocks zur Französischen Revolution nebeneinander, das eine geschrieben nach dem Bastillesturm, das andere im Jahre 1793 nach Ermordung des Jean-Paul Marat durch die Royalistin Charlotte Corday, so kann man auf knappstem Raum, jenseits des Poetischen, gleichsam stellvertretend, die Stimmungsentwicklung deutscher Intellektueller nachvollziehen. *Friedrich Gottlieb Klopstock* ist nach den biologischen Vorstellungen damaliger Zeit bereits ein alter Mann, als in Frankreich der Dritte Stand seine Erhebung wagt. Zwei Wochen vor Erstürmung der Bastille hatte der Autor des »Messias« und der Gedanken über »Die deutsche Gelehrten-Republik« seinen 65. Geburtstag gefeiert. Freilich, die Zeiten, da er deutschen Lesern als Inbegriff einer neuen deutschen Poeterei erschien, einer Synthese aus antiker Form, protestantischer Gesinnungsethik und zeitgenössischer Reflexion, waren dahin. Sogar der Freundesbund des Göttinger »Hain«, der sich, im Zeichen der Sturm-und-Drang-Bewegung, doch unter sorglicher Beschränkung auf das Idealische und Nicht-Alltägliche, zu Klopstock bekannte, meinte eher die Marmorbüste eines – noch lebendigen – Genius, als den realen Schriftsteller. Allein auch der Sturm und Drang hatte sich in der Auseinandersetzung mit den eigenen Antinomien und, vor allem, mit den gesellschaftlichen Widersprüchen erschöpft.

Eine literarhistorische Periodisierung, die herkömmlicherweise den literarischen Sturm und Drang debütieren läßt im Jahre 1769, mit Herders berühmtem Reise-Journal, um ihn sterben zu lassen als Folge des Bastillesturms im Jahre 1789, übersieht die hippokratischen Zeichen bei jenen Werken von Stürmern und Drängern der ersten wie der zweiten Generation, die im Verlauf der Achtziger Jahre aufgetreten waren. Goethe in Italien: das bedeutete die Permanenz eines Aufklärers *und* Stürmers und Drängers, der sich als gescheitert empfand sowohl in der prometheischen Attitude wie im höfisch-bürgerlichen Kompromiß zu Weimar. Die Schwierigkeit, den »Egmont« abzuschließen, beruhte auf einem tief gewandelten Verständnis zur Staatsmacht und Feudalherrschaft. Graf Egmont war ursprünglich konzipiert nach dem Vorbild der einstigen Selbsthelfer- und Geniegestalten aus dem Typenreservoir der volksbegeisterten Stürmer und Dränger. Nun aber hatte Egmont dem Repräsentanten der Staatsräson klar Rede und Antwort zu stehen, dem Herzog von Alba. Was konnte dem erwidert werden? Der schließlich ausgeführte Vierte Akt zeigt Alba im Recht.

Kaum anders zu verstehen die Schwierigkeit Friedrich Schillers, den König Philipp im Gespräch mit Marquis Posa zu zeigen: mit dem sonderbaren Schwärmer für Aufklärung und Gedankenfreiheit, doch ohne allzuviel Kenntnis von den Bedingungen der Macht und der Gesellschaft. Hinter Goethes verzweifeltem Bemühen um das sich immer von neuem wandelnde Konzept des »Egmont«, hinter Schillers rastlosem Bemühen um die Gewichtverteilung zwischen Sohnesrebellion, Freundschaftstragödie und tragischer Exponierung eines Herrschers und seiner Herrschaft, demonstriert an der Konstellation von Philipp, Posa und Carlos, war die Ausweglosigkeit aller Positionen des deutschen Sturm und Drang, weit über den Sonderfall des Werther-Dichters und des Räuber-Dichters hinaus, erkennbar geworden.

Der 14. Juli 1789 zu Paris bedeutete daher in jedem Falle für die deutschen Zuschauer, ob Aufklärer der alten Schule wie Friedrich Nicolai, Hain-Bündler wie Fritz Stolberg, oder einen Stürmer von einst, der sich mittlerweile zum wenig wohlbestallten Universitätsprofessor der Historie gewandelt hatte, wie den Hofrat Friedrich Schiller zu Jena, eine Begegnung mit eigenen Positionen und Postulaten aus scheinbar verlorener Zeit. Bastillesturm; Verkündung der Menschen- und Bürgerrechte; Verzicht (ob ernstgemeint oder nur scheinbar) auf frühere Privilegien durch die Repräsentanten des Adels und des hohen Klerus; Vorbereitung einer Verfassung durch eine weitgehend frei gewählte Nationalversammlung; Beschränkung königlicher Rechte durch das Recht eines Grundgesetzes; Anstalten in ganz Frankreich zur Verwirklichung des Rousseauismus, sowohl im Erziehungswesen wie im gesellschaftlichen Miteinander unter Gleichgeborenen: alles wurde auch in Deutschland bekannt und forderte eine deutsche Replik heraus. Was Klopstock in seinem

Gedicht »Kennet euch selbst« im Jahre 1789, wie gewohnt schwungvoll, postulierte, durfte unter den bürgerlichen Deutschen als gemeinsame Forderung anerkannt und verstanden werden.

> Frankreich schuf sich frei. Des Jahrhunderts edelste Tat hub
> Da sich zu dem Olympus empor!

Es folgt das wohlbekannte Bild der Dämmerung und Nacht, die gleichgesetzt wird mit geistiger Unmündigkeit. Der Spruch vom Tempel des Delphischen Apollo, dieses »Erkenne dich selbst«, wird übernommen in die Überschrift des Gedichts: »Kennet euch selbst«. Der Delphische Apollo aber ist der Sonnengott, und damit wohlbekannte Chiffre für Klärung und Aufklärung. Brüderlichkeit möge herrschen, so wünscht es sich Klopstock im Gedicht, nicht allein unter den Franken, sondern auch zwischen Franzosen und Deutschen. »Unsere Brüder, die Franken ...; und wir?«
Nun wird die Frage postuliert:

> Ach ich frag' umsonst; ihr verstummet, Deutsche! Was zeiget
> Euer Schweigen? bejahrter Geduld
> Müden Kummer? Oder verkündet es nahe Verwandlung
> Wie die schwüle Stille den Sturm,
> Der vor sich her sie wirbelt, die Donnerwolken, bis Glut sie
> Werden, und werden zerschmetterndes Eis?

Der müde Kummer einer bejahrten Geduld. Politischer Quietismus also und ohnmächtige Trauer über so viele gescheiterte Hoffnungen und Entwürfe. Kann das Gewitter weiterziehen und auch die Rheingrenze überschreiten unter solchen Auspizien? Der junge Klopstock hatte in seinem vielleicht größten Gedicht, in der »*Frühlingsfeier*«, die poetische Vision einer sich erneuernden Menschheit ausdrücklich *nicht* auf dem Höhepunkt der Ekstase und des Gewitters enden lassen. Seine Erfüllung fand dieser deutsche, für die Poesie ungemein folgenreiche »Sacre du

Printemps« nicht im Donner und Blitz und im Rauschen des Regens, sondern im Dankgebet inmitten einer von neuem befriedeten Natur.

> Siehe, nun kommt Jehova nicht mehr im Wetter;
> In stillem, sanftem Säuseln
> Kommt Jehova,
> Und unter ihm neigt sich der Bogen des Friedens!

Hatte sich Klopstock der einstigen Verse erinnert, wenn er den Frieden nach dem Gewitter, dem französischen Gewitter, beschreibt?

> Nach dem Wetter atmen sie kaum, die Lüfte, die Bäche
> Rieseln, vom Laube träufelt es sanft,
> Frische labt, Geruch' umduften, die bläuliche Heitre
> Lächelt, das Himmelsgemälde mit ihr ...

Der Schluß dieser Vision eines Festes vor dem Tempel der Vernunft wirkt als Vorwegnahme jener Tänze um den Freiheitsbaum, errichtet im Tübinger Stift zwei Jahre später, umtanzt von den Jungen des Jahrgangs 1770 und 1772: Hölderlin und Hegel und Schelling:

> Knaben umtanzen den Mann, den kein Despot mehr verachtet,
> Mädchen das ruhige, säugende Weib!

Das war damals, im Herbst des Jahres 1789, durchaus noch gedichtete Gleichzeitigkeit. Sieben Jahre später, als *Goethe* mit den Hexametern von »Hermann und Dorothea« beschäftigt ist, im Herbst 1796, wurde daraus nur mehr eine wehmütige Reminiszenz. Flüchtlinge vor den Heeren der französischen Eroberer blicken leidvoll zurück auf damaliges Hoffen. Ein lebenserfahrener Mensch wie der Richter spricht aus, was viele in Deutschland empfanden, für die Klopstock gesprochen hatte:

Denn wer leugnet es wohl, daß hoch sich das Herz ihm erhoben,
Ihm die freiere Brust mit reineren Pulsen geschlagen,
Als sich der erste Glanz der neuen Sonne heranhob,
Als man hörte vom Rechte der Menschen, das allen gemein sei,
Von der begeisternden Freiheit und von der löblichen Gleichheit.

Was in jenen sieben Jahren geschehen war und die Gleichzeitigkeit der Klopstockschen Poesie in entschiedene Ungleichzeitigkeit zwischen der französischen Revolutionsentwicklung und dem deutschen literarischen Leben transformierte, wird durch den Hinweis auf den *jakobinischen Terrorismus* der Robespierre und St.-Just nur unzulänglich erklärt. Gewiß, die Nachrichten aus Paris und dem übrigen Frankreich konnten ohne Grauen nicht entgegengenommen werden. Das Unverstehbare präsentierte sich inmitten eines Prozesses, der als Verwirklichung allgemeiner Vernunft begann. Prozeß und Hinrichtung des Königs: das war eine politische Entscheidung, die mit Argumenten aufwarten konnte. König und Königin hatten Verrat geübt an der nunmehr zu sich selbst erwachten Nation. Das konnte ebenso bewiesen werden, mit aufgefundenen Geheimdokumenten, wie die Konspiration des für den Tiers Etat auftrumpfenden Grafen Mirabeau mit dem Hof zu Versailles. General Dumouriez war mitten im Krieg gegen die monarchischen Invasionstruppen zum Feind übergelaufen. Die verhafteten Aristokraten konspirierten vom Gefängnis der Conciergerie aus mit dem Ausland und den nach Koblenz geflüchteten Aristokraten. Die Französische Republik hatte die Invasoren in der Kanonade von Valmy zum Rückzug gezwungen. Wie es auf seiten der Angreifer dabei zuging, hat Goethe viele Jahre später und mit gebührender Schonung, dennoch fast unbeschönigt, in der »Kampagne in Frankreich« geschildert.

Es war denkbar, daß die Freunde der Bastillestürmer und Rousseauisten in Deutschland, mit ihnen Klopstock, die Notwendigkeit der Repression verstehen und geistig nachvollziehen konnten: als Verhinderung eines Sieges jener Repräsentanten des

Ancien Regime, die ein Klopstock oder Goethe gut kannte, und die Klopstock gemeint hatte in seiner Formel vom menschenverachtenden Despoten.

Allein da war anderes geschehen und verübt worden in Frankreich. Der republikanische Terrorismus, der nichts anstreben mochte als den Kampf gegen wirkliche und erklärte Gegner, war zum *spektakulären Terrorismus* degeneriert, der durch das schaurige Schauspiel des niederstürzenden Fallbeils ablenken wollte von der Hilflosigkeit der neuen Machthaber und von dem Hunger im Lande. Gewiß war nachweisbar, daß die reichen Bauern in der französischen Provinz, vor allem im Süden, die besitzende Nachfolger geworden waren auf den enteigneten Gütern der Kirche und Aristokratie, das Getreide zurückhielten, um eine Hungerpanik in Paris zu erzeugen, die umschlagen mußte, wie man hoffte und wollte, in eine terroristische Beendigung des Terrors. Der französische Historiker Albert Mathiez hat die Bedeutung der Getreidepreise und der Geldentwertung für den Ablauf der Revolutionsentwicklung bis zum Thermidor, also bis zu Robespierres Sturz, genau belegt. Marxistische Historiker wie Albert Soboul in Frankreich oder Walter Markov in ihren Arbeiten über »Sansculotten und Jakobiner« haben solche Erkenntnisse erweitert und differenziert.

Die *Ästhetisierung des Terrors* zum Zweck von Schaulust und politischer Ablenkung hatte mit Notwendigkeit alle Grenzen zwischen dem politisch und vielleicht sogar juristisch gerechtfertigten Prozeß gegen Revolutionsgegner und der Ermordung von Unschuldigen, die irgendwer aus irgendwelchen Beweggründen denunziert hatte, verwischt. Der hingerichtete Lyriker André Chénier war in der Tat ein erklärter Royalist; der Chemiker Antoine Lavoisier, den man im Jahre 1791 immerhin zum Kommissar des Nationalschatzes ernannt hatte und der wenige Wochen vor dem Thermidor unters Fallbeil kam, war ein treuer Republikaner, der freilich andere politische Ansichten vertrat als der Wohlfahrtsausschuß des Maximilien Robespierre. Die Exekution von dreitausend angeblichen Staatsverrätern in Lyon in Form eines Massenspektakels; die Massenertränkung angeblicher Gegenrevolutionäre in der Loire, scherzhaft gefeiert als »Noyade de Nantes«, die Niederreißung von Häusern, wo angebliche Staatsfeinde gewohnt hatten: es entzog sich, *durch die Quantität wie die abgefeimte ästhetische Qualität des Spektakels*, aller Legitimation durch Politik und aufgeklärtes Denken.

Eben dies war gemeint in *Klopstocks Gedicht »Mein Irrtum« vom Jahre 1793*. Die Quantität einzelner Vernunftlosigkeiten in Frankreich, in vielen Fällen legitimierbar durch die politische und militärische Lage, war umgeschlagen in eine neue Qualität der historischen Unvernunft. Diese Folgerung mußte in Deutschland mit Notwendigkeit gezogen werden, denn dort waren, auf dem linken Ufer des Rheins und in der Stadt Mainz, die wirklichen Träger der Revolutionsbewegung sichtbar und erkennbar geworden. Dem Bild der Klopstock-Verse von 1789 und den vielbeschriebenen Apotheosen der Pariser Revolutionsfeste glichen sie nicht.

Klopstock ist nunmehr ein Mann von 69 Jahren. Er muß auch in Hamburg damit rechnen, daß die Sendboten des Rousseauismus jenes »Kennet euch selbst« von 1789 in Form einer militärischen Expansion auf deutschem Boden proklamieren werden. Weshalb es mit historischem Verständnis nicht eben viel zu tun hat, wenn *Jost Hermand* das Verhalten Klopstocks und seiner Anhänger wie folgt beschreibt: »Wie viele der ›empfindsamen‹ Geister hatten sich auch diese Schwärmernaturen von den Sturzbächen der Freiheit erst einmal mitreißen lassen. Ob Christus, Hermann oder Mirabeau: in allen sahen sie Manifestationen derselben überschwenglichen Geisteshaltung. Als jedoch die harten Tatsachen der revolutionären Praxis dieses Gefühlsgespinst zerrissen, zogen sie sich wieder auf einen christ-germanischen Tugendbegriff zurück, den man von allen ›unreinen‹ Beimischungen freizuhalten versuchte.«

Hier geht einiges durcheinander. Den »Messias« hatte Klopstock in erster Fassung bereits 1773 vollendet. Seine Dramen um Hermann den Cherusker entstanden 1784 und 1787, also vor dem Bastillesturm. Klopstocks Vertrauen in den Grafen Mirabeau wurde in ganz Frankreich geteilt, wo man getrauert hatte über den frühen Tod des Präsidenten der Nationalversammlung am 2. April 1791. Erst nach Mirabeaus Tod fand man bei Erstürmung der Tuilerien die Dokumente seines Doppelspiels in einem Geheimschrank des Palastes.

Schwärmernaturen, empfindsame Geister, Gefühlsgespinste, »die harten Tatsachen der revolutionären Praxis«: das schreibt sich so hin, wenn man die Einzelheiten nicht genau wissen möchte und nicht viel Wesens macht von menschlichem Leid und ungerechter Tötung als Folge irgendeiner Denunziation durch einen Untermieter, einen Liebhaber, einen Konkurrenten. Ein genauer Kenner der historischen Dokumente *und* ein Bewunderer der Französischen Revolution als eines ungeheuren Emanzipationsvorgangs hat die Ambivalenz des Terrors zwischen politischer Repression, ästhetischer Schaustellung und denunziatorischem Nutznießertum in großen dramatischen Dialogen zwischen dem Marquis de Sade und dem rousseauistischen Purismus eines Jean-Paul Marat herausgearbeitet. *Peter Weiss* kennt natürlich, dank der inzwischen geleisteten historischen Forschung, die Lebensumstände und Denkweisen jener Charlotte Corday, die aufbrach aus der normannischen Provinz, um den Volksfreund und Theoretiker des Schreckens, um Jean-Paul Marat zu töten. Klopstock vernahm eine vage Kunde von ihr, und so heißt es in dem Gedicht »Mein Irrtum« von 1793 von der »erhabenen Männin Corday«, deren Tat ihm Labung und Trost gewesen sei:

> Richter schändeten sich, sprachen es los,
> 's Ungeheuer; sie sprach nicht los und tat
> Was mit Glut einst aus der Wange,
> Tränen, der Enkel erzählt.

Es ist durchaus nicht so, wie Jost Hermand voller Hohn aus Anlaß jener »Seraphiker« bemerkt, daß man damals »seine höchst persönlichen Hemmungen und Ressentiments ins Idealische stilisiert« habe: wodurch man bei einer Ideologie der Frustration habe enden müssen. Von den lobend evozierten »harten Tatsachen der revolutionären Praxis« hatten Klopstock und seine Zeitgenossen eine zwar durch Unzulänglichkeiten des Informationswesens begrenzte, doch faktengetreue Kenntnis. Natürlich agierte die fürstliche Propaganda gegen alles, was mit

Paris und den Jakobinern zu tun hatte. Bereits die Tendenz, die Vertreter eines bürgerlichen Demokratismus in Deutschland unterschiedslos und in pejorativer Tönung als »Jakobiner« zu bezeichnen, zeugt von der Macht einer dynastisch-absolutistischen Unterdrückungstechnik. In seiner materialreichen Studie über »Norddeutsche Jakobiner. Demokratische Bestrebungen zur Zeit der Französischen Revolution« zitiert der Historiker *Walter Grab* die Formulierung eines Hamburger Journalisten Heinrich Würzer aus dem Jahre 1796, aus einer Epoche mithin, wo Robespierre längst exekutiert und die bürgerliche Stabilisierung durch das Directoire vollzogen war. In seiner Wochenschrift »Der patriotische Volksredner« konstatiert Würzer: »Bei uns sind die Bezeichnungen Jakobiner und Demokrat zu gleichbedeutenden Wörtern und zu Schimpfnamen geworden, womit alle diejenigen belegt werden, die den Ursprung aller Souveränität vom Volke herleiten und die Rechtmäßigkeit und Notwendigkeit politischer Reformen behaupten.« In diesem Zusammenhang zitierte Grab auch eine entsprechende Formel des bedeutenden deutschen Schriftstellers und Demokraten *Georg Friedrich Rebmann,* der übrigens mit Würzer befreundet war: »Die Demokraten pflegt man auch Jakobiner zu nennen.«

Haben sie sich selbst, diese Demokraten, für deutsche Jakobiner gehalten? Dann hätten sie, gleich den niederländischen Geusen aus dem 16. Jahrhundert, den Schimpfnamen stolz übernommen und in neuer Funktion akzepiert.

Klopstock stand ersichtlich, als er im Zeichen des Robespierrismus die Verse »Mein Irrtum« niederschrieb, zwischen enttäuschter Hoffnung und propagandistisch durch die Autoritäten des Ancien Regime erzeugtem Irrtum. So mußte er die Royalistin Charlotte Corday zur Freiheitsheldin emporstilisieren, was sie nicht hatte sein wollen. Ähnlich tief war die Verkennung der Kriegsschuld in solchen Versen:

Freiheit, Mutter des Heils, nannten sie dich
Nicht selbst da noch, als nun Eroberungskrieg,
Mit dem Bruch des gegebnen
Edlen Wortes, begann?

Wortbrüchig waren die alliierten Truppen des Herzogs von Braunschweig bei der Invasion in Frankreich; gerade die Jakobinerregierung unter Robespierre und seinem Wohlfahrtsausschuß hatte ausdrücklich auf Expansion der Revolution über Frankreichs Grenzen hinaus verzichtet und erklärt: man werde sich nicht in die Angelegenheit fremder Völker einmischen. Es war erst das Regime der bourgeoisen Stabilisierung, das sich anschickte, die längst liquidierte, nur noch als Proklamation heraufbeschworene Revolution in Form von Eroberungskriegen zu exportieren.

Entscheidend für die geistige Auseinandersetzung der deutschen Schriftsteller und Professoren mit dem Phänomen der Französischen Revolution wurde daher nicht eigentlich der jakobinische Terrorismus eines Robespierre und St.-Just. Er wirkte nach Deutschland bloß hinüber als trotziges Bekennertum der zahlenmäßig geringen deutschen »Jakobiner«, oder es entstand eine Lyrik der Desillusionierung, wie im Falle von Klopstock. In seiner Elegie »Der Spaziergang« hat Friedrich Schiller, im Rückblick, einige Jahre später, sein Bild vom jakobinischen Terrorismus in ähnlicher Weise konturiert:

> Deiner heiligen Zeichen, o Wahrheit, hat der Betrug sich
> Angemaßt, der Natur köstlichste Stimmen entweiht,
> Die das bedürftige Herz in der Freude Drang sich erfindet;
> Kaum gibt wahres Gefühl noch durch Verstummen sich kund.
> Auf der Tribüne prahlet das Recht, in der Hütte die Eintracht,
> Des Gesetzes Gespenst steht an der Könige Thron.

Der einstige Stürmer und Dränger Schiller, kleiner Leute Kind aus Marbach am Neckar, hat diese Position bis zum Lebensende beibehalten. Über die bekannten Verse aus dem »Lied von der Glocke« vom Jahre 1800, worin Weiber zu Hyänen werden und Scherz treiben mit dem Entsetzen, hat sich die einstige Mainzer Jakobinerin, die alle Ächtungen, Demütigungen und Häftlingsleiden in dem vom Jakobinismus befreiten Mainz hatte erdulden müssen, bis der Professor August Wilhelm Schlegel sich ihrer annahm und sie als Frau Professor nach Jena holte, vor Lachen ausschütten mögen: *Karoline Böhmer-Schlegel-Schelling.* Glimpflich war es nicht zugegangen, als das Heer der fürstlichen Absolutisten die demokratische Hochburg am Rhein zurückgewann. In seinem Bericht über die »Belagerung von Mainz« hat Goethe die Ereignisse von 1792, mehr als ein Menschenalter später, rekonstruiert und aus dem Gedächtnis nacherzählt, wie es sich abspielte, als die Mainzer Jakobiner, die sogenannten »Klubisten«, mit den französischen Truppen die Stadt verlassen wollten. Einer dieser deutschen Jakobiner wird von der Menge erkannt: »Ihn aber schleppt man auf den nächsten Acker, zerstößt und zerprügelt ihn fürchterlich; alle Glieder seines Leibes sind zerschlagen, sein Gesicht unkenntlich. Eine Wache nimmt sich endlich seiner an, man bringt ihn in ein Bauernhaus, wo er auf Stroh liegend zwar vor Tätlichkeiten seiner Stadtfeinde, aber nicht vor Schimpf, Schadenfreude und ›Schmähen‹ geschützt war.«

Es war bei dieser Gelegenheit, daß Goethe als Weimarischer Minister einen weiteren Fall von »Volkszorn« verhinderte, ein Opfer der Mißhandlungen rettete und dafür von seinen Freunden mit Unmut bedacht wurde. Seine improvisierte Antwort ist weltberühmt geworden und immer wieder gern zitiert worden: »Es liegt nun einmal in meiner Natur, ich will lieber eine Ungerechtigkeit begehen, als Unordnung ertragen.« Die Unordnung aber war für Goethe in jener Konstellation gegeben durch Sieg und Rachedurst der Legitimisten und Gegner der Revolution. Unordnung also, begangen von angeblichen Vertretern eines stolz deklarierten Ordnungsdenkens.

Dennoch hat sich die spekulative Auseinandersetzung der deutschen Literatur mit der Französischen Revolution viel weniger durch Emotionen über Terror und Gegenterror inspirieren lassen, als durch einen ersten, dankbar begrüßten, aber rasch durch die Ereignisse widerlegten Versuch, eine Art der *friedlichen Koexistenz* zwischen Französischer Republik und deutschem Legitimismus zu stabilisieren. *Der Friede von Basel* im Jahre 1795 wurde zwischen den Vertretern des Königs von Preußen, eines Neffen Friedrichs II., und den Emissären des französi-

schen Directoire geschlossen. Da Religion und Philosophie in Deutschland damals, die Literatur nicht minder, nach wie vor an den Grundprinzipien der Aufklärung festgehalten hatte, in dieser Hinsicht unbeeindruckt durch Neuigkeiten aus Paris, wurde jener Friedensschluß, der ein gesellschaftliches Nebeneinander der Systeme zu begründen schien, zum Ausgangspunkt solcher Überlegungen: ob es möglich sein könnte, aus den französischen Erfahrungen derart zu lernen, daß der Respekt vor Menschen- und Bürgerrechten gewährleistet *und* eine Wiederholung des Fallbeil-Terrorismus auf deutschem Boden verhindert würde.
Immanuel Kants Schrift »Zum Ewigen Frieden. Ein philosophischer Entwurf« erschien noch 1795, unmittelbar vermutlich inspiriert durch den Frieden von Basel. Der Erfolg war so groß, daß bereits 1796 eine neue und vermehrte Auflage herauskam. Hier wurde zum ersten Mal, nicht von irgendwelchen »Seraphikern«, sondern vom größten Denker der bürgerlichen Aufklärung in damaliger Zeit *das Prinzip der gesellschaftlichen Koexistenz zum Postulat erhoben.* Die fünfte These bei Kant lautet demgemäß: »Kein Staat soll sich in die Verfassung und Regierung eines anderen Staats gewalttätig einmischen.« Kühl begründet Kant seine These in Frageform: »Denn was kann ihn dazu berechtigen? Etwa der Skandal, was er den Untertanen eines anderen Staats gibt?«
Im zweiten Abschnitt des Traktats erweitert Kant die Auseinandersetzung über die Gleichberechtigung der politischen Systeme, also zwischen Republikanismus und Ancien Regime, indem er nicht etwa die Grenzen der Nichteinmischung dort zieht, wo offenkundige Unrechtssysteme am Werk sind. Vielmehr zeigt sich im Verlauf des Gedankengangs, daß Immanuel Kant in seinem »philosophischen Entwurf« bereits *nicht mehr mit der Existenz feudal-absolutistischer Staatswesen zu rechnen gedenkt.* Vielmehr lautet der erste Definitivartikel zum ewigen Frieden folgendermaßen: »Die bürgerliche Verfassung in jedem Staate soll republikanisch sein.«
Von hier aus wird verstehbar, warum *Heinrich Heine* etwa vierzig Jahre später, bei seinen Bemühungen um eine umfassende Darstellung der deutschen Zustände in Religion, Philosophie und Schöner Literatur, immer wieder auf den *Parallelismus zwi-*

schen Maximilien Robespierre und Immanuel Kant zu sprechen kam: mit der Maßgabe für sich, daß der Kantianismus virtuell weitaus radikaler sei als der Robespierrismus. Die Widersprüche der deutschen Aufklärung, nach der Konfrontierung mit den französischen Ereignissen, sind also nicht wenig durch die fernen deutschen Jakobiner geprägt worden. Daß diese deutschen Demokraten, angeführt durch *Georg Forster*, weiterwirkend auch durch Johann Gottlieb Fichte und die rebellischen Geister vom Jahrgang 1770, jene Hölderlin und Hegel und Beethoven, bis in die Gegenwart hinein beschwiegen wurden, vielleicht mit Ausnahme von ein paar mitleidigen Zeilen über den so überaus begabten und so überstark irrenden, dann jedoch reuigen Georg Forster, rechtfertigt es durchaus, diese unterdrückte, fast vergessene Episode des deutschen Jakobinismus neu zu dokumentieren. Die wirkliche Auseinandersetzung hingegen zwischen Französischer Revolution und deutscher Literatur findet sich nicht bei diesen Demokraten und Jakobinern in Deutschland, auch nicht bei den vom Gefühl zum Gegengefühl wechselnden Klopstockianern, sondern bei Kant im Traktat »Zum Ewigen Frieden«, und vor allem, so erstaunlich das klingen mag: *im Briefwechsel zwischen Schiller und Goethe.*

Das geschichtlich tradierte Klischee, wonach man sich Goethe und Schiller als erbitterte Gegner der Französischen Revolution vorstellen müsse, ist unhaltbar. Freilich gibt es bei Schiller die bekannten Diatriben sowohl im »Spaziergang« wie im »Lied von der Glocke«. Dennoch ist Schillers Ästhetik als unmittelbare schöpferische Reaktion auf die Pariser Ereignisse zu verstehen. Auch Goethes Weg von den etwas läppischen Dramoletten der Revolutionssatire zur ernsten Auseinandersetzung mit den geschichtlichen Phänomenen in »Hermann und Dorothea«, im »Märchen«, vor allem in der »Natürlichen Tochter«, macht den spezifischen Standpunkt seiner Revolutionskritik genau sichtbar. Goethe unterscheidet scharf zwischen den revolutionären Prozessen als einem französischen Phänomen, und ihrer – möglichen – gesamtgesellschaftlichen Bedeutsamkeit. Den Zusammenbruch des Ancien Regime hält er für notwendig und allzugut begründet. Hingegen widersetzt er sich immer von neuem, im Denken wie in seinen literarischen Arbeiten, dem Konzept einer

Übertragbarkeit auf Deutschland. Andererseits ist er, dank seinen Erfahrungen an einem kleinen deutschen Fürstenhof, nüchtern genug, die Parallelen zwischen der einstmals so symptomatischen Halsbandaffäre in Frankreich, die das Bild der Königin verdunkelt hatte, und analogen kleindeutschen Skandalen zu verstehen.

Schiller bemüht sich, damit die fernen französischen Jakobiner aus Deutschland ferngehalten werden, um ästhetische Erziehung, genauer gesagt: um bessere bürgerliche Bildung, die schließlich zu größerer politischer Mündigkeit führen könnte. Goethe ist weniger theoriesüchtig, eher pragmatisch. Er sucht nach Möglichkeiten des gesellschaftlichen Zusammenspiels divergierender Kräfte. Versteht man die »Unterhaltungen deutscher Ausgewanderten« richtig, mitsamt ihrem Abschluß im »Märchen«, die als einziges Thema den Disput behandeln zwischen den virtuellen Positionen zur Französischen Revolution, so zeichnet sich *ein goethesches Konzept des gesellschaftlichen Solidarismus* ab. Die Vereinbarkeit oder Unvereinbarkeit dieser durchaus divergierenden Konzepte für Deutschland ist eigentliches und geheimes Thema des Briefwechsels zwischen Schiller und Goethe: gelegentlich verborgen zwischen viel literarischer Handwerklichkeit, zwischen Lob und Bedenklichkeiten gegenüber den beiderseitigen neuen Arbeiten, trotzdem unverkennbar. Wenn Schiller seine Kritik am epischen Grundplan von »Wilhelm Meisters Lehrjahren« vorbringt, und Goethe das Buch schließlich dem Freund gegenüber verlorengibt, so wird die »Literatur« dabei immer wieder transzendiert.

Es ist das Verdienst von *Georg Lukács*, den geschichtlichen Kontext dieser berühmten literarischen Korrespondenz sichtbar gemacht zu haben. Sicher war es kein Zufall, daß die Abhandlung »Der Briefwechsel zwischen Schiller und Goethe« in Moskau und im Jahre 1934 entstand. Es war der letzte Zeitpunkt einer schöpferisch-marxistischen Anstrengung des Begriffs: auch im Bereich der Literaturwissenschaft. Dann folgte, gleichfalls in Moskau, die planmäßige Reglementierung der Literatur und Literaturtheorie im Zeichen einer normativ auftretenden Ästhetik. So wurden die beiden großen Studien von Lukács über den Briefwechsel zwischen Schiller und Goethe und über *Höl-*

derlins »Hyperion« (auch dieser Text entstand 1934) zum Höhepunkt einer gedankenreichen Auseinandersetzung mit dem Gesamtphänomen »Deutsche Literatur und Französische Revolution«.

Die legitimen Untersuchungen über deutschen Jakobinismus erbrachten bloß den Nachweis an vereinzelten Gestalten und Revolten. Da war, mit Brecht zu sprechen, nicht bloß »Unrecht« gewesen am Ausgang des Ancien Regime, sondern auch Empörung. Allein das Beispiel des Buches von *Leslie Bodi* über »Tauwetter in Wien«, wo die Literatur der österreichischen Aufklärung 1781 bis 1795 konfrontiert wird mit der österreichischen Wirklichkeit, also der *Krise der josephinischen Aufklärung*, bestätigt die gesellschaftliche Unreife der Zustände innerhalb des moribunden Heiligen Römischen Reiches Deutscher Nation. Der Analyse von Lukács ist zuzustimmen: »Die Zurückgebliebenheit in der kapitalistischen Entwicklung hat für Deutschland die bürgerliche Revolution als politische Tatsache damals noch nicht auf die Tagesordnung gestellt. Die kapitalistische Entwicklung war jedoch genügend fortgeschritten, um eine verhältnismäßig breite bürgerliche Elite hervorzubringen, die ideologisch die Vorbereitungsperiode der Französischen Revolution mitgemacht hat, und die jetzt in ihrer Weise dichterisch und philosophisch auf den Umschlag der Vorbereitung in die Revolution selbst reagieren mußte.«

Die Folgerung war, für Goethe und Schiller, ein ästhetischer Klassizismus, der jedoch weit weniger eine Nachahmung antiker Normativität anstrebte, als eine Verwendung antiker Stoffe und Formen, die man für überzeitlich hielt, und mithin geeignet, jenseits aller Geschichtlichkeit, eine gesellschaftliche Grundposition zu bedeuten. *Daß diese allgemein-menschliche Grundposition als eine bürgerliche zu verstehen sei,* war beiden nicht entgangen, weder Goethe noch Schiller. Der künstlerische Ertrag dieses im Zeichen des Klassizismus geschlossenen Bündnisses war darum nicht im Epos und der Elegie, in Xenien und Balladen mit antiker Thematik zu finden, sondern in Schillers »Wallenstein« und Goethes erneuter Hinwendung zum »Faust«.

Die Widersprüche der Aufklärung in Deutschland und im Zeichen der Französischen Revolution sind also weder als geistig-politische »Zurücknahme« zu diagnostizieren, indem man den Fall Klopstock generalisiert und zur Schelte der deutschen Literatur erweitert, noch durch den Hinweis auf Fälle eines realen, wenngleich ohnmächtigen deutschen Jakobinismus. Es genügt auch nicht, wie Lukács richtig bemerkt, der bloße Hinweis auf die Unreife der bürgerlichen Entwicklung in Deutschland. Der eigentliche Widerspruch war nicht bloß darin zu sehen, daß die französischen Ereignisse keine Nachfolge in Deutschland bewirkt haben: so daß die revolutionären Postulate des Jakobinismus erst im Zeichen des Directoire, später des Bonapartismus, als militärisch oktroyierte Importe mit Hilfe einer Besatzungsmacht nach Deutschland gelangten. Zur eigentlichen Dialektik deutscher Aufklärung am Ausgang des 18. Jahrhunderts gehört der Widerspruch, daß die auf den philosophisch-künstlerischen Bereich absichtsvoll beschränkte radikale bürgerliche Aufklärung *weitaus radikaler auftrat, als der jakobinische Rousseauismus in Frankreich*. Das eben hat Heinrich Heine gemeint, als er den Radikalismus eines Maximilien Robespierre mit jenem anderen des Immanuel Kant verglich: zuungunsten des französischen Rhetorikers und Terroristen.

Die Auseinandersetzung mit der Französischen Revolution konnte daher nicht durch deutsche Nachahmer der fernen Jakobiner bewirkt werden. *Sie mußte zurückführen zu den Quellen der französischen bürgerlichen Aufklärung*. Eine neue Auseinandersetzung mit dem Rousseauismus hatte stattzufinden, nachdem die Gedanken des »Gesellschaftsvertrages«, zwischen Bastillesturm und Thermidor, zur materiellen Gewalt werden konnten. Der Rousseauismus hatte den deutschen Sturm und Drang zwischen 1769 und 1789 zum bürgerlich-plebejischen Kompromiß befähigt. Die neue Auseinandersetzung aber mit der Französischen Revolution vollzieht sich in Deutschland als *Überprüfung des Rousseauismus in seiner jakobinischen Praxis*. Das geschieht bei Kleist, bei Hölderlin, in Hegels »Phänomenologie des Geistes«.

Während Hegel in Jena an der »Phänomenologie des Geistes« arbeitete, am Vorabend der Schlacht von Jena im Jahre 1806, beendete *Jean Paul* in Bayreuth sein Buch »Levana oder Erzieh-

lehre«. Es ist in aller Bewußtheit angelegt als Gegenentwurf zu »Emile ou De l'Education« von Jean-Jacques Rousseau. In seinem Rousseau-Roman (Rousseau. Der Roman vom Ursprung der Natur im Gehirn) hat der Erzähler *Ludwig Harig* einen anmutigen Spaziergang von Jean-Jacques und Jean Paul in Begleitung des kleinen Emile und der kleinen Levana imaginiert, allein die Gegensätze hätten doch wohl solche friedliche Promenade verhindert. Im Vorwort zur »Levana«, datiert vom 2. Mai 1806, bestreitet Jean Paul im Grunde alle Möglichkeiten der »Erwachsenenbildung« im heutigen Sinne: »Alle erste Fehler sind folglich die größten; und die geistigen Krankheiten werden, ungleich den Pocken, desto gefährlicher, je jünger man sie bekommt. Jeder neue Erzieher wirkt weniger ein als der vorige, bis zuletzt, wenn man das ganze Leben für eine Erziehanstalt nimmt, ein Weltumsegler von allen Völkern zusammengenommen nicht so viele Bildung bekommt als von seiner Amme.«
Im § 25 des Buches der Erziehlehre wird die Folgerung gezogen: »Eine rein-negative Erziehung, wie die Rousseausche nur zu sein scheint, widerspräche sich und der Wirklichkeit zugleich so sehr als ein organisches Leben voll Wachstum ohne Reizmittel; sogar die wenigen eingefangenen wilden Waldkinder genossen positive Erziehung von den reißenden und fliegenden Tieren um sich her. Nur der Kinder-Sarg könnte eine negative Winkel- und Fürstenschule und Schulpforte vorstellen.«
Die deutsche Dialektik der Aufklärung im Zeichen der Französischen Revolution vollzieht sich, seit Beginn des neuen Jahrhunderts, also auch im Zeichen des Bonapartismus, als virulente neue Auseinandersetzung mit dem Rousseauismus und seiner mittlerweile sichtbar gewordenen Praxis. Allein der spätere Vergleich Heines zwischen Robespierre und Kant wird trotzdem nicht den dialektischen Spannungen gerecht. Der neuen Auseinandersetzung mit Rousseau nämlich entsprach, nicht allein bei den Romantikern oder bei Fichte und Schelling und Hegel, *eine Auseinandersetzung mit dem Kantianismus*; bereits in Schillers ästhetischen Schriften kommt es, im Lichte der französischen Erfahrungen, zu einer Transzendierung des Kantianismus.

2. SCHILLERS ÄSTHETIK UND DIE REVOLUTION

(Der Moralist und das Spiel)

Das Ende des Jahres 1792 und der Januar 1793 finden Schiller in schlechter körperlicher Verfassung. Die große, im Grunde bereits tödliche Krankheit ist ausgebrochen, und Schiller weiß, wie es um ihn steht. An Körner schreibt er wenige Tage vor Weihnachten (am 21. Dezember 1792), »daß der noch so zweifelhafte Zustand meiner Gesundheit mein Gemüt zwar nicht niederdrückt, aber doch auch nicht unbefangen genug sein läßt«. Um fortzufahren: »Nur diesen Winter laß mich überstehen, so wird auch für meinen Geist viel gewonnen sein ...«

Fünf Wochen später, am 25. Januar des neuen Jahres 1793, erhält Körner eine genauere Diagnose des Zustandes, welcher Schiller, auch hierin dem Hang zu Spekulationen ergeben, den Charakter einer moralischen Alternative zu geben bemüht ist. »Meine Besorgnis war keine Mutlosigkeit, keine bloß hypochondrische Grille. Ich bin sehr zu katarrhalischen Übeln geneigt, welche der Winter vorzüglich herbeiführt, und meine zwei Entzündungsfieber sind katarrhalisch gewesen. Gleiche Ursachen bringen gleiche Wirkungen hervor. Ich muß also den Winter ebensosehr in Rücksicht meiner Brust als den Sommer und Frühling in Rücksicht auf meine Krämpfe fürchten. Ich bin da in eine saubre Alternative gesetzt, und jedes Zeichen im Tierkreis bringt mir ein anderes Leiden mit. Und doch ist das Beste, was ich vernünftig wünschen kann, noch lange so zu bleiben; denn die ganze Veränderung, die ich zu erwarten habe, ist, daß es zum Schlimmern geht.«

»Denn die ganze Veränderung, die ich zu erwarten habe, ist, daß es zum Schlimmern geht.« Zwei Zeilen später jedoch folgt, ganz übergangslos, der Einsatz zu einer ästhetischen Grundlegung. Der Briefschreiber hatte sie schon in jenem Dezemberbrief angekündigt und den Titel genannt. ›*Kallias oder Über die Schönheit*‹ sollte der Traktat heißen, den Schiller zu Ostern 1793 herauszugeben gedachte. Somit wird der Brief vom 25. Januar, auch hier abermals der Krankheit abgerungen, zur Exposition einer Untersuchung über die Natur des Schönen, wobei Schiller die

Schwierigkeit, die ihn reizt, sogleich darin erblickt, daß die Erfahrung zwar Objekte in Fülle anbiete, die im wesentlichen für schön gehalten werden, es aber philosophisch darauf ankommen müsse, ein »objektives Prinzip für den Geschmack« zu postulieren, ohne dem »Empirischen« – wie Schiller schreibt – dabei Zugeständnisse zu machen.

In solcher Gemütslage entstanden die Kallias-Briefe an Gottfried Körner, sieben insgesamt, verfaßt zwischen dem 25. Januar und dem 28. Februar 1793. Postulierend die berühmte These: »Schönheit also ist nichts anders als Freiheit in der Erscheinung.« Und Freiheit in der Erscheinung ihrerseits sei »nichts anders als die Selbstbestimmung an einem Dinge, insofern sie sich in der Anschauung offenbart«, worauf Schiller, nachdem er an einem Beispiel der Hilfeleistung und ihrer Motive das Schönheitselement einer menschlichen Handlung demonstriert zu haben glaubt, abschließend der Frage nachgeht, worin das Schönheitselement im Kunstwerk gefunden werden dürfe. Abermals antwortet er mit einer der so geliebten Antithesen, wenn er Naturschönheit und Kunstschönheit folgendermaßen gegeneinanderstellt:

»Schön ist ein Naturprodukt, wenn es in seiner Kunstmäßigkeit frei erscheint.

Schön ist ein Kunstprodukt, wenn es ein Naturprodukt frei darstellt. Freiheit der Darstellung ist also der Begriff, mit dem wir es hier zu tun haben.«

Dann aber ergibt sich der Zwang des Gedankengangs, *nunmehr das Spezifische der poetischen Schönheit definieren zu müssen.* Schiller nimmt auch diese Untersuchung im letzten Brief in Angriff, bricht aber – nicht zufälligerweise – eben hier ab. Die Kallias-Briefe bleiben Fragment. Äußerlich vielleicht bloß deswegen, weil inzwischen die großen Abhandlungen ›Über Anmut und Würde‹ und ›Vom Erhabenen‹ im Geist fertig geworden waren und formuliert werden konnten. Um so eher, als sich Schiller hierbei, vor allem bei den Betrachtungen ›Vom Erhabenen‹ und ›Über das Pathetische‹, auf Materialien seiner Jenaer Wintervorlesung hatte stützen können.

Dennoch ist die Thematik der Kallias-Briefe von Schiller niemals wieder aufgenommen oder gar weitergeführt worden. Der

Ansatzpunkt der späteren großen Abhandlungen (man kann es schon beim Lesen der Untersuchung über ›Anmut und Würde‹ konstatieren) wird weitaus vorsichtiger, weniger vermessen gesetzt. Trotzdem erlaubt gerade eine genauere Betrachtung des Kallias-Fragments, die Frage nach Schillers theoretischem Format und nach den tieferen Impulsen seines Theoretisierens genauer zu beantworten.

Der Kontrast zwischen *diesem* Gesundheitszustand und *dieser* ästhetischen Thematik ist nur auf den ersten Blick erstaunlich. Liest man Schillers scheinbar so leidenschaftslos und »objektiv« vorgetragene Gedankengänge vom Winter, Frühjahr und Sommer 1793, so entdeckt man immer wieder Formulierungen, die fast überdeutlich von der Lage dessen künden, der hier schreibt. Wie anders wäre das merkwürdige Beispiel, jenes wunderliche Freiheitssymbol zu deuten, das auch in Schillers Gedichten immer wieder reproduziert wird? »Es ist nicht unwichtig zu bemerken, daß die Fähigkeit, über die Schwere zu siegen, oft zum Symbol der Freiheit gebraucht wird. Wir drücken die Freiheit der Phantasie aus, indem wir ihr Flügel geben; wir lassen Psyche mit Schmetterlingsflügeln sich über das Irdische erheben, wenn wir ihre Freiheit von den Fesseln des Stoffes bezeichnen wollen. Offenbar ist die Schwerkraft eine Fessel für jedes Organische, und ein Sieg über dieselbe gibt daher kein unschickliches Sinnbild der Freiheit ab.«

Wie wäre es möglich, Schillers Definition der »Würde« in ihrer Beziehung zur Grazie zu verkennen, wenn es heißt: »Gesetzt, wir erblicken an einem Menschen Zeichen des qualvollesten Affekts aus der Klasse jener ersten ganz unwillkürlichen Bewegungen. Aber indem seine Adern auflaufen, seine Muskel krampfhaft angespannt werden, seine Stimme erstickt, seine Brust emporgetrieben, sein Unterleib einwärts gepreßt ist, sind seine willkürlichen Bewegungen sanft, seine Gesichtszüge frei, und es ist heiter um Aug und Stirne. Wäre der Mensch bloß ein Sinnenwesen, so würden alle seine Züge, da sie dieselbe gemeinschaftliche Quelle hätten, miteinander übereinstimmend sein und also in dem gegenwärtigen Fall alle ohne Unterschied Leiden ausdrücken müssen. Da aber Züge der Ruhe unter die Züge des Schmerzes gemsicht sind, einerlei Ursache aber nicht entgegengesetzte Wirkungen haben kann, so beweist dieser Widerspruch der Züge das Dasein und den Einfluß einer Kraft, die von dem Leiden unabhängig und den Eindrücken überlegen ist, unter denen wir das Sinnliche erliegen sehen. Und auf diese Art nun wird die *Ruhe* im *Leiden*, als worin die Würde eigentlich besteht, obgleich nur mittelbar durch einen Vernunftschluß, Darstellung der Intelligenz im Menschen und Ausdruck seiner moralischen Freiheit.«

Will es nicht scheinen, als werde da ein Selbstporträt gegeben durch Herausarbeiten jener Mischung aus »unwillkürlichen Bewegungen«, verursacht durch die physischen Leiden des Lungenkranken, und den ebenso freien wie würdevollen »willkürlichen Bewegungen« dessen, der an Körner schreibt, um das Wesen der Schönheit zu ergründen?

Fragen solcher Art haben nichts zu tun mit dem Psychologisieren über philosophische Deduktionen. Wäre Schiller ein philosophischer Denker von der Geistesanlage Immanuel Kants, der Rekurs von den philosophischen Definitionen und Maximen auf die Seelen- oder gar Körperverfassung dessen, der sie zuerst dachte, müßte als ungemäß empfunden werden.

Schiller ist aber kein Philosoph von Hause aus. Zwar hat Kant, als er sich gegen Einwände Schillers in der Abhandlung ›Über Anmut und Würde‹ zu äußern hatte, zu Schillers Freude vom »Werk einer Meisterhand« gesprochen, was unbestritten sein sollte, aber der Königsberger hatte wohl nicht die philosophische Meisterschaft gemeint. Schillers Philosophieren entspringt stets der Augenblickslage. Es ist in diesen Abhandlungen, auch noch in den späteren Briefen über die ›Ästhetische Erziehung des Menschen‹, auffällig oft von Absichtslosigkeit, Zwecklosigkeit, freiem Handeln als unwillkürlichem Tun die Rede, daß man mißtrauisch werden muß. Hier strebt einer nach der schönen Selbstverständlichkeit im Sein und Tun, dem nichts selbstverständlich zu sein vermag, weil auch sein Denken insgeheim stets als ein Planen, als Aktion verstanden werden muß. Darum sind Schillers berühmte Kategorien von Anmut und Würde, naiver und sentimentalischer Dichtung, von Sinnenglück und Seelenfrieden, von der Vollkommenheit des zwecklosen Spielens gleichzeitig ebenso viele Formen der Selbstdarstellung, der

Rechtfertigung, des imperativischen Drangs, die eigenen spekulativen Betrachtungen gleichsam als Maximen einer allgemeinen ästhetischen Gesetzlichkeit auszugeben.
Schillers Philosophie ist eigentlich Rhetorik in einem sehr hohen Sinne: so wie die großartigsten Züge seiner Lyrik gleichfalls der Rhetorik zu verdanken waren. Auch in den theoretischen Abhandlungen entdeckt man die spezifische Antithetik Friedrich Schillers, die man aus seinen Gedichten kennt:

> Zwei Blumen blühen für den weisen Finder,
> Sie heißen Hoffnung und Genuß.

Die gleiche Geisteshaltung im philosophischen Bereich, wenn es an entscheidender Stelle – ebenso antithetisch und rhetorisch – heißt: »Anmut liegt also in der *Freiheit der willkürlichen Bewegungen*; Würde in der *Beherrschung der unwillkürlichen*. Die Anmut läßt der Natur da, wo sie die Befehle des Geistes ausrichtet, einen Schein von Freiwilligkeit; die Würde hingegen unterwirft sie da, wo sie herrschen will, dem Geist.«
Eine Antithetik, die sich, in tiefem Ernst, und ohne daß dem Denker der Zusammenhang mit der eigenen Subjektivität bewußt würde, um so stärker der *philosophischen Selbstaussage* bedient, je mehr sie bemüht ist, objektiv gültige Kategorien im ästhetischen Bereich zu entdecken. Man ahnt, was gemeint ist, wenn Schiller die Würde vor allem im Leiden, im Pathos zu erblicken vermag, die Anmut dagegen vor allem im Betragen, im Ethos: »denn nur im Leiden kann sich die Freiheit des Gemüts, und nur im Handeln die Freiheit des Körpers offenbaren.«

Der erste Kallias-Brief an Körner muß noch unter einem anderen Aspekt betrachtet werden. Auch hier hilft die Kenntnis äußerer Umstände bei Erschließung und kritischer Deutung des philosophischen Textes. Der Historismus freilich ist genauso ungemäß wie der Psychologismus, will man versuchen, die Eigenart des Theoretikers Friedrich Schiller zu verstehen. Allein *Kenntnis der geschichtlichen Konstellation* vermag – ebenso wie Kenntnis der physischen Umstände – das Spannungsverhältnis zu deuten, aus dem diese scheinbar objektive Ästhetik hervorgehen sollte.

Spannungsverhältnis zwischen Körper und Geist, Pathos und Ethos, körperlicher Notwendigkeit und geistiger Freiheit. Ein Spannungsverhältnis überdies zwischen dem Kallias-Thema und den Umständen des damaligen Tages.

Der erste Kallias-Brief trägt, wie erwähnt, das Datum des 25. Januar 1793. Vier Tage vorher war Ludwig XVI. in Paris auf dem Revolutionsplatz öffentlich durch das Fallbeil enthauptet worden. Es ist nicht anzunehmen, daß die Nachricht damals noch nicht nach Jena gedrungen wäre. Auch keine Rede davon, daß Schiller diesen Ereignissen teilnahmslos gegenübergestanden hätte. Das Gegenteil ist bekannt. Noch am 21. Dezember, als sich der Prozeß des Königs bereits ankündigte, hatte er an Körner geschrieben: »Weißt Du mir niemand, der gut ins Französische übersetzte, wenn ich etwa in den Fall käme, ihn zu brauchen? Kaum kann ich der Versuchung widerstehen, mich in die Streitsache wegen des Königs einzumischen und ein Memoire darüber zu schreiben. Mir scheint diese Unternehmung wichtig genug, um die Feder eines Vernünftigen zu beschäftigen; und ein deutscher Schriftsteller, der sich mit Freiheit und Beredsamkeit über diese Streitfrage erklärt, dürfte wahrscheinlich auf diese richtungslosen Köpfe einigen Eindruck machen ...« Und weiter: »Der Schriftsteller, der für die Sache des Königs öffentlich streitet, darf bei dieser Gelegenheit schon einige wichtige Wahrheiten mehr sagen als ein anderer und hat auch schon etwas mehr Kredit. Vielleicht rätst Du mir an zu schweigen, aber ich glaube, daß man bei solchen Anlässen nicht indolent und untätig bleiben darf. Hätte jeder freigesinnte Kopf geschwiegen, so wäre nie ein Schritt zu unserer Verbesserung geschehen. Es gibt Zeiten, wo man öffentlich sprechen muß, weil Empfänglichkeit dafür da ist, und eine solche Zeit scheint mir die jetzige zu sein.«

Davon ist im neuen Jahr nicht mehr die Rede. Bemerkungen über die ›französischen Sachen‹ werden in den Briefen von Jena nach Dresden gleichsam nur hingewischt oder eigentlich weggewischt. Ende Mai dieses Jahres 1793 werden die Girondisten gestürzt und auf die Guillotine geschickt. Am 13. Juli ersticht die Royalistin Charlotte Corday den kranken Jean-Paul Marat in seiner Badewanne. Robespierre dekretiert den integralen Rousseauismus, wonach die Tugend auf die Tagesordnung zu setzen sei und durch Terror vorerst zu herrschen habe. Getreu dem Gedanken Rousseaus aus dem ›Gesellschaftsvertrag‹, wonach man notfalls die Menschen zwingen müsse, »frei zu sein«. Jede Wandlung in den Ereignissen wird damals in Deutschland mit Leidenschaft erörtert. Man findet die Spuren der Auseinandersetzung seit 1789, wie bekannt, in dem Studentenbriefwechsel zwischen Wackenroder und Ludwig Tieck, im Denken der jungen Leute Schelling, Hegel und Hölderlin im Tübinger Stift, in Kants sorgenvoller Anteilnahme, von den jakobinisch gesinnten Fichte oder Friedrich Schlegel, um Georg Forster gar nicht erst zu nennen, zu schweigen. Schiller entwirft in dieser Zeit die Kallias-Briefe, die Abhandlung ›Über Anmut und Würde‹, führt frühe Betrachtungen aus Mannheim und Bauerbach zum Problem der tragischen Kunst und des »Vergnügens an tragischen Gegenständen« in neuer Weise und mit den neuen philosophischen Methoden, die er der Kant-Lektüre zu verdanken hat, unermüdlich weiter. Die französischen Ereignisse werden kaum beachtet.

Dies bedenkend, hat *Ernst Bloch* in einer Schiller-Studie zum Jubiläumsjahr 1955 geurteilt: »Statt einer Wahlverwandtschaft mit den Jakobinern findet sich dagegen bei Schiller eine selbst im Deutschland der Misere ungewöhnliche Fremdheit, ja bald Feindschaft gegen die größte Tendenz seines Jahrhunderts. Er verneinte, zum Unterschied von Forster, aber auch vom jungen Fichte und sogar Friedrich Schlegel, nicht nur die Formen, auch die spezifischen Inhalte (Freiheit und Gleichheit) der bürgerlichen Revolution.«

Alles ist richtig, läßt sich durch Fakten beweisen, und es bedürfte nicht der Evokation mörderischer Exzesse aus dem revolutionären Paris in etwas spießbürgerlichen Versen jenes ›Liedes von der Glocke‹, das die Romantiker in Jena (als Schiller bereits in Weimar lebte) so unwiderstehlich erheitern sollte. Dennoch wird man den Kontrast zwischen dem Ablauf jener Ereignisse des Jahres 1793 und den philosophischen Spekulationen Friedrich Schillers genauer verstehen müssen. Auch ohne daß in den Briefen und Abhandlungen aus jener Zeit vom Politischen viel die Rede wäre, wird man im Gegenteil *diese* Philosophie zu *dieser* Geschichtskonstellation ebenso in Beziehung setzen müssen, wie – im Bereiche des Physischen – *diese* körperliche Lage zu *dieser* Philosophie. Schillers ästhetische Betrachtungen zwischen 1790 und 1794 weisen alle Züge dessen auf, was man in der modernen Psychologie als »*Ersatzhandlung*« zu bezeichnen pflegt.

Der Ausdruck sollte in doppeltem Sinne verstanden werden. Einmal handelt es sich in diesen Jahren um das philosophische Surrogat, dessen sich *ein Dichter* bedient, der weiß, daß alles, was er treibt, insgeheim dazu dienen muß, den Zustand poetischer Sterilität zu überbrücken. Der »Don Carlos«, unter dem Titel »Dom Karlos Infant von Spanien« im Jahre 1787 in Buchausgabe bei Göschen erschienen, lag jahrelang zurück. Das nächste vollendete Werk des Dramatikers Schiller, die Wallenstein-Trilogie, wurde erst am 17. März 1799 in Weimar abgeschlossen. Zwölf Jahre liegen zwischen diesen beiden dramatischen Schöpfungen Friedrich Schillers. Die frühen theoretischen Abhandlungen hatten, eingeschlossen die »Briefe über Don Carlos«, Impuls und Funktion ohne weiteres offenbart: Vorreden zu den Dramen, Selbstanzeigen, polemische Rechtfertigung gegen Kritiker, dramaturgische Programme, wie in Mannheim, die sich unverkennbar aus dem selbstgestellten praktischen Aufgabenkreis ergaben. In all diesen Fällen hatte der Theoretiker Friedrich Schiller den Absichten des Dramatikers zu dienen.

Erst die beiden Abhandlungen »Über den Grund des Vergnügens an tragischen Gegenständen« und »Über die tragische Kunst«, deren Entstehung vermutlich bis ins Jahr 1790 zurückreicht, die aber erst im Herbst 1791 druckfertig wurden, verraten ein neues Verhältnis Schillers zur theoretischen Gattung. Die Todeskrankheit ist aufgetreten – und die Unmöglichkeit erkannt, in der bisherigen Weise eines dramatisierenden Stürmers und Drängers, und sogar noch im Sinne der späteren Arbeit am »Don Carlos«, als dramatischer Dichter weiterarbeiten zu können.

»Die wohlgemeinte Absicht, das Moralischgute überall als höchsten Zweck zu verfolgen, die in der Kunst schon so manches Mittelmäßige erzeugte und in Schutz nahm, hat auch in der Theorie einen ähnlichen Schaden angerichtet.« So zu lesen gleich zu Beginn der Untersuchung »Über den Grund des Vergnügens an tragischen Gegenständen«. Schneidender konnte man die

Absage an die eigenen früheren Überlegungen, worin die Schaubühne als eine »moralische Anstalt« betrachtet worden war, kaum formulieren.

Einmal die Krankheit: der unschöpferische Zustand, worin plötzlich die Theorie funktionslos zu werden scheint und zur Ersatzhandlung dienen muß. Dann aber die weltgeschichtliche Konstellation, die Schiller nicht umhin kann, als Tat zu seinen einstigen Gedanken, *als einen Sturm und Drang zu betrachten, worin sich Freiheitsphilosophie und Terrorismus unentwirrbar zusammengeschlossen hatten.* In dieser Konstellation wird seine Philosophie für Schiller unter der Hand zum Versuch, geistig gleichsam von neuem zu beginnen, die rousseauistische Naivität seiner Anfänge zu prüfen, den Freiheitsgehalt des europäischen Aufklärungsdenkens vom Terrorismus der Jakobiner zu trennen. Mit welchem Ziel? Eine Sphäre zu finden, worin sich Humanität zu verwirklichen vermöchte, ohne Gefahr zu laufen, durch kontrastierendes Zweckdenken denaturiert, in die bare Unmenschlichkeit verwandelt zu werden. Weit davon entfernt also, eine Art »Flucht in die Philosophie« zu bedeuten, sind die theoretischen Arbeiten Schillers zwischen 1790 und 1794 als *Versuche zu bestimmen, dem Zeitgeschehen durch zeitloses Denken beizukommen.* Weshalb Schiller die höchste Ausformung der Humanität in einer *Sphäre des Spiels* festzustellen glaubte, die sich als Übergipfelung des Ethischen und des Ästhetischen darzustellen schien: wobei der spielende Mensch, der homo ludens, das Modell abzugeben hatte einer künftigen, richtig verstandenen Humanität. Hier wurde Philosophieren in einem zur Selbstdarstellung und zur geschichtlichen Therapie. Woraus gleichzeitig erhellt, warum Schiller, kurz vor Abschluß der großen und wohl auch gültigsten Abhandlung über naive und sentimentalische Dichtung, am 17. Dezember 1795 an Goethe schreiben konnte, er gedenke nun die »philosophische Bude« zu schließen. Was am gleichen Tage im Brief an Wilhelm von Humboldt noch folgendermaßen erläutert wird: »... Ich sehne mich jetzt wieder recht nach einer poetischen Arbeit; denn der Beschluß der ›Sentimentalischen Dichter‹, an dem ich jetzt noch arbeite, fängt an, mir zu entleiden. Ich verliere immer gegen das Ende die Geduld, wenn ich unterbrochen und von einer äußern

Notwendigkeit gescheucht habe arbeiten müssen. Indes war dieser letzte Aufsatz auf keine Weise zu umgehen.«

Das philosophische Zwischenspiel war beendet. Die Verbindung mit Goethe hatte neue Lebensaspekte eröffnet. *Übrigens war die Revolution gleichfalls zu Ende.* Der Thermidor hatte auch Robespierre und Saint-Just unters Fallbeil geschickt. Nun herrschten in Paris die Revolutionsgewinner des Directoire. Das Zwischenspiel eines scheinbar objektiven Philosophierens war für Schiller abgeschlossen. Die poetische Produktion schien wieder möglich zu werden. Schillers spätere theoretische Versuche, ohnehin gering an Zahl und meist auch nicht mehr an Bedeutung vergleichbar den großen Arbeiten des philosophischen Zeit- und Lebensintermezzos, erhalten wieder, wie in den Anfängen der geistigen Entwicklung Friedrich Schillers, die Aufgabe, konkrete Funktionen zu erfüllen: kritische oder essayistische Gebrauchsphilosophie.

Wie also wird man den theoretischen Ertrag beurteilen müssen? Die Frage scheint inadäquat und pflegt in Deutschland nicht selten Unbehagen hervorzurufen. Manchem scheint es zu genügen, daß Schiller bedeutende Abhandlungen zur Ästhetik und Literaturtheorie geschrieben hat. Wozu noch fragen, wie es um die Gültigkeit ihrer Thesen stehe. Aber ein anderes ist es (was oft genug und in vorzüglicher Weise erläutert wurde), genau darzustellen, wo Schiller geistig stand, ehe er mit der Lektüre Immanuel Kants begann, worin er Kant ergänzt oder verändert hat: ein anderes dagegen, *die Frage zu stellen nach der Evidenz all dieser Betrachtungen* über das Rührende und Erhabene, über Anmut und Würde, naive und sentimentalische Dichtung. Weil er selbst so wenig naiv war, hielt Schiller große Stücke auf das Naive. Wie aber wirkt heute, gelesen, wiedergelesen und ohne Rücksicht auf falsches Olympiertum, die theoretische Hinterlassenschaft Friedrich Schillers? Mit deutlichem Blick auf Schiller hat Bertolt Brecht seine Zeitgenossen vor der »Einschüchterung durch Klassizität« gewarnt. Was ist, in alledem, wahr geblieben oder von neuem wahr geworden?

Die berühmte Mannheimer Rede vom 26. Juni 1784 ist mit ihrer wirksamen zweiten Überschrift (›Die Schaubühne als moralische Anstalt betrachtet‹) nachgerade zum beliebten Zitat und Klischee geworden: sonor gefordert oder auch milde bespöttelt. Seitdem wird immer wieder bei dramaturgischen Beratungen gefragt, ob man in der Tat die Schaubühne als »moralische Anstalt« betrachten solle. Schillers Text wird dabei im allgemeinen nicht mehr nachgelesen. Zu Unrecht, denn die spätere Überschrift der Mannheimer Rede hat nichts von jenem moralischen Rigorismus an sich, den Schiller nach dem Kant-Studium eine Zeitlang seinen Betrachtungen über Tragik und Pathetik mitzugeben pflegte.

»Was kann eine gute stehende Schaubühne eigentlich wirken?«: so lautete der ursprüngliche Titel, sogar noch im Erstdruck der Rede im ersten Heft der von Schiller herausgegebenen »Rheinischen Thalia« von 1785. Der wirkungsvollere, zum Zitat gewordene spätere Titel gelangte dann als Titelthese über einen – gekürzten – Nachdruck in die »Kleinen prosaischen Schriften«.

Der Diskurs ist das Werk eines vierundzwanzigjährigen jungen Mannes, so daß es auch hier, wie schon in der sich ein bißchen greisenhaft gebärdenden Vorrede zu den »Räubern«, einigermaßen putzig wirkt, wenn der junge und ehrgeizige Mannheimer Dramaturg die Worte hinschreibt: »Diese Bemerkung hat sich mir aufgedrungen, seitdem ich Menschen beobachte.«

Thesen eines jungen Mannes, der die »Räuber« geschrieben hat: weshalb er nicht verfehlt, als dramatische Beispiele angeführt werden sollen, die Figur des Franz Moor kühnlich neben die einer Lady Macbeth zu stellen. Mit Recht, damals freilich nicht ganz legitim. Die Rede eines Nachfahren überdies der Sturm-und-Drang-Bewegung. Schiller arbeitet bereits am »Don Carlos«, der im ursprünglichen Konzept gedacht war als Konfrontation von Inquisition und Geistesfreiheit. Deutsche Problematik stand Schiller damals vor Augen. In einem Brief an Reinwald vom 22. Juli 1783 bezeichnete er seine Arbeit als Weiterführung englischer literarischer Muster mit dem Ziel, die französischen klassizistischen Schauspiele abermals von der deutschen Schaubühne zu verdrängen. Die Zeit ist noch fern, da Schiller – zu Beginn des neuen Jahrhunderts – in einem Gedicht »An Goethe« den Weimarer Theaterdirektor poetisch dafür lobt, das Drama »Mahomet« von Voltaire auf die Bühne gebracht zu haben. Die Mannheimer Rede über die Schaubühne ist eine moralische Rede im Sinne der *politischen Moral.* So spricht der Stürmer und Dränger, wenn es heißt: »Wenn die Gerechtigkeit für Gold verblindet und im Solde der Laster schwelgt, wenn die Frevel der Mächtigen ihrer Ohnmacht spotten ...«, dann trete der Dichter als sittlicher Judex auf und reiße die Laster vor seinen Richterstuhl. »Das ganze Reich der Phantasie und Geschichte, Vergangenheit und Zukunft stehen ihrem Wink zu Gebot.« Das Vokabular entstammt der französischen Aufklärung: wie billig, denn die wichtigsten Gedankengänge der Rede hat Schiller einer deutschen Übertragung der Gedanken Sébastien Merciers über das Theater entnommen, die er damals in deutscher Übersetzung gelesen hatte. (Mercier seinerseits wurde übrigens zum wichtigsten Vermittler deutscher Sturm-und-Drang-Dichtung, Schillers vor allem, in Frankreich.) »Ketten des Vorurteils und der Meinung«, »richtigere Begriffe, geläuterte Grundsätze, reinere Gefühle«: der Wortschatz ist beredt, er ist auch gesellschaftlich genau umrissen. *Dies ist bürgerliche Aufklärung in Deutschland, und das Streben zum Volk,* weg von den Gebildeten, dringt gleichfalls durch. Genauso übrigens wie der Abscheu des jungen Schiller, des ehemaligen Zöglings einer aufgeklärten herzoglichen Pflanzschule, gegen die pädagogischen »Philanthropine und Gewächshäuser«. Dies ist nun gar nicht mehr Mercier, sondern, neben der prachtvollen Rhetorik, der subjektive Beitrag des ehemaligen Karlsschülers zur Betrachtung künftiger Wirkungsmöglichkeiten einer deutschen nationalen Schaubühne.

Mit welcher Schonungslosigkeit gegen sich und andere der einstige Stürmer und Dränger Schiller, vor allem seit Anbruch der Französischen Revolution, die ursprünglichen Thesen der plebejischen Aufklärung, volkstümlicher Kunst, funktionsbehafteter politisch-moralischer Poesie bekämpft hat, ist weithin bekannt. Im Bereich der Dramatik spiegelt sich dieser Prozeß, der weit mehr als gesellschaftlicher denn als individueller verstanden werden muß, in den Schaffenskrisen des »Don Carlos« wider. Der Kontrast der *»Briefe über Don Carlos«* zum vollendeten Werk ist oft bemerkt und durchdacht worden. Man vergleiche Schillers briefliche Ausführungen über die Figur des Malteserritters mit Marquis Posas Bühnengestalt.

Der Literaturkritiker Friedrich Schiller schreibt auch seine

Rezension *»Über Bürgers Gedichte«* in der ›Allgemeinen Literatur-Zeitung‹ vom 15. und 17. Januar 1791 eigentlich als Selbstabrechnung aus Anlaß von Gottfried August Bürgers Gedichten, deren Signum, wie Bürger gefordert hatte, vor allem die Popularität sein müsse. Schiller antwortet ihm und sich selbst.

»Wir sind weit entfernt, Herrn Bürger mit dem schwankenden Wort ›Volk‹ schikanieren zu wollen; vielleicht bedarf es nur weniger Worte, um uns mit ihm darüber zu verständigen. Ein Volksdichter in jenem Sinn, wie es Homer *seinem* Weltalter oder die Troubadours dem ihrigen waren, dürfte in unsern Tagen vergeblich gesucht werden. Unsre Welt ist die homerische nicht mehr, wo alle Glieder der Gesellschaft im Empfinden und Meinen ungefähr *dieselbe* Stufe einnahmen, sich also leicht in derselben Schilderung erkennen, in denselben Gefühlen begegnen konnten. Jetzt ist zwischen der *Auswahl* einer Nation und der *Masse* derselben ein sehr großer Abstand sichtbar, wovon die Ursache zum Teil schon darin liegt, daß Aufklärung der Begriffe und sittliche Veredlung ein zusammenhängendes Ganze ausmachen, mit dessen Bruchstücken nichts gewonnen wird.«

Was er Bürger und dem Postulat der Volkstümlichkeit entgegenzustellen gedenkt, ist jetzt das Prinzip der »Idealisierung«. Dichtung müsse nicht eine solche »unreifer Jünglinge« sein. Man ist weit entfernt von der Rücksicht auf Volk, Wirkung, moralische Erziehung durch die Kunst. Was Schiller nun – *als angebliche Erfahrung aus Krankheit und Revolution* – anstrebt, ist die radikale Subjektivierung und Ästhetisierung des ehemals politisch-moralischen Problems.

»Alles, was der Dichter uns geben kann, ist seine *Individualität*. Diese muß es also wert sein, vor Welt und Nachwelt ausgestellt zu werden. Diese seine Individualität so sehr als möglich zu veredeln, zur reinsten herrlichsten Menschheit hinaufzuläutern, ist sein erstes und wichtigstes Geschäft, ehe er es unternehmen darf, die Vortrefflichen zu rühren. Der höchste Wert seines Gedichtes kann kein andrer sein, als daß es der reine vollendete Abdruck einer interessanten Gemütslage eines interessanten vollendeten Geistes ist. Nur ein solcher Geist soll sich uns in Kunstwerken ausprägen; er wird uns in seiner kleinsten Äußerung kenntlich sein, und umsonst wird, der es *nicht* ist, diesen wesentlichen Mangel durch Kunst zu verstecken suchen. Vom Ästhetischen gilt eben das, was vom Sittlichen; wie es hier der moralisch vortreffliche Charakter eines Menschen allein ist, der einer seiner einzelnen Handlungen den Stempel moralischer Güte aufdrücken kann; so ist es dort nur der reife, der vollkommene Geist, von dem das Reife, das Vollkommene ausfließt. Kein noch so großes Talent kann dem einzelnen Kunstwerk verleihen, was dem Schöpfer desselben gebricht, und Mängel, die aus dieser Quelle entspringen, kann selbst die Feile nicht wegnehmen.«

Nichts da von »Moralität« der poetischen Gebilde: als belangvoll gelten sie nur, insofern darin die Widerspiegelung einer moralischen Individualität erscheint. Nichts da von Ästhetik durch Gesellschaftserkenntnis und Gesellschaftsveränderung: die Vollkommenheit der Form, wodurch der Stoff – jeglicher Stoff! – aufgezehrt werde, habe fortan als einziges Kriterium zu gelten.

Die beiden Aufsätze *»Über den Grund des Vergnügens an tragischen Gegenständen«* und *»Über die tragische Kunst«*, die denselben Prozeß selbstkritischer Loslösung von der eigenen Vergangenheit zu dienen haben, suchen tastend nach einer neuen philosophischen Grundlegung. Man spürt schon in den ersten Sätzen des Aufsatzes, der sich mit der tragischen Vergnügung zu beschäftigen gedenkt, die Ungeduld, womit Schiller das Aufklärungspostulat einer Beförderung humaner Glückseligkeit gleichsam widerwillig und geringschätzig akzeptiert: »Daß der Zweck der Natur mit dem Menschen seine Glückseligkeit sei, wenn auch der Mensch selbst in seinem moralischen Handeln von diesem Zwecke nichts wissen soll, wird wohl niemand bezweifeln, der überhaupt nur einen Zweck in der Natur annimmt. Mit dieser also, oder vielmehr mit ihrem Urheber haben die schönen Künste ihren Zweck gemein, Vergnügen auszuspenden und Glückliche zu machen. Spielend verleihen sie, was ihre ernstern Schwestern uns erst mühsam erringen lassen; sie verschenken, was dort erst der sauer erworbene Preis vieler Anstrengungen zu sein pflegt.«

Das Wort »spielend«, das hier gebraucht wird, macht ebenso aufmerken wie das Wort vom »Vergnügen«. Natürlich geht es auch hier, wie immer in Schillers theoretischen Schriften, um die geheime synthetische Zauberformel, die den ästhetischen wie den moralischen Forderungen gleichermaßen ihr Recht zumessen könnte. Liest man weiter, so entdeckt man, daß Schiller stets eigentlich ein »moralisches Vergnügen« meint, und die Gattung der Tragödie deshalb so hoch stellt, weil hier »das moralische Vergnügen nur durch einen moralischen Schmerz erkauft wird«. Auch der *Aristokratismus* des einstigen Volksdichters ist zu spüren: Schiller scheut sich nicht, die Reaktionen einer ästhetisch noch nicht erzogenen Menge der moralischen Inferiorität gleichzusetzen: »Eine kleine Seele sinkt unter der Last so großer Vorstellungen dahin oder fühlt sich peinlich über ihren moralischen Durchmesser auseinandergespannt. Sieht nicht oft genug der gemeine Haufe da die häßlichste Verwirrung, wo der denkende Geist gerade die höchste Ordnung bewundert?«

Ganz freilich vermag der einstige Schöpfer eines Franz Moor, Spiegelberg oder Wurm seine höchstpersönliche Vorliebe für die durchtriebenen Schurken nicht zu verleugnen. Auch das Vergnügen an ihrer sublimen Boshaftigkeit gehört für diesen Dramatiker, der stets Selbstabrechnung hält und daher nur selten zur allgemeineren Erkenntnis vorstößt, zum Vergnügen an tragischen Gegenständen: »Nicht selten aber gewinnt eine geistreiche Bosheit vorzüglich deswegen unsre Gunst, weil sie ein Mittel ist, uns den Genuß der moralischen Zweckmäßigkeit zu verschaffen.«

Was Schiller selbst von alledem gehalten haben mag, versteht man deutlicher, liest man in seinem berühmten Brief vom 31. August 1794, worin er Goethe, auf dessen Anregung, eine skizzenhafte Selbstcharakteristik unterbreitet hatte, die merkwürdigen Sätze: »*Mein* Verstand wirkt eigentlich mehr symbolisierend, und so schwebe ich, als eine Zwitterart zwischen dem Begriff und der Anschauung, zwischen der Regel und der Empfindung, zwischen dem technischen Kopf und dem Genie.« Und weiter: »Dies ist es, was mir, besonders in früheren Jahren, sowohl auf dem Felde der Spekulation als der Dichtkunst ein ziemlich linkisches Ansehen gegeben; denn gewöhnlich übereilte mich der Poet, wo ich philosophieren sollte, und der philosophische Geist, wo ich dichten wollte.«

Man kann es nicht besser sagen. Darum ist die Frage nach dem Wahrheitsgehalt und der Gültigkeit seiner theoretischen Arbeit bei Schiller so schwer zu beantworten. Es beginnt mit der Aktion eines immensen Originalgenies, das sich aber bereits hineingestellt findet in eine absinkende Bewegung von insgeheim steril gewordenen Stürmern und Drängern. *Zwischen dem »Urgötz« und den »Räubern« liegt ein Jahrzehnt vergeblichen Wirkens für die plebejische Tradition in der deutschen Literatur.* Schnell und schneidend ist daher die Abkehr des Poeten Schiller, der damals ebenso genial war in seiner rebellischen Schöpfer- und Sprachkraft wie epigonal in der Theorie, von diesen poetischen und politischen Positionen. Die Abkehr wird bezahlt durch eine lange Phase dichterischer Ohnmacht – und durch ein unablässiges Theoretisieren gleichsam für den Hausgebrauch. Dies alles, mitsamt den Begriffen der Rührung und der Erhabenheit, des Willkürlichen und Unwillkürlichen, der ästhetischen Moralität und moralisierenden Ästhetik, bleibt bemerkenswert nur als Gegenposition einer großen Individualität gegen sich selbst: gegen die Krankheit, gegen die geschichtlichen Vorgänge, für die man sich insgeheim – durch das eigene poetische Frühwerk – mitverantwortlich fühlt.

Darum konnten die Kallias-Briefe nicht weitergeführt werden. Aus demselben Grunde muß – unter allen theoretischen Schriften Friedrich Schillers – die von deutschen Schulmeistern ausdauernd gelobte Abhandlung *»Über Anmut und Würde«* den heutigen Leser und Schiller-Verehrer überaus stark irritieren. Ein frischgebackener Kantianismus, der insgeheim noch stark in der vorkantischen ästhetischen Tradition befangen bleibt. Weil Schiller sich in Fragen der moralischen Würde genügend auszukennen glaubt, bemüht er sich so hartnäckig wie erfolglos um das Phänomen der Grazie. Objektive Kriterien dafür glaubt der Kantianer nicht aufweisen zu können. Die Kallias-Briefe schrecken. So wird alles zu einem Phänomen der objektivierten Subjektivität umgedeutet: »Wo also Anmut stattfindet, da ist die Seele das bewegende Prinzip, und in *ihr* ist der Grund von der Schönheit der Bewegung enthalten. Und so löst sich denn jene mythische Vorstellung in folgenden Gedanken auf: ›Anmut ist eine Schönheit, die nicht von der Natur gegeben, sondern von dem Subjekte selbst hervorgebracht wird.‹«

Damit wird Grazie als persönliches Verdienst empfunden. Schiller geht so weit, daß er die Schönheit, nach guter Aufklärerart, als die »Bürgerin zweier Welten« definiert, »deren einer sie durch *Geburt*, der andern durch *Adoption* angehört«.

Womit auch Schiller wieder, wenn er vom Ideal des harmonisch gebildeten Menschen spricht, ohne sich selbst damit meinen zu können, zu *Winckelmann* zurückkehrt und seiner Auffassung von den Griechen: »Sind Anmut und Würde, jene noch durch architektonische Schönheit, diese durch Kraft unterstützt, in derselben Person *vereinigt*, so ist der Ausdruck der Menschheit in ihr vollendet, und sie steht da, gerechtfertigt in der Geisterwelt und freigesprochen in der Erscheinung. Beide Gesetzgebungen berühren einander hier so nahe, daß ihre Grenzen zusammenfließen. Mit gemildertem Glanze steigt in dem Lächeln des Mundes, in dem sanftbelebten Blick, in der heitern Stirne die *Vernunftfreiheit* auf, und mit erhabenem Abschied geht die *Naturnotwendigkeit* in der edeln Majestät des Angesichts unter. Nach diesem Ideal menschlicher Schönheit sind die Antiken gebildet, und man erkennt es in der göttlichen Gestalt einer Niobe, im belvederischen Apoll, in dem borghesischen geflügelten Genius und in der Muse des Barberinischen Palastes.«

Hier spürt man nichts von einer Weiterführung Herderschen Denkens über die geschichtlichen Ursachen der griechischen Kunst. Dennoch besteht zwischen Schiller und Winckelmann ein wesentlicher Unterschied. Der Grieche aus Stendal hatte die Gültigkeit der griechischen Leistungen niemals in Frage gestellt, seine Betrachtung vor den Antiken des Vatikan behielt stets ein Element des Futurischen. Schiller dagegen betrachtet die Synthese aus Anmut und Würde im Menschenleib und in der Kunst als Elegiker. Hinter den scheinhaften Antithesen der Abhandlung über Grazie und Dignität werden jene weitaus gültigeren und glücklicheren sichtbar, die bemüht sind, am Gegensatzpaar der »naiven« und »sentimentalischen« Dichtung, sogleich wieder eine Reflexionsform zu geben, die das geschichtliche Element in Rechnung setzt: indem sie den

Divergenzen zwischen der Antike und der Moderne nachzugehen versucht.

In Schillers theoretischem Hauptwerk, den Briefen »*Über die ästhetische Erziehung des Menschen*«, gelingt es zum erstenmal, die unhistorische Abstraktheit der ästhetischen Spekulation mit der Analyse geschichtlicher Tagesereignisse zu verbinden. Die frühen Abhandlungen Schillers im Zeichen von Sturm und Drang besaßen ihre präzisen Funktionen und spiegelten die jeweilige Umwelt des Schreibers wider: die private wie die geschichtliche. Die Abhandlungen des Jahres 1793 hatten sich bemüht, gleichsam gegen die Umwelt und die Forderungen des Tages zu philosophieren, aber Schiller war nicht Kant, unterschätzte wohl auch den Anteil des geschichtlichen Anschauungsstoffes an Kants Philosophieren. Das ergab glasige Schöpfungen, an denen keiner sein Genügen finden konnte: nicht der Philosoph und nicht der spekulierende Poet.
Erst der Thermidor setzt gleichsam neue spekulative Kräfte in Schiller frei, denen es gelingt, sowohl dem Geschichtsmaterial wie dem Kantianismus gebührenden Anteil am spekulativen Ertrag zu bewilligen. Der 9. Thermidor, nämlich der 27. Juli 1794, sieht den Sturz Robespierres. Das Direktorium bedeutet die bourgeoise Stabilisierung der Besitzverhältnisse und ihre Verteidigung gegen alle jakobinischen Versuche, die Permanenz des revolutionären Prozesses auch im Innern Frankreichs durchzusetzen; in der Expansion französischer Revolutionsheere vollzieht sie sich weiter auch unter dem neuen Directoire.
Schillers Gedanken aber über die ästhetische Erziehung des Menschen tragen unverkennbar *das Signum dieser Thermidorereignisse*. Gewiß, die Anlage der berühmten Abhandlung war gegeben worden durch Briefe an den Herzog von Schleswig-Holstein-Augustenburg, und diese Briefe entstanden noch in der zweiten Jahreshälfte 1793, also als Kontrastschöpfungen zur Politik des Pariser Wohlfahrtsausschusses. Aber am 26. Februar 1794 verbrennen diese Brieforiginale ihrem Empfänger im Schloß Christiansborg zu Kopenhagen. Der Herzog erbittet sich von Schiller eine Rekonstruktion. Der setzt von neuem an, schreibt aber vom September 1794 bis zum Juni 1795 bei gleichem

Ausgangspunkt eine wesentlich veränderte Abhandlung. *Sie wird gleichzeitig goetheanischer und thermidorianischer*, denn inzwischen hat auch die entscheidende Begegnung mit Goethe stattgefunden.

Ein Dokument der Aufklärung *und* der Verarbeitung geschichtlicher Erfahrungen in einem. Diesmal wird die Französische Revolution nicht mehr ausgespart wie bei den Abhandlungen über Tragik und Vergnügen, Anmut und Würde. Schiller will zweierlei bieten: eine Analyse, welche zeigen möchte, daß der Vollzug der Aufklärung auch ohne Revolution möglich sei: eigentlich *nur* ohne Revolution, und einen *Fürstenspiegel*, denn es wäre durchaus verfehlt, den herzoglichen Empfänger dieser Briefe ausschließlich als formalen Adressaten zu verstehen. Gerade der Ästhetiker Schiller erweist sich als politischer Denker und als Diplomat. Es ist durchaus wörtlich zu nehmen, wenn er bereits im zweiten Brief dem herzoglichen Adressaten das Programm andeutet: »Ich hoffe, Sie zu überzeugen, daß diese Materie weit weniger dem Bedürfnis als dem Geschmack des Zeitalters fremd ist, ja daß man, um jenes politische Problem in der Erfahrung zu lösen, durch das ästhetische den Weg nehmen muß, weil es die Schönheit ist, durch welche man zu der Freiheit wandert.«

Die Schönheit sei es, durch welche man den Weg zur Freiheit nehmen müsse. Ein Fürstenspiegel, denn weder die bisherige Geisteshaltung der in Deutschland herrschenden Fürsten, noch der Zustand des Volkes böten eine Möglichkeit, aus der verschuldet-unverschuldeten Unmündigkeit herauszutreten. Schiller zeichnet im fünften und sechsten Brief, diesmal aus der Erfahrung, die deutschen Zustände. Unbeschönigt malt er den Zustand des unterdrückten Volkes in Deutschland, wobei die Erschütterung durch den Anblick des französischen Jakobinismus mitspricht, wenn es dort heißt: »In den niedern und zahlreichern Klassen stellen sich uns rohe, gesetzlose Triebe dar, die sich nach aufgelöstem Band der bürgerlichen Ordnung entfesseln und mit unlenksamer Wut zu ihrer tierischen Befriedigung eilen.« Dann aber fährt Schiller fort: »Auf der andern Seite geben uns die zivilisierten Klassen den noch widrigern Anblick der Schlaffheit und einer Depravation des Charakters«, worauf der Schreibende hinzusetzt, diese Verderbnis der herrschenden

Schichten sei um so empörender, als sie nicht auf Unwissenheit beruhe wie beim Volke, sondern mit dem Anspruch auftrete, die Kultur zu repräsentieren. Unmittelbar darauf entwirft der Briefschreiber ein genaues Bild der Auswirkungen kapitalistischer Arbeitsteilung und Spezialisierung auf den bürgerlichen Menschen in Deutschland. Es bestehe keinerlei Gefühlsbindung mehr zwischen den Untertanen und dem Staat. »Ewig bleibt der Staat seinen Bürgern fremd, weil ihn das Gefühl nirgend findet.« Die regierenden Schichten hätten die eigentlichen Regierungsziele der allgemeinen Wohlfahrt, wie sie Schiller als Rousseauist versteht, »zuletzt ganz und gar aus den Augen verloren«. Darum also sind für den Verfasser der »Briefe über die ästhetische Erziehung des Menschen« der deutsche Staat oder die deutsche Kleinstaaterei völlig ungeeignet, den Prozeß der Humanisierung zu leisten.

Im Fortgang der ästhetischen Korrespondenz nimmt Schiller manches Motiv aus den »Kallias-Briefen« und den »Betrachtungen über Anmut und Würde« von neuem auf, aber Standort und Konstellation dieser Motive sind verändert. Den Kontext bildet die Geschichte – und ins Politisch-Historische münden die (äußerlich abermals Fragment bleibenden) Briefe diesmal aus. Schiller kommt auf die Lehren zu sprechen, die aus seiner Gesellschaftsskizze zu ziehen seien. Die Lösung sei zu finden im schönen Schein, im menschlichen *Spiel*: »Und was ist es für ein Phänomen, durch welches sich bei dem Wilden der Eintritt in die Menschheit verkündigt? Soweit wir auch die Geschichte befragen, es ist dasselbe bei allen Völkerstämmen, welche der Sklaverei des tierischen Standes entsprungen sind: die Freude am *Schein*, die Neigung zum *Putz* und zum *Spiele*.«

Die Natur habe den Menschen mit zwei Sinnen ausgerüstet, »die ihn bloß durch den Schein zur Erkenntnis des Wirklichen führen«. So steht es im 26. Brief. Die Folgerung für den Menschen? »Dieses menschliche Herrscherrecht übt er aus in der *Kunst des Scheins*, und je strenger er hier das Mein und Dein voneinander sondert, je sorgfältiger er die Gestalt von dem Wesen trennt, und je mehr Selbständigkeit er derselben zu geben weiß, desto mehr wird er nicht bloß das Reich der Schönheit erweitern, sondern selbst die Grenzen der Wahrheit bewahren; denn er kann den

Schein nicht von der Wirklichkeit reinigen, ohne zugleich die Wirklichkeit von dem Schein frei zu machen.«

Aber dieses souveräne Recht sei dem Menschen nur in der Scheinwelt gegeben, im wesenlosen Reich der Einbildungskraft. *Der spielende Mensch ist der schöpferische Mensch, nämlich der freie Mensch.* Ein Staat, gegründet auf dieses Zusammenspiel (im wörtlichsten Sinne) freier Menschen, heißt ästhetischer Staat. »*Freiheit zu geben durch Freiheit* ist das Grundgesetz dieses Reichs.«

Freilich drängt es Schiller auch hier zum *Gesellschaftskompromiß.* Neben dem ästhetischen Staat bleibt der dynamische Staat als Machtausübung, der ethische Staat als Rechtsordnung weiterbestehen. »Kein Vorzug, keine Alleinherrschaft wird geduldet, soweit der Geschmack regiert und das Reich des schönen Scheins sich verbreitet.«

Hier – gegen Schluß der Abhandlung hin – kehrt man in den höfischen Bereich zurück. Der ästhetische Staat Friedrich Schillers etabliert sich vor allem dort, wo »der Geschmack regiert«, an jenen Orten also, wo man Freiheit und schönen Schein zu erleben vermag als »schönen Ton in der Nähe des Throns«. Der spielende Mensch; der freie Mensch; der Künstler; *der Hofmann.* Man versteht weder die Weimarer Klassik, noch den Theoretiker Schiller, noch seine Insistenz gegenüber den Fragen von Anmut, Spiel und schönem Schein, verliert man diese persönliche und geschichtliche Konstellation aus den Augen.

Aber dies war nicht die Endphase jener spekulativen Aktion in einer Zeit der geschichtlichen Veränderung und poetischen Dürftigkeit. Schillers Abhandlung »*Über naive und sentimentalische Dichtung*«, zwar schon im Jahre 1793 geplant, wird erst zwei Jahre später, im September 1795, von neuem aufgenommen und erscheint abschnittweise in Schillers berühmtester Zeitschrift: in den »Horen«. Natürlich auch eine philosophische Antithese des Dichtertums von Johann Wolfgang Goethe und Friedrich Schiller. Vor allem aber eine Auseinandersetzung mit den künstlerischen Möglichkeiten des modernen Dichters im Gegensatz zum antiken. Naiv – sentimentalisch: hier findet man abermals das Gegensatzpaar von Anmut und Würde. Aber schon die äußeren Proportionen sind wesentlich verändert. Bei der einstigen Betrachtung über Grazie und moralische Würde hatte Schiller die überwiegende Quantität der Analyse dem für ihn wesensfremden Phänomen der Anmut gewidmet. Die Würde wurde verhältnismäßig kurz abgetan: sie verstand sich für den Schreiber von selbst. Diesmal spricht Schiller von der naiven Dichtung, also der antiken Grazie, nur kurz und unterm Zwang, einen Gegenbegriff nötig zu haben zu dem, was einzig betrachtenswert scheint, nämlich zur modernen, also sentimentalischen Dichtung. Einer Dichtung des Kontrastes zur einstigen Harmonie von Mensch und Natur. »Der Dichter *ist* entweder Natur, oder er wird sie *suchen*. Jenes macht den naiven, dieses den sentimentalischen Dichter.« Der Fortlauf der Abhandlung demonstriert jedoch, wie gering die Chancen geworden seien für den Dichter der Schiller-Zeit, im anmutigen Sinne angeblicher Antike noch Natur zu repräsentieren. Der moderne Dichter ist von Gesellschafts wegen dazu verurteilt, sentimentalisch zu sein. Sein Dichten ist dort idyllisch, wo es poetische Gegenwelten errichtet, weil es sie in der Wirklichkeit nicht mehr gibt: wo Arkadien beschworen wird aus Mangel. Es ist elegisch in der Trauer über verlorene Harmonie, und satirisch im Moralismus des Kritikers, der das Unschöne am Schönen mißt. Nicht Gattungsarten, so betont Schiller ausdrücklich, seien damit ausgedrückt, sondern Gesinnungsarten.

Doch nur die Idee ursprünglicher Harmonie zwischen Mensch und Natur vermöge den sentimentalischen Dichter zu inspirieren. »Der Mensch im Stand der Unschuld«, so nennt es Schiller, um fortzufahren: »Die Idee dieses Zustandes allein und der Glaube an die mögliche Realität derselben kann den Menschen mit allen den Übeln versöhnen, denen er auf dem Wege der Kultur unterworfen ist.« Hier erreicht Schillers Theorie gleichzeitig den geistigen Höhepunkt und ihren dichtesten Kontakt mit der geschichtlichen Realität. *Das Spiel wird in den Dienst der moralischen Forderung gestellt.* Die Beziehungen zwischen der ästhetischen, der dynamischen und der moralischen Sphäre werden nun, zumal sich Schiller im Bereich der Literatur auskennt, weitaus exakter bestimmt. Modernes Dichten entsteht als Kontrast zur bestehenden Kultur. Mit dem Ziel, aus dem Wissen von der Idee einer Humanität im Stande der Unschuld, die moralische Forderung abzuleiten, an der Herbeiführung von Zuständen mitzuwirken, wo eine neue Unschuld aus gesellschaftlicher Erfahrung und Veränderung zu entstehen vermag. Womit Schillers großartige Abhandlung nicht nur hinüberleitet zu Heinrich von Kleists Abhandlung über das Marionettentheater, sondern auch zur Bemühung der sentimentalischen Dichter unserer Tage um diese neue Naivität.

In seiner Schiller-Rede von 1959 nannte *Friedrich Dürrenmatt* den Stückeschreiber Bertolt Brecht einen sentimentalischen Dichter im Verstande Friedrich Schillers. Das macht: auch beim späten Brecht war die neue Naivität verstanden in jenem Sinne, den Schillers Abhandlung vom Ende des Jahres 1795 vorgezeichnet hatte.

Vermutlich entstand damals auch (im Jahre 1795) jene letzte große Abhandlung »*Über das Erhabene*«, die Schiller aber erst 1801 im dritten Teil seiner kleinen Prosaschriften herausgab. Scheinbar werden hier die Betrachtungen von 1793 über erhabene und pathetische Kunst weitergeführt; dennoch ist der Sprachton anders, und anders ist auch das geschichtliche Koordinatensystem. Hier findet sich Schillers berühmter Satz: »Der Wille ist der Geschlechtscharakter des Menschen, und die Vernunft selbst ist nur die ewige Regel desselben. Eben deswegen ist des Menschen nichts so unwürdig, als Gewalt zu erleiden, denn Gewalt hebt ihn auf. Wer sie uns antut, macht uns nichts Geringeres als die Menschheit streitig; wer sie freierweise erleidet, wirft seine Menschheit hinweg.«

In seinem Buch über »Naturrecht und menschliche Würde« hat Ernst Bloch diesen Satz zitiert, und er nannte ihn einen »Perspektivplan, der sich hören lassen kann«. Gegen Ende seines Lebens war der Theoretiker Schiller wieder bei einer Theorie mit streng gegebener Funktionalität angelangt. Nach wie vor gab es die Aufklärung: sie war jetzt nicht mehr gegen-revolutionär, auch nicht mehr un-revolutionär, sondern ließ sich am ehesten als eine nach-revolutionäre Doktrin verstehen, die menschliche Würde und menschliches Spiel, Gesellschaftskritik und Streben nach neuer Harmonie im Lichte der ihr gegebenen geschichtlichen Erfahrung miteinander zu vereinen suchte.

3. GOETHES »MÄRCHEN« ALS PARABEL DER REVOLUTION

Schillers bei Cotta herausgegebene Monatsschrift »Die Horen« enthielt im Zehnten Stück des Ersten Jahrgangs, also im Oktoberheft 1795, die folgenden Beiträge: »Herr Lorenz Stark. Ein Charaktergemälde«; dann ein Epigramm »Der rauschende Strom«, hierauf eine Nachdichtung des Pallas-Athene-Hymnus von Proklus in deutschen Hexametern. Viertens folgte ein großes Gedicht mit dem Titel »Elegie«, das so begann:

> Sey mir gegrüßt, mein Berg mit dem röthlich stralenden Gipfel,
> Sey mir Sonne gegrüßt, die ihn so lieblich bescheint.

Eine umfangreiche Abhandlung zum Thema »Homer und Ossian« schloß sich an. Die Seiten 108 bis 152 des Heftes füllte darauf ein »Märchen«, das im Untertitel den Hinweis enthielt »Zur Fortsetzung der Unterhaltungen deutscher Ausgewanderten«, wodurch es sich als Weiterführung jener »Unterhaltungen« zu erkennen gab, die bereits mit dem ersten Heft dieser jungen Schillerschen Zeitschrift eingesetzt hatten, dann im Februar, April, Juni und September fortgeführt worden waren, und nun offenbar mit diesem »Märchen« ihren Abschluß fanden. Ein Distichon »Leukothea's Binde« schloß graziös dieses Zehnte Stück der »Horen« ab. Verfassernamen wurden nicht mitgeteilt: der Leser mußte sich also an Stil und Gehalt der Beiträge halten; zunächst präsentierte sich dies alles anonym.

Eine gewisse Lösung brachte das Dezemberheft: hier wurden für den Inhalt des ganzen Jahrgangs die Autoren mitgeteilt. Man lernte nun in »Lorenz Stark« ein Werk von Johann Jakob Engel kennen; Distichon, Proclus-Übersetzung und Homer-Ossian waren von Herder; die »Elegie« hatte Schiller selbst beigesteuert. Der Verfasser des »Märchen« blieb unenthüllt. Neben dem Titel der »Unterhaltungen deutscher Ausgewanderten« stand das Wort »Anonym«.

Warum dies so gehalten wurde, wissen wir heute. Schiller hatte am 6. Dezember 1794, während der Vorbereitung zum Eingangsstück der »Horen«, unter Berufung auf angebliche Wünsche Cottas darum gebeten, den einzelnen Beiträgen die Verfassernamen beizufügen. Goethe aber hatte entschieden noch am gleichen Tage geantwortet: »Cotta mag recht haben, daß er Namen verlangt; er kennt das Publikum, das mehr auf den Stempel als den Gehalt sieht. Ich will daher den übrigen Mitarbeitern die Entscheidung wegen ihrer Beiträge völlig überlassen haben, nur was die meinigen betrifft, muß ich bitten, daß sie sämtlich anonym erscheinen; dadurch wird es mir ganz allein möglich, mit Freiheit und Laune, bei meinen übrigen Verhältnissen, an Ihrem Journale teilnehmen zu können.« Ganz streng hielt man sich schließlich nicht an diese Anweisung: einige Gedichte wurden im Inhaltsverzeichnis des Jahrgangs als solche Goethes anerkannt. Die »Unterhaltungen« aber blieben »anonym«; mit ihnen das »Märchen«. Übrigens trug auch Goethes interessanter Aufsatz »Litterarischer Sansculottismus« aus dem Maiheft den Vermerk: »anonym«.

Bei seinen »übrigen Verhältnissen« erblickte Goethe also in der Namenlosigkeit seiner Prosabeiträge die einzige Form der Mitarbeit an den »Horen«. Er war Staatsmann und hatte Rücksichten zu nehmen. Dies um so mehr, als die »Unterhaltungen deutscher Ausgewanderten« und natürlich auch der Aufsatz über den »Litterarischen Sansculottismus« in hohem Maße als Auseinandersetzung mit Tag und Zeitgeist verstanden werden mußten. Wie berechtigt Goethes Zurückhaltung war, erkennt man heute, liest man die Rezension des ersten *Horen*-Jahrgangs in Johann Friedrich Reichardts Zeitschrift »Deutschland«, die Mitte Januar 1796 erschien. Unter Aufwendung vieler Zitate aus den »Unterhaltungen« wird nachzuweisen versucht, die Sympathien des Verfassers seien durchaus »dem alten System zugethan«, also dem Ancien Regime. Derlei gegenrevolutionäre Politik aber, meint Reichardt, stehe zu des Herausgebers Schiller öffentlicher Ankündigung der *Horen* in Widerspruch, worin »strenges Stillschweigen über das Lieblingsthema des Tages, über Krieg, politische Meinungen und Staatskritik« gefordert und zugesichert worden war. Reichardt kann nicht umhin, angesichts der »Unterhaltungen deutscher Ausgewanderten«, deren Verfasser er offenbar nicht errät, zu bemerken: »So unschuldig der achtungswerte Herausgeber auch immer an dem Inhalte dieses Aufsatzes sein mag, so unverzeihlich bleibt es doch, so etwas ganz dem angekündigten Plan entgegenlaufendes von irgend einem Mitarbeiter aufzunehmen.« Übrigens läßt Reichardt dann dem »Märchen« doch Gerechtigkeit widerfahren, wenn er meint: »In dem ›Märchen‹ staunen wir mit allen uns bekannten Lesern der Horen die unerschöpfliche Phantasie, den reichen Witz des Dichters an, vergeblich auf Deutung des Ganzen sinnend, so unverkennbar auch einzelne Züge auf die innere und äußere Naturgeschichte des Menschen deuten.«

Der Jahrgang 1795 der »Horen« steht im Zeichen einschneidender politischer Ereignisse. Schillers Hinweis darauf, man werde in der Monatsschrift das »Lieblingsthema des Tages«, nämlich Krieg, politische Meinungen und Staatskritik mit Stillschweigen übergehen, unterstrich eben dadurch kontrapunktisch die vorherrschende Bedeutung dieser Ereignisse auch für das geistige Leben: was ausgespart wird, ist eben in dieser Aussparung nur um so kenntlicher vorhanden. Zwei Ereignisse, beide – wie konnte es anders sein – mit Frankreich und dem Endstadium der Revolution in Zusammenhang stehend, mußten auch in Deutschland jedermann zur Auseinandersetzung zwingen. Im Germinal und Prairial dieses Jahres 1795, in den Arbeiteraufständen vom April und Mai waren Bergpartei und Jakobinerklub endgültig besiegt worden. Dies war eine säkulare Entscheidung. Der sowjetische Historiker Eugen Tarlé, der diese Endphase der Französischen Revolution eingehend darstellte, faßt zusammen: »So zeigte und erhellte das Jahr 1795 endgültig den Weg, den Frankreich auf Grund der am 9. Thermidor gebildeten Gruppierung der sozial-ökonomischen Kräfte in der Geschichte der nächsten Jahrzehnte gehen würde.«

Im Frühjahr des gleichen Jahres hatten die französischen Heere die Niederlande erobert und die holländische Flotte erbeutet; die Festungen Nordkataloniens gerieten in ihre Hand; die polnischen Untertanen des Preußenkönigs sind im Aufruhr; ein Doppelkrieg gegen die Revolutionsheere der Franzosen und der Polen ist nicht möglich. Am 5. April 1795 wird der erste Vertrag zwischen einer *legitimen* und einer *revolutionären* Regierung, zwischen dem König von Preußen und dem republikanischen

Frankreich geschlossen. Frankreich wird von Potsdam aus das Recht eingeräumt, das linke Rheinufer bis zu einem allgemeinen Reichsfrieden, den man in Preußen als unmittelbar bevorstehend ansieht, zu besetzen. Am 16. Mai 1795 folgt der Vertrag mit Holland, mit der Batavischen Republik. Spanien muß Frieden schließen, auch Sachsen, Hessen, Portugal und der Kirchenstaat gelangen zum Vertrag mit einer französischen Republik, die sich ihrerseits nunmehr als bürgerliches Staatswesen darbietet, das allem Weitertreiben der Revolution im plebejischen Sinne Einhalt geboten hat.

In dieser Konstellation werden die Fragen nach einer Grundlegung des Völkerfriedens und nach einer »krisenfreien« Staatsregierung als vordringlich empfunden. Auf der Michaelismesse dieses Jahres 1795 war beim Buchhändler Nicolovius in Königsberg der »philosophische Entwurf« Immanuel Kants »Zum ewigen Frieden« erschienen. In seiner Rezension dieses Traktats im »Philosophischen Journal« von 1796 hatte *Fichte* die deutschen Leser davor gewarnt, über der »Leichtigkeit und Annehmlichkeit des Vortrags« der Schrift »nicht die Wichtigkeit beizumessen, die sie unseres Erachtens hat«. Gegenüber einer gewissen Abstraktheit der kantischen Thesen hatte er dabei die engen Zusammenhänge zwischen Völkerfrieden und Regierungssystem hervorgekehrt und betont: »Sobald der Mehrheit die sichere Erhaltung dessen, was sie hat, lieber wird als der unsichere Erwerb dessen, was andere besitzen, tritt die rechte und vernunftmäßige Konstitution ein. Auf jenen Punkt nun muß es endlich in unseren Staaten kommen.« Nun spielen die »Absurditäten« von »Freund Fichte«, wie ihn Schiller zu nennen pflegt, im Briefwechsel mit Goethe von 1795 eine beträchtliche Rolle; Goethe selbst schreibt im November, also nach Abschluß des »Märchens«, über einen Aufsatz Weißhuhns in den »Horen«: »Diese Art zu philosophieren liegt mir viel näher als die Fichtische« (25.11.1795 an Schiller) – allein Fichte ist immerhin Mitarbeiter der »Horen«. Sein Aufsatz »Über Belebung und Erhöhung des reinen Interesses für Wahrheit« steht gleich im ersten Heft, neben dem Beginn der »Briefe über die ästhetische Erziehung des Menschen«, und eben jenem der »Unterhaltungen deutscher Ausgewanderten«. Alles also, die Zeitereignisse wie ihre Rezipierung durch die verschiedenen philosophischen und literarischen Richtungen in Deutschland, zwingt den Herausgeber der »Horen«, zwingt auch seinen Partner und Mitarbeiter Goethe zur Auseinandersetzung mit dem komplexen Thema der Staatsharmonie und der Völkerharmonie.

Was damals entsteht, trägt die Spuren dieser Auseinandersetzung: der »Wilhelm Meister« nicht weniger als die »Briefe über die ästhetische Erziehung des Menschen« oder der »Spaziergang«: eben die »Elegie« aus dem Zehnten Stück der *Horen*. Besonders prägnant aber ist die Zeitproblematik in den »Unterhaltungen« von Goethe eingefangen und gedeutet. Er wußte, warum er so nachdrücklich gerade hier auf der Namenlosigkeit der Beiträge bestehen mußte. *Das »Märchen« aber bedeutet Krönung und Höhepunkt der »Unterhaltungen«*. Die verärgerte Charlotte von Stein hatte zwar nach der ersten Fortsetzung der »Unterhaltungen« an Frau von Schiller geschrieben: »Dem Goethe scheint's gar nicht mehr ernst um's Schreiben zu sein«, allein das Gesamtgebilde dieser »Unterhaltungen« mitsamt dem »Märchen« weiß es doch anders. Im Brief vom 17. August 1795 an Schiller heißt es über das »Märchen«: »Ich würde die ›Unterhaltungen‹ damit schließen, und es würde vielleicht nicht übel sein, wenn sie durch ein Produkt der Einbildungskraft gleichsam ins Unendliche ausliefen.« Darum mußte eine Überleitung in den »Unterhaltungen« selbst das »Märchen« vorbereiten; darum aber mußte auch dieses selbst die Motive der Gespräche von neuem aufnehmen und zu einer Lösung führen. Daß die »Unterhaltungen« aktuell, zeitbezogen waren, ließ sich sogleich erkennen: nicht bloß Reichardt verstand (in allem Mißverstehen), worum es ging. Das »Märchen« aber ist von den Auslegern seit mehr als eineinhalb Jahrhunderten immer stärker aus dem kompositorischen – und damit dem geschichtlichen – Zusammenhang gelöst worden. Beim Anblick der Deutungsversuche wird man nicht sagen können, daß das Ergebnis die Methode rechtfertigt. Was immer die Interpretation einem Gebilde abgewinnen mag, das Goethe im Brief an Wilhelm von Humboldt vom 27. Mai 1796 als »zugleich bedeutend und deutungslos« bezeichnet hat – der einzige Zugang führt über das Gesamtgebiet der »Unterhaltungen deutscher Ausgewanderten«. Mit ihnen aber erweist sich auch das »Märchen« als ein echtes Werk des Entscheidungsjahres 1795.

Wie sehr der jeweilige geschichtliche Standort für die Behandlung des »Märchens« von Bedeutung ist, vermag ein Überblick über Deuter und Deutungen zu zeigen. Man könnte die neuere Ideologiegeschichte am Beispiel dieser Kommentare illustrieren. Zunächst fiele dabei auf, daß in zunehmendem Maße, je näher man zur Gegenwart kommt, die Deutung geschichtsindifferent wird. Für Karl Rosenkranz war es 1847 noch evident, daß »das politische Element sich in die Maske des Märchens geflüchtet hat und der spezielle Sinn desselben ein politischer ist«. Gundolf dagegen dekretiert: »Es genügt zu wissen, daß Goethe, wie alle tiefen Menschen, zuweilen in Rätseln und ihm eindeutigen, für die Andren hundertdeutigen Zeichen zu reden liebte, aus Freude am offenbaren Geheimnis.« Offenbar scheint diese Erleuchtung aber doch nicht zu genügen, denn eine Seite weiter heißt es beim gleichen Gundolf: »Als er die beruhigende Formel für die Revolution, ein in seinem Weltkreis vorerst überraschendes und inkommensurables Ereignis, nicht fand, floh er vor ihr ins Märchen oder zog ihre Elemente soweit möglich ins Märchen.« Das ist ebenso formelhaft leer wie unbewiesen; bemerkenswert bleibt allein das widerwillige Zugeständnis, zwischen »Märchen« und Revolution bestehe ein Zusammenhang. Er besteht in der Tat. Wie sehr dem so ist, beweist gerade die Bemühung manches Interpreten, ihn widerlegen zu wollen.

Im einzelnen stellt sich die Deutungsgeschichte des *Märchens* etwa folgendermaßen dar. Die Wirkung der zauberhaften kurzen Erzählung erwies sich sogleich bei Erscheinen des Oktoberstückes der »Horen« als überaus stark. Körner und A. W. Schlegel schreiben begeistert darüber an Schiller; Cotta fragt an, ob Goethe nicht den Schlüssel zum Märchen zu geben gedenke; Schiller antwortet getreu den Hinweisen des Märchendichters, der Schlüssel liege »*im Märchen selbst*«. Wilhelm von Humboldt lobt das Gebilde gleichfalls, muß aber im Brief an Schiller vom 4. Dezember 1795 etwas betrübt feststellen: »Dagegen habe ich das ›Märchen‹ schon mehrmals tadeln hören. Die Leute klagen, daß es nichts sage, keine Bedeutung habe, nicht witzig sei usw., kurz, es ist nicht pikant, und für ein schönes leichtes Spiel der

Phantasie haben die Menschen keinen Sinn.« Übrigens ist auch *Wieland* wenig befriedigt und schreibt an K. A. Böttiger: »Auch die Märchen müssen eine Einheit und etwas haben, wofür man sich herzlich interessieren kann. Dies ist in Goethes neuestem Märchen im Zehnten Stück der ›Horen‹ nicht der Fall.«

Allein die literarischen Urteile über poetischen Reiz und Kompositionsart des Märchens treten von Anfang an zurück hinter der Frage oder den Fragen nach dem *Sinn*, nach der *Lösung*. Kaum einer scheint sich daran zu erinnern, daß der *Alte* am Schluß der *Unterhaltungen* den Forderungen Karls an ein Märchen Einhalt geboten hatte: »Fahren Sie nicht fort ..., Ihre Anforderungen an ein Produkt der Einbildungskraft umständlicher auszuführen. Auch das gehört zum Genuß an solchen Werken, daß wir ohne Forderungen genießen ...« Noch weniger schien erinnert zu werden, daß schon zu Beginn der Gespräche auf dem Gute der Baronesse von C. am rechten Ufer des Rheins der oberste Geschichtenerzähler, eben der *Alte*, nur eine einzige Bedingung an seine Zuhörer gestellt hatte, diese nämlich: »Man soll keine meiner Geschichten deuten!« Womit gerade auch dem Märchen, das dieser Alte auf Verlangen dem Revolutionsfreund Karl erzählt, das Siegel der Deutungslosigkeit aufgedrückt worden war. Die deutschen Leser verstanden es anders: sie überboten einander sogleich beim Erraten der »wahren Natur« von Schlange und Lilie, Königin und Habicht, Kanarienvogel und Mops. Charlotte von Kalb ist als eifrige Deuterin am Werke und schreibt zuversichtlich an Goethe: »Es haben schon viele über meine Deutung gelächelt und andere gestutzt – ... und das Licht, welches mir das Ganze beleuchtet, wird, hoffe ich, noch kommen.« Prinz August von Gotha, der Goethe offenbar als Verfasser nicht erraten hat, verbeißt sich in den Text, der für ihn die Form einer echten Weissagung besitzt. Goethe hält ihn, unmerklich lächelnd, weiter bei Atem, verspricht auch seinerseits eine Auslegung, »die ich aber nicht eher herauszugeben gedenke, als bis ich 99 Vorgänger vor mir sehen werde« (Brief vom 21. Dezember 1795). Er ist sogar bemüht, die Zahl der Ausleger anschwellen zu lassen, wenn er die Deutungen der Charlotte von Kalb an Schiller weiterleitet und den Freund »geschwind um eine andere Erklärung« zur Weitergabe bittet.

Drei solcher Entzifferungsversuche, wahrscheinlich von Frau von Kalb, vom Gothaer Prinzen und von Schiller stammend, hat Goethe viel später, am 24. Juni 1816, in einer Tabelle sorgsam nebeneinandergestellt: ohne ein Urteil darüber abzugeben. Die *Lösungen* machen lächeln; allgemein hat man die Märchengestalten als Allegorien verstanden und einer Deutung nahezukommen geglaubt, indem man etwa für die Schlange die Begriffe *Kultur, Industrie und Spekulationsgeist* oder *Volk* setzte, den Jüngling als *Leidenschaft* oder als *Menschheit* oder als *Menschlichkeit* zu verstehen gedachte. So war Goethes »Märchen« nicht beizukommen; *es war symbolischer, nicht allegorischer Natur.* Auch dazu besitzen wir ein indirektes, überaus klares Auslegungswort Goethes. Am 27. Mai 1796 schreibt er an Humboldt über einen neuen Märchenplan: »Ich habe noch ein anderes im Sinn, das aber, gerade umgekehrt, ganz allegorisch werden soll, und das also ein sehr subordiniertes Kunstwerk geben müßte, wenn ich nicht hoffte, durch eine sehr lebhafte Darstellung die Erinnerung an die Allegorie in jedem Augenblick zu tilgen.« Unser Märchen ist also keineswegs als Allegorie angelegt, bei welcher die Gestalten nur Verkörperungen von *Realien* im mittelalterlichen Sinne wären. Bei ihnen ist das Sein vom Bedeuten nicht zu trennen: das Bedeuten, der Sinn liegt im Sein beschlossen. Der Schlüssel zum »Märchen« kann in der Tat nur *im Märchen* gefunden werden, nicht außerhalb. Wahrscheinlich war der Gestaltungskraft Goethes eine andere Schaffensweise nicht möglich: das geplante allegorische Märchen ist nie geschrieben worden. Die Kunstform der Allegorie mochte dem Dichter als »subordiniert« erscheinen.

In seinem späteren Leben wird Goethe nur noch gelegentlich mit der Bitte um »die Deutung« des Märchens bemüht. Marianne von Willemer etwa wäre im Januar 1830 für einen »kleinen Fingerzeig« dankbar, der »höchst wünschenswert sein dürfte«. *Thomas Carlyle* fragt im Mai dieses gleichen Jahres 1830 gleichfalls an, erhält sogar von Goethe die Zusicherung, man werde ihm wenigstens einige der aufbewahrten Deutungsversuche, die Goethe verwahrt, mit einer anderen Sendung zuschicken. Die Sendung geht nach England ab, die Auslegungen hält Goethe zurück. Schüchtern erinnert Carlyle noch einmal an das Versprechen.

Goethe war ersichtlich nicht bereit, daran mitzuhelfen, daß der Blick auf das poetische Gebilde und auf seinen – wie dem Dichter schien – offenbaren Sinn und Gehalt durch eine beengende *Deutung* von Einzelheiten, durch Verwandlung des Symbolischen ins Allegorische, getrübt würde.

Von nun an wird die Geschichte der Märchenauslegung zu einer kontinuierlichen Selbstdarstellung der Ausleger. Man gleicht dem Geist, den man begreift. Wenige Jahre nach Erscheinen der kleinen Geschichte gibt *Novalis* eine Deutung, von welcher her man den geschichtlichen Gegensatz zwischen deutscher Klassik und Romantik genauso sinnfällig demonstrieren könnte wie aus der Antithese von Schillers »Verschleiertem Bild zu Sais« und Hardenbergs »Lehrlingen zu Sais«. Das fünfte Novalis-Gedicht aus dem Zyklus »Blumen« von 1798, das dem preußischen Königspaar zum Regierungsantritt (1797) gewidmet ist, trägt das Losungswort des Mannes mit der Lampe aus dem *Märchen* als Titel: »*Es ist an der Zeit*«.

> Glänzend steht nun die Brücke, der mächtige Schatten erinnert
> Nur an die Zeit noch, es ruht ewig der Tempel nun hier,
> Götzen von Stein und Metall mit furchtbaren Zeichen der Willkür
> Sind gestürzt und wir sehn dort nur ein liebendes Paar –
> An der Umarmung erkennt ein jeder die alten Dynasten,
> Kennt den Steuermann, kennt wieder die glückliche Zeit.

Welch eine willentliche und willkürliche Verkennung. *Goethes* Schlußsätze verstehen die Vergangenheit als Gegenwart: »Und bis auf den heutigen Tag wimmelt die Brücke von Wanderern, und der Tempel ist der besuchteste auf der ganzen Erde.« *Novalis* versteht des Märchens Gegenwart als Rückkehr, als ein »Wieder« der Vergangenheit. Jüngling und Lilie scheinen ihm über »die Christenheit oder Europa« zu herrschen ...

Fast fünfzig Jahre später findet Novalis, der das »Märchen«, *und mit ihm die Gedanken des Jahres 1795*, ins Romantisch-Rückwärtsgewandte umdeutet, einen grotesken Sekundanten im »wahren Sozialismus« des Karl Grün. Sein Buch »Über Goethe vom menschlichen Standpunkte«, das Friedrich Engels' berühmte Rezension veranlaßt, weiß zu berichten: »Das vertrackte Märchen, das hier aufgetischt wird, schmeckt nach Achim von Arnim und Clemens Brentano; es ist die bare Verzweiflung an Sinn und Verstand und das krankhafte Vergnügen an dieser Verzweiflung.« Man wird schwerlich etwas Dümmeres mit so wenig Worten ausgedrückt finden!

Ist man mit alledem der politisch-weltanschaulichen Auslegung des Goethetextes noch recht nahe – wenngleich Novalis die Goethepolitik durch seine eigene, Karl Grün durch die eigene Romantikfeindschaft ersetzt –, so kommen seit 1848 (Rosenkranz bedeutet hier den Wendepunkt) all jene Deutungen und Methoden zum Zuge, denen die Geschichtsblindheit, letztlich der politische Indifferentismus gemeinsam ist. Ersetzung der Werkdeutung durch Biographik, Psychologismus, neuidealistische Philosophie, Anthroposophie, formaler Ästhetizismus – alles scheint beim »Märchen« auf seine Rechnung zu kommen. Weitab liegen Germinal, Prairial und Friede von Basel. Man legt aus, indem man unterlegt. Immer wieder begibt man sich ins Land der Allegorie. *Rudolf Steiner* verbildlichen die Märchenpersonen »das ganze menschliche Seelenleben und Seelenstreben«. Stolz verkündet der Titel einer Broschüre: »Das ›Märchen‹ von Goethe. Eine Weissagung, gedeutet von Paula Rosenstock«. Der Leipziger Philosophieprofessor Hermann Schneider liest Goethes Text als Handbuch des perfekten Kantianers, besser: Neukantianers. Spiridion Wukadinovic stellt dem ein Handbuch der Alchimie gegenüber und sieht im »Märchen« die »Buntheit eines alchimistischen Kaleidoskops«. Camilla Lucerna, die in mehreren, zum Teil aufschlußreichen Studien immer wieder das Werk einzukreisen sucht, glaubt der Deutung nahe zu sein: »Goethes Märchen ist das Märchen vom Werden.« So heterogene Geister wie Georg Brandes und Friedrich Gundolf lehnen jeden Versuch einer Interpretation ab. Auch Theodor Friedrich lehnt die Ausdeutung ab: er leugnet mit Recht das Allegorische, zu Unrecht aber zugleich das Symbolische: meint: »Wohl liegt ihm eine Idee zugrunde, aber diese ist eine rein künstlerisch formale. Die Absicht ist lediglich: ein Märchen zu schreiben, aber ein Märchen, das dem als richtig erkannten Begriff vom Märchen entspricht.«

In diesem Getön und Getöse der selbstgerechten Selbstinterpreten unter Vorspann Goethes erklingt eigentlich nur eine Stimme, *die Werk und Zeit wieder zusammen nennt*: *Max Hecker* stellt die geschichtlichen Zusammenhänge von neuem her, wenn er betont, das Märchen gehöre »in den Kreis der Revolutionsdichtungen ... bei denen sich poetische Zwecke bedingen und verschlingen«. *Auch der Grundgedanke des Werkes ist ihm evident geblieben: »die Überwindung der Revolution!«* Nur in der Zusammenschau von Werk und Werkentstehung, von Goethes Gesamterscheinung im Jahre 1795 her läßt sich das Wesentliche erschließen: nicht in Form einer Deutung, Weissagung oder Rätsellösung, sondern eben, wie Hecker betont, als Verschlingung von Poesie und Politik; dergestalt aber, daß keines von beiden dem anderen aufgeopfert wird.

Vom Gesamtbild der »Unterhaltungen deutscher Ausgewanderten« wird in jedem Falle auszugehen sein. Ob die »Unterhaltungen« durch das »Märchen« endgültig beschlossen werden sollten, oder ob Goethe noch eine Art Epilog vorschwebte, den naturgemäß nur die Rahmenhandlung hätte beisteuern können, wird schwer zu entscheiden sein. Einmal deutet der Brief vom 17. August gegenüber Schiller an, durch dieses »Produkt der Einbildungskraft« würden die Unterhaltungen »gleichsam ins Unendliche« auslaufen. Dann wäre das Märchen die Krönung *und gleichzeitig* die Schlußfermate des gesamten Prosawerks. Andererseits meint Goethe am Ende dieses Jahres 1795, als er sich vom Erfolg des Märchens Rechenschaft ablegen darf und seinen Spaß an den verbissenen Auslegern haben kann, wiederum gegenüber Schiller: »Ich hoffe aber doch noch auf eine günstige Wendung in den ›Unterhaltungen‹, meinen beliebigen Spaß darüber machen zu können« (Brief vom 26. Dezember 1795). Daraus wird zu schließen sein, daß Goethe doch an eine Weiterführung der eigentlichen Unterhaltungen gedacht haben mochte. Es ist nicht mehr dazu gekommen. Schon ihrer Struktur nach waren die Gespräche zwischen den Menschen, die einen Zustand halber Emigration und nur halb glücklicher Rückkehr miteinander erlebt hatten, so angelegt, daß sie jederzeit ins

Unendliche auslaufen konnten. Es gab keine Handlung, die den Abschluß einer Fabel verlangt hätte. Wandlungen der Charaktere konnten gleichfalls nicht angestrebt werden: die einzelnen Ausgewanderten hatten ihre ausgeprägten Charakterzüge und unverkennbaren Meinungen über Lebens- und Zeitverhältnisse; so konnte Goethe nicht beifallen, und hätte zudem seiner Ansicht und Einsicht widersprochen, den jungen Karl etwa, der sich »von bevorstehenden Neuerungen Heilung und Belebung des alten kranken Zustandes hoffte«, aus einem Freund in einen Gegner der Französischen Revolution zu verwandeln.

Unter diesen Umständen wird man auch die »Unterhaltungen« als ein Gebilde ansehen müssen, das, wie die meisten Goethewerke, von »Polaritäten« lebt, ohne den Versuch zu machen, deren Zuordnung zu verändern. Die *erste Polarität* besteht im Gegensatz der Anhänger und Gegner des Ancien Regime. Beide rekrutieren sich aus den verschiedenen Gesellschaftsschichten. Vetter Karl ist entschiedener Anhänger der »*Neufranken*«, Friedrich und Luise sind zunächst seine Gegenspieler. »Der Hofmeister gab ihm im stillen recht, der Geistliche im stillen unrecht.« An diesen Konstellationen wird im Verlauf der Unterhaltungen im Grunde nichts geändert. Der Erzähler scheint sich aller Parteinahme zu enthalten. Oder doch nicht so ganz? Eine Aufgliederung der eingeflochtenen Kurzgeschichten, die kompositionell fast immer mit einer bestimmten Gestalt der Rahmenhandlung verbunden sind, weist darauf hin, daß jeweils das Erzählte als Korrektur an Charakterfehlern derjenigen Gestalt betrachtet werden muß, der man erzählt. Luise zum Beispiel, die keine exotischen Geschichten liebt, sondern ein »*Familiengemälde*« haben möchte, erhält ihren Wunsch erfüllt; allein in der Geschichte Ferdinands und seiner »*Selbstüberwindung*« wird zugleich eine moralische Forderung an sie gestellt. Dem etwas starren, nicolaihaften Rationalismus der Luise antwortet die Historie von den Schauspielern Clairon, ohne daß eine rationale Auflösung des Gespensterberichts gegeben würde. Die Baronin wird mit der Novelle vom Procurator zwar nach Wunsch bedient: alle ihre Forderungen an »eine Geschichte von wenig Personen und Begebenheiten, die gut erfunden und gedacht ist, wahr, natürlich und nicht gemein«, werden befriedigt. Dennoch stellt gerade die Geschichte, und insbesondere die Gestalt dieses Procurators, zugleich die gesellschaftliche Starrheit in Frage, die auch der Baronin anhaftet. Ihrem Lebenskonservativismus wird eine Geschichte angeboten, deren Wurzel in der Wandelbarkeit menschlicher Tugenden und Moralbegriffe gefunden werden muß. Jede Gestalt sollte offenbar *ihre* Geschichte erhalten: so wird man den kompositorischen Grundeinfall Goethes verstehen müssen. Im Widereinander aber von Gestalt und Geschichte sollte dann eine *neue Polarität* gefunden werden.

In diesem Sinne aber gehört das »Märchen« ohne Zweifel in den Gesamtbereich der Unterhaltungen. Es wird als selbständiges Gebilde dargeboten, *zugleich* jedoch mit dem Vermerk »Zur Fortsetzung der Unterhaltungen deutscher Ausgewanderten« vorgestellt. Die Überleitung zieht die Erzählung in den Umkreis der Gespräche, wenngleich Goethe in seinem Brief vom 18. August dazu bemerkt: »Mehr ein Übersprung als ein Übergang vom bürgerlichen Leben zum ›Märchen‹ ist mein diesmaliger Beitrag geworden.« Es sind zudem keine inneren Gründe, die Goethe dazu veranlassen, das Märchen nicht, wie die früheren eingeschalteten Erzählungen und Novellen, in den Fluß des Berichts einzubeziehen, sondern äußerlich davon abzutrennen. Die Begründung erhalten wir im Brief vom 3. September an Schiller: »Das Märchen wünscht ich getrennt, weil eben bei so einer Produktion eine Haupt-Absicht ist, die Neugierde zu erregen. Es wird zwar immer auch am Ende noch Rätsel genug bleiben.«

Gehört also das Märchen zum thematischen Bereich der Unterhaltungen, so ist es innerhalb dieser Gespräche ausdrücklich *der Gestalt des Vetters Karl, des Freundes der französischen Revolution und Republik zugeordnet*. Er hat sich vom Alten ein Märchen erbeten und seinerseits die Forderungen an diese Gattung so scharf formuliert wie vorher die Baronesse ihre Ansprüche an eine streng gebaute Novelle. Auch er wird *bedient*; allein auch er erhält im Märchen ein Korrektur seiner Auffassungen. Böte sich nicht der Märchentext selbst schon als Verschlingung des Poetischen und des Politischen an, man müßte aus der Stellung des Märchens innerhalb der »Unterhaltungen« darauf schließen: daß es sich um eine Erzählung handelt, die dem Revolutionsfreund

Karl gleichsam als Lehrbericht, als eine Geschichte zur eigenen Sache angeboten wird.

Die Beziehung des Märchens zur Zeitgeschichte, zur Revolution ist unverkennbar. Man wird sie freilich nicht in einem System von Einzelidentifizierungen finden dürfen, sondern nur im Gesamtwerk. Nur das ganze Märchen bietet des Märchens Lösung.

Mehr als zwanzig Personen sind in dem Märchen geschäftig. *Nun, und was machen sie denn alle?* Das Märchen, mein Freund.

Diesen zwanzig *Personen* aber ist gemeinsam, daß sie gleichzeitig bewirken und an wesentlicher Stelle nichts bewirken können. Alle verharren im Zustand partieller Möglichkeit; alle sind schließlich notwendig, um die Schlußharmonie herbeizuführen. Das gilt auch für die Irrlichter, die bei den meisten Auslegern so schlecht wegkommen, während der Alte »*ehrerbietig*« zu ihnen spricht und darum bittet, daß »sie uns die Pforte des Heiligtums öffnen, durch die wir diesmal eingehen müssen und die außer Ihnen niemand aufschließen kann«. Also haben auch die Irrlichter im Märchen eine wichtigere Funktion, als die von Goethe aufbewahrten Auslegungen annehmen mochten, die in den Irrlichtern bloß »Stutzer und Schmarutzer« sehen möchten.

Alle Personen sind notwendig zur Herstellung der Harmonie, keine ist entbehrlich. Daß Goethe hierin den Kerngedanken des Märchens sah, entnimmt man einem Brief Schillers an ihn, der sich offenbar auf ein Gespräch bezieht, das zwischen beiden stattfand, aber nicht überliefert wurde. In Schillers Brief vom 29. August heißt es: »Das ›Märchen‹ ist bunt und lustig genug, und ich finde die Idee, deren Sie einmal erwähnten: ›das gegenseitige Hilfeleisten der Kräfte und das Zurückweisen aufeinander‹ recht artig ausgeführt.« Dem entspricht einer der Kernsätze des Märchens. Der Alte spricht ihn im schwierigsten Augenblick aus, als alles verloren scheint: »Ob ich helfen kann, weiß ich nicht, ein einzelner hilft nicht, sondern wer sich mit vielen zur rechten Stunde vereinigt.« Damit scheint eine weitere Etappe der Interpretation erreicht zu sein. Dem Franzosenfreund Karl, der durch sein Verhalten die Gesellschaft in Zwietracht versetzte, die Abreise seines konservativen Gegenspielers, des Geheimrats, verursachte, wird eine Botschaft der Eintracht übermittelt. Nicht partielle Ansichten und Sonderstandpunkte dienen im Märchen der endlichen Harmonie; jeder einzelne hat Möglichkeiten, aber auch Unzulänglichkeiten. Nur im Zusammenwirken aller Kräfte ist das Glück des einzelnen (Jüngling und Lilie) und das Glück der Völker gewährleistet.

Ein anderer Hinweis Goethes, der wiederholt und nachdrücklich erfolgt, vermag abermals weiterzuhelfen. Auch er ist von den bisherigen Auslegern nur wenig beachtet worden. Seit Beginn der Arbeit am Märchen nämlich spricht Goethe immer wieder in Zusammenhang mit seinem dichterischen Vorhaben vom Vorbild *Voltaires*. Als der erste Teil beendet ist, heißt es gegenüber Schiller: »Wenn nur Einer von den hundert Kobolden des Alten von Ferney drinne spukt, so bin ich schon zufrieden« (Brief vom 7. September). Schiller hatte vorher bereits geschrieben: »Meiner Frau hat es viel Vergnügen gemacht; sie findet es im Voltairischen Geschmack, und ich muß ihr recht geben« (Brief vom 29. August). Ein sonderbares Gespräch, dessen geistige Zusammenhänge er offenbar nicht richtig verstanden hatte, wurde von Riemer am 21. März 1809 notiert. Goethe war auf das »Märchen« zurückgekommen, das er – offenbar in Erinnerung an jene ersten Äußerungen des Prinzen August von Gotha von 1795 – mit der Offenbarung Johannis vergleicht, um hinzuzusetzen: »Es fühlt ein jeder, daß noch etwas drinsteckt, er weiß nur nicht was.« Dann war, wie Riemer notiert, die Rede auf Newton und die Anhänglichkeit der Franzosen an Newtons System gekommen. Unvermittelt daneben steht, von Riemer aufgezeichnet, ein Wort über Voltaire, den Goethe einen »Virtuos auf der Violine« nennt, »dessen Sprache überall hinreicht, der sich überall kann hören lassen, während besonders die deutschen Dichter nur wie Maler und Bildhauer auf ihr Zimmer und Haus eingeschränkt sind«. Es ist ersichtlich, daß sich Goethe in Zusammenhang mit dem »Märchen« immer wieder die Assoziation *Voltaire* aufdrängt.

Die Ähnlichkeit des »Märchens« mit Voltaires Märchen vom »Weißen Stier« ist offensichtlich. Schlange, Prinzessin und Königssohn finden sich hier wieder. Allerdings geht Camilla Lucerna wohl fehl, wenn sie an Voltaires Geschichte vom »Weißen Stier« vor allem die Religionssatire hervorhebt. *Nicht durch sie wird die Ähnlichkeit mit Goethes Märchen bestimmt, sondern durch den Charakter eines »Fürstenspiegels«, den Voltaire seiner Geschichte ausdrücklich mitgegeben hat.* Auch bei Voltaire endet das Märchen mit der – allerdings ironischen – Apotheose eines guten Regenten und einer glücklichen Regierung, nämlich so: »Die Völker dieses weiten Reiches riefen jeden Morgen: Es lebe der große Nebukadnezar, der König der Könige, der nicht mehr Stier ist! Und seit jener Zeit war es in Babylon Brauch, daß jedes Mal, wenn der Herrscher von seinen Satrapen, Magiern, Schatzkämmerern oder seinen Frauen gröblich getäuscht worden war, schließlich seine Fehler einsah und seine schlechte Führung besserte, das ganze Volk vor seiner Tür ausrief: »Es lebe unser König, der kein Ochse mehr ist!«

Der voltairianische Grundgedanke von den Voraussetzungen eines guten Herrschers ist von Goethe übernommen: Höhepunkt bildet hier die Investitur des jungen Fürsten durch die drei Könige aus Gold, Silber und Erz, also durch Weisheit, Schein und Gewalt, wie sie im Märchen selbst erläutert werden. *Schein* wird man dabei wohl im Sinne Schillers und des 26. Briefes über die ästhetische Erziehung des Menschen verstehen müssen, worin die »Welt des Scheins« mit dem Reich der Phantasie, im höchsten Sinne also der Kunst, gleichgesetzt ist. *Weisheit, politische Willenskraft und Kunstgefühl sollen im Märchen die Hauptttugenden des idealen Herrschers sein.* Hinzutreten muß die Lilie, aber in diesem Sinne: »Die Liebe herrscht nicht, aber sie bildet, und das ist mehr.«

So sieht Goethe das Bild des idealen Herrschers, der »kein Ochse mehr ist«. Sein Märchen aber reicht hinaus über den einstigen Umkreis eines aufklärerisch-voltairianischen Fürstenspiegels. Es hat die Erfahrungen der Revolution und Gegenrevolution zu verarbeiten. Die Herrschereigenschaften versagen, wenn nicht der begabte und investierte Herrscher, an dessen Seite die Lilie wirkt, im Einklang verfährt mit allen Kräften der Menschheit, die alle in ihrer Begrenztheit notwendig sind. Ohne sie, ohne dieses Zusammenwirken aller Kräfte, würden auch die Gaben der Könige fruchtlos sein. *Das ist eine entscheidende goethesche Korrektur am Märchen Voltaires.* Sie war notwendig, denn es gibt das Gegenbild des »vierten Königs«. Über ihn haben die Deuter viel gerätselt. Mit ihm vermochte man am wenigsten anzufangen. Man behalf sich damit, ihn einfach als den »Irrtum« zu verstehen oder als »die letzte Reaktion der Sinnlichkeit gegen die Vernunft« oder als »ideenlose gedankenleere Tyrannei«. Diesen abstrakten Andeutungen aber stehen die sehr konkreten Eigenschaften entgegen, mit welchen Goethe seinen unseligen vierten König ausgestattet hat, der schließlich zusammensackt, da die Weisheit entschwand und die Mischung aus Schein und Gewalt zum Dasein nicht mehr ausreichte. Max Morris hat daher den vierten König geradezu als Ludwig XVI. von Frankreich bezeichnet. Camilla Lucerna hat widersprochen und gefragt: »Was berechtigt zu glauben – ich frage –, daß Goethe 1795 so herzlos war, den 1793 Geköpften heimlich zu verhöhnen, ihm die Faust im Sacke zu zeigen.« Allein der vierte König wird keineswegs verhöhnt, wenngleich sein Zusammensinken der komischen Züge nicht entbehrt. Im Gegenteil schwingt unüberhörbar ein Ton der Trauer mit, wenn es heißt: »Wohlmeinende Bescheidenheit hatte eine prächtige Decke über den zusammengesunkenen König hingebreitet, die kein Auge zu durchdringen vermag und keine Hand wagen darf, wegzuheben.« Der vierte König spricht »mit einer rauhen, stotternden Stimme«. Seine »ansehnliche Gestalt war eher schwerfällig als schön«. Alles deutet – für die damaligen Zeitgenossen unverkennbar – auf den schwerfällig plumpen, stotternden sechzehnten Ludwig von Frankreich. Ein letztes Merkmal dieses Königs aber dürfte wohl den Ausschlag geben: man hat es bisher überhaupt nicht berücksichtigt. In seltsamen Reden über die Zukunft dieses Königs ist viel vom Hinsetzen die Rede. Auf die Frage, was mit ihm geschehen wird, sagt der Alte: »Er wird sich setzen.« Dann heißt es: »›Ich bin nicht müde‹, rief der vierte König mit einer rauhen, stotternden Stimme.« Wenn später dieser gleiche stotternde König fragt, wer die Welt beherrschen werde, antwortet der Alte: »Wer auf seinen Füßen steht.« Wir wissen, wie der »gemischte« König schließlich zusammensinkt.

In jeder Geschichte der Französischen Revolution aber wird berichtet, mit welchen Worten Barère am 21. Dezember 1792 den Prozeß Ludwigs XVI. eröffnete. Mit den Worten nämlich:

»Louis, asseyez-vous!« – Ludwig, Sie können sich setzen. Das Wort ist weltberühmt geworden; es muß damals – schaudernd vernommen – durch die Welt des Ancien Regime geeilt sein. *Hierin* lag die eigentliche Entthronung des Gottesgnadentums. Der angeklagte Louis Capet, der »nicht müde war«, mußte sich dennoch setzen: auf die Anklagebank. Es dürfte unbestreitbar sein, daß diese Anspielung, verbunden mit den Äußerlichkeiten der Stimme und Gestalt, einen Hinweis Goethes auf den hingerichteten Bourbonenkönig enthält. Natürlich *ist* der vierte König nicht Ludwig XVI., aber seine Funktion ist die eines Gegenbildes zum wahren, harmonischen Herrschertum. Das Gegenbild jedoch entnahm Goethe der damaligen Realität, und er verband mit ihm sogleich auch die entscheidende politische Kritik. Hierzu gehört der Vierzeiler aus den *Zahmen Xenien:*

Warum denn wie mit einem Besen
Wird so ein König hinausgekehrt?
Wärens Könige gewesen,
Sie stünden alle noch unversehrt.

Die wesentlichen Elemente einer Deutung des Märchens als einer Gesamtheit finden sich also zusammen: Bild und Gegenbild des guten und des wirkungslosen Herrschers; Harmonie von Herrscher und Volk; gegenseitige Hilfeleistung; Warnung vor der Revolution, Überwindung der Revolution *und* Warnung vor dem Beispiel der französischen Bourbonen. Dies ist die Antwort des *Alten* sowohl an den Revolutionsfreund Karl wie an die Partei des Ancien Regime unter den deutschen Ausgewanderten. Natürlich ist das *Märchen* damit nicht »gedeutet«. Der Grundgedanke entschält sich klar, allein beim Fabulieren hat Goethe im übrigen mit Assoziationen der verschiedensten Art gearbeitet. Nicht nur Poetisches und Politisches wird miteinander verschmolzen, sondern auch Persönlichstes der Biographie mit Bildungselementen aller Arten und Bereiche. Karl Schönborn hat einen Bericht über die »*Veranlassung zu dem viel besprochenen Märchen*« mitgeteilt. Er behauptete, die Auskunft »einer sehr zuverlässigen Hand« verdankt zu haben. Danach hätte Goethe im »Paradies«, bei einem Spaziergang längs des

Saale-Ufers bei Jena, offenbar bei seinem Aufenthalt Ende Juni 1795, auf der anderen Seite der Saale eine schöne Frau mit herrlicher Stimme singen hören, während sie »in weißem Kleide und buntem Turban mit anderen Frauen umherstreifte«. Dort habe auch ein alter Mann gewohnt, der »um geringen Lohn jeden, welcher da wollte, in einem schmalen Kahn nach dem jenseitigen Ufer brachte«. Zur Vision der schönen Sängerin habe sich dann dies noch gesellt: »Als es schon dämmerte, kamen ein paar Studenten und schifften mit Hilfe des alten Fischers lachend und den Kahn schaukelnd über den Fluß.« Dieses Abenderlebnis sei dann zur Keimzelle des Märchens von der grünen Schlange geworden. Auch auf andere Erlebniselemente wurde von früheren Deutern hingewiesen. Man ging so weit, die beiden Paare Jüngling – Lilie und Mann mit der Lampe – Frau als Transponierung der Lebensbeziehungen zwischen Karl August und Herzogin Luise, zwischen Goethe und Christiane auszulegen. Dann sollte das neue Ehebündnis des Alten mit der Lampe, das er für »das folgende Jahrtausend« eingeht, als dichterisch eingekleidetes Bekenntnis zu Christiane verstanden werden.

Es ist durchaus möglich, daß solche Anspielungen aus der engeren Lebenssphäre in die Dichtung einbezogen wurden. Dennoch geht Max Morris, der in dieser Weise den poetischen Text vom Biographischen her zu entschlüsseln sucht, viel zu weit, wenn er die drei Könige aus Gold, Silber und Erz als Vorfahren des Weimarer Herzoghauses verstehen und etwa den ehernen Fürsten als Bernhard von Weimar identifizieren möchte. Dafür sind kaum schlüssige Anhaltspunkte vorhanden. Man kann mit ähnlicher Berechtigung sogar daran denken, wenn die Beziehung zwischen dem vierten König und Ludwig XVI. mit guten Gründen akzeptiert wird, daß auch die übrigen Königsbilder der französischen Geschichte entnommen sein müßten. Äußerlichkeiten des goldenen und des silbernen Königs jedenfalls passen mindestens so gut auf Henri Quatre und Ludwig XIV. wie auf Mitglieder der Weimarer Dynastie. Dennoch führt es ins Gestrüpp, die Einzeldeutung in solcher Weise anlegen zu wollen. Man wird sich auf Andeutungen und Mutmaßungen beschränken müssen. Assoziativ ist viel und vielerlei verarbeitet worden. Auf Voltaires Märchen vom *Weißen Stier* wurde bereits hingewiesen. Wukadinovic macht überdies auf die »merkwürdige Übereinstimmung« der Szenen im unterirdischen Gewölbe »mit den Schlußkapiteln von Rabelais' ›Pantagruel‹« aufmerksam, wo auch Gegenstücke zu dem Tempel auftauchen, der durch die Irrlichter, bei Rabelais durch die Laterne, magisch geöffnet wird, und wo man auch Parallelen zu den Statuen und der Lampe finden kann. Alles ist ein reizvolles Deutungsspiel, aber auch nicht mehr. Das Suchen danach gehört einer detektivischen Epoche der Literaturwissenschaft an, in welcher der Motivgeschichte ein Deutungsprimat zuerkannt wurde.

Je mehr im einzelnen untersucht wird, um so schlüssiger ergibt es sich, daß die poetischen Motive und Gestalten aus ganz verschiedenen Sphären stammen. Neben die Grundlagen einer Deutung vom Biographischen her treten die Sphären des Maurerischen und des Alchimistischen. Mit Freimaurersymbolik ist das »Märchen« offenbar randvoll gefüllt. Das beginnt mit der Zahlensymbolik, bei welcher bloß an das drei mal drei der Kohlköpfe, Zwiebeln und Artischocken, aber auch an die Welt der drei Könige und so fort erinnert werden mag. Die Beziehung dieser drei Zahlen etwa zur Zahlen- und Freimaurersymbolik der vier Jahre vor Goethes »Märchen« entstandenen »Zauberflöte« ist offensichtlich. Dennoch geht man fehl, will man die Dichtung ausschließlich als Logenmysterium interpretieren. Noch unzweckmäßiger ist der Panalchimismus, wenngleich die Metalle der drei Könige offensichtlich auch in alchimistischer Zuordnung zueinander stehen. Wichtiger sind die philosophischen Bezüge, die immerhin den Vorzug haben, das »Märchen« in der Tat als Symbol und nicht als Allegorie aufzufassen. Trotzdem ging Hermann Schneider zu weit, wenn er bei Goethe eine Einzelerkenntnis des Kantianismus voraussetzte, die man wohl kaum voraussetzen darf. Dagegen sind die Beziehungen zwischen Schillers »Briefen über die ästhetische Erziehung des Menschen« und Goethes »Märchen« ganz evident.

Solche Identifizierungen der Einzelelemente aber wirken *gleichzeitig erhellend und verwirrend*: was man als Einzeldeutung gewinnt, geht in der Gesamtdeutung wieder verloren. Die zuverlässigste Interpretation bleibt diejenige, die das wunderbare Gebilde im Sinne von Goethes eigener Forderung als

Gesamtheit versteht, die poetische Totalität aber als Zeit- und Zeitgeschichtserlebnis zu fassen sucht. Es gibt kein Einzelelement, das dieser Deutung widerspräche, wohl aber werden viele Einzelheiten erst dann erschließbar. Man braucht auch dann keineswegs, wie es gelegentlich geschah, den Fluß als Rheinstrom zu benennen, oder den Riesen als Frankreich. Der Schatten des Riesen, der sich schließlich »abwendet«, hat aber mit der Revolution und ihrer damaligen Phase des Jahres 1795 zu tun. Außerdem findet die Konstellation von diesseits und jenseits des Flusses in den eigentlichen Unterhaltungen deutscher Ausgewanderten eine Entsprechung, denn auch diese Gespräche am Rheinufer sind räumlich und geistig als Gespräche über die Zustände »an beiden Ufern« aufzufassen.

Indessen darf man sie nicht allein in solcher Weise verstehen. Ebenso sicher scheint zu sein, daß die beiden Ufer zugleich im Schillerschen Sinne mit den Gegenwelten der Natur und der Kunst zu tun haben. Der Weg aller »Personen« vom einen Ufer zum andern ist immer zugleich von Goethe als Auseinandersetzung mit dem Thema Kunst und Natur zu verstehen. Der Jüngling und Königssohn ist seiner Herkunft nach nicht bloß ein »Ausgewanderter« selbst, sondern seinem Ziel nach ist er auch ein »übersinnlich-sinnlicher Freier«. Jedes Goethewerk lebt aus der Totalität seines Schöpfers. Wie könnte es sich also beim »Märchen« anders verhalten?

Welch ein geschichtlicher Weg von Goethes »Märchen« zu *Gerhart Hauptmanns* Schöpfung »Das Märchen« von 1941! Goethe schrieb seine Phantasmagorie als Sechsundvierzigjähriger, Hauptmann ist ein Mann von nahezu achtzig Jahren, als er sich, mitten im zweiten Weltkrieg, in der Einsamkeit von Agnetendorf daranmacht, das Ausgangsbild Goethes, des »wunderbaren Weimaraners«, zu übernehmen, um seinerseits mit den Requisiten des Flusses, des Fährmanns, der Irrlichter und der Schlange ein neues Gebilde zu formen. Wieder beginnt es mit Fährmann, Überfahrt und der Gesellschaft der beiden Irrlichter. Abermals bemüht sich Hauptmann, anders als Goethe, um den Ansatz zu einer Rahmenerzählung. Goethe beginnt mit der Schilderung des Flusses, Hauptmann mit zitierendem Verweisen auf Goethes »Märchen« und Goethes Fluß oder Strom. Goethe war, wie

Hauptmann meint, mit dem alten Fährmann in gewisser Weise verschmolzen. Hauptmann wählt für sich, soweit von Identifizierung gesprochen werden kann, nicht die Gestalt des Fährmanns, sondern des Pilgers Theophrast, der nun in sonderbarer Weise sowohl mit Hauptmann selbst wie mit dessen Konzeption des historischen Theophrastus Paracelsus verschmilzt. Goethe beschließt seine Erzählung in aller Diesseitigkeit, in Bejahung der Außenwelt und ihrer Realität, im Bild einer harmonisch gegliederten Gesellschaft, einer glücklichen Menschheit. Hauptmann verkündet ein Weltbild, worin sich erkenntnistheoretischer Idealismus mit kulturphilosophischem Pessimismus vereinigt. Die Überfahrt des Dichters aus der diesseitigen Welt auf das andere Ufer führt in einen Bereich, der alle Wirklichkeit als Schein erkennen läßt. Platons Schattengleichnis wird von Hauptmann zu dem Terminus der *Umbrate* benutzt. Was gemeint ist, sagt die Gestalt des Operin: »Das alles, scheint mir, sind Spiegelungen. Sicher ist freilich, daß sie auch sonst noch etwas sind: das aber wissen wir nicht.« Das Leitmotiv des Nichtwissens, das pessimistische Ignorabimus steht auch am Schluß der Erzählung: »Allein wo er herkam, wissen wir nicht!«

Hier wird mit allen Requisiten des erkenntnistheoretischen Agnostizismus gearbeitet: Platons Schattengleichnis, die populäre Deutung von Kants *»Ding an sich«*, Schopenhauers »*Schleier der Maja*«. Unverkennbar auch ist Hauptmanns Pessimismus vor dem Zustand der Kunst und der Wissenschaft. Die schaurige Groteske des von den Irrlichtern betriebenen Krematoriums, worin »man Tag und Nacht menschliche Torheit zu Asche brennt«, zielt auf das Bemühen der Naturwissenschaft. Die Kunst wird ausdrücklich mit aller Wirklichkeit, die Hauptmann übrigens einmal als »sogenannte Wirklichkeit« bezeichnet, kontrastiert. Harmonie ergibt sich für den Pilger weder im Verhältnis zu Löwe und Schlange, zu Geist und Trieb, noch gar im mitmenschlichen Bereich. Daß der fast achtzigjährige Dichter die Überfahrt auf das andere Ufer des Flusses gleichsam als Flucht aus der ihn umgebenden Wirklichkeit versteht, ist mit ergreifender Deutlichkeit bekannt. Was er vom »anderen Ufer« der Schattenwirklichkeit erwartet, sagt er mit den Worten des Pilgers Theophrast: »Das Eisen ist fort: das eiserne Zeitalter!

Man hört dort keine Maschinen auf Geleisen donnern, der Flug der Vögel, der großen und kleinen, ist in der Luft – aber nichts vom gewaltigen Brummen der Flugzeuge. Und Vögel sind außerdem nicht so bösartig.« Schließlich kehrt Theophrast »dahin zurück, wo er hergekommen«. Woher aber? Trotz allem aus der Welt des Jetzt und Hier, aus der Hauptmann im Jahre 1941 umgebenden Welt des Eisens und des eisernen Zeitalters. Gewisse Gedanken des *Märchen* sind eng verbunden mit dem unvollendet gebliebenen Christophorus-Roman des Dichters. Wichtiger aber für den Leser, der diese Arbeitspläne des Dichters nicht kennt oder zu kennen braucht, ist die Zeit- und Kunstaussage, die Hauptmann seinem Märchen beigegeben hat. *Es ist die Elegie eines vereinsamten, in der entscheidenden Lebenshaltung goethefernen Künstlers,* der die Umwelt nur noch in Trauer und Skepsis zu erleben vermag. Da er keine Kräfte erkennt, die eine andere Botschaft verkünden könnten als die des *Märchens*: »Daß ein goldenes Nichts besser als ein bleiernes Etwas ist.«

Goethes *Märchen* endete im Bild sozialer Harmonie. Hauptmanns gleichnamige Dichtung lebt aus dem Gefühl tiefster Einsamkeit. Für Hauptmann entwest sich die Wirklichkeit als Zustand wie als Prozeß. Schattengebilde scheinen ihn zu umgeben und lassen den Theophrast denken: »Gibt es denn eine Gegenwart?« »Entscheidende Teile von *Hermann Hesses* »Glasperlenspiel« sind nahezu gleichzeitig mit Hauptmanns »Märchen« entstanden. Übereinstimmungen lassen sich feststellen, die bis in das Sprachliche führen. Die Gestalt des Theophrast bei Hauptmann weist manche Ähnlichkeit auf mit der Vision in Hesses Gedicht *Der letzte Glasperlenspieler*.

Wie Gerhart Hauptmanns Gesamtwerk immer wieder im Zeichen der Entscheidungslosigkeit zwischen kontrastierenden Weltbildern steht, mag es sich um die Auseinandersetzung zwischen Askese und Heidentum, Deutschtum und Griechentum, Platonismus und Skeptizismus, Bürgertum und Künstlertum oder wie immer handeln, so hat er es auch im *Märchen* gehalten, das weit eher einen Vorgang der Selbstbefreiung darstellt als den einer Goethe-Imitation. Sein und Nichts scheinen sich die Waage zu halten. Dennoch hat Josef Gregor recht, wenn er im *Märchen* den »Kampf Gerhart Hauptmanns gegen eine ...

Anschauung« erblickt, »die das Nichtsein dem Sein unbedingt vorziehen muß«. Schließlich kehrt Hauptmanns Theophrast in die Wirklichkeit zurück: voller Trauer, doch in aller Verantwortlichkeit für die Welt der Menschen. Ein Fürstenspiegel konnte so nicht mehr entstehen, auch eine Apotheose sozialer Harmonie verbot sich von selbst. Einhundertsechsundvierzig Jahre liegen zwischen den Gegenbildern Goethes und Gerhart Hauptmanns. Der Weg zur Lilie führte bei Goethe von der Natur zur Kunst. Bei Hauptmann ist er als Rückkehr in eine kunst- und geistfeindliche Wirklichkeit dargestellt. Allein auch dort endet er nicht. Theophrastus kehrt, fliegend, »dahin zurück, wo er hergekommen«. Ins Unwirkliche offenbar, das aber nichts zu tun hat mit dem Bereich am anderen Ufer. »Allein wo er herkam, wissen wir nicht.« So endet »Das Märchen« bei Gerhart Hauptmann.

4. EXKURS: HÖLDERLIN IN DÜRFTIGER ZEIT

Wie mag sich die deutsche Natur verhalten haben, mit ihren Launen und Freuden, im Jahre 1770: vor mehr als zwei Jahrhunderten? Man müßte das rekonstruieren können mit Hilfe von Aufzeichnungen und Einzelangaben in Lebensläufen der berühmten Geburtstagskinder vom Jahrgang 1770. War es ein schöner und dauerhafter Frühling in Lauffen am Neckar, als Hölderlin zur Welt kam? Lag drückende Schwüle über dem Talkessel der herzoglichen Hauptstadt Stuttgart, als das Kind Georg Friedrich Wilhelm Hegel am 27. August geboren wurde, einen Tag früher mithin Geburtstag feiern durfte als Johann Wolfgang Goethe? In seiner letzten Lebenszeit empfand es Hegel als schöne Gewohnheit, die eigene Geburtstagsfeier am späten Abend hinüberzuleiten in den neuen Tag, um auch Goethes Geburtstag zu ehren. Eines steht zu vermuten, darf vorausgesetzt werden: daß es neblig war und feucht in Bonn am Rhein, als im trüben, durch Not und Krankheit gequälten Haushalt eines Musikers (und Alkoholikers) die Wehen der

Hausfrau begannen. Ein Knabe wurde geboren: Ludwig van Beethoven.

Sie bedeuten nicht ein zufälliges Nebeneinander der banalen Prominenz, sondern gehören zueinander in vielfältiger Weise, diese drei vom Jahrgang 1770. Hölderlin, Hegel und Beethoven. Es war ihre Zeit, die als eine gesellschaftliche Endzeit begann, während die Knaben heranwuchsen und »mannbar« wurden, wie man damals in schöner Wendung zu sagen pflegte. Sie standen, Hölderlin mit neunzehn Jahren, zwischen der Unmündigkeit und der Mündigkeit, als am 14. Juli 1789 die Pariser Bastille erstürmt wurde und die gesellschaftliche Endzeit umzuschlagen schien ins Neue, Reiche und Hoffnungsvolle. In einen »Vorschein« des Prinzips Hoffnung, mit Ernst Bloch zu sprechen.

Allein auch das Jahr 1770 hatte bereits einen Vorschein bedeutet dieses Neuen. Vielleicht haben sie es damals in manchen Augenblicken gespürt und geahnt, die drei jungen Menschen. Wir kennen das Jahr 1770 heute als einen großen und fruchtbaren Augenblick. In der germanistischen Tradition wird dieses Neue, etwas kurzschlüssig und wenig genau, immer noch als »Sturm und Drang« etikettiert: nach dem Titel eines Theaterstücks des Frankfurter Dichters und Goethe-Freundes Friedrich Maximilian Klinger. Glaubt man der Weisheit einstiger Oberseminare, die auch heute noch bisweilen gelehrt wird, so schlug um das Jahr 1770 der rationalistische Geist Lessings und seiner Mitstreiter ins Gefühlige um und ins Sentimentalische. In eine Epoche der »Empfindsamkeit«, wie man damals zu schreiben liebte.

Den Ausdruck übrigens hatte Lessing selbst gefunden und vorgeschlagen für die deutsche Übersetzung eines englischen Kultbuches damaliger Leser: der »Sentimental Journey« von Laurence Sterne. Lessing schlug vor, man möge von einer »Empfindsamen Reise« sprechen. Allein Lessing selbst entbehrte nicht des Gefühls und der Empfindsamkeit, bei aller Schärfe der logischen Gedankenführung. Die Hamburgische Dramaturgie ist ebensowenig als banausische Nüchternheit zu mißdeuten wie die dramaturgische Meisterkonstruktion seiner »Minna von Barnhelm«.

Noch weniger wird man die junge Generation der Stürmer und Dränger, geboren zwischen 1743 und 1753, als gefühlstrunkene

Verächter der Aufklärung und gesellschaftlichen Emanzipation mißdeuten können. Der gesellschaftliche Prozeß, herbeigeführt durch drei aufeinanderfolgende und miteinander innerlich verbundene Generationen, der etwa um 1750 begann, am Vorabend eines schrecklichen Krieges von sieben Jahren, um zu scheitern, besser: zu verdorren in jenem entscheidenden Jahr 1789, hat recht eigentlich eine deutsche Dichtung, Kunst und Weltdeutung begründet. Lessing und Kant und Wieland und der Jude Moses Mendelssohn. Der Pfarrerssohn Johann Gottfried Herder aus dem ostpreußischen Mohrungen und das Kind des wohlhabenden Kaiserlichen Rats Johann Caspar Goethe in der Freien Reichsstadt Frankfurt am Main. Auch Wilhelm Heinse gehörte zu ihnen, wenngleich Goethe und Herder ihn später, und Friedrich Schiller erst recht, mit Entschiedenheit abwiesen. Jenen Wilhelm Heinse vom Jahrgang 1746, geboren im Dorf Langewiesen im Thüringer Wald, dessen Roman »Ardinghello« der junge Hölderlin früh schon und bewundernd gelesen hatte. Er traf mit Heinse bei einer entscheidenden Reise, auf der Flucht vor den französischen Truppen aus Frankfurt nach Kassel, zusammen. Ihm hat er das große Gedicht »Brot und Wein« gewidmet, worin die Zeilen zu finden sind:

> Indessen dünket mir öfters
> Besser zu schlafen, wie so ohne Genossen zu sein,
> So zu harren, und was zu tun indes und zu sagen,
> Weiß ich nicht, und wozu Dichter in dürftiger Zeit.

Waren es dürftige Zeiten, die seit 1750 in Europas Mitte angebrochen waren, und die wir heute als leuchtend und sternenhaft bewundern: tief beschämt beim Anblick unserer eigenen Dürftigkeit? Es war wohl Enttäuschung über allzu große Hoffnung, die zuviel versprach und sich überraschend verwandeln sollte in ein ganz Anderes, aller Hoffnung Feindliches. So entstand der Bruch im Leben und Hoffen von Hölderlin, Hegel und Beethoven: Trümmer einer großen Vision, wie sie Hölderlin in der »Friedensfeier« beschworen hatte. Der Abbruch des Denkansatzes bei Hegel nach Vollendung seiner »Phänomenologie des

Geistes« im Augenblick der Schlacht bei Jena, die in Wirklichkeit das Ancien Regime auf deutschem Boden zerstören sollte. Kein Weiterdenken bei Hegel, wie noch in der »Phänomenologie«, über die Probleme von Herrschaft und Knechtschaft. Keine Widmung der Heldensymphonie Beethovens für Napoleon Bonaparte. Die Neunte Symphonie mit Schillers Ode an die Freude, deren Keime zurückreichen in Beethovens Bonner Jugendzeit um 1790, wird schließlich dem Preußenkönig der Restauration gewidmet, dem Dritten Friedrich Wilhelm.
Dürftige Zeit? Wohl eher ein Leben und Schaffen zwischen Hoffnung und Verzweiflung, Utopien und verlorenen Illusionen. Die eigentliche und erste Generation der Stürmer und Dränger mußte sich noch mit der Welt und der übermächtigen Gestalt Friedrichs von Preußen auseinandersetzen, der erst 1786 starb. Der Alte Fritz, der sich in Potsdam mit Voltaire und d'Alembert eingelassen hatte, aber die Kunst oder gar Dichtung seiner Deutschen verachtete: mit Ausnahme der Musik des alten Bach und seiner Söhne. Goethe hat später aus seiner Knabenzeit berichtet, wie man auch in Frankfurt, wo die Reichsstadt trotzdem zur Kaiserin Maria Theresia hielt, nicht zu König Friedrich, in den Bürgerhäusern gut fritzisch gesinnt blieb. Lessing war skeptischer. Die »Minna von Barnhelm« ist wahrlich keine Lobpreisung des siegreichen Preußenkönigs. Des »bösen Mannes«, wie Maria Theresia zu seufzen pflegte. Wenn der Hochstapler Riccaut de la Marlinière bei Lessing über die »plump Sprak« der Deutschen spottet, so trägt er, das hat Lessings Ironie so gewollt, die französisch geschriebenen Argumente des Preußenkönigs vor gegen die deutsche Sprache und Literatur.
Trotzdem kam der deutsche Sturm und Drang nicht vorbei an der Auseinandersetzung mit dem sogenannt »aufgeklärten« Absolutismus von Sanssouci, der prägend blieb für die kleinen deutschen Fürstentümer mit lutherischem Christentum. Auch für das Württembergische Herzogtum Karl Eugens und das herzogliche Sachsen-Weimar und -Eisenach. Karl Eugen in Stuttgart und später Karl August in Weimar sind auch Verwandte und hohe Offiziere der preußischen Dynastie. Noch Friedrich Schiller plant um das Jahr 1790, also nach Ausbruch der Revolution in Frankreich, ein großes episches Gedicht mit Friedrich

von Preußen als Mittelpunkt. Er gibt es auf, wie er dem Freund Christian Gottfried Körner in Dresden mitteilt, weil das genaue Studium der Akten und Dokumente den poetischen Schwung ersticken macht. Er könne diesen Friedrich nicht liebgewinnen. Es sei eine Riesenlast der, wie Schiller schreibt, »Idealisierung« zu bewältigen. Der poetische Plan ist gescheitert.
Mit ihm im Grunde jener Versuch der Stürmer und Dränger, die als notwendig empfundene und durch unzähliges Einzelleid erhärtete Überzeugung, daß die deutschen Verhältnisse von Grund auf umgestaltet werden müssen, *mit Hilfe eines höfisch-bürgerlichen Kompromisses entstehen zu machen*. Man hoffte auf das Zusammenwirken einer aufgeklärten Herrenschicht mit den emanzipatorischen Bestrebungen der bürgerlichen Untertanen. Darum sind, wahrlich in dürftigen Zeiten, die Sprecher der bürgerlichen Emanzipation in unserer deutschen Dichtung mit fataler Regelmäßigkeit zugleich auch aufgeklärte Vertreter der herrschenden Aristokratie. Reichsritter Gottfried von Berlichingen und Reichsgraf Karl von Moor, der Geheimrat von Berg im »Hofmeister« von Lenz und der junge Offizier Ferdinand von Walter aus »Kabale und Liebe«, Graf Egmont und Marquis Posa.

Nichts mehr davon bei den Jungen, den zu sich selbst, zur Übereinstimmung mit dem Gang der Welt gekommenen Menschen vom Jahrgang 1770. *Sie glauben nicht mehr an den bürgerlich-höfischen Kompromiß*, an den Nutzen der Erziehungstraktate für Fürsten. Die Episode aus dem Tübinger Stift, wo zu Beginn der Neunziger Jahre die Zöglinge, vermutlich angeführt durch Hegel aus Stuttgart und Hölderlin aus Lauffen und den noch jüngeren Joseph Schelling aus Leonberg, einen Freiheitsbaum errichteten und umtanzten, ist nicht Legende gewesen. Die Dokumente über die geistige Leidenschaft im Tübinger Stift sind eindeutig. *Die Vorfahren, Vater und Onkel, des späteren Dichters Justinus Kerner sind Jakobiner.* Georg Kerner ist nach Paris gereist. Louis Kerner schreibt aus dem Stift: »Hier im Stift wird die ganze Größe der Französischen Revolution schon lang verstanden. ›Die Erde rauche von Tyrannenblut‹, das ist aller Losung; in dreifarbigen Kokarden reisen wir in die Vakanz ...«

Der Ephorus Schnurrer, Direktor des Stifts, schrieb am 6. September 1793 an seinen Herzog Karl Eugen: er sei außerstande, »dieser frechen und strafbaren Stimmung zu steuern«. Er wiederholte damit die Formel des Herzogs, der ihm am 26. August 1793, einen Tag also vor Hegels 23. Geburtstag, geschrieben hatte, es sei notwendig, energisch einzuschreiten »wegen der in dem Theologischen Stift zu Tübingen obwalten sollenden democratischen und anarchischen Gesinnungen« und »dieser so frechen als strafbaren Stimmung zu steuern, und die Schuldhafte zur Strafe zu ziehen«.

Der Tübinger Stipendiat Fritz Hölderlin suchte zwar in einem Brief vom November 1792 die Mutter in Nürtingen zu beruhigen, wie er jedoch in Wahrheit denkt im Konflikt zwischen den Truppen der Französischen Revolution und den bei Valmy geschlagenen Truppen der deutschen Fürsten, verrät er zugleich in diesem Brief: »Rürend ists und schön, daß unter der französischen Armee bei Mainz, wie ich gewiß weiß, zwei Reihen stehen von 15 u. 16järigen Buben. Wenn man sie ihrer Jugend wegen zur Rede stellt, sagen sie, der Feind braucht so gut Kugeln u. Schwerder, um uns zu tödten, wie zu größern Soldaten.«

Ist Hölderlin damals zum Jakobiner geworden? Diese Frage hat man in der Hölderlin-Forschung fast 150 Jahre lang als indiskutabel, fast als beleidigend abgetan. Allein die Arbeiten so namhafter Kenner und Forscher wie Georg Lukács, Robert Minder und Pierre Bertaux, nicht zufällig findet sich kein Name eines Deutschen in dieser Aufstellung, nötigen zum Studium der Dokumente: nicht bloß der Briefe und Lebenstatsachen Hölderlins. Sie nötigen vor allem zu neuem Lesen der Elegien, Oden und Hymnen, des Hyperion und des Empedokles. »Dichter in dürftiger Zeit« – das war, wenn man genau liest, vor allem zu verstehen als Bekenntnis zu einer Dichtung aus dem damaligen Zeitgeist, die jedoch wirkungslos und ungehört blieb, weil der Zeitgeist der Deutschen das Dichterwort in einem weiten Verstande nicht hören wollte. Vaterländische Gesänge ohne ein Vaterland. Der Weltgeist in Unruhe und der bürgerlich-deutsche Quietismus. Ein revolutionäres Zeitalter, worin die Deutschen nicht als Subjekt auftreten, sondern zum Objekt werden.

Schließlich zum Opfer. Schlimmer noch: es fehlt durchaus nicht an einem Denken der Veränderung, einer neuen Gesellschaft und eines neuen Menschentums unter den Deutschen; allein es bleibt beim Gedachten, bei philosophischen Traktaten und großer Dichtung. Dieser Sachverhalt verbirgt sich, von Hölderlin klar erkannt, hinter seiner Formulierung über die Deutschen. Sie seien »tatenarm und gedankenvoll«.

Dennoch wird die politische Dichtung Friedrich Hölderlins durch den Gelehrtenstreit über das Jakobinertum eher verdunkelt und verzerrt als gedeutet. Der Jakobinerklub war eine aktivistische und radikale Fraktion oder Partei innerhalb der Revolution. Die Vertreter saßen auf den oberen Bänken der Nationalversammlung und wurden spöttisch als »Bergpartei« von ihren Gegnern denunziert. Auch innerhalb des Jakobinerklubs fanden heftige Fraktionskämpfe statt. Die führenden Jakobiner Robespierre und Saint-Just gaben die Losung aus, die revolutionäre Tugend müsse durch den »Schrecken« herrschen. Was heißen sollte: durch den Terror und das Fallbeil. Hegel hat später, ein Jahrzehnt nach dem Sturz Robespierres, also dem Thermidor, eine schneidende Analyse dieser Schreckensherrschaft in seiner »Phänomenologie des Geistes« vorgelegt. Als die Tötung eines Menschen, wie er schreibt, nicht mehr bedeutete, als das Abschneiden eines Kohlhaupts.

Vielleicht ist Hölderlin eher, wofür manches sprechen könnte, in politischer Übereinstimmung gewesen, in jenen ersten Jahren der Französischen Revolution, mit den bürgerlichen Demokraten aus dem Südwesten Frankreichs, den Leuten aus der Gironde: den Girondisten also, die von den Jakobinern dann aufs Schafott geschickt wurden. Vielleicht hing es auch, aber das kann nicht bewiesen werden, mit einem solchen Girondismus des deutschen politischen Dichters zusammen, daß er später den weiten Weg nicht scheute nach Bordeaux, und daß er die »schöne Garonne« liebhatte bis zuletzt.

Deutlicher als durch die Etikettierung mit Hilfe des Jakobinertums versteht man das in der Tat und in einem tiefen Verstande »revolutionäre« Dichten und Denken Friedrich Hölderlins, liest man einen Brief vom 10. Juli 1794, den er an Hegel richtet, nachdem beide das Tübinger Stift verlassen hatten. Hölderlin ist

Hofmeister geworden, durch Friedrich Schillers Vermittlung, auf dem thüringischen Gut Waltershausen der Baronin Charlotte von Kalb. Er hat den seelisch kranken Sohn einer unglücklichen Ehe zu beaufsichtigen. Auch Hegel ist Hofmeister: bei Patriziern in Bern.

»Ich bin gewis, daß Du indessen zuweilen meiner gedachtest, seit wir mit der Loosung – Reich Gottes! von einander schieden. An dieser Loosung würden wir uns nach jeder Metamorphose, wie ich glaube, wiedererkennen.

Ich bin gewis, es mag mit Dir werden, wie es will, jenen Zug wird nie die Zeit in Dir verwischen. Jener Zug ists doch vorzüglich, was wir aneinander lieben. Und so sind wir der Ewigkeit unserer Freundschaft gewis. Übrigens wünscht' ich doch oft Dir nahe zu sein. Du warst so oft mein Genius, ich danke Dir ser viel. Das fül ich erst seit unserer Trennung ganz. Ich möchte Dir wol noch manches ablernen, auch zuweilen etwas von dem meinigen mitteilen ...«

Die Übereinstimmung der Herzen und Gedanken zwischen Hegel und Hölderlin muß groß gewesen sein. Bei der Stuttgarter Hegel-Tagung im Jahre 1970 entwickelte der Philosoph *Dieter Henrich*, etwas zuspitzend, seine These, mit Hilfe des historischen Nachlasses, daß weite Bereiche einer künftigen Hegel-Philosophie auf frühe Gedanken Hölderlins und freundschaftliche Zwiegespräche der jungen Menschen zurückgeführt werden könnten.

Es gibt dafür einen erstaunlichen Beweis, im Poetischen nämlich. Er ist merkwürdigerweise, soweit man sieht, in der so eifrigen, oft geradezu übereifrigen Hölderlin-Philologie unserer Tage wenig beachtet worden. Dabei erschließt sich diese Konstellation und Kongruenz zwischen Hegel und Hölderlin gerade an einem der großen und vielgeliebten Gedichte von Hölderlin, nämlich *an der Elegie »Brot und Wein«*. Hier finden sich die schon zitierten Verse über den Dichter in dürftiger Zeit. Die Elegie trägt die Widmung »An Heinze«. (Was kein Schreibfehler war. Der Dichter hieß Heinze und zeichnete als Wilhelm Heinse.)

Lange Zeit waren nur die ersten Versblöcke des großen Gedichts

veröffentlicht. Die Beschwörung der Nacht. Clemens Brentano hat diese Verse sehr geliebt: er hielt sie für die größte Dichtung in deutscher Sprache. Allein die Elegie »Brot und Wein« ist keine Hymne an die Nacht im Sinne der fast gleichzeitig entstandenen Dichtung des Romantikers Novalis. Sie ist eine dionysische Dichtung. Gewidmet dem Weingott. Dem Fackelschwinger und Sohn des Zeus, dem »Syrer«, wie Hölderlin schreibt.
Folgt man dem dichterischen Gang der Elegie, so offenbart sich die Diagnose vom Dichter in dürftiger Zeit nicht allein als Kontrast zwischen dichterischer Vision einer Veränderung *und* deutscher, tatenarmer Immobilität. Hölderlin ist auch hier radikaler. Die Chiffre von der dürftigen Zeit bedeutet zugleich, daß Dichten nicht mehr möglich ist als ein begeistertes Rühmen des Wirklichen, wie zur Griechenzeit. *Dichten wurde zum Ersatz.* Zum »künstlichen Paradies«, wie das mitten im 19. Jahrhundert Charles Baudelaire erläutern sollte. Vor ihm aber hatte in Deutschland, kurz vor dem Ende der Napoleonischen Ära, der Jurist und Musiker und Maler und Dichter E. T. A. Hoffmann in seinem Märchen vom »Goldnen Topf« die Diagnose gestellt, daß ein Leben gleichzeitig im spießbürgerlichen Dresden und im poetischen Atlantis nicht denkbar sei. Auch er hatte den Geist des Dionysos, den Geist des Weines, beschworen: wie Hölderlin in der Elegie »Brot und Wein«.

> Ja! sie sagen mit Recht, er söhne den Tag mit der Nacht aus,
> Führe des Himmels Gestirn ewig hinunter, hinauf,
> Allzeit froh, wie das Laub der immergrünenden Fichte,
> Das er liebt, und der Kranz, den er von Efeu gewählt,
> Weil er bleibet und selbst die Spur der entflohenen Götter
> Götterlosen hinab unter das Finstere bringt.
> Was der Alten Gesang von Kindern Gottes geweissagt,
> Siehe! wir sind es, Frucht von Hesperien ists!

Auch das Parallelgedicht zur Elegie »Brot und Wein« beginnt als ein Nachtstück, geradezu als eine Hymne an die Nacht. Die Nacht als Muse.

Dank dir, du meine
Befreierin, o Nacht! Mit weißem Nebelflor
Umzieht der Mond die ungewissen Grenzen
Der fernen Hügel; freundlich blinkt
Der helle Streif des Sees herüber,
Des Tags langweil'ges Lärmen fernt Erinnerung,
Als lägen Jahre zwischen ihm und jetzt.

Das Gedicht trägt die Überschrift »Eleusis«. Es ist den eleusinischen Mysterien gewidmet und der Dichter ruft die Göttin Ceres an, die Göttin der Erde und des Korns, des Brotes also, nicht den Dionysos. Keine Elegie, sondern jambische Blankverse. Die poetische Kraft läßt sich mit dem fast gleichzeitig entstandenen Gedicht »Brot und Wein« nicht vergleichen. Entstehungszeit war der August 1796. Ein Gedicht der Freundessehnsucht. *Sein Verfasser heißt Hegel*. Die Widmung lautet »An Hölderlin«. »Brot und Wein« *und* Hegels Gedicht »Eleusis« sind Parallelschöpfungen. Niemals wohl hat der schwerblütige Hegel so tief sein Gefühl offenbart wie in diesen Sehnsuchtsversen für den fernen Hölderlin.

Dein Bild, Geliebter, tritt vor mich
Und der entfloh'nen Tage Lust; doch bald weicht sie
Des Wiedersehens süßern Hoffnungen –
Schon malt sich mir der langersehnten, feurigen
Umarmung Szene; dann der Fragen, des geheimern
Des wechselseitigen Ausspähens Szene,
Was hier an Haltung, Ausdruck, Sinnesart am Freund
Sich seit der Zeit geändert, – der Gewißheit Wonne,
Des alten Bundes Treue fester, reifer noch zu finden,
Des Bundes, den kein Eid besiegelte,
Der freien Wahrheit nur zu leben, Frieden mit der Satzung,
Die Meinung und Empfindung regelt, nie, nie einzugehn.

Wie traurig sollte dies alles enden. Gemeinsam zwar vollzogen sie noch, Hegel und Hölderlin, und auch Beethoven, wie sich zeigen läßt, das Weitergehen mit dem Gang des Geschehens in

Frankreich, auch und gerade auch, als es den europäischen Krieg bedeutete und die Fremdherrschaft und den – scheinbaren – Untergang des Ancien Regime in Deutschland und die Weltherrschaft des Napoleon Bonaparte. Die älteren Aufklärer, Immanuel Kant vor allem, hatten den Frieden von Basel im Jahre 1795 als glückliches Ereignis einer »politischen Koexistenz« begrüßt, als ein Vertrag zwischen dem Königreich Preußen und dem revolutionären Frankreich zustande kam. Kant schrieb damals das vielleicht radikalste seiner Werke: den »Traktat zum Ewigen Frieden«. Allein der Krieg ging weiter. Dann wurde ein neuer Friedensschluß zu Lunéville unterzeichnet im Jahre 1801. Ihn feierte Hölderlin in dem Gedicht »Friedensfeier«. Dann brach der Krieg von neuem aus. Schreckliches Gemetzel vor den Toren von Wien, bei Jena in Thüringen, im fernen Ostpreußen, schließlich in Rußland.

Friedrich Hölderlin hat, bis die Krankheit ausbrach, über die in den letzten Jahren so viel geschrieben und gerätselt wurde, trotz allem den Weg des durch Frankreich offenbar repräsentierten Weltgeistes teilnehmend und sehnsüchtig verfolgt. Freilich wandelte sich sein Begriff vom Dichter in dürftiger Zeit. Zuerst war das Klage um die Nutzlosigkeit eines utopischen Dichtens innerhalb der gesellschaftlichen Erstarrung. Dichtung schien nur noch möglich als künstliches Paradies. Dann sollte die Dichtung dennoch wieder zurückkehren zur Wirklichkeit und mitsprechen in den Entscheidungen zwischen Frieden und Krieg, Erstarrung und Erneuerung. *Schließlich wird seine Dichtung für Hölderlin zur Gegenschöpfung*. Wir sind offenbar unfähig, so scheint es ihm, das antike Griechenland in uns und durch uns selbst zu erneuern. Allein wir können die antike Wirklichkeit im Gedicht neu erstehen machen. »Dem dient deutscher Gesang.« Als Gesang eines Einsamen, der bald darauf erstarrt.

Es gibt einen schönen Satz von *Friedrich Gundolf*, der als Erster wohl in unserem Jahrhundert das große Gedicht »Archipelagus« zu interpretieren suchte. Bei Gundolf heißt es: »Gegeben war ihm nämlich ursprünglich nicht seine deutsche Umwelt, sondern seine dionysisch hellenische Innenwelt. Hölderlins Urerlebnis war: daß Hellas schön, nicht daß Deutschland häßlich sei. Ein freudiges Ja, kein oppositionelles Nein ...«

Damit aber mußte Hölderlin immer mehr der Welt und seiner Zeit abhanden kommen. Den letzten großen Bittbrief, worin Hölderlin zurückfinden wollte zur Universität und zur Gesellschaft, hat sein einstiger Gönner Friedrich Schiller nicht mehr beantwortet. Als die Krankheit ausbrach, wollte auch der Freund und Politiker Isaak von Sinclair nichts mehr von ihm wissen. Er ließ sich nicht auf Hölderlin ansprechen. In Hegels berühmten »Vorlesungen über die Ästhetik« kommt der Name Friedrich Hölderlin nicht vor.

Es waren wohl nicht allein die Lebensumstände Friedrich Hölderlins, die den Hofrat Schiller in Weimar veranlaßt haben mochten, alle Beziehungen zum einstigen Günstling und Schüler abzubrechen. Für Hölderlin hat es sich hier um eine der größten Enttäuschungen seines Lebens gehandelt, denn auch jener letzte Brief an Schiller, der kein Echo mehr fand, zeugt von tiefer Verehrung für den bewunderten Mentor, der als erster das »Fragment von Hyperion« in seiner Zeitschrift »Thalia«, zusammen mit einigen Hölderlin-Gedichten, abdruckte.

Das Konzept eines »Dichters in dürftiger Zeit« wäre für Friedrich Schiller ganz sinnlos gewesen, geradezu einer Verkennung des Dichterischen gleichgekommen. Für Schiller gab es keine Hölderlin-Frage nach dem »Wohin denn ich«. Der Ostberliner Lyriker Karl Mickel hat (in Nummer zwei der Zeitschrift »Freibeuter«) eine schöne Interpretation von Schillers berühmter Ballade »Die Bürgschaft« gegeben. Er zitiert darin Hölderlins Frage, um so fortzufahren: »Schiller selbst fragte die gemilderte Fassung: Wo bin ich? – Dies ist der entscheidende Drehpunkt des großen, aller Gedrücktheit abholden Gedichts ›Der Spaziergang‹. Goethe brauchte, zwölf Jahre früher, die gleiche Formulierung für den Hauptdrehpunkt seines klassischen Fürstenerziehungsgedichts ›Ilmenau‹.«

Für Goethe gab es nach wie vor jenen höfisch-bürgerlichen Gesellschaftskompromiß, den die Generation von 1770 mit Notwendigkeit ablehnen mußte. Hegel fand für sich, in seiner späteren Rechtsphilosophie, unter Berufung auf die sogenannte List der Vernunft, eine eigentümliche und folgenschwere Lösung. *Beethoven aber und Hölderlin haben den Kompromiß* niemals tolerieren wollen. Beethovens Widmungen an Könige und Erzherzöge besagten gar nichts dagegen. In der Tat kann man, bei einer Konfrontation jener Elegie »Der Spaziergang« von Schiller und des »Archipelagus« von Friedrich Hölderlin die Gegensätze deutlich spüren. In mancher Hinsicht ist der »Archipelagus«, über dessen Entstehung bis heute einige Unklarheit besteht, als Gegengedicht zum »Spaziergang« zu verstehen.

In einem Brief hat der verstorbene Hölderlin-Forscher Adolf Beck vermutet, daß der »Archipelagus«, dessen Entstehung Friedrich Beißner für das Frühjahr 1800 ansetzt, vielleicht schon früher entstanden sein könnte, was bei einem Gedicht von fast 300 Blankversen und bei der Arbeitsweise Hölderlins wahrscheinlich klingt.

Beide Gedichte aber bedeuten einen Spaziergang durch die eigene Zeit und ihre Zeitumstände. In beiden Gedichten steht an entscheidender Stelle die Reminiszenz an eine berühmte Schlacht zwischen Griechen und Persern. Bei Schiller: der Opfertod der Spartaner an den Thermopylen. Bei Hölderlin: die Seeschlacht von Salamis, die in genauer Kenntnis der Verse des Aischylos in den »Persern« entworfen wird. Schillers Spaziergang führt zum Ausgangspunkt zurück. Auf die Frage des »Wo bin ich?« folgt ein Kopfschütteln, eine Anrufung der Natur. Gleichsam bereits – erstaunlich bei einem Historiker wie Friedrich Schiller – die Vorwegnahme des Nietzsche-Gedankens von einer Ewigen Wiederkehr des Gleichen. Die Sonne Homers, sie sei auch unsere Sonne. Ein Gedicht der *geschlossenen Form*. Elegisch in jenem genauen Sinne, den der Theoretiker Schiller gemeint hatte: als Trauer um ein Vergangenes. So daß zu fragen wäre, ob Schillers Elegie »Der Spaziergang« mit ihrer Botschaft einer Ewigen Wiederkehr des Gleichen nicht einen schneidenden Kontrast abgeben mußte zu der gewählten Dichtungsform einer Elegie.

Hölderlins »Archipelagus« dagegen bleibt ein Gedicht der *offenen Form*, bis zum Schluß hymnisch dahinstürmend: den Meereswellen gleich, denn es endet mit einer Anrufung des Poseidon. *Griechenland ist immer noch vorhanden, es ist auch fortsetzbar* für Hölderlin: sei es auch nur im Gedicht. Es ist nicht allein, wie bei Schiller, die Sonne Homers, die auch uns leuchtet. Nach wie vor gibt es die heroische Welt der Schlacht von Salamis, der griechischen Tragödie, der platonischen Dialoge. Freilich in deutscher und dürftiger Zeit.

Aber du, unsterblich, wenn auch der Griechengesang schon
Dich nicht feiert, wie sonst, aus deinen Wogen, o Meergott!
Töne mir in die Seele noch oft, daß über den Wassern
Furchtlosrege der Geist, dem Schwimmer gleich, in der Starken
Frischem Glücke sich üb, und die Göttersprache, das Wechseln
Und das Werden versteh, und wenn die reißende Zeit mir
Zu gewaltig das Haupt ergreift und die Not und das Irrsal
Unter Sterblichen mir mein sterblich Leben erschüttert,
Laß der Stille mich dann in deiner Tiefe gedenken.

Hölderlin in dürftiger Zeit – damals und heute. Die Geschichte der Hölderlin-Rezeption wurde inzwischen gründlich nachvollzogen und gedeutet. Die ersten Formen eines Neudenkens gab es noch zu Lebzeiten des alten Mannes in seinem Turm zu Tübingen. Eduard Mörike und Wilhelm Waiblinger. Der schöne, herausragende Nachruf des jungen *Georg Herwegh*, eines Stuttgarters, der seinen Aufsatz »Ein Verschollener« im Jahre 1839 in der Schweiz veröffentlichte: in einer von deutschen Emigranten herausgegebenen liberalen Zeitschrift. Hölderlin lebte damals noch, als Herwegh schrieb: »Wir haben so viel Zeit für das Unzeitgemäßeste und bedenken uns wegen der Minute, die wir einem so himmlischen Genius weihen wollen?« Auch Herwegh wandte sich damit an eine deutsche Jugend, »daß sie sich von neuem daran erbaue, wenn die dunkle Wolke der Gegenwart drückend über ihrem Haupt lastet!«
Das Spätere ist bekannt. Die Forschungsarbeit eines Norbert von Hellingrath, der im Ersten Weltkrieg fiel und den Stefan George bei seiner Arbeit beraten konnte. Streit der Philologen und neuerdings auch Streit der Biographen. Hölderlin als Gestalt der Weltliteratur. Daran ist heute nicht mehr zu zweifeln.

Also hat die dürftige Zeit endlich ein Ende genommen? Friedrich Hölderlin meinte nicht sich allein mit jener Formel. Er sprach vom Dichter und der Dichtung in dürftiger Zeit.

Zur Erinnerung an Hölderlins Geburt vor 200 Jahren fand man sich im März 1970 in Stuttgart zusammen. Eine große Hölderlin-Feier, wie es sich versteht. Mit vielen Deutungen, guten und auch weniger guten Fleißarbeiten. Und mit einem Dichter, einem wirklichen, den man zu Gast geladen hatte. Ich sehe ihn noch vor mir, in einem der kleineren Festsäle dieser Hölderlin-Tagung. *Paul Celan* las in der wohlvertrauten Haltung. Kaum ein Blick hinunter ins Auditorium, in den spärlich besetzten Saal, denn die meisten Hölderlin-Forscher hatten Wichtigeres zu tun. Der linke Arm stützte den Kopf beim Lesen, die rechte Hand hielt das Buch; sie blätterte um oder legte ein Manuskriptblatt beiseite, um ein anderes, also unveröffentlichte Texte, heranzuziehen. Es gab Abende mit Celan-Lesungen, wo sogleich, vor allem bei jungen Leuten, der poetische Einklang hergestellt wurde. Was da erklang, war nicht verstehbar, auch nicht beim bemühten Mitgehen. Doch es konnte verstören, aufwühlen, die Seele treffen.

Nichts da im Umkreis der Hölderlinianer. Ein bißchen Händeklatschen, dann ging man auseinander. Celan starb bald darauf, wie man weiß. Man hat später vermutet, auch dieser Mißerfolg in Stuttgart habe ihn verstört. Davon kann die Rede nicht sein. Es hatte ihn überhaupt nicht berührt. Er ging ruhig zu einer Rundfunkaufnahme, die man für ihn vorbereitet hatte. Daß seine Lebenszeit immer noch dürftige Zeit bedeutet für Dichter, er hatte es von jeher gewußt.

Solches Wissen ist eingegangen in eines der bekanntesten und wichtigsten Celan-Gedichte. Die Überschrift »Tübingen, Jänner« beweist Genauigkeit der poetischen Bildsphäre. Ort: Tübingen. Zeit: Jänner, also eine Monatsbezeichnung der Österreicher, die aber zugleich eine Wortaura des Altertümlichen evoziert. Trotzdem: Genauigkeit. Der Schluß des Gedichtes aber scheint ins höchst Ungenaue zu entgleiten. Pallaksch, in Klammern gesetzt, so daß eine Parenthese den Gedichtsschluß bildet. Innerhalb der Klammer stehen die Worte dazu noch zwischen Anführungszeichen. Also auch noch ein Zitat? Ein

Gedicht mithin, das sich mit unverständlichen Wörtern, mit Parenthese und Zitat vom Leser entfernt. Ein Abschluß – scheinbar – der äußersten Ungenauigkeit.

Ein anderes, zwischen Anführungszeichen auftauchendes Zitat mitten im Gedicht vermag weiterzuhelfen: »ein Rätsel ist Reinentsprungenes«. Das mutet vertraut an, wird erkannt als Strophenbeginn in der Rheinhymne Friedrich Hölderlins. Die Beziehung des zeitgenössischen Dichters zum winterlichen Tübingen ist demnach im Gedicht nicht bloß durch die Erinnerung an Gedenkstätten vollzogen, an den möwenumschwirrten Hölderlinturm, der hier in die Mehrzahl versetzt, zum Schwimmen gebracht, in zweifacher Weise also entwirklicht wurde. In dreifacher sogar, denn das Gedicht verzichtet auf Benennung des Hölderlinturms und will ihn nur als Erinnerungsmoment aufbewahren.

Jedes Wort in jeder Zeile ist vieldeutig gehalten, meint jeweils Außenwelt und Innenwelt. Aber auch die heutige Tübingenvision und die Tübingenvision Friedrich Hölderlins. »Zur Blindheit überredete Augen«: das zielt auf eine kühne Deutung des Umnachtungsvorgangs bei Hölderlin, ist aber auch als Aussage des heutigen Dichters über sich selbst zu verstehen. Der dichterische Seher gedenkt nicht mehr zu sehen und auszusagen, versagt sich den Visionen, taucht zurück aus der gesehenen Welt in die erinnerte. Taucht gleich den ertrunkenen Schreinern hinab zu den tauchenden Worten, um sich so, durch Entwirklichung und Hinabtauchen, Erinnerung und Selbstblendung zur Aussage vorzutasten. Die kommt stammelnd, stotternd, lallend, in Wiederholungen, Sprechansätzen und beschwört das Doppelbild des blinden dichterischen Sehers und des stammelnden Propheten herauf. Homer und Moses. Das Urbild aller Dichter und der Propheten »mit dem Lichtbart der Patriarchen«.

Ein Vorgang der Regression. Heutiges Dichtertum als neue Kindheit, aber als schreckliche neue Infantilität verstanden. Bei Hölderlin war alles noch Sprache geworden. Freilich war auch bei ihm schon die Ahnung von ihren Grenzen und Aussageschranken vorhanden. Celan zitiert den Vers »ein Rätsel ist Reinentsprungenes«. Aber damit verweist er den Leser auf die Fortsetzung des Hölderlintextes, der so weitergeht: »auch der Gesang kaum darf es enthüllen«.

Nun jedoch der so rätselhafte Ausklang: (»Pallaksch, Pallaksch.«) Auch dieses Celan-Gedicht ist die Schöpfung eines poeta doctus, eines gebildeten und gelehrten Dichters. Von jenen nämlich, die den alt gewordenen, geistesverwirrten Hölderlin zu Tübingen in seinem Turm aufzusuchen pflegten, wurde berichtet, er habe in Augenblicken großer Erregtheit eben diese Worte hervorgestoßen: »Pallaksch, Pallaksch.«

Die Struktur des auf den ersten Blick so dunklen und fast unentwirrbaren Gedichts ist jetzt vielleicht deutlicher geworden. Konfrontierung des heutigen Dichters mit einem Dichtertum der Hölderlin-Zeit. Nicht ein Vergleich Celan – Hölderlin wird gezogen, beileibe nicht, doch eine Beziehung hergestellt zwischen dichterischen Möglichkeiten *damals und jetzt.* Der heutige Dichter, »spräch er von dieser Zeit«, wie es bei Celan heißt, was abermals doppeldeutig ist und sowohl ein Sprechen von »dieser Zeit« des umnachteten Hölderlin heißen kann und ein Sprechen von dieser, unserer Zeit, wird zum Laller, Stammler, zu einem Propheten, der mit Erinnerungen lebt und von ihnen nur ansatzweise zu berichten vermag. Das Endstadium des umnachteten Hölderlin, dem sich die Sprache offenbar versagt und der sich neue Wörter erfinden muß, scheint zum Anfangsstadium aller heutigen Poeterei geworden zu sein. Hier haben wir beides vereint in einem Gedicht: Sprechen und Verstummen der Dichter. Celans Gedicht handelt vom Dichter und der Dichtung in dieser Zeit. Es bezeichnet die Fallhöhe von Hölderlin zu Celan, die nicht als Dimensionsunterschied der Talente verstanden werden sollte, sondern als eine der Möglichkeiten, Gesehenes, Erinnertes, Verstandenes zur Sprache zu bringen. Ein Gedicht von der Dichtung, von der Sprache und dem progressiven Verstummen.

Paul Celan

Tübingen, Jänner

Zur Blindheit über-
redete Augen.
Ihre – »ein
Rätsel ist Rein-
entsprungenes« –, ihre
Erinnerung an
schwimmende Hölderlintürme, möwen-
umschwirrt.

Besuche ertrunkener Schreiner bei
diesen
tauchenden Worten:

Käme,
käme ein Mensch,
käme ein Mensch zur Welt, heute, mit
dem Lichtbart der
Patriarchen: er dürfte,
spräch er von dieser
Zeit, er
dürfte
nur lallen und lallen,
immer-, immer-
zuzu.

(»Pallaksch. Pallaksch.«)

5. HEINRICH VON KLEIST: DER GESCHICHTLICHE AUGENBLICK

Die Nachwelt und die Zeitgenossen

Als hundert Jahre seit dem Mord und Selbstmord am Wannsee vergangen waren, sah man die Lebensleistung etwa so: »Kleist ist kein moderner Künstler ... Er gehört einer Kunstwelt an, die jetzt, wie es scheint, abgeschlossen hinter uns liegt ... Nicht als Bahnbrecher des modernen, sondern als Vollender des klassizistischen Dramas hat Kleist seine Stellung in der Weltgeschichte der Literatur, eine Stellung und Geltung, die von allen wechselnden Zeitströmungen unabhängig ist.« So das Ergebnis, zu dem der Kleist-Forscher Heinrich Meyer-Benfey nach zwei umfangreichen Bänden über »Das Drama Heinrich von Kleists« gelangte. Das war hundert Jahre nach dem Tode und am Vorabend des Ersten Weltkriegs. Fünfzig Jahre später (1961) führt Günter Blöcker sein Buch über »Heinrich von Kleist oder Das absolute Ich« zur folgenden These: »Über ein Jahrhundert lang hat man sich an den Härten der Kleistschen Melodie gestoßen und ihre dunkle Schönheit beargwöhnt. Offenbar bedurfte es tiefgreifender Wandlungen und Erschütterungen, bis eine Generation kommen konnte, bereit und fähig, die Wahrheit dieses Dichters als die ihre zu erkennen.«

Es stände demnach so, daß Modernität und Zeitgemäßheit, die vor fünfzig Jahren so ausdrücklich vermißt worden waren, heute für Kleist, und für ihn vor allem, in Anspruch genommen werden. Damals: Kleist als ein Abschluß, ein Vollender der deutschen Klassik. Heute beginnt bereits der erste Satz einer Monographie von 1958 mit der Gegenbehauptung: »Heinrich von Kleist ist der Dichter der Wende vom Weltbild der deutschen Klassik zur Gegenwart. Er ist kein Pathetiker und kein Idealist.« Wie soll man sich hier entscheiden? Am besten gar nicht, denn alles hängt von der Art und Weise ab, die Wesenszüge der deutschen Klassik zu bestimmen. Überdies: wer definiert den Begriff der Moderne? Kleist sei nicht modern im Jahre 1911, wohl aber im Jahre 1961?

Die Fragwürdigkeit solcher Behauptungen ohne Beweiskraft

hängt mit der wissenschaftlichen Methode zusammen. Das Phänomen Kleist wird verfehlt, trennt man die historische Betrachtung von der Wertung aus heutiger Erkenntnis. Kleist ist einmal ein geschichtliches Phänomen: zu deuten aus seinen Ursprüngen, seiner Zeit, seinen Lebenserfahrungen, Kunstanschauungen, Begabungsrichtungen. Von hier aus wird zu erklären sein, warum er sich selbst als Gescheiterten empfand und jenen berühmten Brief an die Stiefschwester Ulrike am Morgen des letzten Tages schreiben konnte: »Die Wahrheit ist, daß mir auf Erden nicht zu helfen war.« Die Wahrheit ist aber auch, daß sein dichterisches Werk ihn überlebt und nicht vom Scheitern kündet. Diesem Werk gegenüber kann die historisch-genetische Betrachtung nicht genügen. Kleist war ein geschichtliches Phänomen, allein auch wir Zeitgenossen und Kleist-Betrachter sind geschichtliche Phänomene. Unsere Subjektivität im Urteil besitzt gleichfalls geschichtliche Objektivität, ganz wie Kleists subjektive Schöpfungsekstasen und Lebenskrisen ihre objektiven Ursachen besaßen, mehr also ausdrückten als – mit Stefan Zweig zu sprechen – einen »Kampf mit dem Dämon«. Trennt man das dichterische Objekt vom Subjekt des heutigen Betrachters, um Kleist in seiner Zeit zu betrachten, so vermag man vielleicht zu zeigen, warum und woran dieser Mann scheitern mußte, versagt aber vor der Deutung des Werks. Dann wird Kleist, auch im philosophischen Sinne, kein Dichter »für uns«. Verzichtet man jedoch auf die historischen Grundfragen und ihre Beziehung zur geschichtlichen Gegenwart, so kommt es zu beweislosem Gerede über Modernität oder auch Nichtmodernität. Die Moderne aber ist bloß ein Nu: wenn man sich reflektierend auf sie beruft, wurde sie bereits unmodern.
Der Grabstein am Wannsee trug folgende Inschrift:

Er lebte sang und litt
in trüber schwerer Zeit;
er suchte hier den Tod,
und fand Unsterblichkeit.

Eine frühere Grabsteinplatte gab dahinter noch den Hinweis auf das Matthäus-Evangelium, Kapitel 6, Vers 12. Das bedeutet

Bergpredigt, Vaterunser. »Und vergib uns unsere Schulden, wie wir unsern Schuldigern vergeben.« Welche Schulden, wer sind die Schuldiger? Die Frage ist seit Kleists Tod immer wieder gestellt worden. Das tragische Ende erschütterte auch diejenigen, die Kleist, den Menschen, nicht mochten, sein Dichtertum nicht gelten lassen wollten. Die Antworten freilich, die man gab, sagten mehr über den aus, der sie gab, und über seine Beziehung zu dem Toten, als über dessen Todesursache. Adam Müller meinte, Kleists Kraft sei an den äußeren Widerständen zerbrochen. Clemens Brentano sah im Drama am Wannsee den Zusammenbruch einer unzureichenden Begabung, die es schließlich selbst erkennen mußte: »Diese Nachricht hat mich wenigstens wie ein Pistolenschuß erschreckt. Der arme gute Kerl, seine poetische Decke war ihm zu kurz, und er hat sein Leben lang ernsthafter als irgendein neuer Dichter daran gereckt und gespannt. Er ist allein so weit gekommen, weil er keinen recht herzlichen Menschen gekannt und geliebt, und grenzenlos eitel war.«

Tiefer sah *Goethe*. Schon zwei Jahre vorher, also 1809, ein Jahr nach dem berühmten Weimarer Mißerfolg mit dem »Zerbrochenen Krug«, äußerte er im Gespräch zu Falk: »Ich habe ein Recht, Kleist zu tadeln, weil ich ihn geliebt und gehoben habe: aber sei es nun, daß seine Ausbildung, wie es jetzt bei vielen der Fall, durch die Zeit gestört wurde, oder was sonst für eine Ursache zum Grunde liege; genug, er hält nicht, was er zugesagt.« Die Literaturlegende behauptet, Goethe habe Kleist »verkannt«, eigentlich vernichtet. Die Wirklichkeit will es anders. Wer Kleist war, hat Goethe vermutlich geahnt. Sein berühmter Brief an Kleist vom 1. Februar 1808 mit der Kritik an »Penthesilea« läßt die Mischung aus Neigen und Grauen, Sympathie und Ablehnung ahnen. Hinter diesem Zwiespalt aber der Gefühle, wie ihn Kleist auch bei Goethe ausgelöst hatte, stand Goethes tiefere Einsicht: daß hier ein bedeutender Mensch wirke, dessen »Ausbildung ... durch die Zeit gestört wurde«. Was der Urteilende, über den Einzelfall Kleist hinaus, als Zeitphänomen empfand. Gestörte Ausbildung? Damit meinte Goethe nicht irgendwelche Bildungslücken, was angesichts der Besessenheit, mit welcher der ursprünglich vom Hauslehrer und Hofmeister erzogene

Sohn eines preußischen Majors an seiner wissenschaftlichen und künstlerischen Ausbildung arbeitete, ganz unberechtigt gewesen wäre. Eine gestörte Ausbildung in Goethes Sinne bedeutete: fehlende Harmonie der Persönlichkeit, Abweichen vom Bildungsideal der deutschen Klassik, jedenfalls vom idealen Menschenbild Schillers und Goethes.

Die harmonische Ausbildung der produktiven Eigenschaften im Menschen mit Hilfe der Kunst hatte Schiller in seinen ästhetischen Schriften als Aufgabe gestellt, die schließlich dazu führen könnte, durch das Zusammenwirken harmonisch ausgebildeter Individualitäten eine größere Harmonie in Staat und Gesellschaft zu schaffen. In Goethes »Winckelmann-Schrift« von 1805 wird diese Persönlichkeitsharmonie geradezu als Korrelat zur Weltharmonie empfunden. Man spürt die Wirkungen der Leibniz-Lektüre, wenn es heißt: »Wenn die gesunde Natur des Menschen als ein Ganzes wirkt, wenn er sich in der Welt als in einem großen, schönen, würdigen und werten Ganzen fühlt, wenn das harmonische Behagen ihm ein reines, freies Entzücken gewährt – dann würde das Weltall, wenn es sich selbst empfinden könnte, als an sein Ziel gelangt aufjauchzen und den Gipfel des eigenen Werdens und Wesens bewundern.«

Diesem Menschenbild entsprach Heinrich von Kleist im mindesten nicht. Das empfand Goethe, wenn er in Kleists Zeitschrift, dem »Phöbus«, las; es mußte ihm auch aus den Berichten entgegenklingen, die den Weimarer Aufenthalt des Guiskard-Dichters bei Wieland im Jahre 1803 mit allen Ekstasen, Erfolgen und peinlichen Zwischenfällen nach Herzenslust und Weimarer Manier kommentiert hatten. »Gesunde Natur des Menschen«; Übereinstimmung zwischen Mensch und Welt im Gefühl einer schönen und würdigen Ganzheit; Genuß des Menschen an der eigenen Harmonie: keines dieser Elemente einer harmonischen Persönlichkeit in Goethes Sinne traf auf Kleist zu.

Fern allen Vorstellungen von einer gesunden Natur des Menschen verläuft Kleists Leben im Grunde wie eine einzige Krankheitsgeschichte. *Die Periodisierung bestimmt sich zum Teil nach den Krankheitsfällen und seelischen Zusammenbrüchen.* Einklang des Menschen mit der Welt? Dagegen steht das Leben wie das Lebensende. Harmonisches Behagen an sich selbst und am

Ganzen der Menschenwelt? Auch dazu gab Kleist selbst im Berliner Brief vom 5. Februar 1801 an Ulrike die Gegenaussage: »Ach, liebe Ulrike, ich passe mich nicht unter die Menschen; es ist eine traurige Wahrheit, aber eine Wahrheit; und wenn ich den Grund ohne Umschweif angeben soll, so ist es dieser: sie gefallen mir nicht.« Und weiter: »Indessen wenn ich mich in Gesellschaften nicht wohl befinde, so geschieht dies weniger, weil Andere, als vielmehr weil ich mich selbst nicht zeige, wie ich es wünsche. Die Notwendigkeit, eine Rolle zu spielen, und ein innerer Widerwillen dagegen machen mir jede Gesellschaft lästig, und froh kann ich nur in meiner eigenen Gesellschaft sein, weil ich da ganz wahr sein darf. Das darf man unter Menschen nicht sein, und keiner ist es.« Mit alledem wirkt Kleist wie eine beispielhafte Gegenillustrierung zum klassischen deutschen Ideal einer harmonisch ausgebildeten Persönlichkeit.

Man könnte dies als seelischen Einzelfall abtun und den Psychopathologen holen, damit er seinen Beitrag zur Kleist-Forschung leiste. Solcher Beiträge gibt es mittlerweile genug. Stefan Zweigs Essayband »Der Kampf mit dem Dämon«, der Hölderlin, Kleist und Nietzsche gewidmet ist, trägt eine Dedikation des Verfassers an Sigmund Freud. Es fehlt nicht an klinischen Beurteilungen des Dichters und Selbstmörders. Daß Penthesileas Liebesraserei und Käthchens Hörigkeit, von den Greueln der »Familie Schroffenstein« abgesehen, den Psychologen anlockten, der vom Werk auf den Dichter schloß, war unvermeidlich. Ein kranker Mensch, ein vom Dämon Getriebener, Genie gleich Wahnsinn, mangelndes Kontaktgefühl, Minderwertigkeitsgefühl nebst Überkompensierung: im Zusammenhang mit Kleist ist von alledem geredet worden, durchaus nicht ohne Grund. Dennoch geht es um mehr als den Sonderfall eines Abseitigen, wenn man – wie billig – davon absieht, daß Genie in jedem Fall ein Sonderschicksal des Betroffenen bedeutet. Allein Goethe meinte es noch anders. Das Genie Kleists setzte er voraus, fand aber, daß hier in einem für die Zeit und Zeitgenossen stellvertretenden Sinne die harmonische Ausbildung der Persönlichkeit »durch die Zeit gestört« worden sei. Diese Erkenntnis aber geht weit über alle Individualpsychologie und Psychopathologie hinaus. Goethe empfand den Künstler Kleist gleichzeitig als Sonderfall wie als Prototyp einer Zeitkrankheit. Kleist widersprach in allen Zügen dem Menschen- und Bildungsideal der Klassik. Nicht das hielt Goethe für bemerkenswert. Wichtiger war ihm, daß Kleist mit alledem eine repräsentative, *gleichsam typenmäßige Gegenposition* einnahm.

Unverkennbarerweise dachte Goethe mit seiner Charakteristik wohl auch an die *Romantiker* und an seine eigene Kennzeichnung des Gegensatz-Paares klassisch-gesund und romantisch-krank. Er mochte dazu neigen, die unharmonischen, bizarren Züge in Kleists Leben und Schaffen als romantische Eigentümlichkeit zu empfinden. In der Tat ist Kleist auch in vielen Literaturgeschichten als gegenklassischer, als ein romantischer Dichter empfunden worden.

Vorsicht jedoch scheint geboten angesichts der Tatsache, daß Kleist niemals einer der romantischen Gruppen angehörte, von keinem der eigentlichen Romantiker als zugehörig betrachtet wurde. Gekannt hat er die meisten. Tieck gab Kleists Nachlaß wie den Wackenroders oder Hardenbergs, der eigenen Jugendfreunde, heraus. Fouqué setzte sich für ihn ein und betete für den unchristlichen Selbstmörder, aber als christlichen Romantiker der eigenen Prägung verstand er Heinrich von Kleist durchaus nicht. Brentano hatte ein Achselzucken für jemanden, den er weder als verwandt noch als belangvoll empfand. Deutlicher noch ist die Abgrenzung eines Romantikers zu Kleist bei Achim von Arnim, der dem Toten geradezu einen Vorwurf daraus machte, der romantischen Schule nicht beigetreten zu sein. Auch zeigt ein Vergleich der Lebensanschauungen, daß Kleist niemals etwas mit dem Aristokratismus, dem Katholisieren, der Mittelalterverklärung typischer Romantiker zu tun haben wollte. *Franz Mehring* freilich schrieb zum Kleist-Gedenken von 1911: »Ihm war auf Erden nicht zu helfen, weil der geniale Dichter, der die höchsten Flüge wagen durfte, sich niemals dauernd über die niederen Regionen des altpreußischen Junkertums zu erheben vermochte.« Allein den Beweis blieb er schuldig. Es gibt bei Kleist kein weltanschauliches Gegenstück zu des Novalis Schrift über »Die Christenheit oder Europa«. Kleists Dramen und Erzählungen verraten keinerlei Gemeinsamkeit mit Achim von Arnims aristokratischen Reformphantasien. Kleist war weder ein adlig gläubiger Protestant wie der Freiherr de la Motte-Fouqué, der kurz vor seinem Tode in Berlin eine »Zeitschrift für den deutschen Adel« herausgab, noch ein gläubiger Katholik wie der Freiherr von Eichendorff. Das »Junkertum«, also, mit Mehring zu sprechen, das Kleist gemein hatte mit Friedrich von Hardenberg und Achim von Arnim, mit Eichendorff und Fouqué, bedeutete keine tiefere Gemeinsamkeit. Mit der Formel vom entgleisten Junker läßt sich Kleist ebensowenig erfassen wie mit einer formalen Betrachtung einzelner Werkkomponenten, die dazu führen, den Künstler Kleist, aller tieferen Gegensätze ungeachtet, in die romantische Schule zu versetzen.

Bei Franz Mehrings Kleistthese hat abermals, wie nicht selten, der Historiker Mehring über den Literaturhistoriker gesiegt. Von Kleists letzter publizistischer Tätigkeit an den »Berliner Abendblättern« ausgehend, glaubte er, eine junkerliche Opposition gegen Hardenbergs Reformen und Gneisenaus Anschauungen konstatieren zu müssen, als spräche nicht bereits der »Prinz von Homburg« gegen diese These. Das Leben Kleists verläuft in seinen Entscheidungen, Lebensimpulsen und Kunstimpulsen jenseits aller junkerlichen und erst recht »altpreußischen« Tradition.

Das Bibelwort auf dem Grabstein sprach von Schulden Kleists gegenüber seinen Mitmenschen, auch davon, daß die Zeitgenossen an diesem Selbstmord und Selbstmörder schuldig wurden. Abermals: welche Schulden? Welche Schuldiger? Der psychologische Tatbestand gibt keine Antwort. Goethe versteht das Unklassische an Kleist als typisches Zeitphänomen. Die Romantiker empfanden den Mann als nicht zugehörig. Preußentum der alten Schule oder gar junkerlicher Adelsstolz waren Kleists Sache nicht. Worin also bestand die eigentliche Lebenstragik dieses Künstlers?

Die Antwort kann man nur in Kleists Lebensgeschichte mit ihren exemplarischen wie einzigartigen Zügen erblicken. Weit davon entfernt, den Konflikt eines preußischen Aristokraten mit seiner adligen Umwelt oder auch die Zwischensituation zwischen Adel und Bürgertum gleichsam im Sinne eines Ferdinand von Walter, Marquis Posa oder Ulrich von Rudenz auszudrükken, ist die Lebenstragik Heinrich von Kleists nahezu ausschließlich durch die *Problematik des deutschen Bürgertums*, seiner Lebensanschauungen wie seiner Kunstideale bestimmt. Kleist bedeutet eine entscheidende Etappe in der Entwicklung bürgerlichen Denkens in Deutschland. Seine Krisen sind Krisen der bürgerlichen Weltanschauung, sein Scheitern deutet auf die Anfänge einer tiefen bürgerlichen Gesellschaftskrise. Die Tragik Kleists liegt nicht darin, daß er, gleich den Romantikern, dem Novalis vor allem, den Rückweg »nach Hause« anzutreten gedachte: in die alte gute Zeit, ins Kinderland, in die verlorene Heimat, die angeblich noch in sich einige, unzerrissene Gemeinschaft eines mittelalterlichen corpus christianum. Die Romantiker erstrebten die Zurücknahme der Aufklärung. Kleists Krise dagegen war eine Krise eben dieser bürgerlichen Aufklärung in Deutschland.

Indem man nach der Konstellation fragt, in der Kleist lebte und schuf, gewinnt man noch keine Deutung seiner Werke mit den vielen rätselvollen Einzelheiten. »Die Biographie erhellt hier nur die Situation, in der er zu dichten beginnt, nicht dieses Dichten selbst«, meint Paul Böckmann, und es besteht kein Anlaß, zu widersprechen. Trotzdem ist – umgekehrt – das Dichten Heinrich von Kleists kaum zu verstehen, wenn nicht Klarheit geschaffen wurde über den *geschichtlichen Augenblick*, in dem er zu dichten begann.

Der Aufklärer

Der Bildungsgang Heinrich von Kleists scheint in gleichsam stenogrammhafter Verkürzung die Entwicklung des deutschen bürgerlichen Selbstbewußtseins im 18. Jahrhundert nachzuvollziehen. Die großen, oft in der Literatur geschilderten Lebenskrisen des Dichters, über die Kleist bereitwillig Auskunft gab: die sogenannte Kant-Krise vom März 1801 und die Guiskard-Krise vom Oktober 1803, dazu der Verzweiflungsausbruch nach Napoleons Sieg bei Wagram im Juli 1809 sind als Wendepunkte im unverwechselbaren Einzelleben eines Genies zu verstehen; allein sie künden gleichzeitig von einem durchrannten Bildungsgang, worin ein besessen Lernender die ganze Bahn geistiger

Entwicklung: von der Aufklärung zum Sturm und Drang, von dort zur Klassik und weiter zur romantischen Schule, noch einmal und nachträglich zu durchmessen sucht. Die Lebenskrisen bedeuten gleichsam ein Straucheln, Niederfallen, just an der Stelle, wo sich auch in der geschichtlichen Entwicklung der Übergang von der Aufklärung zum Sturm und Drang, das Scheitern der Stürmer und Dränger, die klassische Rekonstruktion vollzogen hatten.

Dabei erweist es sich, daß die Anfänge Heinrich von Kleists als eines Aufklärers zwar in seinem äußeren Leben einschneidend wirkten: als Trennung des Offiziers vom Militärdienst und als Übergang in ein bürgerliches Brotstudium, daß aber diese für einen Adligen und Offizier ungewöhnliche Lebensentscheidung in dem, was Kleist die »Geschichte meiner Seele« genannt hat, nur eine geringe krisenhafte Erschütterung erzeugen sollte. Kleist brach mit der Tradition einer Kaste, die an sich nur die Berufe des Offiziers, Verwaltungsbeamten und Grundbesitzers als standesgemäß zuließ, um Rechts- und Staatswissenschaften, vor allem auch Naturwissenschaften zu studieren. Ungewöhnlich war sein Verhalten nicht, denn am Ende des 18. Jahrhunderts, da diese Entscheidung getroffen wird, zehn Jahre nach Ausbruch der Französischen Revolution, hatte der Vorgang der *Verbürgerlichung* und Wendung zu bürgerlichen Studien auch im preußischen Adel einen gewissen Umfang erreicht, wenngleich die meisten Adligen, die sich für Kunst, Literatur und Wissenschaft interessierten (der Komponist Prinz Louis Ferdinand von Preußen, der 1806 bei Saalfeld fiel, fünf Jahre älter als Kleist und ein Freund Beethovens war, mag als Repräsentant gelten), einen Lebenskompromiß schlossen, der adlige Berufstradition *und* bürgerliche geistige Interessen in gleicher Weise zu respektieren gedachte.

Kleist schloß auch hier keinen Kompromiß. *Was immer er unternahm, es wurde gründlich getan.* Da er neben vielem anderen auch das Zeug zu einem schrecklichen Pedanten – sich selbst und anderen gegenüber – besaß, hatte er früh und mancherlei studiert. Die ersten Pole seines geistigen Bereichs hießen Musik und Mathematik. Beiden blieb er treu. An Ausbildung seiner musikalischen Fähigkeiten denkt er noch in den letzten Lebensjahren;

der Aufsatz »Über das Marionettentheater« gipfelt in einem mathematischen Vergleich. Aber dieser Lernende besaß nicht die Kontinuität und traditionsmäßig vorgeschriebene Richtung des bürgerlichen Bildungsganges in Deutschland. Er war Sohn eines Aristokraten und Offiziers, kam nicht aus einem protestantischen Pfarrhaus, hatte Unterricht durch Hofmeister empfangen, war aber selbst keiner von ihnen gewesen.

Es ging Kleist in seinen Anfängen um bürgerliche Aufklärung im weitesten Verstande. Heraustritt des Menschen, mit Kant zu sprechen, aus einer selbstverschuldeten Unmündigkeit; Bereitschaft, sich der Ratio anzuvertrauen; Ausbildung der Geistes- und Willensfähigkeiten zum Zwecke der Selbsterziehung und gesellschaftlichen Reform; Absage an alle Art der Orthodoxie und geistigen Bevormundung. Alles findet sich bei Kleist schon in seinen Anfängen. Nichts davon gab er in allen späteren Krisen grundsätzlich preis. Verärgert muß ein katholischer Kleist-Biograph der letzten Jahre noch für die Zeit um 1802, da Kleist am »Guiskard« und am »Zerbrochenen Krug« arbeitet, in den Ideen und literarischen Plänen des Dichters nach wie vor, wie er es nennt, den »antiklerikalen Komplex« konstatieren, der in Kleists aufklärerischen Anfängen deutlich hervortritt. Es ging diesem Fanatiker der Selbsterziehung um die Wahrheit. Der Brief vom 25. November 1800 an Ulrike, worin der Bruder mitteilt, er werde weiter studieren, aber keinen bürgerlichen Beruf annehmen, ist noch ganz erfüllt vom grenzenlosen Vertrauen des Aufklärers in die Kraft wissenschaftlicher Erkenntnis. »Was ich aber für einen Lebensweg einschlagen werde –? Noch weiß ich es nicht. Nach einem andern Amte möchte ich mich dann schwerlich umsehen. Unaufhörliches Fortschreiten in meiner Bildung, Unabhängigkeit und häusliche Freuden, das ist es, was ich unerläßlich zu meinem Glücke bedarf. Das würde mir kein Amt geben, und daher will ich es mir auf irgend einem andern Wege erwerben und sollte ich mich auch mit Gewalt von allen Vorurteilen losreißen müssen, die mich binden.« Und weiter: »›Wenn Du Dein Wissen nicht nutzen willst, warum strebst Du denn so nach Wahrheit?‹ So fragen mich viele Menschen, aber was soll man ihnen darauf antworten? Die einzige Antwort, die es gibt, ist diese: *weil es Wahrheit ist!* – Aber wer versteht das?«

In diesem Sinne will er nicht nur die eigene Persönlichkeit erziehen, sondern auch eine Ehe gründen. Wilhelmine von Zenge, die Braut, muß daher, als er im Sommer 1800 zu ärztlicher Behandlung nach Würzburg reist, den folgenden Exzeß aufgeklärter Pädagogik im Brief des Bräutigams lesen: »Ich werde Dir die Gattin beschreiben, die mich *jetzt* glücklich machen kann – und das ist die große Idee, die ich für Dich im Sinne habe ... Fürchte nicht, daß die beschriebene Gattin nicht von der Erde sein wird, und daß ich sie erst im Himmel finden werde.« Kleist strebt immer nach objektiver geistiger Gewißheit, die er dann jedesmal als Lebenstotalität verstehen möchte. Nichts absurder also als Günter Blöckers Interpretationsversuch, das Problem Kleist unter die Überschrift »Das absolute Ich« zu setzen. Wenn irgendeiner, so entstrebte Heinrich von Kleist allem Subjektivismus, war er auf objektive Erkenntnis, Wahrheitsfindung für die Welt aus: nicht bloß für sich selbst.

Ein bemerkenswertes Buch freilich, »Der junge Kleist« von Heinz Ide, glaubt aller bisherigen Kleist-Forschung insofern widersprechen zu sollen, als die wissenschaftlichen und auch die ersten künstlerischen Ansätze als unvereinbar mit dem Gedankengut der europäischen Aufklärung bezeichnet werden. Das Begriffssystem des jungen Kleist, meint Ide, seine Auffassungen von Verstand, Vernunft und Gefühl, von Natur und Kunst, Glück und Tugend, seien nur in der Terminologie, nicht aber der Sache nach mit Aufklärungsphilosophie in Einklang zu bringen.

Bleibt die Frage, was Ide unter »Aufklärung« versteht. Offenbar ist es immer noch die alte »geistesgeschichtliche« Antithese vom Primat des Verstandes und Primat des Gefühls, mit deren Hilfe ein Gegensatz zwischen Aufklärung und Sturm-und-Drang-Bewegung, Kant und Rousseau interpretiert werden soll. Andernfalls wäre folgende Interpretation des ersten Pariser Erlebnisses nicht möglich: »Kleist gewinnt seine Sicherheit auf dem Seinsgrund Natur in der Polemik mit der – in seinen Augen – nur vom Verstand geprägten organisierten Welt, wie sie sich ihm in Paris darstellte. Damit beginnt der erfolgreiche Gegenangriff des Gefühls gegen den Verstand.« Untersucht man jedoch genauer die historische Konstellation, so stellen sich europäische

Aufklärung, deutscher Sturm und Drang, Anfänge der Französischen Revolution zunächst als einheitliche Bewegung der Gesellschaft dar, der bürgerlichen nämlich. Kleist ist also bei aller Eigentümlichkeit seiner Terminologie, die zugegeben werden soll und die von Ide als immanenter Zusammenhang dargestellt wird, gar nicht in der Lage, aus seiner Zeit, und damit aus der bürgerlichen Aufklärung, gleichsam herauszufallen. Die eigenartigen frühen Überlegungen über Tugend und Glück sind, bei aller individuellen Besonderheit, dennoch authentische Gedankengänge eines bürgerlichen Aufklärers; eine Kant-Krise ist ohne vorhergehende Beschäftigung mit der eudämonistischen Popularphilosophie der Aufklärer ebensowenig möglich wie ein Übergang zum Rousseauismus.

Überdies: mit dem, was einen scheinbar unzeitgemäß macht in seiner Epoche, steht er noch nicht außerhalb dieser Zeit. Auch unzeitgemäße Betrachtungen sind in einem tieferen Verstande zeitgemäße Betrachtungen. »Wir spüren nur, daß der Leutnant v. Kleist von etwas bewegt wird, was außerhalb des von der Zeit Bedachten liegt, etwas, was der eigenen Terminologie bedürfte, um zutreffend formuliert zu werden.« (Ide) Das stimmt für die Frage der Terminologie, nicht für die Interpretation des geschichtlichen Augenblicks. Natürlich ist Kleists Aufklärertum reich an Sonderzügen, Varianten zum Aufklärungsklischee, auch an psychologischen Widersprüchen. Dennoch sollte die Grundthese der bisherigen Kleistforschung, wonach der Beginn dieser geistigen Laufbahn im Bereich der europäischen Aufklärung zu suchen ist, nicht zurückgenommen werden.

Kant und Rousseau

Die sogenannte *Kant-Krise*, die man als Ende der ersten Aufklärungsetappe in Kleists Entwicklung bezeichnen kann, wird daher gerade durch den subjektiven Idealismus Kants, wie Kleist ihn zu verstehen gedachte, ausgelöst. Als Quintessenz der Kant-Lektüre erhält Wilhelmine von Zenge den folgenden berühmt gewordenen Bericht: »Wenn alle Menschen statt der Augen grüne Gläser hätten, so würden sie urteilen müssen, die Gegenstände, welche sie dadurch erblickten, *sind* grün – und nie würden sie entscheiden können, ob ihr Auge ihnen die Dinge zeigt, wie sie sind, oder ob es nicht etwas zu ihnen hinzutut, was nicht ihnen, sondern dem Auge gehört. So ist es mit dem Verstande. Wir können nicht entscheiden, ob das, was wir Wahrheit nennen, wahrhaft Wahrheit ist, oder ob es uns nur so scheint. Ist das letzte, so ist die Wahrheit, die wir hier sammeln, nach dem Tode nicht mehr – und alles Bestreben, ein Eigentum sich zu erwerben, das uns auch in das Grab folgt, ist vergeblich.«

Der Brief ist nicht nur ein Dokument der deutschen Literaturgeschichte: er gehört in seiner Wirkung in die spätere Geschichte des bürgerlichen Denkens in Deutschland. Mehr als siebzig Jahre nachdem Kleist über seine Kant-Lektüre an Wilhelmine von Zenge schrieb, die übrigens, als die Verlobung gelöst wurde, den Professor Traugott Wilhelm Krug von der Universität Königsberg heiraten sollte, den Amtsnachfolger Immanuel Kants, wird der Brief zustimmend in *Friedrich Nietzsches* Dritter »Unzeitgemäßer Betrachtung« über »Schopenhauer als Erzieher« (1874) zitiert. Nietzsche beruft sich auf die Wirkung der Kantschen Philosophie, die auch Schopenhauer an sich erlebt habe, und nennt sie Vereinsamung und »Verzweiflung an der Wahrheit«. Er zitiert den Kleist-Brief, den er offenbar als legitime Reaktion auf den Kantianismus empfindet, um hinzuzusetzen: »Ja, wann werden wieder die Menschen dergestalt Kleistisch-natürlich empfinden, wann lernen sie den Sinn einer Philosophie erst wieder an ihrem ›heiligsten Innern‹ messen? Und doch ist dies erst nötig, um abzuschätzen, was uns, nach Kant, gerade Schopenhauer sein kann – der Führer nämlich, welcher aus der Höhle des skeptischen Unmuts oder der kritisierenden Entsagung hinauf zur Höhe der tragischen Betrachtung leitet.«

Das ist, auf Kleist angewendet, richtig und unrichtig in einem. Die Kant-Krise hat zwar den Dichter Kleist gleichsam hervorgelockt und zur Höhe der tragischen Betrachtung, zur Höhe der Betrachtung als tragischer Dichter, geleitet, wie sich an dem ersten Drama, der »Familie Schroffenstein«, und auch noch am Projekt des »Robert Guiskard« zeigen läßt. Allein die geistige Entwicklung Kleists nach der Kant-Krise verläuft durchaus nicht in Nietzsches Sinne als Kult der Vernunftzerstörung und eines Irrationalismus der Einsamkeit. Nietzsche mochte später das Ich »absolut« setzen. Nichts davon bei Kleist, vor wie nach der Kant-Krise. Im Gegenteil: die Werke Kants, mochte sie Kleist verstanden haben oder nicht (im wesentlichen hat er das entscheidende Problem dieser Philosophie durchaus richtig gesehen), beraubten ihren Leser Kleist zwar aller Wahrheitsgewißheit, ließen ihn aber nicht auf den Aufklärungsplan der Selbsterziehung und der Mitarbeit an einer Vervollkommnung menschlicher Verhältnisse verzichten.

Was dann geschah, nach der Kant-Krise, ist eine subjektive Nachvollziehung dessen, was sich fünfzig Jahre vorher, nach 1750, in der allgemeinen Geschichte der europäischen Aufklärung abspielte. *Der Aufklärer Kleist geht zur Position Rousseaus* über und nimmt jene dialektisch verzwickte Stellung auch seinerseits ein, die der Philosoph aus Genf gegenüber seinen einstigen Kollegen unter den Enzyklopädisten bezogen hatte. Gleichzeitig Gegenspieler wichtigster Grundsätze des Aufklärungsdenkens *und* Weiterführung der gesellschaftlichen Bewegung unter neuen Auspizien. Rousseau hatte sich gegen Diderot und dessen Freunde gewandt; in Herders Position und derjenigen, die der Straßburger Kreis der Stürmer und Dränger gegen die Aufklärungsposition Lessings eingenommen hatte, war ein neues Element bürgerlicher Gesellschafts- und Geistesentwicklung sichtbar geworden. Das alles wird von Kleist nun gleichsam repetiert. Er geht von Diderot zu Rousseau über, von Lessing zum Sturm und Drang. Die Kant-Krise bewirkt eine entschiedene Hinwendung zum Rousseauismus. Das hat nicht bloß Folgerungen für das Weltbild des Dichters und seine Anfänge als Dramatiker; es bedeutet gleichzeitig eine Gesellschaftsentscheidung. Der Rousseauismus ist in diesem Jahr 1801 untrennbar verbunden mit vergangenen Phasen der Französischen Revolution. *Wer nunmehr Rousseau sagt, meint gleichzeitig Robespierre.* Er meint damit nicht minder die französischen Zustände dieses beginnenden Jahrhunderts, die formal immer noch im Zeichen von Revolution und Republik zu stehen scheinen, aber in Napoleons Konsulat bereits den Kontrast zum Rousseauismus wie zum rousseauistischen Jakobinismus erkennen lassen.

Auch Kleist versteht seinen neuen Rousseauismus in dieser höchst konkreten Weise. Das ist nicht mehr, wie dreißig Jahre früher, Rousseau-Begeisterung jugendlicher Stürmer und Dränger, auch nicht Rousseau-Schwärmerei des Karlsschülers Schiller wie vor zwanzig Jahren, sondern französische Wirklichkeit im Jahre 1801. Gemeinsam mit der Stiefschwester Ulrike reist er nach Paris, erlebt dort den Sommer und den Herbst. Noch im April hatte er an die Braut geschrieben: »Gewinne Deinen Rousseau so lieb wie es Dir immer möglich ist, auf *diesen* Nebenbuhler werde ich nie zürnen.« Aber die Briefe aus Paris sprechen eine ganz andere Sprache: »Wohin das Schicksal diese Nation führen wird –? Gott weiß es. Sie ist reifer zum Untergang als irgend eine andre europäische Nation. Zuweilen, wenn ich die Bibliotheken ansehe, wo in Prachtsälen und in prächtigen Bänden die Werke Rousseaus, Helvetius', Voltaires stehen, so denke ich, was haben sie genutzt? Hat ein einziges seinen Zweck erreicht?« Und dann noch: »Warum verschwendet der Staat Millionen an alle diese Anstalten zur Ausbreitung der Gelehrsamkeit? Ist es ihm um die *Wahrheit* zu tun? Dem *Staate*? Ein Staat kennt keinen andern Vorteil als den er nach Prozenten berechnen kann. Er will die Wahrheit *anwenden* – und worauf? Auf Künste und Gewerbe. Er will das Bequeme noch bequemer machen, das Sinnliche noch versinnlichen, den raffiniertesten Luxus noch raffinieren.« Abermals überrascht die erstaunliche Folgerichtigkeit in Kleists Verhalten, die bei allen Krisen und Verzweiflungen dennoch unbeirrbar an den Grundgedanken festhält. Was der beginnende Aufklärer so entschieden von sich gewiesen hatte: Nutzbarmachung der Wahrheit für praktische Zwecke, wird hier als wichtigster Vorwurf gegen die französischen Gesellschaftszustände gerichtet.

Man kann diese Pariser Krise Kleists auch so verstehen: Ein Rousseauist kommt nach Paris, tief beeinflußt durch die Lektüre des »Emile« und der Gedanken im Diskurs über die Ursachen der Ungleichheit unter den Menschen. Er war nach Frankreich gezogen, um den »Citoyen« zu finden, und fand den Bourgeois. Der Rousseauismus der Revolution und der Jakobiner hatte eine neue Gesellschaftsschicht an die Macht geführt, die entschlossen war, zu genießen und die Ungleichheit unter den Menschen aufrechtzuerhalten. Rousseaus Lehre galt dem Volk, den Bauern und Plebejern. So auch war der Rousseauismus vom deutschen Sturm und Drang verstanden worden. Realität aber wurde eine Herrschaft der Bourgeoisie. Was Kleist nun tat, mag sich im Urteil der Nachwelt wunderlich ausnehmen; es wurde auch – natürlich – innerhalb der Familie Kleist und von der Braut mit höchstem Befremden entgegengenommen. Weit nämlich davon entfernt, die französischen Zustände als gesellschaftliche Schranke zu erkennen, die der Rousseauismus von Anfang an demonstriert hatte, *entschied sich Kleist für die integrale Rousseau-Lehre und gegen den französischen Verrat an ihr.* Er gedenkt einen privaten Rousseauismus zu verwirklichen, als Bauer ein naturgemäßes Leben in der Schweiz »ganz nach dem Willen der Natur« zu führen. Daran scheitert die Verlobung, eine neue Lebenskrise wird unvermeidlich. Um so notwendiger, als inzwischen die dichterische Bestimmung immer deutlicher ins Bewußtsein drang und damit eine Diskrepanz zwischen Kleist und Rousseau herbeiführen mußte.

Rousseau hatte die Kunst als gesellschaftliche Entartung verstanden; in seinem berühmten Brief an d'Alembert wandte er sich als Genfer Bürger, getreu der calvinistischen Tradition seiner Vaterstadt, gegen ein Theater in Genf und gegen den Nutzen dramatischer Literatur. Der Rousseau-Schüler Kleist aber spürte in sich die Berufung gerade zum Dramatiker. Damit wird der Versuch mit der rousseauistischen Idylle am Thuner See gleichzeitig zur Absage an den Rousseauismus *und* zur entscheidenden Erwekkung des Dramatikers Heinrich von Kleist. Die Sturm-und-Drang-Ideale scheiterten an den Pariser Erlebnissen, die Schweizer Idylle blieb genauso anachronistisch und folgenlos wie – vor der Revolution – die Schäferspielerei der rousseaubegeisterten Marie Antoinette in Trianon. Die neue Sinngebung seines Lebens sucht Kleist von nun an in der Kunst, im eigenen Dichtertum.

Die Kunstperiode

Damit nähert er sich dem Problemkreis der deutschen Klassik. Verwirklichung harmonischer Selbsterziehung und Gesellschaftsentwicklung durch das Mittel der Kunst war das große Thema, dem sich acht Jahre vorher die nunmehr verbündeten Künstler Goethe und Schiller zugewandt hatten. Was jetzt an künstlerischen Entwürfen Kleists entsteht: Abschluß der »Familie Schroffenstein«, Weiterarbeit am »Robert Guiskard«, Anfänge des Lustspiels, ist zwar der Form nach durch den Dramentyp der deutschen Klassik bestimmt, die Lektüre des »Wallenstein« hat auch über das Formprinzip des Dramatikers Kleist entschieden, allein Substanz und Funktion dieser Dramatik haben kaum etwas mit den entsprechenden Prinzipien der deutschen Klassik zu tun. Trotzdem bleibt Kleist in seiner neuen Lebensentscheidung für Welterkenntnis und Weltveränderung durch die Kunst, besonders die dramatische Dichtung, mit den Grundgedanken der deutschen Klassik verbunden. So irrig es sein muß, in Kleist, indem man sich an seine Dramenform hält, den Vollender der klassischen Dramatik in Deutschland zu erblicken, so notwendig bleibt der Hinweis auf die ästhetische Kontinuität. Da hinter aller scheinbaren Planlosigkeit in Kleists Reden und Irrfahrten stets eine tiefere Sinnbildlichkeit gefunden werden kann, bedeutet es keine Häufung äußerer Zufälle, sondern geistige Notwendigkeit, wenn es den Rousseauisten Kleist, den es nach Paris getrieben hatte, nun, da er sich im eigenen Schaffen den Brennpunkten deutscher Klassik nähert, nach *Weimar* zieht.

Den äußeren Anlaß zur Fahrt, die abermals zu einer Irrfahrt wurde, bot die Freundschaft mit Wielands Sohn. Kleist wird auf Wielands Gut Oßmanstedt unweit von Weimar gastlich aufgenommen. Als er aus dem Manuskript der offenbar weit gediehenen »Guiskard«-Tragödie vorliest, ist die Wirkung auf Wieland ganz außerordentlich. Noch im Wieland-Brief an einen Freund, der ein Jahr später (1804), nach Kleists überstürzter Abreise, geschrieben wird, steigt die Erschütterung jenes Leseabends empor: »Wenn die Geister des Äschylus, Sophokles und Shakespeare sich vereinigten, eine Tragödie zu schaffen, so würde das sein, was Kleists ›Tod Guiskards des Normanns‹, sofern das Ganze demjenigen entspräche, was er mich damals hören ließ. Von diesem Augenblicke an war es bei mir entschieden, Kleist sei dazu geboren, die große Lücke in unserer damaligen Literatur auszufüllen, die nach meiner Meinung wenigstens selbst von Goethe und Schiller noch nicht ausgefüllt worden ist ...« Zu einer Begegnung mit Goethe und Schiller kam es nicht. Zwischen ihnen und Kleist sind bloß Briefe gewechselt worden.

In jenen Jahren nach Zusammenbruch des ursprünglichen Wissenschaftsideals, der Enttäuschung über die französische Realität, die von angeblichen Rousseau-Schülern geschaffen worden war, im Vertrauen auf die Kunst als neuen – abermals absolut gesetzten – Lebenssinn entsteht der erste Komplex der Kleist-Werke, von der »Familie Schroffenstein« über die Arbeit am »Guiskard« bis zu den drei Werken, die alle mit dem *Drama der Antike* zu tun haben: »Zerbrochener Krug«, »Amphitryon«, als Gipfelung schließlich die Tragödie der Amazonenkönigin Penthesilea. Die Nähe Kleists zur deutschen Klassik spürt man nicht bloß an der überragenden Bedeutung, die er der Kunst einzuräumen gewillt ist. Damit steht er der Philosophie Kants weit näher, als er ahnen mochte, denn auch die Kritik der ästhetischen Urteilskraft war als Übergipfelung der beiden anderen Kritiken einer reinen und praktischen Vernunft gedacht. Die eigentliche Verbindung findet sich aber in der Bedeutung, die das Vorbild der antiken Tragödie im dramatischen Schaffen Kleists erlangt.

In der »Familie Schroffenstein« und im »Robert Guiskard« waren Züge dessen sichtbar geworden, was Kleist zusammen mit seinen Zeitgenossen als das Wesen der antiken Schicksalsidee empfand. Ein schroffer Determinismus, der keine freie Willensentscheidung des Helden in der Tragödie zuläßt, sondern die tragische Situation darin erblickt, daß der Held einem die Zukunft voraussagenden Fluch zu entstreben sucht, der sich gerade dank dieser Gegenwehr nur um so sicherer erfüllt, gehörte in den ersten Jahren nach der Jahrhundertwende zur geistigen Stimmung der Zeit. Im gleichen Jahr 1803 erschienen im Druck die »Familie Schroffenstein« und Schillers Schicksalstragödie mit Chören, die »Braut von Messina«.

Schillers Gedanke aus dem Gedicht »Kassandra«

Nur der Irrtum ist das Leben,
Und das Wissen ist der Tod,

den er auch im »Verschleierten Bild zu Sais« wiederholt, war Kleist durchaus vertraut. Die »Familie Schroffenstein« war Schicksalsdrama und Drama des Irrtums in einem. Ein hartnäkkiges Leitmotiv der Dichtung Heinrich von Kleists klang damit bereits an: Irrtum oder Wissen der Alkmene, der Penthesilea, der Marquise von O. Allein die klassische Auffassung vom heilsamen Irrtum, die gipfeln sollte in der Vorstellung von der Kunst als schönem Schein, und die sonderbarerweise später gelegentlich bei Nietzsche wieder auftauchte in dem Paradox, die Griechen seien »oberflächlich gewesen aus Tiefe«, war Kleists Sache im mindesten nicht. In jenen Jahren um 1803, da Kleist den Vorstellungen deutscher Klassik in seiner Bewertung der Kunst, seiner Hinwendung zur antiken Tradition am nächsten zu kommen scheint, wird gleichzeitig auch *die Größe des Abstands zur Klassik sichtbar.* Sie äußert sich darin, daß der Dramatiker Kleist den Satz Schillers über die Beziehungen zwischen Irrtum und Wissen, Leben und Tod bloß der Form nach übernimmt, die Werte jedoch anders verteilt. Der Betrug und Selbstbetrug, dem Penthesilea erliegt, vermag ihr zwar für kurze Zeit einen Glückszustand vorzuspiegeln, aber so kann man nicht weiterleben. Das Wissen ist der Tod in der Form der Wahrheitserkenntnis. Verzicht auf Wahrheit war Kleists Sache nicht. Der Dramatiker meint es genau im Wortsinne: Penthesilea stirbt durch die Wahrheit, aber die Wahrheit bedeutet für sie Befreiung, allerdings bloß im Tode. Es war schon so, wie der Verfasser aus Dresden an Marie von Kleist über »Penthesilea« schrieb: »Mein innerstes Wesen liegt darin, und Sie haben es wie eine Seherin aufgefaßt: der ganze Schmutz zugleich und Glanz meiner Seele.«

Richter Adam als Ödipus

Mit Wissen und Irrtum hat auch, wie bekannt, der »Zerbrochene Krug« zu tun. Die Gestalt des Dorfrichters Adam erscheint gleichzeitig als Inversion jenes Schiller-Gedankens wie als kühne Umfunktionierung des König Ödipus. Nichtwissen, sogar krassen Irrtum empfand das Gedicht »Kassandra« als heilsam, während die grelle Erkenntnis den Untergang bedeutete. Hier klingt bereits bei Schiller der spätere Ibsen-Gedanke von der *Lebenslüge* auf. Das Nichtwissen des Ödipus erlaubte ihm weiterzuleben: schuldig und ahnungslos zugleich. Als er sehend wird, muß er sich die Organe des Sehens, die Augen, selbst zerstören.

Der Dorfrichter Adam wandelt das Verhältnis von Irrtum und Wissen mit aller Kunst des Fabulierens aus dem Individuellen ins Gesellschaftliche, wobei er genötigt ist, den inneren und den äußeren Tatbestand sorgfältig voneinander zu trennen. Er kann nur weiterleben und den Dorfrichter spielen, wenn der Irrtum über das, was er ist und tat, erhalten bleibt. Das Wissen bedeutet Schande und Strafe. Wenn »man« nämlich weiß. Er selbst weiß natürlich. Das delphische »Erkenne dich selbst« hat er so praktiziert, daß es auf bloße Selbsterkenntnis beschränkt wurde, die niemals zur Maxime seines Handelns ausarten darf. Er selbst weiß, und bedient sich der Selbsterkenntnis, um den Irrtum über sich bei der Mitwelt aufrechtzuerhalten.

Ödipus in der Umkehrung. Der Sohn des Laios und der Jokaste suchte einen Verbrecher und fand sich selbst. Adam weiß sich als Delinquenten und sucht die Aufdeckung zu verhindern, indem er Unschuldige als Täter anzubieten bemüht ist.

Der Nexus der antiken Tragödie *und* des kantischen Kritizismus, wie er bei Schiller durchdringt, wird im »Zerbrochenen Krug« ins Komödienhafte umfunktioniert. Aber es bleibt eine einzigartige Komödie aus Grauen und Schauder, die dem antiken Mythos abgezwungen wurde. Zielte Schillers Antithese bereits auf die Lebenslüge, so meint Kleist mit der Gestalt des Dorfrichters Adam bereits das heutige Thema der *Andern*, des Kontrasts zwischen Selbsterkenntnis und Bild des einzelnen bei den andern; er meint die zerstörte Identität des Inneren und Äußeren, klassischer Selbsterkenntnis und gesellschaftlicher Geltung.

Die verratene Idee

Die Ästhetik der deutschen Klassik war genötigt, das angeblich Überzeitliche schroff vom bloß Zeitgemäßen zu trennen. Freilich hielt sich selbst Schiller als Dramatiker nicht an den Schiller-Satz, daß nur das nicht veralten könne, »was sich nie und nirgends hat begeben«. Solche Auffassung mußte Kleist befremden. Er war nach wie vor mit dem Rousseauismus, einer Sinndeutung der eigenen Gegenwart, befaßt, hatte die Rousseaugedanken nicht bloß, wie die einstigen Stürmer und Dränger, als Lebensetappe empfunden. Seit dem ersten Pariser Aufenthalt gab es für ihn das Thema des reinen und des verratenen Rousseauismus. Kleist kennt keine »Freiheit in der Erscheinung«. Auch er bedient sich der philosophischen Antithesen, aber es sind nicht die Dualismen Kants von Sein und Sollen, sondern nach wie vor die Antithesen Jean-Jaques Rousseaus mit ihrem Grundgegensatz der reinen, ursprünglichen Natur und der Verfälschung oder Verderbnis aller Dinge durch die vom Menschen geschaffene Zivilisation, insbesondere durch den Staat. *Rechtsordnung als Unordnung:* – das bleibt ein entscheidendes Motiv des Dramatikers Kleist. Das folgenschwere Erlebnis des ersten Pariser Aufenthalts spiegelt sich darin wider. Reine Wahrheitserkenntnis oder nutzbar gemachte Wissenschaft; echter oder verratener Rousseauismus; natürliches Menschentum und gesellschaftliche Unnatur: es sind die stets gleichen Lebenserfahrungen, die das dramatische Werk der Anfänge nähren. Der Erbvertrag zwischen den Häusern der Familie Schroffenstein bewirkt Irrtum und Mord. Der Staatsvertrag, auf dem das Amazonenreich als die vollkommene Unnatur im Sinne Rousseaus gegründet ist, vernichtet das Glück und Leben der Penthesilea wie des Achill.

Abermals läßt sich hinter dem scheinbaren Zickzack der Suchreisen, die nach überstürzter Abreise aus Weimar unternommen werden, diesen Stationen Leipzig, Dresden, Bern, Mailand,

Genf und Paris, eine innere Gesetzmäßigkeit erblicken. Kleist sucht in Paris von neuem die Konfrontierung mit der Wirklichkeit der durch Rousseau mitbewirkten Revolutionsbewegung. Was er sieht und politisch durchaus richtig deutet, ist ein Sachverhalt, den er einige Jahre später (24. Oktober 1806) der Stiefschwester mit unübertrefflicher Klarheit auseinandersetzt: »Wir sind die unterjochten Völker der Römer.« (Ein erster Hinweis auf die Konzeption der »Hermannsschlacht«.) »Es ist auf eine Ausplünderung von Europa abgesehen, um Frankreich reich zu machen.« Das wird Anlaß zur neuen großen Krise, die nicht bloß, wie man immer wieder in bloß psychologischer Deutung der brieflichen Selbstaussagen des Dichters gemeint hat, einen Ausbruch qualvollen Minderwertigkeitsgefühls bedeutet. Kleist zweifelt am eigenen Dichtertum, verzagt an der Möglichkeit, den »Robert Guiskard« zu vollenden, vernichtet das Manuskript des Dramas. Der Vorgang bedeutet eine *Absage an die deutschklassische Phase in seinem Schaffen*, an den Versuch, dem eigenem Leben durch das Schaffen von Kunstwerken gültigen Sinn zu geben.

Kleist bricht mit dem klassischen Konzept, weil er sich nirgendwo auf die bloße Erscheinung der Dinge, auf den »farbigen Abglanz« zu beschränken vermag. Er will die ganze Wahrheit, nicht die Lebenserfüllung durch den Schein. Wichtiger noch ist der andere Grund des Zusammenbruchs und der Absage an die Klassik. Kleist ist zu sehr Zeitgenosse und politisch denkender Mensch, als daß er sich die Fiktion zeitlosen Kunstschaffens gestatten könnte. Die erneute Verzweiflung über die französischen Zustände scheint ihn zur Erkenntnis zu führen, daß die Zeitverhältnisse ein wahrheitsvolles Kunstwerk gar nicht mehr zulassen. Die oft zitierte Briefstelle an Ulrike vom 5. Oktober 1803, die im Grunde schon die Vernichtung des »Guiskard« ankündigt, spricht weit eher von Verzweiflung an den Zeitverhältnissen als am eigenen Genie: »Das Schicksal, das den Völkern jeden Zuschuß zu ihrer Bildung zumißt, will, denke ich, die Kunst in diesem nördlichen Himmelsstrich noch nicht reifen lassen. Töricht wäre es wenigstens, wenn *ich* meine Kräfte länger an ein Werk setzen wollte, das, wie ich mich endlich überzeugen muß, für mich zu schwer ist. Ich trete vor Einem zurück, der noch nicht da ist, und beuge mich, ein Jahrtausend im voraus, vor seinem Geiste.«

Hier ist ein Wendepunkt in der Geschichte der deutschen Literatur. Kleist erlebt abermals eine Lebenskrise in der ihm gemäßen Form wirklicher Lebens*erkenntnis*. Die Ursache für das Scheitern seiner Kunst findet er im gesellschaftlichen Dasein. Vielleicht wußte er, der Rousseaukenner, im Augenblick des Briefschreibens an Ulrike gar nicht einmal, daß er wiederum einen authentischen Rousseaugedanken niederschrieb. Im Diskurs des Genfers nämlich über den Ursprung der Ungleichheit unter den Menschen war bereits im Jahre 1755 festgestellt worden, das Menschengeschlecht eines Zeitalters lasse sich nicht ohne weiteres mit dem einer anderen Epoche vergleichen: »Der Grund, weshalb Diogenes keinen Menschen fand, lag darin, daß er den Menschen einer Zeit, die vergangen war, unter seinen Zeitgenossen suchte. Cato ging zusammen mit Rom und der Freiheit unter, denn er war unzeitgemäß in seinem Jahrhundert; und der größte der Menschen erregte bloßes Erstaunen in einer Welt, die er fünfhundert Jahre früher beherrscht hätte.« Genau in diesem Sinne Rousseaus erkannte Kleist, sein Kunstschaffen und der Inhalt seiner Dichtung seien in der Welt des »nördlichen Himmelsstrichs« offenbar unzeitgemäß geworden.

Allein Kleist ist hier nicht bloß Nachfahre Rousseaus, sondern ein Zeitgenosse *Friedrich Hölderlins*. Der Gedanke des Kleistbriefs vom Oktober 1803 findet sich bereits in dessen vermutlich vier Jahre früher, im Herbst 1799, entstandener Ode »Gesang des Deutschen«:

> Doch, wie der Frühling, wandelt der Genius
> Von Land zu Land. Und wir? ist denn Einer auch
> Von unsern Jünglingen, der nicht ein
> Ahnden, ein Rätsel der Brust, verschwiege?

Dem gleichen Jahresende – und damit dem Ende des Jahrhunderts – gehört wohl auch Hölderlins Gedichtentwurf »Rousseau« an, der so beginnt:

Wie eng begrenzt ist unsere Tageszeit.
Du warst und sahst und stauntest, schon Abend ists,
Nun schlafe, wo unendlich ferne
Ziehen vorüber der Völker Jahre.

Und mancher siehet über die eigne Zeit
Ihm zeigt ein Gott ins Freie, doch sehnend stehst
Am Ufer du, ein Ärgernis den
Deinen, ein Schatten, und liebst sie nimmer.

Immer wieder findet man authentische Kleistgedanken in den Versen und Briefen Hölderlins. Da ist die Anrede an das deutsche Vaterland im »Gesang des Deutschen«:

Wo ist dein Delos, wo dein Olympia,
Daß wir uns alle finden am höchsten Fest? –

Oder die Verse aus dem Gesang »An die Deutschen«:

Wenn die Seele dir auch über die eigne Zeit
Sich die sehnende schwingt, trauernd verweilest du
Dann am kalten Gestade
Bei den Deinen und kennst sie nie,

Und die Künftigen auch, sie, die Verheißenen
Wo, wo siehest du sie, daß du an Freundeshand
Einmal wieder erwarmest,
Einer Seele vernehmlich seist?

Hölderlins Brief von 1802 an Böhlendorff, der nach der Rückkehr aus Bordeaux geschrieben wird, enthält das gleiche Erlebnis, das Kleist ein Jahr später in Paris traf: Kontrast der rousseauistischen Idee, des revolutionären Patriotismus, mit der Wirklichkeit von Bonapartismus und Bourgeoisie. So schrieb Hölderlin: »Ich habe Dir lange nicht geschrieben, bin indes in Frankreich gewesen und habe die traurige einsame Erde gesehen; die Hirten des südlichen Frankreichs und einzelne Schönheiten, Männer und Frauen, die in der Angst des patriotischen Zweifels und des Hungers erwachsen sind.«

Man begreift, warum eine Literaturhistorie der Etiketten und der bloß geistesgeschichtlichen Betrachtung immer wieder an der »Einordnung« dieser beiden Männer *Hölderlin und Kleist* scheitern mußte. Man brachte sie irgendwo »zwischen Klassik und Romantik« unter. *Beider Gemeinsamkeit liegt aber in der Ähnlichkeit des Erlebens und Denkens.* Hölderlin war folgerichtiger in seinem politischen Bekenntnis als der preußische Aristokrat aus Frankfurt an der Oder. Die sieben Jahre, die er älter war als Kleist, hatten bewirkt, daß die Anfänge der Revolution den Menschen und Künstler nachhaltig prägen konnten, während Kleist fast noch als Knabe am Feldzug gegen die Truppen der französischen Revolution teilnehmen mußte und hier seine erste Begegnung mit dem Jakobinertum erfuhr. Dennoch wäre es geschichtlich falsch, den Girondismus oder auch »Jakobinismus« Hölderlins gegen Kleists Distanz vom revolutionären Geschehen in Frankreich auszuspielen. Hölderlins Verzweiflung entspringt dem Verrat an den revolutionären Ideen durch Thermidor, Direktorium, Bonapartismus, aber auch dem Konflikt des Deutschen, für den die französischen Truppen gleichzeitig als Ideenträger *und* als Unterdrücker auftreten. Es scheitern Hyperion und Empedokles. Kleist bleibt ein getreuer Schüler Rousseaus, der freilich, im Unterschied zu Hölderlin, nahezu alle Etappen des revolutionären Prozesses in Frankreich, die er kennenlernt, als Verrat an der reinen Idee empfindet. In beiden Fällen wird die Wirklichkeit in Frankreich als Scheitern einer großen Idee erlebt, die tiefe, krisenhafte Erschütterung bewirkt. Auch bei Kleist entsteht der Ansatz eines späteren patriotischen Denkens, das um den Gegensatz des Vaterländischen und des Weltbürgerlichen kreist.

Für Hölderlin freilich ist noch die Lösung im Gedicht und Gesang möglich. Dank dem Bilde, das er sich vom Dichter macht, von sich selbst, vermag er im Kunstwerk die gültige Einheit zu schaffen, die in der Wirklichkeit verspielt wurde.

Kleist empfindet sich selbst nicht als Dichter in Hölderlins Sinne. *Er war kein Lyriker, sondern Dramatiker*. So vermochte er nicht eine Synthese der Gegensätze im Gedicht zu schaffen, sondern sah sich durch Kraft und Eigenart der eigenen Begabung gezwungen, die Gegensätze im dramatischen Spiel und Gegenspiel schroff antithetisch hervorzutreiben. Der Zusammenstoß zwischen gesellschaftlicher Unnatur und natürlichem Gefühl, als Gegensatz zwischen der Amazonenkönigin und der Oberpriesterin dargestellt, endet als Trauerspiel. Kleist ist inzwischen aus Paris nach Deutschland zurückgekehrt. Er gestaltet die geistigen Erlebnisse seiner Krise im Kunstwerk, hat aber die Hoffnung auf Lebensverwirklichung durch die Kunst wie durch den Rousseauismus aufgegeben. Der Wiedereintritt in den Dienst des Königs von Preußen unterstreicht die Tiefe der Absage an alles Bisherige: an Aufklärung, Sturm und Drang, Rousseauismus, die klassische Ästhetik. Die Menschheitsreform, der Rousseaus Streben galt, wird zurückgenommen. Der preußisch-französische Krieg von 1806 bewirkt auch in der Außenwelt eine Konstellation, die Kleist zu zwingen scheint, das Vaterländische von der allgemein menschlichen Aufklärung und Gesellschaftsform zu trennen.

In Dresden und im Niemandsland

Als Kleist aus der Gefangenschaft nach Deutschland zurückkehren kann, beschließt er, seinen Wohnsitz in Dresden aufzuschlagen, wo inzwischen der »Amphitryon« im Druck erschienen war. Der Brief vom 22. Dezember 1807, worin er seinem einstigen Berliner Gönner, dem Baron von Stein, Bericht erstattet über seine letzten Schicksale und neuen Absichten, hat nichts mit feudalem Konservativismus zu tun: »Sie wissen wohl nicht, mein verehrungswürdigster Freund, welch' ein sonderbares Schicksal mich, auf meiner Reise von Königsberg nach Dresden getroffen hat? Ich werd, gleich nach meiner Ankunft in Berlin, durch den Gen. Clarke, kein Mensch weiß, warum? arretiert, nach dem Fort des Joux (bei Neufchâtel) abgeführt. Hier saß ich, in einem abscheulichen Gefängnis, fünf Wochen lang, hinter Gitter und Riegel, bis ich späterhin nach Châlons zu den übrigen Kriegsgefangenen gebracht, und endlich, auf die dringende Fürsprache meiner Verwandten, wieder in Freiheit gesetzt ward. Doch es ist dahin gekommen, daß man, wie Rosse im Macbeth sagt, beim Klang der Sterbeglocke nicht mehr fragt, wem es gilt? Das

Unglück der vergangenen Stunde ist was Altes. – Jetzt lebe ich in Dresden, als dem günstigsten Ort in dieser, für die Kunst, höchst ungünstigen Zeit, um einige Pläne, die ich gefaßt habe, auszuführen.«

Der einen Tag vorher an Cotta gerichtete Brief unterstreicht noch deutlicher den durchaus bürgerlich-literarischen Charakter der neuen Tätigkeit, die in der Herausgabe der Zeitschrift »Phöbus«, eines Journals für die Kunst, bestehen sollte. Kleist schreibt darüber an Cotta: »Ew. Wohlgeboren habe ich das Vergnügen zu melden, daß H. Adam Müller und ich, durch den Kapital-Vorschuß eines Kunstfreundes, in den Stand gesetzt worden sind, ein Kunstjournal, unter dem Titel: »Phöbus«, monatsweise, nach dem erweiterten Plane der Horen, zu redigieren und zu verlegen. Die Herren p. Wieland, Böttiger, Joh. Müller, wie wir hoffen, auch H. v. Goethe, ohne andere würdige Namen zu nennen, werden die Güte haben, uns mit Beiträgen zu unterstützen, und H. Maler Hartmann, da es mit Zeichnungen erscheinen soll, die Redaktion der Kupferstiche übernehmen. Da der Fortgang dieses, einzig zur Festhaltung deutscher Kunst und Wissenschaft, gegründeten Instituts schlechthin nicht anders, als unter Ew. Wohlgeb. Schutz möglich ist, so haben wir, im ganz unumstößlichen Vertrauen auf Ihre Beförderung, gewagt, Sie in der Anzeige, als Commissionair für Tübingen, zu nennen.« Interessant ist dabei, daß Kleist die Tradition zur offiziellen deutschen Literatur der Aufklärung wie der Klassik unter Berufung auf Wieland, Johannes von Müller, auf Goethe, auf Schillers ehemals beim gleichen Cotta herausgegebene Zeitschrift »Die Horen« aufrechterhalten möchte.

Aus der Tatsache, daß Kleist den »Phöbus« zusammen mit *Adam Müller* herausgab, hat man ohne gründlicheren Nachweis eine geistige Gemeinsamkeit romantischer Regression zwischen Kleist und dem bereits 1805 zum Katholizismus konvertierten Adam Müller konstatieren wollen. Schaut man genauer hin, so handelte es sich beim gegenseitigen Verhältnis der beiden Herausgeber um eine publizistisch-literarische Zusammenarbeit (Adam Müller hatte schon vor der Rückkehr Kleists ein Vorwort zur Buchausgabe des »Amphitryon« beigesteuert), kaum jedoch, abgesehen von den persönlichen Spannungen, um eine tiefe weltanschauliche Affinität, wie sie zwischen den einstigen Mitarbeitern am romantischen »Athenäum« bestanden hatte. Gewiß arbeitete Adam Müller in jenen Dresdner Jahren an seinem Hauptwerk, den »Elementen der Staatskunst«, allein es dürfte schwerhalten, Verbindungslinien zwischen der Staatslehre Adam Müllers und den nun in Dresden entstehenden literarischen Arbeiten Heinrich von Kleists zu ziehen: zum Abschluß der »Penthesilea«, zur Arbeit am »Käthchen« als einer Gegen-Penthesilea, zum »Michael Kohlhaas« oder zu der »Marquise von O«. Außerdem hat Adam Müller in allen 12 Heften des »Phöbus« nur ästhetische und literarische Fragen behandelt.

Das »Käthchen von Heilbronn« freilich – man muß darauf kommen! – wurde zum Beweis für Kleists Junkertum angeführt. Hier liege eine Zurücknahme von »Kabale und Liebe« vor: Käthchen endet nicht als Luise Millerin oder Agnes Bernauer, sondern als kaiserliche Prinzessin, die den Grafen vom Strahl sogar noch zu sich emporzieht. Aber muß wirklich entgegnet werden, daß Kleist kein bürgerliches Trauerspiel, sondern ein *Märchen* schrieb? Heilbronn liegt im Kinder- und Märchenland, die Gräfin Kunigunde ist einfach eine Hexe, die sich allerdings im Feudalrecht gut auskennt. Ein Großteil der Ritterszenen hat mit der Parodie zu tun, denn unbedenklich mischt Kleist die Ingredienzen zeitgenössischen Erfolgstheaters zusammen: Ritter und Geister, Engel und Hexen, Femgericht und Standesunterschied der Liebenden.

Was für ihn zählte, war etwas anderes: Käthchen als Gegenstück zur Penthesilea. Mit Kleists Brief an den österreichischen Dramatiker Collin (für dessen »Coriolan« die Ouvertüre Beethovens geschrieben wurde) zu sprechen: »Denn wer das Käthchen liebt, dem kann die Penthesilea nicht ganz unbegreiflich sein, sie gehören ja wie das + und - der Algebra zusammen, und sind ein und dasselbe Wesen, nur unter entgegengesetzten Bedingungen gedacht.« (8. 12. 1808) Unter entgegengesetzten Bedingungen: Käthchen nämlich lebt nicht im Amazonenstaat und unter dem Staatsvertrag, sondern im glücklichen Märchenland. Noch etwas gilt für Kleist: die Umfunktionierung des schicksalhaften Determinismus ins Frohe und Glückliche. Auch das »Käthchen von

Heilbronn« hat, aller Requisiten ungeachtet, mit der Antike zu tun. Im »Zerbrochenen Krug« hatte Kleist die Technik des »König Ödipus« im Bereich der Komödie eingesetzt; im »Käthchen« gibt es Vorhersagen, die eintreffen, ganz wie beim delphischen Orakel, in der »Familie Schroffenstein«, in der »Braut von Messina«. Antike im deutschen Märchenland und mit dem ganzen Verszauber Heinrich von Kleists.

Die Dresdner Epoche zwischen den beiden Kriegen von 1807 und 1809 bringt keine neuen geistigen Positionen, mithin auch keine krisenhaften Erschütterungen: sie dient der Umsetzung bisheriger Erkenntnisse und Erfahrungen in künstlerisches Schaffen. Problematik von Wahrheit und Irrtum, Rousseauismus und Staatsraison, Antike und Moderne, Wirkung oder Unwirksamkeit der Kunst: alle Grundthemen, die auf dem Wege von der Aufklärung zur Klassik und zur Absage an die Klassik von Kleist intoniert worden waren, wirken mit, jene großen Kunstwerke zu prägen, die jetzt entstehen und bruchstückweise im »Phöbus« publiziert werden.

Diese Waffenruhe zwischen den Krisen ist möglich, weil sich Kleist in Dresden scheinbar in einem *weltanschaulichen Niemandsland* befindet, durch die Umwelt also nicht zur extremen Auseinandersetzung gezwungen wird, wie in Paris, in der Schweizer Idylle, auch in Weimar. Das sächsische Königshaus ist mit Napoleon verbündet, Sachsen gehört dem Rheinbund an, aber wie hier seit langem die sonderbare Diskrepanz besteht zwischen katholischem Fürstenhaus und überwiegend protestantischem Land, so prägt sich auch die französische Allianz nicht tiefer in die Lebensverhältnisse ein. Der literarische Kreis Dresdens, der Kleist freundlich aufnimmt, adelige Jugendfreunde, aber auch Bürger wie Tieck oder Christian Gottfried Körner, vertritt die Kontinuität der deutschen Aufklärung und ist durch Bindungen mancher Art mit der klassischen Tradition verbunden. Ludwig Tieck selbst ist der romantischen Schule innerlich schon seit geraumer Zeit entwachsen. Die Hefte des »Phöbus« werden daher nirgends als Instrument romantischer Poetik oder politischer Romantik betrachtet.

Eben dies wird der Zeitschrift gleichzeitig zum Verhängnis. Es fehlt ihr – erstaunlich bei einem Herausgeber wie Kleist – die scharfe, unverwechselbare, zur leidenschaftlichen Auseinandersetzung herausfordernde Grundtendenz. Beides zusammen war nicht möglich: ein publizistisches Organ Heinrich von Kleists, das sich gleichzeitig bemühte, die Nachfolge von Schillers »Horen« anzutreten. Es bekam Kleist nicht, daß er die eigene Überzeugung, die geschichtliche Etappe der deutschen Klassik insgeheim überholt zu haben, nach außen hin und vor sich selbst verleugnen wollte. Die Außenwelt ließ ihn das zweimal und grausam spüren: durch den Mißerfolg der Weimarer Uraufführung seines Lustspiels am 2. März 1808 und durch die fehlende Publikumsresonanz, die schließlich dazu zwang, den »Phöbus« zu Beginn des Jahres 1809 eingehen zu lassen.

Es war sicher nicht so, wie die Legende wahrhaben möchte, daß der Theaterdirektor Goethe das Lustspiel seines dichterischen Rivalen absichtlich zu Fall brachte. Der »Zerbrochene Krug« konnte, auch wenn man die unsinnigen Pausen wegließ, in Weimar, vor einem in klassischer Tradition erzogenen Publikum, mit einem nach Goethes Schauspielerregeln agierenden Ensemble nicht zum Erfolg kommen. Hier war die analytische Technik des Sophokles aus dem »König Ödipus« auf ein Lustspielthema angewandt worden, hatte aber noch so viel von der antiken Dramatik beibehalten, daß immer wieder das Grauen über die Fremdheit zwischen den Menschen, sogar zwischen den Liebenden Eva und Ruprecht, durch alle Heiterkeit drang. Das war der Gattung nach unerhört, ließ sich mit keinem Kriterium sentimentalischer Dichtung in Schillers Sinne in Einklang bringen. Was es scheinbar am ehesten sein sollte, war es am wenigsten: eine *Idylle*. Ein richtiges Dorf als Szenerie, nicht als Hintergrund eines rousseauistischen Schäferspiels, wie in Rousseaus eigenem Singspiel vom »Dorfwahrsager«. Menschen vom Lande, nicht mehr gesehen aus der spöttischen Distanz des Stadtbürgers, erst recht nicht aus Junkerhochmut, sondern in voller Gefühlsgewalt des Hassens und des Liebens. Das Bauernmädchen Eve als ebenbürtige Partnerin der thebanischen Fürstin Alkmene. Die Begegnung zwischen Kleist und Weimar konnte nur mit einer Katastrophe enden.

Dem »Phöbus« aber wurde sein literarischer und politischer Eklektizismus zum Verhängnis. Es war nur folgerichtig, wenn sich Kleist zu Beginn des Jahres 1809, da sich die Beziehungen zwischen Napoleon und dem österreichischen Kaisertum zuspitzten, um einer kriegerischen Auseinandersetzung zuzustreben, aller Fiktion einer innerlich längst preisgegebenen Bindung an die klassische »Kunstperiode« entledigte, um seine Rolle als politischer Dichter des Tages zu übernehmen.

Das patriotische Trugbild

Dieser Entschluß bedarf kaum der Erklärung. Kleist tut mit barbarischer Härte alle Restbestände des Rousseauismus von sich ab. Er will von nun an keinen Gegensatz mehr zwischen dem Denken der französischen Aufklärer, auch Rousseaus, und der Realität des napoleonischen Kaiserreichs zulassen. Nichts mehr von verratener Idee des Rousseauismus. Die *dreifache* Enttäuschung über Frankreich bricht durch: Erinnerung an die erste Rousseau-Krise, die zweite große Schaffenskrise in Paris, dazu an alles Ungemach der Kriegsgefangenschaft. So kommt es zur umfassenden Negierung alles dessen, was Frankreich und Franzosentum heißt. Die »Position« ist bloße Negation der Negation. Der deutsche Patriotismus, dem sich Kleist nun mit grenzenloser Inbrunst verschreibt, wird vor allem durch den Gegensatz gespeist, durch die antifranzösische Negation. Nichts läßt in den Briefen und Handlungen Kleists nach Ausbruch des Krieges den Preußen und adligen Offizier des Königs von Preußen erkennen. Kleist begeistert sich für *Deutschland*, aller dynastischer Hintergründe der österreichischen Politik ungeachtet. Ihn stört nicht das katholische Habsburg, nicht die Tatsache, daß sich weder sein eigener Landesherr, der König von Preußen, noch der König von Sachsen, in dessen Hauptstadt er gewirkt hat, dem Kampf des Wiener Hofes gegen Napoleon anschloß.

Prüft man die äußeren Umstände, so muß die Vorstellung, die Kleist mit dem Begriff »Germania« verbindet, durchaus utopisch, geradezu traumhaft anmuten. Aus Prag, wo er Station machen muß, weil man ihn nicht nach Wien weiterreisen läßt, schreibt er an *Friedrich Schlegel* und bittet um Vermittlung bei der österreichischen Regierung, damit er ein Wochenblatt unter dem Titel »Germania« herausgeben könne: »Was dieses Blatt enthalten soll, können Sie leicht denken; es ist nur ein Gegenstand, über den der Deutsche jetzt zu reden hat.« Was er für diese Zeitschrift niederschrieb, die dann wegen der raschen Niederwerfung Österreichs nicht erscheinen kann, zeigt einen sprachgewaltigen Kriegsherold, der laut schreit, um widerstreitende Stimmen der eigenen Vergangenheit zu übertönen. Das Fragment einer Einleitung für diese Zeitschrift »Germania« ist in grotesker Weise widerspruchsvoll. Daß Kleist ein deutscher Volkskrieg vorschwebt, ist offensichtlich: daher seine politischen Episteln, sein Entwurf eines »Katechismus der Deutschen«. Aber gleichzeitig muß die fehlende Erhebung des deutschen Volkes ebenso kaschiert werden wie die Tatsache, daß der Kaiser von Österreich einen dynastischen Krieg führt, keinen vaterländischen. Kleist drückt das, anknüpfend an ein Lob des österreichischen Kaisers, so aus: »Jetzt oder niemals ist es Zeit, den Deutschen zu sagen, was sie ihrerseits zu tun haben, um der erhabenen Vormundschaft, die sich über sie eingesetzt hat, allererst würdig zu werden: und dieses Geschäft ist es, das wir, von der Lust, am Guten mitzuwirken, bewegt, in den Blättern der ›Germania‹ haben übernehmen wollen.«

Der Sieg Napoleons in der Schlacht von Wagram macht diesem Trug und Selbstbetrug ein Ende, denn es war Selbstbetrug, was sich hinter Kleists patriotischem Kreischen verbarg. Der Brief aus Prag, als er nun, nach der Niederlage, vor dem Nichts steht, diesmal im wörtlichen Sinne, läßt keinen Zweifel darüber: »Noch niemals, meine teuerste Ulrike, bin ich so erschüttert gewesen, wie jetzt. Nicht sowohl über die Zeit – denn das, was eingetreten ist, ließ sich, auf gewisse Weise, vorhersehen; als darüber, daß ich bestimmt war, es zu überleben.« Noch deutlicher wird die Fragwürdigkeit der politischen wie überhaupt der vaterländischen Position, versteht man es, die »Hermannsschlacht«, die Kleist in Erwartung des Krieges von 1809 als tagespolitisches Schlüsseldrama entworfen hatte, richtig zu lesen. Der Hermann dieser Befreiungsschlacht ist kein Patriot; ihn nach dem Vorbild des österreichischen Kaisers Franz zu gestalten, ging nicht wohl an; so wird er ein Protagonist nach dem Lebensstil seines Dichters: undurchsichtig, einsam, von humanem Empfinden unberührt, bedenkenlos in der Wahl der Mittel zum angeblich guten Ziel. Niemals stand Kleist der Aufklärung und klassischen Humanität ferner als hier. Der Feind ist für ihn kein Mensch mehr. *Fichte* wollte in seinen »Reden an die deutsche Nation« niemals das Prinzip der Gleichheit alles dessen, was Menschenantlitz trägt, vergessen. Ihm ging es um ein Selbstbewußtsein der Deutschen, eben darum, wie es in der 12. Rede heißt, »daß wir uns Charakter anschaffen, und diesen zunächst dadurch bewahren, daß wir uns durch eignes Nachdenken eine feste Meinung bilden über unsere wahre Lage und über das sichere Mittel, dieselbe zu verbessern«. Deutsches Selbstempfinden war das Ziel dieser Reden, die 1808 abgeschlossen wurden: zur Zeit also, da Kleist an der »Hermannsschlacht« arbeitete. Das war eine philosophische und politische Position, nicht bloße Negation einer Negation wie bei Kleist, dessen Hermann auch dann die Römer zu entbehren meint, wenn sie ihm Gutes tun.

Der patriotische Trug bricht zusammen. Die Stanzen in Kleists Gedicht »Das letzte Lied« verkünden den Anbruch der neuen Krise, da nach dem Wissenschaftsideal, dem Rousseauismus, dem klassischen Kunstprinzip auch die trügerische patriotische Utopie zusammenbricht:

> Und stärker rauscht der Sänger in die Saiten,
> Der Töne ganze Macht lockt er hervor,
> Er singt die Lust, fürs Vaterland zu streiten,
> Und machtlos schlägt sein Ruf an jedes Ohr,
> Und wie er flatternd das Panier der Zeiten
> Sich weiter pflanzen sieht, von Tor zu Tor,
> Schließt er sein Lied; er wünscht mit ihm zu enden,
> Und legt die Leier tränend aus den Händen.

Der Rest ist bald erzählt. Unschwer zu deuten. Der »Prinz von Homburg« wird vollendet, beim preußischen Hof eingereicht, aber – begreiflicherweise – indigniert zurückgewiesen. Kleists drittes journalistisches Produkt, nach der literarischen Revue -

»Phöbus«, nach der als Wochenzeitung geplanten »Germania«, wird zur ersten Berliner Tageszeitung. Die »Berliner Abendblätter«, am 1. Oktober 1810 mit Kleists »Gebet des Zoroaster« eingeleitet, müssen aber in einer »Anzeige« am Schluß der Nummer vom 30. März 1811 dem Publiko mitteilen, daß »Gründe, die hier nicht angegeben werden können«, den Herausgeber Kleist bestimmt hätten, »das Abendblatt mit dieser Nummer zu schließen«. Die Kleist-Forscher sehen im allgemeinen die Berliner Tageszeitung als Fortsetzung des einstigen Projekts der »Germania« an und suchen eine Kontinuität in Kleists vaterländischer Publizistik festzustellen. Nun ist es sicher nicht so, wie gelegentlich behauptet wurde, daß Kleist aus bloßer materieller Not zum Journalisten geworden wäre. Natürlich sollten die »Berliner Abendblätter« ein politisches Journal der deutschen Selbstbesinnung und patriotischen Erneuerung werden. Die zunehmenden Eingriffe der französisch inspirierten Zensur in die Redaktionstätigkeit lassen erkennen, daß diese Absichten des Herausgebers auch in Paris, wo man sich mit dem Blatt recht gründlich befaßte, erkannt wurden.

Werther und Homburg

Trotzdem spürt man hier eine realere Auffassung des Vaterländischen gegenüber den Exzessen des Jahres 1809. Vor allem war der Grundwiderspruch beseitigt: daß Kleist, preußischer Aristokrat, literarisch in Dresden wirkend, das katholische Wiener Herrscherhaus als Inkarnation deutschen Einigungsstrebens zu feiern hatte. Kleist war nach Preußen zurückgekehrt, ein geistiger Einklang mit der Umwelt war jetzt eher möglich. Wenn Oberst Kottwitz als Aufgabe der Staatskunst, als Wechselwirkung der Beziehung zwischen Herrscher und Volk, Heer und Herrscher fordert, daß der Herrscher im echten Sinne eine Inkarnation des Vaterlandes sei,

> Schütt' ich mein Blut dir an dem Tag der Schlacht
> Für Sold, sei's Geld, sei's Ehre, in den Staub?
> Behüte Gott! Dazu ist es zu gut!

so entsprach er durchaus dem Streben von Männern wie Scharnhorst und Fichte, Gneisenau und Stein. Die »Bedingungen der Möglichkeit« für diesen Patriotismus waren damals in Berlin einigermaßen erfüllt. Das patriotische Programm Kleists bedurfte weder einer Utopie noch der Inhumanität. Natürlich trug der Preußenkönig Friedrich Wilhelm nur den gleichen Vornamen wie der Kurfürst im Schauspiel »Prinz Friedrich von Homburg«. Das Schauspiel selbst aber bedeutete die künstlerische Erfüllung und Integrierung aller Lebensphasen und Bildungselemente seines Dichters. Humanität *und* natürliches Gefühl des Menschen; der rousseauistische Konflikt zwischen Staatsraison und Gefühlskraft des einzelnen zur Synthese gebracht; Freiheit und Notwendigkeit in dialektischer Verschränkung; das Vaterländische in eins geschlungen mit den Geboten der Humanität und der Menschenwürde. Dies ist mehr als ein Werk der »Kunstperiode«; es bezieht Substanz und Funktion aus einer unmittelbaren Gegenwart, die gemeint ist und gemeint sein soll. Eben darin aber liegt die tragische Bedeutung dieses Gipfelwerkes für das Leben Heinrich von Kleists.

Der »Prinz von Homburg« bedeutet Aufhebung der Grundtendenzen deutscher Klassik wie deutscher Romantik. Er entsteht als Erzeugnis einer Kunstauffassung, die sich von der Weimarer Ästhetik losgesagt hat und weder das pädagogische Ideal noch die Fiktion des Allgemein-Menschlichen beibehalten möchte, wie sie selbst noch im Aufbau des »Wilhelm Tell« erkennbar sind. Von der Romantik übernimmt Kleist die vaterländischen Impulse, ohne sich gleichzeitig der katholischen und aristokratischen Regression zu überlassen. Utopie und Realität, Sein und Sollen sind diesmal im Kunstwerk vollkommen gegeneinander aufgewogen. Dieser Patriotismus ist eine Position, nicht bloße Negierung des Negativen. Der »Prinz von Homburg« ist eine geschichtliche Vorwegnahme, eine Möglichkeit.

Allein es waren bloß erste Ansätze, erste Bedingungen für eine künftige Möglichkeit. Was Kleist im »Prinz von Homburg« schuf, war keine Utopie, sondern eine Möglichkeit des Daseins, kein Traum, sondern eine Vorwegnahme. Darum glückte das Drama, scheiterte der Dramatiker.

Es wäre töricht, nun zu glauben, Kleist habe sich einfach zwei

Jahre zu früh erschossen: hätte er das Jahr 1813 erlebt, so wären all seine Konflikte gelöst worden. Sie wären es nicht. Als die »Berliner Abendblätter« eingestellt werden müssen, Hof und Familie es satt haben, den ewig Entgleisten wieder einmal zu retten, als sich König Friedrich Wilhelm den Bündnispartner Napoleons zu machen anschickt, dem er dann wenige Monate später preußische Truppen zum Marsch auf Moskau mitgeben sollte, beschließt Kleist zu sterben. Er hat in der todkranken Frau Henriette Vogel den Todespartner gefunden, den er seit Jahren und in allen Kreisen immer wieder suchte. Was immer Kleist unternahm, es wurde gründlich getan. Henriette Vogel wurde durch den Schuß ins Herz getroffen, sich selbst tötete Kleist durch einen Kopfschuß. Seine bürgerliche Angelegenheiten hatte er geordnet, so gut es ihm möglich war.

Dieser Tod am Wannsee wirkt gleichsam wie eine Zurücknahme des »Werther« und wohl auch des »Tasso«, den man, unter Goethes Zustimmung, einen »gesteigerten Werther« genannt hat. Die Vollendung des »Werther« und des »Tasso« befreite Goethe aus schweren Lebenskrisen, bei denen es, woran nicht gezweifelt werden sollte, um Dasein oder Sterben ging. Werther starb, und auch Tassos Zusammenbruch, wie immer Goethe den Schluß harmonisieren mochte, war ein notwendiger Untergang, damit Goethe weiterleben konnte. Heinrich von Kleist gelingt die harmonische Lösung im tragischen Konflikt seines Homburger Prinzen. Homburgs Traum, der eigentlich ein Künstlertraum ist, geht auf der Bühne in Erfüllung, aber Kleist stirbt. Das Schauspiel konnte die vorweggenommene Möglichkeit als Wirklichkeit gestalten, dann aber verlangte die Wirklichkeit des Jahres 1811 ihre Rechte vor aller vorweggenommenen Zukunft. Da jedoch Kleist in seinem letzten Schauspiel alle Lebensmotive und geistigen Spannungen noch einmal zusammengefügt und in Einklang gebracht hatte, dann aber den Abstand des Kunstwerks zur Wirklichkeit um so schnöder empfand, war der Untergang für ihn unvermeidlich geworden. Es gab keine mögliche Position der Vergangenheit wie der damaligen Gegenwart, die er nicht ausprobierte, an der er nicht scheiterte. Aufklärung, Sturm und

Drang, Klassik, Patriotismus der romantischen Generation, Kant und Rousseau, Antike und Märchen, Tragödie und Komödie.

Im »Prinz von Homburg« wird alles Zusammenklang. Doch das Schauspiel klingt nicht zusammen mit Ort und Zeit, worin es geschaffen wurde. Alles hat Kleist in sich aufgenommen, über alles war er hinausgelangt. Er dichtete nicht bloß einen Wendepunkt des preußischen Staates, sondern einen Wendepunkt der bürgerlichen Gesellschaft seiner Zeit. Im Namen Rousseaus, der verratenen Idee, mußte er zehn Jahre vorher die französische Gesellschaft verwerfen. Im Namen seines eigenen Schauspiels, der Idee nämlich, die er sich vom Zusammenspiel zwischen Kurfürst und Homburg gemacht hatte, mußte er nun das eigene Vaterland negieren. Späte Transzendierung aller Möglichkeiten des bürgerlichen Geistes in Deutschland von Lessing bis Goethe. Vorwegnahme neuer Lebensform einer Einheit aus Gesetz und Gefühl, Freiheit und Notwendigkeit. Das aber bedeutete unter geschichtlichem Aspekt die Transzendierung nicht bloß des damaligen Preußenstaates, sondern der noch unentwickelten bürgerlichen Gesellschaft in Deutschland. Durch seinen freiwilligen Tod bewies Kleist, daß er die klassizistische Trennung von Kunst und Leben nicht anzuerkennen gedachte. Seine Kunstwerke waren stets zugleich Lebensentscheidungen. Das waren sie freilich nicht minder bei Goethe, doch in jenem divergierenden Sinne, daß die wachsende Distanz zwischen Kunstwerk und Wirklichkeit beibehalten und ruhig ertragen wurde.

Der zweite »Faust« und die »Wanderjahre« bedeuten nicht weniger als der »Prinz von Homburg« eine äußerste Diskrepanz zwischen Möglichkeit und Wirklichkeit, Vorwegnahme und Zurückbleiben. So entstand das Spätwerk Goethes als Einsamkeit und Abkehr von der Epoche, allein es durfte Goethes Leben nicht in eine Tragödie verwandeln. Kleist hatte die Grundregeln der Klassik nicht nur als Dramatiker verworfen, sondern mit ihnen auch die künstliche Distanz zwischen Dichtung und Leben. Darum gibt es bei ihm dramatische Wirkungen, die eigentlich unerlaubt sind, weil sie in beunruhigender Weise die Beziehungen zwischen dem Theater und dem Leben durcheinanderbringen. Wenn sich Mortimer in »Maria Stuart« ersticht, so stirbt er einen Theatertod und bewirkt Emotion nur im Rahmen der dramatischen Spannung, nicht ob seines Schicksals. In dem Schauspiel »Prinz Friedrich von Homburg« dagegen geht der reale Tod um, kein Theatertod. Das war es wohl, was die Zeitgenossen entsetzte. Die Todesfurcht eines preußischen Prinzen war bloße Äußerlichkeit: entsetzlicher war, daß diesmal auf der Bühne *vom wirklichen Sterben eines Menschen* gesprochen wurde: nicht bloß zum Zweck der dramatischen Spannung.

Tragik der Späte und der Frühe

In der Sickingen-Debatte von 1859, die am Beispiel des – zweifellos mißglückten – Versdramas »Franz von Sickingen« von Ferdinand Lassalle einige Fragen der Dramentheorie, Dramaturgie und Ästhetik des Theaters behandelt, fragt *Karl Marx* nach den Möglichkeiten, eine Figur der Geschichte zum tragischen Helden zu machen. Hutten und Sickingen, so meinte er, seien dazu als Vertreter einer untergehenden Gesellschaftsschicht von Grund auf unbrauchbar. Indem er andeutet, Thomas Münzer als Vertreter einer Opposition der Bauern und Plebejer wäre wesentlich geeigneter gewesen, als tragischer Held in den Mittelpunkt eines historischen Schauspiels aus dem frühen deutschen 16. Jahrhundert zu treten, postuliert Marx, das Privileg des Tragischen könne niemals dem Repräsentanten einer Spätzeit, die untergeht, zugebilligt werden. Tragisch dagegen sei das Auftreten einer geschichtlichen Gestalt, die geistig den Zeitverhältnissen vorauseile: dank ihrer politischen Anschauungen, Gesellschaftsvisionen, Kunstanschauungen. Friedrich Hebbel hatte sich mit Vorliebe dem tragischen Untergang bisher gültiger Ideen und Zustände zugewandt, die nicht mehr zu retten sind, aber den besonderen Anteil dieses Dramatikers finden. Die »Sikkingen-Debatte« erblickt Tragik bloß im Phänomen dessen, der geschichtlich zu früh auftritt.

Von welcher Art ist die Tragik Heinrich von Kleists? Kam er zu spät oder zu früh? Es war wohl beides zugleich. Mit ihm erreicht das bürgerliche Bewußtsein in Deutschland einen Höhepunkt, der gleichzeitig ein Grenzpunkt ist. In all seinen Krisen und

Wandlungen, im stetigen Bemühen um neue objektive Gewißheit, gab Kleist niemals die früheren Positionen auf, sondern suchte sie immer in ihren Grundelementen für die neuerlangte geistige Position zu retten. Der Mathematiker und Mechaniker Kleist geht auch noch in den letzten Werken um. Das Essay »Über das Marionettentheater« ist, schaut man genau hin, zugleich eine Weiterführung von Gedanken aus der Zeit der einstigen Kant-Krise. Die Traumwandelei Homburgs und die Visionen seiner Sehnsucht haben mit Rousseau-Idealen zu tun. Das Verhältnis zwischen dem Prinzen und dem Kurfürsten repräsentiert europäische Aufklärung einer eigentümlich deutschen, nicht bloß preußischen Art. Heinrich von Kleist demonstriert einmal noch eine Zusammenfassung aller wichtigsten Tendenzen der bürgerlichen Geistesentwicklung: Enzyklopädie, Rousseauismus, philosophischen deutschen Idealismus, Ästhetik der Kunstperiode, volkstümliche und patriotische Romantik. Dies alles nicht als Eklektizismus, sondern in organischer Evolution, in geschichtlichem Nachvollziehen.

Damit aber gelangte er an die Grenzen der Bürgerwelt: nicht bloß mit Hilfe bohrender Intensität seines Denkens, sondern als Zeitgenosse von Ereignissen, die, richtig verstanden, selbst einen Grenzzustand dieser Bürgerwelt darstellten. Der Ablauf der Französischen Revolution hatte das Problem zuerst sichtbar gemacht, die Trennung des Citoyen vom Bourgeois, die Verwandlung der Liberté in bürgerliche Privilegien, der Egalité in formale Gleichheit der Lebenschancen. Dieser Widerspruch war mit dem Rousseauismus nicht zu vereinbaren. *Die Ideen drohten heimatlos zu werden.* Sie prangten als Inschrift an allen öffentlichen Gebäuden Frankreichs, waren aber bloß noch Schmuck, Arabeske, Verhüllung. Die Themenstellung der utopischen Sozialisten, die mit Hilfe der Aufklärungsideen einen Ausweg aus der bürgerlichen Geisteskrise suchten, die Problematik also des Jahres 1830, war schon um 1800 aktuell geworden. Die geschichtliche Verzögerung erklärte sich einmal durch die Restauration von 1814/15, die gleichsam die bürgerliche Opposition zu einer Wiederaufnahme des Kampfes von 1789 zwang, zum andern durch die Legitimität des bürgerlichen Patriotismus in seinem Kampf gegen Napoleons Absicht der Weltbeherrschung und der universalen Ausplünderung. Kleist repräsentiert in seiner letzten Lebenszeit und Schaffensperiode diese Krise des bürgerlichen Bewußtseins im Kontrast zwischen Aufklärungsidealen und bourgeoiser Lebensform. Er umfaßt den Inbegriff aller bürgerlichen Ideen, sieht aber die Unvereinbarkeit dieser Prinzipien mit der Wirklichkeit in Frankreich wie in Deutschland. Da er von Hause aus kein Bürger ist, vermag er sich auch nicht als Repräsentant dieser Klasse zu empfinden. Der Citoyen erwies sich als Illusion, der Bourgeois wurde real, ohne daß Kleist mit ihm etwas zu tun haben wollte. So verzweifelte der Künstler an der Idee *und* an der Realität. Sein Denken bedeutete Ende und Anfang zugleich. Die Tragik Kleists bestand darin, daß sein Denken und Schaffen über die Bürgerwelt hinausstrebte: im Vollzug bürgerlichen Denkens. Dies war wirkliche Tragik: auch im Sinne der »Sickingen-Debatte«. Betrachtet man den geschichtlichen Augenblick des Jahres 1811, so war ihm, um es mit den Worten seines Abschiedsbriefes zu sagen, in der Tat »auf Erden nicht zu helfen«.

Sechs Jahre vorher, Ende 1805, hatte Kleist aus Königsberg an den Freund Otto Rühle von Lilienstern geschrieben: »Die Zeit scheint eine neue Ordnung der Dinge herbeiführen zu wollen, und wir werden davon nichts, als bloß den Umsturz der alten erleben.«

So erklärt es sich auch, daß der Dramatiker Heinrich von Kleist (zwar nicht in der Form seiner Dramen, aber in ihrer Gedankenwelt) einem Georg Büchner und Grabbe im Grunde viel näher steht als der deutschen Klassik, erst recht der eigentlichen romantischen Schule in Deutschland. Gewisse Züge der Kulturkritik wie der Utopie weisen bereits von Kleist zu Heine hinüber. Die Traditionslosigkeiten des bürgerlich denkenden Junkers und des deutsch-bürgerlich denkenden Juden, der das Erlebnis des Gettos nicht mehr gekannt hat, besitzen überraschende Züge der Gemeinsamkeit.

Heine hat sich gehütet, Heinrich von Kleist in die politische Abrechnung mit den deutschen Romantikern einzubeziehen. Wenn sich Heine im September 1843 in Paris mit dem jungen Friedrich Hebbel unterhält, der ihn aufgesucht hat, so nennt er als große deutsche Dramatiker, denen er den jungen Hebbel zu vergleichen sucht, immer wieder Kleist, Grabbe und Immermann. Das war keine bloße Höflichkeit dem Besucher gegenüber, denn noch 1852 bedauerte Heine in einem Brief an seinen Verleger Campe, daß er niemals ausführlicher über die vier großen dramatischen Dichter im 19. Jahrhundert gesprochen habe: wieder nennt er Kleist, Grabbe, Immermann, zu denen er noch den Dänen Adam Öhlenschläger (übrigens einen ehemaligen Mitarbeiter des »Phöbus«) gesellt.

Auch hier beweist Heine erstaunliche Hellsicht, indem er Kleist von der klassischen Tradition wie von der deutsch-romantischen Schule zu scheiden versteht, um in ihm, der bereits 1811 starb, einen Zeitgenossen europäischer Dichtung zwischen 1830 und 1848 zu erblicken. Wenn Kleist in der Tat durch zahlreiche Motive und künstlerische Techniken seiner Werke mit der Romantik zu tun hat (auch hier übrigens Heine vergleichbar), so kaum mit der deutschen romantischen Schule, durchaus aber mit den romantisch-revolutionären Bewegungen in Frankreich und Italien, Polen und Rußland. Wenn man freilich, wie es immer wieder geschah, die Kunst des Bürgertums bloß in den Werken Goethes, Balzacs, Leo Tolstois gipfeln läßt, so wird man an Kleist bloß Elemente des Verfalls entdecken müssen. Dann lautet das Urteil so: »Seinen dichterischen Absichten nach ein gewaltiger Vorläufer der meisten dekadenten Strömungen der späteren bürgerlichen Literatur.« Dann werden ihm bloß dort mildernde Umstände zugebilligt, »wo die Wirklichkeit gegen seine Absichten einen ›Sieg des Realismus‹ herbeigeführt hat.« (Georg Lukács)

Romantisch und revolutionär war jene Dichtertradition, die sich vom klassischen Denken lossagte, um zu einer neuen Verbindung von Kunst und Handeln, Dichtung und Wirksamkeit zu gelangen. Zu ihr bekannten sich Shelley, Mickiewicz und Lermontow, Heine und Büchner, zu ihr gehörte auch Karl Immermann, auch Christian Dietrich Grabbe. Auch Heinrich von Kleist. Wer die Künstler dieser Epoche aus ihrem geschichtlichen Gesamtzusammenhang zu reißen sucht, wird unschwer bei jedem von ihnen Elemente des Verfalls, sogar der Regression erblicken können – und hätte trotzdem historisch wie künstlerisch unrecht. Dann würde das polnische Epos vom »Pan

Tadeusz« als Verherrlichung aristokratischer Vergangenheit mißverstanden, oder Lermontows »Held unserer Zeit« als dekadenter Weltschmerz, oder »Dantons Tod« als Ausdruck der Revolutionsfeindschaft, oder der »Prinz von Homburg« als Verherrlichung der Hohenzollern und des preußischen Heeres. *Kleist steht der außerdeutschen Romantik weit näher als der klassischen Kunstperiode* oder den Gedankengängen Friedrich von Hardenbergs und Achim von Arnims. Ein bürgerlicher Künstler, dem sich der Abgrund geöffnet hat zwischen bürgerlicher Weltanschauung und bourgeoiser Wirklichkeit. Die tragische Größe Heinrich von Kleists besteht darin, daß er als einer der ersten Künstler seiner Zeit den historischen Zwiespalt verstand, der seit dem Thermidor in die Welt getreten war: zwischen Citoyen und Bourgeois, Nationalität und Gesellschaftsstruktur. Er sah die Zersetzung schon vor der Reife.

Der Vorläufer

Leicht wäre es nun, sogleich hinzuzusetzen: doch sah er den Ausweg nicht. Welchen Ausweg? Daß sich Kleist im Jahre 1809 für Deutschland, für den Krieg gegen Napoleon entschied, war richtige Entscheidung. Illusionär nur insofern, als sie die wirklichen Impulse des österreichischen dynastischen Kampfes gegen Napoleon nicht sah, oder wohl eher: nicht sehen wollte. Was Kleist den Oberst Kottwitz über das Verhältnis von Fürst und Volk, Heer und Volk sagen läßt, berührt sich eng mit den Gedankengängen der Männer von 1813 und kann nicht, mit Mehring, durch einen Hinweis auf den politischen Kleinkrieg entkräftet werden, den der Herausgeber der »Berliner Abendblätter« mit Zensur und Regierung zu führen hatte. Die patriotische Enttäuschung Kleists war abermals eine Vorwegnahme. Nach 1815 sollte sie geistiges Allgemeingut werden. Der Pessimismus des späten Kleist wird unmittelbar weitergegeben an die Künstler der europäischen Restaurationsepoche: an den Stendhal von »Rot und Schwarz«, an Grabbes vor der Juli-Revolution von 1830 geschriebenes »Napoleon«-Drama.

Eines freilich darf nicht geleugnet werden: Kleists Dichtung ist *eine erste bürgerliche Dichtung der Krise.* Sie endete letal für den Dichter, weil er nicht bereit war, wie Goethe die Trennung von Kunstaussage und Lebensführung zu vollziehen, sondern wie später Shelley und Mickiewicz, Heine und Büchner nach der Einheit von Kunst und Leben strebte. Darum standen als Abschluß bei ihm nicht die Harmonien des Homburg-Finales, sondern die Schüsse am Wannsee.

Dichtung der bürgerlichen Krise: das mußte folgenreich werden. Es ergab eine neue Vorwegnahme: diejenige fast aller Motive und Themen der späteren bürgerlichen Literatur. Es hat seinen geschichtlichen Grund, wenn man höchst auffallende Züge der spätbürgerlichen Literatur bereits in einer Dichtung vorgeprägt findet, die selbst, ihrem geschichtlichen Standort nach, alles andere ist als »dekadent«. Da alles bei Kleist vorgebildet ist, liegt es beim heutigen Betrachter, der immer wieder damit eine Selbstaussage vollzieht, diese Präformation zu bewerten. Natürlich kann ein Theaterkritiker heute jubelnd feststellen, im »Amphitryon« finde sich bereits die ganze Dramatik des Absurden, sei eine Ahnherrschaft zum Surrealismus festzustellen. Man kann noch weiter gehen: wichtigste Themen der Literatur von heute entdeckt man schon bei Kleist. Er kennt die Verzweiflung an der Ohnmacht des Wortes, einen Zustand der Wirklichkeit vollkommen auszusagen. Vom »Ach!« der Alkmene zum Thema des Verstummens in der modernen Literatur, zu Hofmannsthals Brief des Lord Chandos. Der Zweifel am unzerstörbaren Grundcharakter der Persönlichkeit ist – lange vor Proust oder den Romanen Max Frischs – gestaltet im Schicksal der Alkmene und der Marquise von O ... In der Antithese: Gefühl gegen Erkenntnis klingen manche späteren Philosophien der Irrationalität an, wenngleich Kleist das unverwirrte Gefühl als objektive Gesetzlichkeit empfand. Die Einsamkeit der Kleist-Helden weist hinüber zur Einsamkeitsdichtung Grabbes und Büchners. Das Wort Dantons: »Wir sind sehr einsam« fällt schon in der ersten Minute des Schauspielabends. Es könnte als Überschrift über dem Gesamtwerk Heinrich von Kleists stehen. Das Thema des Gerichts fasziniert diesen Dramatiker stets von neuem. Verhöre und Selbstverhöre bilden immer wieder den Kern der

Kleist-Dramen. Das hat bei Kleist nichts mit Freude an der Gerichtstechnik zu tun, sondern hängt ebenso mit der Substanz dieser Dichtung zusammen wie die entsprechende Gerichtsthematik beim Stückeschreiber Brecht, aber auch bei Franz Kafka und Friedrich Dürrenmatt. Kleist immer wieder als Vorläufer, als die große Vorwegnahme.

Sprache als Entfremdung

Daß die Sprache Kleists in seinem Zeitalter vergleichslos erscheint, wurde oft festgestellt. Meist sah man darin, nicht mit Unrecht, den persönlichen Stil eines unverwechselbaren Künstlers. Auch Psychologie beteiligte sich am Gespräch. Sie verwies auf Kleists Brief-Essay »Über die allmähliche Verfertigung der Gedanken beim Reden« und wollte das Prinzip sprachlichen Ausdrucks bei Kleist aus dem Gebrechen eines Stotterers herleiten, der in der Tat hinter manchen Äußerungen dieses Essays hervorschaut, hinter Sätzen etwa wie: »In solchen Fällen ist es um so unerläßlicher, daß uns die Sprache mit Leichtigkeit zur Hand sei, um dasjenige, was wir gleichzeitig gedacht haben und doch nicht gleichzeitig von uns geben können, wenigstens so schnell als möglich aufeinander folgen zu lassen. Und überhaupt wird jeder, der bei gleicher Deutlichkeit geschwinder als sein Gegner spricht, einen Vorteil über ihn haben, weil er gleichsam mehr Truppen als er ins Feld führt.« Wer daraus allerdings folgern möchte, die Dichtungen Kleists seien rhapsodisch angelegt, ihr Dichter habe sie gleichsam in Rage geschrieben und dabei Schöpfungen hervorgebracht, von denen er vielleicht bei Beginn des Schreibens noch kaum eine Vorstellung besaß, gerät mit den Tatsachen in Widerspruch. Mit den Aussagen nämlich, die wir über Kleists Arbeitsmethode besitzen: mehr noch mit der Struktur der Werke selbst. Von den Dramen braucht man nicht zu reden: ihr oft geradezu ausgeklügelter Aufbau hat mit Rhapsodik nichts zu tun. Allein auch mit *Kleists Erzählungen* steht es nicht anders. Die allerdings hat man lange Zeit als sprachlich zwar großartige, insgeheim aber nicht eigentlich »komponierte« epische Gebilde ansehen wollen. Man glaubte das Gestaltungsprinzip bloß in der Musikalität des Rhythmus, nicht aber in einer eigentlichen erzählerischen Struktur zu erblicken. Diese Meinung aber läßt sich nicht aufrechterhalten, beschäftigt man sich genauer mit den großen Erzählungen, von den Anekdoten und Marginalien ganz zu schweigen.

Auch Kleists Erzählungen sind als Schöpfungen eines Dramatikers erkennbar. Vor dem »Michael Kohlhaas« wird das evident. Ein Interpret (Charles E. Passage) hat die Erzählung als Drama in fünf Akten nach allen antiken Regeln der Dramaturgie interpretiert. Auch im »Erdbeben in Chili« kann man unschwer »retardierende Momente« im dramaturgischen Sinne erkennen. Weit also davon entfernt, seine Erzählungen gleichsam im Sprachrausch niederzuschreiben, scheint Kleist viel eher bemüht, ihnen eine Strenge des Aufbaus abzugewinnen, die sich der Dramatiker abverlangen muß, will er die gewünschten Wirkungen der Tragödie oder Komödie auf dem Theater erzielen.

Die Einsicht aber in diese Aufbauprinzipien des Erzähler-Dramatikers Kleist hat umgekehrt zur Behauptung geführt, die Eigenart von Kleists Erzählungen liege darin, daß nicht bloß der Ablauf des Geschehens, sondern sogar die Moralité bereits mit den ersten Sätzen vom Erzähler vorweggenommen werde. Kohlhaas wird im ersten Satz in gleichsam geschichtlicher Beurteilung des Falles als »einer der rechtschaffensten zugleich und entsetzlichsten Menschen seiner Zeit« vorgestellt. Alle Erzählungen Kleists sind Historien; sie könnten den Untertitel des »Michael Kohlhaas« tragen: »Aus einer alten Chronik«. Es ist mehrfach in der neueren Kleist-Forschung darauf hingewiesen worden, Franz Kafkas epische Technik weise größte Ähnlichkeit mit der Erzählhaltung Heinrich von Kleists auf, was nicht wundernimmt, denn Johann Peter Hebel und Kleist waren Kafkas Lieblingsautoren. Eine Untersuchung (Helmut Lamprecht) über »Mühe und Kunst des Anfangs. Ein Versuch über Kafka und Kleist« hat das an überraschenden erzählerischen Parallelen demonstriert.

Solche Übereinstimmung hat nicht allein mit der Technik zu tun, auch nicht bloß mit der Sprache Kleists, sondern mit der Sache. Abermals mit dem geschichtlichen Augenblick. Kleists Sprache steht in seinem Zeitalter vergleichslos da. Nicht bloß, weil er ein

Genie und ein Stotterer war. Die Sprache Heinrich von Kleists gehört zur singulären Position dieses Mannes zwischen Reifen und Verfall der Bürgerwelt.

Damit soll nicht der Soziologismus gebeten werden, an die Stelle des Psychologismus zu treten. Aber jede erzählerische Haltung ist zugleich eine gesellschaftliche Haltung; die Wahl eines epischen Prinzips ist immer zugleich eine soziale Entscheidung. Die Sprache Kleists hat ebenso mit der Einsamkeit zu tun wie der Inhalt seiner Werke. Hier schreibt ein Erzähler ohne Publikum. Wenn man Gottfried Benns Formel vom lyrischen Monolog abwandelt, läßt sich die Eigenart der Kleist-Erzählungen dahin verstehen, daß es sich bei ihnen um *monologische Epik* handelt.

Die Anfänge von Kleists Erzählungen sind bedeutungsvoll, denn hier wird jeweils der epische Raum zugleich als gesellschaftlicher Raum abgemessen. Der Epiker *Goethe* pflegte stets den Kreis derjenigen, von denen erzählt wird, und auch die Person des Erzählers genau zu situieren. »Werther« ist ein Briefroman. In den »Unterhaltungen deutscher Ausgewanderten« stellt der Erzähler die späteren Teilnehmer der Unterhaltung vor: arrangiert gleichsam – als Nachfolger Boccaccios – Raum und Zeit des Novellenzyklus. Die »Wahlverwandtschaften« führen den Erzähler mit dem vierten Wort des Romanbeginns ein: »Eduard – so nennen wir einen reichen Baron im besten Mannesalter –.« Die »Lehrjahre« vollends beginnen – des erzählerischen Imperfekts ungeachtet – als Vergegenwärtigung. Der Leser wird herbeigeholt, in ein Zimmer gestellt, um mitzuerleben, was sich abspielt.

Natürlich strebt auch Kleist danach, Geschehen gegenwärtig zu machen, aber nicht für einen Leser oder Zuhörer. Der Erzähler tritt zurück. Das erzählerische Subjekt scheint zu fehlen. Es fehlt auch jegliche Andeutung eines Adressaten. Der Epiker Kleist scheint nicht gewillt, die Konvention beizubehalten, als sitze der Erzähler im Lehnstuhl und berichte unerhörte und merkwürdige Vorfälle vor einem Kreise der gebildeten und empfänglichen Geister. Unerhörte und in sich abgeschlossene Begebenheiten freilich im Sinne von Goethes Novellen-Definition schildert Kleist in allen Geschichten. Aber es sind stets Geschichten aus der Vergangenheit und aus fernen Ländern. Chili; St. Domingo; Italien im Findling wie in den Geschichten des Bettelweibs oder der Marquise. *Räumliche Distanzierung und Historisierung wirken zusammen.* Das Thema des Exotismus, das die Weltliteratur des 19. Jahrhunderts seit etwa 1830 prägen sollte, ist gleichfalls bei Kleist vorweggenommen. Keinerlei Vorwegnahme hingegen der Erinnerungs- und Rahmentechnik eines Conrad Ferdinand Meyer oder Theodor Storm. Die Chronik bei Kleist besitzt eine andere Funktion als eine Chronik bei Storm. Auch der Erzähler Storm ist Lyriker. Wellen des Gefühls schwingen in einer Storm-Novelle zwischen dem abgetanen Vergangenen und der Gegenwart des Erzählers. Kleist gelingt es zwar nicht immer, den Erzähler vergessen zu machen: dafür sind Ton und Stil seines Vortrags zu eigentümlich. Aber Schwingung des Gefühls, Mitleid und Zorn? Die schrecklichsten Ereignisse berichtet dieser Epiker sachlich, auf jede Einzelheit bedacht. »Doch Meister Pedrillo ruhte nicht eher, als er der Kinder eines bei den Beinen von seiner Brust gerissen, und, hochher im Kreis geschwungen, an eines Kirchpfeilers Ecke zerschmettert hatte.« (Das Erdbeben in Chili) Überall scheint es auf Niederschriften eines Protokolls für ein Gerichtsverfahren anzukommen. Es ist die Haltung des Schreibers Licht, der auf Adams Frage, ob die Aussage zu Protokoll genommen sei, höchst zweideutig zu antworten weiß: »O ja, und alles andere, Herr Richter.«

Die große Unterredung zwischen Luther und Kohlhaas wird genau als Sitzungsprotokoll geführt: Luther sagte – Kohlhaas erwiderte – Luther sagte – Kohlhaas antwortete. Auch der Essayist Kleist hält es nicht anders. Das Gespräch »Über das Marionettentheater« ist gleichfalls ein Protokoll: Ich erwiderte – er sagte – ich äußerte – er versetzte. Das ist nicht mehr die Haltung eines Erzählers, der einem Publikum schöner Seelen oder witziger Köpfe eine ungewöhnliche Begebenheit zur Bewegung des Gemütes oder des Geistes schildern möchte, sondern die Haltung eines Berichterstatters, der zu rapportieren gedenkt: vor einer Instanz, einem Gericht, vor der Nachwelt. Leidenschaft liegt in der Sache, nicht im Bericht. Das Ich des Erzählers – lange vor Flaubert – hat außer Betracht zu bleiben. Es bürgt bloß für Treue und Genauigkeit des Berichts.

Auch hierin bedeutet Kleist eine Vorwegnahme. Ein Chronist der Historien. Ein Reporter, ein unheimlicher Geschichtsschreiber für die Mitwelt, wohl eher für die Nachwelt. Monologische Epik, denn der Adressat bleibt anonym, ist eher institutionell als personell zu verstehen.
Dies allerdings weist zu Kafka hinüber, übrigens auch zu Bertolt Brechts »Kalendergeschichten« und nicht minder zu den – gleichfalls chronikhaft angelegten – Erzählungen der Anna Seghers. Die Verfasserin des »Aufstands der Fischer von St. Barbara« und Kleistpreisträgerin wußte schon, warum sie sich im Jahre 1938 in ihrem Briefwechsel mit Georg Lukács gegen dessen Behauptung wehrte: »Kleist hat in dieser Zeit die Mischung von Reaktion und Dekadenz repräsentiert.« Anna Seghers empfand umgekehrt eine tiefe Gemeinsamkeit zwischen der Reaktion Kleists auf die Ereignisse seiner Epoche und der Haltung eines modernen Erzählers. Von beiden, Kleist *und* der modernen Epik, bekannte sie in jenem Briefwechsel: »Die Realität ihrer Zeit und ihrer Gesellschaft hat auf sie nicht den allmählichen nachhaltigen Eindruck ausgeübt, sondern eine Art von Schockwirkung.« Kafka – Brecht – Anna Seghers: es ist jedesmal ein anderer Kleist, der hier zum epischen Vorbild wurde. Alle Formen moderner Objektivierung in Erzählung und Roman finden in Kleist den Vorläufer. Die Sprache dient der Entfremdung, denn die »Schockwirkung«, von welcher Anna Seghers spricht, entspringt dem Schock über die *Selbstentfremdung des Menschen* in jener Phase der Bürgerwelt, die Kleist erlebte und als erster in ihren krisenhaften Aspekten zu deuten verstand. Deshalb hat auch die Sprache Kleists mit der Dialektik von Frühzeit und Spätzeit zu tun, mit dem Nichtmehr und Nochnicht. Abermals bedeutet er eine Vorwegnahme in höchster Ambivalenz: für die spätbürgerliche wie die nicht-mehr-bürgerliche Literatur unserer Tage.

Homburg oder Freiheit und Ordnung

Der »Prinz von Homburg« freilich muß den Liebhabern einer absurden Literatur am meisten Widerstand entgegensetzen, wenngleich er ihnen scheinbar mit Somnambulismus und Todesromantik die Sache leicht macht. Das letzte Drama Heinrich von Kleists meint es durchaus anders.

Vor solchem Mißverständnis sollte ein Vergleich der historischen Vorgänge mit dem Theatergeschehen bewahren.

Der Kurfürst hat nichts mit dem Hohenzollernfürsten aus der zweiten Hälfte des 17. Jahrhunderts zu tun; die dramatische Themenstellung ist anachronistisch, betrachtet man die Verhältnisse aus der Zeit der Schlacht von Fehrbellin; der Prinz besitzt kein geschichtliches Vorbild. Die Gedanken über Staat, Heer und Politik sind unverhüllt vom Jahre 1810. Doch haben sie nur mit dem Vordergrund des Schauspiels zu tun. Wer die Schlußwendung von den »Feinden Brandenburgs« als Substanz des Schauspiels betrachtet, hat Kleist gründlich mißverstanden.

Nicht minder hilflos stehen diejenigen Deuter vor dem tiefsinnigen Werk, die eine religiöse Thematik finden möchten. Der Kurfürst wird dann als göttlicher Weltlenker gedeutet, der mit der »Überlegenheit eines Gottes« schalte und walte, am Schluß aber dem Prinzen nicht sein Recht, sondern bloß Gnade zumesse. Die Gestalt aber des Kurfürsten im Schauspiel selbst widerlegt diese Interpretation. Gewiß ist der Monarch auf weite Strecken hin undurchsichtig; er scheint an unerforschlichen Ratschlägen zu spinnen, ähnlich wie der Cheruskerfürst der »Hermannsschlacht«. Aber dann erleben wir seine kurze Meditation über den »Dei von Tunis« im fünften Akt und erkennen plötzlich: auch der Kurfürst ist verstrickt in das Spiel und Gegenspiel, er ist beileibe kein Weltenlenker über den Parteien. Er braucht Homburg und dessen freie Einsicht in die Notwendigkeit ebenso, wie der ihn braucht. Auch der Kurfürst weiß *nicht* von vornherein, wie alles ausgehen wird; er muß neu reagieren und planen.

Weder Apologie des Preußentums noch verkappte Theologie, und sei es selbst eine solche des Deismus. Vielleicht wohl eher ein *Parabelstück*, um einen heutigen Ausdruck der Stückeschreiber zu gebrauchen. Was sich an Homburg vollzieht, ist eine »Maßnahme«; durch sein Verhalten in der Schlacht hat er das Zusammenspiel zwischen gemeinsamer Beratung und Subordination gestört; aber auch der Kurfürst stört durch seine Reaktion diese

Harmonie der Kräfte und Gegenkräfte. Es ist nicht zufällig, wie so häufig bei Kleist, eine Frau, die Prinzessin Natalie, die als Vertreterin des natürlichen Menschentums gegen eine Staats- und Rechtsordnung auftritt, die unmenschlich zu werden droht. Wo Penthesilea nur noch den Untergang sehen konnte, erblickt Natalie die Möglichkeit zu einer harmonischen Versöhnung der natürlichen mit der staatlichen Ordnung. Unter der Bedingung, daß auch der Kurfürst mehr repräsentieren möge als bloße staatliche Ordnung, die sie selbst (und der Rousseauist Kleist mit ihr) nur als Unordnung empfindet!

> O Herr! Was sorgst du doch? Dies Vaterland!
> Das wird um dieser Regung deiner Gnade
> nicht gleich, zerschellt in Trümmern, untergehn.
> Vielmehr, was du, im Lager auferzogen,
> Unordnung nennst, die Tat, den Spruch der Richter,
> In diesem Fall willkürlich zu zerreißen,
> Erscheint mir als die schönste Ordnung erst:
> Das Kriegsgesetz, das weiß ich wohl, soll herrschen,
> Jedoch die lieblichen Gefühle auch.
>
> (Prinz von Homburg IV, 1)

Doch ist die Lösung damit nicht gegeben, und der Kurfürst weiß es. Der Synthese aus Staatsordnung und Naturordnung, die der Herrscher zu vollziehen hat, muß die gleichfalls zu schaffende Synthese aus Freiheit und Notwendigkeit beim Prinzen entsprechen. Erst als sich dieser Vorgang, bei welchem es um Leib und Leben geht, um den wirklichen Tod, ereignet hat, ist die Harmonie – für diesen dramatischen Augenblick – vollzogen. Im Drama, nicht im geschichtlichen Augenblick Heinrich von Kleists. Ein Parabelstück, denn sein Konflikt entsteht, in geschichtlich wechselndem Kostüm, immer wieder von neuem.

Künstlergestalten

Kleists seelische und gesellschaftliche Einsamkeit unter den Zeitgenossen äußert sich nicht bloß in einer Sprachform der Selbstentfremdung, sondern in einer Darstellung isolierten Künstlertums, das nur notdürftig mit den Mitteln der Mythologie, Historik oder Parabolik umkleidet wird. *Jupiter, Hermann, Homburg sind Künstlergestalten.* Ihr Schicksal ist Künstlerschicksal. Jupiter sagt es ganz unmißverständlich:

Geliebte, sieh! so viele Freude schüttet
Er zwischen Erd und Himmel endlos aus;
Wärst du vom Schicksal nun bestimmt,
So vieler Millionen Wesen Dank,
Ihm seine ganze Fordrung an die Schöpfung
In einem einz'gen Lächeln auszuzahlen …
(Amphitryon II, 5)

Der Weltenschöpfer verstanden aus der Erfahrung eines Schöpfers dichterischer Gestalten. Fremdheit aber und Einsamkeit des Dichters, die nur vergleichbar sind der Einsamkeit Jupiters im öden, liebeleeren Olymp.

Die scheinbar politische Konzeption Hermanns vom geeinten Deutschland ist eigentlich ein Bild vom Vorrang nationaler Literaturen:

Ich glaub', der Deutsch erfreut sich einer größern
Anlage, der Italier doch hat seine mindre
In diesem Augenblicke mehr entwickelt.
Wenn sich der Barden Lied erfüllt
Und, unter *einem* Königszepter,
Jemals die ganze Menschheit sich vereint,
So läßt, daß es ein Deutscher führt, sich denken,
Ein Britt, ein Gallier, oder wer ihr wollt …
(Die Hermannsschlacht I, 3)

Kleist meint sich und Shakespeare, die Gallier sind bloß aus der Verlegenheit des historischen Zusammenhangs eingefügt und

müssen genannt werden, da die eigentlichen Gallier, die Franzosen also, im Stück in der Rolle der Römer auftreten.
Der Traum des Prinzen von Homburg vollends ist ein Künstlertraum. Kleist nennt kaum etwas, das die Soldatennatur des Prinzen, damit auch die Zuneigung seiner Offiziere zu ihm als einem Soldaten, erklären könnte. Homburgs Traum ist ein Liebestraum und ein Künstlertraum. Die erste Szene zeigt weit mehr einen kleistischen Torquato Tasso als einen brandenburgischen Befehlshaber. Parabelstück von Freiheit und Ordnung. Aber auch ein Parabelstück vom bürgerlichen Künstler und seiner Umwelt. So steht Friedrich von Homburg als Nachfahre und Gegenspieler des Torquato Tasso vor uns, als Vorläufer des deutschen Tonsetzers Adrian Leverkühn.

Naivität als Synthese

Auf dem Höhepunkt ihres anfänglichen Zeitungserfolgs veröffentlichten die »Berliner Abendblätter« in den Nummern vom 12. bis 15. Dezember 1810, in Fortsetzungen also, einen Aufsatz »Über das Marionettentheater«. Am Schluß fand sich die Signatur H. v. K. Der Aufsatz gehört unmittelbar neben das Schauspiel »Prinz Friedrich von Homburg«. Auch Kleists Gedanken über die Marionetten sind keineswegs, wie man gemeint hat, eine Verherrlichung des Parademarsches und des Preußentums. Sie sind ebensowenig, der Schlußwendung zum Trotz, eine religiöse Verheißung. Mit Dialektik hat auch dieser tiefsinnige Aufsatz zu tun. Kleist entnimmt seine Beispiele der Mathematik und Physik: »Doch so, wie sich der Durchschnitt zweier Linien, auf der einen Seite eines Punkts, nach dem Durchgang durch das Unendliche, plötzlich wieder auf der andern Seite einfindet, oder das Bild des Hohlspiegels, nachdem es sich in das Unendliche entfernt hat, plötzlich wieder dicht vor uns tritt: so findet sich auch, wenn die Erkenntnis gleichsam durch ein Unendliches gegangen ist, die Grazie wieder ein; so daß sie, zu gleicher Zeit, in demjenigen menschlichen Körperbau am reinsten erscheint, der entweder gar keins oder ein unendliches Bewußtsein hat, d. h. in dem Gliedermann oder in dem Gott.«

Die Beispiele aber sind Demonstrationen einer dialektischen Triade, die in der Synthese gipfelt, in der Negation der Negation. Die neue Grazie entsteht, wenn der Mensch durch die Phase der Reflexion hindurchging und einen Zustand erreichte, worin Fühlen und Denken wieder zur Einheit wurden, dergestalt, daß keines von beiden ungebührlich hervorträte. Als Kategorie der *neuen Naivität*, von der Brecht in seinen letzten Lebenstagen so eindringlich zu sprechen wußte: die nichts mehr mit »naiver Dichtung« in Schillers Sinne zu tun hat und doch eine höhere Naivität der Kunst darstellt.

Will es nicht scheinen, als müßte unser Verhalten zu Heinrich von Kleist gleichfalls diese Phasen durchlaufen? Unkritische Hingabe an das Werk in seiner Gesamtheit und in allen Einzelheiten ist nicht mehr möglich. Lesen wir gewisse Partien der »Penthesilea«, der »Hermannsschlacht«, des patriotischen Schrifttums, so erschweren Assoziationen, die wir »im Lichte unserer Erfahrung« kaum von uns weisen können, die Ursprünglichkeit einer naiven Hingabe. Die Phase der Reflexion dagegen hat vielerlei zutage gefördert. Kritische Vorbehalte die Fülle: aus Psychologie, Politik und Ästhetik. Dennoch kann auch dies nur eine Durchgangsphase bedeuten. Genaue Erkenntnis des geschichtlichen Augenblicks, in dem Kleist lebte, schuf und zugrunde ging, erlaubt eine neue Relation aus Scheu und Bewunderung, geschichtlicher Einsicht und leidenschaftlicher Hingabe an das Kunstwerk.

»›Mithin‹, sagte ich ein wenig zerstreut, ›müßten wir wieder von dem Baum der Erkenntnis essen, um in den Stand der Unschuld zurückzufallen?‹ ›Allerdings‹, antwortete er; ›das ist das letzte Kapitel von der Geschichte der Welt.‹« – Das letzte Kapitel? Doch wohl nicht. Aber ein neues Kapitel.

VI. FRAGEN DER DEUTSCHEN ROMANTIK

In seinem Erinnerungsbuch »Ein Zeitalter wird besichtigt« von 1947, das zugleich Lebensbericht sein will, historische Rückschau und Gegenwartskritik, gibt *Heinrich Mann* einem Abschnitt die Überschrift: »Das niedrigste Lebensgefühl«. Er meint dies: »Das Lebensgefühl der deutschen Romantiker ist das niedrigste, das eine Literatur haben kann. Das kommt nur vor, wo, mit oder ohne Nötigung, falsch gehandelt wurde. Eine Mannschaft von Romanciers, die soziale Tatsachen darstellt, kann meinen, die nächste équipe werde für ihre Zeit dasselbe tun. Hundert Jahre ist dies wahr gewesen, in Frankreich wie in Rußland. Aber Zaubermärchen, altdeutsche Maskierung, künstliche Verzückung, ein grundloser Tiefsinn, wer soll das fortsetzen. Diese Dichter schreiben wie die letzten Menschen.« Freilich möchte der einstige Verfasser von Erzählungen aus dem Bereich der italienischen Renaissance durchaus nicht den Begriff der Romantik mit künstlerischer Unfähigkeit und politischem Rückschritt gleichsetzen. Weshalb er fortfährt: »Romantisches Denken und Dichten bedeutet nicht jedesmal, nicht überall die Abkehr vom Gegenwärtigen und ein ermüdetes Lebensgefühl.«

Wann also? Bloß im Falle der bürgerlichen und deutschen Romantik? Maxim Gorki beispielsweise hatte noch in seiner letzten Lebenszeit (1934) den merkwürdigen Satz geschrieben: »Die revolutionäre Romantik ist im Grunde genommen ein Pseudonym des sozialistischen Realismus.« Woran zunächst die Feststellung bemerkenswert ist, daß sich der sozialistische Realismus eines romantischen Decknamens bedient haben soll, um in der Literaturwissenschaft seinen Einzug halten zu können. Gorki aber scheint dem Begriff der Romantik einen Grundzug höchster Progression und überhistorischer Gültigkeit zubilligen zu wollen. Derselbe Gorki jedoch hatte als Literaturkritiker früher einmal über Ludwig Tiecks Roman »William Lovell« (1796) geschrieben, einen der symptomatischen Romane deutscher Frühromantik, und dabei gemeint, das Werk enthalte bereits alle Verfallselemente der spätbürgerlichen Literatur: »Die Übereinstimmung der seelischen Verfassung der Bourgeoisie vom Ende des 18. und Beginn des 19. Jahrhunderts mit der seelischen Verfassung der modernen Bourgeoisie ist frappant.«

Es ließe sich einwenden, daß Bourgeoisie nicht gleich Bourgeoisie gesetzt werden darf, und daß scheinbare Übereinstimmung der Motive oder seelischen Haltungen oft bloß den Vordergrund repräsentiert, hinter dem sich die Divergenzen verstecken. Mit Gründen könnte man die Geschichte des Wüstlings und Verführers Lovell, statt darin eine Vorwegnahme später bürgerlicher »Dekadenz« zu erblicken, der typischen frühbürgerlichen Tradition der Richardson und Smollett oder auch der literarischen Mode kurz vor Ausbruch der Französischen Revolution (Laclos und Réstif de la Bretonne) zugesellen. Doch nicht diese Auseinandersetzung mit Gorki über ein Werk der ersten deutschen romantischen Schule ist wesentlich, sondern die Erkenntnis, daß bei Anwendung des Terminus Romantik erhebliche Verwirrung überall dort zu herrschen scheint, wo versucht wird, den Begriff nicht bloß zur Charakterisierung jener literarischen Gruppe zu benutzen, die sich selbst als romantische Schule bezeichnet hatte, sondern generell auf literarische Phänomene anzuwenden.

»Noch einmal sattelt mir den Hippogryphen, ihr Musen / zum Ritt ins alte, romantische Land!«, so beginnt Wielands »Oberon«, der 1780 erschien, geraume Zeit also vor den Bewußtseinsregungen der deutsch-romantischen Schule. Wo liegt es, das »alte, romantische Land«? Im selben Jahre 1830, da die Juli-Revolution ausbricht, um das bourbonische Restaurationsregime zu verjagen, das in *François René de Chateaubriand* seinen legitimistischen, gut katholischen Dichter gefunden hatte, einen Künstler, dessen lyrisches und erzählerisches Werk alle Wesenszüge der romantischen Poesie trug, was sich gut mit der restaurativen und katholischen Haltung deutscher Romantiker vereinbaren ließ, kämpfte sich die Dichtung *Victor Hugos* und seiner Freunde gegen die klassizistische Literaturmode durch. Hugo aber und Lamartine, Musset oder Nerval, sämtlich Anhänger liberaler und demokratischer Ideen, bezeichneten sich als »Romantiker«, und sie waren auch Romantiker. Ihr politischer Gegner Chateaubriand jedoch war es nicht minder.

Die russische Dichtung Puschkins und Lermontows, die polnische eines Mickiewicz und Słowacki war Ausdruck nationalen Freiheitsstrebens von bürgerlicher Observanz. Die Gemeinsamkeit der Ideen mit Heine oder Musset, mit der Byron-Tradition war offensichtlich: romantische Dichtung, die sich gegen die romantischen Theorien der Restaurationssysteme zu wehren hatte. Seit diesem gleichen Jahre 1830 aber war in Deutschland der Begriff »romantischer« Dichtung gleichbedeutend geworden mit poetischer Untertänigkeit, dem Verzicht auf Rebellion. Als *Heinrich Laube* nach dem Verbot seiner gesamten literarischen Produktion im Prozeß gegen das »Junge Deutschland« den Frieden mit dem Metternich-Regime zu machen gedachte, gelobte er im Neujahrsartikel 1836 seiner »Mitternachtszeitung«, von nun an »romantisch« schreiben zu wollen. Schon lange habe er im Sinn gehabt, »eine neuromantische Schule zu gründen«. Wo also gibt es eine Gemeinsamkeit, die erlaubte, den Terminus der Romantik gleichermaßen auf Chateaubriand und Victor Hugo anzuwenden, auf Heine und Brentano, auf den politisch-nationalen Messianismus von Mickiewicz und Joseph Schellings späte Philosophie der Offenbarung?

Im volkstümlichen Gespräch pflegt einer gewisse Naturschönheiten als »romantisch« zu bezeichnen: den Wasserfall im Walde, die verfallene Ritterburg, den Regenbogen nach dem Gewitter, die Rheinlandschaft, den Sonnenuntergang am Meer. Hier wurden einstige poetische Entdeckungen authentischer Romantik in die Alltagssprache übernommen. Die bürgerliche Dichtung hatte bereits in der Mitte des 18. Jahrhunderts damit begonnen, im Gegensatz zur Artistik höfischer Kunst, die *Poesie natürlicher Verhältnisse* zu entdecken: den englischen Garten als Gegensatz zu den auskonstruierten Parkanlagen eines Lenôtre. Poesie der Idylle, der Einsiedelei, des Landlebens, der glücklichen wie der unglücklichen Liebe bei Goldsmith, bei Rousseau und in Goethes »Werther«. Die Romantiker erweiterten diese Entdeckungsbewegung im Bereich der natürlichen Poesie. Brentano erschloß die Poesie des Rheines, Heine besang die Nordsee, Lermontow gewann den Kaukasus als neuen lyrischen Bereich.

Alles war »romantisch«, um es bis heute für die Trivial-Ästhetik zu bleiben.

Allein von den Romantikern ging auch – in mächtiger Strömung seit 1830 – die *Gegenbewegung* aus, die zur Schaffung und *Verherrlichung der künstlichen Paradiese* führen sollte. Das beginnt um 1810 bei E. T. A. Hoffmann. Noch während Byron und Shelley am Werk sind, entdeckt gleichzeitig (1822) der Engländer Thomas De Quincey, gar kein Romantiker von Hause aus, eher ein rationalistischer Aufklärer, die künstlichen Paradiese, die das Opium vermittelt, und er macht sich kein Gewissen daraus, auf die entsprechenden künstlichen Inspirationen hinzuweisen, denen die Dichtung eines Coleridge ihre Entstehung verdanke. Noch bevor die natürliche musikalische Poesie der Romantiker Schumann und Chopin auf dem Höhepunkt ist, entsteht, fünfzehn Jahre vor der Vollendung von Wagners »Tannhäuser«, die »Symphonie fantastique« von Hector Berlioz als musikalische Gesamtdarstellung einer romantischen Dichtung der künstlichen, artifiziellen Schönheit.

Die weiteren Etappen dieses Prozesses sind bekannt: Nerval, Richard Wagner, Poe, schließlich Baudelaire. Alles aber hing mit den Bereichen der »Romantik« zusammen. Ob in Tiecks Jugendroman, wie Maxim Gorki gemeint hatte, schon eine späte Kunst der Kafka und Joyce vorweggenommen war, ist fraglich. Daß aber von E. T. A. Hoffmann zu Baudelaire ein Weg führt, kann gezeigt werden. Baudelaire wußte es übrigens.

Ungeklärt scheint zu sein, ob Romantik eine Bewegung des gesellschaftlichen Fortschritts oder der Regression darstellt: ob sie als Vertreterin feudaler Zustände und Ideen auftrat, oder umgekehrt als bürgerliche Bewegung. Ob überhaupt eine Gemeinsamkeit möglich ist zwischen der deutschen romantischen Schule und den außerdeutschen Romantikern; ob sie in ihrer Ästhetik darauf ausgeht, die Poesie natürlicher Schönheit zu entdecken, oder ob sie, abermals umgekehrt, in immer stärkerem Maße nach Trennung von Kunst und Leben, Poesie und Wirklichkeit gestrebt hat. Da vieles ungedeutet erscheint, auch seit Ende der napoleonischen Ära bereits von den jeweiligen Zeitgenossen als ungeklärt empfunden wurde, war es unvermeidbar, daß sich die romantische Strömung in der Literatur höchst divergierende Beurteilungen und Bewertungen gefallen lassen mußte.

Die *Romantik hat ein künstlerisches Gesamtphänomen bedeutet*, nicht bloß eine literarische Besonderheit. Was jedoch war die deutsche romantische Schule? Gab es überhaupt eine romantische »Schule« in Deutschland? Einer der ersten deutschen Literaturhistoriker, *Georg Gottfried Gervinus*, meinte bereits im Jahre 1842, es sei vielleicht nicht tunlich, von einer literarischen Schule zu reden, gewißlich aber hätte »jener engere Kreis der Schlegel, Tieck und ihrer Anhänger« etwas anderes, sogar mehr dargestellt als bloß eine Schule, nämlich »einen Bund und eine Sekte«. Der frühromantische Geist sei »Sektengeist« gewesen: im Unterschied zu früheren literarischen Gemeinschaften, etwa zum Bund der Göttinger Dichter. Bleibt zu fragen, ob Gervinus die Zusammenhänge richtig gesehen hat, ob die heutige Forschung von einem romantischen »Bund« oder doch schließlich, mit Heine, von einer romantischen »Schule« sprechen darf. Wobei auch der Versuch einer heutigen Standortbestimmung davon auszugehen hat, daß die gesellschaftliche Situation des Betrachters in Rechnung gesetzt werden muß. Deutlich zeigt eine Untersuchung, die den wechselnden Beurteilungen der deutsch-romantischen Schule durch die nachlebenden Literaturhistoriker nachgeht, wie sehr der Wechsel der Urteile mit einem Wechsel der geschichtlichen Positionen und literarischen Kriterien zusammenhängt.

Als *Heinrich Heine* im Jahre 1836 sein Buch über »Die romantische Schule« zur Informierung französischer Leser herausgab, gedachte er nicht bloß ein Pamphlet zu schreiben, sondern eine historische Darstellung, weshalb er ursprünglich den Titel »Zur Geschichte der neueren schönen Literatur in Deutschland« geplant hatte. Zusammen mit dem Geschwisterwerk über die »Entwicklung der Religion und Philosophie in Deutschland« war dadurch eine Gesamtdarstellung der deutschen geistigen Entwicklung konzipiert worden. Heine vertrat geschichtliche und moralische Positionen, die ihn zum Gegner der deutschen Romantiker machen mußten. Er war nicht immer ihr Gegner gewesen. Sein Jugendaufsatz von 1820, der nur wenige Seiten umfaßte, aber bereits den anspruchsvollen Titel »Die Romantik« trug, zeigte den jungen Lyriker und Essayisten als bemühten Schüler seines Bonner Universitätsprofessors August Wilhelm von Schlegel. Dennoch fanden sich hier bereits zahlreiche Hinweise auf ästhetische und literarische Positionen des späteren Heine.

In dem Jugendaufsatz hieß es bereits: »Es ist wahr, die Bilder der Romantik sollten mehr erwecken als bezeichnen. Aber nie und nimmermehr ist dasjenige die wahre Romantik, was so viele dafür ausgeben; nämlich: ein Gemengsel von spanischem Schmelz, schottischen Nebeln und italienischem Geklinge, verworrene und verschwimmende Bilder, die gleichsam aus einer Zauberlaterne ausgegossen werden und durch buntes Farbenspiel und frappante Beleuchtung seltsam das Gemüt erregen und ergötzen.« Mit dem ersten Satz, der Gegenüberstellung von »erwecken« und »bezeichnen«, befindet sich Heine noch im Bereich der romantischen Ästhetik, so wie sie von Novalis begründet worden war. Der nächste Satz jedoch trennt den Studenten und angehenden Dichter von allen künstlerischen Bestrebungen, die romantische Dichtung mit romantischem Requisit verwechseln. Der romantische Charakter eines Kunstwerks, meint Heine, und man wird ihm zustimmen müssen, hänge nicht von der Objektwelt oder Thematik ab. *Es gibt keine in sich romantischen Gegenstände oder Lebensformen.* Auch Spanien, Schottland und Italien sind nicht romantische Gegebenheiten. Das Gefühlsverhalten des künstlerischen Subjekts entscheide über den romantischen Gehalt eines Werkes.

Gleich darauf fordert Heine allerdings, daß diejenigen Bilder, die vom romantischen Künstler geschaffen wurden und dazu bestimmt sind, romantische Gefühle zu erregen, »ebenso klar und mit ebenso bestimmten Umrissen gezeichnet sein dürfen als die Bilder der plastischen Poesie«. Damit aber bekennt er sich im Grunde zu einer *klassischen* Ästhetik; seine Behauptung läßt sich mit dem Fragmentcharakter romantischer Kunst und ihrer Vorstellung von »progressiver Universalpoesie« kaum vereinen. War die romantische Ästhetik seit Wackenroder dahin aufgebrochen, Musik (wie man sie verstand) den Werken der bildenden Kunst, vor allem den klassischen Werken der Plastik entgegen-

zusetzen, so vollzieht der junge Heine, wenngleich noch als Schüler August Wilhelm Schlegels, *die Rückkehr von der Musik zur Plastik*. Er nimmt sich vor, Romantik und plastisches Kunstschaffen miteinander zu vereinen und behauptet sogar, sie seien in der Zielsetzung wesensgleich. Dabei muß man es eher als Kompliment für den berühmten akademischen Lehrer auffassen, wenn Heine wenige Zeilen später postuliert: »So kommt es, daß unsre zwei größten Romantiker, Goethe und A. W. v. Schlegel, zu gleicher Zeit auch unsere größten Plastiker sind.«
Eine unmögliche These, was die Personen und die ästhetischen Werte betrifft. Heine ist sich schon zwei Jahre später der Unhaltbarkeit seiner Behauptung, soweit sie Schlegel angeht, durchaus bewußt. In der späteren »Romantischen Schule« kann man nachlesen, wie er im Lauf der Jahre über das Kunst- und Ordnungsverhältnis zwischen Goethe und Schlegel urteilen lernte. An seiner eigentlichen Definition der Romantik aber, die er zum erstenmal im Jahre 1820 entwickelt, hat Heine als Künstler und Kritiker festgehalten. In den Eingangsversen der Tragödie »Almansor«, die gleichfalls im Sommer 1820 in Bonn entstand, findet sich das gleiche ästhetische Bekenntnis:

> Glaubt nicht, es sei so ganz und gar phantastisch,
> Das hübsche Lied, das ich euch freundlich biete!
> Hört zu: es ist halb episch und halb drastisch,
> Dazwischen blüht manch lyrisch zarte Blüte;
> Romantisch ist der Stoff, die Form ist plastisch,
> Das Ganze aber kam aus dem Gemüte ...

Auch dem Buch, das 1836 bei Hoffmann & Campe unter dem Titel »Die romantische Schule« erschien, liegt dieselbe ästhetische Maxime zugrunde. Allerdings erkannte Heine inzwischen, daß die deutsche romantische Schule im Wollen und Vollbringen den schroffsten Gegensatz zu seinem Ideal plastischer, wenngleich romantischer Dichtung darstelle. Darum trennt er in seiner Abrechnung mit August Wilhelm Schlegel nunmehr die Begriffe Romantik und Plastik voneinander. Er trennt gleichfalls – in notwendiger Folgerung – die Gemeinsamkeit Goethe und Schlegel. Goethe wird zur bekenntnishaft gemeinten Gegenthese des Buches: Heine mißt die Romantiker an Goethes Werken – und glaubt berechtigt zu sein, sie zu verwerfen. Damit hat er zugleich die andere selbstgestellte Aufgabe gelöst: das eigene Deutschlandbild mit jenem der Madame de Staël zu konfrontieren. Jenem Deutschlandbuch, das Heine nicht ohne Grund als ein Deutschlandbuch A. W. Schlegels empfand.

In seinem Aufsatz von 1820 verbindet Heine die Elemente des Romantischen und des Plastischen, in seinem Buch von 1836 trennt er beides scharf. Früher die angebliche Gemeinsamkeit von Goethe und Schlegel, später eine Darlegung ihrer Gegensätze. In dem Jugendaufsatz eine immanente und poetische Analyse der Romantik, verfaßt von einem, der sich als dazugehörig empfindet: Das Buch über die romantische Schule hingegen gibt sich vor allem als politische Analyse, *indem es romantische Schule und restaurative Reaktion miteinander assoziiert.* Mit diesen Thesen spricht Heine nach 1830 aus, was dem allgemeinen Urteil der damals jungen deutschen (nicht bloß im engeren Sinne »jungdeutschen«) Literaturauffassung entsprach. Zwei Jahre vor Heines Buch hatte *Ludolf Wienbarg* in seinen »Ästhetischen Feldzügen« ähnlich geurteilt. Wienbarg wußte, warum er sich in der gleichen Vortragsreihe auf Heine als die Zentralgestalt der jungen und neuen, der gegenromantischen Poesie berief.

Auch *Gervinus* spricht im letzten Kapitel seiner »Neueren Geschichte der poetischen National-Literatur der Deutschen«, dem er die Überschrift »Romantische Dichtung« gibt, mit einer geheimen Geringschätzung von den Romantikern. Er behandelt sie eigentlich bloß aus Gewissenhaftigkeit, weil er der Meinung ist, mit Schiller und Goethe sei die »buchenswerte« Geschichte der deutschen poetischen Nationalliteratur abgeschlossen worden. Das Verdienst der Romantik sieht Gervinus vor allem darin, daß sie »sich der Trivialpoesie gegenübergelagert habe«. Indem sie die Ansprüche an die Kunst gewaltig steigerte, wurde sie zum Gegengewicht gegen die provinzielle deutsche Spießbürgerei. Die Folge aber war, für Gervinus, ein anderes Extrem. »Ihr Zweck, das Reale zu idealisieren, verflüchtete sich in nihilistische Luftgespinste.« Daran aber habe man sich seit 1830 schließlich »übersättigt«.

Für diesen ersten und einflußreichen deutschen Literaturhistoriker seit dem Ende der Goethezeit war Romantik daher als Gegenströmung zu Iffland und Kotzebue bedeutungsvoll, nicht um ihrer selbst willen. Bedeutung für die politische Entwicklung, auf die es Gervinus ankommt, wird den Romantikern nicht zugestanden: nicht einmal für das Jahr 1813. Gervinus repräsentiert stärker noch als Heine den allgemeinen Überdruß der deutschen jüngeren Geistigen zwischen 1830 und 1848 an einer literarischen Schule, die sich als getreuliche Verbündete Metternichs zu präsentieren schien.

Daß nicht bloß die Gegner der Romantiker diese Gleichsetzung von romantischer Schule und christlichem Legitimismus vollzogen, bewies der preußische König Friedrich Wilhelm IV., der nach seiner Thronbesteigung im Jahre 1840 als Bewunderer romantischer Kunst und Literatur daranging, das Königreich Preußen in ein Romantikerland zu verwandeln. Man beruft Peter Cornelius, Ludwig Tieck, Joseph Schelling nach Berlin. Alles aber ist bereits spätzeitlich: schal und ranzig gewordene einstige Romantik, ein Anachronismus. Bewiesen wird bloß, wie obsolet die Romantik für das allgemeine Bewußtsein geworden war. Schellings Berliner Vorlesungen im Wintersemester 1841/42 werden zunächst mit großer Begier erwartet. Das Auditorium ist überfüllt. Doch die Enttäuschung ist bald allgemein. An den Briefen des jungen dänischen Studenten *Sören Kierkegaard* läßt sich das ablesen. Neben Kierkegaard sitzen Jacob Burckhardt, Michail Bakunin und Friedrich Engels im Hörsaal. Auch sie urteilen so wie der Däne. Mit Schelling scheitert, was man als Ausklang des romantischen Geistes anzusehen gewillt ist.

Schlimmer als diese Ablehnung und erklärte Polemik ist die Nichtachtung eines *Theodor Wilhelm Danzel*. In dessen Studien zur Literatur und Philosophie der Goethezeit, die er von 1845 bis zu seinem Tode im Jahre 1850 entweder an der Leipziger Universität vorträgt oder in Zeitschriften publiziert, kommt die Romantik eigentlich nicht vor. Danzels Themen sind Goethe und Shakespeare, Lessing und Herder, Schillers ästhetische Schriften, Fichte und Hegel, gelegentlich auch der frühe Schelling. Doch eine Auseinandersetzung mit der romantischen Schule, wie sie Heine noch zehn Jahre früher für nötig erachtet hatte, erscheint Danzel irrelevant. Geringschätzung für die Malerei der Nazarener; in der Geschichte der neueren Ästhetik scheinen die Romantiker neben Goethe, Schiller und Hegel ohne Bedeutung zu sein; daß sie als Vermittler Shakespeares verdienstlich gewirkt hätten, wird ausdrücklich bestritten.

Auch der dritte der bedeutenden deutschen Literarhistoriker jener Zeit nach 1830, neben Gervinus und Danzel, *Hermann Hettner*, gelangt nicht zu einer positiveren Einschätzung. Doch im Gegensatz zu Danzel wird für ihn die romantische Schule wenigstens zu einem bemerkenswerten Thema der Auseinandersetzung. Hettners Buch »Die romantische Schule in ihrem inneren Zusammenhange mit Goethe und Schiller« wurde 1849 geschrieben, es erschien im Jahre 1850. Die Umstände der Entstehungszeit sind der Analyse anzumerken. Hier spürt man kritische Ernüchterung nach dem Scheitern der revolutionären Bewegung.

Hermann Hettners Urteil über die romantische Schule ist gerechter als das von Gervinus. Vor allem versteht er das Treiben der Romantiker als Ausdruck einer geschichtlichen Lage. Im Unterschied zu Gervinus steht er der deutschen Klassik distanzierter gegenüber. Als Nachlebender lernte Hettner von den Romantikern das Verständnis für geschichtliche Zusammenhänge und Besonderheiten, weshalb er der deutschen Klassik ihr ungeschichtliches Idealisieren und Antikisieren zum Vorwurf macht. »Es ist ein arges Mißverständnis, Schiller fortwährend im Gegensatz zu Goethe als unseren historischen Dichter zu preisen. Dazu ist er allzu abstrakt und idealistisch.« Das idealistische Humanitätsstreben der deutschen Klassik wird von Hettner, aus der Sicht der gescheiterten Bewegung von 1848/49, als Fluchtbewegung und Verklärung unwürdiger deutscher Zustände betrachtet. *Das Rührstück Kotzebues und Schillers Idealismus versteht dieser Literarhistoriker aus der Schule Ludwig Feuerbachs als Komplementärerscheinung einer deutschen Misere.* Weshalb auch die deutsche Klassik – womit Hettner recht hat – im Unterschied zur Romantik niemals eine Volksbewegung in Deutschland zu werden vermochte. »Die romantische Doktrin war so sehr aus dem innersten Herzen der herrschenden Zeitrichtung herausgewachsen und hatte so wesentliche, bleibende, befruchtende Elemente in sich, daß eine allgemein zündende Wirkung nicht ausbleiben konnte. Diese tritt in Kunst und Wissenschaft in gleicher Weise hervor. Sie bestimmt die literarischen Richtungen der ganzen Folgezeit, zum Teil noch die der nächsten Gegenwart.« Da Hettner bei seiner Analyse von Schillers und Goethes Entwicklung dem Sturm-und-Drang-Schaffen der beiden Dichter, überhaupt dem Sturm und Drang, eine weit positivere Beurteilung gewährt als dem späteren Klassizismus, nimmt es nicht wunder, daß er die deutsche Klassik durch die positiver zu verstehenden Bewegungen des Sturm und Drang *und* der Romantik gleichsam einzukreisen sucht.

Daß er den Obskurantismus der Romantiker durchaus zutreffend beurteilt, zeigt die Überschrift »Katholizismus und Mittelalter«. In der Beurteilung der romantischen Poesie, ihres Strebens nach dem großen Roman und Drama, stützt sich Hettner weitgehend auf Goethes Kritiken und unterstreicht, mit Goethe, das Dilettantische dieses Strebens. »Formlosigkeit bleibt der Fluch dieser Dichtung«, meint Hettner zu Tiecks Dramatik, und er meint damit nicht bloß Tieck. Da er – abermals im Gegensatz zu Gervinus – auch die Poesie nach ihren Funktionswerten bei Veränderung der deutschen Verhältnisse beurteilt, muß sein Urteil über die romantische Schule, trotz allem Bemühen um Gerechtigkeit, negativ ausfallen.

Das Vorwort *Rudolf Hayms* zu seinem Buch »Die romantische Schule. Ein Beitrag zur Geschichte des deutschen Geistes« ist datiert: »Halle, Ostern 1870«. Diese neue und innerhalb der deutschen Literaturgeschichte folgenreiche Interpretation deutscher Romantik entstand kurz vor Ausbruch des Deutsch-Französischen Krieges und der Bismarckschen Reichsgründung. Rudolf Haym war Abgeordneter der Frankfurter Nationalversammlung von 1848 gewesen und schrieb später die Geschichte dieses Parlaments. Wilhelm von Humboldt, Hegel und Herder wurden zu wichtigsten Themen seiner historisch-literarhistorischen Interpretation. Aber bei seiner Deutung der Romantik verzichtet er auf die Arbeit des Historikers, der eine geistig-künstlerische Bewegung in ihren geschichtlichen Zusammenhängen zu verstehen sucht. Haym bietet einerseits Philologie, indem er neue Quellen aus dem Nachlaß von August Wilhelm

Schlegel zu erschließen sucht; zum anderen hat man hier ein erstes System *geistes*geschichtlicher Betrachtung. Kein Versuch wird unternommen, die deutsche Klassik und Romantik zum Gegenstand einer konkret-geschichtlichen Analyse zu machen. Für Haym zerfallen Klassik und Romantik in abstrakte Gegensätze.

Noch Heine und Gervinus hatten das Spätwerk Goethes in ihre Darstellung der romantischen Schule einbezogen; bei Hettner waren beide Positionen antithetisch als zwei Interpretationsversuche der gleichen Substanz verstanden worden. Rudolf Haym hatte sich vorgenommen, über die romantische Schule zu sprechen: eine besondere Beschäftigung mit dem Ausgang der klassischen deutschen Dichtung schien dabei nicht erforderlich zu sein. Sein Buch beginnt mit einer Darstellung des jungen Tieck und bricht im Grunde nach dem Bericht über August Wilhelm Schlegels Berliner Vorlesungen ab. Das ist bereits eine Methode späterer Geistesgeschichte. Der Fortschritt gegenüber seinen Vorgängern liegt bei Haym darin, daß er die romantische Schule nicht bloß in ihrem Kunstschaffen und ihrer Ästhetik zu verstehen sucht, sondern auch die romantische Philosophie und Wissenschaft einbezieht. Dadurch werden die Dimensionen der romantischen Bewegung in Deutschland besser erkennbar, allein die qualitative Deutung bleibt aus.

Der *Verlust an geschichtlicher Konkretheit* gegenüber Hegel und noch gegenüber Gervinus und Hettner ist allenthalben zu spüren. Die neue idealistische Strömung der Sechziger Jahre und ihr Historismus, der nicht mehr zu werten versteht, sondern alle geschichtlichen Phänomene als gleich lieb und wert betrachtet, macht sich bemerkbar. Wenn Haym die Bedeutung Fichtes für die Entstehung der romantischen Schule durch eine hohle Formel zu erklären sucht – »Die Wissenschaftslehre wurde der Angel, um den sich der Klassizismus in die Romantik hinüberwendet« –, so ist nicht nur das Bild schief, sondern auch die Interpretation. Dies ist bereits eine Vorwegnahme von literaturgeschichtlichen Methoden, wie man sie später bei Dilthey oder Rudolf Unger wiederfinden sollte. Der Verlust des geschichtlichen Verständnisses wird bei Haym nicht dadurch ausgeglichen, daß seine Darstellung mit der später so beliebten *Generationen-*

Problematik zu arbeiten sucht. Hegel bildet den Ausklang des Buches. Kein Versuch, die Bedeutung der romantischen Schule für die Befreiungsbewegung des Jahres 1813 herauszuarbeiten. Das für seine Vorgänger ausschlaggebende Verhalten der Romantiker im Zeichen der Restauration wird für Rudolf Haym nicht einmal zum Objekt der Betrachtung. Sein Buch hält, dem Untertitel entsprechend, den romantischen »Beitrag zur Geschichte des deutschen Geistes« in dem Augenblick für geleistet, wo die Doktrin begründet wurde. Auf die geschichtlichen Auswirkungen kommt es nicht mehr an. Hayms berühmtes Buch über die deutschen Romantiker ist daher selbst ein Erzeugnis des deutsch-bürgerlichen Geistes in der zweiten Hälfte des 19. Jahrhunderts.

Kaiserreich und Gründerzeit verwandelten die deutsche Klassik und die künstlerischen Errungenschaften der romantischen Schule in *Requisiten zur Ausschmückung des bürgerlichen Alltags.* Hier waren, allen Warnungen Heinrich Heines zum Trotz, die romantischen Dichtungen zu Ingredienzien einer auf Schmuck und idealischen Lebensglanz bedachten Bürgerkultur verarbeitet worden. Die gesellschaftliche Funktion Richard Wagners im Kaiserreich war der künstlerischen Aktualität eines Makart nicht unverwandt. In der Rezeption von Wagner wie von Makart vollzog sich die Transformation der Romantik in bürgerliches Daseinsträumen. Durch diese Art von Kunst und Kunstgenuß sollte Tristans »öder Tag« so weit wie möglich fortgebannt werden.

Verständlich also, daß mit dem Ende der Gründerprosperität und dem Beginn der Wirtschaftskrise, die zu einer verstärkten Aktion der Arbeiterklasse führte, die Arabeskenkunst der romantischen Requisiten immer stärker mißachtet wurde. Die jungen Schriftsteller und Kritiker des Jahres 1890, die sich selbst unter Berufung auf Zola, Taine und die Goncourts als »Naturalisten« bezeichneten, schienen in der Theorie und Praxis ihrer Literatur eine scharfe Gegenbewegung zur epigonalen Romantik zu bedeuten. Nicht so ganz indessen. In seiner Autobiographie »Das Abenteuer meiner Jugend« schildert *Gerhart Hauptmann* im Rückblick, wie schwer ihm die Loslösung von den romantischen Themen und Requisiten gefallen war. Er zog aus, den offiziell-bürgerlichen und als herrschend anerkannten Kunststilen nachzueifern. Daher sein Gedicht »Hermannslied«, das, »wie überall, besonders unter den Damen Begeisterung erregte«; darum sein Ringen mit dem dramatischen Stoff »Germanen und Römer«; aber auch der tragikomisch endende, im buchstäblichen Sinn zum Zusammenbruch führende Plastikversuch mit einem riesenhaften »Germanenkrieger«. Warum er auf diesem Wege scheitern mußte, erkannte der einundzwanzigjährige Jenenser Student Hauptmann *bei der Weimarer Trauerfeier für Richard Wagner*, beim Anhören von Walkürenritt und Feuerzauber. Die Wagner-Feier wurde ihm zur ästhetischen Offenbarung: »Da war sie nun wieder, die Linie, die von der meiningisch-kleistischen ›Hermannsschlacht‹, durch die Zeremonie der Blutsbrüderschaft unterm Rasenstreifen, zu Wilhelm Jordan und Felix Dahn, von dort zu meinem ›Hermannslied‹ und meinem Drama ›Germanen und Römer‹ sich fortgesetzt hatte, und zwar auf ihrem wirklichen letzten Höhepunkt, über den hinaus sie nicht weitergeführt werden konnte, was mir ohne Bedauern an jenem Abend klar wurde.« Eine endgültige Überwindung der romantischen Requisitenkunst kam trotzdem nicht zustande, denn schon 1896 erwies sich der Bürgerschreck Hauptmann mit der »Versunkenen Glocke« als perfekter Beherrscher bürgerlicher Süchte und Sehnsüchte nach dem romantischen Traumreich, dem bewährten tragischen Liebesbund zwischen Menschen und Naturgeistern, nach allem, was Thomas Mann, der eben damals zu schreiben begann, später als »Sympathie mit dem Tode« bezeichnen sollte.

Die Epigonenromantik der Gründerzeit war in der Krise abgelöst worden durch eine Dichtung, die den Alltag mit allen Mißständen und Bösartigkeiten kritisch zu gestalten suchte. Der Anbruch der imperialistischen Ära führte zu einem neuen Bedürfnis nach Traumschmuck. Die literarische *Neuromantik* entsprach diesem Verlangen durchaus. Hellsichtige Künstler freilich wie der zwanzigjährige *Hugo von Hofmannsthal* ahnten bereits, wie groß der Abstand geworden war zwischen der Stimmungskunst neuromantischer Observanz und der Häßlichkeit des bürgerlichen Alltags. Vieles klingt an in Hofmannsthals Gedicht »Manche freilich«. Ausdrücklich gestaltet aber hatte er die *Entfremdung zwischen neuromantischem Ästhetizismus und bürgerlichem Alltag* zwei Jahre vor Hauptmanns »Versunkener Glocke«, nämlich 1894, in seiner Erzählung »Das Märchen der 672. Nacht«. Hier wurde die Fragwürdigkeit seiner eigenen frühen Kunst als gesellschaftliches Phänomen dargestellt, und insgeheim verurteilt. Daß es sich dabei nicht um eine isolierte Erkenntnis Hofmannsthals handelte, sondern um eine Zeitaussage von allgemeiner Bedeutung, hat Richard Alewyn in seinen Studien über »Hofmannsthals Wandlung« und »Der Tod des Ästheten« einleuchtend dargestellt.

Trotzdem führte – sonderbarerweise – am Ausgang des 19. Jahrhunderts kein unmittelbarer Weg zurück von der literarischen Neuromantik zur deutschen romantischen Schule. Hofmannsthal und die Seinen hielten sich stärker an den französischen Symbolismus, an englische Preziosität eines Walter Pater und Ruskin, oder an d'Annunzio, als an Novalis und Clemens Brentano. Man imitierte nicht die deutsch-romantische Poesie der natürlichen Dinge, sondern die von Baudelaire inzwischen auch theoretisch fundierte Poesie der »künstlichen Paradiese«. Als *Stefan George* und *Karl Wolfskehl* zu Beginn des neuen Jahrhunderts darangingen, in Weiterführung ihres eigenen künstlerischen Strebens eine dem ästhetischen Credo entsprechende literarische Genealogie zu dekretieren und in drei Bänden mit dem Titel »Deutsche Dichtung« herauszugeben, wandten sie sich hochmütig ab von Tieck oder Arnim und Brentano. Der erste Band (1900) war *Jean Paul* gewidmet, die beiden späteren brachten *Goethe* und *Werke der Goethezeit*, aber nicht eigentliche Romantiker. Jean Paul und nicht Tieck, Goethe und nicht die romantische Schule, später Hölderlin (in Hellingraths Interpretation, die von George gefördert wird), aber nicht Novalis. Neuromantik ohne die deutsche Romantik.

Erst bei Betrachtung dieser Konstellation wird das Unternehmen von *Ricarda Huch* verständlich, im Jahre 1899, kurz vor der Jahrhundertwende und genau ein Jahrhundert seit dem Auftreten der ersten deutsch-romantischen Schule, eine umfangreiche Darstellung von Blütezeit, Ausbreitung und Verfall der Romantik geben zu wollen. An eine Ehrenrettung der Romantik nach jahrzehntelanger Verkennung ist gedacht. Im Vorwort heißt es:

»Deshalb durfte in unserer Zeit, wo man nach einer vorangegangenen gänzlichen Abwehr der romantischen Ideen sie um sich herum von neuem aufleben sieht, ein größeres Verständnis dafür möglich sein, als eine frühere Generation haben konnte. In dieser Meinung habe ich das vorliegende Buch geschrieben, das sich den über den selben Gegenstand bereits bestehenden Werken nicht an die Seite stellen, geschweige denn sie verdrängen soll. Denn ich beabsichtige nur den Sinn der Romantik darzustellen, das Denken der Romantiker, wie es aus ihrem Wesen hervorging, und habe deshalb versucht, ein Bild der Menschen, die in Betracht kommen, zu geben, und dann ihrer Ideen.«
Natürlich spürt man auch bei Ricarda Huch den Hang zur Geistesgeschichte, wenngleich sie den Bereich des romantischen Wirkens weit spannt und die romantische Politik und Medizin einbezieht. Der Dichterin und Historikerin Ricarda Huch gelingen im einzelnen bedeutende Porträts romantischer Menschen und Lebenskonstellationen. Gegenüber Rudolf Haym ist auch die Auseinandersetzung zwischen Goethe und den Romantikern wieder zum Problem geworden. Allerdings scheint Ricarda Huch geneigt zu sein, das Werk Goethes stark den Romantikern anzunähern, die Gegensätze zwischen Klassik und Romantik zu verwischen. Entgegen den expliziten Goethe-Texten versucht sie, das Verhältnis der Romantiker zu Goethe so zu sehen: »Die jungen Feldherren führten ihren König durch alle die Länder, die sie für ihn erobert hatten. Und wie wußte sein universaler Geist solche Anregungen zu verwerten! Der romantischen Philosophie vollends war er nicht nur geneigt, sondern er bewillkommnete sie aus erfreutem Herzen.«
Wenn im abschließenden Band (»Ausbreitung und Verfall der Romantik«, 1902) die Ursachen für das Scheitern der romantischen Schule darzulegen sind, spürt man Animosität gegen alle Arten einer materialistischen Interpretation von Natur und Geschichte. »Eine neue, feindselige Epoche vergötterte die Endlichkeit, deren Mangel die Ursache war, daß die Künstler des Unendlichen mit ihren Werken sich auflösten und zerflatterten.«
Indem aber Ricarda Huch gleichzeitig, wie Vorwort und Plan beweisen, der Meinung zu sein scheint, mit Beginn des 20. Jahrhunderts sei eine Epoche angebrochen, die weniger geneigt sei,

die »Endlichkeit zu vergöttern«, weshalb die romantische Kunst einer universalen und unendlichen Progression von neuem Heimatrecht erhoffen könne, stellt sie insgeheim die deutsche Romantik unter das *Zeichen der Regression und der Flucht.* Sie behauptet damit nichts anderes als Heinrich Heine: mit dem Unterschied, daß sie die Akzente umgekehrt setzt und dort zustimmt, wo Heine abgelehnt hatte.

Ricarda Huchs Neudeutung der Romantik blieb in der germanistischen Forschung folgenlos. Bemerkenswert war ihr Buch, von seinen literarischen Qualitäten abgesehen, als Zeitsymptom und Ausdruck einer eher belletristischen als literarhistorischen Strömung. Die deutsche Literatur zu Beginn des 20. Jahrhunderts stand im Zeichen eines romantischen Dualismus: die *Lyriker*, Hofmannsthal wie George, auch der junge Rilke, folgten stärker der neuromantischen, meist außerhalb von Deutschland erklingenden Lockung ins Reich der künstlichen Paradiese. Einige der bedeutsamsten *Erzähler* aber, die damals auftraten, blieben kühl vor der Ästhetik der Impressionisten und Symbolisten, um dafür mit neuer Begeisterung die Kunst und Kunsttheorie der deutschromantischen Schule zu studieren. Die Erzählerin Ricarda Huch war ein solches Beispiel. Ein anderes bot *Hermann Hesse*. Nicht anders stand es mit dem jungen *Thomas Mann*. War er durch Wagner und Schopenhauer und Nietzsche zu Novalis gekommen, oder hatte ihn die Verehrung für die »Hymnen an die Nacht« und für Brentanos Märchen so weit gebracht, daß er der Kunst Richard Wagners in ähnlicher Weise verfiel wie der kleine Hanno Buddenbrook? Es war wohl beides, stellte sich als Wechselwirkung dar. Die Prägung blieb. Bei Hermann Hesse ergab das später die Antithese von »Narziß und Goldmund«. Thomas Manns deutscher Tonsetzer Adrian Leverkühn aber wußte, warum er gerade Gedichte Clemens Brentanos komponierte. Der Einfluß der deutschen Romantik äußert sich in Werken der deutschen Literatur des frühen 20. Jahrhunderts weit stärker bei Dichtern und ihren Werken, *die mit der modischen Neuromantik nur wenig zu tun haben*. Einen Höhepunkt dieser romantischen Virulenz findet man, kurz vor Ausbruch des Ersten Weltkriegs (1913), im »Tod in Venedig«, der allerdings, ähnlich wie zwanzig Jahre vorher Hofmannsthal im »Märchen der 672.

Nacht«, sowohl die romantische Verlockung wie den Untergang durch diese Verlockung aufzuzeichnen gedachte.

Der *Expressionismus* – als eine im wesentlichen aus deutschen Verhältnissen hervorgehende Literaturbewegung – steht von Anbeginn so stark in Gegnerschaft zu allem neuromantischen Getue und allen Erlesenheiten der künstlichen Paradiese, von Georges römischen Knabenkaisern bis zu Rilkes verschollenen Heiligen, daß sich der Widerwille gegen die Folgen der Neuromantik auch auf die ursprüngliche romantische Schule erstrekken mußte. Abermals der Gegensatz zwischen der deutschen und der französischen Literaturentwicklung zwischen 1910 und 1925, denn *der französische Surrealismus bedeutete für Frankreich die Entdeckung der genuinen deutschen Romantik.* Der deutsche Expressionismus war gegen Klassik *und* Romantik: er hielt sich an den Sturm und Drang: wie denn Bildnisse junger Expressionisten um das Jahr 1920, Hasenclevers beispielsweise und Unruhs, oder auch Bechers und Friedrich Wolfs, als modernisierte Porträts von Schiller-Jünglingen anmuten. Der junge Goethe und der junge Schiller, Lenz und Klinger wurden als akzeptable Ahnenreihe angesehen. Novalis und die Romantiker überließ man nicht ungern der Verehrung durch den von Expressionisten verachteten Thomas Mann, der sich eben damals übrigens – in seiner Rede »Von deutscher Republik« – vom Dichter Novalis oder besser: von Hardenbergs politisch-unpolitischen Betrachtungen zu distanzieren begann.

Um dieselbe Zeit der frühen Zwanziger Jahre beginnt eine neue Beschäftigung mit Romantikforschung in der deutschen *Germanistik.* Nun erst beginnt *Rudolf Unger* seine Wirkung zu tun. Sein Hauptwerk über »Hamann und die Aufklärung« war schon 1911 erschienen, wurde aber in den Zwanziger Jahren folgenreich. Es war, wie der Titel andeutete, gar kein Buch über die romantische Schule, gab trotzdem der Romantikforschung wesentliche Impulse, denn Unger bemühte sich, – in überscharfer Antithetik von rationalistischer Aufklärung und Irrationalismus des Sturm und Drang – die angebliche Irrationalität der Stürmer und Dränger als Keimzelle der späteren deutschen Romantik, als *Präromantik,* darzustellen. Daß *Friedrich Gundolf* zu keinem Verständnis romantischer Literatur gelangen konnte, hängt mit der Bindung an den George-Kreis zusammen. War Gundolfs Buch über Heinrich von Kleist ein Mißverstehen aller Literatur des frühen 19. Jahrhunderts, die nicht goetheanisch war, oder nicht dem Goethe-Bild Friedrich Gundolfs entsprach, so bewiesen die beiden Bände mit Studien über einzelne Dichter des 19. Jahrhunderts, die Gundolf in seiner letzten Lebenszeit (1930/31) unter dem Sammeltitel »Romantiker« herausgab, daß keine Vorstellung mehr vom Spezifischen der romantischen Ästhetik und Literaturtheorie vorhanden war. Unbekümmert wurden Büchner und Immermann, Mörike und die Droste neben wirkliche Romantiker wie Friedrich Schlegel, Ludwig Tieck oder Clemens Brentano gestellt. Alles schien »romantisch« zu sein, weshalb nichts mehr in Wirklichkeit dadurch erfaßt wurde.

Eklektizismus und Standpunktlosigkeit kennzeichnen auch den Sammelband »Romantik-Forschungen«, den die *Deutsche Vierteljahreszeitschrift für Literaturwissenschaft und Geistesgeschichte* im Jahre 1929 herausgab. Ein stattlicher Band, der weitgehend und durchaus mit Recht dem romantischen Zentralthema Novalis gewidmet wurde. Sieht man aber von *Käte Hamburgers* bemerkenswerter Studie über »Novalis und die Mathematik. Zur Erkenntnistheorie der Romantik« ab, die sich bemüht, Elemente der modernen Naturwissenschaft bereits im Denken von Novalis aufzuweisen, so ist der Erkenntnisertrag der meisten Beiträge einigermaßen fragwürdig. Kurt May wählte sich das dankbarste und ergiebigste Thema, eine Vergleichung des »Wilhelm Meister« und des »Ofterdingen«, bekommt aber weder die geschichtlichen und ästhetischen Besonderheiten der Klassik noch der Romantik in den Griff. Es gäbe »keine strenge Antithese von Klassik und Romantik«. Der »Ofterdingen« sei ein »Versuch zur Steigerung der Klassik in einem höheren Ausgleich«. Das sind Formeln und Verlegenheiten. Eine Studie von Andreas Müller über die »Auseinandersetzung der Romantik mit den Ideen der Revolution«, die dem Thema nach geeignet wäre, Kontinuität oder Diskontinuität im Verlauf der romantischen Schule an ihrem Verhältnis zum Ablauf der Französischen Revolution zu demonstrieren, läßt jegliche Einsicht in die geschichtlichen Prozesse vermissen. Ein Beispiel: »Die umfassendste Ausgestaltung der romantischen Staatsanschauung im Geiste des Liberalismus bieten die Schriften Bettina von Arnims.« Hier stimmt überhaupt nichts mehr.

Fünf Jahre vorher hatte ein Mann, der nicht von der Germanistik herkam, sondern vom Staatsrecht und von der Staatstheorie, den politischen Standort der deutschen Romantiker von neuem zu bestimmen versucht. *Carl Schmitts* Buch »Politische Romantik« von 1924 unterschied sich vorteilhaft von den gleichzeitigen Romantik-Studien der deutschen Germanisten durch Verzicht auf eine ungemäße, viel zu enge national-deutsche Betrachtungsweise. Es möchte die politische Romantik als europäisches Phänomen untersuchen: nicht bloß als ein deutsches. Die politischen Grundsätze der deutschen Romantiker, wobei Schmitt vor allem an Friedrich Schlegel denkt, sollen durch Konfrontierung von deutscher mit französischer Romantik gewonnen werden. Der Staatstheoretiker glaubt feststellen zu dürfen, daß die politische Romantik nach allgemeiner deutscher Auffassung weitgehend als »Ideologie der Reaktion und Restauration« betrachtet werde, wogegen französische Auffassung die »Romantik als revolutionäres Prinzip«, als »Auswirkung des Rousseauismus« anzusehen pflege. Schmitt versucht diese scheinbare Verwirrung, die in Wirklichkeit aus dem Gegensatz der deutschen und der französischen Geschichtsverhältnisse hervorgeht, durch eine Einheitsformel zu lösen, die er im romantischen Meditieren über die Beziehungen zwischen Ursache und Zufall, zwischen causa und occasio zu finden glaubt. Das Problem der politischen Romantik möchte Schmitt als *Occasionalismus* bestimmen. Am interessantesten ist dabei der Versuch, am Beispiel der romantischen Staatslehren seit 1796, insbesondere am Beispiel *Adam Müllers*, einen »Unterschied der romantischen von der gegenrevolutionären und der legitimistischen Staatsauffassung« herauszuarbeiten. Allein die Formel vom Occasionalismus reicht dafür nicht aus.

Die Darstellung der Frühromantik und der Hochromantik in den Bänden 3 und 4 seines Werkes »Geist der Goethe-Zeit« hat *H. A. Korff* zwar erst in den Jahren 1949 und 1953 vorlegen können, aber die Konturen einer Untersuchung, die sich im Untertitel als »Versuch einer ideellen Entwicklung der klassisch-romantischen Literaturgeschichte« bezeichnete, wurden bereits im Jahre 1923 sichtbar, als Korff den ersten Teil des geplanten Gesamtwerks, seine Darstellung des Sturm und Drang, vorlegte. Während er sich mit Rudolf Unger der ideengeschichtlichen Betrachtungsweise verbunden weiß, setzt er die Akzente wesentlich anders. Der Sturm und Drang wird bei Korff negativ und unwirsch beurteilt. Bei Unger tendierte der Sturm und Drang angeblich zur Romantik: als Kontinuität der Irrationalitäten. Daher die Gestalt Hamanns am Beginn einer solchen Entwicklung. Korff schreibt von Goethe her, nicht von Hamann. Das »unsterbliche Teil« des Sturm und Drang, befreit von peinlichen Erdenresten, wird in der Goetheschen Klassik, im eigentlichen »Geist der Goethe-Zeit« aufbewahrt. Wie bei Rudolf Haym, aber in weitaus umfassender Deutung, wird die Entwicklung der idealistischen Philosophie in die Deutung einbezogen, allein auch Korff mißlingt die Abgrenzung zwischen Klassik und Romantik. Die romantische Schule erscheint als neue Phase gegenüber der Klassik, so daß die Darstellung Hölderlins unter der sonderbaren Überschrift »Romantische Klassik« auftritt. Folgerichtigerweise spannt der Schlußband des Werkes noch einmal den Bogen der »nationalromantischen Bewegung« von Lessing und Klopstock und von Herders Bemühung um die Volksdichtung zu dem, was Korff als »romantische Germanistik« bezeichnet. Kleist steht im gleichen Kapitel mit anderen »nationalromantischen Dramatikern«. Auf die Darstellung der späten Lyrik Brentanos läßt Korff eine Analyse des »West-östlichen Divan« folgen. »Wanderjahre« und »Faust II« bilden den Abschluß des Bandes »Hochromantik« in Korffs Gesamtdarstellung.

Hier wurde einmal noch der Versuch unternommen, die Entwicklung deutscher Dichtung, Philosophie und Wissenschaft von der Lessing-Zeit bis zu Goethes Tode als Gesamtproblem zu deuten. Die Bemühung aber um Symmetrie und formale Harmonie der Darstellung, die niemals versucht, Widersprüche als solche sichtbar zu machen, geschweige denn als gesellschaftliche Gegensätze zu verstehen, bewirkt ein Abschleifen der Gegensätze und Konflikte, wodurch überall: beim Sturm und Drang, bei der Entwicklung idealistischen Philosophierens, bei Goethe wie bei den Romantikern, *das Besondere, als Trennende, verlo-*

rengeht. Die Art, wie Jean Paul, Kleist und Hölderlin in das Gefüge eingeordnet werden, läßt erkennen, wieviel an wirklicher Deutung der spezifischen Einzelheiten zugunsten einer ersehnten Harmonie geopfert werden mußte.

Seit Korff wurde *kein neuer Versuch* einer solchen Gesamtdarstellung gemacht. Die germanistische Forschung nahm eine Wendung zum Monographischen. Einzelstudien über einzelne Romantiker und einzelne Werke einzelner Romantiker. Kein neues Buch über »Die romantische Schule«. Soll man darin das Eingeständnis eines Mangels erblicken? Es beweist eher, daß die bisherigen Formen und Methoden der Literaturwissenschaft zur Deutung literarhistorischer Gesamtzusammenhänge nicht ausreichten. Das liberale und national-demokratische Funktionsdenken der Vormärz-Zeit besitzt keine Geltung mehr. Auch die deutsche Literaturentwicklung seit dem Zweiten Weltkrieg weist nur noch geringe Affinität auf zur Poesie der ewigen Heimkehr, die man neidlos der einstigen Wandervogelbewegung und ihren literarischen Nachfahren überließ. Hoffmann geht in der deutschen Gegenwartsliteratur immer noch um, Jean Paul wird von neuem zum stilistischen Vorbild: weit eher als Goethe, erst recht als Novalis. Die Expressionisten hatten den Sturm und Drang für sich wiederentdeckt. Jüngere deutsche Schriftsteller seit 1950 interessieren sich stärker für Jean Paul, übrigens auch für Kleist, für bisher unerforschte und unerschlossene Bereiche in der dichterischen Welt Clemens Brentanos. Man sollte aber diese Vorgänge nicht mit einer neuen literarischen Wirksamkeit der gesamten romantischen Schule verwechseln.

Die traditionelle deutsche Germanistik dagegen gelangte bei ihrer Abkehr von aller literarhistorischen Darstellung, im Bemühen um eine – weitgehend unhistorische – *Dichtungswissenschaft* oder möglichst voraussetzungslose Textinterpretation zur Preisgabe aller (relativen) Errungenschaften früherer Forschung. Verzicht mithin auf historische Periodisierung, auf Deutung der Zusammenhänge zwischen Substanz und Funktion der literarischen Werke und Gestalten, auf literarhistorische Bewertung. Verzicht vor allem darauf, die eigentümlich verzwickten Beziehungen zwischen deutscher Klassik und romantischer Schule von neuem zu untersuchen. Zu schweigen von aller Bemühung, das Verhältnis der deutschen zur europäischen Romantik genauer bestimmen zu wollen. Seltsamer Zwiespalt: Hermann August Korff besaß ursprünglich, wie seine frühen Arbeiten über die Bedeutung Voltaires für die deutsche Literaturentwicklung beweisen, ein genaues Verständnis der Zusammenhänge zwischen deutscher und außerdeutscher Literaturentwicklung. Der »Geist der Goethe-Zeit« hingegen treibt die Harmonisierung und Glättung auch auf diesem Gebiet so weit, daß scheinbar der Versuch einer rein deutschen Evolution unternommen wird. In den vier Bänden dieser synthetischen Darstellung kommt die Französische Revolution nicht vor.

Die Positionen von *Karl Marx* und *Friedrich Engels* gegenüber der romantischen Schule waren bereits durch die Geburtsjahre 1818 und 1820 bestimmt. Als die beiden Rheinländer ihre ersten literarischen Neigungen entdeckten, stand die Literaturmode im Zeichen des Jungen Deutschland und der Opposition gegen das Metternich-Regime. In der Philosophie war es, nach Hegels Tod, für einen damals Zwanzigjährigen nahezu unvermeidlich, eine Strecke Weges mit den jungen, den *linken Hegelianern* zu gehen. Es gab die Wahl zwischen Heine und Börne, wobei Engels zunächst den moralisch-politischen Rigorismus Ludwig Börnes gegen den scheinbar frivolen und politisch offenbar wenig zuverlässigen Heinrich Heine ausspielte, ehe er in der Freundschaft mit Marx dazu gelangte, nicht bloß die literarischen, sondern auch die politischen Proportionen zu sehen. Von irgendeiner Parteinahme für die ranzig und monarchisch-subaltern gewordene romantische Schule war die Rede nicht.
Nicht anders in der Philosophie. Es gab Divergenzen und Parteiungen unter den Jung-Hegelianern, man konnte die verschiedenen Richtungen nacheinander absolvieren: von David Friedrich Strauss zu den Brüdern Bauer, oder auch weiter bis zu Arnold Ruge. Dann kam, zu Beginn der Vierziger Jahre, die fällige Auseinandersetzung mit *Ludwig Feuerbach*. Alles war diskutabel und mußte geistig verarbeitet werden. In der »Heiligen Familie« und der »Deutschen Ideologie« wurde dieser Akt einer wissenschaftlich-literarischen Selbstverständigung vollzogen. *Nicht mehr diskutabel dagegen erschien eine »Philosophie der*

Offenbarung«, wie sie *Schelling* in seinem ersten – und letzten – Berliner Semester im Winter 1841/42 vorgetragen hatte. Die Briefe des jungen Friedrich Engels urteilen darin genauso wie diejenigen Kierkegaards.

Im übrigen ist die deutsche Romantik für die Begründer des Marxismus kein Problem. Jugendarbeiten von Engels hatten sich zwar, in Weiterführung von Forschungsarbeiten, wie sie durch die Frühromantik geleistet worden waren, sowohl mit deutschen Volksbüchern wie mit den germanischen Studien von Ernst Moritz Arndt beschäftigt, aber man spürte bereits die antiromantische Haltung. Engels mißtraut der wissenschaftlichen Haltung von *Joseph Görres* sogar bei Interpretation der deutschen Volksbücher. Seine gegen alle Deutschtümelei gerichtete Auseinandersetzung mit *Ernst Moritz Arndt* geht weit über die scheinbaren Gegensätze von Monarchismus und Republikanismus hinaus und postuliert gegen Arndt als Hauptaufgabe »unserer Zeit«, geschrieben ist das im Jahre 1841, »die Durchdringung Hegels und Börnes zu vollenden. Im Jung-Hegelianismus ist schon ein gutes Stück Börne, und manchen Artikel der ›Hallischen Jahrbücher‹ würde Börne wenig Anstand nehmen zu unterschreiben«.

Die ersten gemeinsamen Werke von Marx und Engels sind dementsprechend auf Weiterführung der Auseinandersetzungen um den Hegelianismus zu verstehen. Hinzu tritt das Thema Feuerbach. Von romantischer Dichtung und Philosophie ist auch hier nicht mehr die Rede. Heines »Wintermärchen« (das zu einer Zeit entsteht, da Marx und Engels in Paris bei Herausgabe der »Deutsch-französischen Jahrbücher« mit dem Dichter dieses Reisebilds zusammenarbeiten) kann in all seinen anti-romantischen Partien als literarische Überzeugung der beiden ersten »Marxisten« angesehen werden. Freilich fehlt ihnen – natürlicherweise – die halb parodistische Rückwendung zur romantischen Poesie, wie sie Heine im »Atta Troll« aus Protest gegen damalige »Tendenz-Poesie« sich selbst zugebilligt hatte.

Aus der späteren Zeit gibt es eine merkwürdige briefliche Äußerung von Marx, die als Aussage über die deutsch-romantischen Positionen dienen könnte. In einem Brief an Engels vom 25. März 1868 heißt es, gewisse Entdeckungen im Bereich der Vor-

und Frühgeschichte könnten erst erfolgen, wenn die Zeitverhältnisse jene ideologischen Schleier entfernt hätten, die für ganze Generationen vorher über den Tatsachen gelegen hätten. Offensichtliche Zusammenhänge würden zunächst einfach nicht gesehen. »Später, wenn die Zeit angebrochen, wundert man sich, daß das Nichtgesehene allüberall noch seine Spuren zeigt. Die erste Reaktion gegen die Französische Revolution und das damit verbundene Aufklärertum war natürlich, alles mittelalterig, romantisch zu sehn, doch selbst Leute wie Grimm sind nicht frei davon.«

An dieser gelegentlichen Bemerkung, die man in ihrer theoretischen Bedeutung nicht überschätzen sollte, ist zweierlei bemerkenswert: die romantische Schule wird zwar, worin Marx noch die Thesen Heines und der meisten seiner Zeitgenossen übernimmt, im wesentlichen als Form der Reaktion gegen die Französische Revolution und ihre geistige Grundlage, die Aufklärung, verstanden. In dieser Reaktionsbewegung aber seien durchaus positive Entdeckungen möglich geworden. Fortschritt gegenüber der Aufklärung insofern, *als geschichtliche Phänomene sichtbar wurden, die man so lange nicht zu sehen vermochte, wie man sich im Banne des Aufklärungsdenkens befand.* Folge aber dieses Neusehens ist es gleichzeitig, daß jene Aspekte der geschichtlichen Entwicklung vernachlässigt werden, die im Zeitalter der Aufklärung im Vordergrund gestanden hatten. In einer weiteren Bemerkung des gleichen Briefes geht Marx noch weiter und fordert, die Forschung möge nunmehr auch die romantische Grenzziehung beseitigen und nicht bei Betrachtung des Mittelalters stehenbleiben, um fähig zu sein, »über das Mittelalter hinaus in die Urzeit jeden Volks zu sehen«. Wobei man überrascht sein werde, »im Ältesten das Neueste zu finden«. Nämlich frühe Formeln des Egalitarismus.

Macht sich hier eine historisch genauere und auch gerechtere Beurteilung gewisser Leistungen der deutschen Romantik bemerkbar, indem das Mittelalterthema nicht mehr bloß, wie um 1840, als Ausdruck der feudalen Regression verstanden wird, so nimmt *Franz Mehring* weitgehend abermals die Positionen Heines ein. Betrachtet man die Thematik der literarhistorischen und kritischen Arbeiten des Verfassers einer »Lessing-Legende«, so fällt auf, daß die deutsche Romantik für Mehring kein ernsthaftes Forschungsthema war. Seine »Ästhetischen Streifzüge« halten es nicht wesentlich anders als der Ästhetiker Theodor Wilhelm Danzel um 1848: Beschäftigung mit der Ästhetik des klassischen deutschen Idealismus, vor allem mit Kant, Schiller und Goethe. Alle romantische Ästhetik wird ausgeklammert, worauf Danzel sogleich zur aktuellen Literaturkritik der Vierziger Jahre überwechselt, während Mehring einerseits bei Heine, zum andern bei Hebbel die Auseinandersetzung fortführt, um sie immer stärker zu aktualisieren und als Kritik am Naturalismus und an der Neuromantik zu verstehen. Nicht einmal diese letztere Auseinandersetzung indessen über die Zusammenhänge von Naturalismus und Neuromantik wird für Mehring zum Anlaß, das Verhältnis der Neuromantik vom Jahre 1900 zur ursprünglichen deutschen Romantik zu erörtern. Er meint lakonisch, daß »diese neue Romantik tief unter der alten Romantik steht, in der sich immerhin eine große, historische Weltwende widerspiegelte«.

Daß Mehring die romantische Haltung in dieser geschichtlichen Weltwende im wesentlichen negativ versteht, spürt man an seiner kritischen Bewertung *Heinrich von Kleists*, den er als Romantiker zu deuten scheint. Die romantische Dichtung, deren genialster Interpret Kleist gewesen sei, habe sich als Ausdruck einer zwiespältigen deutschen Entwicklung dargestellt. »Die nationalen und sozialen Interessen des Bürgertums traten in den unversöhnlichen Gegensatz; diese Klasse konnte sich das ausländische Joch nicht abschütteln, ohne sich das einheimische Joch um so tiefer in den Nacken zu drücken. Vergebens suchten sich die Schlegel und Tieck, die Wortführer der Romantik, über diesen klaffenden Abgrund mit angequälter Genialität und der berühmten ›Ironie‹ fortzuschwindeln; vergebens haschten sie in der Literatur aller Völker und Zeiten nach dem Boden, auf dem sie fußen konnten. Die romantische Schule konnte diesen Boden nur in der ›mondbeglänzten Zaubernacht‹ des Mittelalters gewinnen; nur hier ließen sich nationale Ideale finden. Aber das Mittelalter war die ausgeprägteste Klassenherrschaft der Junker und Pfaffen; aus diesem Zwiespalt der nationalen und sozialen Interessen gab es kein Entrinnen. So ging der genialste, so der einzig geniale Dichter der Romantik, eben Heinrich von Kleist, unter in Irrsinn und Selbstmord.« Die Nutzanwendung Mehrings im Falle Kleist: »Ihm war auf Erden nicht zu helfen, weil der geniale Dichter, der die höchsten Flüge wagen durfte, sich niemals dauernd über die niederen Regionen des altpreußischen Junkertums zu erheben vermochte.«

In seinen »Beiträgen zur Geschichte der Ästhetik« setzt sich *Georg Lukács* kritisch mit den ästhetischen Prinzipien und literaturwissenschaftlichen Methoden Franz Mehrings auseinander. Er geht nicht gerade glimpflich mit Mehring um, wahrt auch nicht immer, selbst wenn er den Positionen Mehrings gegenüber im Recht ist, das Wissenschaftsprinzip historischer Zuordnung. Bei Bewertung der romantischen Schule dagegen erweist sich Lukács als folgerichtiger Fortsetzer der Mehringschen antiromantischen Positionen. Lukács ist folgerichtig. Er sieht in der Philosophie und Literatur der romantischen Schule eine einzige, bare Regression. Sein Buch »Die Zerstörung der Vernunft« versteht Schelling – und zwar schon die frühe Philosophie Schellings – als »erste Erscheinungsform des Irrationalismus« und damit als erstes Stadium einer spätbürgerlichen »Zerstörung der Vernunft«. Die Ergänzung bietet Lukács in seiner Schrift über »Fortschritt und Reaktion in der deutschen Literatur«. Der entscheidende Abschnitt stellt die romantische Schule in scharfer Antithetik sowohl gegen Goethe wie gegen Heine. Da die Konzeption, die sich Lukács vom klassischen bürgerlichen Realismus macht, durch die Dreiheit Goethe, Balzac und Tolstoi bestimmt ist, da er andrerseits in Goethe und Hegel die Höhepunkte bürgerlicher Dichtung und Philosophie in Deutschland erblickt, muß die romantische Position in der ästhetischen Theorie und erst recht in der dichterischen Praxis ausschließlich negativ verstanden werden. Er wirft Schelling vor, daß er nicht den Weg seines Jugendfreundes Hegel ging, macht den Romantikern zum Vorwurf, daß sie sich weigerten, Goetheaner zu werden. Indem die Goethesche Ästhetik, und in gewissem Sinne auch die Ästhetik Hegels, zum absoluten Höhepunkt einer Geschichtsepoche gemacht werden, tritt abermals ein, was Marx dem Aufklärungsdenken zum Vorwurf gemacht hatte: daß bestimmte geschichtliche Phänomene aus dem Blickfeld geraten.

Die geschichtliche Berechtigung romantischer Grundpositionen gegenüber Goethe und auch gegenüber der bisherigen deutschen Aufklärung wird von Lukács schroff negiert. Da er sich gegen Rudolf Unger und bestimmte germanistische Thesen zu wenden hat, wonach die Ursprünge der Romantik bereits in Form einer »Präromantik« inmitten der Aufklärung zu finden seien, gelangt er nicht bloß zu einer schroffen Antithese von bürgerlicher Aufklärung und romantischer Regression, sondern übersieht, *im Unterschied zu Marx*, daß die Romantiker gerade in der Entwicklung des historischen Denkens in Deutschland einen wesentlichen Fortschritt gegenüber den Aufklärungskategorien bedeutet haben. *Daß bestimmte wissenschaftliche Prinzipien der Aufklärung, und damit der bürgerlichen Emanzipation, nicht durch die deutsche Klassik, sondern erst durch die erste romantische Schule weitergeführt wurden.* Bei Lukács wird das Gegenteil behauptet: »Das Verhalten der Romantik ist von Grund auf anders. Ihre Haupttendenz ist der Bruch mit der Aufklärung.« Nicht einmal die Bedeutung der romantischen Schule für die Entwicklung eines nationalen Selbstbewußtseins zwischen 1806 und 1813 wird zugegeben: »Auch diese Wendung ist echt deutsch, das heißt unreif und im politischen Sinne dilettantisch.« Mit seinem Hegel und seinem Goethe optiert Lukács im Grunde für Napoleon und gegen die deutsche Freiheitsbewegung. Die Folgerung, als Forschungsaufgabe gestellt: »Darum ist die Kritik der Romantik eine höchst aktuelle Aufgabe der deutschen Literaturgeschichte. Diese Kritik kann niemals tiefschürfend und scharf genug sein.« Es war abermals folgerichtig und ergab sich aus den ästhetischen wie geschichtlichen Grundpositionen von Georg Lukács, daß die *Ablehnung des Gesamtwerks von Heinrich von Kleist* – bei Zubilligung mildernder Umstände bloß für den »Michael Kohlhaas« und den »Zerbrochenen Krug« – weit schärfer ausfiel als bei Mehring. Die harte Ablehnung Kleists zugunsten Goethes gemahnt bei Lukács erstaunlicherweise an die genau entsprechenden Thesen der George-Schule, wie sie Friedrich Gundolf in seinem Kleist-Buch formuliert hatte.

Die marxistische Literaturwissenschaft in Deutschland hat lange ihre Einschätzung einzelner Phänomene und Werke der deutschen Romantik in getreuer Nachfolge von Lukács vorgenom-

men. Eine geradlinige Bewertungstradition von Heine über Mehring bis Lukács schien sich anzubieten. Deutsche Romantik wurde verstanden als feudale Regression, versuchte Zurücknahme der Aufklärung, Urform des spätbürgerlichen Irrationalismus und Antirealismus. Eine in der Sowjetunion erschienene Studie von W. W. Iwaschowa über »die Entwicklung der deutschen Romantik« gelangte ebenfalls zu einer weitgehend negativen Einschätzung. Es kam hinzu, daß Andrej Shdanow, der Theoretiker des Stalinismus, in einer Rede aus dem Jahre 1946, worin er mit einer poetischen Richtung der sowjetischen Literatur scharf ins Gericht ging, die sich als »Serapionsbrüder« bezeichnet hatte, nicht eben sachkundig auch auf deren angeblichen literarischen Patron einging, um zu dekretieren: »Der gemeinsame Stammvater der Serapionsbrüder und der Altmeister ist E. T. A. Hoffmann, einer der Begründer der Dekadenz und des Mystizismus der aristokratischen Salons.« Was lag näher, als solches Verdikt gegen Hoffmann gleichzeitig als Urteilsspruch über die ganze deutsche romantische Schule zu verstehen ...

Neuere sowjetische Untersuchungen zur allgemeinen europäischen Literaturgeschichte, insbesondere auch zur deutschen Romantik gelangten zu einer wesentlich differenzierteren und damit auch historisch gerechteren Beurteilung der romantischen Bestrebungen. Es wird notwendig sein, *zwei* bisherige Grundpositionen von Lukács zu überprüfen und ihrer Geltung zu berauben. Die eine hängt mit dem Realismusbegriff zusammen, den Lukács nahezu ausschließlich aus einer Interpretation Goethes abzuleiten gedachte, wodurch er genötigt war, einen Künstler wie Hoffmann entweder ebenso zu negieren, wie Goethe selbst das vorgemacht hatte, oder aber, da Lukács aus künstlerischem Empfinden dem zu widerstehen gedachte, die Eigentümlichkeit der Dichtung E. T. A. Hoffmanns, weniger marxistisch als proudhonistisch, in einen sogenannt realistischen und einen antirealistischen Teil aufzulösen.

Wichtiger ist die Überprüfung jener historischen Grundposition von Lukács, wonach sich bis zum Scheitern der bürgerlichen Revolution von 1848/49 die Philosophie und Literatur der bürgerlichen Klasse im wesentlichen in aufsteigender Richtung bewegt habe, um dann erst einem Vorgang progressiver Dekadenz anheimzufallen. Wobei einzig die romantische Schule in diesem Prozeß einer aufsteigenden Geistesentwicklung das Unterfangen einer antibürgerlichen, feudalistischen Rückwärtsbewegung dargestellt habe. Wie aber steht es wirklich mit diesem »Antirealismus« und »Feudalismus«? Für Lukács, der mit der geistesgeschichtlichen Methode in der Literaturwissenschaft nichts zu tun hat, gilt erstaunlicherweise, was zur Charakteristik des Ideengebäudes von Korff vorgebracht worden war: daß alle Bemühung um Systematisierung und saubere Etikettierung der Bewegungen, Werke und Gestalten *zu einem Harmoniedenken führte, das in vielen Fällen die Sicht auf Widersprüche und Gegensätze verstellen mußte.* Bei Korff verschwand die Auseinandersetzung zwischen Klassik und Romantik hinter dem Schein eines ideellen Einheitsphänomens. Bei Lukács verschwanden infolge der schroffen Antithetik von Klassik und Romantik alle Gemeinsamkeiten wie alle geschichtlichen Kontinuitäten, die aus Aufklärung und Sturm und Drang stammten, dann aber *nicht* in Weimar zum Ziel gelangten, sondern an Weimar vorbeistrebten: nach Jena, nach Heidelberg, ins romantische Feldlager.

Zwei säuberliche Grundrisse hatte die Literaturwissenschaft entworfen, um das angebliche Lehrgebäude der einstigen romantischen Schule für die Nachwelt zu rekonstruieren. Was herauskam, erinnerte an jene prachtvoll klassizistischen Rekonstruktionen in früheren Kunst- und Kulturgeschichten, wo man, mit Hilfe vorhandener Reste und antiker Überlieferungen, die Akropolis zu Athen oder den Artemistempel von Ephesos im »ursprünglichen Zustand« darzustellen suchte. Der Anblick solcher Rekonstruktionen gemahnte weit eher an Münchner Bauten Ludwigs I. als an Perikles und Phidias. Zwei Grundrisse. Der eine zeigte die romantische Schule als Krönung und Vollendung einer Bewegung, die mit Lessing begann, um über Herder, den Sturm und Drang, die Weimarer Klassik, die verschiedenen romantischen Schulen schließlich zu einer Synthese aus Klassik und Romantik zu führen: etwa wie es Goethe, bei der ersten Veröffentlichung des Helena-Aktes, mit seiner Bezeichnung als »*klassisch-romantische Phantasmagorie*« angedeutet hatte. Der

Grundriß zeigte ein weiträumiges Gebäude, worin die romantische Schule zwar eigene Seitenflügel bewohnte, aber auch Verbindungsgänge zur Verfügung hatte, mit deren Hilfe ein Kleist oder Jean Paul oder Hölderlin, je nach Belieben, bei den Romantikern seine Besuche machen konnte, um sich darauf wieder zu empfehlen.

Der Grundriß von Lukács ist architektonisch anders angelegt. Er arbeitet mit dem *Prinzip der Siedlung*. Der einheitliche Komplex der Aufklärung bietet sich zunächst dar, gestaffelt nach den Wohngebäuden der Lessing-Periode, der Stürmer und Dränger, der Weimarer Klassik. Dann geht die Straße auf einmal nicht weiter: man erblickt die romantische Gegensiedlung mit Türmchen und Zinnen, irgendwo in der Nähe ist auch ein Stückchen Wald mit einer Eremitage, die aufdringlich ein Glöcklein erklingen läßt. Eine Straßenverbindung von hier aus führt bloß zu einigen Regierungsgebäuden der Metternich-Zeit. Die eigentliche Straße führt, von Weimar herkommend, an der romantischen Ritterburg vorbei zu einer Häusergruppe, deren Inneneinrichtung zwar im Biedermeierstil gehalten ist, die aber von den unruhigen Geistern eines Heine und Büchner und ihrer Gefolgschaft vormärzlicher Poeten bewohnt wird.

Es zeigt sich, daß größte Vorsicht geboten ist bei solchen architektonischen Rekonstruktionen. Der erste Einwand muß von philologischer Seite kommen. Unsere *Textkenntnis* von dem, was die wichtigsten Romantiker wirklich im Verlaufe ihres Lebens geschrieben und gedacht haben, ist bis heute lückenhaft geblieben. Vieles wird neu entdeckt werden müssen. Die Geschichte der historisch-kritischen Gesamtausgaben bedeutender deutscher Dichter, die seit dem Ausgang des 19. Jahrhunderts unternommen wurden, zeigt verhältnismäßig wenig abgeschlossene Leistungen, um so mehr gescheiterte und fragmentarisch gebliebene Editionspläne. Am schlimmsten sind dabei die Romantiker betroffen worden. Das ist nicht zufällig und hängt mit dem Wandel der Urteile über sie und ihre Bedeutung für die deutsche Literaturgeschichte zusammen. Von Ludwig Tieck gibt es bis heute nur die 28 Bände seiner *Schriften*, die er selbst seit 1828 edierte und die 1854, kurz nach dem Tode des Dichters, zum Abschluß kamen. Sie enthalten die wichtigen kritischen

Schriften überhaupt nicht. Ein großer Teil des handschriftlichen Nachlasses von Clemens Brentano blieb bis heute unerschlossen. Mit August Wilhelm Schlegel steht es ähnlich wie mit Tieck. Die zwölf Bände seiner »Poetischen Werke« in der Ausgabe Eduard Böckings (1846/47) blieben bis heute ohne modernes Gegenstück.

Der Nachlaß des Novalis weist eine eigene Geschichte der Irrfahrten auf. Jetzt ist er im Freien Deutschen Hochstift zu Frankfurt, so daß die große historische Edition von nun an unter günstigen Auspizien zu stehen scheint. Man wird also vorsichtig zu Werke gehen müssen. Neue übersichtliche Grundrisse anzufertigen, hat wenig Sinn. Wer sich jemals mit Romantikforschung befaßte, weiß auch, daß alle Gesamteinschätzung von einer genauen Analyse der Frühentwicklung zwischen 1792 und 1798 abhängt: von jener geschichtlichen Reifeperiode, die mit Gründung des »*Athenäums*« im Jahre 1798 ihren Abschluß fand. Welchen Weg aber durchmaßen die Herausgeber dieser romantischen Zeitschrift, die Brüder August Wilhelm und Friedrich Schlegel? Welches war die Entwicklung Hardenbergs? Wie verhielt sich gerade bei ihm die Relation zwischen romantischer Poetik und praktischem Beruf, zwischen Philosophie, Naturwissenschaft und progressiver Universalpoesie? Erst die genaue Kenntnis aller Dokumente wird Antworten ermöglichen.

Diese Antworten aber, die nur aus genauer Einsicht des Dokumentarischen erwachsen können, werden vermutlich zu einer neuen Gesamtantwort auf die Frage nach den geschichtlichen Grundtendenzen der Romantiker im Jahrzehnt der Französischen Revolution führen müssen. Daß von einer grundsätzlich und von vornherein gegebenen antirevolutionären Haltung des Romantikerkreises die Rede nicht sein kann, weiß jeder, der den merkwürdigen Gymnasiasten- und Studenten-*Briefwechsel zwischen Wackenroder und Tieck* aus den Jahren 1792/1793 analysiert hat: worin einige der wichtigsten, später so folgenreichen Erkenntnisse über die Zusammenhänge von Musik und Poesie und über die Bedeutung deutsch-mittelalterlicher Kunst *ganz eng und durchaus aktuell mit Reflexionen über die Pariser Ereignisse verbunden werden.*

Friedrich Schlegels berühmte Aufsätze aus den neunziger Jahren, seine Polemik etwa mit Friedrich Heinrich Jacobi oder sein »Versuch über den Republikanismus« sind in der Grundhaltung beseelt vom Geist bürgerlicher Aufklärung und, bei allen inneren Widersprüchen, durchaus frei vom Geist des politischen Obskurantismus. Die enge Beziehung der Romantiker zu Fichte spricht gleichfalls für ihre positive Anteilnahme an den französischen Vorgängen. Fichte bedeutete damals nicht bloß ein erkenntnistheoretisches, sondern auch ein politisches Programm. Die berühmte Koppelung von Fichtes »Wissenschaftslehre« mit der Französischen Revolution in Schlegels oft zitiertem »Athenäum«-Fragment 216, wonach Revolution und »Wissenschaftslehre« neben Goethes »Wilhelm Meister« als »die größten Tendenzen des Zeitalters« bezeichnet werden, ist weit von aller formalen Paradoxie entfernt, sondern spricht von gesellschaftlichen und geistigen Zusammenhängen. Weshalb Friedrich Schlegel durchaus recht hat, dies Fragment mit dem Satz zu beenden: »Wer an dieser Zusammenstellung Anstoß nimmt, wem keine Revolution wichtig scheinen kann, die nicht laut und materiell ist, der hat sich noch nicht auf den hohen weiten Standpunkt der Geschichte der Menschheit erhoben.«

Nicht minder kennzeichnend ist Friedrich Schlegels großer Aufsatz von 1797 über *Georg Forster.* Schon der Untertitel, »Fragment einer Charakteristik der deutschen Klassiker«, deutet an, daß Schlegel den damals in Deutschland nahezu einheitlich als Verräter geschmähten großen Schriftsteller *und deutschen Jakobiner als Charakter wie als klassischen Nationalautor zu verteidigen gedachte.* Gewiß ist Schlegel bei seiner Apologie Forsters sehr vorsichtig. Dem eigentlich politischen Problem, nämlich dem Jakobinismus Forsters, weicht er aus. Es äußert sich auch bereits die Tendenz einer gewissen Aufklärungsfeindschaft, wenn lobend festgestellt wird, Forster sei »doch kein eigentlicher Vernunftkünstler« gewesen. Aber es mag erinnert werden, daß dieser Apologie Georg Forsters durch Friedrich Schlegel in jenem Jahrzehnt der Französischen Revolution weder von Goethe noch von Schiller irgend etwas Ähnliches an die Seite gestellt worden ist. Auch das berühmte Hohngelächter der Jenenser über Schillers »Glocke« hing nicht bloß mit persönlicher Feindseligkeit und ästhetischen Gegensätzen zusammen, sondern mit gegensätzlichen Auffassungen in der Beurteilung der Revolutionsereignisse.

Wie antirevolutionäres Ressentiment bei Friedrich Schlegel und seinen Freunden keineswegs seit Anbeginn diagnostiziert werden kann, so auch nicht irgendeine glaubenseifrige Tendenz. Schlegels Polemik gegen Jacobis Roman »Woldemar« entstand bereits 1796, ein Jahr nach dem Frieden von Basel, nach Goethes Aufsatz über den »Literarischen Sansculottismus« und nach Kants »Traktat zum ewigen Frieden«. Der Aufsatz endet mit der grausamen Folgerung: »Woldemar ist also eigentlich eine Einladungsschrift zur Bekanntschaft mit Gott, und das theologische Kunstwerk endigt, wie alle moralischen Debauchen endigen, mit einem Salto mortale in den Abgrund der göttlichen Barmherzigkeit.« Vom späteren Konvertitentum ist hier noch wenig zu spüren.

Hatten Forscher in der Nachfolge Rudolf Ungers immer wieder versucht, eine Verbindung zwischen Sturm und Drang und früher Romantik dadurch herzustellen, daß sie, weitgehend im Zeichen der formalen Antithese von Rationalismus und Irrationalismus, die Sturm-und-Drang-Bewegung als »Präromantik« zu kennzeichnen und das übliche christlich-regressive Romantikbild in die Sturm-und-Drang-Epoche zurückzuprojizieren suchten, so scheint die *umgekehrte Fragestellung* wesentlich aussichtsreicher zu sein. Der deutsche Sturm und Drang zwischen 1770 und 1780 bedeutete keinen Gegensatz zur bürgerlichen Aufklärung, sondern eine neue, folgerichtige Weiterentwicklung der Aufklärungsbewegung über Lessing hinaus. Diese grundsätzlichen Feststellungen von Georg Lukács sind richtig. Es ist auch nicht zweifelhaft, daß das künstlerische Vernunftbündnis zwischen Schiller und Goethe eine weitere Phase der Aufklärung mit Hilfe angestrebter Klassizität dargestellt hat. *Allein weitaus stärkere Impulse führen von der Generation der Stürmer und Dränger hinüber zur Gruppe der ersten Romantiker.*

Ist es ohnehin absurd, unter dem Zwang des Periodisierungsdenkens zu statuieren, mit dem Jahre 1789 sei der Sturm und Drang »zu Ende« gewesen, nun beginne die Klassik, welcher dann – je nach dem Standpunkt des Betrachters – die Romantik zu- oder entgegengeordnet werden müsse, so zeigen die biographischen Tatsachen und Dokumente, daß wesentliche Elemente des Sturm und Drang bei jenen jungen Menschen weiterwirkten, die um 1770, als jene Bewegung zuerst auftrat, das Licht der Welt erblickt hatten. Die Untersuchung des Pädagogen *Hans Heinrich Muchow* über »Jugend und Zeitgeist« (Rowohlts Deutsche Enzyklopädie 147/48, Hamburg 1962) gibt in vielen Materialhinweisen eine vergleichende Darstellung der Psychologie deutscher »Jünglinge« um 1770, 1790 und für die Jahre zwischen 1806 und 1813. Dabei wird erkennbar: daß von einem grundsätzlichen Strukturwandel des geistigen Habitus zwischen der Jünglingsgeneration von 1770 und um 1790, also den späteren Romantikern, die Rede nicht sein kann. Die Ideen des Sturm und Drang wirkten weiter. Was sich in den Jugenderlebnissen der Tieck und Wackenroder, Hardenberg und Schlegel zwischen 1790 und 1798 vollzieht, ist eine geistige Auseinandersetzung der Aufklärungs- und Sturm-und-Drang-Prinzipien mit den neuen Gegebenheiten und verschiedenen Phasen der Französischen Revolution: vom Bastillesturm über den Jakobinismus zum Thermidor. Vom nationalen Verteidigungskrieg des Jahres 1792 zu den Anfängen des Bonapartismus. Weit davon entfernt also, den Sturm und Drang als »Präromantik« verstehen zu wollen, scheint man eher geneigt, die Anfänge der romantischen Schule in Deutschland als *Weiterführung der Sturm-und-Drang-Problematik* im revolutionären Jahrzehnt *und* vom deutschen, unrevolutionären Ausland her zu verstehen.

Diese Fragestellung aber bietet die Möglichkeit, gewisse künstlerische Erscheinungen konkreter und genauer zu verstehen, als das in der bisherigen Form der Formal-Etikettierung oder auch des formalen Schematismus von »Fortschritt und Reaktion« möglich gewesen war. *Die Fälle Hölderlin und Kleist und Jean Paul* werden weniger nach formalen Gemeinsamkeiten mit romantischen Kunstpostulaten analysiert werden müssen, weit stärker dafür auf ihre Gemeinsamkeit oder Ungemeinsamkeit mit dem Verhalten der frühen Romantiker zum revolutionären Geschehen. *Das Thema des Rousseauismus* (also der wichtigsten geistigen Grundlage für alle Stürmer und Dränger), das bei allen drei Künstlern beherrschend wurde, läßt von hier aus die Affinitäten und Divergenzen zur Romantik weitaus genauer bestimmen.

Es dürfte möglich werden, den sogenannten »Bruch« in der romantischen Entwicklung genauer zu verstehen und als Entwicklungsprozeß zu deuten. Wenn die romantische Schule in ihren Anfängen eine weit positivere Beziehung zu den französischen Vorgängen offenbarte als die Weimarer Klassik, später jedoch durch diese gleichen Romantiker eine Synthese aus Romantik und Restauration angestrebt wurde, so wird untersucht werden müssen, *wann und durch welche Ursachen diese Wendung erfolgte.* Die Dichterpsychologie hilft nicht weiter. Die Analyse formaler Werkstrukturen ebensowenig. Die Fragestellung ist untrennbar mit den geschichtlichen Vorgängen der revolutionären und bonapartistischen Ära verbunden. *Hölderlins* Rückkehr aus Bordeaux; *Kleists* Pariser Krise, der zeitweilige Umschlag vom Rousseauismus zum hektischen Nationalismus; das Scheitern *Jean Pauls* bei Weiterführung der zyklischen Folge seiner Bildungsromane, das ihn nach Beendigung der »Flegeljahre« im Jahre 1805 dazu brachte, von nun an bloß noch Einzelgestalten des deutschen Lebens mit den Mitteln der kleinen epischen Form zu gestalten: alles spielt sich in den ersten Jahren des neuen Jahrhunderts ab, zwischen 1800 und 1806.

Es ist die gleiche Zeitspanne, die auch *zur Krise im Leben der ersten Romantiker* führte: zum Konvertitentum, zu jener Wendung, die in Heidelberg bereits eine neue, die bekannte spätere Position romantischen Verhaltens zu Kunst und Leben vorbereiten sollte. Man hat Hardenbergs Versuch, den er kurz vor der Jahrhundertwende mit seiner kleinen Studie über »*Die Christenheit oder Europa*« unternahm, als erstes Manifest romantischer Regression bezeichnet. Ohne die Bedeutung dieses Dokuments unterschätzen zu wollen, muß man hinzufügen, daß Novalis offensichtlich gar nicht grundsätzlich zu seiner eigenen Schrift stand. Goethes Rat, die Schrift nicht in Druck zu geben, wurde gehorsam befolgt. Gleichzeitige Studien Hardenbergs lassen erkennen, daß von einer konzentrischen Bedeutung der Europa-Schrift für sein damaliges Denken nicht gesprochen werden kann. *Es war wohl eher eine Denkhypothese als ein Programm:* mehr ein Zeitsymptom als ein weltanschauliches Postulat. Die eigentliche Krise der romantischen Schule setzte später ein. Warum? Das wird neu untersucht werden müssen. Dann erst wird der Weg der deutschen Romantik besser überschaut werden können.

Er hängt mit den deutschen Zuständen zusammen. Die Romantiker waren hellsichtige Betrachter der Zeitverhältnisse. Da ihnen das Erbe der Aufklärung selbstverständlich schien, hatte all ihre geistige Bildung im Zeichen der kulturellen Vielfalt gestanden. Alles mochten sie gewesen sein, bloß keine provinziellen Deutschtümler, gleich jenen romantisierenden Jünglingen nach 1815. Im Gegenteil bedeutete die geistige Vermittlerschaft zwischen deutscher und romantischer Welt, zwischen Antike, Mittelalter und damaliger Gegenwart, bedeutete die Sprengung des europäischen Kulturbereichs zugunsten des Studiums fernöstlicher Sprachen und Kulturen eine wichtige Eigentümlichkeit dieser romantischen Gründergeneration. Ihr Wirken für Shakespeare und Cervantes bedeutete ebenfalls eine Weiterführung von Bestrebungen der Stürmer und Dränger.

Gleichzeitig aber zeichnete sich auch schon eine Entwicklung ab, die Friedrich Schlegel und Adam Müller zu Gehilfen Metternichs machte; die für Görres eine Wendung vom publizistischen Jakobinismus zum Ultramontanismus bringen sollte; die Clemens Brentano an das Bett der Nonne Anna Katharina Emmerich führte; die den späteren Schelling der Offenbarungsphilosophie ankündigte.

Eine Bewegung also der manifesten Widersprüche. Dies war keine formale Paradoxie im Sinne mancher Athenäum-Fragmente, sondern widersprüchliche Haltung zur Geschichte und Gesellschaft. Weil beides in ihnen enthalten war, Weiterführung der bürgerlichen Aufklärung *und* Protest gegen Thermidor, Directoire und Bonapartismus, war beides auch als Nachwirkung möglich: romantische Ästhetik als »revolutionäre Romantik« *und* weinerliche romantische Restauration.

VII. WIDERSPRÜCHE DER RESTAURATION

1. JEAN PAULS NACHRUHM

Daß sein eigenes Schreiben als Schöpfung humoristischer Dichtung zu betrachten sei, war für Jean Paul niemals zweifelhaft. In der »Vorschule der Ästhetik« von 1804 steht die programmatische erste Abteilung, vom Sechsten bis zum Achten Programm, ausschließlich im Zeichen einer Begriffserklärung des Lächerlichen, der Satire, verschiedener Arten des Komischen, schließlich des epischen, dramatischen und lyrischen Humors. Jean Paul scheint den Humor so stark als dominierenden Oberbegriff zu betrachten, daß er in Paragraph 37 der »Vorschule« die Ironie mit dem »Ernst ihres Scheines« geradezu als besondere Form des epischen Humors betrachtet, die der Ästhetiker selbst freilich weitgehend als »ironischen Irrweg« betrachten und daher höchst distanziert beurteilen müsse.

Die philosophische Grundlegung einer Dichtung des Humors erweist sich als so beherrschend für Jean Paul, daß sogar in der zweiten Abteilung der »Vorschule«, im Neunten Programm, bei Behandlung des Witzes, der nach seinen verschiedenen nationalen Eigentümlichkeiten beurteilt wird – »Vergleichung des französischen Witzes mit dem deutschen und britischen« in Paragraph 50 –, abermals das Oberthema des Humors erkennbar bleibt. Darauf erst wendet sich der Theoretiker den ästhetischen Grundfragen der Fabel, der Charaktere, den Gattungen zu. Poesie war für Jean Paul, den Dichter wie den Ästhetiker, nur als humoristische Dichtung vorstellbar. Ob es ihm aber gelungen sei, eine epische Kunst des Humors wirklich zu schaffen, darüber freilich gingen nach seinem Tode die Meinungen sehr auseinander. *Ludwig Börne* allerdings war in seiner berühmten »Denkrede auf Jean Paul«, die er für die Frankfurter Jean-Paul-Feier vom 2. Dezember 1825 verfaßt hatte, von der Größe dieser humoristischen Kunst durchdrungen. Er brauchte sich nicht zu fragen, ob Jean Paul wahrhaft ein Humorist gewesen sei: stärker beschäftigte ihn die Größe, auch Begrenztheit dieses Humors in den damaligen deutschen Verhältnissen. »Freiheit und Gleichheit lehrt der Humor und das Christentum – beide vergebens. Auch Jean Paul hätte vergebens gelehrt und gesungen, wäre nicht das Recht ein liebes Bild des toten Besitzes und die Hoffnung eine Schmeichlerin des Mangels. Jean Paul hat gut gemalt, er hat uns zart geschmeichelt. Der Humor ist keine Gabe des Geistes, er ist eine Gabe des Herzens, er ist die Tugend selbst, wie ein reichbegabtes Herz sie lehrend übt, weil es sie nicht übend lehren darf. Der Humorist ist der Hofnarr des Königs der Tiere, in einer schlechten Zeit, wo die Wahrheit nicht tönen darf wie eine heilige Glocke, wo man ihr nur ihr Schellengeläute vergibt, weil man es verachtet, weil man es belächelt. Der Humorist löst die Binde von den Füßen des Saturns, setzt dem Sklaven den Hut des Herrn auf und verkündigt das saturnalische Fest, wo der Geist das Herz bedient und das Herz den Geist verspottet. Einst war eine schönere Zeit, wo man den Humor nicht kannte, weil man nicht die Trauer und nicht die Sehnsucht kannte.«

Genau dreißig Jahre später liest man es ganz anders. *Julian Schmidts* »Geschichte der deutschen Literatur im 19. Jahrhundert«, deren erster Band 1853 erschienen war, die in endgültiger Gestalt zwei Jahre später, genau dreißig Jahre nach Jean Pauls Tode, vorgelegt wurde, war bei ihren Zeitgenossen ebenso umstritten wie einflußreich. Ferdinand Lassalle schrieb ein großes Pamphlet gegen Julian Schmidt und die Prinzipien seiner oft spießbürgerlichen Betrachtung, aber der Erfolg des Buches zeigte gleichzeitig, daß die literarischen Urteile Julian Schmidts als symptomatisch gelten konnten für die literarischen Wertmaßstäbe des deutschen Bürgertums in der Mitte des 19. Jahrhunderts. In der Tat steht die – verhältnismäßig knappe – Charakteristik Jean Pauls bei Schmidt unter dem Kapitel »Der Roman und das Bürgertum«. Der Literaturhistoriker bestreitet, daß es sich bei Jean Pauls Werken wahrhaft um eine Dichtung des Humors gehandelt habe. Aus Anlaß der »Flegeljahre« bemerkt er: »Vult ist ein Teil von der Doppelnatur des Dichters, in dem sich aber recht lebhaft zeigt, daß Jean Pauls Humor nur ein künstlich Anerzogenes war. Er hat für den Humoristen keinen Zug, kein Ereignis aus seinen Erlebnissen; es ist in ihm kein geschichtlicher Inhalt, er ist nur der Schatten für die ideale Empfindungswelt des Andern.« Dies ist ebenso apodiktisch geäußert wie nichtssagend. Überhaupt pflegt sich Julian Schmidt eine eingehendere Begründung seiner Urteile im allgemeinen zu ersparen. Wir werden bloß über das weitere Wirken Jean Pauls seit den »Flegeljahren«, immerhin also über die letzten beiden Jahrzehnte seines Lebens, so belehrt: »Sein späteres Leben hat für die Literaturgeschichte wenig Interesse.« In der Dichtung vermißt der Literaturhistoriker des Jahres 1855 den wirklichen Humor. In der Ästhetik Jean Pauls vermißt er theoretische Klarheit: »In der ›Vorschule‹ finden wir eine Reihe glänzender Bemerkungen, die gerade ihrer paradoxen Form wegen viel lebhafter in die Augen springen als die folgerichtigen Auseinandersetzungen Schillers und Schlegels, daneben aber die absolute Unfähigkeit, einen logischen Faden festzuhalten, und eine ganz auffallende Unstetigkeit des Urteils.«

Ehe jedoch weitere dreißig Jahre verstrichen waren, konnte man es ganz anders lesen. In seinem kurzen Leben (1841 bis 1886) gelang es *Wilhelm Scherer*, die verschiedenen liberalen oder bürgerlich-demokratischen oder auch (im Falle Hermann Hettners) materialistischen Betrachtungen deutscher Literaturgeschichte auf Jahrzehnte hinaus durch eine Literaturbetrachtung positivistischer Philologie zu verdrängen, die zwar nicht so wertfrei urteilt, wie sie zu behaupten liebte, aber doch, gegenüber Gervinus und erst recht Julian Schmidt, größeres Verständnis verrät für die dichterischen Eigentümlichkeiten der Künstler und Werke. Das erweist Wilhelm Scherer vor allem bei seiner Beurteilung Jean Pauls und bei Beantwortung der Frage, ob dies humoristische Dichtung zu nennen sei.

Georg Gottfried Gervinus hatte Jean Paul für einen wissenschaftlichen Dilettanten gehalten und gemeint, bei genauerem Studium werde man »bald finden, wie wenig wissenschaftlicher Geist in diesem Manne der Einbildungskraft war«. Eine Verbindung zwischen Jean Pauls Ästhetik und seiner Dichtung wurde bei Gervinus ebenso geleugnet wie bei Julian Schmidt. Das Urteil über die »Vorschule der Ästhetik« und zugleich über Jean Pauls »Erziehungslehre« fällt so paradox aus, daß man an eine humoristische Paradoxie glauben möchte, die jedoch unfreiwillig zu sein scheint. Gervinus schreibt geradezu: »Diese Ästhetik, wie die ›Levana‹ sind Sammelplätze sehr geistreicher Bemerkungen, vor denen man nicht genug warnen kann.« Gegenüber Urteilen solcher Art wirkt Wilhelm Scherers Jean-Paul-Analyse erfreulich. In ihrer Abkehr vom politischen Funktionsdenken in der Literaturwissenschaft hat sich Scherers Literaturgeschichte von 1883 wieder auf Positionen der klassischen deutschen Ästhetik zurückgezogen: auf Grundpositionen Friedrich Schillers vor allem. Jean Paul erscheint bei Scherer als Hauptvertreter eines sentimentalischen Dichtens, weshalb Idylle, Elegie und Satire zu wesentlichen Elementen seiner epischen Kunst geworden seien. Auch eine Anspielung auf Goethes Aufsatz von 1789 über »Einfache Nachahmung der Natur, Manier und Stil« ist spürbar: die Dichtung Jean Pauls wird nämlich von Scherer ausdrücklich der »Manier« in Goethes Sinne zugerechnet. Daß Jean Paul ein großer Humorist gewesen sei, wird nun nicht mehr bestritten: »Jean Paul besaß eine große komische Kraft. Auch sein Vorrat an dichterischer Anschauung war ungemein reich. Er schaut als Satiriker und Idylliker die Zustände, in denen ihm weh oder wohl ist, mit allen Details, sei es nun, daß Haß oder Liebe sein Auge geschärft habe.«

Man könnte meinen, damit trete Wilhelm Scherer in seinem Urteil von neuem an die Seite Ludwig Börnes und seiner Denkrede von 1825. Das Gegenteil ist der Fall. Börne hatte Jean Paul in aller Schärfe gegen Goethe auszuspielen gesucht. Beim Dichter des »Siebenkäs« fand er jene Gesinnung und Gestaltung, die er an dem weimarischen »Hofmann« so bitter vermißte. Wilhelm Scherer macht umgekehrt Jean Paul geradezu einen Vorwurf daraus, sogar Goethe gelegentlich mit seiner »Manier« angesteckt zu haben: »Bei Wolfram von Eschenbach stehen die kühnen humoristischen Bilder stets im Dienst einer leidenschaftlichen Plastik, welche der grellen Bezeichnung jede Rücksicht opfert. Bei Jean Paul treten sie um ihrer selbst willen auf und lassen oft mehr das eigene Licht des Schriftstellers leuchten, als daß sie die Gegenstände, die er vorführt, in helleres Licht setzten. Um so leichter jedoch konnte die Manier sich verbreiten. Selbst Goethe hat ihr gelegentlich, obgleich mit äußerst wählerischem Geschmacke, gehuldigt.« Worauf der Literarhistoriker ziemlich schnöde und hochmütig fortfährt: »Bei Ludwig Börne und den Journalisten, die sich nach ihm bildeten, gehörte der geistreiche Prunk zu den unerläßlichen Requisiten des Vortrages.« Die scheinbare Übereinstimmung des Urteils über Jean

Pauls Humor zwischen Ludwig Börne und Wilhelm Scherer erweist sich als trügerisch.

Die Verwirrung, die über Jean Pauls Nachruhm herrscht, wird stärker zu Beginn des 20. Jahrhunderts. Zu Beginn dieses Jahrhunderts entschließt sich *Stefan George* zur Edition von drei Bänden deutscher Dichtung, die mit Jean Paul debütieren sollen, um dann Texte Goethes und aus dem »Jahrhundert Goethes« folgen zu lassen. Als Herausgeber werden Stefan George und Karl Wolfskehl genannt. Der erste Band dieser deutschen Dichtung bringt Texte Jean Pauls. Die Vorrede aber betont ausdrücklich, eine Wiederentdeckung des humoristischen Schriftstellers Jean Paul sei nicht beabsichtigt. Was Richter erstrebt und geplant haben mochte, gilt nicht bei George und den Seinen. Diesmal heißt es: »In diesem Bande gedachten wir von Jean Paul das zu sammeln, was ihm heute seine neue und hohe Bedeutung verleiht: nicht seine Tatsachen-Schilderung, über die er selber zu spotten pflegte – nicht das Erfinden und Entwickeln seiner Fabeln, worin andre ihn leicht übertreffen konnten –, noch weniger seine launigen und derbscherzhaften Anfügsel, für die seine Gestalt und fast seine Gesinnung zu groß erschienen, – sondern die unvergängliche Schönheit seiner Gedichte, die er selbständig oder lose angewoben seinen bunten Erzählungen mitgegeben.« Wie also? Ein Künstler, der – wie Jean Paul – ausgezogen war, in der Nachfolge Sternes eine humoristische Epik auch in Deutschland zu begründen, durch Theorie wie durch Werke der Erzählungskunst, sieht sich plötzlich, fünfundsiebzig Jahre nach seinem Tode, in seinem Gesamtstreben von Grund auf negiert, anerkannt dagegen als geheimer Lyriker. Es gibt kaum eine Gestalt der deutschen Literaturgeschichte, bei deren Beurteilung so jähe Wandlungen beobachtet werden müssen.

Da diese schroffe Wendung vom immensen Ruhm zu Lebzeiten bis zu einem höchst fragwürdigen und hybriden Nachruhm so offensichtlich war wie bei kaum einem anderen deutschen Dichter, hat man sich immer wieder Gedanken über die Ursachen dieser Entwicklung gemacht. Meist war dann von Wandlungen des Publikumsgeschmacks die Rede: Jean Pauls Bücher entbehrten einer richtigen Fabel; der heutige Leser finde sich in den vielen Arabesken und Schnörkeln, auch Schlingpflanzen Jean Paulscher Stilistik nicht mehr zurecht; diese Bücher seien getrüffelt mit Bildungsbrocken und gelehrten Anspielungen, die ein Leser unserer Tage kaum mehr zu genießen wisse. Übrigens entspräche auch die Gefühlslage der Gestalten in Jean Pauls Romanen und Erzählungen nicht mehr der seelischen Temperatur von Zeitgenossen des 20. Jahrhunderts. Bei Jean Paul gehe es entweder kauzig und schrullig oder übermäßig empfindsam zu. In diesen Romanen werde ein bißchen viel geweint.

Alles ist richtig und wurde eigentlich schon von der Mitwelt, zu schweigen von den Generationen der ersten Nachwelt, nicht selten festgestellt. Aber Börne und die anderen Verehrer Jean Pauls in den Jahrzehnten zwischen 1820 und 1840 hätten solche offenkundigen Mängel der Darstellung und Komposition durchaus nicht missen mögen. *Robert Schumann* war ein begeisterter Leser und Verehrer des Jean Paul. Sein zweites Opus, die »Papillons« für Klavier, wird ausdrücklich in brieflichen Erläuterungen des Komponisten als Weiterträumen des Romans »Flegeljahre« bezeichnet: die Uhr schlägt sechs, das Fest ist zu Ende, die Klänge der Philisterwelt werden leiser, der Komponist träumt dem fragmentarischen Abschluß des Romans nach, worin Vult, die Flöte blasend, dem Bruder scheinbar eine Morgenmusik bringt, in Wirklichkeit aber den Walt und die geliebte Wina zurückläßt. »Noch aus der Gasse heraus hört Walt entzückt die entfliehenden Töne reden, denn er merkte nicht, daß mit ihnen sein Bruder entfliehe.«

Natürlich mußte sich Robert Schumann einem Dichter verwandt fühlen, der immer wieder die gegensätzlichen Elemente und Momente seines Charakters als verwandt-verfeindete Gestalten in den Romanen gegeneinander gestellt hatte, wie die Brüder Walt und Vult in den »Flegeljahren« oder Siebenkäs und Leibgeber, um nur diese zu nennen. Es war das gleiche Verfahren, dessen sich der Musiker Schumann bald darauf bedienen sollte, um die eigene Natur in die entgegengesetzten musikalischen Charaktere eines Florestan und Eusebius zu zerlegen. Vermutlich hätte Schumann auch für Jean Pauls epischen »Fluß ohne Ufer« die Kennzeichnung wiederholt, die er in seinem berühmten Aufsatz über die von ihm wiederentdeckte große

»C-Dur-Symphonie« Franz Schuberts gebraucht hatte, als er von »himmlischen Längen« sprach. Auch die Romane Jean Pauls mochten für Robert Schumann wie seinen Zeitgenossen Ludwig Börne durch solche himmlischen Längen geradezu ausgezeichnet sein. Im 20. Jahrhundert liest man es anders und liest man anders.

Es sind aber nicht bloß die beschwerlichen, wenngleich möglicherweise himmlischen Längen des Erzählers Jean Paul Friedrich Richter. Vermutlich ist es auch nicht seine Art der Schreibweise, die den jähen Wechsel von allgemeiner Begeisterung zu halber Vergessenheit ausreichend erklären dürfte. Jean Paul ist – das wurde nie bezweifelt – ohne das literarische Vorbild *Laurence Sternes* nicht zu denken. Dennoch ist Yorick bei seinen englischen Landsleuten in hoher Gunst geblieben, und selbst deutsche Verleger des 20. Jahrhunderts wagten sich eher an einen Neudruck des »Tristram Shandy« als des »Hesperus« oder »Titan«. Es ist also nicht bloß der Publikumsgeschmack und die unserer Zeitstimmung hinderliche Art einer verspielten, mäanderhaften, den Nebensatz zum Hauptsatz machenden Schreibweise, was gegen Jean Pauls heutige Wirkung zu sprechen scheint.

Müht man sich ernsthafterweise um eine Klärung dieses merkwürdigen literarhistorischen Phänomens, so wird man zur Frage und Rolle des *Humors* bei Jean Paul zurückkehren müssen. In einer Studie, die scheinbar bloß »F. Th. Vischers Auseinandersetzung mit Jean Paul« zu behandeln vorgibt, an diesem Gegensatz von Jean Paul und Friedrich Theodor Vischer aber ein wichtiges Moment der Wirkungsgeschichte Jean Pauls genauer interpretiert, wird von Berthold Emrich folgende These verkündet: »Der Humor hat einen Weltkontrast, den Riß im Innern des Weltganzen zum Gegenstand; seine Voraussetzung ist die unendliche Subjektivität, der tiefste Bruch des Bewußtseins. Vollkommen übt ihn nur das moderne freie und furchtlose Selbstbewußtsein, das mitten im Scherz das Heilige sicher festhält. Er tritt in zwei Formen auf: unversöhnt wie bei Callot-Hoffmann, versöhnt wie bei Sterne, Goldsmith, Jean Paul und Tieck. Bei der letzten Gruppe ruht das Ganze auf einem sichern Grund, auf Harmonie und Frieden.«

Der Ausgangspunkt dieser These kann sich zweifellos auf theoretische Erwägungen Jean Pauls stützen; auch das Motiv einer »Versöhnung« des Gegensatzes zwischen Ich und Welt im Humor war dem Denken Jean Pauls durchaus gemäß. Richtig ist vor allem, daß *Hoffmann* – und zwar nicht bloß in seinen »Fantasiestücken in Callots Manier«, die 1814 übrigens mit einer *Vorrede Jean Pauls* erschienen waren – *die ideale Welt der Poesie und die reale deutsche Misere immer wieder hart und unversöhnt gegeneinanderstellt.* Aus diesem Grunde hatte Jean Paul, der sich offensichtlich mehr aus Gefälligkeit dazu bereit fand, den ersten Erzählungen Hoffmanns eine Vorrede beizugeben, ohne daß er sich eingehender mit den literarischen Positionen des Bamberger Kapellmeisters beschäftigt hätte, nur in Äußerlichkeiten recht, wenn er über Hoffmanns »Fantasiestücke« schrieb: »Nicht ohne Vergnügen haben wir auch in diesem Werke wieder wahrgenommen, daß seit einigen Jahrzehnten die deutsche Satire und Ironie und Laune, ja der Humor häufiger den britischen Weg einschlägt und daß Swifts und Sternes herübergetragne Loretto-Häuschen oder Studierzimmer zu Gradierhäusern unsers komischen Salzes geworden.« Hoffmann ist aber kein Nachfahre Sternes: an Satire und Ironie, auch an tieferer Bedeutung mangelt es ihm nicht, aber Humor im Sinne Sternes oder Jean Pauls? Unversöhnt stehen bei Hoffmann seit dem »Goldenen Topf« die Welten von Dresden und Atlantis gegeneinander, personifiziert zuletzt in einer Weise, die durchaus von den Antipoden-Gestalten Jean Pauls verschieden ist, in den Gegenfiguren des Katers Murr und des Kapellmeisters Kreisler.

Auch bei Jean Paul war übrigens der Humor – in den ästhetischen Überlegungen jedenfalls – keineswegs mit der Aufgabe betraut worden, eine Versöhnung zwischen Subjektivität und Objektwelt herbeizuführen. Wenn Jean Paul im Paragraph 31 seiner »Vorschule der Ästhetik« den Begriff des Humors zu erläutern unternimmt, geht er in der Tat *von einem Gegensatz zwischen Ich und Welt aus* und von dem Bemühen, in der romantischen Poesie alles auf die »Un-endlichkeit des Subjekts« zu stellen, »worin die Objekten-Welt wie in einem Mondlicht ihre Grenzen verliert«. Der Verstand und die Welt der Objekte kenne nur die bloße Endlichkeit, meint Jean Paul. Aus dem Zusammenstoß des Subjekts mit dieser endlichen Welt aber könne bloß Komik entspringen, kein Humor. Unendlich sei bloß der Kontrast zwischen den Ideen der Vernunft und der Endlichkeit des Verstandes. Man müsse aber weiter gehen, um bis zum Humor zu gelangen, nämlich zur wahren Unendlichkeit. Wenn nämlich das *Bewußtsein* der unendlichen Distanz, also der Unerreichbarkeit, mit der Idee konfrontiert wird, muß schließlich – so wird man Jean Paul interpretieren dürfen – eine Dichtung des bloßen Sehnens entstehen, das sich stets zur Vereinigung mit Idee oder Ideal, jenseits der Objekten-Welt, aufschwingen möchte, in allem Sehnen aber niemals das Bewußtsein der Vergeblichkeit dieses Bemühens verliert. Daraus wird eine Sehnsucht, die nicht bloß erfolglos ist, sondern von Anfang an weiß, daß sie es sein wird. Hierin erblickt Jean Paul die eigentliche Grundlegung für den Humor, so daß er im Paragraph 32 sagen kann: »Der Humor, als das umgekehrte Erhabene, vernichtet nicht das Einzelne, sondern das Endliche durch den Kontrast mit der Idee.«

Von hier aus wird die Position Jean Pauls in der deutschen Literaturgeschichte, nicht zuletzt in der deutschen Gesellschaftsgeschichte, besser sichtbar. Die »Vorschule der Ästhetik« entstand 1804 *und bleibt untrennbar mit diesem geschichtlichen Augenblick verbunden*. Die Idee, die Jean Paul immer wieder meinte, weist hinüber zur französischen Aufklärung und zu Rousseau. In der Vorrede zur ersten Ausgabe der »Vorschule« heißt es ausdrücklich: »In unsern kritischen Tagen einer kranken Zeit muß Fieber, in der gegenwärtigen Reformation-Geschichte muß Bauernkrieg, kurz, jetzo in unserer Arche, woraus der *Rabe* wie über die alte Sündflut früher ausgeschickt wurde als die *Taube*, welche wiederkam mit einem grünen Zweig, muß der Zorn regieren.« In einem Brief Jean Pauls an Christian Otto vom 24. April 1804 heißt es fast überdeutlich: »Frankreich anlangend, so wird ja der deutsche Wunsch, die Freiheit mit solchem zu teilen, selber von Fürsten erfüllt; da wir jetzt ganz nicht nur wie Frankreich, sondern auch sogar von Frankreich regieret werden, wie die gleiche *Preß*-Freiheit und das Emigranten-*Pressen* in Deutschland gewiß beweisen. Denn kein Hahn darf (darnach) krähen dem gallischen, daß dieser den verleugnenden Petrus zu erinnern vergißt.«

Die Idee der Aufklärung, der Verrat an dieser Idee in Frankreich wie in Deutschland, die deutschen Zustände der Kleinstaaterei und der Kleinstädterei: alles steht hinter Jean Pauls Bemühungen um eine Begriffsbestimmung des Humors. Die »Vorschule der Ästhetik« bemüht sich um theoretische Positionen für eine Dichtung der vergeblichen Sehnsucht nach anderen Zuständen, nach Verwirklichung jener Humanität, der sich Jean Paul in seiner engen Freundschaft mit dem späten Herder immer bewußt bleibt. Der Kontrast zwischen Idee und deutscher Misere wird nicht als schroffer kantianischer Dualismus verstanden wie bei Schiller in seinem Begriff der »Resignation«, er wird auch nicht in dramatische Gegenspieler auseinandergelegt wie bei Kleist. Jean Paul kennt ebensowenig, im Bewußtsein der eigenen, unverwechselbaren künstlerischen Mittel, vor dem Phänomen der deutschen Zustände das Nebeneinander von angreifender Satire und kapitulierender Ironie, wie Heinrich Heine. *Er möchte mit den Mitteln des Humors den aktuellen Gegensatz dadurch verewigen, daß er ihn aus der objektiven in die subjektive Sphäre verpflanzt:* als unlösbaren Konflikt im Innern des Subjekts, »worin die Objekten-Welt wie in einem Mondlicht ihre Grenzen verliert«.
Das aber ist ein grundverschiedener Standpunkt nicht bloß gegenüber Hoffmann, sondern auch gegenüber Sterne. Der Engländer bleibt, wie immer man die Sache beurteilen mag, ein Christ, und sogar ein Geistlicher. Das Christentum Jean Pauls dagegen erschien den Zeitgenossen als suspekt. Johann Heinrich Voß beschreibt, wie 1817 bei Jean Pauls Besuch in Heidelberg die Verleihung der Ehrendoktorwürde in der dortigen philosophischen Fakultät nicht bloß am Einwand zu scheitern droht, Jean Paul trinke zuviel und sei daher kein Vorbild für die Studenten, sondern außerdem, »weil es mit Jean Pauls Christentum nicht ganz geheuer stände«. Um das Ehrendoktorat zu retten, wurde auf den Vorwurf mangelnden Christentums geantwortet, wie Voß zu berichten weiß: »Auf das erste erwiderte Hegel mit der größesten Ernsthaftigkeit, aber mit einem Schalk im Herzen, der ihm bei seiner Trockenheit so herrlich läßt, und bewies nun mit einer Beredsamkeit, die mich an ihm in Erstaunen setzte, daß Jean Paul ein ganz herrlicher Christ sei.« Mit diesem Christen-

tum also des fränkischen Erzählers war es nicht besonders gut bestellt, und Hegel war auch nicht gerade der beste Kronzeuge. In der Tat gibt es in Jean Pauls Humor *keine christliche Versöhnung* wie bei Sterne. Gegensätze also zwischen Hoffmann und Jean Paul, aber auch zwischen Jean Paul und seinem Vorbild Sterne.

Es muß zu denken geben, daß die große Romandichtung Jean Pauls in dem gleichen Augenblick zu Ende ist, da jene theoretische Grundlegung in der »Vorschule der Ästhetik« versucht wird. Die »Flegeljahre« (1804 bis 1805) sind eigentlich das *letzte* große Werk des Erzählers Jean Paul. Daß sie Fragment bleiben, hängt nicht bloß mit dem romantischen Kult des Unvollendeten zusammen, sondern mit Jean Pauls eigener Theorie von der unendlichen Unerfüllbarkeit der Idee. Welche Idee dabei immer wieder gemeint bleibt, zeigt drei Jahre später das Buch »Levana oder Erziehungslehre« von 1807, das reinsten Geist eines deutschen Rousseauismus atmet. Erst als die Reihe der großen Bildungsromane – von der »Unsichtbaren Loge« über »Hesperus« und »Titan« bis zu den »Flegeljahren« – in typisch »schlechter Unendlichkeit«, wie das Hegel genannt hat, abgebrochen wird, öffnet sich der Weg für jene scheinbar so fratzenhaften, in Wirklichkeit real gesehenen deutschen Lebenstypen, die man lange Zeit idyllisch oder einfach komisch fand, ohne jene Züge des Grausigen und Gefährlichen zu sehen, die sie auch schon von ihrem Dichter mit auf den Weg bekommen hatten. Die Versöhnung zwischen Aufklärung, Rousseauismus und deutschen Zuständen war nicht gelungen. Die Darstellung unerfüllten Sehnens im humoristischen Roman war gescheitert. Die folgerichtige Anwendung der eigenen ästhetischen Theorie durch und bei Jean Paul bestand darin, daß sie ihn veranlaßte, auf humoristische Gestaltung der von ihm selbst geforderten Art von nun an zu verzichten.

Was dann folgte, hat *Robert Minder* so genau analysiert, daß man es deshalb bloß zu wiederholen braucht: »Die Gemeinschaft, von der der Jünger Rousseaus geträumt hatte, war nach den Befreiungskriegen ferner denn je gerückt; die Dichter verkamen in ihrer Einsamkeit; Eremiten überall, ins Innere vergraben; die Wirklichkeit sprachlos und kalt. Rektor Fälbel ist nicht nur die Karikatur des ›Aufklärers‹, dem der Verstand das Herz eingetrocknet hat: er ist auch der Typ des Untertans, wie ihn später Wedekind und Heinrich Mann dargestellt haben, kriecherisch und brutal. Die Stelle, wo er vor seinen Schülern die schöne Natur preist und ungerührt salbadernd der Erschießung eines Unschuldigen beiwohnt, nimmt Entwicklungen voraus, die unter gewissen Umständen Wirklichkeit werden sollten. Auch Katzenberger ist mehr als nur der grotesk fanatische Raritätensammler: in ihm steckt schon der Typ des Mediziners, der zynisch-jovial Experimente mit Menschenmaterial anstellt.« Man sieht: der Humor hat mit dem Phänomen des Lachens zu tun, auch des Weinens natürlich. *Es kommt aber darauf an, wer lacht und worüber gelacht wird.* An der Geschichte von Jean Pauls Nachruhm läßt sich nicht bloß deutsche Literaturgeschichte, sondern auch deutsche Geschichte studieren.

Den Zeitgenossen in der letzten Lebenszeit des Dichters und der ersten Nachwelt ging es zwar auch um Gelächter über spießbürgerliche Kauzigkeit, man entdeckte Jean Paul als Vorläufer von Biedermeierwelt und sah den Doktor Katzenberger gleichsam wie eine von Spitzweg gemalte Miniatur, hielt sich aber viel eher an die Rührung. Man liebte es, mit Jean Paul zu weinen. Die Heidelberger Studenten, die den geliebten Dichter im Jahre 1817 bejubelten, feierten sein Deutschtum und nannten ihn ausdrücklich auch, wie Voß zu berichten weiß, »Johann Paul«, nicht Jean Paul. Ludwig Börne verehrte den Dichter des »Siebenkäs«, der kleinen Leute, der leidenden und gedrückten Gestalten. Der demokratische Zug seiner Epik gefiel den Jungdeutschen, soweit sie überhaupt noch von Jean Paul etwas wissen wollten. Nachgewirkt hat er auf viele deutsche Erzähler des späteren 19. Jahrhunderts, die ihn, vor allem freilich in ihrer Jugend, genau gelesen hatten: auf Keller, auf Stifter, auf Fontane.

Allein schon die betont politisierte Literatur der Vormärzzeit fühlte sich der Dichtung Jean Pauls *als einer Kunst der Innenwelt und des Innenraums* entfremdet, was sie in der Tat auch war und der eigenen ästhetischen Grundlegung nach sein wollte. So war Jean Paul um 1840, fünfzehn Jahre nach seinem Tode, kaum mehr eine bemerkenswerte Realität des deutschen Geisteslebens, wie Kurt Schreinert betont: »Mit der tiefen Ernüchterung, die mit dem Zusammenbruch der liberalen Idee im Jahre 1848 einsetzte, versinkt die optimistische Welt Jean Pauls und wird abgelöst durch den Pessimismus Schopenhauers. In dem Opportunismus der Gründerzeit nach der Beendigung des deutsch-französischen Krieges und in der von äußerem Glanz bestimmten Welt des Kaiserreiches in seiner preußischen Profilierung war kein Platz mehr für den Seelendichter Jean Paul; mit der deutschen Kleinstaaterei, die Jean Paul so oft im satirischen Zerrspiegel gezeigt hatte, war es seit Bismarcks Reichsgründung ohnehin vorbei.«

Man wird fragen müssen, liest man die Erzählungen und Romane genauer, ob die nach 1848 versinkende Welt dieses Erzählers wirklich so optimistisch aussah. Gewiß strebte Jean Paul danach, das harmonische Menschenbild, dem er seit seiner Jugendlektüre und den ersten Erlebnissen im fränkischen Hof anhing, im dichterischen Kunstwerk vor der deutschen Misere zu retten. Nicht in Form der Versöhnung, aber durch humoristische Auflösung des Endlichen im Unendlichen, durch die unendliche und als unendlich gewußte Sehnsucht. Jean Paul blieb als Philosoph wie als Dichter ein Mann des Dualismus. Weshalb Berthold Emrich mit Recht die philosophische Auseinandersetzung, die der Ästhetiker *Friedrich Theodor Vischer* in der zweiten Hälfte des 19. Jahrhunderts mit der Ästhetik Jean Pauls führt, als »Monolog eines dualistischen Monisten und eines humoristischen Pantheisten« bezeichnet. Diese Auseinandersetzung Vischers mit Jean Paul, gipfelnd zwei Jahre vor der Bismarckschen Reichsgründung in der großen Rezension einer Schrift von *K. Ch. Planck* über »Jean Pauls Dichtung im Lichte unserer nationalen Entwicklung«, ist nicht bloß eine tiefe und aufschlußreiche Deutung der Ursachen für Jean Pauls Verblassen, sondern ein bemerkenswertes Dokument deutscher Selbstkritik.

Auch Vischer ist bemüht, die Deutung von Jean Pauls Welt im Sinne der Idylle und des Glücks im Winkel, wie sie in Plancks Schrift vorgenommen worden war, erheblich zu relativieren. Er meinte kritisch, Plancks Darstellung von 1868 »symbolisiere« etwas zu stark, wobei man das Wort vom Symbolisieren wohl auch als Harmonisieren lesen kann. Planck harmonisiere allzu sehr, »wenn er die Figuren der anderen Humoresken (Fibel, Seemaus, Marggraf im »Kometen«) mit ihrem eingebildeten Glück in phantastisch erträumten Wirklichkeiten als Sinnbilder davon betrachtet, wie für den deutschen Geist damals seine Dichtung, Philosophie usw. selbst die Stelle einer großen äußeren Wirklichkeit vertrat. Uns scheint einfach, daß Jean Paul mit der Komik, mit dem Bilde glücklicher Narren schloß, weil er im ernsten Ideal, bis an einen bestimmten Punkt gelangt, nicht mehr vom Flecke kam, zum Ziel der Versöhnung nicht den Weg fand, im Komischen aber seine Stärke und relative Versöhnung besaß.«

Plancks Buch war 1868 erschienen, Vischer hatte es in den »Blättern für literarische Unterhaltung« im September des gleichen Jahres rezensiert. Fünf Jahre später (1873) nahm er die Rezension in die Neue Folge seiner »Kritischen Gänge« auf. *Zwischen beiden Daten lag die Bismarcksche Reichsgründung.* Vischer fand im preußisch-deutschen Kaiserreich eine gewisse Lösung seiner einstigen politischen Bestrebungen; trotzdem war er im Zeichen der Gründerzeit skeptisch geworden bei Beantwortung der Frage, ob die Dualismen Jean Pauls durch die geschichtliche Entwicklung aufgelöst worden seien. Plancks Schrift hatte alle Schwächen Jean Pauls aus den politischen Schwächen der deutschen Zustände erklärt; sein Rezensent war im wesentlichen damit einverstanden, hatte die Konflikte sogar schärfer hervorgehoben. War nun aber, seit 1871, die reale Grundlage für Jean Pauls humoristische Dichtung »aufgehoben« worden? Vischer scheint es zu bezweifeln. Stärker nämlich als in seiner kritischen Analyse Jean Pauls macht sich die Verschiedenheit der geschichtlichen Ausgangspositionen in seiner *eigenen Ästhetik* bemerkbar. Emrich formuliert es so: »Vischer schließt sich Jean Paul wohl noch in der Darstellung des Witzes und der Ironie an, wofür ihm die Werke des Dichters treffliche Beispiele bieten, aber das absolut Komische oder den Humor begründet er anders; er vertauscht den Ausgangspunkt: nicht von der Universalität ist auszugehen, sondern vom komischen Subjekt.«

Das aber bedeutet eine Eliminierung der wirklichen Weltdisharmonie. Es ist eine Rückverwandlung des Humors in Komik, der Unendlichkeit in Endlichkeit, der Subjekt-Objekt-Relation in einen komischen Solipsismus. Georg Lukács sieht das so: »Dies geschieht dadurch, daß jene konkreten ästhetischen Kategorien, das Erhabene und das Komische, in denen sich bei Vischer wie bei seinen Vorgängern (Jean Paul, Solger, Weiße, Ruge usw.) das Häßliche ästhetisch verwirklicht, von ihm vollständig enthistorisiert werden.« Hier liegt auch die Begründung dafür, daß Vischer neben dem Prozeß der Subjektivierung und ungeschichtlichen Formalisierung ästhetischer Phänomene gleichzeitig einen Prozeß der *Verdinglichung* vollzieht, wie er für das bürgerliche Kunstdenken im späten 19. Jahrhundert sehr charakteristisch sein sollte. *Vischers berühmter Begriff einer »Tücke des Objekts«*, die er in seinem Roman »Auch Einer« zum beherrschenden epischen Prinzip machte, dämonisiert die Dinge und kehrt die Beziehung zwischen Subjekt und Objekt in komischer Weise um. Das Ding wird aktiv, der Mensch muß erleiden: beides soll Komik erzeugen. Den tiefen Divergenzen zwischen den Ästhetikern Jean Paul und Friedrich Theodor Vischer entspricht die epische Distanz zwischen den Romanen »Titan« und »Auch Einer«.

Alle Aussagen über Jean Paul, die Deutungen wie die Umdeutungen, haben stets mit einem Wandel der gesellschaftlichen Lage in Deutschland zu tun. Es bedeutet keinen Widerspruch zu Vischers Komik der Verdinglichung, die sich als Weiterführung Jean Pauls versteht, wenn *Stefan George* um 1900 das künstlerische Phänomen Jean Paul in die Geschichte der deutschen *Lyrik* einzuordnen sucht. In beiden Fällen, bei Vischer wie George, wird die reale Spannung zwischen Ich und Welt, Ideal und Misere, Endlichkeit und Unendlichkeit, ohne die Jean Pauls Schaffen nicht denkbar ist, dadurch gemildert, sogar eliminiert, daß im einen Falle bloß noch eine komische Tücke des Objekts, im anderen eine lyrische Subjektivität ohne objektive Gegenwelt übrigbleibt. Wir wissen aus der Geschichte der deutschen Dichtung im 20. Jahrhundert, daß auch dies bloß eine Etappe sein konnte. Der äußersten lyrischen Subjektivität antwortete bald darauf bei *Rilke* der Versuch einer Objektivierung des Gedichts im »Ding-Gedicht«. George hatte als Umdeuter Jean Pauls danach gestrebt, humo-

ristische Epik in lyrische Gebilde aufzulösen; Rilke müht sich damit ab, das lyrische Gedicht zu episieren.
Dahinter verbarg sich keineswegs ein Fortschreiten über Jean Paul hinaus, sondern ein Vorgang der Verarmung. Jean Pauls Grundphänomene waren in der geschichtlichen deutschen Wirklichkeit ungelöst geblieben. Weder 1848 noch 1871 oder gar 1914 hatte sich das Spannungsverhältnis zwischen Humanitätsideal und realer Misere gelöst. Die Permanenz dieser Misere, Robert Minder hat darauf hingewiesen, äußert sich *als Weg der Gestalten Jean Pauls zu jenen von Wedekind oder Heinrich Mann*. Man könnte hinzusetzen: oder Carl Sternheims oder des frühen Robert Musil (wenn man sich an die österreichische Spielart der deutschen Zustände hält).
Oder von *Karl Kraus*. Der schien in seinem Bemühen um Einzigartigkeit, um eine Publizistik der Gegenpublizistik, scheinbar den äußersten Gegenpol zu George und den Seinen darzustellen. In Wirklichkeit gab es tiefe Gemeinsamkeiten, die der geschichtlichen Situation entsprangen, und deren sich Karl Kraus selbst, wie seine lyrische Polemik gegen George vom Jahre 1928 beweist, bewußt war. Der Herausgeber der »Fackel« traf sich auch in seiner Verehrung Jean Pauls mit George. Freilich ging es ihm nicht um Lyrisierung, sondern – was legitimer war – um *eine neue Deutung der Jean-Paul-Probleme des Humors*. Auch Karl Kraus freilich geht in seiner Beurteilung Jean Pauls nicht vom Inhalt aus, sondern von der Form. George hatte ohne Rücksicht auf Fabel und Romankonzeption die epischen Bereiche des »Hesperus«-Dichters nach lyrischen Perlen abgesucht. Auch Karl Kraus beschäftigt sich als Lyriker mit Jean Paul. Die ästhetische Auseinandersetzung steht mit gutem Grund im Zeichen der zahlreichen »Fackel«-Beiträge zur *Sprachlehre*.
Die wichtigste Auseinandersetzung zwischen Karl Kraus und Jean Paul findet im November 1921 statt und steht unter der Überschrift »Von Humor und Lyrik«. Bemerkenswerterweise geht Kraus, als er sich Jean Paul zuwendet, von dessen »Vorschule der Ästhetik« und insbesondere von der oben bereits erwähnten Definition des Humors aus: »Jean Paul, der gewiß in vielem verehrungswürdige und trotz umfassender Bildung unbeschränkte Geist, sagt, daß der Humor, als das umgekehrte Erha-

bene, nicht das Einzelne, sondern das Endliche durch den Kontrast mit der Idee vernichte; es gebe für ihn keine Toren, sondern nur Torheit und eine tolle Welt. Es wird wohl noch wenigen Lesern gelungen sein, an des Feldpredigers Schmelzle Reise nach Flätz diese Erkenntnis zu überprüfen; aber ich glaube, daß der Witz unzweifelhaft daran festzustellen ist, daß er im Einzelnen das Endliche durch den Kontrast mit der Idee vernichtet, während der Humor eigentlich daran zu erkennen ist, daß er durch die Ausflucht in das Allgemeine dieses Kontrastes gar nicht habhaft und seine Beziehung auf die Idee oder seine Vernichtung des Endlichen nur glaubhaft wird, weil er nicht das Temperament hat, sich zu dem Einzelnen so herabzulassen, daß es nicht mehr vorhanden ist, wie ihm doch geschieht, wenn sich der Witz nur zu regen beginnt.«

Hier findet sich – wie immer Karl Kraus selbst darüber denken mochte – eine neue Entschärfung und Verarmung der geistigen Spannungen, auf die es Jean Paul angekommen war. Friedrich Theodor Vischer hatte Jean Pauls Humor in Komik, und zwar weitgehend Objektkomik verwandelt. George hatte humoristische Epik in erhabene Lyrik oder Lyrik des Erhabenen aufgelöst. Kraus sucht die Spannungen des Humors durch *Witz* zu ersetzen, der eigentlich spannungslos ist, aber so, daß die Endlichkeit, also die Wirklichkeit, gegenüber der Idee als vernichtet erscheint. Das ist natürlich nicht mehr Romantisierung der Wirklichkeit, aber auch nicht mehr Unendlichkeit. Die Idee bleibt bestehen, der Witz hat die Endlichkeit zerstört. Auch die Auseinandersetzung, die Karl Kraus mit Jean Paul führt, steht im Zeichen seiner Metaphysik des Weltuntergangs.

Soll man es Zufall heißen, wenn im selben Jahr, da Karl Kraus sich – wenige Jahre nach dem Zusammenbruch von 1918 – mit der Aktualität von Jean Paul und einer Neudeutung der Beziehungen zwischen Humor und Lyrik beschäftigt, auch *Hermann Hesse* das gleiche Phänomen zu behandeln sucht? Im selben Jahr 1921 erschien Hesses Studie »Über Jean Paul«. Sie beginnt nachdrücklich: »Wenn man mir die Examensfrage stellen würde, in welchem Buche der neueren Zeit sich Deutschlands Seele am stärksten und charaktervollsten ausdrücke, so würde ich ohne Besinnen Jean Pauls »Flegeljahre« nennen. In Jean Paul hat jenes geheimnisvolle Deutschland, das noch immer lebt, obwohl seit manchen Jahrzehnten ein anderes, lauteres, hurtigeres, seelenloses Deutschland ihm im Lichte stand, seinen eigensten, reichsten und verworrensten Geist geboren, eine der größten Dichterbegabungen aller Zeiten, dessen Werke einen wahren Urwald der Poesie darstellen.«

In der »Demian«-Phase seines Schaffens unterstreicht Hesse, daß Jean Paul die Spannungen zwischen Subjekt und Objekt überaus stark erlebt und gestaltet habe. »... es wäre keines dieser Werke geschrieben worden, wenn Jean Paul das Glück gehabt hätte, sich leichter mit der Welt und mit sich selber abzufinden. Sie sind alle aus diesem Zwiespalt entstanden, dieser Mangel, die Leere zwischen Hier und Dort ist recht eigentlich die Quelle seines ganzen Schaffens.« Übrigens bemerkt der Interpret, der Abbruch des großen Romanschaffens nach den »Flegeljahren« und das Scheitern des Romanprojekts »Der Komet« hänge mit dieser Frage der ungelösten Spannungen zusammen. »Unsere Zeit, wenn auch die Hüter der bürgerlichen Ordnung es verzweifelt ableugnen wollen, steht im Zeichen des Chaos ... Gerade für diese Zeit ist daher Jean Paul eigentlich erst ganz verständlich geworden. Er, dem der Gedanke der Polarität auf allen Gebieten so innig vertraut war, hat uns heute ungemein viel zu sagen.« Das ist natürlich insgeheim eine Selbstaussage Hermann Hesses. Daß er im eigenen Schaffen ohne den Einfluß Jean Pauls nicht zu denken sei, hat er immer wieder betont. Die gegensätzlichen Freundespaare aus den Romanen Jean Pauls kehren bei ihm wieder, Narziß und Goldmund sind letzte Nachfahren der Albano und Schoppe, Walt und Vult, Siebenkäs und Leibgeber. Dennoch ist in dieser Analyse mehr enthalten als eine Selbstdarstellung Hermann Hesses im Zeichen von Jean Paul Friedrich Richter. Der Kreis der Interpreten scheint sich zu schließen. Diesmal ist man wirklich wieder – nach allen Umwegen der Verdinglichung, der Lyrik, der Komik und des Witzes – bei einer humoristischen Dichtung der Polaritäten und dialektischen Spannungen angelangt. Den Untergang der Bürgerwelt, meint Hesse, werde man deutlicher verstehen, habe man als Leser Jean Pauls erkannt, welche Vorformen der Gesellschaft zu diesem Untergang geführt hätten.

Die Bürgerwelt ist dann trotzdem nicht untergegangen. Die »Letzten Tage der Menschheit« von Karl Kraus wurden gedruckt, verkauft, szenenweise gelegentlich sogar aufgeführt. Einem weiteren Leserkreis blieb Jean Paul im 20. Jahrhundert nach wie vor unbekannt. Ein verschollener großer Dichter, der bloß noch ein Hören-Sagen geworden war. Allein seine Wirkung auf Schriftsteller des 20. Jahrhunderts wurde von neuem spürbar. Diesmal war er nicht bloß eine Etappe auf dem Weg der künstlerischen Selbstfindung wie bei Keller, Stifter oder Fontane. So eigentümliche Erzählergestalten der neuesten deutschen Epik wie Ernst Penzoldt oder Wolfgang Koeppen, Günter Grass oder Arno Schmidt zeigen an – meist wird es von den Verfassern selbst unterstrichen –, daß sich hier neue produktive Leser Jean Pauls ans Werk machten. Daß sich dabei gerade die *unheimlichen Elemente* einer Epik, die sich so gern mit Nachtseiten des Lebens und der Seele beschäftigte, als erregend und wirksam erweisen konnten, nimmt nicht wunder bei einer literarischen Entwicklung, die seit dem *Surrealismus* gewohnt war, diesen Nachtseiten der deutschen Romantik, bis hin zu den »Nachtwachen« von Bonaventura, ihre Aufmerksamkeit zu schenken. Ob Jean Paul jemals wieder ein Publikum finden wird wie um 1817, darf bezweifelt werden. Sicher aber hat Hermann Hesse recht, wenn er bemerkte, unversöhnte Dualismen, die fortbestehen, könnten eine neue Hinwendung zur Dichtung Jean Pauls möglich machen.

2. DIE WIRKLICHKEIT E. T. A. HOFFMANNS

Zwei Welten des Erzählers Hoffmann

Der seltsame Musiker, der in einem Hause unweit der Berliner Friedrichstraße im Spätherbst des Jahres 1809 die Ouvertüre und Schlußszene aus Glucks Oper »Armida« vorgespielt hatte, während auf dem Notenpult die Seiten umgewendet werden mußten, wenngleich keine Noten darauf geschrieben oder gedruckt waren, schien der Frage seines Gastes, wer er denn eigentlich sei, zunächst auszuweichen. Er »war mit dem Lichte durch die Türe entwichen« und hatte den Besucher im Finstern gelassen. Plötzlich erschien er wieder »in einem gestickten Galakleide, reicher Weste, den Degen an der Seite, mit dem Licht in der Hand«. Er faßte die Hand des Besuchers und gab nun erst, nach diesem Zwischenfall, die Antwort auf die noch im Raume hängende Frage: »Was ist das? Wer sind Sie?« Der Musiker antwortete »sonderbar lächelnd« mit den nun keineswegs klärenden, sondern nur tiefer verwirrenden Worten: »Ich bin der Ritter Gluck!«

So schließt E. T. A. Hoffmanns erste Erzählung, die Geschichte vom »Ritter Gluck« mit dem Untertitel »Eine Erinnerung aus dem Jahre 1809«. Wie also? Saß hier wirklich der Tonsetzer der Oper »Armida« vor dem Instrument? Das ist wohl nicht möglich, denn Christoph Willibald Ritter von Gluck war – die Musikgeschichte läßt nicht daran zweifeln – am 15. November 1787 zu Wien verstorben. Seitdem waren zweiundzwanzig Jahre vergangen. Außerdem starb Gluck im Alter von dreiundsiebzig Jahren, während unser Musiker vom Erzähler mit den Worten eingeführt wird: »Der Mann mochte über fünfzig sein.« Wer also spielt, hat hier gespielt: vor sich die leere Partitur, aber dennoch offenbar nicht bloß als reproduzierender Künstler, der die Partitur im Kopfe hat, so daß er der Noten nicht bedarf. Immer wieder hatte er den Erzähler dadurch erschreckt und zur Verwunderung gezwungen, daß der musikalische Text der Überlieferung von ihm frei abgewandelt wurde: nicht durch Phantasieren oder Variieren, sondern gleichsam als verbesserte Textfassung, wie sie dem eigenen Tonsatz oder Gedicht nur der Schöpfer gewähren kann.

Wenn es also nicht der Ritter Gluck sein konnte, wer dann hatte in Berlin, im Jahre 1809, im Vollbesitz von Glucks Schöpfertum gespielt? Der Zugang zum Gesamtwerk E. T. A. Hoffmanns hängt von der Antwort ab, die einer hier zu geben hat. Die erste Dichtung des damals dreiunddreißigjährigen Hoffmann enthält im Keim die Grundstruktur all seiner späteren poetischen Werke; der ungelöste Rest, den der Leser der Geschichte vom Ritter Gluck zu bewältigen hat, wird auch späterhin nicht durch den »Goldnen Topf« oder die »Elixiere des Teufels«, durch den

Bericht über die »Lebensansichten des Katers Murr« oder das Märchen vom »Meister Floh« wieder ausgeglichen. Die Wirklichkeit Hoffmanns trägt im Gesamtwerk die gleichen Züge wie in dieser ersten Erzählung. Christoph Willibald Gluck also hat nicht gespielt. Wer denn? *Werner Bergengruen* gibt in seiner Lebensdarstellung Hoffmanns eine sonderbare stumpfe Deutung, wenn er Hoffmanns Fabel zusammenfaßt: »Er schildert die Begegnung mit einem wahnsinnigen Musiker, der sich bis zur Identität in Glucks Schöpfungswelt eingelebt hat und allen Verständiggebliebenen im tiefen Erfassen der Musik voraus ist.« Scheinbar läßt sich das hören. Der wunderliche Musiker besitzt zweifellos skurrile Züge. Er scheint gleichzeitig in der Berliner Gegenwart des Jahres 1809 und in einer zurückliegenden Ära beheimatet zu sein. Ein sehr weiter moderner Überrock hüllt ihn ein, darunter entdeckt man aber später »eine gestickte Weste mit langen Schößen, schwarzsamtene Beinkleider und einen ganz kleinen silbernen Degen«. Der Mann lebt in Berlin, aber er haßt die Berliner und bezeichnet sich als exiliert. Seine Launen, die jähen Wandlungen des Gefühls, sein plötzliches Verschwinden und auch Wiederauftauchen, alles mutet ungewohnt, krankhaft an. Was sollen die wiederkehrenden wunderlichen Anspielungen auf den »Euphon«? Von Mozarts weltberühmtem »Don Juan«, dessen Titel er zunächst einmal vergessen hat, spricht der erstaunliche Mensch als von »meines jungen Freundes Oper«. Ein Gespräch über Gluck, seine Werke und deren Aufführung verursacht Gefühlsäußerungen, die im Grunde keinem Enthusiasten anstehen, auch nicht dem leidenschaftlichen Verehrer dieser Musik, sondern nur Gluck selbst. Der aber kann nicht zugegen sein. Es bleibt also wohl bei der Auslegung: Wahnsinn in der Form schöpferischer Identifizierung mit dem Werk eines großen Toten.

Doch nicht ganz. Daß gerade Bergengruen die Grenze zwischen Schöpfertum und höchstem Nachschöpfertum verkennt, ist sonderbar. Der vorzüglichste Kenner der Werke Glucks vermag vielleicht gegenüber Verfälschungen der Wiedergabe, von denen in der Erzählung mehrfach die Rede ist, die Reinheit des originalen Satzes wiederherzustellen; auch kann intensive Versenkung in diese Tonwelt dazu führen, daß der Spielende der Partitur entraten darf. Niemals aber kann Anverwandlung und Identifizierung dazu führen, daß das Originalwerk durch Veränderungen ebenbürtiger Art gleichsam neu komponiert wird, ohne daß dabei Epigonentum entsteht. Ein »wahnsinniger Musiker«, in dem Glucks Genius schöpferisch wirkt, ist ein musikalischer Genius: in ihm muß mehr sein als eine Epigonenrolle aus dem Jahre 1809 hergeben kann. Genialer Schüler Glucks kann er nicht heißen, so wie etwa der junge Beethoven bei Joseph Haydn in die Schule ging, denn die Musik, die hier in der Berliner Friedrichstadt erklingt, bleibt in ihrer Substanz bei allen Veränderungen und Ergänzungen doch Musik von Gluck. So vor dem Klavier sitzen, so spielen kann nur Gluck selbst. Das sonderbare Lächeln und die Vorstellung am Schluß der Erzählung scheinen Wahrheit auszusagen. Der Satz steht im Sperrdruck: »Ich bin der Ritter Gluck!« Er ist der Ritter Gluck. Als Gluck konnte er von Mozarts Oper als der des jungen Freundes sprechen. Als Komponist durfte er den selbstgeschaffenen Text ergänzen und umformen.

Der Konflikt ist für den Leser nun vollends unlösbar geworden. Die äußere Wahrheit des Jahres 1809 spricht gegen die Möglichkeit einer Präsenz des Ritters Gluck in Berlin. Die innere Wahrheit der Geschichte verlangt nach Glucks Gegenwart als der allein zuständigen und zulänglichen Erklärung. Die erste Hoffmann-Erzählung enthüllt bereits, daß Hoffmanns Wirklichkeitsauffassung der Eindeutigkeit entbehrt. Hier sind offenbar zwei Wirklichkeiten ineinandergeschachtelt: die eine schließt die Anwesenheit des verstorbenen Tonsetzers aus, die andere muß sie voraussetzen. Die Zwischenlösung »wahnsinniger Enthusiast« vermag nicht zu befriedigen. Die Welt Hoffmanns kann nur in ihrer Dualität verstanden werden. Die eine Welt des Dichters ist Realität des Hier und Jetzt; wir befinden uns in Berlin im Spätherbst 1809, die Umwelt des Gartenlokals an der Heerstraße, des Theaters, der Friedrichstraße ist unverkennbar. Ebenso präzise benannt wie Linksches Bad und Brühlsche Terrasse im »Goldnen Topf«, wie römischer Corso und Piazza Navona in der »Prinzessin Brambilla« oder wie der Roßmarkt zu Frankfurt am Main im Märchen vom »Meister Floh«. In diesem Bereich der Hoffmannschen Wirklichkeit wird mit höchster

Sorgfalt gearbeitet. Die Details stimmen; wenn der Erzähler eine venezianische Geschichte schreibt, so finden ihn die Freunde und Besucher über einen Stadtplan von Venedig gebeugt, um durch Studium zu ersetzen, was der Augenschein versagt hatte. Der geographischen Präzision entspricht jeweils die historische und politische Genauigkeit. In der »Erinnerung aus dem Jahre 1809« fällt die Zeit des Erzählers mit der Zeit der erzählten Begebenheit zusammen.

Zu Beginn des Jahres 1809 schreibt Hoffmann diese eigentümliche »Erinnerung« nieder. Die Geschichte vom »Goldnen Topf« wird als »ein Märchen aus der neuen Zeit« angekündigt. Der erste Satz ist gleichsam um protokollarische Genauigkeit bemüht: Dresden, Himmelfahrtstag, »nachmittags um drei Uhr«. In dieser Wirklichkeit wäre der verstorbene Ritter Gluck nur als Gespenst möglich. Nun wäre dem Dichter E. T. A. Hoffmann, dem Todfeind eines berlinischen Realismus der Nicolai-Nachfolge, solche Gespensterbeschwörung an sich durchaus zuzutrauen. Der gleichsam leitmotivische Hohn in der Erzählung auf die Flachheit des Berliner Lebens könnte dazu führen, auch hier eine Geschichte des »Gespenster-Hoffmann« zu vermuten. Allein Spukgeschichten wie die vom »Sandmann« oder vom »Elementargeist« oder manches in den »Elixieren« haben bei Hoffmann doch noch eine andere Erzählstruktur. Auch ist die Wirkung, die von unserem Musiker ausgeht, nicht unheimlich oder gespenstisch: Die Gestalt wirkt ergreifend, sie hat Größe und Genie. Sie läßt – aller Wahrscheinlichkeit zum Trotz – die Deutung als »Ritter Gluck« durchaus zu. Solche Deutung aber verlangt eine Daseinsebene mit Raum- und Zeitbegriffen von völlig anderer Art. Der Erzähler Hoffmann wäre ohne diese zweite Ebene außerstande, seine poetischen Absichten zu erfüllen.

Anfang und Ende seiner verhältnismäßig kurzen Laufbahn als Erzähler stehen im Zeichen dieser Dualität. Was im »Ritter Gluck« von 1809 bereits stutzen machte: das Arbeiten mit einer Realität des Komponisten Gluck zweiundzwanzig Jahre nach dessen Tode, entspricht genau der dualistischen Zerrissenheit in Hoffmanns letzter großer Erzählung, dem »Meister Floh« von 1822. Hier begegnen wir, abermals offenbar innerhalb der Wirklichkeit des Erzählers, in der Stadt Frankfurt am Main zu Beginn der zwanziger Jahre des 19. Jahrhunderts, den nach dem Geschichtsbuch längst verstorbenen Naturforschern Swammerdam und Leuwenhoek. Im zweiten Abenteuer der Erzählung kann Leuwenhoek selbst nicht umhin, das Sonderbare der Lage festzustellen. Er sagt zu Pepusch: »Ihr seid der einzige Mensch in der ganzen Stadt Frankfurt, welcher weiß, daß ich begraben liege in der alten Kirche zu Delft seit dem Jahre Eintausend siebenhundert und fünf und zwanzig, und habt es doch noch Niemandem verraten.« Pepusch selbst hat allerdings, in seiner Doppelexistenz als George Pepusch und als Distel Zeherit, wenig Veranlassung, den jetzigen Flohbändiger der Öffentlichkeit als anachronistischen Zeitgenossen zu denunzieren.

Die Zweiteilung der Wirklichkeit als Dualität gegensätzlicher Raum- und Zeitvorstellungen durchzieht die wichtigsten Werke des Erzählers Hoffmann. Im »Goldnen Topf« unterschreibt der Archivarius Lindhorst seinen Brief als »der Salamander Lindhorst p. t. Königl. geh. Archivarius«. In dem Capriccio um die Prinzessin Brambilla bleibt es nicht beim Durcheinander von Lebenswirklichkeit und Theaterwirklichkeit; es gibt einen als real hingestellten Bereich der Erzählung nach Hoffmanns Willen, worin die Schneiderin Giacinta nicht bloß die Prinzessin Brambilla spielt, sondern ist. Es gibt zwei Wirklichkeiten in der Dichtung E. T. A. Hoffmanns.

Das allein vermöchte den außerordentlichen Zauber noch nicht zu erklären, der von Hoffmanns Märchen und Erzählungen ausging und den Ruhm des Erzählers zunächst bei deutschen Lesern, dann in der Leserwelt anderer Nationen begründete. Bei aller scheinbaren Verwandtschaft mit früherer deutsch-romantischer Dichtung war das Ungewöhnliche, fast Normwidrige dieser Wirklichkeitsauffassung nicht zu verkennen. Der Begriff der romantischen Ironie im Sinne Friedrich Schlegels oder Tiecks hilft nicht weiter. Die Wirklichkeiten etwa, die in Tiecks »Gestiefeltem Kater« mit der Märchenwelt kontrastiert werden, sind nicht eigentlich real, sondern Stilisierung. Sie bilden eine stilisierte Philisterwelt, gesehen durch das satirische Temperament eines romantischen Künstlers. Auch bei Hoffmann gibt es bösartige Philistermassen aller Art: dennoch sind sie wesentlich konkreter, gerade dadurch viel unheimlicher als bei Tieck. In Tiecks Märchen und Märchenspielen ist die romantische Einheit im Grunde gewahrt: die wirkliche Welt wird niemals zum integrierenden Bestandteil des Kunstwerks. Tiecks Märchenerzählungen und seine sogenannt »realistischen« Novellen bezeichnen ein zeitliches Nacheinander verschiedener Etappen in Ludwig Tiecks künstlerischer Entwicklung. Bei Hoffmann besteht in seinen größten Schöpfungen wie bereits in diesem ersten »Ritter Gluck« ein räumlich-zeitliches Miteinander. Die reale Welt der Hoffmann-Zeit, genau nach Ortschaft, Straße und Wohnung bezeichnet, verschmilzt zu beängstigender Einheit mit dem schlechthin Unrealen und Phantastischen.

Wenn Goethe 1795 die »Unterhaltungen deutscher Ausgewanderten« mit einem übergipfelnden zusammenfassenden »Märchen« beschlossen hatte, so blieb der erzählerische Bereich einheitlich: die erzählerische Wirklichkeit war ausschließlich Märchenwirklichkeit. Der Erzähler schien zwar gegenwärtiges Geschehen zu berichten, er schien bei allen Ereignissen anwesend zu sein, um sie zu berichten, sorgfältig aber war alles vermieden, was an eine Wirklichkeit erinnert hätte, die sich geographisch und geschichtlich nachprüfen ließ. Da gab es den Fluß, den Fährmann, die Irrlichter als homogenen Bereich, aber keinerlei verwirrende Nachbarschaft zu Städten wie Dresden oder Berlin oder Frankfurt. Novalis beginnt das Märchen von Hyazinth und Rosenblütchen in der Erzählhaltung der Volksmärchen, die aller geschichtlichen und geographischen Präzisierung abhold sind: »Vor langen Zeiten lebte weit gegen Abend ein blutjunger Mensch.« Jedesmal ist die Märchenwirklichkeit, die klassische bei Goethe und die romantische bei Novalis, einheitlich. Bei Hoffmann ist sie dualistisch, zweigespalten. Wobei der Erzähler Hoffmann keineswegs – wie die Jüngerschaft des Novalis – danach strebt, die Philisterwelt des Hier und Jetzt mit Friedrichstraße oder Linkschem Bade schließlich in einen romantisch-mythischen Bereich aufzulösen, nach dem berühmten Wort des Novalis also zu »romantisieren«. So wenig es daher angeht, Hoffmanns Realitätsbegriff bloß als Widerspiegelung zeitgenössischer Wirklichkeit zu verstehen, so wenig ist das Nebeneinander der beiden erzählerischen Bereiche gemäß der Doktrin frühromantischer Ästhetik zu deuten.

Das Beunruhigende, nicht Aufzulösende dieser Erzählkunst liegt darin, daß beide Bereiche – die genau konturierte Wirklichkeit damaliger Zeit *und* die raum- und zeitlose Mythenwelt – stets unmittelbar miteinander und nebeneinander vorhanden sind. In der Berliner Wirklichkeit des Jahres 1809 kann es die Gegenwart des Komponisten Gluck nicht geben. In der mythischen Gegenwelt spricht nichts gegen diese Gegenwart, wie auch nichts gegen die Gegenwart Leuwenhoeks in Frankfurt am Main spricht. Daß nur von hier aus die Dichtung Hoffmanns entschlüsselt werden darf, erweist sich an den Eigentümlichkeiten der dichterischen Sprache. Während bei Goethe und Novalis der Einheitlichkeit des erzählerischen Bereichs auch eine Einheitlichkeit von Sprache und Stil entsprach, mußte sich Hoffmann für das Nebeneinander seiner beiden Welten auch einer *antithetischen Sprachhaltung* bedienen. Die künstlerische Struktur seines größten Werkes, des »Kater Murr«, beruht wesentlich auf dem Nebeneinander dieser grundverschiedenen Sprach- und Stilmittel.

Die eigentliche Wirkung einer zugleich grausigen und komischen Erzählkunst erzielt Hoffmann gerade dadurch, daß er das Wunderbare und durchaus Unwahrscheinliche mit Vorliebe mitten in der banalen Alltagsunterhaltung auftreten läßt. Auch hierin ist bereits die Erzählung vom »Ritter Gluck« stellvertretend. Eine banale Unterhaltung zwischen zufälligen Besuchern des Etablissements von Klaus und Weber wird angesponnen. Plötzlich erhält das Gespräch eine ganz neue Höhenlage: Wendungen wie »elfenbeinernes Tor«, wie »Reich der Träume« finden sich ein, Psyche, Feuerfaden, höchster Moment! Dreimal Rückfall in das Alltagsgespräch, dreimal, immer auf höherer Ebene und mit gesteigerter Enthüllung, erfolgt die Darstellung des Mythos vom Sonnenauge. Allerdings pflegt Hoffmann aus künstlerischen Gründen den zugrunde liegenden Mythos, der sich in jeder seiner großen Erzählungen findet, jeweils auch im Zusammenhang und mit deutlich abgehobener Sprachhaltung vorzutragen. Das geschieht im »Goldnen Topf« in der Achten Vigilie, wobei auch hier, wie im »Ritter Gluck«, das Motiv des Dreiklangs dazu dienen muß, aus der Alltagswirklichkeit in den mythischen Bereich hinüberzuleiten. Ähnlich steht es mit dem Mythos des Urdar-Brunnens in der »Prinzessin Brambilla« oder mit der zusammenfassenden Enthüllung im siebenten Abenteuer der Geschichte vom »Meister Floh«. »Sehr feierlich« spricht dort Peregrinus die Deutung. Immer wieder aber pflegt Hoffmann dann Elemente des Mythos mitsamt den ganz eigentümlichen Raum- und Zeitbegriffen der mythischen Welt mitten in die Alltagsunterhaltung einbrechen zu lassen, so daß sich aus dem Zusammenstoß der beiden Welten, genauer: aus der Behandlung des mythischen Bereichs mit den Mitteln der Alltagsrede, eine sonderbar komische, befremdende Wirkung erzielen läßt.

In lustiger Weise wird dieser Zusammenstoß in der Dritten Vigilie im »Goldnen Topf« geschildert, wenn Archivarius Lindhorst mit dem Studenten Anselmus, dem Registrator Heerbrand und dem Konrektor Paulmann bei Punsch und Tabak zusammensitzt und Familiengeschichten erzählt. Etwa die Geschichte von seinem Bruder. Man will wissen, wo dieser lebe, ob er königlicher Beamter oder privatisierender Gelehrter sei. »Nein!« erwiderte der Archivarius, ganz kalt und gelassen eine Prise nehmend, »er hat sich auf die schlechte Seite gelegt und ist unter die Drachen gegangen.« – »Wie beliebten Sie doch zu sagen, verehrtester Archivarius«, nahm der Registrator Heerbrand das Wort: »unter die Drachen?« Erfährt man dann noch auf weitere Fragen vom gleichen Archivarius Lindhorst, daß dessen Vater »vor ganz kurzer Zeit starb, es sind nur höchstens dreihundertfünfundachtzig Jahre her, weshalb ich auch noch Trauer trage«, so ist die Komik auf dem Höhepunkt. Dabei geschieht nichts anderes, als daß gewöhnliche Vorgänge und Begriffe der mythischen Wirklichkeit in den Bereich der Alltagswirklichkeit eingeführt und zur Annahme präsentiert werden. Im mythischen Bereich spricht nichts dagegen, daß Ritter Gluck im Jahre 1809 vor dem Klavier sitzt, daß Leuwenhoek, statt im Grabe zu Delft zu ruhen, als Flohbändiger zu Frankfurt sein Geld verdient, daß der Archivarius Lindhorst in Trauer geht, da sein Vater erst vor dreihundertfünfundachtzig Jahren starb. Vorgetragen dagegen in der Sprache des bürgerlichen Alltags aus dem frühen 19. Jahrhundert, muß sich daraus ein Gefühl der Unsicherheit und Mehrdeutigkeit ergeben, das zwar beim Leser einen spezifischen Reiz erzeugt, wie man ihn nur als Leser Hoffmanns erfährt, das aber eigentlich alle Erzählungen Hoffmanns der Lösung und klassischen Abrundung beraubt. Zwei getrennte Bereiche also mit eigener Geographie und Geschichte, eigener Zeit und eigenem Raum. Zwei sprachliche Haltungen und Stilformen: das mythische, oft opernhafte Pathos bei Darstellungen des mythischen Bereichs, und eine sorgfältig banalisierte und kunstvoll abgestumpfte Alltagsrede für die herkömmliche Realität.

Da dies alles nicht nur nebeneinander steht, sondern einander beständig durchdringt, muß Hoffmann vor einer formalen Abrundung seiner Erzählungen und Romane zurückscheuen. Notwendigerweise bietet sich ihm hier die romantische Form einer fragmentarischen, ungelösten und unerlösten Erzählung. Innerhalb des Zyklus der Serapionsbrüder gibt es zwar auch Erzählungen nach klassischem Muster, die manchmal sogar dem Novellentyp in Goethes Sinne einer einmaligen, in sich gerundeten und außergewöhnlichen Begebenheit angenähert sind. Im allgemeinen aber bleiben Hoffmanns Erzählungen ohne abschließende Deutung und Rundung; wie es selten vorkommt, daß seine gespenstisch gebannten Gestalten erlöst werden können, so findet sich auch selten ein formaler Aufbau, der alles abschließt. Ein wirklicher Abschluß ist in den bedeutendsten und prägnantesten Erzählungen dieses Dichters gar nicht möglich, denn er könnte nur im zeitlichen und räumlichen Bereich unserer Wirklichkeit erfolgen, während solche Endgültigkeit in dem Augenblick preisgegeben werden muß, da diese Wirklichkeit nur als Erscheinungsform und ephemere Verkörperung der großen überzeitlichen und mythischen Bereiche verstanden wird.

Es ist daher auch kein Zufall, daß Hoffmann so häufig mit Rahmenhandlungen und epischen Einkleidungen arbeiten muß: daß er als Herausgeber nachgelassener Papiere auftritt, als Jurist einen zurückliegenden Streitfall zu berichten hat wie im »Majorat«, daß er die Prinzessin Brambilla und ihren Geliebten Giglio gleichsam als Verkörperung von Zeichnungen Callots agieren läßt, und so fort. In alldem findet sich zweifellos romantische

Erzählungskunst; allein sie ist nahezu überall eine Romantik unverwechselbarer Art. Sie gehört nicht unbedingt einer Schule an, weder dem Kreise der Jenenser noch jenem der Heidelberger Romantiker. Gewiß hat Hoffmann in seiner späten Berliner Zeit den Einfluß Clemens Brentanos erfahren; er war mit Chamisso und Fouqué befreundet. Dennoch ist der landläufige literarhistorische Begriff einer »Berliner Romantik«, zu welcher E. T. A. Hoffmann gerechnet werden soll, kaum haltbar. Die Serapionsbrüder mit Hoffmann und Contessa, mit Doktor Koreff oder auch dem gelegentlichen Besucher Chamisso waren keine Schule, die sich an verbindender und sammelnder Kraft mit dem Wirken Hardenbergs oder Friedrich Schlegels in Jena, mit dem Heidelberger Freundeskreis um Arnim und Brentano, Görres und Eichendorff hätte vergleichen lassen. Nicht das serapiontische Prinzip als solches war folgenreich. Dieses serapiontische Kunstideal war wesensgleich mit der eigentümlichen Kunst und Kunstanschauung E. T. A. Hoffmanns. Eigentümlich war ihm die Dualität der Daseinsebenen, die er weder im Sinne Goethes auf der sinnlichen Erfahrbarkeit der Außenwelt aufzubauen gedachte, noch als Nachfolger des Novalis dergestalt zu romantisieren gedachte, daß die reale Welt in der poetischen Welt möglichst ohne Rest aufgelöst wurde. Bei Hoffmann lebt man gleichzeitig in Dresden und in Atlantis. Beides ist durchaus möglich. Der Erzähler des »Goldnen Topf« darf sogar mit bescheidenem Stolz berichten, daß er zwar im Jetzt und Hier und in ziemlicher Beengung lebe, immerhin aber in Atlantis einen bescheidenen Meierhof besitze, wenn auch nicht ein ordentliches Rittergut wie sein Student Anselmus ...

Noch ein anderes unterscheidet die Wirklichkeitsauffassung E. T. A. Hoffmanns von den anderen Romantikern. Wenn bei Ludwig Tieck oder Brentano die Wirklichkeit geschildert wird, so entbehrt sie fast immer der konkreten, unterscheidenden Merkmale. Das Italien in Eichendorffs »Taugenichts« ist eine romantische Traumlandschaft; in Hoffmanns Erzählungen wird es so real wie möglich gehalten, obgleich auch Hoffmann das südliche Land ebensowenig gesehen hat wie der Freiherr von Eichendorff. Die Volkstypen haben im Durchschnitt der romantischen Erzählung weder Beruf noch soziale Eigenart: ihre Sprache ist nicht Alltagssprache, ihre Verrichtungen und Handlungen sind unkonkret. Auch Hoffmann hat sich gelegentlich dieses epischen Schemas bedient; durchaus nicht zum Vorteil der Erzählung: besonders etwa in der Nürnberger Geschichte von Meister Martin dem Küfner und der fragmentarischen letzten Erzählung »Der Feind«. Im allgemeinen aber haben die Hoffmannschen Gestalten in der Alltagswelt ihren genau mitgeteilten Rang und Beruf als Konrektor, Registrator, Oberhofmeister, Offizier, Student, Schauspieler. Die sozialen Möglichkeiten der Gestalten sind genau nach ihren Aufstiegschancen im Rahmen der gegebenen Gesellschaft bestimmt. Der Beamte und Jurist Hoffmann kannte sich aus in der Behördenhierarchie deutscher Kleinstädte und Fürstentümer. Dieser Genauigkeit in der Wiedergabe der Rangkategorien und Wirkungsbereiche entspricht jeweils auch ein besonderer, gesellschaftlich determinierter Sprechstil. Königliche Hoheiten reden anders als bürgerliche Akademiker, Prinzessinnen anders als Töchter des Kleinbürgertums. Unverkennbar hat der Musiker Hoffmann die sprachlichen Tönungen musikalisch erfaßt und sich bemüht, den jeweiligen Sprachklang gemäß der sozialen Rangordnung wiederzugeben. Unübertrefflich gelingt dabei jedesmal die Karikatur der gebildeten Schwätzer und falschen Kunstliebhaber: hier entfaltet Hoffmann seine satirische Kunst in aller Liebe, im gebildeten Gerede des Hundes Berganza wie in der feinsinnigen Modeschriftstellerei des schöngeistigen Katers Murr.

Auch damit aber ist eine Eigentümlichkeit des Erzählers Hoffmann bezeichnet, die ihn gegen alle anderen deutschen Romantiker stellt. Die Alltagswirklichkeit nämlich, insbesondere die deutsche Wirklichkeit seiner Zeit, wird vom Erzähler *fast immer als Satire dargestellt.* Wo gäbe es Zustimmung oder Billigung bei der Darstellung der Dresdner Bürger im »Goldnen Topf«, bei der Schilderung des Physikprofessors Mosch Terpin und seines aufgeklärten Fürsten Barsanuph, wo fände sich eine Regung der Sympathie des Erzählers mit der unbeschreiblichen Dummheit und Herzensroheit des Fürsten Irenäus und seiner Schranzen im »Kater Murr«!

Fast alle großen Erzählungen Hoffmanns, die ihm wichtig waren, die er nicht bloß des Erwerbes wegen schrieb, stimmen in der Wirklichkeitsdarstellung dahin überein, daß das Nebeneinander der beiden Welten, der wirklichen und der mythischen, notwendig sei, da der Künstler in der deutschen Wirklichkeit *als Künstler* zugrunde gehen müsse. *Die deutsche Wirklichkeit erscheint in Hoffmanns Schilderung als tief geist- und kunstfeindlich.* Die Gestalt des Kapellmeisters Kreisler, Hoffmanns großartigste und persönliche Schöpfung, lebt nur in diesem Kontrast. Erfüllte Kunst ist hier nicht möglich, erfüllte Liebe auch nicht. Ein eigentümliches Leitmotiv Hoffmannscher Dichtung besteht darin, daß die Vereinigung der Liebenden im Zeitgenössischen für unmöglich erklärt wird. Sind aber Kunst und Liebe in einer solchen deutschen Realität nicht möglich (wobei Hoffmann seine satirische Bitterkeit bei den Spießbürgertypen ansetzt, um sie mit zunehmender Schärfe in der Darstellung offizieller Gelehrsamkeit, Künstlerschaft und schließlich in den Verbrecherwelten seiner kleinen Höfe und Fürsten gipfeln zu lassen), so bleibt nur der tragische Ausweg, den Hoffmann in den verschiedensten Formen immer wieder gestaltet hat: Selbstmord, Wahnsinn, Kloster und Einsiedelei. *Oder* es dringt die mythische Gegenwelt in den Wirklichkeitsbereich, um die Künstler und die Liebenden, die bei Hoffmann meistens identisch sind, aus der Welt deutscher Misere in den ewigen Bereich von Atlantis hinüberzuholen. Atlantis ist Leben in der Poesie, da im realen Deutschland für Hoffmann ein Dichterleben offenbar nicht denkbar sein kann. Man erkennt: das Gegeneinander der beiden Welten in Hoffmanns poetischem Werk dient letztlich doch nicht, wie bei anderen Romantikern, einer Entwesung der Wirklichkeit. Das Gegeneinander der beiden Welten, der realen und der mythischen, erscheint als Ausdruck ungelöster deutscher Gesellschaftsverhältnisse. Der Satiriker schildert die Unreife und Fäulnis deutscher Zustände, der Elegiker klagt darüber, daß reines Gefühl und reine Kunst offenbar des Mythos bedürfen, um sich zu entfalten. Das Neben- und Ineinander der beiden Welten erweist sich nicht als Entschärfung der Wirklichkeitsdarstellung, sondern als Versuch einer Wirklichkeitsdeutung, die im Bereich ihrer Zeit und Zeitgenossen offenbar keine Möglichkeit sieht, die tiefen Lebenskonflikte anders als durch Ausweichen in den mythischen Bereich lösen zu können.

Hoffmanns Entwicklung als Schriftsteller

Diese besondere Wirklichkeitsauffassung hat nicht nur mit den deutschen Verhältnissen zu tun, sondern mit der ungewöhnlichen Entwicklung des Schriftstellers Hoffmann. Der Erste Abschnitt in Kreislers fragmentarischer Biographie, die mit den Lebensansichten des Katers Murr zu einem vielschichtigen literarischen Gebilde vereinigt wurde, endet mit Ausschnitten aus einem Dreigespräch zwischen dem Kapellmeister Johannes Kreisler, dem Meister Abraham und dem »kleinen Geheimrat«. Kreisler hat, milde gestimmt und in ungewöhnlichem Maße zur Aussprache bereit, von seiner Jugend erzählt: es ergab sich der Lebenslauf einer Künstlernatur, die, nahezu halb unernst, den Gedanken an künstlerische Tätigkeit aufgegeben hatte, um »dem Oheim gleich, dereinst Legationsrat« zu werden. Er war also Jurist geworden, Verwaltungsfachmann, ohne sich »umzuschauen und die schiefe Richtung des Weges, den ich genommen, wahrzunehmen«. Kreisler wird Legationsrat, bis ein Ereignis eintritt, das ihn mit Gewalt aus der Beamtenlaufbahn wirft und durch äußere Not die innere Erfüllung des Künstlerberufs erzwingt. Dieses umwälzende Ereignis aus Kreislers Biographie wird im Zweiten Abschnitt vom Herausgeber der Lebensbeschreibung so dargestellt, daß, »ehe man sich's versah, ein gewaltiger gekrönter Koloß den Fürsten in der Residenz heimsuchte und ihn als seinen besten Freund so innig und herzlich in seine eisernen Arme schloß, daß der Fürst darüber den besten Teil seines Lebensatems verlor. Der Gewaltige hatte in seinem Tun und Wesen etwas ganz Unwiderstehliches, und so kam es, daß seine Wünsche befriedigt werden mußten, sollte auch, wie es wirklich geschah, darüber alles in Not und Verwirrung geraten. Manche fanden die Freundschaft des Gewaltigen etwas verfänglich, wollten sich wohl gar dagegen auflehnen, gerieten aber selbst darüber in das verfängliche Dilemma, entweder die Vortrefflichkeit jener Freundschaft anzuerkennen oder außerhalb Landes einen andern Standpunkt zu suchen, um vielleicht den Gewaltigen im richtigeren Licht zu erblicken. Kreisler befand sich unter diesen.« Man hat den Sachverhalt demnach so zu lesen: Der Legationsrat Kreisler stand im Dienst eines jener kleinen deutschen Fürsten, die durch Napoleons Sieg, vermutlich in der Folge der preußischen Niederlage von 1806, abgesetzt und ihres Landes beraubt wurden. Mit seinem Landesherrn wurde auch der Legationsrat Kreisler stellungs- und brotlos. Er fand sich auf sein Künstlertum zurückgeworfen und genötigt, mit den erworbenen künstlerischen, vor allem den musikalischen Fähigkeiten von nun an das Leben zu fristen.

»Glückselig, heilbringend also die Katastrophe, rief der Geheimrat, die dich aus den Fesseln befreite!

Sage das nicht, erwiderte Kreisler, zu spät trat die Befreiung ein. Mir geht es wie jenem Gefangenen, der, als er endlich befreit wurde, des Getümmels der Welt, ja des Lichts des Tages so entwöhnt war, daß er, nicht vermögend der goldenen Freiheit zu genießen, sich wieder zurücksehnte in den Kerker.«

Hier ist die Lebensgeschichte E. T. A. Hoffmanns zum Bestandteil der Kreisler-Biographie geworden. Der preußische Regierungsrat Hoffmann verlor 1806 durch den Sieg Napoleons seine Beamtenstellung, um sie erst acht Jahre später wiederzuerlangen. Er war nun, als entlassener Jurist, ganz wie sein Kapellmeister Kreisler, gezwungen, Musik, Malerei und Poesie als Beruf zu betreiben und nicht, wie Kreisler das ausdrückt, als »ganz angenehme Dinge« zu behandeln, die »zur Erheiterung und Belustigung dienen könnten«. Nun hatte Hoffmann die Musik, die Kunst der Bühne, die bildende Kunst auch während der Beamtenzeit in Posen, Plock oder Warschau niemals als bloße Unterhaltung und gefälligen Zeitvertreib behandelt: das bezeugen insbesondere seine großen Kompositionen aus jenen Jahren. Auch muß man Kreisler nicht aufs Wort glauben: sogar als Legationsrat war er sicher nicht der Mann, die Musik nach der unverbindlichen Weise vornehmer Dilettanten auszuüben. Dennoch stimmt die Aussage Kreislers auch für Hoffmann: die Katastrophe von 1806 erst zwang den kunstbegeisterten und handwerklich hervorragend durchgebildeten »Enthusiasten« (um Hoffmanns Untertitel zu den »Fantasiestücken in Callot's Manier« anklingen zu lassen), von nun an ganz der Kunst zu leben.

Bis hierher läßt sich die Aussage Kreislers als Selbstaussage Hoffmanns interpretieren. Soll man aber ein Hoffmannsches Eingeständnis auch darin sehen, daß Kreisler die Befreiung zur Kunst, die durch äußeren Zwang erfolgte, als unglücklich, als verspätet empfindet? Zu spät sei die Katastrophe eingetreten; der Gefangene sehne sich in den Kerker zurück, also in die Beamtenlaufbahn.

Die Romangestalt Johannes Kreisler mag damit vielleicht nur eine von ihren »konfusen Ideen« äußern, wie der kleine Geheimrat sogleich bemerkt. In der Tat läßt der weitere Verlauf der fragmentarischen Biographie des Kapellmeisters (die allerdings auch noch in einem ganz anderen Sinne fragmentarisch geblieben ist, da es Hoffmann nicht mehr vergönnt war, den Dritten Band des »Kater Murr« zu schreiben) nicht darauf schließen, daß sich der Musiker ernsthaft nach der diplomatischen Laufbahn zurückgesehnt hätte. Die Gestalt Kreislers ist wesentlich die eines Musikers: es wird kein Charakterzug sichtbar, es bietet sich kein äußerer Vorgang, die den Schluß zuließen, Kreislers Künstlerlaufbahn sei durch die zu späte Freisetzung gehemmt oder gar gebrochen worden.

Findet dieser Gedanke des Kapellmeisters im Roman mithin keine Entsprechung, so muß er als Selbstaussage Hoffmanns ernstgenommen werden. Der Erste Teil des »Kater Murr« entsteht im Frühjahr und Frühsommer 1819 in Berlin. Der einstmals durch Napoleon verjagte Regierungsrat Hoffmann ist längst wieder in königlich preußischen Diensten; seit 1816 trägt er den Titel eines Kammergerichtsrats. Er ist inzwischen ein berühmter Mann geworden. Die Einschätzung hat sich weithin durchgesetzt, die dann von den Freunden auf Hoffmanns Grabstein eingraviert wurde, daß er »ausgezeichnet« war »im Amte, als Dichter, als Tonkünstler, als Maler«. Drei Jahre vor der Niederschrift dieser Äußerungen des Kapellmeisters Kreisler, am 3. August 1816, wurde Hoffmanns Oper »Undine« im königlichen Schauspielhaus zu Berlin mit großem Erfolg aufgeführt. Der literarische Erfolg des Erzählers Hoffmann beim damaligen Publikum war beträchtlich. Die Katastrophe des Jahres 1806 hatte also zwar einen Einschnitt in Hoffmanns Leben bedeutet, war aber – von außen betrachtet – keinesfalls zu einer Lebenskatastrophe entartet: weder für den Juristen, noch für den Künstler. Erfolgreich in der Beamtenlaufbahn, als Komponist, als Dichter – und dennoch jene düstere Einsicht Kreislers, dennoch die Behauptung, die befreiende Katastrophe sei zu spät in Hoffmanns Leben getreten?

Was er gemeint haben mag, wird eher verständlich, wenn man äußeres und inneres Gelingen in Lebensentwicklung und Kunstwerk voneinander trennt. Nicht Mangel an äußerem Erfolg berechtigte Hoffmann zu Rückblicken solcher Art. Anders stand es um das innere Gelingen, um die Erfüllung künstlerischer Ideale. Hoffmann war nicht Richard Wagner. Jean Paul zwar hatte in seiner Vorrede zum ersten Band der »Fantasiestücke in Callot's Manier« nach dem Hörensagen über den Musikdirektor Hoffmann in Dresden geschrieben: »Kenner und Freunde desselben, und die musikalische Kenntnis und Begeisterung im Buche selber, versprechen und versichern von ihm die Erscheinung eines hohen Tonkünstlers. Desto besser und desto seltener! denn bisher warf immer der Sonnengott die Dichtgabe mit der Rechten und die Tongabe mit der Linken zwei so weit auseinanderstehenden Menschen zu, daß wir noch bis diesen Augenblick auf den Mann harren, der eine echte Oper zugleich dichtet und setzt.« In der Tat hatte Hoffmann recht häufig für die Zwecke des Theaterbedarfs und sogar für Liebhaberaufführungen gleichzeitig gedichtet und komponiert. Dennoch war es sicherlich nicht seine Absicht, als Dichter *und* Tonsetzer in einer Gestalt ein romantisches Gesamtkunstwerk der späteren Wagner-Konzeption zu entwerfen. Es mag auffallen, daß Hoffmann als Opernkomponist seit der Frühzeit doch mit Vorliebe auf Schauspieltexte anderer Dichter zurückgriff, auf Brentano, Zacharias Werner, Calderón, in der »Undine« schließlich auf Fouqué. Man spürt, daß er sich in der Selbstbewertung vor allem als Musiker empfand. Er ist auch nur auf dem Umweg über die Musik und durch den Erfolg seiner musikalischen Skizzen und Erzählungen zum »Berufsschriftsteller« geworden.

Die Nachwelt hat dann aber das Urteil der Mitwelt bestätigt. Der Komponist Hoffmann besitzt in der Musikgeschichte einen ehrenvollen Platz; dennoch ist seine Musik nicht mehr Bestandteil unseres Musiklebens. Die musikalischen Kreisleriana stammen nicht vom Tonsetzer Hoffmann, sondern von Robert Schumann. Das als sekundär angesehene Talent des Erzählers und

Schriftstellers dagegen, spät entfaltet, den Briefen und Tagebüchern zufolge auch nicht immer vom Schreibenden sehr hoch gewertet, machte den Namen E. T. A. Hoffmann berühmt. Hier war ein wirklicher Zwiespalt. *Das* wahrscheinlich meinte Kreislers unwillige Bemerkung von der allzu späten Befreiung. Die große musikalische Erfüllung des Tonsetzers war ausgeblieben. Hoffmann wußte es, denn er war ein unbestechlicher Kritiker auch seiner selbst. Zudem mußte er sein tonsetzerisches Schaffen stets mit dem gleichzeitigen Wirken Beethovens und Carl Maria von Webers vergleichen. Im letzten Lebensjahrzehnt tritt daher die Tonkunst immer mehr zurück. Das künstlerische Wirken Hoffmanns in seinen letzten Lebensjahren ist nahezu identisch mit seiner Schriftstellerei, die gleichfalls eine Entwicklung eigentümlicher Art dadurch vollzieht, daß sie in ihren Anfängen noch vorherrschend essayistischer und kritischer Art ist, dann aber in zunehmendem Maße durch rein erzählerische Werke bestimmt wird. Dennoch darf angenommen werden, daß Hoffmann diesen Ablauf nur als Notlösung, nicht als wirkliche Erfüllung vor sich gelten ließ. Er war, wie es ihm in diesen letzten Lebensjahren scheinen mochte, als Musiker dadurch gescheitert, daß er nicht von Anfang an, ausschließlich und zusammengenommen, der Berufung des Tonsetzers folgte. Daß überdies sein Schwanken zwischen geistlicher und weltlicher Musik, überhaupt zwischen »himmlischer« und irdischer Kunst, vom Künstler als unheilvoll empfunden wurde, mag man an mancher Stelle der beiden großen Romane, an Erzählungen wie der »Jesuiterkirche in G.« oder an dem großen Aufsatz »Über alte und neue Kirchenmusik« ablesen.

Den Dichterruhm und mehr noch den Erfolg als Unterhaltungsschriftsteller vermochte der Künstler Hoffmann nur bedingt als Gegengabe für das Versagen vor dem höchsten tonkünstlerischen Anspruch zu empfinden. Darf man, zugespitzt ausgedrückt, sagen, daß Hoffmann das Dichtertum E. T. A. Hoffmanns gern geopfert hätte für das musikalische Schöpfertum eines Beethoven oder auch eines Weber? Etwas dergleichen spürt man an jenen Worten des Kapellmeisters Kreisler. Nur diese Zusammenhänge aber von äußerem Lebensgeschehen und künstlerischer Idealvorstellung machen verständlich, warum

Aufstieg und Entwicklung des Schriftstellers E. T. A. Hoffmann so ungewöhnlich verliefen.

Eigentümliches Bild also einer dichterischen Entwicklung; die literarische, erst recht die dichterische Schöpfung ist Ausdruck reifer Mannesjahre. Die Werke haben eigentlich keine Vorstufen durchlaufen: es fehlt die literarische Lehr- und Gesellenzeit. Die ersten Schöpfungen Hoffmanns in diesem Bereich sind sogleich meisterhaft. Sie sind außerdem, was die künstlerische Eigenart betrifft, nahezu vergleichslos. Die erste dichterische Arbeit Hoffmanns fixiert sogleich den Rang und die künstlerische Eigenart dieses Schriftstellers. Der zweite Schritt im literarischen Bereich ließ die eigentümlichste Gestalt fast fertig hervortreten, die dem Dichter Hoffmann glücken sollte: den Kapellmeister Johannes Kreisler.

Soll man von Geburt ohne Empfängnis reden? Mancherlei spricht dagegen. Die literarische Schöpfung war erst möglich, als Hoffmann durch die Katastrophe von 1806 ganz auf das Künstlerleben verwiesen worden war. Kreisler ist ferner ein Musiker; überhaupt sind die ersten Erzählungen Hoffmanns nur als Schöpfungen eines Musikers möglich. Wir erleben die Geburt eines Dichters aus dem Geiste der Musik. In seiner Vorrede zu den »Fantasiestücken« sieht Jean Paul, wenngleich er sonst von der Eigenart dieser Schöpfungen nicht viel zu verstehen scheint, daß hier eine durchaus eigentümliche literarische Gattung aus der Verschmelzung von zwei Künsten entstanden ist. Die fehlende literarische Tradition und Lehrzeit, darf man vielleicht sagen, wird in der Entwicklung des Dichters Hoffmann durch die musikalische Lehrzeit und Erfahrung ersetzt. Die Kenntnis von Glucks musikalischer Dramatik bewirkt eine Erzählung wie den »Ritter Gluck«. Die Liebe zu Mozart, das Verständnis für die einzigartige Bedeutung des »Don Giovanni«, vermag sich in dichterische Substanz zu verwandeln und eine Erzählung wie »Don Juan« möglich zu machen.

Die Liebestragödie als gesellschaftliche Erfahrung

Noch etwas tritt hinzu, neben die Zäsur von 1806 und die ins Literarische transponierte musikalische Erfahrung: das ergreifende und für Hoffmanns Leben entscheidende Liebeserlebnis mit Julia Marc. Die Bedeutung dieser Liebe eines reifen, häßlich zu nennenden, in unglücklicher Ehe festgehaltenen Mannes zu der blutjungen Sängerin (sie war zwölf Jahre alt, als Hoffmann sie zuerst sah), die von ihrer Mutter, der Konsulin Marc, mit einem rohen, aber reichen Geschäftsmann zu gleichfalls unglücklicher Bindung zusammengekoppelt wird, ist in der Hoffmann-Literatur mit aller philologischen und psychologischen Akribie dargestellt worden. Auch der Psychoanalyse wurde dabei ihr Teil, wenn etwa Joachim Rosteutscher das Julia-Erlebnis Hoffmanns als »ästhetisches Idol« verstand, wobei er sich bemühte, die Verwandlung des Julia-Erlebnisses in ein Idol der Musik, der bildenden Kunst und der Poesie durch das Gesamtwerk Hoffmanns zu verfolgen und zu zeigen, daß Julia sowohl die Gestalt der Heiligen und Märtyrerin (in den »Elixieren des Teufels«) wie auch deren Gegenbild einer teuflischen Huldin in den »Abenteuern der Silvester-Nacht« anzunehmen vermochte. Das alles ist nicht unzutreffend, wenngleich es für die Gesamterscheinung Hoffmanns und seines Werkes nur partiellen Aussagewert besitzt. Selbst jenes Werk nämlich, das bis in den Namen Julia hinein die Bindung an das auslösende Erlebnis respektiert, selbst der »Kater Murr«, der die Konstellation von Kreisler und Julia am reinsten reproduziert, erschöpft sich als Gehalt im mindesten nicht in diesem Liebeskonflikt. Daß Hoffmann tief an dieser Liebe, ihrer Unerfüllbarkeit, am Untergang Julias durch die Schuld der Mutter gelitten hat, steht außer Zweifel. Wir kennen heute die Eintragungen des Bamberger Tagebuchs, besitzen den ergreifenden Brief des Rückblicks, den Hoffmann von Berlin aus am 1. Mai 1820 an Doktor Speyer in Bamberg schreibt, als er von Julias Scheidung erfahren hat. Die Briefstelle gehört zu den schönsten Lebenszeugnissen E. T. A. Hoffmanns: »Finden Sie es geraten und tunlichst, meinen Namen in der Familie M. zu nennen oder überhaupt von mir zu reden, so sagen Sie in einem Augenblick des heitern Sonnenscheins

Julien, daß ihr Andenken in mir lebt – darf man *das* nämlich nur Andenken nennen, wovon das Innere erfüllt ist, was im geheimnisvollen Regen des höheren Geistes und die schönen Träume bringt von dem Entzücken, dem Glück, das keine Arme von Fleisch und Bein zu erfassen, festzuhalten vermögen –, sagen Sie ihr, daß das Engelsbild aller Herzensgüte, aller Himmelsanmut wahrhaft weiblichen Sinns, kindliche Tugend, das mir aufstrahlte in jener Unglückszeit acherontischer Finsternis, mich nicht verlassen kann beim letzten Hauch des Lebens, ja daß *dann* erst die entfesselte Psyche jenes Wesen, das ihre Sehnsucht war, ihre Hoffnung und ihr Trost, recht anschauen wird, im wahrhaftigen Sein! –«

Fehlten diese Lebenszeugnisse, man könnte noch aus dem Werk Hoffmanns auf die Stärke des Bamberger Erlebnisses schließen. Der Künstler und die Sängerin, der reife Mann und das blutjunge Mädchen, Liebe und Unerfüllbarkeit: das ist von nun an ein Leitmotiv in Hoffmanns Dichtung. Es führt von der fast rüpelhaften und indiskreten Nacherzählung realer Vorgänge in Bamberg und Pommersfelden in der »Nachricht von den neuesten Schicksalen des Hundes Berganza« zur Erzählung vom »Rat Krespel« und eben zur Liebe zwischen Kreisler und Julia im »Kater Murr«. Das Julia-Erlebnis mußte zu der Erfahrung des Jahres 1806 und zur Erfahrung des Musikers Hoffmann hinzutreten, um die Dichterkraft in Freiheit zu setzen.

Die Eigenart des Julia-Erlebnisses aber besteht darin, daß hier Individualerfahrung und Gesellschaftserfahrung untrennbar miteinander verknüpft sind. Hoffmann erlebte in Bamberg gleichzeitig die reine Welt Julias, die er auch als seine eigene empfand, die Welt der Tonkunst, die sich im menschlichen Gesang zu höchstem Ausdruck steigert (am schönsten hat er diesen Zustand in »Ombra adorata« beschrieben) – und die Welt bösartiger, krämerhafter, dabei ästhetisch-geschwätziger Kunstfeindlichkeit. Die Begegnung Hoffmanns mit Julia war nicht zu trennen von der Umwelt, worin sie sich vollzog: vom Dasein des Bamberger Kapellmeisters inmitten des Bamberger Theaterpublikums; vom Kontrast der Kunst Julias mit den läppischen ästhetischen Schaustellungen im Salon ihrer Mutter, der Frau Konsulin; vom Bereich der Bamberger Kneipen und von der

Protektion des Weinhändlers Kunz, der freundschaftlich und doch gönnerhaft bereit war, Hoffmanns erster Verleger zu werden. Zwei Erlebnisstränge trafen hier zusammen, und es zeigte sich, daß die Wurzel der nun entstehenden Meisterschöpfungen des Dichters Hoffmann tief in die Vergangenheit hinabreichte. Alle Erfahrung mit Kunst und Künsten, alle Sehnsucht nach Reinheit, körperlicher wie geistiger Schönheit fand sich, gleichzeitig fratzenhaft und doch wirklich, in der Bamberger Umwelt. Die Umwelt zerstörte das Schöne und das schöne Menschentum. Durch ihre Mutter, ihre Umwelt, durch ihren ungeliebten Verlobten wurde Julia, das Mädchen und die Künstlerin, aufgeopfert; mit ihr zugleich aber die Verbindung zwischen Julia und Hoffmann, zwischen dem Musiker und der Sängerin. Aus beiden Erlebnissen erwuchs nun die Substanz der Dichtung Hoffmanns, die in ihren wichtigsten Werken von nun an eigentlich nur ein einziges Thema immer wieder abwandeln sollte: das Verhältnis von Künstlertum und kunstfeindlicher Gesellschaft.

Wandlungen in Hoffmanns Menschenbild

Nur so wird verständlich, warum Hoffmann-Kreisler sein freigesetztes Künstlertum als eine zu späte Befreiung empfand. Zwei Lebenserfahrungen des Menschen und Künstlers Hoffmann sollten ihre Widerspiegelung im dichterischen Werk des Erzählers finden. Die *eine* hatte mit der Eigenart dieser schriftstellerischen Laufbahn zu tun: mit ihr verband sich von nun an das Leitmotiv eines Menschen, der gezwungen ist, in mehreren Berufen gleichzeitig zu leben, ohne in einem von ihnen Erfüllung zu finden. Der begeisterte Musikenthusiast und Komponist Hoffmann, der Beamter hatte werden müssen, durch die Zeitereignisse aus dem Brotberuf vertrieben wurde, fast durch Zufall die künstlerische Erfüllung im Schreiben fand, aber nicht im Komponieren: das wird von nun an zur Erlebnisgrundlage für die typische Hoffmannschen Menschenbilder, die jeweils zugleich in verschiedenen Bereichen und Inkarnationen leben müssen, ohne sich doch irgendwo ganz erfüllen zu können. Das gilt für Anselmus und Balthasar, für Medardus aus den »Elixieren« wie für den Kapellmeister Kreisler oder den Peregrinus Tyß. Das *zweite* Erlebnis, die Bamberger Tragödie mit Julia Marc, erzeugt das Hoffmann-Thema einer ästhetischen Liebe, die eine Erfüllung als irdisches Glück niemals erreichen kann und wohl auch nicht anstrebt. Zwei gesellschaftliche Erfahrungen also, die entscheidend mitwirkten, die sonderbar dualistische Wirklichkeit Hoffmanns und sein eigentümliches Menschenbild zu prägen.

Zu den Besonderheiten der Hoffmann-Gestalten gehört es nämlich, daß sie – die besonders charakteristischen Figuren vor allem – in einem Zustand höchster Unstabilität und gesellschaftlicher Fragwürdigkeit gezeigt werden. An den beiden großen Romanen des Erzählers läßt sich das besonders klar demonstrieren. Es fällt zunächst auf, wie stark sich einige Grundsituationen der »Elixiere« in Hoffmanns letztem großen Roman wiederholen, so daß man genötigt ist, eine geheime Vorliebe des Dichters für solche Konstellationen zu vermuten. Den Hauptgestalten beider Romane ist es gemeinsam, daß ihre Stellung in der gesellschaftlichen Hierarchie als fragwürdig, bisweilen sogar als usurpatorisch zu gelten hat. Sind die Prinzessinnen wirklich von fürstlichem Rang? Sind nicht zwischen Fürstin und Dienerin die Rollen in geheimnisvoller Vorvergangenheit vertauscht worden? Entstammen die Fürstenkinder wirklich einer ehelich-legalen und fürstlich-legitimen Verbindung, sind sie Erzeugnisse des Ehebruchs oder einer unstandesgemäßen Verbindung? Bildnisse tauchen auf, bei deren Anblick rätselhafte Gefühlsbewegungen zu beobachten sind; Zigeuner, Kindesunterschiebung, Ehebruch und Inzest, geheimnisvolle Affinitäten zwischen Personen, die einander scheinbar fremd sind, an solcher Wahlverwandtschaft aber als Verwandte erkannt werden; Außenseiterfiguren in der Form des einsamen Künstlers, des Wahnsinnigen, des Eremiten: das ganze Reservoir deutscher Schauerromantik ist auch von Hoffmann aufgeboten.

Literarhistorische Motivforschung mag versucht sein, die Abhängigkeit der beiden Hoffmann-Romane und auch manch anderer Erzählung des Dichters von den berühmten »Nachtwachen des Bonaventura« nachzuweisen. Allein durch solche literarische Abhängigkeit läßt sich die Häufung dieser Themen gerade in Hoffmanns umfangreichsten und persönlichsten Werken nicht erklären. Hinter all diesen im äußeren Sinne unwahrscheinlichen, oft schaurigen, bisweilen sogar tragikomischen Vertauschungen und Unterschiebungen steht eine Menschenauffassung Hoffmanns, die eigentlich Gesellschaftsauffassung ist. Weit ist man entfernt von aller sozialen Hierarchie und Stabilität. Der automatenhafte, vollkommen anachronistische Legitimismus des Fürsten Irenäus in »Kater Murr«, nicht minder jedoch die gleichfalls automatenhafte und anachronistische Aufklärungsdespotie des Fürsten Barsanuph im »Klein Zaches« machen klar, daß diese höfische Welt als vollkommen unwirklich empfunden werden muß. Wobei zwischen der »aufgeklärten« Spielart und dem konsequenten Metternich-Geist (siehe auch die Figur des Knarrpanti im »Meister Floh«) von Hoffmann kein Unterschied gemacht wird. Der Legitimismus der Welt beruht überall auf geheimer Illegalität. Zigeunerkinder als Fürstenkinder, Fürstenkinder als Bürgerkinder oder als Erzeugnisse aus verbotener, sogar verbrecherischer Bindung: alle Positionen sind unsicher und vertauschbar. In Goethes Erzählungen war die höfische Welt in sich selbst nach außen hin stabil, Goethes Bürger waren wirkliche Bürger. Bei Hoffmann sind sämtliche Gestalten auch innerhalb der realen Alltagswelt höchst fragwürdig geworden: niemand weiß genau, ob sie auch wirklich das sind, was sie in der gesellschaftlichen Hierarchie nach außen hin darzustellen scheinen.

Diese Grunderfahrung, die Hoffmanns Menschenbild bestimmt, ist undenkbar ohne das Erlebnis der revolutionären und der napoleonischen Ära. *Der geschichtliche Anachronismus der Restaurationszeit*, die Hoffmann in seinen letzten Lebensjahren durchleben mußte, spiegelt sich in der grenzenlosen Vertauschbarkeit der Figuren ebenso wie in ihrer sozialen Unbestimmtheit.

Da jedoch diese Realität vom Dichter als brüchig empfunden wird, kann es nicht genügen, die Vertauschbarkeit allein immer wieder zu gestalten. Gemäß der Doppelnatur seiner Realität, die gleichzeitig alltäglich und mythisch zu sein hat, wird das Gesellschaftserlebnis auch in den mythisch-phantastischen Bereich transponiert. Innerhalb der eigentlichen Realsphäre konnte der Vorgang der sozialen Unsicherheit mit Hilfe von Verwechslungen, Doppelgängerschaften, Kindesunterschiebungen gestaltet werden. Bemerkenswerter aber war es für Hoffmann, daß sich der Vorgang in die raum- und zeitlose Mythenwelt übertragen ließ. Nun war es dem Erzähler plötzlich möglich, nicht bloß darzustellen, daß eine Prinzessin eigentlich gar keine war, sondern sogar zu zeigen, daß die geistige Leistung in ihrem Erfolg keineswegs an denjenigen gebunden sein mußte, der sie vollbracht hatte. Es gehört zu Hoffmanns genialsten Einfällen, daß er im »Klein Zaches« die *Produktion* einer geistigen und künstlerischen Leistung von deren *Verwertbarkeit* personal zu scheiden wußte. Das Feengeschenk an den kleinen Zaches besteht darin, dem Wechselbalg alle vortrefflichen Leistungen zuzurechnen, die andere in seiner Gegenwart vollbracht haben. Daß hier ein phantastischer Vorgang als Widerspiegelung von höchst realen wirtschaftlichen Vorgängen verstanden werden muß, ist kaum zu leugnen. Die phantastische Erzählung deutet nach Absicht des Erzählers einen geschichtlichen Umwandlungsprozeß an, den Hoffmann erlebte und als einer der ersten nachzugestalten wußte.

Zu den Eigentümlichkeiten des Menschenbildes in Hoffmanns Wirklichkeitsbereich gehört ferner, daß die *Konfrontierung der Menschenwelt und der Tierwelt* eine große Rolle spielt. Der Zusammenstoß zwischen Mensch und Tier muß gleichfalls leisten, was im Dualismus von bürgerlichem Alltag und Geisterwelt, von Raum- und Zeitbegriffen der Alltagswelt und der Mythenwelt gezeigt werden sollte: die Unvereinbarkeit von deutscher Bürgermisere und Hoffmannschem Künstlertum. Allein drei von Hoffmanns wichtigsten Werken (zu welchen sich noch der Kunstaffe Milo gesellt) sind schon im Titel mit Tiernamen verknüpft: der Hund Berganza, der Kater Murr und der Meister Floh. Die Eigentümlichkeit von Hoffmanns Gesellschaftskritik läßt sich im Übergang von der ersten zur letzten dieser drei »Tiergeschichten« ebenso klar demonstrieren wie die bedeutsame Wandlung des Menschenbildes in Hoffmanns letzter Lebenszeit. Die Tierthematik hängt eng mit den Bamberger Erlebnissen zusammen. Hier liegt wohl auch die Erklärung dafür, daß sich Hoffmann der Welt Callots mit ihren Mischgestalten aus Tier und Mensch so nahe verwandt fühlte. Es war wohl nicht so, daß Hoffmann seine Zwittergebilde in Anlehnung an die Zeichnungen Callots konzipierte. Eher darf angenommen werden, daß die spezifischen Hoffmann-Erfahrungen den Blick für die Bedeutung solcher Gestalten aus zwei Daseinsbereichen geschärft hatten: daß der Künstler bei Callot gestaltet fand, was er als Erfahrung und Vision auch für sich gewonnen zu haben glaubte. Eine Bemerkung aus Hoffmanns Vorrede zu den »Fantasiestücken«, worin er von der Kunst Callots spricht, macht diesen Sachverhalt wahrscheinlich: »Die Ironie, welche, indem sie das Menschliche mit dem Tier in Konflikt setzt, den Menschen mit seinem ärmlichen Tun und Treiben verhöhnt, wohnt nur in einem tiefen Geiste, und so enthüllen Callots aus Tier und Mensch geschaffene groteske Gestalten dem ernsten tiefer eindringenden Beschauer, alle die geheimen Andeutungen, die unter dem Schleier der Skurrilität verborgen liegen.«

Die Akzente sind so gesetzt, daß die wahre Menschlichkeit beim Tier, das wahrhaft Tierische dagegen im ärmlichen Tun und Treiben der Menschen erkannt werden soll. Darin sieht Hoffmann – zu Beginn seiner Laufbahn als Schriftsteller – das eigentlich ironische Prinzip. Der Bericht über die »Neuesten Schicksale des Hundes Berganza« ist genau nach diesem Schema abgefaßt. Berganza ist zwar – worin der Reiz Hoffmannscher Erzählungskunst liegt – mit authentisch hündischen Zügen ausgestattet; dennoch repräsentiert er die höhere Weisheit und Menschlichkeit. Berganza ist eine Künstlernatur, liebt die Musiker und paßte in der Tat nicht schlecht in die Gesellschaft eines Kapellmeisters Kreisler. Die Menschenwelt ist ihm wesensgleich mit der scheinhaften und käuflichen Umwelt der bürgerlichen Salons. Unschwer kann man Berganzas Bericht durch die Nachrichten ergänzen, die der Pudel Ponto seinem Freunde, dem Kater Murr, über das Stutzer- und Wüstlingsleben des Barons Alkibiades von Wipp überbringt.

Berganza steht bei Hoffmann zunächst noch in einer satirischen Tradition, die es seit jeher schätzte, vorhandene Gesellschaftszustände durch Konfrontierung mit einem hinzugereisten Indianer oder Perser oder Chinesen oder auch durch Gegenüberstellung

der Menschenwelt mit der Tierwelt zu verspotten und bloßzustellen. Nicht zu Unrecht verweist Jean Paul in seiner Vorrede zu den »Fantasiestücken« auf Swift: manches Urteil des Hundes Berganza über die ihm bekannten Menschen erinnert an die ethischen Normen der edlen Pferde in »Gullivers Reisen«.
Allein neben diese satirische Überlieferung tritt sogleich schon die besondere Hoffmannsche Ironie, die er auf das Verhältnis des Künstlers zur Spießbürgerwelt gegründet hat. Berganza fühlt sich den Künstlern, den Musikern vor allem, verwandt. Eine wunderbare Stelle läßt sich unschwer als Selbstaussage Hoffmanns, die dem Hund Berganza in den Mund gelegt ist, interpretieren.
Berganza »Ich kann die Musiker um des allen nur lieben, und da überhaupt ihr Reich nicht von dieser Welt ist, erscheinen sie, wie Bürger einer unbekannten Stadt, in ihrem äußeren Tun und Treiben seltsam, ja lächerlich, denn Hans lacht den Peter aus, weil er die Gabel in der linken Hand hält, da er, Hans, seine Lebtage hindurch sie in der rechten Hand gehalten.«
Ich »Aber warum lachen gemeine Menschen über alles, was ihnen ungewöhnlich ist?«
Berganza »Weil das Gewöhnliche ihnen so bequem geworden, daß sie glauben, der, welcher es anders treibt und hantiert, sei ein Narr, der sich deshalb mit der ihnen fremden Weise so abquäle und abmartere, weil er ihre alte bequeme Weise nicht wisse; da freuen sie sich denn, daß der Fremde so dumm ist und sie so klug sind und lachen recht herzlich, welches ich ihnen denn auch von Herzen gönne.«
Solche Sätze könnten auch in den »Kreisleriana« stehen; der Hund Berganza spricht wie der Kapellmeister Kreisler. Die besondere Kunst aber und ironische Tiefe Hoffmanns besteht darin, daß er diese Identität nicht durchwegs zuzulassen gedenkt. Berganza wird rasch wieder ins Hündische zurückgeführt.
Tiefer noch und verzwickter ist die ironische Beziehung zwischen Tier und Mensch, Künstler und Bürger, Künstler und Tier in den »Lebensansichten des Kater Murr«. Auch hier finden wir das von Hoffmann auf Callot zurückgeführte Prinzip des Konflikts zwischen Menschen- und Tiernatur. Es ist daher eigentlich

schwer zu verstehen, weshalb selbst bedeutende Interpreten E. T. A. Hoffmanns wie Korff und andere in der Koppelung der Kater-Murr-Biographie mit der Kreisler-Biographie nur eine »verrückte Idee« Hoffmanns sehen wollen, durch welche »der Zusammenhang der Kreisler-Biographie auf die mutwilligste Weise zerstört« werde (Korff). Ernst von Schencks Hoffmann-Buch betont dagegen die gedankliche Einheit des Romans, sieht aber in Murr wohl zu einseitig eine Selbstkarikatur Hoffmanns. Allein hinter dieser scheinbaren Sonderbarkeit und angeblichen Jean-Paul-Nachfolge steckt ein strenges künstlerisches Kompositionsprinzip. Bei genauem Eindringen in den Gesamtroman, also nicht bloß den Kreisler-Roman, offenbaren sich die verschiedenen Abschnitte in Kreislers und Murrs Lebensbericht als streng aufeinander bezogen. *An allen wichtigen Stellen wirkt Murr als philiströses Gegenstück zu Kreislers Künstlerleben.* Murrs Katerliebe ist die Parodie der Künstlerliebe des Kapellmeisters Kreisler; Kreisler seinerseits parodiert eben durch diese Doppelschichtigkeit der Erzählung die bürgerliche Normalexistenz des selbstzufriedenen Katers. Nur in dieser Ironie, die jeweils den einen Partner zum Parodisten des andern macht, enthüllt sich das Gesamtkonzept des Buches, das Hoffmann selbst als sein wichtigstes ansah. Murr verhält sich zu Kreisler wie Sancho zu Don Quijote, allein der relativen Billigung des Sancho-Standpunkts durch Cervantes, den Hoffmann gut kannte und dem er die Gestalt des Hundes Berganza entlehnt hatte, entspricht in der Geschichte Kreislers und Murrs keinerlei Billigung der Murr-Welt durch den Dichter.

Die Biographie Kreislers ist von Freundeshand geschrieben, die Lebensansichten des Katers dagegen erscheinen als autobiographischer Bericht. Daraus ergibt sich ein durchaus verändertes Verhältnis zwischen Mensch und Tier. Berganza stand als Hund und Künstler gegen die Menschen- und Bürgerwelt. Der Kater Murr und auch die anderen seiner Art, Katzen wie Kater, *sind* eigentlich Menschen und Spießbürger. Kater Murr ist im bürgerlichen Bereich das Gegenstück und die Ergänzung zu den Lebensansichten des Fürsten Irenäus im höfischen Umkreis.

Gegen beide stehen Kreisler und Julia. Die bürgerliche Lebensmisere erscheint gerade dadurch in aller Trostlosigkeit, daß sie –

zu Unrecht – als stabil empfunden wird. Der Fürst Irenäus, Prototyp der Metternich-Zeit und des Restaurationsregimes, findet seine Ergänzung in der Deutschtümelei und burschenschaftlichen Maskerade der Kater Murr und Hinzmann. Unverkennbar haben wir hier den politischen Standpunkt des späten E. T. A. Hoffmann, der sich auch als Künstler gegen »Demagogen« wie Demagogenschnüffler, gegen restaurierte Feudalität und spießbürgerliche Kraftmeierei zu wenden entschlossen ist. *Von hier führt ein gerader Weg zu Karl Immermanns Epigonen-Roman.* Die scheinbare Gemeinsamkeit der Ausgangslage bei Berganza und Murr erweist sich als trügerisch. Berganza verhält sich zu Murr wie der Hoffmann der »Fantasiestücke« zum Meister des Kreisler-Romans: die subjektive Bürgerfeindlichkeit der Bamberger Zeit hat sich in die objektive Gesellschaftskritik des »Kater Murr« verwandelt.

Die Erzählung vom »Meister Floh« nimmt das Thema der Tier-Mensch-Relation auf, um sie abermals entscheidend abzuwandeln. Meister Floh ist – schon aus Gründen der Zoologie! – wesentlich stärker Symbol denn reale Gestalt oder gar reales Tier. Berganza war durchaus Hund, Murr besaß unverkennbare Katerzüge, der Meister Floh aber konnte notwendigerweise nicht in ähnlichem Sinne mit Wirklichkeitszügen ausgestattet werden. Er gleicht mehr einem Schutzgeist, Kobold oder gütigem Zwerg als einem Tier. Dennoch wiederholt sich auch hier die ironische Spiegelung der Menschenwelt durch die Tierwelt. Berganza war ein Künstler, Murr war ein die Menschen imitierender bürgerlicher Philister und Schöngeist; Meister Floh aber besitzt die unheilvolle Brille, die es ihm und seinem Freunde Peregrinus Tyß ermöglicht, das Reden der Menschen mit ihren wirklichen Gedanken sogleich zu konfrontieren. Der ironische Konflikt ist diesmal *in* die Person des einzelnen Menschen gelegt: seine geäußerten und seine wahren Gedanken, seine geheuchelten und seine echten Absichten widersprechen einander. Allein diesmal ist Hoffmann gewillt, den Konflikt nicht in aller Schärfe bestehen zu lassen, wie in den »Kreisleriana« oder den vollendeten Teilen des Kreisler-Romans. Freiwillig verzichtet Peregrinus auf die tückische Brille. »Fort, fort mit der unseligen Gabe!« Das bittere Callot-Prinzip ist vom todkranken Dichter fortgebannt, damit Vertrauen in Menschlichkeit einziehen kann. »Immer aufs Neue hoffend, immer aufs Neue vertrauend und immer wieder bitter getäuscht, wie kann es anders möglich sein, als daß Mißtrauen, böser Argwohn, Haß, Rachsucht in der Seele sich festnisten und jede Spur des wahrhaft menschlichen Prinzips, das sich ausspricht in mildem Vertrauen, in frommer Gutmütigkeit, wegzehren muß?«

Hier spricht ein gewandelter Hoffmann. Es klingt wie ein Abschied des Menschen und Künstlers und entspricht dem Grundgedanken einer anderen Meistererzählung aus Hoffmanns letzter Lebenszeit: den Ansichten, die der Titelheld der Erzählung *»Des Vetters Eckfenster«* äußert. Die doppelte Richtung der Satire, gegen höfischen wie bürgerlichen Schwachsinn und Dünkel, ist geblieben. Dennoch hat sich die Schärfe der Karikatur an all jenen Stellen zusehends vergrößert, die von der höfischen Welt im weitesten Sinne handeln. Vom Fürsten Barsanuph, seinem Professor Mosch Terpin und seinem Minister Zinnober über den Fürsten Irenäus nebst Hofstaat im »Kater Murr« bis zu dem offenkundig königlich preußischen Denunzianten und Polizeichef Knarrpanti im »Meister Floh« steigert sich die Schärfe der Ablehnung, die Erbitterung des Satirikers. (Es ist bekannt, daß gerade diese Teile des »Meister Floh« die letzte Lebenszeit Hoffmanns mit schwerster Sorge um Amtsentsetzung und Verhaftung erfüllt haben.) Dennoch wächst auch das menschliche Zutrauen des Dichters. Wir wissen nicht, wie Hoffmann die Konflikte des Kreisler-Romans zu lösen gedachte. Daß Kreisler im Schlußteil in den Wahnsinn getrieben werde, bleibt nach wie vor eine Hypothese, die mit gewichtigen Gründen angefochten werden darf. Die Geschichte von »Klein Zaches« endet zwar märchenhaft, doch in poetischer Verklärung. Auch Peregrinus Tyß erlebt ein anderes Glück als sein Vorgänger, der Student Anselmus aus dem »Goldnen Topf«, dem Erfüllung nur in Atlantis vom Dichter zugebilligt werden konnte. Peregrinus Tyß findet ein Philisterglück, das aber dennoch, nach Meinung des Erzählers, wert zu sein scheint, erstrebt und genossen zu werden.

So richtig es daher ist, bei Beurteilung des Erzählers Hoffmann von der Eigentümlichkeit seiner Lebens- und Künstlerlaufbahn auszugehen; so sehr das Thema unerfüllter und wohl unerfüllbarer Künstlerträume das ganze Werk durchzieht; so entscheidend die Bamberger Zeit mit dem Julia-Erlebnis für Hoffmann geworden ist, da er die damalige Konstellation Kapellmeister Hoffmann – Julia Marc, Konsulin Marc – Bräutigam Gröpel in immer neuen Versionen und gleichsam unter einem Wiederholungszwang nachgestaltete: so wenig geht es an, das Werk Hoffmanns als ungewandelte Einheit, als bloßes Spiel mit den stets gleichen Leitmotiven zu betrachten. Wirkliche Leitmotive – das sollte nicht verkannt werden – sind der Wandlung fähig: Vergrößerungen oder Verkleinerungen des Themas, Wechsel der Tonart, des Rhythmus, der Lautstärke, der Instrumentierung vermögen die Aussage in entscheidendem Maße zu verändern. Das gilt besonders auch für die Leitmotive in Hoffmanns Erleben und Dichten. Die Weltperspektiven des späten Hoffmann sind anders als jene der Bamberger oder Dresdner Zeit. Ähnliche, sogar gleiche Motive dienen einer weithin gewandelten künstlerischen und menschlichen Aussage.

Der zu permanent unglücklicher Liebe verurteilte, in schmerzlicher Zerrissenheit verkommende, trunksüchtige Hoffmann ist zwar durch die Kunst *Jacques Offenbachs* zu einer bedeutenden Gestalt der Opernszene geworden, sollte aber nicht, allen Legenden um die Tafelrunde bei Lutter & Wegner zum Trotz, mit den letzten Lebens- und Schaffensjahren des Kammergerichtsrats Hoffmann zu Berlin verwechselt werden. Der Erzähler E. T. A. Hoffmann ist ein Meister der ironischen Brechung und perspektivischen Täuschung. Man denke einen Augenblick an den Beginn des Märchens vom »Meister Floh«. Da beginnt der Erzähler eine Weihnachtsgeschichte im gemütvollen, leicht weinerlichen Tonfall des herkömmlichen Jugendschriftstellers. Mit hausbackener Wortwahl und Erzählweise wird der Kinderjubel vor einem Weihnachtsbaum geschildert. Nach einigen Seiten solcher Prosa folgen drei Sätze, die der ahnungslose Leser wie einen Stoß oder Schlag empfinden muß: »Sehr irren würde jeder, welcher glauben sollte, daß Peregrinus Tyß ein Kind sei, dem die gütige Mutter oder sonst ein ihm zugewandtes weibliches Wesen, romantischer Weise Aline geheißen, den heiligen Christ beschert. – Nichts weniger als das! – Herr Peregrinus Tyß hatte sechs und dreißig Jahre erreicht und daher beinahe die besten.« Jäh hat sich die erbauliche Geschichte für folgsame Kinder in eine Phantasmagorie der Einsamkeit und des Grauens verwandelt.

Kunst und Wirklichkeit (Das serapiontische Prinzip)

Man ist stets in Gefahr, den perspektivischen Täuschungen des Ironikers zu erliegen, will man von ihm Antwort auf die wichtige Frage nach dem Verhältnis von Kunst und Wirklichkeit erhalten. In jedem Falle ist Hoffmann ein trivialer Utilitarismus in Kunstdingen von Grund auf zuwider. Ob man seine großen kunsttheoretischen Dialoge durchdenkt, dem Hunde Berganza zuhört oder der Satire auf den aufgeklärten Despotismus eines ganz kleinen Monarchen im »Klein Zaches« nachgeht: allenthalben vertritt Hoffmann das Eigenrecht der Kunst und des Künstlers. Er wehrt sich dagegen, Kunstwerk und Kunstschaffen nach Zwecken zu befragen, ganz zu schweigen von aller Untersuchung des künstlerischen Gebildes auf seinen unmittelbaren Nützlichkeitsgehalt. Aus wiederkehrenden Anspielungen ist zu entnehmen, daß Hoffmann nicht gewillt war, Schillers Forderung der Schaubühne als einer moralischen Anstalt zu unterschreiben.

Ähnlich verhält es sich mit Hoffmanns ästhetischen Anschauungen über die Nachbarkünste der Poesie. Die nazarenische Malerei konnte ihm auf die Dauer nicht zusagen. Seine Vorstellung von Farbe und Kontur mußte den Maximen der Nazarener ebenso widersprechen wie seine epische Technik der Erzählweise im »Heinrich von Ofterdingen« oder im »Taugenichts«. Die zeitweilige Verbindung mit dem nazarenischen Maler Philipp Veit, einem Sohn der Dorothea Mendelssohn und Stiefsohn Friedrich Schlegels, blieb ohne tieferen Einfluß auf seine Kunstanschauung. In den »Elixieren des Teufels« zwar sind gewisse Gedanken der Nazarener, ist deren Forderung nach Abkehr vom »schnöden Sinnentrug« vorübergehend aufgenommen; allein schon wenige Jahre später, im »Kater Murr«, nimmt Hoffmann alles wieder zurück. Er konfrontiert die Nazarener mit ihren bewunderten Vorbildern aus der italienischen Renaissance und läßt den Abt darüber zu Kreisler bemerken: »Es fehlt unseren jungen Malern an der wahren Begeisterung, die das Bild in aller Glorie des vollendetsten Lebens aus dem Innern hervorruft und ihnen vor Augen stellt ... Unsere jungen Maler bringen es nicht zur deutlichen Anschauung der im Innern aufgefaßten Gestalt, und mag es vielleicht nicht lediglich daher kommen, daß sie, gerät ihnen auch sonst alles so ziemlich gut, doch die Färbung verfehlen? – Mit einem Wort, sie können höchstens zeichnen, aber durchaus nicht malen.«

Nach wie vor will Hoffmann der *inneren Anschauung* den Vorrang zuerkennen; allein er strebt immer wieder nach der Entsprechung zur inneren Vision im Bereich der äußeren Welt. Das schlechthin Innerliche, das weder durch Anschauung von Wirklichkeit angeregt wäre, noch danach strebte, selbst den Eindruck kunstgeschaffener Wirklichkeit hervorzurufen, konnte Hoffmanns Sache nicht sein. Es ist durchaus kein Widerspruch, wenn die Betrachtung der künstlerischen Gesamtgestalt, also des Dichters, Malers und Tonsetzers Hoffmann, offenkundig werden läßt, *daß er in keinem Einzelbereich den romantischen Grundnormen in vollem Maße entsprochen hat.* Seine Erzählung ist auch im Märchen oder Capriccio stets grundverschieden von Novalis, dem frühen Tieck oder Eichendorff. Clemens Brentano, vielleicht der einzige wirklich geniale Mensch, mit dem Hoffmann näheren Umgang gepflogen hat, stand ihm näher; dennoch gibt es kein Werk Hoffmanns, das so uneingeschränkt erzromantisch genannt werden könnte wie die meisten Dichtungen Brentanos.

Zu einer Berührung Hoffmanns mit der romantischen Malerei kommt es ebensowenig. Am sinnfälligsten aber ist *die unromantische Grundhaltung des Musikers und Musikschriftstellers.* Daß Hoffmanns Musik nicht zur musikalischen Romantik gezählt werden kann, ist durch Erwin Krolls und Gustav Beckings Untersuchungen überzeugend nachgewiesen worden. »Noch 1809 nimmt Hoffmann Mozartsche Thematik unverändert in seine Werke herüber, nicht etwa um neue andersgeartete Abwandlungen zu bieten, solche Gedanken kommen ihm nicht, sondern in dem Glauben, daß es idealeres, vortrefflicheres Material gar nicht geben könne« (Becking). Die Meisterkritiken über Werke Beethovens, die dem Rezensenten die Dankbarkeit des Meisters eintragen sollten, vermitteln keineswegs ein romantisches Beethoven-Bild. Im Gegenteil spürt man – bei allem Verständnis – das künstlerische Unbehagen Hoffmanns vor manchen Kühnheiten des verehrten Musikers, etwa im »Geistertrio« oder in der Pastoral-Sinfonie. Es mutet an, als sei Hoffmann bestrebt, den verehrten Beethoven in die Normenwelt der Mozart-Musik zurückzudrängen. Vielleicht ist es doch mehr als müßige Spekulation, wenn man ahnt, die Welt des späten Beethoven hätte bei dem Musiker und Kritiker Hoffmann vor allem Befremden erregt.

In solchen Widersprüchen vollzieht sich das Kunsterleben und Kunstschaffen E. T. A. Hoffmanns. Die alten Musiker bis hin zu Mozart sind für ihn musikalische Norm schlechthin. Die Dichtung der deutschen Klassik dagegen ist ihm *nicht* Vorbild. Auch zwischen echter und falscher Romantik vermag er nicht immer zu unterscheiden. Die Jugendverbindung mit Zacharias Werner blieb nicht ohne Einfluß. Es klingt Spott auf gegen Ludwig Tieck, aber den Baron de la Motte-Fouqué hält Hoffmann für einen großen Dichter.

In der Theorie wie in der Praxis seines Schreibens strebt der Erzähler Hoffmann nach dem Einklang von innerer und äußerer Vision. Auch die innere Anschauung vom Darzustellenden will er niemals gegen die äußere Welt und ihre Rechte ausspielen. Es ist schon richtig, wenn Korff betont, daß die beiden theoretischen Selbstaussagen des Erzählers Hoffmann: in der Vorrede zu den »Fantasiestücken« und später in der Erläuterung des »Serapiontischen Prinzips«, nur scheinbar im Widerspruch zueinander stehen, sondern in Wirklichkeit die gleiche Grundauffassung ausdrücken. Nicht übereinstimmen mit Korff wird man dagegen, wenn er Hoffmanns Kunstanschauung so versteht: »Je stärker die Phantasie ist, um so mehr hat das, was sie erschafft, den Charakter der Wirklichkeit.« Das ist nur die Hälfte der Hoffmannschen Formel. Sie muß dadurch ergänzt werden, daß, nach Hoffmann, die Phantasie ihr Gebilde aus vorhergehender Anschauung der Wirklichkeit nährt und erzeugt – und daß dar-

auf die so hervorgerufene innere Vision des Künstlers für den Leser die äußere Form der Anschaulichkeit anzunehmen vermag; daß sich mithin das Gebilde der Innerlichkeit ent-äußern muß, wenn es zum wirklichen Kunstwerk reifen soll. Damit aber steht Hoffmann den künstlerischen Bemühungen des späten Schiller und den Grundgedanken der objektiv-idealistischen Ästhetik Hegels gar nicht so fern, wie es zuerst scheinen mochte. Genauer gesagt: Wenn die eigentlich romantische Schule in Deutschland seit Novalis und Friedrich Schlegel ein enges philosophisches Bündnis mit dem subjektiven Idealismus Fichtes eingegangen war, so ist Hoffmann in dieser Hinsicht kein Romantiker. Auch die fichteanischen Anspielungen der »Prinzessin Brambilla« mit ihrer Gegenüberstellung der verschiedenen »Ich« des Schauspielers Giglio und seiner Partnerin Giacinta haben weit mehr mit Persönlichkeitsspaltung in mehrere reale Gestalten, vergleichbar den Florestan und Eusebius bei Robert Schumann, zu tun, als mit subjektivem Idealismus.
Darum auch ist die *Ironie Hoffmanns* im Grunde der romantischen Ironie etwa Tiecks oder Brentanos entgegengesetzt. Der Erzähler Hoffmann steht dem Humor Sternes und Jean Pauls viel näher als einer Ironievorstellung der Romantiker, die bemüht ist, alle Wirklichkeit zu entwesen und durchscheinend zu machen, während Hoffmann umgekehrt danach strebt, seine erträumten oder geschauten Gestalten und Szenen mit Wirklichkeit und Lebenskraft zu begaben. Der deutsche Maler Franz Reinhold spricht in der »Prinzessin Brambilla« eine Grundanschauung Hoffmanns aus: »So ist die Urdarquelle, womit die Bewohner des Landes Urdargarten beglückt wurden, nichts anderes, als was wir Deutschen Humor nennen, die wunderbare, aus der tiefsten Anschauung der Natur geborne Kraft des Gedankens, seinen eigenen ironischen Doppelgänger zu machen, in dessen seltsamlichen Faxen er die seinigen – ich will das freche Wort beibehalten – die Faxen des ganzen Seins hienieden erkennt und sich daran ergötzt.« Das will sagen: die tiefste Anschauung der Natur dient dem Künstler dazu, den Widerspruchscharakter alles Seins (und damit auch des eigenen Ich) zu erkennen. Die »Faxen des Seins« sind Widersprüche, die dem Objekt wie dem Subjekt eignen. Der Humor des Künstlers

besteht im Nachempfinden und Nachgestalten dieser Widersprüche. Aus dieser Grundanschauung lebt Hoffmanns gesamtes Werk.

Daß die Wirklichkeit E. T. A. Hoffmanns in ihrem immer wieder durchbrechenden Doppelcharakter nicht mit dem epischen Realismus eines Fielding oder Goethe oder Stendhal gleichgesetzt werden kann, versteht sich von selbst. Äußere Ähnlichkeiten und Vorbilder verweisen weit eher auf Yorick-Sterne, auf »Jacques le Fataliste« von Diderot, immer wieder auf Jean Paul. Trotzdem ist die Wirklichkeit E. T. A. Hoffmanns nicht durch solche Vorbilder zu erklären. Gewiß ist das serapiontische Prinzip, so wie es Hoffmann versteht, den Romantikern näher als dem klassischen Erzählideal des 18. Jahrhunderts. Der philosophische Idealismus, der trotz allem der inneren Vision den Vorrang einräumen möchte vor der Nachgestaltung von Vorgängen der Außenwelt, dringt unverkennbar durch. Allerdings ist *der Idealismus E. T. A. Hoffmanns* ebenso fern der Fichte-Nachfolge wie der Hegel-Nachfolge. Schelling wurde, wie überliefert ist, eines der großen Bildungserlebnisse des Künstlers Hoffmann. Dennoch dient die Dichtung Hoffmanns in ihrer Gesamtheit keineswegs irgendeinem Gesellschaftsideal des Obskurantismus. Schon im Frühwerk vom »Goldnen Topf« stehen Elegie, Satire und Utopie hart nebeneinander: Gesellschaftskritik und Sehnsucht nach Atlantis. Im Spätwerk wird der atlantische Bereich immer stärker und versöhnender in die Alltagswirklichkeit zurückgeführt, die für den späten Hoffmann allerdings nicht eine Wirklichkeit der Höfe und bürgerlichen Ästheten ist, sondern der einfachen Menschen im Volk.

Daß diese Einsicht und Weltdeutung Hoffmanns nicht einer vorübergehenden Stimmung und Laune entsprach, zeigt die Erzählung »Des Vetters Eckfenster«, die als ein einziges Hinstreben des (todkranken) Künstlers zur Wirklichkeit des Lebens im Volke, unter einfachen Menschen, aufzufassen ist. Dieser Ausklang Hoffmannscher Dichtung und Lebensanschauung hat zwar alle diejenigen Interpreten mit Unbehagen erfüllt, die den Künstler E. T. A. Hoffmann als Kronzeugen wirklichkeitsfeindlicher Kunst, als Ahnherrn gewisser neuromantischer Süchte in Anspruch nehmen möchten. Die Schaffenskurve Hoffmanns aber gibt ein anderes Bild. Schon Heine empfand Novalis und Hoffmann als Gegensätze; er bereits war entschlossen, Hoffmann als Künstler über Novalis zu stellen. Wie dem auch sein möge: in den wesentlichen Zügen seiner Gesamtgestalt erweist sich Hoffmann als durchaus untypisch im Sinne des romantischen Credo. Untypisch wie sein Bildungsgang, wie seine Laufbahn als Schriftsteller, ist auch die Entwicklung seiner Kunst und ihr Bemühen um die verlorene Einheit von innerer und äußerer Vision. Seit Novalis hatten die Romantiker den künstlerischen Universalismus gefordert, die Gesamtkunst, die mehr wäre als eine Summe aus den Teilkünsten. Scheinbar war der Künstler Hoffmann die ragende Erfüllung solcher universalistischen Romantik. Nur scheinbar indessen: in allen wesentlichen Zügen verläuft Hoffmanns Denken und Schaffen, im ganzen wie in den künstlerischen Einzelbereichen, in unromantischer Weise. Nur so aber erklärt es sich wohl, daß Hoffmanns Dichtung in so eminentem Maße weltläufig wurde; daß es nach Schiller und Goethe eigentlich nur zwei deutsche Dichter des 19. Jahrhunderts waren, die – in durchaus verschiedenem Sinne und mit sehr verschiedenem Ergebnis – auf andere Nationen und Nationalliteraturen zu wirken vermochten: E. T. A. Hoffmann und Heinrich Heine.

Hoffmanns Nachruhm

Mit behaglichem Hohn notiert Goethe am 21. Mai 1827 im Tagebuch: »Hoffmanns Leben. Den Goldnen Becher angefangen zu lesen. Bekam mir schlecht, ich verwünschte die goldnen Schlängelein.« Mehr Ablehnung läßt sich auf so knappem Raum schwerlich zusammendrängen. Der Titel des Märchens vom goldenen Topf wird – bewußt oder unbewußt – verzerrt. Die Notiz sagt aus, daß Goethe seine Hoffmann-Lektüre nicht zu Ende brachte. Ästhetische Ablehnung wird in körperliches Unbehagen transponiert. Alle anderen Äußerungen Goethes über Hoffmann stehen in der gleichen Tonart. Der einzige Hinweis, den Eckermann überliefert (3. Dezember 1824), nennt Hoffmann als einen Autor, den zu lesen ganz unnötig sei. Goethe flankiert ihn mit so miserablen Vielschreibern des damaligen Tages wie Franz Horn und dem Hofrat Clauren. Beide Äußerungen, die von 1824 wie jene von 1827, fallen nach Hoffmanns Tode, als dessen Gesamtgestalt bereits überschaubar vor der Mitwelt steht.

Hegels Abscheu vor der Kunst E. T. A. Hoffmanns war nicht minder groß. Die einzige Erwähnung in den »Vorlesungen über die Ästhetik« (1. Teil, Drittes Kapitel) lautet so: »Vorzüglich jedoch ist in neuester Zeit die innre haltlose Zerrissenheit, welche alle widrigsten Dissonanzen durchgeht, Mode geworden, und hat einen Humor der Abscheulichkeit und eine Fratzenhaftigkeit der Ironie zu Wege gebracht, in der sich Theodor Hoffmann z.B. wohlgefiel.«

Es wäre zu zeigen, daß die Einwände Goethes und Hegels gegen Hoffmanns Dichtung gleichen Ursprungs sind. Goethe vermag in Hoffmanns Erzählen keine Poesie zu entdecken, genausowenig wie bei Horn oder Clauren. Nun mußte Hoffmann natürlich für die klassische Ästhetik in Deutschland ein Ärgernis bedeuten. Dennoch nimmt es wunder, daß der Dichter des Zweiten Faust nicht die poetische Eigentümlichkeit der künstlerisch so vielschichtigen Hoffmann-Werke zu erkennen vermochte. Auch Hegel stößt sich an jenem Widerspruch zwischen Ideal und miserabler Alltäglichkeit in Hoffmanns Kunst. Allerdings hatte der selbe Hegel kurz vor dem Hieb gegen Hoffmann auch den »König Lear« verworfen und behauptet, »der Teufel für sich« sei »eine schlechte, ästhetisch unbrauchbare Figur«. Die Ablehnung durch Goethe und Hegel offenbart also ebensoviel über die künstlerische Eigentümlichkeit der Dichtung Hoffmanns wie über die ästhetischen Prinzipien seiner beiden großen Widersacher.

Der wachsende, schließlich sensationelle Erfolg des Erzählers Hoffmann bei seinen zeitgenössischen deutschen Lesern steht in sonderbar ungerader Proportion zu Hoffmanns geringem Einfluß auf das literarische Schaffen der deutschen Zeitgenossen. Die Romantiker mochten ihm günstiger gesinnt sein als Goethe oder Hegel; trotzdem kann von einem Einfluß Hoffmannscher Kunst und Ästhetik auf die Spätzeit der romantischen Schule nicht eigentlich gesprochen werden. Gewiß hatte Hoffmann vor allem in seiner letzten Lebenszeit mit vielen bedeutenden oder selbst genialischen Menschen vertrauten Umgang: mit Brentano besonders und Adelbert von Chamisso. Die Bekanntschaft mit Zacharias Werner stammte noch aus der Jugendzeit. Den Text zu Hoffmanns Oper »Undine« hatte Fouqué geliefert; die Bühnenbilder waren nach Entwürfen Schinkels (und Hoffmanns) angefertigt worden. Die Freundschaft mit dem genialischen Schauspieler Ludwig Devrient wurde zur Legende. Dennoch ergaben diese Freundschaften kein gemeinsames künstlerisches Programm. Der Kreis der Serapionsbrüder vertrat in der literarischen Welt keinerlei Gemeinsamkeit eines ästhetischen Programms. Es ist kein Zufall, daß sich Hoffmann in der Rahmengeschichte seiner »Serapionsbrüder« in mehrere Gestalten aufteilen mußte: in Theodor, Cyprian und Lothar. Das hatte nicht bloß mit Äußerlichkeiten der Werkkomposition zu tun, sondern zeugte vom Mangel eines wirklichen ästhetischen Programms, das der Tafelrunde gemeinsam gewesen wäre.

Die Wirkungsgeschichte eines Künstlers hängt stets – selbst dort, wo bare Mißverständnisse oder sichtbare Verfälschungen auftreten – mit Grundelementen seiner Kunst zusammen. Die *Wandlungen des Hoffmannismus* können als Exempel dienen. Hoffmanns Nachwirkung war immens. Allein er hat nicht als ein Romantiker unter anderen gewirkt; erst recht nicht im Sinne seines serapiontischen Prinzips. Er wurde auch nicht als Musiker folgenreich, sondern als Erzähler. Seine Musikschriftstellerei hat ebensowenig Schule gemacht wie sein musikästhetisches Programm. Gewiß sind Robert Schumann oder Richard Wagner als Musikschriftsteller nicht ohne Hoffmanns Vorbild zu denken, aber seine eigene unmittelbare Wirkungskraft muß auch hier weit geringer angesetzt werden als die Schumanns oder gar Richard Wagners.

Allein *Hoffmanns Erzählungen* wurden folgenreich. Zunächst durch ihre Stoffwelt und Thematik. Das ergab nicht immer eine gute Nachfolge. Richard Wagner tat eine richtige Wahl, als er sich des bloß Stofflichen aus Hoffmanns »Krieg der Sänger« für den »Tannhäuser«, des Stofflichen zusammen mit einigen Gestalten aus der Erzählung von Meister Martin, dem Küfner, für die »Meistersinger« bediente. Im allgemeinen aber hielt sich die deutsche wie außerdeutsche Hoffmann-Nachfolge an ihre

Vorstellung vom sogenannten »Gespenster-Hoffmann«. Die Nachtseite des Lebens, das Schaurige, Ungeheure, die eigentümliche Zwischenwelt zwischen Traum und Tun, die für Hoffmanns Erzählungen so kennzeichnend ist: das vor allem ist »unheimlich« fruchtbar geworden. Mit Hoffmann tritt zum ersten Mal eine Kunst auf, die sich mit Vorliebe den Randgestalten des Lebens, den seelischen Sonderfällen, den Grenzlagen aller Art zugewandt hat.

Mit ihm beginnt gleichzeitig eine ganz neue Darstellungsweise für Vorgänge des Grauens. Die frühere deutsche Romantik, gipfelnd in der Schauerromantik der berühmten »Nachtwachen« von Bonaventura, suchte das Romantische als Requisit zu verwenden: Einsiedeleien, abgelegene Mordstellen, nächtliche Kirchhöfe, Freischützen, hexenartige alte Weiber, Wahnsinnige. Mit Hoffmann debütiert eine Kunst, die das Grauenhafte ohne grauenhafte Requisiten zu produzieren vermag, der es gelingt, das Entsetzliche in den Mittelpunkt des bürgerlichen Alltags zu bannen. Damit war eine Tradition begründet, die zu Edgar Allan Poe hinüberleitet, zu Stevensons berühmter Geschichte von Dr. Jekyll und Mr. Hyde, zu Franz Kafkas »Verwandlung«. Das alles ist ohne Hoffmann nicht denkbar. Übrigens auch nicht eine Gesellschaftssatire von betonter Fratzenhaftigkeit, die dem Gegenstand ihrer Karikatur durchaus ungütig gegenübertritt. Flaubert hat seinen Hoffmann gekannt, denn der war im 19. Jahrhundert gerade in Frankreich und Rußland durch zahlreiche Übersetzungen verbreitet.

Seelenzustände und Gesellschaftslagen, wie sie der Kammergerichtsrat nahezu als erster beschrieb, werden dann im weiteren Verlauf des 19. Jahrhunderts zu vordringlichen Themen der Dichtung, keineswegs bloß der Novelle oder des Romans. Mit Baudelaire, der nicht zufällig auch Edgar Allan Poe für Frankreich entdeckte, dringen Hoffmann-Themen und Hoffmannsche Randgestalten in den lyrischen Bereich: die Wirkung auf die moderne Lyrik läßt sich gar nicht absehen. Aus diesen Folgen aber entsprang gleichzeitig eine heftige Ablehnung Hoffmanns und erst recht des Hoffmannismus durch Künstler aller Art. Man machte den Meister und Urheber für die Resultate seiner Kunst verantwortlich. Dabei läßt sich eine sehr verschiedenartige Entwicklung der Hoffmann-Rezeption in Frankreich und in Rußland beobachten. In *Frankreich* kommt die Entwicklung der bürgerlichen Kunst seit 1848 durchaus dem entgegen, was man für Hoffmannismus hält: das führt von Baudelaire und Rimbaud über Huysmans bis zu den Surrealisten, die bei Hoffmann viel lernten und sich in aller Bewußtheit auf die deutsche Romantik, insbesondere die Schauerromantik, beriefen. Einen verhältnismäßig breiten Raum nimmt der Hoffmannismus in der *russischen* Literatur des 19. Jahrhunderts ein, wobei sich die Akzente von den 30er bis zu den Fünfziger Jahren wesentlich verschieben. In einem Aufsatz über »Das Hoffmann-Bild der russischen revolutionären Demokraten« (Aufbau, Jahrgang 1957, Heft 12) behandelt Wolf Düwel die Wirkung des deutschen Erzählers vor allem auf Herzen, Belinski und Tschernyschewski. Es ist dabei nicht verwunderlich, daß – entsprechend der dualistischen Struktur dieser Dichtungen – die Wirkung Hoffmanns in Rußland bald durch die satirisch-realistischen, bald durch die mythischen oder auch mystischen Elemente erzeugt wurde. Entscheidend ist dabei eine Bemerkung, die Düwel macht: »Von Deutschland hatte Belinski zuvor mehr oder weniger romantische Vorstellungen gehabt. Hoffmanns Dichtung hat dazu beigetragen, daß er mit diesen Illusionen fertig wurde. Auf ihn hat vor allem das realistische Element in Hoffmanns Dichtung gewirkt. Ebenso wie im »Dämon« Lermontows fand er bei Hoffmann das Prinzip der Negation, das ihn hinausführte in die Freiheit einer wirklich kritischen und in der Konsequenz revolutionären Weltanschauung.« Später gelangte Belinski zu einer Gesamteinschätzung des Dichters, der es weitgehend gelingt, die verschiedenen Elemente und Momente der Wirklichkeit E. T. A. Hoffmanns in ihrer relativen Fruchtbarkeit oder auch »Schädlichkeit« gegeneinander abzuwägen. In den Fünfziger Jahren tritt dann die Wirkung Hoffmanns auf die revolutionären Demokraten in Rußland stark zurück. Tschernyschewski versteht den Dichter des »Meister Floh« bereits als eine wesentlich historische, aus deutschen eigentümlichen Zeitverhältnissen erklärbare literarische Erscheinung.

Zweifellos ist es richtig, wenn die Wirklichkeit E. T. A. Hoffmanns als Ausdruck sowohl persönlicher wie allgemeiner gesellschaftlicher Erfahrungen verstanden wird. Dem Dualismus dieser dichterischen Gesamtheit entsprach zwar keine Zweiteilung der deutschen Wirklichkeit, allein nur die besondere Lage der damaligen deutschen Zustände konnte das Auseinanderfallen in Alltag und Mythos, in Dresden und Atlantis möglich machen. Hoffmann selbst liefert in seinem Gesamtwerk den Beweis für die besondere Zeitgebundenheit seiner Wirklichkeitsauffassung, denn die Dichtung des späten Hoffmann weist andere, historisch konkretere Züge auf als das Frühwerk, ohne daß eine Einbuße an künstlerischer Prägekraft damit verbunden wäre.

Es wäre aber verfehlt, das Nebeneinander der beiden Welten in Hoffmanns epischem Werk als Ausdruck einer realen Misere, als Fluchttendenz oder romantische Verzweiflung zu verstehen. Hoffmanns Dichtung ist – besonders in ihren satirischen Bestandteilen – nicht bloß als Widerspiegelung damaliger Zustände zu verstehen, sondern *als bemerkenswerte Vorwegnahme künftiger Zustände.* Das Eigentümliche Hoffmannscher Gesellschaftskritik liegt darin, daß er gesellschaftliche Übergangsformen, die er im damaligen deutschen Bereich erleben mußte, kraft seines Künstlertums, seiner Hellsicht und Reizbarkeit, bereits im Zustand der Überreife und Entartung sah, während sie in der Realität noch im Reifestadium standen. Sowohl der »Kater Murr« wie der »Meister Floh« lassen eine Interpretation dieser Art ohne weiteres zu. Leicht zu verstehen also, daß die Wirkung dieser Kunst in dem Augenblick stark sein mußte, *da in der Tat die gesellschaftliche Überreife eingetreten war.* Der Hoffmannismus erhielt dadurch aber eine ganz andere Funktion, als sie die Kunst Hoffmanns in der Hoffmann-Zeit besessen hatte. Zudem unterscheidet sich die Darstellungsweise des Mannes, der »Klein Zaches« oder den »Sandmann« schrieb, nicht unwesentlich von der Attitüde seiner Nachfahren.

Hoffmann liebte das Grauen und Nachtseitige nicht: er mußte es gestalten, da es ihn bedrängte, aber er suchte es nicht auf, suchte es wohl eher zu meiden. Hoffmanns Streben galt der Harmonie: in dieser Hinsicht ist Johannes Kreisler als Interpret seines Dichters zu verstehen. Man vergleiche etwa – so meisterhaft sie sein mögen – die Illustrationen *Alfred Kubins* zu Hoffmanns »Nachtstücken« mit Hoffmanns eigenen Zeichnungen oder auch

Karikaturen zu seinen Werken, um den Funktionswandel zu verstehen. Es bleibt die Frage nach der künstlerischen Lebenskraft. Die ist unbestreitbar.

3. GRABBE UND DIE TIEFERE BEDEUTUNG

Kaum zweihundert Meter trennen Christian Dietrich Grabbes Geburtshaus in Detmold von seinem Sterbehaus. Das Verwaltungsgebäude zur einstigen Strafanstalt, wo das einzige Kind des Zuchthausmeisters am 11. Dezember 1801 zur Welt kam, ist im Lauf der Zeit wesentlich umgestaltet worden. Die Gedenktafel meint ein Bauwerk, das wenig von Grabbes schwieriger Kindheit ahnen läßt. Aber das Sterbehaus in der Straße »Unter der Wehme« scheint sich allen Umgestaltungen widersetzt zu haben. So stellt man sich das Haus der Frau Louise Christiane Grabbe, geborener Clostermeier, vor: eng, aber bürgerlich-selbstbewußt. Es war eine »gute Gegend«, wo die Clostermeiers wohnten, und wohin der vierunddreißigjährige Grabbe am 25. Juli 1836 zurückkehren mußte, weil er keine andere Wahl hatte. Bloß zurückkehrte freilich, um hier am 12. September zu sterben. Ein sonderbarer Zufall der deutschen Literaturgeschichte will es, daß sich auch das Gebäude neben Grabbes Sterbehaus einer Gedenktafel erfreuen darf. Sie zeigt an, daß hier, neun Jahre nach Grabbe, der Lyriker *Ferdinand Freiligrath* geboren wurde.
Wir fragen nach der »tieferen Bedeutung« von Grabbes Leben und Werk, nach seinen Vorstellungen von Tragik und von Heiterkeit. Grabbes Ergriffenheit und sein Gelächter aber gehören nicht ihm allein. Man lacht anders in Detmold als im Hessen eines Büchner oder Niebergall. Auch ist die Heiterkeit, vor allem, wenn sie künstlich und künstlerisch durch die Schaubühne erregt werden soll, weit enger mit den Zeitverhältnissen und sprachlichen Zuständen verbunden. Grabbes Zuhörer hätten im Theater – falls damals eine Aufführung des Lustspiels »Scherz, Satire, Ironie und tiefere Bedeutung« überhaupt denkbar gewesen wäre – vermutlich sehr gelacht, wenn sie den Teufel

also hätten argumentieren hören: »Es ist doch gut, daß ich mein altes unfehlbares Schlafmittelchen, Klopstocks ›Messias‹, mitgebracht habe! Ich brauche nur drei Verse darin zu lesen, dann bin ich so müde wie der Daus!« Das macht: zu Grabbes Zeit war die Ehrfurcht vor Klopstocks Riesenepos, das man – siehe Lessings Epigramm – zwar nicht las, aber zu rühmen pflegte, noch ganz unversehrt. Grabbes Frechheit, noch dazu dem Teufel in den Mund gelegt, mußte also eine besondere Art schockierter, vielleicht auch befreiter Heiterkeit erregen.

Grabbes Vorstellungen vom tragischen Heldentum wie von theatralischer Heiterkeit sind raumgebunden und zeitgebunden. Die Frage nach der tieferen Bedeutung wendet sich auch hier an Grabbes Raum und an Grabbes Zeit.

Grabbes Raum: das sind die zweihundert Meter vom Geburtshaus zum Sterbehaus. Ein Weg von Detmold nach Detmold. Dahinter verbirgt sich nicht die unerbittliche Seßhaftigkeit des Königsbergers Immanuel Kant, dessen geistiger Raum (in einem schönen Gedicht auf Kants »Traktat zum ewigen Frieden« hat Karl Kraus daran erinnert) gerade im Spannungsverhältnis zwischen *diesem* Königsberg und diesen philosophischen Postulaten bestand.

Grabbes Raum ist auch nicht vergleichbar der Lebenskurve eines Ferdinand Freiligrath oder Georg Weerth, denn Detmold war für sie, die späteren Mitarbeiter eines Karl Marx und Friedrich Engels, bloß ein belangloser, kaum folgenreicher Geburtsort. Freiligraths Weg, ob als Laufbahn des Geschäftsmannes, des erfolgreichen Lyrikers, des siegreichen und dann des gescheiterten Revolutionärs, führte bald schon aus Detmold weg. Als er nach der Reichsgründung von 1871, die mit einem Gedicht »Hurrah Germania« begrüßt wurde, mit Hilfe einer Subskription des deutschen Volkes, die ein ungemein großzügiges Ergebnis hatte, aus dem Exil zurückkehren konnte, gab es kaum einen Gedanken der Rückkehr nach Detmold. Diese Residenzstadt des Fürstentums Lippe war ihm nicht zum Schicksal oder gar zum Verhängnis geworden.

Grabbes Raum dagegen war und blieb Detmold. Zweimal hat er versucht, diesen Ursprüngen zu entgehen, zweimal trieb es ihn zurück. Gescheitert war er eigentlich schon mit einundzwanzig

Jahren, als er zwar bereits den »Gothland« und das Lustspiel geschrieben hat, an dem Geschichtsdrama »Marius und Sulla« und auch bereits am »Don Juan und Faust« arbeitete, sich im Vollbesitz schöpferischer Fähigkeiten fühlte, aber nirgends angenommen wurde. Von Ludwig Tieck wird er elegant aus Dresden fortkomplimentiert und muß nun, da die Mutter kein Geld mehr zu schicken vermag, den Rückweg nach Detmold antreten. Die Sätze eines Briefes, den der noch nicht zweiundzwanzigjährige Grabbe aus Detmold am 29. August 1823 an Ludwig Tieck schreibt, wirken wie eine endgültige Aussage über seinen ganzen späteren Lebensrest. Eigentlich war die zweite grauenhafte Rückkehr des todkranken Grabbe im Mai des letzten Jahres 1836 bloß noch eine Wiederholung der Situation von 1823. Im Brief an Tieck ist alles über Detmold als geistiger Raum Christian Dietrich Grabbes gesagt, und es wäre postumer Hohn des Literarhistorikers, wollte er, in Abwandlung einer berühmten (und fragwürdigen) Rede Thomas Manns über seine Vaterstadt Lübeck, im Falle Grabbes von »Detmold als geistiger Lebensform« sprechen.

»... So schlich ich mich nachts um elf Uhr in das verwünschte Detmold ein, weckte meine Eltern aus dem Schlafe und ward von ihnen, denen ich ihr ganzes kleines Vermögen weggesogen, die ich so oft mit leeren Hoffnungen getäuscht, die meinetwegen von der halben Stadt verspottet werden, mit Freudentränen empfangen. Ja, ich mußte mich noch obendrein mit der plumpsten Grobheit waffnen, weil ich sonst in das heftigste Weinen ausgebrochen wäre und eine Ifflandische Szene aufgeführt hätte. – Nun sitze ich hier in einer engen Kammer, ziehe die Gardinen vor, damit mich die Nachbarn nicht sehn, und weiß keinen Menschen in den gesamten lippischen Landen, dem ich mich deutlich machen könnte, selbst dem Herrn Pastor Pustkuchen nicht. Mein Malheur besteht einzig darin, daß ich in keiner größeren Stadt, sondern in einer Gegend geboren bin, wo man einen gebildeten Menschen für einen verschlechterten Mastochsen hält.«

Die »wunderschöne Stadt« des Soldatenliedes, Garnison und fürstliche Residenz, hat Grabbes Leben zweifellos beschwert: eine schwierige Jugendzeit als Kind kleiner Leute und in einer

Umgebung, wo besonders stark auf die Einhaltung sozialer Rangverhältnisse geachtet wurde; langweilige Berufsarbeit als Militärauditor, die von der literarischen Arbeit abhält; die Ehe mit einer Detmolder Bürgers- und Honoratiorentochter, die zu einer Hölle wird. Die Hölle war programmiert. Louise Christiane, also Lucie Grabbe, geborene Clostermeier, ließ sich in der Ehe gleichsam herab zu dem Militärauditor aus kleinsten Verhältnissen, der freilich ein Genie war. Lucie war tief an die Autoritätsgestalt des Vaters und Verlegers gebunden. Das machen ihre Briefe deutlich. Grabbe hat wohl nur die Mutter geliebt, diese in der Tat wunderbare Frau, die ihn überleben und die sein Andenken verteidigen mußte. Von der Mutter allein pflegte bereits der junge Grabbe, wie Heinrich Heine berichtet hat, ohne Grobheit und Ironie zu sprechen. Beides ergab ein wohlorganisiertes Ehe-Inferno. Bürokratische Kleinlichkeit schließlich der Justiz- und Militärbehörden, die dem schwerkranken Beamten Grabbe keine Pension – und damit die Unabhängigkeit vom Geld seiner Frau – gewähren wollten.

Niemals kam er los von seiner Geburtsstadt, die auch seine Sterbestadt werden sollte. Noch während der Arbeit an der »Hermannsschlacht« schreibt er aus Düsseldorf an den Freund Karl Ziegler am Ostertag 1835: »Armins Thusnelde wird wie vom Sülthof. Die Sache gefällt mir außerordentlich. Detmold kommt auch darin vor, und wahrhaftig auf eine brilliante Art.«

Trotzdem wäre es töricht, die Lebenstragik Christian Dietrich Grabbes aus vielfachem Verschulden der Detmolder erklären zu wollen. Detmold war nicht schlechter und besser als viele andere deutsche Kleinstädte der Zeit.

Die Frage nach der »tieferen Bedeutung« kann nicht durch Aufrechnung von Schuld und Gegenschuld gefunden werden. Es waren nicht trostlose Besonderheiten der Detmolder Verhältnisse, die Grabbes Untergang bewirkten. Bemerkenswert übrigens, daß auch der Dramatiker selbst, wenn er die Kräfte auf die Bühne bringt, die seine Heldenfiguren eines Hannibal oder Napoleon zugrunde richten sollten, nicht daran denkt, eine mesquine kleine Welt der Lokalintrige zu zeigen, sondern große Verhältnisse entwirft: hohes Spiel der dynastischen Interessen

und Kabalen im »Napoleon«, phönizische Geldaristokratie großen Stils im »Hannibal«.
Detmold hat Grabbe nicht nur Unglück gebracht. Hier durfte er als Beamter wirken und einigermaßen seßhaft werden. Hier konnte er sogar ein eigenes Drama »Don Juan und Faust« auf der Bühne sehen, so daß ihm das Schicksal eines Kleist oder Büchner erspart blieb, niemals ein eigenes Drama auf der Szene erblickt zu haben. Das damals neu gegründete Detmolder Theater war durchaus nicht schlecht; dort wirkte Albert Lortzing, der übrigens bei der Grabbe-Uraufführung den Leporello spielte. Grabbe hat sogar Detmolder Theaterbriefe schreiben können, denn es gab von dort aus einiges zu berichten.
Überdies: nicht allein in Detmold ist Grabbe gescheitert, sondern auch bei *Tieck* in Dresden und in Düsseldorf bei *Karl Immermann*. Daß sich der junge Verfasser des »Gothland«, ungewohnt der Lebens- und Verhaltensformen unter Literaten, über das Interesse des großen Ludwig Tieck täuschte, war unvermeidlich. Tieck und Grabbe: das meinte einen Gegensatz der Jahrgänge und Erlebnisse, den selbst Freundschaft nicht hätte überbrücken können.
Anders stand es mit der Düsseldorfer Episode. »Immermann hat mich in der Tat vom Tode gerettet. Nicht wegen Not eben, aber aus Mißmut war ich lebenssatt.« So schreibt Grabbe noch am 22. Juni 1835, als sich die Beziehung zu Immermann bereits sehr abgekühlt hat, aus Düsseldorf an Wolfgang Menzel. Die Konstellation war ungewöhnlich. Der Landgerichtsrat Karl Immermann leitete in Düsseldorf ein wirkliches Stadttheater, also die Schaubühne eines Gemeinwesens, kein Privattheater. Es sollte ein Mustertheater der Literatur werden. Immermann inszenierte den »Prinz von Homburg«, in der Oper gab es Aufführungen von Mozarts »Don Juan« unter der Leitung von Felix Mendelssohn. Grabbe wirkte in sonderbar ambivalenter Rolle sowohl als Dramaturg wie als Theaterkritiker, der mit dem Theaterleiter Immermann in ausführlicher Korrespondenz vereinbart, was und wie im Tageblatt geschrieben werden soll. Seine vielen Briefe unterzeichnet Grabbe stets »Gehorsamst«. Karl Immermann, der damals an seinem großen Zeitroman »Die Epigonen« arbeitet, antwortet selten und zeichnet einfach mit dem

Namen: ohne alle Floskeln der Höflichkeit. Auf den Gedanken, auch ein Stück des nützlichen Grabbe aufzuführen, kommt er offenbar nicht. Grabbe macht niemals den Versuch, ein Gespräch darüber anzuregen.

Schließlich rächt sich das Zweideutige der Lage. Als es der Kritiker Grabbe wagt, das Repertoire nicht mehr vortrefflich zu finden, verliert der sonst so noble und beherrschte Immermann alle Haltung. Er macht Grabbe eine Szene, bereut aber gleich darauf und bittet am 25. Februar 1836 wegen der Formfehler um Entschuldigung. In der Sache freilich heißt es: »Die Auswahl des Repertoirs ist, wie Sie wissen, mir untergeben und Angriffe auf dasselbe sind daher Anschuldigungen gegen mein Urteil und meine Verwaltungsgrundsätze.« Grabbe aber habe »nun seit drei Monaten nicht aufgehört, die Stücke, welche ich geben lasse, zu schmähen ...«

Grabbe dankt sogleich für den Entschuldigungsbrief, setzt aber hinzu: »Die Situation, in die ich mich gestern versetzt sah, entschuldigt, wenn ich sagte, daß mir der Theaterbesuch gleichgültig sei.« Allein schon am 22. November 1835 hatte der Dramaturg und Kritiker an seinen Protektor Immermann schreiben müssen: »Meine Casse erlaubt mir nicht, ohne Freibillet das Theater zu besuchen, so sehr das Tageblatt von mir kurze Rezensionen, die ich natürlich umsonst liefre, wünscht.«

So kam es auch in Düsseldorf zur Katastrophe. Grabbe mußte abermals zurück nach Detmold und starb dort kaum sieben Monate nach jenem letzten Briefwechsel mit Immermann. Er war zwischen alle geistigen und auch politischen Positionen geraten. Abgewiesen bei Tieck wie bei Immermann; wetternd gegen die Shakespearianer wie gegen Goethe; Plebejer und Tragiker des Heroenkults; Verächter der Restauration und Briefpartner des Denunzianten Wolfgang Menzel. Die Frage nach der tieferen Bedeutung dieses Lebens und Lebenswerks muß von Grabbes *Zeit* her beantwortet werden.

Detmold war Grabbes Raum. Dieser Raum jedoch fand sich geprägt durch Grabbes Zeit. Was ihn zweimal von Detmold wegstreben ließ und zweimal nach Detmold zurücktrieb, war nicht irgendeine hoffmanneske Dämonie der kleinen lippischen Residenz, sondern die Zwiespältigkeit jener Epoche zwischen

1815 und 1836, in die Grabbes Wirken oder Nichtwirken gebannt war. Grabbes Werk ist untrennbar verbunden mit dem Ablauf einer Restaurationszeit. Acht Jahre nach Grabbes Tode schrieb der junge Karl Marx in einem Aufsatz über die deutschen Zustände, die Deutschen hätten niemals die Revolutionen der anderen Völker mitgemacht, stets jedoch deren Restaurationen. Sie hätten sich einmal nur in der Gesellschaft der Freiheit gefunden: am Tage ihrer Beerdigung. Christian Dietrich Grabbe hat in seinem Leben *zwei Formen der Restauration* kennengelernt: und jedesmal hat er versucht, als Dramatiker sich geistig mit ihnen auseinanderzusetzen. Die *erste* Restaurationszeit begann mit der Niederlage Napoleons bei Waterloo. Sie dauerte bis zur französischen Juli-Revolution von 1830, die in Frankreich das von Grabbe im »Napoleon« großartig dargestellte Bourbonenregime durch das Bürgerkönigtum Louis-Philippes und jene Herrschaft der großen Bankiers ablösen sollte, die Balzac im Zyklus seiner »Comédie humaine« in der grausigen Gestalt des Barons Nucingen geschildert hat. Auch Grabbe hat, gleich den Helden Balzacs, gleich Heine und Börne, gleich Puschkin und Mickiewicz, gleich August Platen und Georg Büchner, die Enttäuschung über den Ausgang der französischen Ereignisse von 1830, über die zweite Restauration, die das Werk der ersten fortsetzen sollte, zumal in Deutschland, als schmerzliche Absage an »verlorene Illusionen« empfunden, als einen Vorgang der vollständigen Desillusionierung.

War der »Napoleon«, der noch in Detmold vor Ausbruch der französischen Juli-Revolution entstanden war – »Dieses Drama war vor den welthistorischen Ereignissen des Juli vorigen Jahres vollendet. Seitdem ist manches eingetroffen, was in ihm vorausgesagt ist«, schreibt Grabbe voller Stolz im Vorwort zur Buchausgabe des Dramas von 1831 – gegen den Schluß hin erfüllt von der Hoffnung auf eine neue heroische Ära großer Taten und Persönlichkeiten, so wirkt der Schluß des »Hannibal«, den Grabbe noch vor dem zweiten Aufbruch aus Detmold im Jahre 1834 als dramatische Auseinandersetzung mit der Bankierswelt entwirft, als geistige Auseinandersetzung mit dieser seit 1830 in Europa konstituierten *zweiten* Restauration eines Bündnisses von Feudalaristokratie und Geldaristokratie.

Diese besonderen geschichtlichen Konstellationen erklären übrigens, ohne sie zu rechtfertigen, jene Züge in Grabbes Dramatik, die dem Dichter Grabbe eine fragwürdige Aufwertung im Dritten Reich bereiten sollten. Gemeint ist jener penetrante Antisemitismus, der in Grabbes Spätwerk leitmotivisch immer wiederkehrt: die karthagischen Gegner Hannibals sind als jüdische Bankiers vom Rothschild-Typ geschildert; der jüdelnde preußische Soldat Ephraim in der Schlacht bei Waterloo wird ebenso das Opfer eines fragwürdigen Dichterhumors wie der Jude Isaak in Grabbes Fragment »Aschenbrödel« aus der letzten Lebenszeit. Sogar in den wenigen vollendeten Szenen des historischen Schauspiels »Kosciuszko«, wozu sich Grabbe durch den polnischen Freiheitskampf der Jahre 1830/31 inspirieren läßt, geistern wieder die Moses und Rachel auf dem Schauplatz einer polnischen Judenschenke. Gemeint ist immer jene Zeitkonstellation eines Bündnisses aus Feudal- und Geldaristokratie, das Grabbe zu seiner Zeit stets vor Augen hatte. In dem Fragment »Aschenbrödel« spricht es der shakespearisierende Rüpel gegenüber dem König ganz unverhohlen aus:

Der Rüpel: Nun will ich einen Juden haben!
Der König: 'Nen Juden? Bist du toll?
Der Rüpel: Ach, lest die Zeitungen.
Kein König ohne Juden, und am Ende
Kein Jude ohne König. Nimmt der Jude
Prozente auch zu sechzigen, so gibt
Er doch Kredit, und vom Kredit lebt
Schon mancher Staat und mancher Mann.
Der König: Nicht ganz
Bist du der Narr, für welchen du dich ausgibst.

Die deutsche Germanistik des Dritten Reiches hat sich solche Leckerbissen nicht entgehen lassen. Grabbe schien sich als ideale Vorwegnahme dessen anzubieten, was man damals als Gegensatz der »Händler« und der »Helden« zu bezeichnen pflegte. Was lag näher, als Grabbes Humor auf das westfälische Bauerntum und das gesunde Volksempfinden zurückzuführen? Freilich hat Grabbe mit beidem – gesundem Volksempfinden, was immer das sein mag, und westfälischen Bauernidealen – sehr wenig zu tun, man denke bloß an die Bauernszenen in seinem Lustspiel: allein die Möglichkeit solcher Mißdeutungen läßt gleichzeitig erkennen, daß Grabbes Verhältnis zu seiner Zeit tief zwiespältig und ambivalent verlief. Grabbe war ein Feind der beiden Restaurationen: jener im Zeichen Metternichs oder der Bourbonen, *und* jener im Zeichen der Bankiers und ihrer von Frankreich her als Regierungsmaxime ausgegebenen Losung: »Bereichert Euch!«

Dies war die Negation. Welches aber war die eigentliche Position des Dramatikers Christian Dietrich Grabbe?

Am 15. Januar 1831 schreibt er an Wolfgang Menzel: »Alle Staatsrevolutionen helfen aber doch nichts, wenn nicht auch jede Person sich selbst revolutioniert, i. e., *wahr* gegen sich und andere wird. Darin steckt alle Tugend, alles Genie.« Nun muß man Grabbes Thesen und Selbstaussagen stets einigermaßen kritisch betrachten. Vieles war nicht ernsthaft durchdacht, bloße Improvisation, nicht selten auch bloß Angeberei: Reflex eines Augenblicks und einer Stimmung, nicht wirklich Gedachtes. Trotzdem sollte man diese sonderbare Briefthese genauer durchdenken. Schon daß sie gegenüber einem Wolfgang Menzel geäußert wird, muß befremdend wirken, denn Menzel war es schließlich, der die Literatur des Jungen Deutschland nach 1830 immer wieder so penetrant als staatsgefährlich denunzierte, daß der Frankfurter Bundestag die Werke der Heine und Gutzkow und Wienbarg kurzerhand verbot. Was also konnte Grabbe mit Menzel gemein haben, dessen Buch über die deutsche Literaturentwicklung töricht und banausenhaft anmutet, wenn man es heute aufschlägt; der für uns im wesentlichen eine Funktion erfüllt wie Professor Klotz oder Hauptpastor Goeze, die bloß als Antipoden Lessings auf die Nachwelt kamen? Wolfgang Menzel ist für uns der Mann, dem Heine sein Pamphlet »Über den Denunzianten« zugedacht hat, und Ludwig Börne eine seiner bedeutendsten Polemiken: nämlich »Menzel, der Franzosenfresser«.

Der Franzosenfresser. Grabbe selbst war keiner: er war auch kein Judenfresser im Sinne der Deutschtümler: von Jahn bis Maßmann. Er stand gegen die Welt der Restauration, war aber kein Deutschtümler im Sinne der aufsässigen Burschenschafter und Turner. Doch war er auch kein Anhänger des liberalen bürgerlichen Parlamentarismus. Während sich, nach dem Scheitern aller Erhebungen in Deutschland im Gefolge der französischen Juli-Revolution, die bürgerliche Opposition zu ihrer großen Zusammenkunft auf dem Hambacher Fest rüstete, wo Ludwig Börne aus Paris als Redner auftrat und von den Heidelberger Studenten gefeiert wurde, wandte sich Grabbe an Wolfgang Menzel, der diese gesamte Oppositionsbewegung mit dem Eifer des Renegaten bekämpfte.

Was also wollte Grabbe? Was sollte an die Stelle der verhaßten Restauration treten? Revolutionierung des eigenen Ich, so muß man die Worte seines Briefes an Menzel doch wohl verstehen, sei Voraussetzung für alle Veränderungen in Staat und Gesellschaft. Wahrheit gegen sich und andere. Darin stecke alle Tugend, alles Genie.

Das ist abermals Kant und Schiller, authentischer deutscher Idealismus. Selbsterziehung als Voraussetzung aller sozialpädagogischen Möglichkeiten. Paradox wirkt diese Rückkehr zu Schiller durchaus nicht, denn bereits Grabbes fast zehn Jahre vorher entstandener und genialisch-absurder Aufsatz »Über die Shakspero-Manie« gipfelte im Ausspielen des Dramatikers Schiller gegen Shakespeares angeblich unzulängliche Dramaturgie. Daß sich der Dramatiker Grabbe selbst trotzdem mehr an Shakespeare hielt, als an Schiller, steht auf einem anderen Blatt.

Im Grunde ist an jenem Bekenntnisbrief nur ein einziges Wort wahrhaft charakteristisch und für Grabbe wichtig: das Wort »*Genie*«. Das Bekenntnis zur Selbsterziehung und zur wahrhaftigen Selbstdarstellung war deutsch-idealistisch, und mußte, folgerichtig praktiziert, abermals in die unpolitische deutsche Innerlichkeit zurückführen. Auffassungen solcher Art, die man heute mit einem Modewort als »Interiorisierung« zu bezeichnen pflegt, haben zwar hierzulande immer verhindert, daß große Satire entstand, oder ein weltliterarischer deutscher Beitrag zur Literatur der Utopie, daß moralische Wochenschriften und Enzyklopädien zum Bestandteil des öffentlichen Lebens wurden: allein sie waren der Entwicklung deutscher *Lyrik* entschieden günstig.

Grabbe war jedoch Dramatiker, kein Lyriker. Als Schriftsteller handelte er daher ebensowenig im Sinne seines Bekenntnisses zur Selbstverwirklichung, wie er die Thesen seines Shakespeare-Aufsatzes als dramatischer Gestalter auch nur einen Augenblick ernstgenommen hätte. Denn nicht auf Selbsterziehung und Innerlichkeit kam es ihm an, sondern auf Selbstverwirklichung der eigenen Genialität. Grabbe war ein Genie, und er wußte es. Er war sogar ein anachronistisch gewordener Anhänger des Geniekults aus der Sturm-und-Drang-Zeit.

Zum Anachronismus eines zu spät geborenen Stürmers und Drängers gesellt sich die Unzeitgemäßheit eines deutschen Bonapartisten mit schlechtem Gewissen. Grabbe ist deutscher Patriot, weil das System der Restauration die deutschen Patrioten verfolgt. Er hat als Kind die Franzosenkriege erlebt und ist – anders als Heine oder Börne – von der Franzosenschwärmerei ebenso weit entfernt wie von der Franzosenfresserei. Seine Napoleon-Gestalt ist wahrhaftig nicht idealisiert: hebt sich aber, so will es der Dramatiker, kolossalisch ab von ihrer Umwelt. Ein Genie, das zur Strecke gebracht wird, damit die Mittelmäßigkeit von nun an ungestört regieren kann.

Grabbe ist kein Verehrer Napoleons: er verehrt das Genie in Napoleon. Grabbes Napoleon-Drama und Stendhals Roman »Rot und Schwarz« sind zur gleichen Zeit entstanden. Aber Stendhal war ein Offizier seines Kaisers und konnte das verflossene Heldentum in dürftiger Restaurationszeit nicht vergessen. Grabbe war ein deutscher Dramatiker, für den die krude Entscheidung für Bonaparte nicht möglich war. Doch für wen sonst? Geniedramen in der Hohenstaufenzeit anzusiedeln, hatte zu nichts geführt. Das war dem Dramatiker Grabbe nach Vollendung von zwei Hohenstaufendramen klargeworden. Wenn aber Napoleon in einem deutschen Drama nicht der Held sein darf, wer sonst? Etwa Blücher? Grabbe hat gegen Schluß seines Schauspiels ein bißchen versucht, auch den preußischen Feldmarschall, ebenso wie kurz vorher den gestürzten Korsen, zum Sprecher des Weltgeistes zu machen. Das konnte nicht gelingen. Es lag nicht am realen Blücher, denn der Dramatiker hätte durchaus die Möglichkeit gehabt, eine Blücher-Gestalt im Sinne des Geniekults auf die Bühne zu stellen. Es lag daran, daß Grabbe nur allzu genau wußte, wie es nach der Schlacht bei Waterloo weitergegangen war. So erlebt man in Spiel und

Gegenspiel ein Geniedrama, das auf beiden Seiten in Skepsis und Achselzucken ausläuft. Hier die berühmten Schlußworte Napoleons:

»Da stürzen die feindlichen Truppen siegjubelnd heran, wähnen die Tyrannei vertrieben, den ewigen Frieden erobert, die goldne Zeit zurückgeführt zu haben – Die Armen! Statt eines großen Tyrannen, wie sie mich zu nennen belieben, werden sie bald lauter kleine besitzen – statt ihnen ewigen Frieden zu geben, wird man sie in einen ewigen Geistesschlaf einzulullen versuchen – statt der goldnen Zeit wird eine sehr irdene, zerbröckliche kommen, voll Halbheit, albernen Lugs und Tandes, – von gewaltigen Schlachttaten und Heroen wird man freilich nichts hören, desto mehr aber von diplomatischen Assembléen, Konvenienzbesuchen hoher Häupter, von Komödianten, Geigenspielern und Opernhuren – – bis der Weltgeist ersteht, an die Schleusen rührt, hinter denen die Wogen der Revolution und meines Kaisertraumes lauern, und sie von ihnen aufbrechen läßt, daß die Lücke gefüllt werde, welche nach meinem Austritt zurückbleibt.«

Dort die Schlußworte Blüchers:

»Ihr alle, alle seid meine hochachtbaren Waffengefährten, gleich brav in Glück und Not – Wird die Zukunft eurer würdig – Heil dann! – Wird sie es nicht, dann tröstet euch damit, daß eure Aufopferung eine bessere verdiente! –«

Auch dies ist wieder geistige Nachfolge Schillers im schroffen Dualismus zwischen der realen Misere und dem utopischen Zukunftstraum. Mit dem Unterschied freilich, daß Grabbe auch als Schillerianer unzeitgemäß geworden war. Der Hinweis auf die Utopie bei Napoleon wie bei Blücher bleibt matt, unglaubhaft.

Freilich gab es bereits für Grabbe die Möglichkeit, in heldenloser Zeit eine *Dramatik ohne Helden*, oder mit der Masse, mit dem Volk als Helden, zu schaffen. Daß der Dramatiker Grabbe diese Möglichkeit als einer der ersten erkannt hat, zeigt ein Blick auf die großen Volks- und Massenszenen seiner Schauspiele. Seine Schlachtenfreudigkeit, die in »Napoleon« ganze Heerlager auf die Bühne bringt, hat dazu verführt, Grabbes Dramatik als Übergang zu einem unheroischen Theater der Massen zu verstehen.

Allein Grabbe ist nicht Büchner. Der berühmte Aphorismus aus

Hebbels Tagebüchern hat auch in der Grabbe-Forschung viel Unheil angerichtet. Grabbe habe, so schien es Hebbel, bloß den Riß, also den planenden Trieb zur Schöpfung gehabt, nicht jedoch jene Kraft, die Büchner von Hebbel zugesprochen wurde. Aber diese Antithese muß schon deshalb zu Mißverständnissen führen, weil die geschichtlichen Erfahrungen der beiden Dramatiker durchaus verschieden waren.

Übrigens war die Erkenntnis, daß in diesem jungen, als Literat ganz unbekannten Georg Büchner, dem Verfasser eines wüsten Stückes über »Dantons Tod«, ein Gegenspieler Grabbes erstanden sei, schon vor Hebbel dem ersten Schriftsteller aufgegangen, der Büchners Manuskript zu lesen bekam, nämlich Karl Gutzkow. In seinem Brief an jenen Büchner, den er nie gesehen hat, den er jedoch in die Literatur einführte, indem er »Dantons Tod« zu einem Verleger verhalf, schreibt Gutzkow am 7. April 1835: »Von Grabbe sind zwei Dramen erschienen. Wenn man diese aufgesteifte, forcierte, knöcherne Manier betrachtet, so muß man Ihrer frischen, sprudelnden Naturkraft das günstigste Horoskop stellen.«

Sie spürten beide, Gutzkow wie Hebbel, den evidenten Gegensatz zwischen der Dramatik eines Grabbe und eines Büchner. Es handelt sich aber dabei weder, wie Hebbel schnöde vermutet, um den Antagonismus der Potenz und der Impotenz, noch um den Manierismus eines Grabbe und den frischen sprudelnden Realismus eines Büchner. Die Kunstfiguren eines Leonce und Woyzeck oder der »Lenz« in Büchners grandioser Erzählung sind kaum Produkte eines frischen sprudelnden Theatralikers.

Die gereizte Ablehnung des Dramatikers Grabbe durch den Dramatiker der »Judith« und »Maria Magdalena« hat wohl mit einer *geheimen Affinität* der beiden zu tun. Grabbe bemüht sich trotzig, und oft wider eine eigene und geheime Erkenntnis, durch die zu bewahrende geschlossene Form des Schillerdramas eine massenhafte und heldenlose moderne Gesellschaft wenigstens im Kunstwerk zu ordnen und verstehbar zu machen. Hebbel hat insgeheim auch nichts anderes erstrebt, und auch er ist dabei nicht selten, um Gutzkow zu zitieren, der »forcierten, knöchernen Manier« verfallen. Man denke an die »Agnes Bernauer« oder vieles in den »Nibelungen«.

Der Gegensatz zwischen Hebbel und Grabbe liegt weit eher darin, daß Grabbe die Psychologie nicht brauchen kann, weil sie Emotionen zersetzt. Außerdem bleibt Grabbe stets und voller Sehnsucht ein *bürgerlicher Aufklärer*, der sich in seinen Stücken jene Befreiung von der realen Alltagsmisere erschreiben möchte, der er zusehends erliegt. Bei Grabbe steht immer die Utopie, auch als eine vorerst scheiternde, am Ausgang der Stücke. Bei Hebbel spürt man, sehr bewußt reflektiert, die Sympathie mit den vergehenden Zuständen, mit dem gesellschaftlichen Untergang. Die Gothland und Marius, Heinrich VI. und Hannibal und – sogar – Napoleon sind Aufklärer in ihrer Art. Hebbel beschrieb in seinem vielleicht merkwürdigsten und persönlichsten Drama, in »Gyges und sein Ring«, den tragischen Untergang des Aufklärers Kandaules, der »an den Schlaf der Welt rührte«, den Mythos durch Aufklärung abzulösen gedachte, und der sterbend erkennen muß, daß die Welt nicht Aufklärung wünscht, sondern Fortdauer der mythischen Existenz. Diese Erkenntnis aber ist einem Grabbe ganz fremd.

Georg Büchner vollends verweigert sich von Anfang an sowohl der nachidealistischen Dramaturgie wie dem Kult der angeblichen Heroen. Büchners Brief an die Braut vom Frühjahr 1834, also während der Arbeit an »Dantons Tod«, ist *die eigentliche Gegenthese* zu Grabbe: »Ich finde in der Menschennatur eine entsetzliche Gleichheit, in den menschlichen Verhältnissen eine unabwendbare Gewalt, allen und keinem verliehen. Der einzelne nur Schaum auf der Welle, die Größe ein bloßer Zufall, die Herrschaft des Genies ein Puppenspiel, ein lächerliches Ringen gegen ein ehernes Gesetz ...« Grabbe hat stets gegen dies eherne Gesetz zu ringen sich abgemüht, aber lächerlich wurde er dadurch nicht.

Grabbe ist ein Heldenverehrer in heldenloser Zeit. Er ist ein Idealist, der resigniert hat. Zwischen Patriziern und Plebejern vermag er sich nicht zu entscheiden. Das gilt für sein gesamtes dramatisches Werk, nicht bloß für sein Schauspiel »Marius und Sulla«. Das Volk auf dem Theater Christian Dietrich Grabbes, darüber vermag keine Massenszene hinwegzutäuschen, ist bloße Staffage. Es ist – dramaturgisch gesehen – bloßes Menschenmaterial für die Protagonisten und Helden, die Hohenstaufen,

Napoleon und Blücher, Kosciuszko, Hannibal oder Hermann.
Büchners Erlebnis hieß Straßburg, nämlich: Folgen der Juli-Revolution, Gesellschaft der Menschenrechte, utopischer Sozialismus, moderne empirische Naturwissenschaft als Ablösung der romantischen und spekulativen Naturphilosophie.
Grabbes Erlebnis heißt Detmold, womit gemeint ist: Permanenz der Restauration vor wie nach 1830; juristischer Alltag der Militärjustiz in einer kleinen Garnison; bürgerliche Sekurität; Zorn und Hohn über die deutsche Literaturmisere.
Büchners Dramatik kennt die bare Verzweiflung des gescheiterten Revolutionärs, den Zorn über alle Art des gesellschaftlichen und geistigen Aristokratismus. Grabbes Dramatik kennt nicht die Entscheidung für die bare Negation. Sie gestaltet Helden auf dem Papier, weil die Wirklichkeit sie nicht darzubieten scheint. Das Volk ist Dekoration. In der Hölle seiner Berufs- und Ehemisere träumt Christian Dietrich Grabbe, die »zwergigte Krabbe«, wie er sich selbst in seinem Lustspiel vom Schulmeister nennen läßt, immer wieder den großen Helden- und Aristokratentraum. Dies eben ist – die Konfrontierung mit Büchner macht es offenbar – die tiefere Bedeutung des Falles Grabbe in der deutschen Literaturgeschichte. Zwischen diesen beiden, Grabbe und Büchner, gibt es in der Tat keine Gemeinsamkeit. Nicht in der tieferen Bedeutung, nicht in der Auffassung von Heldentragik und Völkertragik, auch nicht im Lachen.
Das *Lachen* Christian Dietrich Grabbes ist ein Gelächter der Verzweiflung. Grabbe selbst sagt über das Lustspiel: »Scherz, Satire, Ironie und tiefere Bedeutung, ein Lustspiel, wird bei jedem lautes Lachen erregen, doch im Grunde nur ein Lachen der Verzweiflung.« Diesen Satz des Dichters kommentierend, hat Walter Höllerer im Grabbe-Kapitel seines Buches »Zwischen Klassik und Moderne« gemeint: »Das Lachen verbindet sich aufs engste mit dem Blickfeld der Trümmer und der Wüste, das bei Grabbe ebenso durchgängig ist wie die Blickfelder der Komödie, des Karussells und der Bestie.«
Ähnlich steht es mit dem *weinenden Menschen* in Grabbes dramatischem Kosmos. Walter Höllerer hat den Gegensatz Grabbes zu dem gehaßten Geheimrat in Weimar sehr genau interpretiert:

»Wie das Lächeln in den Dramen Grabbes nicht Gelöstheit bezeichnet, sondern ein Sich-Verbergen, damit also eine Gegenposition einnimmt gegenüber den Bildern Goethes und *der* Dichtung, die im Nachklang der Klassik stand, sind die Bilder des Weinens von der Erlösung und von der Überbrückung des ›Weltrisses‹ durch die Tränen weit entfernt.«

Man erkennt: dies ist nicht mehr die Katharsis des Aristoteles, die Reinigung der Leidenschaften durch Mitleid und Furcht. Das Lächeln Grabbes: ein krampfhaftes Sich-Verbergen. Das Weinen: ein trotziges Nichtweinen. So hielt er es als Dramatiker wie im Leben. Der Briefbericht über die Heimkehr nach Detmold wirkt wie eine Dramenszene: »Ja, ich mußte mich noch obendrein mit der plumpsten Grobheit waffnen, weil ich sonst in das heftigste Weinen ausgebrochen wäre und eine Ifflandische Szene aufgeführt hätte.«

Die tragische Erschütterung war in der bürgerlichen Trivialdramatik eines Iffland und Kotzebue degeneriert. Tragisches Mitleid wurde durch gefühlvolle Rührung ersetzt, die tragische Furcht durch den Schauder und Aberglauben der Schicksalsdramatiker. Weshalb Grabbe, als selbsternannter Statthalter der deutschen Klassiker, das Nichtweinen gegen die Rührung setzt, und das Grauen der Greueltaten gegen den Gespensterspuk.

Freilich äußert sich darin abermals eine »Dialektik der Aufklärung«. *Friedrich Nietzsches* Satz aus der »Umwertung aller Werte« könnte auch als Interpretation der Dramatik von Grabbe verstanden werden: »Die Schwachen und Mißratnen sollen zugrunde gehen: erster Satz *unsrer* Menschenliebe. Und man soll ihnen noch dazu helfen.« Das ist, wie bekannt, bei Nietzsche wider das Christentum, und auch gegen die Mitleidsphilosophie Schopenhauers und des Wagnerschen »Parsifal«, formuliert. Solche Theoreme aber Nietzsches, und solche Dramatik der Mitleidlosigkeit bei Grabbe machen heute, im Lichte unserer Erfahrung, gleichfalls verständlich, warum im Dritten Reich ein Mißbrauch getrieben werden konnte mit Nietzsche wie mit Grabbe.

Gelächter muß immer wieder um Grabbe gewesen sein, unfreiwillige Komik des kleinen, schiefen, unschönen Menschen, der auf dem Papier große weltgeschichtliche Entscheidungen und unmenschliche Greueltaten zusammenschrieb. Immer wieder brachen Zuhörer, das wurde oft überliefert, bei solchen Lesungen des Tragikers Grabbe in Gelächter aus. Daraus entstand ein unerträgliches Spannungsverhältnis zur Umwelt. Sein eigenes Gelächter ist nicht bloß, worin Höllerer recht hat, das Lachen der gereizten Bestie, deren Gelächter sogleich in Gewalttat umschlagen wird. Es ist gleichzeitig das Gelächter der Selbsterkenntnis, denn Grabbe hat zwar Sehnsucht nach dem Idealismus, ist aber zu wahrhaftig, um ihn vor sich selbst zu praktizieren. Am Schluß seines Lustspiels, wo eine Figur namens Grabbe mit der brennenden Laterne aus dem Walde kommt und ins Zimmer tritt, weil dort ein Korb mit Weinflaschen vorhanden ist, gibt der Schulmeister als Sprecher seines Dichters eine wenig angenehme Charakteristik des Eindringlings: »Oh, so schlage der Henker darein! Kommt mir der Kerl noch spät in der Nacht durch den Wald, um uns den Punsch aussaufen zu helfen! Das ist der vermaledeite Grabbe oder, wie man ihn eigentlich nennen sollte, die zwergigte Krabbe, der Verfasser dieses Stücks! Er ist so dumm wie ein Kuhfuß, schimpft auf alle Schriftsteller und taugt selber nichts, hat verrenkte Beine, schielende Augen und ein fades Affengesicht! Schließen Sie vor ihm die Tür zu, Herr Baron, schließen Sie vor ihm die Tür zu!«

Nun ist aber der Schulmeister im Lustspiel der Raisonneur, der nicht selten die Meinung seines Dichters vorzutragen hat, insbesondere in jenem Bereich, den Grabbe der *Ironie* zugewiesen hat; denn der Schulmeister spielt ironischerweise den Verehrer der »Heringsliteratur«, nämlich jener in Almanachen und Zeitungen abgedruckten Gedichte und erbaulichen Erzählungen, die er als Einwickelpapier für seine Heringe zu erhalten pflegt, so daß er dadurch einen doppelten Genuß erhält: denjenigen der Heringe und denjenigen der Literatur aus dem Einwickelpapier. Allein der Schulmeister regiert im Lustspiel nicht bloß über die Bereiche der Ironie und der Satire, sondern ist zugleich eine Schlüsselfigur für das, was Grabbe als »tiefere Bedeutung« seines Lustspiels verstanden wissen wollte. Mit dieser tieferen Bedeutung verhält es sich nämlich einigermaßen verzwickt. Grabbe selbst hat zwar hochmütig im ersten Satz seines kurzen Vorworts behauptet: »Findet der Leser nicht, daß diesem Lustspiel eine entschiedene Weltansicht zugrunde liegt, so verdient es keinen Beifall«; aber diese entschiedene Weltansicht, diese tiefere Bedeutung ist bis heute in der Forschung niemals einigermaßen genau herausgearbeitet worden.

Die Elemente des Scherzes, der Satire und der Ironie sind unschwer zu entdecken. Großartige Beispiele aller Art werden geboten. Auch die Parodie wird erfolgreich und schnöde in den Dienst der Lustspielwirkung gesetzt: in ähnlicher Weise, doch weniger subtil als bei Büchner im Lustspiel von Leonce und Lena. Während Grabbes Satire und Ironie im wesentlichen, und mit vollem Recht, der drittklassigen Literatur jener Epoche auf den Leib rückt und höchstens einmal ein paar Ungezogenheiten gegen Schlegel und Tieck, gegen den »Freischütz« und den »Don Carlos« unterlaufen läßt, macht die Parodie auch vor Goethes Lyrik nicht halt. Der Teufel sitzt im Kaminfeuer hinter der spanischen Wand, mitten im Hochsommer, und trällert wohlig:

»Ach wüßtest du, wie's wohlig ist
Dem Teufel in dem Feur –«.

Das ist eine Parodie von Goethes Fischerlied. Aus dem Fischlein und der Flut wurde der Teufel im Kaminfeuer, und die Brechung des Rhythmus in der Parodie ist gleichfalls beabsichtigt.

Satire und Parodie, zweifellos. Aber diese kleine Episode hat gleichzeitig auch wieder mit der tieferen Bedeutung zu tun. Sie gehört nämlich zum Grundplan dieses grandiosen Lustspiels, das heute vielleicht als einziges Werk des Dramatikers Grabbe auf dem Theater lebendig blieb. Es ist der Entwurf einer *verkehrten Welt*, was hier gleichsam in jeder Szene des Lustspiels präsentiert wird. Der Teufel im Kaminfeuer, das mag noch angehen, fühlt sich im Hochsommer so wohl wie Goethes Fischlein in der Flut. Aber da ist ein abschreckend häßlicher Liebhaber namens Mollfels, der trotzdem – allen Spielregeln der Lustspielwelt zum Trotz – die schöne Braut heimführt. Da gibt es die große Teufelsintrige, wie nur je in einem Lustspiel von Iffland und Kotzebue, die eine Eheschließung zwischen der Baronesse und dem Baron von Wernthal auseinanderbringen möchte. Allein die Teufelsaktion wirkt als völliger Leerlauf, denn hier ist gar nichts auseinanderzubringen. Der Grundzug des Stücks ist seine *bewußte Negativität*. Alle Hauptgestalten sind gegen die bisherige Theaterkonvention gewandt. Der Liebhaber nicht attraktiv, sondern mordshäßlich. Der Dichter nicht poetisch und leidenschaftlich wie Tasso, sondern unbegabt und feige. »Rattengift, Sie sind doch entsetzlich feig!«, sagt Liddy. »Ich bin ein Dichter, gnädiges Fräulein!« Der Schulmeister nicht würdig, sondern zynisch unwürdig. Der Teufel hat nichts mehr vom Glanz des Mephistopheles. Seine Hölle scheint eine Kleinbürgerhölle und eine Literatenhölle zu sein. Des Teufels Großmutter ist eine elegante Dame in den besten Jahren. Eine Lustspielwelt, in der alles ganz anders ist. Eine verkehrte Welt.

Eine verkehrte Welt, die aber gerade dadurch auch wieder die reale Welt bedeutet, denn eben diese Verkehrtheit gehört zu ihrer Realität. Das ist der Humor davon, und das ist auch die tiefere Bedeutung.

Darum auch sind nicht mehr die großen Tragödien dieses Stükkeschreibers auf unseren Theatern wirksam geblieben, während es immer wieder die begabten Spielleiter, Bühnenbildner und Schauspieler reizt, das Lustspiel mit dem völlig bühnenunwirksamen Titel »Scherz, Satire, Ironie und tiefere Bedeutung« in Szene zu setzen. Das macht: die Produktion von Heldenspielen mit schlechtem Gewissen, weil man weder an die Heroen noch an den Sinn ihres Heldentums glaubt, sondern sie eigentlich bloß wählt, um damit gegen unheldenhafte Mediokrität zu protestieren, wird heutzutage als das erkannt, was es schon bei Grabbe im Grunde war. Gleichzeitig als genialischer Geltungsdrang, als Detmolder Spiel eines Verzweifelten mit dem phantasiegeborenen Anti-Detmold: darin gar nicht so unähnlich den ein Jahrzehnt später einsetzenden – nicht minder verzweifelten – Versuchen eines *Flaubert*, der Mediokrität seines Detmold, das den Namen Rouen trägt, all diesen Apothekern Homais dadurch zu entgehen, daß die Gegenwelt von Süden, erotischer Leidenschaft, mißverstandener Antike beschworen wird. Auch Flaubert übrigens hält sich, wie Grabbe, an Karthago. An Salambô und Hamilkar Barkas, den Vater des Hannibal.

Bei der Nachwelt erging es Gustave Flaubert nicht viel anders als Christian Dietrich Grabbe. Salambô und die Bilder von der

Versuchung des Heiligen Antonius haben viel von ihrer Leuchtkraft verloren. Der historische noch mehr als der psychologische Sublimierungsprozeß war ihnen allzu stark anzumerken. Erregend geblieben auch für uns sind die ironischen, satirischen, tief bedeutungsvollen Darstellungen aus dem bürgerlichen Heldenleben, die der normannische Erzähler in Werken wie »Madame Bovary«, in der »Education sentimentale«, im Treiben der Herren Bouvard und Pécuchet hinterließ. Kein Zufall natürlich, daß *Alfred Jarry*, dessen Lebenslauf viel Ähnlichkeit mit demjenigen Grabbes aufweist, das Lustspiel »Scherz, Satire etc.« ins Französische übersetzt hat.

Denn von Grabbe führt unmittelbar der Weg zu gewissen Bühnenmaximen des sogenannt *absurden Theaters*. Der Heldendämmerung bei dem Dramatiker Grabbe folgte die Dämmerung seiner Heldendramen. Die Gothland und Don Juan, die Faust und Hannibal aus Grabbes Tragödien erleben das Schicksal der Salambô von Flaubert. Geblieben sind Grabbes Scherze, Satiren, Ironien. Auch sie nämlich haben mit dem Phänomen einer absurden Welt zu tun. Das Lustspiel war aufgebaut auf dem Prinzip der verkehrten, der heillosen Welt. Alles nämlich, was in den scheinbar so wüst hingeworfenen Szenen geschah, war »ganz anders«, als erwartet. Es war der Protest einer völlig umgekrempelten Welt gegen die von Grabbes Zeitgenossen auf die Bühne gebrachte, scheinbar so heile, so normale.

Mit ihr und ihren Konventionen wird bei Grabbe gründlich aufgeräumt. Bei ihm ist nicht einmal der Teufel, was er vorher gewesen war. Allein hinter der verkehrten und heillosen Lustspielwelt Grabbes spürte man *die Sehnsucht nach einer neuen Harmonie*. Der erschreckend häßliche Liebhaber Mollfels, der trotzdem die Braut bekommt, war daher nicht bloß ein Hohn auf das damalige Lustspielklischee, sondern auch eine Sehnsuchtsvision, vielleicht eine Selbstaussage des Autors. In diesem Lustspiel ist Grabbe nämlich keineswegs als jener Grabbe gegenwärtig, der am Schluß mit der Laterne des Diogenes auf die Bühne kommt. Auch darin spielt man verkehrte Welt. Grabbe selbst ist gegenwärtig in den Tiraden des betrunkenen Schulmeisters und jenen des Liebhabers Mollfels. In der grandiosen Saufszene der beiden mit ihrem literarischen Gegenspieler Rattengift erreicht

die Selbstdarstellung Grabbes, und damit die tiefere Bedeutung seines Lustspiels, den stärksten Ausdruck. Hier spricht Grabbes Satire gleichzeitig mit seiner Ironie durch den betrunkenen Mollfels die tiefere Bedeutung aus, wenn dem Dichter Rattengift, der darüber dichtet, daß ihm nichts einfällt, von Mollfels ein ausgezeichneter Rat gegeben wird: »Soll ich Ihnen was vorschlagen? Dichten Sie künftig nichts als Trauerspiele. Wenn sie denselben nur die gehörige Mittelmäßigkeit verleihen, so ist es unmöglich, daß Sie nicht den rauschendsten Applaus einernten. Sie müssen insbesondere den Plan der Stücke hübsch winzig und flach gestalten, sonst möchte ihn nicht jeder kurzsichtige Schafskopf überblicken können. Sie müssen dem Verstande und dem Forschungsgeiste der Leser nicht das geringste zumuten, und wenn durch ein Unglück eine hervorstechende Szene mit unterlaufen sollte, sorgfältig hinterdrein bemerken, was sie abzwecke und in welcher Beziehung auf das Ganze sie zu nehmen sei – Sie müssen beileibe alles hinlänglich weich kneten, denn das Weiche gefällt, und wenn es auch nur ein nasser Dreck wäre.«
Aber hinter diesen Ironien spürt man den verzweifelten Trotz des Ironikers Grabbe, der sich nicht an die eigenen Rezepte hielt und seine Trauerspiele durchaus nicht nach diesem Erfolgsrezept anzulegen gedachte. Der sie weiterhin schrieb: in Trotz und verzweifelter Hoffnung.
Damit aber ist es für uns nun auch zu Ende. Wir nehmen zusehends Abschied von Grabbes Tragödien und halten uns an die Absurdität seiner Lustspielwelt, weil sie für uns nicht absurd ist. Liegt das an der realen Absurdität, an den antagonistischen, offenbar weder durch Utopie noch durch formaldialektische Synthesen auflösbaren Widersprüchen unserer eigenen Zeit? Sicher ist, daß wir aus eigenen Erlebnissen einen neuen Zugang finden zum scheinbaren Zynismus Georg Büchners *und* zu Grabbes Vision einer heillosen Welt, die ein ungutes Gelächter erregt, wenn wir sie auf der Bühne erleben. So daß wir – in dieser Hinsicht jedenfalls – allen literarhistorischen Einordnungen zum Trotz, doch wieder Grabbe und Büchner in einem Atem nennen.
Der Literat Rattengift unterhält sich mit dem Teufel und läßt sich über die Welt, Gott und den Teufel belehren. Grabbe erklärt

durch den Teufel, wie die Welt entstanden sei: »So will ich Ihnen denn sagen, daß dieser Inbegriff des Alls, den Sie mit dem Namen Welt beehren, weiter nichts ist als ein mittelmäßiges Lustspiel, welches ein unbärtiger, gelbschnabeliger Engel, der in der ordentlichen, den Menschen unbegreiflichen Welt lebt und, wenn ich nicht irre, noch in Prima sitzt, während seiner Schulferien zusammengeschmiert hat.«

Übrigens ist diese These in der Religionsgeschichte wohl bekannt. Sie wurde seit der Antike, von den Gnostikern vor allem, immer wieder vertreten. Die Welt als Betriebsunfall eines göttlichen Weltschöpfers.

Rattengift muß sich weiter belehren lassen:

Rattengift: Herr, Ich werde verrückt! – Ist die Welt ein Lustspiel, was ist denn die Hölle, die doch ebenfalls in der Welt ist?

Teufel: Die Hölle ist die ironische Partie des Stücks und ist dem Primaner, wie das so zu gehen pflegt, besser geraten als der Himmel, welches der rein heitere Teil desselben sein soll.

Wenn aber das Wesen der Ironie darin besteht, mit Hilfe der großen Hebammenkunst die realen Dimensionen sichtbar zu machen, dann bedeutet die These Grabbes nichts anderes, als daß die Welt und Wirklichkeit erst mit Hilfe der Hölle, ihrer eigenen ironischen Partie also, verstehbar werden kann. *Dann ist die Hölle nichts anderes als das Selbstbewußtsein der Welt*: als wirkliche und als verstandene Welt. Wobei das Verstehen darin besteht, verstanden zu haben, daß in dieser Welt nichts zu verstehen sei. Darin liegt die eigentliche Bedeutung nicht bloß dieses Lustspiels, sondern der Kunst und der Wirklichkeit Christian Dietrich Grabbes. Die Ironie selbst setzt die tiefere Bedeutung frei. Sie *ist* die tiefere Bedeutung.

4. PRINZ LEONCE UND DOKTOR FAUST

Viel wissen wir nicht von der Entstehung des Lustspiels »Leonce und Lena«. Am 3. Februar 1836 hatte der Verlag Cotta ein Preisausschreiben erlassen. Man suchte nach einem guten Lustspiel. Das »Intelligenzblatt« veröffentlichte den Aufruf des Verlags; Georg Büchner las den Text im Straßburger Exil. Er hatte den Winter hindurch an seiner Untersuchung über das Nervensystem der Barben gearbeitet und auch den größten Teil des »Lenz« entworfen. Die Arbeit an der Novelle war dann abgebrochen worden. Nun mochte es ihn reizen, eine ganz andere literarische Arbeit als Ausgleich zum wissenschaftlichen Tagespensum in Angriff zu nehmen. Ein Lustspiel schien dafür besonders geeignet zu sein. Die von Cotta gesetzte Frist lief am 1. Juli 1836 ab. Büchner muß sogleich mit der Arbeit begonnen haben. In wenigen Frühlingswochen entstand das Lustspiel, aber der Termin war nicht einzuhalten, die Frist lief ab, und aus Stuttgart schickte man das Paket mit der Handschrift an den Einsender zurück, ohne die Sendung auch nur geöffnet, geschweige denn gelesen zu haben.

Auch das Projekt des »Woyzeck« scheint damals schon aufgetaucht zu sein, denn in einem Brief vom 2. September 1836, der vermutlich an den Bruder Wilhelm gerichtet war, findet sich der Satz: »Dabei bin ich gerade daran, sich einige Menschen auf dem Papier totschlagen oder verheiraten zu lassen, und bitte den lieben Gott um einen sorgfältigen Buchhändler und ein groß Publikum mit so wenig Geschmack als möglich. Man braucht einmal zu vielerlei Dingen unter der Sonne Mut, sogar, um Privatdozent der Philosophie zu sein.« Der Hinweis auf den Mörder Woyzeck ist unverkennbar. Meinte er aber gleichzeitig auch die Heirat zwischen dem Prinzen Leonce und der Prinzessin Lena? Im September 1836 lag das Lustspiel bereits vor, so daß Büchner nicht mehr »daran war«, die fürstliche Eheschließung zu dramatisieren. Oder muß man jener Briefstelle einen Hinweis auf das verlorene Schauspiel »Pietro Aretino« entnehmen?

Der erste Eindruck beim Lesen dieses Lustspiels, das für den Cotta-Verlag bestimmt war, ist negativ. Alles scheint aus zweiter und dritter Hand zu sein. Leonce und Lena, Valerio und die übrigen Figuren haben viel gelesen. Prinz und Vielfraß, Prinzessin und empfindsame alte Jungfer führen ein Leben aus zweiter Hand, eine Existenz vom Büchermarkt: wobei auch solche ironische Reflektierung eines nach literarischen Regeln geführten Daseins abermals aus zweiter Hand ist, wiederum also Nachahmung. Leonce hat allen Monologen Manfreds, Child Harolds, Don Juans zugehört, dazu den Tiraden der Helden Tiecks und Brentanos. Das wird gar nicht verleugnet. Schon der Name Leonce will erkennen lassen, daß irgendeine Beziehung des Prinzen vom Reiche Popo zu Clemens Brentanos Lustspielhelden Ponce de Leon herzustellen sei. Handlungselemente entlehnte Büchner unbedenklich bei Brentano. Übrigens auch bei Alfred de Musset und seinem Lustspiel »Fantasio«. Dazu noch ein antithetisches Motto aus Alfieri und Gozzi. Ein Shakespeare-Zitat als Überschrift des ersten Aktes und Verse Chamissos, die dem zweiten Akt vorangestellt sind.

Alles scheint auf ein Lustspiel der literarischen Nachempfindung hinzudeuten, weshalb die Literaturkritik geraume Zeit das einzige Lustspiel Georg Büchners mißmutig als Nebenwerk abzutun suchte, da es im wesentlichen konzipiert worden sei, um etwas Geld einzubringen: darin durchaus vergleichbar den beiden Übersetzungen historischer Dramen von Victor Hugo, die Büchner im Sommer und Herbst 1835 auf Wunsch Gutzkows geliefert hatte. Übrigens scheint auch Karl Gutzkow selbst, immerhin die einzige bedeutende literarische Persönlichkeit damaliger Zeit, mit der Büchner in Verbindung stand (eine Begegnung hat auch hier nicht stattgefunden), nicht allzuviel von Leonce und Lena gehalten zu haben. Er nennt das Lustspiel zusammen mit den Komödien Tiecks und Brentanos, was bei diesem dezidierten Gegner deutscher Romantik durchaus kein Lob bedeuten soll, ruft dann aber zum weiteren Vergleich die Handwerksposse eines Angely und sogar die unverwüstliche Frau Birch-Pfeiffer auf, was nicht eben von tiefer literarischer Einsicht zeugt, aber erkennen läßt, wie wenig er von dem Lustspiel hielt, im Vergleich zu »Dantons Tod«, dem der gleiche Gutzkow immerhin den Weg in die Öffentlichkeit bereitet hatte.

Man sollte die Rechnung jedoch nicht ohne Büchners hintergründige Ironie machen. Wie manche Romanciers in der Mitte des zwanzigsten Jahrhunderts eine Überfülle äußerst genauer Details dem Leser darzubieten scheinen, eben dadurch aber nicht äußerste Genauigkeit der Schilderung anstreben, sondern umgekehrt das Gesamtbild durch das Übermaß der Einzelheiten verschwimmen machen, so ergibt hier die Anhäufung literarischer Requisiten aus dem Fundus der deutschen und französischen Romantik in Wirklichkeit *kein Werk romantischer Epigonenkunst*, sondern ein Gebilde, das mit der deutschen Romantik in seiner eigentlichen Substanz nichts mehr zu tun hat. Dies ist nicht mehr – was Gutzkow auch sagen mochte – ein romantisches Spiel auf der Grenze zwischen Kunst und Natur, sondern eine Dichtung, die sich bewährter literarischer Rezepte der Romantiker zu durchaus unromantischen Zwecken bedient. Wer nach den literarischen Positionen des Lustspiels »Leonce und Lena« fragt, sollte sich bei den allzu vielen Romantismen nicht aufhalten, auch den Weltschmerz-Tiraden des Prinzen keine übermäßige Bedeutung beimessen, sondern genauer untersuchen, wie es dies Lustspiel eigentlich mit der deutschen Klassik hält.

Wenn dem nun so wäre, daß Georg Büchner ausgerechnet dem Verlag Cotta, dem Verlag mithin der deutschen Klassik, ein Lustspiel eingereicht hätte, das insgeheim gar nichts anderes anstrebte als eine Demolierung der klassischen deutschen Literatur und ihrer philosophischen Grundlegung, des philosophischen Idealismus? Wischt man die romantische Übermalung fort, so stößt man *überall auf Polemik und Parodie*, wobei es erstaunlicherweise weit mehr um Goethe geht als um den von Büchner stets so intensiv bekämpften Schiller. Der große Brief an die Familie vom 28. Juli 1835, der eine Apologie des Revolutionsdramas für den häuslichen Gebrauch im Elternhaus angestrebt hatte, enthielt folgende Sätze: »Was noch die sogenannten Idealdichter anbetrifft, so finde ich, daß sie fast nichts als Marionetten mit himmelblauen Nasen und affektiertem Pathos, aber nicht Menschen von Fleisch und Blut gegeben haben, deren Leid und Freud mich mitempfinden macht und deren Tun und Handeln mir Abscheu oder Bewunderung einflößt. Mit einem Wort, ich halte viel auf Goethe oder Shakespeare, aber sehr wenig auf Schiller.« Der Prinz Leonce dagegen benimmt sich drei Akte lang in ziemlich unverschämter Weise so, als parodiere er insgeheim die Ekstasen und Krisen des Goetheschen Faust.

Büchners Lustspiel entsteht in jenen dreißiger Jahren des neunzehnten Jahrhunderts, da in allen europäischen Literaturen ein

Typ des weltschmerzlich aufbegehrenden, dann resignierenden oder auch verzweifelnden Helden auftaucht, der allenthalben die Herkunft von Goethes Faustgestalt erkennen läßt. Die Helden des Lord Byron: Manfred und Child Harold. Eugen Onegin bei Puschkin und Lermontows »Held unserer Zeit«; der Konrad Wallenrod des Polen Mickiewicz und Immermanns Merlin; weltschmerzlich untergehende Faustgestalten bei Grabbe wie bei Lenau. Ihnen allen war gemeinsam, daß sie die Faustgestalt als Konflikt des genialen Individuums mit einer beengten Gesellschaft der Restaurationszeit, zaristischer Unterdrückung oder geldgieriger Spießbürgerei des Bürgerkönigtums verstanden, wobei der Held jedesmal zugrunde ging. Selbstmord, Tod im Duell, Höllenfahrt oder resigniertes Dahinleben: das allein war den Faustgestalten jener Ära von ihren Autoren zugemessen. Keine Gnade von oben, kein Ewig-Weibliches, das zu erlösen vermochte. In allen Fällen aber wurde die Geschichte Fausts in der Restaurationsära nach Goethes Vorbild als Tragödie dargestellt.

Büchner gestaltete seinen Faust als Lustspielfigur. Schon die erste Szene des Lustspiels legt es erkennbar auf Parodie an. Dies ist nicht mehr literarische Reminiszenz, sondern ein Spiel mit allzu bekannten und vertrauten Konstellationen der Weltliteratur. *Prinz Leonce präsentiert sich gleichzeitig als Hamlet wie als Faust.* Mit seinem Hofmeister, einer Art von Polonius aus dem Königreich des hegelisierenden Königs Peter, unterhält er sich im Hamlet-Stil, und auch Hamlets berühmte Wolken sind wieder einmal Gesprächsthema. Kontrapunktisch mit dieser Hamlet-Szene verbunden ist aber eine Art von Faust-Monolog. Kein gespielter Wahnsinn des Prinzen Hamlet, sondern ein ironisches Achselzucken über Grenzen und Begrenztheiten der menschlichen Individualität. »O, wer sich einmal auf den Kopf sehen könnte! Das ist eins von meinen Idealen. Mir wäre geholfen.« Eigentlich ein würdiger Gegenstand der Meditation für den Vater des Prinzen: wie wäre es möglich, gleichzeitig Ich und Nicht-Ich zu sein. Leonce kommt in seinem Monolog – denn es ist einer, da der Prinz nicht, wie sein prinzlicher Kollege Hamlet, mit seinem Gerede die Absicht verfolgt, Repliken eines Polonius oder Rosenkrantz hervorzulocken – kurz vor Erscheinen Valerios noch einmal auf das Thema zurück: »O, wer einmal jemand anders sein könnte! Nur 'ne Minute lang.«

Wiederum spielt er mit dem Gedanken an die Möglichkeit eines Persönlichkeitstausches. Er möchte ein anderer sein, gleichzeitig aber doch Leonce bleiben, denn sonst wäre der Austausch vermutlich ohne Reiz. Wissen, wie man zu sich steht, wenn man gleichzeitig ein anderer wurde. Darum ging es wohl auch beim Doktor Faust, der die Wirklichkeitsschranken seiner Individualität durch Magie zu sprengen suchte, um alle menschlichen Möglichkeiten zugleich für sich einzutauschen. Faust wollte gleichzeitig die Realität und die Virtualität, *also auch gleichzeitig das Ich und das Nicht-Ich*. Ein solches Streben führte ihn auf den Weg der Tragödie. Bei Leonce wird daraus nicht bloße Denkspielerei, sondern eine Parodie der Faust-Situation. Schon die erste Szene enthält alle Elemente einer parodistischen Abwandlung des Faust-Monologs.

Freilich wäre es verfehlt, nur dieses Moment in den Tiraden des Prinzen entdecken zu wollen. Bei Büchner ist in jeder Szene seiner dramatischen Werke stets vielerlei ineinander montiert. Allen Figuren ist es eigentümlich, daß sie zwar eigene Konturen besitzen und der dramatischen Lage entsprechend agieren, Büchner selbst aber an beliebiger Stelle ihr dramatisches Dasein jäh beiseite zu schieben vermag, um seine eigenen Sätze anzubringen. So kann man in »Dantons Tod« beobachten, wie authentische Büchner-Gedanken nicht bloß bei Danton, sondern erstaunlicherweise plötzlich auch bei Robespierre auftreten, der dann einen Augenblick wie sein Gegenspieler Danton spricht: eigentlich wie ihr gemeinsamer Verfasser.

Ähnlich auch in der ersten Szene des Lustspiels. Eine Hamlet-Situation, ein parodierter Faust-Monolog, dann plötzlich Bemerkungen über die verschiedenen Lebensweisen, die durch bloße Langeweile erzeugt wurden: man glaubt einen Brief Büchners an Gutzkow zu lesen. Wenige Sätze später macht sich Leonce an die Enthüllung der Helden und Heiligen, der Bürger und Genies als raffinierter Müßiggänger: man glaubt, Dantons Bemerkungen über den verfeinerten Epikureismus zu hören.

Auch in Leonces' Selbstmordversuch des Zweiten Aktes wird ein hämisches Spiel mit Faust-Motiven getrieben. Leonce meint in der nächtlichen Begegnung mit Lena den höchsten Augenblick erlebt zu haben. Sogar die Parodie der kristallnen reinen Schale wird geliefert: montiert freilich mit einem authentischen Dichterbild Georg Büchners: »Die Erde ist eine Schale von dunklem Gold: wie schäumt das Licht in ihr und flutet über ihren Rand, und hellauf perlen daraus die Sterne. Dieser eine Tropfen Seligkeit macht mich zu einem köstlichen Gefäß. Hinab, heiliger Becher!«

Doch Valerio ist zur Stelle und verdirbt mit der gelben Weste und den himmelblauen Hosen (den parodierten Werther-Farben!) die schönste Selbstmordstimmung. Nun bleibt, für diesen lustspielhaften Faust, bloß noch die Flucht nach Italien. Im Ersten Akt bereits war das Reservoir einer deutschen Italien-Sehnsucht so ausführlich aufgezählt worden, daß die parodistische Note, die Goethe- und Faust-Reminiszenz, unverkennbar hervortrat. Zumal Leonce kaum zwei Sätze vorher den Vorschlag Valerios, man solle zum Teufel gehen, mit dem ästhetischen Hinweis abgetan hatte: »Ach, der Teufel ist nur des Kontrastes wegen da, damit wir begreifen sollen, daß am Himmel doch eigentlich etwas sei.«

Auch diese Sehnsucht nach der Gleichzeitigkeit von Ich und Nicht-Ich, von deutscher Kleinfürsterei und italienischem Lazzaroni-Treiben, ist sowohl Faust wie Faust-Parodie. Am Schluß dieses sonderbaren Lustspiels nimmt Büchner das Thema noch einmal auf, um es in einem grotesken Bild als einzige Möglichkeit zu präsentieren, die Realität mit der Virtualität zu koppeln. Man wird in Deutschland bleiben, im Ländchen Popo, aber man macht sich dort, im deutschen Norden, ein südliches Gelände zurecht. Mit Hilfe der Brennspiegel und durch Zerschlagung aller Uhren. Der Augenblick ist dann Ewigkeit, Faustens Zeit steht still, der Zeiger ist gefallen, aber in ganz anderem Sinn als bei Goethe; ein künstlicher Süden wurde erzeugt mit Melonen und Feigen, musikalischen Kehlen, den klassischen Leibern im Idealsinne der Weimarischen Kunstfreunde – und einer commoden Religion! (Daß sich Prinzessin Lena vor ihrem Entschluß zur Flucht in die Rolle der Iphigenie in Aulis geträumt hatte, über welcher schon das Opfermesser gezückt ist, und daß die Gouvernante, die es mehr mit der Romantik hält und offensicht-

lich nicht sehr gute Kenntnisse der klassischen Literatur besitzt, den unbekannten Prinzen und Bräutigam lobend anpreist: »aber – er soll ja ein wahrer Don Carlos sein!«, sei nur angemerkt.)
Leonce – Hamlet – Faust plus Faust-Parodie. *Lena ist Romantik plus Romantikparodie.* Beide wollen ihrem Dasein entfliehen, der Staatsraison entstreben, um frei über sich und ihr Schicksal entscheiden zu können. Ein Unbekannter entdeckt in der Fremde eine Unbekannte, verliebt sich in sie und wird wiedergeliebt. Ein Höchstmaß freier Entscheidung wurde geleistet. In höchster Freiheit aber verwirklichte sich ein Schicksal, das determiniert war. Es hätte gar keiner Flucht und Freiheit bedurft, denn dieser Prinz sollte ohnehin diese Prinzessin heiraten. Parodiert wird zu alledem noch Hegel, denn was sich in diesem Lustspiel ereignet, darf wirklich als »List der Idee« verstanden werden. Weshalb es auch nur einen Augenblick paradox wirkt, während es durchaus dialektisch zugeht, wenn Prinz und Prinzessin die Masken abnehmen und vom Hofstaat als prädestiniertes Brautpaar gefeiert werden. Die beiden Akteure der Willensfreiheit, die von der Idee überlistet wurden, können jetzt nur noch unisono ausrufen: »Ich bin betrogen!« Lena möchte noch an Zufall glauben, aber Leonce weiß es besser. Er ruft nicht: »O Zufall!«, wie die Prinzessin, sondern – nach Büchners Meinung – weitaus richtiger: »O Vorsehung!«
Hier nun findet sich *die geistige Gemeinschaft zwischen Danton, Leonce und Woyzeck.* Immer wieder der zernichtende Fatalismus, die Klage über menschliche Selbstentfremdung durch geschichtliche Determination. Weil dem so ist, nach Büchners Meinung, sollte man sich tapfer verhalten, die Fatalität mit ihrem ehernen Gesetz als solche erkennen und auf alle Flausen der »sogenannten Idealdichter« verzichten. Das Lustspiel »Leonce und Lena« demonstriert die Thesen des Büchnerbriefes aus Straßburg vom 28. Juli 1835. In lustspielhafter Form vollzieht sich am Prinzen Leonce und an der Prinzessin Lena das eherne Gesetz der Determination und der Selbstentfremdung. Bei solchen Zuständen aber muß alle Literatur und Philosophie einer Individualität und Idealität der Parodie verfallen. Kein größeres Dokument des Kampfes um menschliche Möglichkeiten als Goethes Faust: darum mußte Büchners These eines lustspielhaf-

ten Faust-Prinzen mit den Elementen der Parodie, der Anspielung, des Zitats arbeiten. Büchners Zeitgenossen, wie Gutzkow, hatten das Lustspiel für epigonale Romantik gehalten. Man sollte eher geneigt sein, darin eine Vorwegnahme bestimmter Formen eines epischen Theaters zu erblicken. Es ist kein weiter Weg von der Faust-Parodie in Büchners Lustspiel zur Faust-Parodie bei Brecht im »Aufhaltsamen Aufstieg des Arturo Ui«. Der Unterschied zwischen beiden läge im Gegensatz der Begriffe Unaufhaltsam und Aufhaltsam.

Daß Büchners Motto mit Alfieri und Gozzi keine wirklichen Zitate gegeneinander stellen will, wurde von der literarhistorischen Forschung inzwischen eruiert. Im wörtlichen Sinne finden sich diese Sätze über den Ruhm und den Hunger weder bei dem italienischen Tragiker noch bei seinem Landsmann, dem Komödiendichter. Gemeint ist auch hier eine Absage an die Idealdichter, deren Inbegriff im Heldenpathos eines Alfieri gesehen wird. Mit seiner Gegenfrage nach der Rolle des Hungers, des materiellen Faktors, von dem Büchner in seinen Briefen an Gutzkow so genau zu sprechen pflegte, behält Gozzi auch im Motto das letzte Wort.

»Da wollte man idealistische Gestalten«, sagt Lenz in Büchners Erzählung, »aber alles, was ich davon gesehen, sind Holzpuppen. Dieser Idealismus ist die schmählichste Verachtung der menschlichen Literatur.« Büchners Haß gegen den Idealismus und die bürgerlichen Repräsentanten dieses Prinzips in Kunst und Philosophie durchzieht auch seine Lustspielwelt, die so romantisch anmutet und so unromantisch ist. Romantische Requisiten; Hegel-Parodie; idealistisches Freiheitsstreben, das eingefangen wird von der listigen Idee. Zuletzt bleibt das eherne Gesetz. Wie im Danton. Wie im Woyzeck.

5. KARL IMMERMANNS »EPIGONEN«

In Herbststimmung ist das »letzte Kapitel« (so lautet die Überschrift) der *Epigonen* getaucht. In Herbststimmung – und in

Abendstimmung. Ein Gruppenbild vereinigt einmal noch die wichtigsten Gestalten des vielverschlungenen Familienromans. Hermann, der deutsche Jüngling, real und symbolisch zugleich, steht nun zwischen der Schwester und der Braut. Zwei Männer der älteren Generation, der General und der Jurist, flankieren die Gruppe im lebenden Bild. Der Dichter schließt: »In dieser Gruppe, über welche das Abendrot sein Licht goß, wollen wir von unseren Freunden Abschied nehmen.«

Nur allzu gut paßt sich der herbstliche und abendliche Ton des Gemäldes und auch der dichterischen Sprache dem Romantitel an. Was Immermann meinte und ausdrücken wollte, als er an den *Epigonen* arbeitete, hatte er im April 1830 in einem Brief an seinen Bruder Ferdinand formuliert: er berichtete über den Fortgang der Arbeit am Roman und hatte hinzugesetzt: »Er hat jetzt den Namen bekommen: ›Die Epigonen‹, und behandelt, wie Du aus dem Titel vielleicht ahnest, den Segen und Unsegen des Nachgeborenseins. Unsere Zeit, die sich auf den Schultern der Mühe und des Fleißes unserer Altvordern erhebt, krankt an einem gewissen geistigen Überflusse. Die Erbschaft ihres Erwerbes liegt zu leichtem Antritte uns bereit, in diesem Sinne sind wir Epigonen. Daraus ist ein ganz eigentümliches Siechtum entstanden, welches durch alle Verhältnisse hindurch darzustellen, die Aufgabe meiner Arbeit ist. Das Schwierigste bei derselben ist, wie Du begreifst, aus diesem verwünschten Stoffe ein heiteres Kunstwerk zu bilden, denn der Abweg in eine trübe Lazarettgeschichte liegt sehr nahe.« Nun, ein durchaus heiteres Werk ist dabei nicht zustande gekommen. Aber als »trübe Lazarettgeschichte« läßt sich – glücklicherweise – der große Roman auch nicht charakterisieren. Gewiß überwiegt nicht bloß im Schlußbild der Tonfall des Abschiednehmens und ein bedrückendes Gefühl der Zukunftslosigkeit. Dennoch sind die »Epigonen« nicht schlechthin ein Werk der Resignation.

Die Ursachen für diese Zwiespältigkeit sind an der historischen Entwicklung und gerade auch an der geistigen Entwicklung des Dichters genau abzulesen. Immermann brach die Arbeit an seinem Zeit- und Familienroman im Sommer 1830 ab und ließ das Werk ruhen. Die letzten Julitage dieses Jahres hatten in Frankreich zum Sturz des Bourbonenregimes und zur Errichtung des

Bürgerkönigtums geführt. In ganz Europa, nicht zuletzt in Deutschland, hatte die Pariser Julirevolution einen gewaltigen Widerhall erweckt. Die Stimmung der Resignation angesichts der scheinbaren Unerschütterlichkeit des Restaurationssystems wich einem Gefühl des Selbstvertrauens und neuer politischer Tatkraft.

Heinrich Heine hat in seinen Helgoländer Briefen, dem Mittelstück seines Buches über Ludwig Börne, berichtet, wie sich auch bei ihm eine Stimmung der Bedrücktheit nach den Meldungen aus Paris in neues Kraftgefühl verwandelte. Nicht anders erging es Ludwig Börne, der sich sogleich entschloß, die Tätigkeit eines Literatur- und Kulturkritikers in Deutschland mit jener des politischen Publizisten in Paris zu vertauschen. Auch Heines Freund Karl Immermann wurde durch die Julirevolution tief bewegt. Er blieb zwar in Deutschland: es zog ihn nicht nach Paris. Er war preußischer Beamter, Landgerichtsrat in Düsseldorf, und er blieb nach wie vor Landgerichtsrat in Düsseldorf. Allein einen wesentlichen Einschnitt in seiner geistigen Entwicklung hinterließ das Revolutionsereignis trotzdem. Allerdings pflegte Immermann langsamer zu reagieren und erst nach Überwindung einer gewissen angeborenen Schwerfälligkeit und anerzogenen Härte den andringenden Zeitereignissen in seinem Bewußtsein Eingang zu gewähren. So brach er zunächst einmal die Arbeit an den *Epigonen* ab und wandte sich wieder seiner unglücklichen Dichterliebe zu: dem Drama. Die zweite Jahreshälfte 1830 und der Beginn des nächsten Jahres 1831 gehörte der Arbeit an einer dramatischen Trilogie aus der russischen Geschichte, dem Konflikt zwischen Peter I. und dem Zarewitsch Alexei (oder wie Immermann schreibt: Alexis). Erst 1833 wurde der Roman weitergeführt. Am 12. Dezember 1835 schrieb Karl Immermann die Schlußsätze: die Worte des Abschieds, der Abendröte und der Herbststimmung. 1823 hatte er mit den Vorarbeiten begonnen, 1825 ein erstes »Bruchstück aus einem Roman« in einer Zeitschrift veröffentlicht, wobei als Romantitel »Leben und Schicksale eines lustigen Deutschen« dem Publikum mitgeteilt worden war. Später dachte Immermann an Romanüberschriften wie »Hermanns Wanderungen« oder auch »Die Zeitgenossen«. Schließlich blieb es bei den »Epigonen«. Zwölf

Jahre (1823-1835) hatte Immermann an ihnen gearbeitet. Die Julirevolution von 1830 bedeutete für Werkentstehung und Werkgehalt einen entscheidenden Wendepunkt. Zu Ostern 1836 erschien das Buch.

Auch der geistige Gehalt des epischen Zeitgemäldes wurde durch die Julirevolution wesentlich modifiziert. An der Grundkonzeption freilich ließ sich nichts verändern – und so bleibt das Werk eine Darstellung absterbender, versinkender Gesellschaftsschichten. Elemente der Satire, der kritischen Ironie, daneben der Skepsis geben dem Gesamtwerk die charakteristische Prägung. In den *Epigonen* ist es Immermann viel weniger als in seinem letzten Roman, dem *Münchhausen*, gelungen, den historisch verurteilten Gesellschaftsschichten irgendwelche Vertreter des Neuen gegenüberzustellen. Der »Münchhausen« schließt nicht mit einer Abendstimmung und einem Rückblick, sondern mit einer Kolumbus-Vision vom Neuland. Lisbeth und Oswald sind Vertreter einer neuen, nicht mehr mit dem Fluch des Nachgeborenseins behafteten Generation, während in der Schlußszene der *Epigonen* das endlich vereinigte Liebespaar Hermann und Cornelie seine Augen auf das Gewesene richtet, nicht auf ein Leben, das vor ihnen liegt.

Daraus ergibt sich eine merkwürdige Zwiespältigkeit in der Wirkung des im einzelnen wie auch im ganzen bedeutenden Buches. Glückliche Vereinigung der Liebenden – und herbstlich-abendlicher Ausklang. Bevorstehende Hochzeit – und Abschiedsstimmung. Junge Menschen, vor denen noch das Leben liegt – und der Fluch des Epigonentums. Es kommt hinzu, daß Immermann auch in der Romanform einen merkwürdigen Kunstgriff verwendet, welcher den Leser daran hindern muß, dem Ergehen der Hauptgestalten zu folgen. Nicht Hermann und Cornelie nämlich veröffentlichen ihre Familiengeschichte. Auch kein scheinbar objektiver Bericht eines ungenannten Erzählers wird vorgelegt. Vielmehr begegnen wir einem »Herausgeber« der »Familienmemoiren«, und in dem Herausgeber erkennen wir im achten Buche ganz eindeutig den Schriftsteller Karl Immermann, der sich in einem »Briefwechsel« mit dem Arzt, einer der Romangestalten, selbst einschaltet, wenngleich er nicht, wie später im »Münchhausen«, sogar dem Namen nach als »der bekannte Schriftsteller Immermann« auftritt. Dadurch aber entsteht beim Leser der Eindruck, zumal dieser Briefwechsel des Herausgebers Immermann mit dem Arzt das Datum des Jahres 1835 trägt, während das eigentliche Romangeschehen im Jahre 1829 seinen Abschluß findet, als seien alle Romangestalten entweder gestorben oder aus dem tätigen Leben freiwillig zurückgetreten.

Ein merkwürdig Totes spürt man, wenn wir zwar am Schluß des Romans Hermann und Cornelie mit ihren Verwandten und Freunden vereinigt finden, gleichzeitig aber wissen, daß ihre Geschichte fast in Form eines »Nachlasses« von einem Außenstehenden, dem Herausgeber Immermann, der Öffentlichkeit unterbreitet wurde, und zwar schon fünf Jahre nach dem scheinbar »glücklichen Ende« der Geschichte. Nun ist Immermann gewiß in dieser eigentümlich verschnörkelten Kompositionsweise der *Epigonen* ein bewußter literarischer Nachfahre von Sterne und Jean Paul oder auch seines bewunderten Vorbilds und literarischen Lehrmeisters Ludwig Tieck. Allein wenn er diese Form der Verschachtelung und arabeskenmäßigen Erzählung wählt (der *Münchhausen* trägt geradezu den Untertitel »Eine Geschichte in Arabesken«), so erzeugt er damit eine Distanzierung gegenüber dem Schicksal der Romangestalten, auch der positiv gemeinten. So überwiegen schließlich, vielleicht nicht einmal in solchem Maße beabsichtigt, die Elemente eines »eigentümlichen Siechtums«, um Immermanns eigene Worte zu wiederholen.

Den zeitgenössischen Lesern des Romans war diese Unentschiedenheit und geheime Zwiespältigkeit des schönen Werkes sogleich aufgefallen. Sie verstanden recht gut, daß eine Familiengeschichte im Rahmen einer Übergangszeit geschildert wurde, wobei das Vergangene genau und scharf umrissen als Vergangenes dargestellt wurde, während das Aufstrebende und Neue viel weniger klar gestaltet worden war. Eine erstaunlich weitblikkende Deutung gab vier Jahre nach Erscheinen der *Epigonen* und unmittelbar nach Immermanns Tode (am 25. August 1840) der damals zwanzigjährige *Friedrich Engels*, ein begeisterter, doch keineswegs unkritischer Verehrer des Mannes Karl Immermann und seines Werks. Unter seinem Pseudonym Friedrich Oswald veröffentlichte der junge Engels in Gutzkows Zeitschrift »Telegraph für Deutschland« einen Immermann-Essay in Form einer Rezension von Immermanns letztem, erst nach dem Tode des Dichters herausgegebenem Buch, den *Memorabilien*, und versuchte gleichzeitig in einem Gedicht mit dem Titel *Bei Immermanns Tode* die Summe der geistigen und dichterischen Existenz des verehrten Toten zu ziehen. Das Gedicht des jungen Engels verleugnet nicht die Zugehörigkeit seines Verfassers zur »jungdeutschen« Schule. Besonders der »orientalische Tonfall« aus den frühen Gedichten Ferdinand Freiligraths (auch eines Verehrers und Schülers von Karl Immermann) wird in das Gedenkgedicht übernommen, wenn der Dichter scheinbar in südlich-morgenländischer Umgebung die Nachricht von Immermanns Tode erhält und die Besinnung auf Immermanns Deutschtum poetisch mit der außerdeutschen, fast gegendeutschen Szenerie kontrastiert wird.

Dann aber sprechen die Verse des jungen Engels von Immermanns Lebensproblematik und vor allem von der besonderen Rolle, die den »Epigonen« als Lebensdokument ihres Verfassers zugesprochen werden müsse:

> So hast du sinnend denn die lange Nacht,
> Die unsere deutsche Dichtung hielt in Banden,
> Im Kampfe mit dir selber durchgewacht,
> Bis sonnenhell der Morgen auferstanden.
>
> Und als ob deinem moosbewachsnen Haus
> Des Juli wilde Donner nun verklangen,
> Da sandtest du die Epigonen aus,
> Ein Grablied dem Geschlechte, das vergangen.
>
> Du aber sahst das kommende Geschlecht,
> Dem in der Brust der Jugend Feuer lodert,
> Das dir mit lautem Ruf dein Dichterrecht
> Und deinen vollen Lorbeerkranz gefodert.
> Du sahst uns sitzen still zu deinen Füßen,
> Wie wir in dein begeistert Auge sahn,
> Und hörten deiner Dichtung rauschend Fließen.

Und jetzt, nun du zum Volk zurückgeführt,
Das dich vergaß, mit Jubelruf und Freuden,
Mit den verdienten Kränzen reich geziert,
Mein Immermann, jetzt mußt du von uns scheiden?
Fahr wohl! Gar wenig deinesgleichen nur
Gehn dichtend unter uns auf deutscher Erden!
Ich aber ging ans Tagewerk und schwur,
So stark und fest und deutsch, wie du, zu werden.

Hier ist die doppelte Bedeutung des Epigonenromans verstanden worden. Einmal ist es das »Grablied« einer vergangenen Generation. Aber indem der Dichter das Vergangene als ein Vergangenes schildert, gleichsam von ihm Abschied nimmt, hat er die Vergangenheit überwunden. Sein Buch des Abschieds wird von der neuen Generation als Mahnung und Warnung verstanden. So hatte Immermann selbst sein Buch verstanden. Auch diese Erkenntnis besaß der junge zeitgenössische Kritiker: daß die Elemente der Vergangenheit in Immermanns Roman eng zusammenhängen mit den historischen Ereignissen, die als »des Juli wilde Donner«, also im Gefolge der französischen Julirevolution, aufgetreten waren.

Um diese Zusammenhänge genauer herauszuarbeiten, muß Immermanns Verhältnis zu seiner Epoche dargestellt werden. Auch hier hat Friedrich Engels, in einer Prosastudie über Immermanns *Memorabilien*, die wesentlichen Elemente zu einer richtigen Deutung geliefert, wenn er das Wirken des Schriftstellers Immermann in seiner Zeit mit folgenden Sätzen umriß: »Immermann schreibt für moderne Deutsche, wie er mit ziemlich dürren Worten sagt, für solche, die den Extremen des Deutschtums und des Kosmopolitismus gleich fernstehen; die Nation faßt er ganz modern auf und stellt Prämissen hin, die konsequent auf Selbstherrschaft als Bestrebung des Volkes führen würden.« Gleich weit entfernt »den Extremen des Deutschtums und des Kosmopolitismus«. Unter Deutschtum versteht Engels natürlich die damalige »Deutschtümelei«. Unter der Bezeichnung des »Kosmopolitismus« (so belehren uns erläuternde Bemerkungen auch in anderen Jugendarbeiten von Engels) wird der bourgeoise deutsche Liberalismus jener Zeit verstanden. Man kann sagen, indem man diese Formulierung von den Extremen der Deutschtümelei und des liberalen Kosmopolitismus jener Tage auf berühmte Geschichtsereignisse aus Immermanns Lebenszeit überträgt, daß Karl Immermann, mit Engels zu sprechen, gleich weit entfernt war den Extremen des Wartburgfestes wie des Hambacher Festes. In der Tat dürfte hierin ein prägnantes Merkmal der Stellung Karl Immermanns in seiner Zeit gefunden werden.

Über seine Jugendgeschichte hat Immermann in seiner Lebensbeschreibung ausführlich berichtet. Friedrich II. von Preußen und der Schwedenkönig Gustav Adolf, friderizianisches Beamtenethos und juristisches Reglementieren bestimmten das Verhältnis des Vaters zum Sohn. Der Vater Immermann ist Rationalist und in einem gewissen Sinne Anhänger des Aufklärungsdenkens, wenngleich in der staatstreuen und monarchischen Form des sogenannten »aufgeklärten Despotismus«. Auch der Dichter und Jurist Karl Immermann hat in seinem späteren Leben gewissen Vorstellungen vom »Preußentum« die Treue gehalten. Der junge Engels, dem Einzelheiten aus Immermanns Lebensentwicklung wohl nur aus dessen eigener Lebensbeschreibung bekannt sein mochten, der also noch eines genauen historischen Überblicks über Immermanns Gesamtentwicklung ermangelte, hat trotzdem diese wesentliche Grundstruktur in Immermanns Verhältnis zur Wirklichkeit und damit zur Literatur erfaßt, wenn er schrieb: »Der bekannte Immermannsche Dualismus äußerte sich in der Gesinnung als Preußentum einerseits, als Romantik andererseits. Das erstere verlief sich aber allmählich, besonders für den Beamten, in die nüchternste, maschinenmäßigste Prosa, die letztere in eine bodenlose Überschwänglichkeit.«

Dieser Gegensatz aber zwischen preußischem Beamtentum und romantischem Überschwang wurde noch vertieft durch die geschichtlichen Erfahrungen, die der junge Jurist von früh auf machen mußte. Er erlebt den Zusammenbruch des Heiligen Römischen Reiches Deutscher Nation. Kaiser Franz II. legt am 6. August 1806 die Kaiserwürde nieder. Das wird zunächst im protestantischen Preußen, und insbesondere in Magdeburg, mit einer gewissen Schadenfreude registriert: das Wüten der kaiserlichen Truppen unter Tilly, also das Jahr 1631, hatte man dort niemals vergessen. Dann aber kommt wenige Monate später der Zusammenbruch Preußens bei Jena und Auerstedt. Die Festung Magdeburg wird widerstandslos den Truppen Napoleons übergeben. Stadt und Festung Magdeburg läßt Napoleon mit dem neugegründeten »Königreich Westfalen« vereinigen. Der junge Immermann beendet das Gymnasium und siedelt im Mai 1813 nach Halle über, um an der dortigen Universität auf väterliches Geheiß die Rechtswissenschaft zu studieren. Im Juli 1813 befiehlt Napoleon die Schließung der Universität Halle, da sich viele Studierende dieser Hochschule den preußischen Truppen angeschlossen hatten. Immermann erreicht nach großen Widerständen des Vaters, daß auch er sich im Dezember 1813, also nach der Leipziger Schlacht, als freiwilliger Jäger dem preußischen Heer anschließen darf. Eine schwere Erkrankung hindert ihn aber daran, den Einmarsch nach Frankreich mitzumachen. Napoleon wird nach Elba verbannt, die Universität Halle als preußische Universität von neuem eröffnet; der Student Karl Immermann, dessen Vater am Karfreitag 1814 gestorben war, setzt seine Studien fort. Napoleons Rückkehr nach Frankreich macht auch aus ihm abermals einen Soldaten. Er wird freiwilliger Jäger, nimmt teil an den Kämpfen bei Ligny und Waterloo und zieht mit den preußischen Truppen am 7. Juli 1815 in Paris ein.

Dann beginnen von neuem die juristischen Studien in Halle. Jetzt aber gerät Immermann in einen neuen charakteristischen Zwiespalt zwischen Preußentum und Romantik: in der ganz konkreten Form eines Konflikts zwischen seiner monarchischen Gesinnung als preußischer Untertan und seiner romantischen Begeisterung für den Geist der Befreiungskriege. Bekanntlich versuchte die preußische Regierung Friedrich Wilhelms III., die leidenschaftlichen Forderungen der Befreiungskämpfer nach einem deutschen Nationalstaat und nach Aufhebung obrigkeitlicher Bevormundung zu mißachten und als Ausdruck angeblichen »Demagogentums« mit Polizeigewalt zu unterdrücken. Dadurch wächst an den Universitäten Mitteldeutschlands, besonders in Jena und Halle, unter der Studentenschaft eine burschenschaftliche und turnerschaftliche Freiheitsbewegung, die in ihrer Grundrichtung echt patriotische Impulse enthielt, in ihren einzelnen Manifestationen dagegen, Sympathien und Antipathien auch manchen Zug nationalistischen Dünkels und fremdenfeindlicher Borniertheit aufwies. Der Einfluß Friedrich Ludwig Jahns unter den Studierenden war gewaltig, nicht minder die ebenso faszinierende wie in ihren Motiven von selbstsüchtigem Verführertum nicht freie Persönlichkeit *Karl Follens*. Bekanntlich spielt diese Bewegung mitsamt der Gestalt Follens auch in den »Epigonen« eine bedeutsame Rolle. Medon im Roman ist nach dem Bilde Follens gezeichnet.

Weil die Deutschtümler in der Studentenschaft eine Art Despotie auszuüben suchen, kommt es zwischen ihnen und dem damals zwanzigjährigen Studenten Karl Immermann zu einer Auseinandersetzung, die ebenso aufschlußreich bleibt für Immermanns Charakter wie für die allgemeine politische Fragestellung jener Tage. Die führenden Vertreter der studentischen Freiheitsbewegung sind in dem Geheimbund Teutonia zusammengeschlossen. Mitglieder dieser Teutonia mißhandeln öffentlich Anfang März 1817 einen ihren Bestrebungen feindlich gesinnten Studierenden namens Knaust. Worauf der Kommilitone Immermann die Partei des Mißhandelten ergreift, mit anderen Studierenden eine öffentliche Erklärung unterzeichnet und den Vorfall den Universitäts- und Staatsbehörden zur Kenntnis bringt.

Nun ist der offene Kampf zwischen der Burschenschaftsbewegung und den angeblichen »Denunzianten« ausgebrochen. Immermann hatte aus Rechtsempfinden gehandelt, aber in politischer Blindheit: er begriff nicht, daß seine Parteinahme gegen die Teutonia nunmehr der preußischen Regierung den erwünschten Vorwand bot, die Teutonia und alle anderen freiheitlichen Studentenverbindungen zu verbieten. Er selbst stand damit in der Öffentlichkeit als Helfershelfer der Reaktion. Er veröffentlichte auf eigene Kosten eine Flugschrift »Ein Wort zur Beherzigung« und rief dabei Friedrich Ludwig Jahn als Schiedsrichter an. Aber Jahn nahm eindeutig gegen ihn Partei. Immermann verfaßte noch eine zweite Flugschrift mit dem Titel »Letztes Wort über die Streitigkeiten der Studierenden zu Halle seit dem 4. März 1817«. Eine Beruhigung zwischen ihm und den

Teutonen trat nicht ein. Auf dem Wartburgfest vom 18. Oktober 1817 wurde Karl Immermann in öffentlichen Bann getan; auf Geheiß Jahns verbrannte man seine beiden Broschüren auf dem Scheiterhaufen.

Dies Jugenderlebnis ist nicht nur bedeutsam geworden für Immermanns Darstellung der »Demagogen« im fünften Buch seines Epigonenromans, sondern auch *für seine spätere enge Bindung an Heinrich Heine*. Auch Heine war bekanntlich seit seinen Göttinger Studentenerfahrungen, die zeitlich genau mit Immermanns Erlebnissen in Halle zusammenfallen, ein entschiedener Gegner der Deutschtümelei. Auch er hat jahrzehntelang – nicht zuletzt noch im *Wintermärchen* – den Kampf gegen Hans Ferdinand Maßmann geführt, Jünger Friedrich Ludwig Jahns: den selben Maßmann also, der auf der Wartburg die Broschüren des Kommilitonen Karl Immermann feierlich verbrennen ließ. Allerdings entsprach bei Heine der Negation deutschtümelnder Bestrebungen, jedenfalls bis zur Julirevolution 1830, das positive Gegenstück der Napoleonverehrung, während Immermann bis an sein Lebensende dem Geist der Befreiungskriege treu bleibt und seine Gegnerschaft gegenüber Napoleon auch noch in seiner Lebensbeschreibung bekundet. *Beides* war historisch zwiespältig: der bonapartistische Kult Heinrich Heines *und* die monarchische Loyalität Karl Immermanns. In seinem Nachruf auf Immermann hat Friedrich Engels den Zusammenhang herausgearbeitet: »Die Heinesche Napoleonanbetung ist dem Volksbewußtsein fremd, aber dennoch wird es niemandem zusagen, daß Immermann, der hier die Unparteilichkeit des Historikers in Anspruch nimmt, als beleidigter Preuße spricht. Er hat es wohl gefühlt, daß hier ein Hinausgehen über den nationaldeutschen und besonders den preußischen Standpunkt nötig sei.«

Der Rechtsstudent besteht 1818 sein erstes juristisches Examen, wird Referendar beim Kreisgericht in Oschersleben, dann richterlicher Beisitzer beim Militärgericht in Münster in Westfalen. Von nun an blieb er in Westdeutschland, lernte das westfälische Bauerntum kennen, das er mit außerordentlicher Lebenswahrheit in »Oberhof«, dem Herzstück seines Münchhausenromans, gestalten sollte. Auch die *Anfänge der Industrialisierung in den nordrheinischen Gebieten* konnte er in ihren rechtlichen und gesellschaftlichen Auswirkungen an Ort und Stelle genau studieren. Ein wesentlicher Problemkreis der »Epigonen« wurde durch diese neuen Erfahrungen bestimmt.

Immermann hatte sich seit 1820 auch als Schriftsteller vorgestellt. Sein literarischer Protektor war der konservative Berliner Nachromantiker Fouqué. Die literarischen Anfänge Karl Immermanns sind nicht sehr verheißungsvoll. Die Zeitgenossen, Platen vor allem, der ihn in seiner Literatursatire *Der romantische Ödipus* später aufs Korn nahm, bemerkten nicht mit Unrecht, wie nachempfunden, formal und gerade auch geistig unselbständig all diese frühen Gedichte, Balladen, insbesondere die allzu zahlreichen dramatischen Versuche Immermanns wirken mußten. Viel Romantik aus zweiter Hand, viel Nachfolge Ludwig Tiecks (der selbst nicht immer künstlerisch ein Muster an Originalität zu sein pflegte), ängstliches Haften an der bloßen, scheinbar »romantischen« Stofflichkeit findet sich in diesen Trauerspielen um Roland, den Paladin Karls des Großen, um Petrarca (eine Dichtertragödie nach dem Vorbild des Tasso), in mißglückten romantischen Lustspielen nach dem Vorbilde Tiecks und Clemens Brentanos, in mühsam lustigen Literatursatiren und verschnörkelten Erzählungen in Jean Pauls Manier. Bemerkenswert schon eher ist Immermanns Bemühung, neben den Stoffkreisen der Ritterstücke oder historischen Tragödien, neben einer romantisch interpretierten Shakespeare-Dramatik auch an die ältere deutsche Dramenliteratur des 16. und 17. Jahrhunderts anzuknüpfen. Immermann schreibt – künstlerisch immer noch ohne Gültigkeit – Fastnachtsspiele im Stile von Hans Sachs und versucht in *Cardenio und Celinde* (1826) die Neufassung des bekannten Trauerspiels von Andreas Gryphius. Bedeutsam ist dabei vor allem sein Versuch, den Bannkreis der Goethe-Schillerschen Ästhetik auf dem Theater zu durchbrechen und die deutsche Bühne den Stoffkreisen deutscher Geschichte und den dramaturgischen Traditionen des deutschen Theaters aus dem 16. und 17. Jahrhundert zu erschließen. Diese ästhetische Tendenz Immermanns kann als gesellschaftlich typische Konzeption verstanden werden, wenn man sie mit den gleichzeitigen, und zunächst ganz unabhängig von Immermann durchgeführten Bestrebungen *Christian Dietrich Grabbes* vergleicht. Auch Grabbe vertritt in seinem in vielen Einzelheiten zweifellos absurden, 1827 erschienenen Aufsatz »Über die Shakespearomanie« mit Eifer die Forderung, das deutsche Theater müsse anstelle antiker Tragödien und historisch unkonkreter Themen (wie sie Grabbe bei Shakespeare festzustellen glaubte) mit Nachdruck der Thematik aus der deutschen Nationalgeschichte zugewandt bleiben. Als Ergebnis dieser ästhetischen Bestrebungen konnte Grabbe später in seinem Napoleon-Schauspiel einen realistischen Höhepunkt seiner Dramatik erreichen (das Werk wurde noch vor der Julirevolution vollendet), während Immermann ungefähr gleichzeitig ebenfalls an einem Stoff aus der damals jüngsten deutschen Vergangenheit, also aus den Befreiungskriegen gegen Napoleon, arbeitete. Er hatte sich den Tiroler Aufstand von 1809 und die Gestalt Andreas Hofers als Vorbild gewählt. Unter dem Titel »Ein Trauerspiel in Tirol« wurde das Drama 1829 zuerst in Düsseldorf aufgeführt, dann aber von Immermann noch einmal überarbeitet.

In Düsseldorf kam Karl Immermann, der Jurist, bei der Uraufführung des »Trauerspiels in Tirol« zum ersten Male in engere Berührung mit Schauspielerkreisen. Zunächst kam es noch nicht zu einer engen Verbindung des Dichters mit dem dortigen Theater. Die Julirevolution bedeutete auch für ihn einen geistigen und politischen Wendepunkt. Die Gefühle des »beleidigten Preußen« traten von nun an weniger stark in seinem Weltbild hervor. Er gelangte auch zu einer gerechteren Beurteilung der deutschen Freiheitsbewegungen. Aber wenn er 1817 den Extremen der Deutschtümelei ausgewichen war, so fand er sich nun, nach 1830, auch nicht bereit, der damaligen politisch vorherrschenden Strömung des bürgerlichen Liberalismus nach französischem Muster kritiklos zu folgen. Zwei Reisen in Süddeutschland und Südwestdeutschland in den Jahren 1831 und 1833, also vor wie nach dem Hambacher Fest vom 27. Mai 1832, ließen ihn mißtrauisch werden gegenüber den rein parlamentarischen Bestrebungen und rhetorischen Großsprechereien der führenden Vertreter der süddeutschen Bourgeoisie. Mit der Formulierung »süddeutscher Schwindel« wandte sich Immermann von ihnen ebenso ab, wie sich auch Heine, und später Ludwig Börne, davon zu distanzieren suchten. Der Widerhall seiner Erfahrungen mit dem kosmopolitischen bürgerlichen Liberalismus findet sich bereits in Immermanns *Alexis*-Trilogie, die 1832 erschien. Sie ist künstlerisch höchst brüchig, experimentiert in wenig angemessener Verbindung von Form und Stoff mit ungewöhnlichen antiken Versmaßen; in ihrem geistigen Gehalt entbehrt sie der geschichtlichen Konkretheit, wenn sich Immermann bemüht, die Reformen Peters I. von Rußland als »künstliche und unnatürliche Schöpfung«, die darum zum Untergang verurteilt sei, vorzuführen. So veranlaßt ihn seine Skepsis gegenüber den liberalen Reformideen des süddeutschen Bürgertums zu einem Anachronismus, der ihn als Dramatiker zu einer historischen Fehldeutung der Gestalt des Zaren Peter führen mußte.

Die wachsende Beherrschung seiner künstlerischen Mittel erwies Immermann nach dem »Trauerspiel in Tirol« in seiner 1832, also im Todesjahr Goethes, vollendeten großen philosophischen Versdichtung, dem *Merlin*. Auch Immermann bemüht sich hier, wie in jenen Jahren Heine oder Grabbe oder Lenau, *um die Konzipierung eines nachgoetheschen Faust*. Auch sein Merlin, der altbritischen Sage entsprechend Sohn des Satans und einer reinen Jungfrau, ist eine Faust-Gestalt. Allein bei Immermann ist die Problematik, wie bei Lenau, ins Pessimistische gewendet. Merlin klagt über die verlorengegangene Beziehung zur menschlich-gesellschaftlichen Praxis. Immermann gestaltet deutsche gesellschaftliche Gegenwartserfahrung, wenn er, in den Worten seines Merlin, dem Gefühl Ausdruck gibt: alles geschichtliche Werden vollziehe sich im Grunde, ohne daß der einzelne durch eigenes Zutun etwas mitgestalten oder gar verändern könne. Auch Immermann ist im »Merlin« Determinist, auch er empfindet, wie zwei Jahre später der junge *Georg Büchner*, in ohnmächtigem Zorn den »gräßlichen Fatalismus der Geschichte«. Wenn Georg Büchner in einem Brief an seine Braut vom Frühjahr 1834 geschrieben hatte: »Ich finde in der ganzen Natur eine entsetzliche Gleichheit, in den menschlichen Verhältnissen eine unabwendbare Gewalt, allen und keinem verliehen. Der einzelne nur Schaum auf der Welle, die Größe ein bloßer Zufall, die Herrschaft des Genies ein Puppenspiel, ein lächerliches Ringen gegen ein ehernes Gesetz«, so entsprechen dem, zwei Jahre vorher niedergeschrieben, die folgenden Verse aus Immermanns »Merlin«:

> Weil ich denn ganz mich an das All verschenkt',
> Hat sich das All in mich zurückgelenkt,
> Und in mir wachsen, welken, ruhn und schwanken
> Nicht meine, nein! die großen Weltgedanken.
> Sie ziehen feierlich die ernste Bahn,
> Ich flieg', 'ne Feder, mit zum Ozean,
> In dessen Schoß gebadet, sie, die hehren,
> Mit heil'ger Grausamkeit mein Ich verzehren.

Die gesellschaftliche Richtung dieser Gedanken auf die deutschen Zustände unter der nach wie vor unerschütterten Heiligen Allianz, die durchklingende Enttäuschung über die Auswirkungen der Julirevolution: alles ist ebenso unverkennbar deutsch wie gesellschaftlich unzeitgemäß. Hier finden sich entscheidende Gedanken und Erfahrungen, die für den geistigen Gehalt der 1835 vollendeten *Epigonen* bestimmend sein sollten.

Ende 1837 begann Immermann mit der Niederschrift seines letzten großen Romans, dem *Münchhausen*, der im September 1838 vollendet wurde und im Mai 1839 erschien. Zwei literarische Projekte sollten noch verwirklicht werden: der Lebensbericht der »Memorabilien« und eine Nachdichtung von *Tristan und Isolde*. Den ersten Teil der *Memorabilien* (»Die Jugend vor 25 Jahren«) vermochte er noch zu vollenden. Auch die vollendeten elf Gesänge des Tristan-Gedichts wurden als Fragment 1841 herausgegeben. Immermann selbst erlebte noch am 12. August 1840 die Geburt einer Tochter, erkrankte dann aber wenige Tage später und erlag am 25. August 1840 einem Lungenschlag.

Den jüngeren deutschen Künstlern kam im Augenblick seines frühen Todes zum Bewußtsein, welche Hoffnungen der Dichter des *Merlin*, der *Epigonen* und des *Münchhausen* erweckt hatte. Nicht nur die Gedenkverse des jungen Friedrich Engels zeugen von Ehrfurcht und Dankbarkeit. In seinen Versen *Zu Immermanns Gedächtnis* (1842) hat auch Immermanns Schützling *Ferdinand Freiligrath* der allgemeinen Trauer Ausdruck gegeben:

Du Mann der Liebe wie der schroffen Kraft,
Wahr, fest, beharrlich, eisern-eichenhaft,
Fast wie dein Hofschulz! Einen stillen Segen
Und diesen Kranz laß auf dein Grab mich legen!

Immermann war ein spät reifender Künstler. Tastend, nachempfindend, in vielen Stilen und Stoffen experimentierend, versuchte er seine künstlerische Eigenart zu finden. Im Bewußtsein der Nachwelt lebt er nicht als frühreifer, genialischer Jüngling, sondern als der sich selbst gegenüber ehrliche, hart arbeitende reife Mann. Der eigentliche Immermann entwickelt sich nach 1830: als es ihm gelingt, die schmerzlichen Erfahrungen der Studentenjahre wie die Enttäuschung über die Hohlheit des liberalen Parlamentarismus zu überwinden und zu einem freieren, wirklichkeitsnahen Bild von der Entwicklung der deutschen Nation zu gelangen. Darum hebt der junge Friedrich Engels in seinem Nachruf Immermanns klare Auffassung von der Nation und von der notwendigen demokratischen Entwicklung besonders hervor. Die *Epigonen* bedeuten *nicht* Immermanns tiefste Erkenntnis; vielleicht sind sie nicht einmal seine bedeutendste künstlerische Schöpfung. Im *Münchhausen* und in den *Memorabilien* sind die gesellschaftlichen Zusammenhänge tiefer gesehen; der *Oberhof* ist als Gesamtbild poetischer und geschlossener als die Familiengeschichte der »Epigonen«. Dennoch sind diese nicht bloß als kulturhistorisches Dokument, sondern gerade auch in ihrer Gesamtthematik eine der wichtigsten Schöpfungen der deutschen Romanliteratur im 19. Jahrhundert.

Es entspricht keineswegs der ehemals beliebten Sucht gewisser Literaturhistoriker, unter allen Umständen zwischen verschiedenen bedeutenden Werken der Weltliteratur Vergleiche anzustellen und nach »Einflüssen« des einen Dichters auf den andern fast detektivisch zu forschen, wenn versucht wird, Gemeinsamkeiten und Verschiedenheiten zwischen der Geschichte des jungen Hermann in Immermanns *Epigonen* und des jungen Lucien de Rubempré in Balzacs *Verlorenen Illusionen* und *Glanz und Elend der Kurtisanen* herauszuarbeiten. *Immermann und Bal-*

zac sind Zeitgenossen; gemeinsam sind ihnen die wichtigsten Zeitereignisse; es gibt Berührungspunkte zwischen dem preußischen Monarchismus des einen, dem bourbonischen Legitimismus des anderen. Auch die Entstehungsepoche der Werke ist im wesentlichen die gleiche. Immermanns *Epigonen*, 1835 vollendet, liegen zeitlich nur wenig früher als Balzacs große Romane, an denen er vor allem zwischen 1837 und 1839 arbeitet. Wichtiger aber und bezeichnender ist noch, daß die Handlung beider Romanfresken (wenn man einmal *Verlorene Illusionen* und *Glanz und Elend der Kurtisanen* als einen einheitlichen Roman betrachtet) fast genau den gleichen Zeitraum durchläuft. Wir begegnen dem jungen Hermann bei Immermann zu Beginn der Zwanziger Jahre des 19. Jahrhunderts: auf dem Höhepunkt der deutschen studentischen Freiheitsbestrebungen, der Schwärmerei für den nationalen Unabhängigkeitskampf der Griechen, der leidenschaftlichen Auseinandersetzung zwischen den demokratischen Kämpfern von 1813 und der Restaurationspolitik des Metternich-Systems. Das abendlich herbstliche Schlußbild des Romans zeigt die Akteure der großen Erzählung im Jahre 1829, folglich in der letzten Etappe des Restaurationssystems vor dem Ausbruch der Julirevolution von 1830.

Auch Lucien de Rubempré, Balzacs Zentralgestalt, wird uns als ein junger Mann zu Beginn der Zwanziger Jahre vorgestellt. In diese Zeit fällt seine Entwicklung in Angoulême, sein erster Aufbruch nach Paris, sein erster Zusammenbruch, worauf der zweite Teil der Geschichte, also die Handlung des Romans *Glanz und Elend der Kurtisanen*, im Winter 1824 wieder aufgenommen wird und während der ersten Monate des Jahres 1830, gleichfalls noch vor Ausbruch der Revolution und vor Anbruch des Bürgerkönigtums, mit Luciens Selbstmord ihren Abschluß findet.

Gemeinsam ist beiden Werken und Autoren überdies, daß sie zwar Zeitgeschichte schreiben und beschreiben, aber eine historische Distanzierung von ihren Helden und der Lebenszeit ihrer Helden vornehmen. Immermann läßt die Geschichte Hermanns zwar 1829 ausklingen, wählt aber für seine Darstellung ausdrücklich das Jahr 1835. Das achte Buch des Romans, den Briefwechsel zwischen Herausgeber und Romanfiguren, vor allen

Dingen mit dem Arzte enthaltend, ist in der Überschrift mit dem Datum des Jahres 1835 versehen; das anschließende neunte Buch dagegen, welches das eigentliche Ende der Geschichte bringt, trägt schon in der Überschrift die Jahreszahlen 1828/29. Wir erleben also im eigentlichen epischen Bericht das Ende des Romans im Jahre 1829: dann schließt sich, mit dem Zeitpunkt der Herausgabe dieser angeblichen »Familienmemoiren«, noch einmal ein zweiter Abschluß an, der mit dem realen Abschluß der Romanentstehung, also mit den letzten Zeilen, die Immermann selbst 1835 niederschreibt, zeitlich zusammenfällt.

Auch *Balzac* läßt die Geschichte seines Lucien noch vor der Julirevolution zu Ende gehen, schreibt sie selbst aber als Untertan des Bürgerkönigs fast zehn Jahre später nieder. Beide, Immermann und Balzac, behandeln eine Geschichte aus der europäischen Restaurationszeit und schildern sie mit der Erfahrung von Männern, die das Jahr 1830 als wichtigen historischen Wendepunkt anzusehen gelernt haben: die also ihre Erfahrungen mit der Epoche des Bürgerkönigtums insgeheim in die Darstellung von Ereignissen der Zwanziger Jahre einbeziehen.

In beiden Fällen die Geschichte eines jungen Mannes, der durch die verschiedenen Bereiche des gesellschaftlichen Lebens geführt wird. Der junge Deutsche Hermann und der junge Franzose Lucien, beide von ihren Dichtern mit Charakterzügen und Eigentümlichkeiten ausgestattet, die ihnen beim Leser Sympathie eintragen sollen, sind bürgerlicher Herkunft, aber in einer merkwürdigen Zwitterstellung zwischen Bürgertum und Aristokratie gezeichnet. Lucien hat einen bürgerlichen Vater, eine adlige Mutter. Hermann, zunächst scheinbar rein bürgerlicher Herkunft, wird schließlich als Sohn eines bürgerlichen Mädchens und eines Aristokraten vorgestellt. Beide erleben entscheidende Konflikte im Zusammenstoß ihres bürgerlichen Standes mit einer hocharistokratischen Umwelt, zu der sie sich hingezogen fühlen und in welcher sie, eine Zeitlang wenigstens, versuchen wollen, ihr Glück zu machen. Da zudem in beiden Fällen die Zwanziger Jahre den Hintergrund abgeben, jene Epoche, die noch einmal eine erhebliche gesellschaftliche Macht der Aristokratie bedeutet, lassen sich sogar in den Details viele Gemeinsamkeiten aufzeigen.

Wesentlich größer als diese oft überraschenden Parallelen sind die Unterschiede in der Gestaltungsweise und Gesellschaftserkenntnis. Balzac nämlich führt in eine voll entwickelte bürgerliche Gesellschaft, in welcher auch die Aristokratie, aller Standesvorurteile und Exklusivitäten ungeachtet, in ihren Lebensformen und Lebensantrieben ausschließlich von der Geldmacht gelenkt wird. Zwar zeigt sich das Finanzproblem des Adels auch in Immermanns Roman sehr deutlich; darauf beruht sogar der Konflikt zwischen dem Herzog und dem Oheim, also dem bürgerlichen Industriellen. Allein Immermann, der Jurist mit der Vorliebe für Rechtsfragen, behandelt diese Auseinandersetzung weitgehend als ein juristisches Problem: als Auseinandersetzung zwischen feudalen Rechtsprivilegien und modernem »bürgerlichem Recht«; während Balzac die französische Aristokratie in ihrer Gesamtexistenz auf dem Geldkapital und der Verbindung von Adelsvorrecht und Kapitalmacht in seiner Darstellung aufgebaut hat.
Enthüllen mithin die deutschen Verhältnisse in Immermanns Roman *eine zweifellos rückständige und unentwickelte Gesellschaft* gegenüber den Zuständen im bourbonischen (eigentlich also im orléanistischen) Frankreich, so zeigen sich die sozialen Unterschiede noch deutlicher in den bürgerlichen Lebensverhältnissen, die in beiden Romanen geschildert werden. Beide Helden, Hermann und Lucien, lernen nicht bloß Aristokratie und bürgerliche Kapitalisten kennen, sondern bewegen sich auch in wesentlichen Episoden ihrer Geschichte in den Bereichen des intellektuellen Lebens, unter Künstlern und Wissenschaftlern. Lucien de Rubempré in der Welt des Journalismus, des Theaters und der Literatur, Hermann unter Pädagogen und Literaten, zwischen Vertretern verschiedener Erziehungssysteme und Anhängern der verschiedensten ästhetischen Anschauungen. Wobei in beiden Fällen das damalige Zentrum jenes intellektuellen Lebens vom Dichter gewählt wird: Lucien de Rubempré in Paris, Hermann in der preußischen Hauptstadt Berlin.
Während jedoch Balzac diesen historischen und gesellschaftlichen Rahmen wählt, um das Problem Kunst und Profit, die Beziehungen zwischen Künstler und Kapitalismus darzustellen, fehlt es Immermann an einer ähnlich klaren Deutung der

geschichtlichen Zusammenhänge. Immermann erkennt den Zusammenbruch früherer geistiger Bindungen, die Neuartigkeit in der Beziehung von geistigen Menschen und geistfeindlichen Zuständen; auch bei ihm zieht sich wie ein Leitmotiv durch den Roman die Darstellung einer »Endzeit«: der Endzeit des klassischen deutschen Humanitätsideals.

Allein die Zustände, die geschildert werden, um den Übergangscharakter dieser Epoche zu kennzeichnen, sind weitaus unreifer, schmächtiger, undeutlicher in ihrer Entwicklungsrichtung als bei Balzac. Das liegt nicht an mangelnder Kunst des Erzählers Immermann, sondern an mangelnder Schärfe der gesellschaftlichen Konturen im damaligen Deutschland. Balzac kann in seinem Baron de Nucingen bereits den modernen Bankier und Geldmagnaten in den Mittelpunkt der Handlung stellen. Auch Immermann schildert in dem millionenreichen Oheim, dem Industriellen, einen Kapitalisten auf deutschem Boden. Es gehört sogar zu den bedeutendsten Zügen des Romans, daß er vor allem zu Beginn des siebten Buches (insbesondere in dessen 3. Kapitel) als erster deutscher Schriftsteller das Problem der beginnenden Industrialisierung und *die Umwandlung einer bäuerlichen Gegend in ein Industriegebiet* ohne Beschönigung dargestellt hat. Allein es bleibt bei der Schilderung eines ersten gesellschaftlichen Anfangs, während die Welt Balzacs durchaus das Bild des reifen kapitalistischen Lebensstils offenbart.

Aus diesen gesellschaftlichen Unterschieden, die aus der verschiedenartigen Entwicklung in Deutschland und Frankreich resultieren, ergeben sich auch Verschiedenheiten in der Deutung der Ereignisse. Balzac zeigt den Warencharakter der geistigen Werte, die Kapitalisierung des gesellschaftlichen Lebens. Immermann zeigt bloß einen gesellschaftlichen Übergang, wobei ihm das zugrunde gehende Alte klarer vor Augen steht als das strukturell Neue. Deutlich sieht er, wie sinnlos der Versuch des Herzogs sein muß, feudale Zustände neu beleben zu wollen, die historisch verurteilt sind. Das Adelsturnier endet als schaurige Groteske. Auch die Blütezeit der großen klassischen Dichtung und Wissenschaft scheint vorüber zu sein. Das »Ende der Kunstperiode«, wie es Heine genannt hat, ist angebrochen. Es fehlt an einer geistigen Substanz, die das kulturelle Leben in Deutschland zu erfüllen vermöchte. Wilhelmi sagt das mehrfach als Sprecher des Dichters sehr ausführlich: »Die alten Jahrhunderte haben uns ihre Röcke hinterlassen, in die steckt sich die jetzige Generation. Abwechselnd kriecht sie in den frommen Rock, in den patriotischen Rock, in den historischen Rock, in den Kunstrock und in wie viele Röcke noch sonst! Es ist aber immer nur eine Faschingsmummerei, und man muß um des Himmels willen hinter jenen würdigen Gewändern ebensowenig den Ernst suchen, als man hinter den Tiroler- und Zigeunermasken wirkliche Tiroler und Zigeuner erwarten soll.«

Oder noch einmal an einer anderen Stelle: »Wir sind, um in einem Worte das ganze Elend auszusprechen, Epigonen und tragen an der Last, die jeder Erb- und Nachgeborenschaft anzukleben pflegt. Die große Bewegung im Reiche des Geistes, welche unsere Väter von ihren Hütten und Hüttchen aus unternahmen, hat uns eine Menge von Schätzen zugeführt, welche nun auf allen Markttischen ausliegen. Ohne sonderliche Anstrengung vermag auch die geringe Fähigkeit wenigstens die Scheidemünze jeder Kunst und Wissenschaft zu erwerben. Aber es geht mit geborgten Ideen wie mit geborgtem Gelde: wer mit fremdem Gute leichtfertig wirtschaftet, wird immer ärmer.« Daß eine Übergangsperiode angebrochen sei, ist den Zeitgenossen in Deutschland bewußt geworden, wenn sie nicht gerade ihren albernen Moden nachgehen, wie die Besucher der ästhetisierenden Berliner Salons, oder ihren Schrullen nachhängen, wie die beiden Pädagogen mit den entgegengesetzten Erziehungszielen: der humanistischen oder der »realistischen« Bildung. In einer solchen Epoche vermag man im bisherigen Sinne weder geistig noch gesellschaftlich weiterzuleben: »Auf alle Weise sucht man sich zu helfen; man wechselt die Religion oder ergibt sich dem Pietismus; kurz, die innere Unruhe will Halt und Bestand gewinnen und löst in diesem leidenschaftlichen Streben gemeiniglich noch die letzten Stützen vom Boden.«

Insoweit hat Immermann die Symptome seiner Zeit genau und eindringlich dargestellt. Als Zeitdokument und Gestaltung der geistigen Auseinandersetzung in Deutschland nach dem Ende der Goethe-Zeit ist sein Roman ein Werk hohen Ranges. Es fehlt die Erkenntnis der geschichtlichen Widersprüche, die Immermann zwar in einzelnen Symptomen, keineswegs aber, wie Balzac, in seiner Grundstruktur zu erkennen vermag. Aus diesem Grunde – und keineswegs infolge mangelnder Gestaltungskraft – muß der Abschluß des Romans unbefriedigend wirken. Hier erst erscheint ein Symbolismus, der bei der Konfrontierung mit der Wirklichkeit seine Haltlosigkeit offenbart. *Hermann wird schließlich zum Erben der Aristokratie und des bürgerlichen Industriellen.* Er ist mithin gleichsam zu einer sozialen Synthese geworden, oder auch zum Ausdruck einer fragwürdigen »Harmonie« zwischen feudaler und bürgerlicher Welt.

Das ist ihm und seinem Dichter nicht verborgen geblieben. »Das Erbe des Feudalismus und der Industrie fällt endlich einem zu, der beiden Ständen angehört und keinem«, heißt es im letzten Kapitel. Hermann unterstreicht daher: »Ich fühle die ganze Zweideutigkeit meiner Doppelstellung. Laß dir also sagen, daß ich willens bin, das, was sie mein nennen und was mir doch eigentlich nicht gehört, nur in dem Sinne, von dem du einst redetest, nämlich als Depositar, zu besitzen, immer mit dem Gedanken, daß der Tag der Abtretung kommen könne, wo denn die Rechnungslegung leicht sein wird, wenn der Verwalter für sich nichts beiseite geschafft hat.« Aber das ist keine Lösung. Ebenso ist es keine, wenn Immermann die Rückkehr aufs Land, und *gleichsam die Rückverwandlung des Fabrikgeländes in Ackerland*, als Ausweg aus der Epigonenzeit vorschlägt. »Die Erde gehört dem Pfluge, dem Sonnenschein und Regen, welcher das Samenkorn entfaltet, der fleißigen, einfach arbeitenden Hand.« Aber dieser Rückweg ist nicht mehr möglich. Der Landgerichtsrat Immermann mußte täglich von Düsseldorf aus erleben, wie immer weitere Strecken dieses bäuerlichen Landes in Industriegebiet verwandelt wurden. So wirkt das letzte Kapitel in der Tat wie ein Versprechen, dessen Erfüllung mehr als ungewiß bleibt. Der pessimistische, spätabendliche Grundton des Romanausklangs ist nicht zufällig, sondern ergibt sich mit Notwendigkeit aus dem Gesamtaufbau der Geschichte.

Hier liegt Immermanns geistige und darum auch künstlerische Grenze, wenigstens in den *Epigonen*. Die bisherige Immermann-Forschung hat sich allzusehr bemüht, den Titel im Sinne eines rein literarischen Epigonentums aufzufassen und auf die unverkennbaren Beziehungen des Romans zum *Wilhelm Meister* hinzuweisen. Natürlich wäre Flämmchen nicht denkbar ohne Mignon, Hermann nicht ohne Meister, und so fort. Immermanns Familiengeschichte ist aber wesentlich mehr als ein nachempfundenes epigonales Erzeugnis der Goethe-Nachfolge. In der Stellung der Fragen, der geistigen Durchdringung der Zeitprobleme bedeutet sie einen wesentlichen Schritt über die Welt der Goethe-Romane hinaus: weil Immermann aus dem Bewußtsein einer neuen Zeitentwicklung schreibt. Im Ausklang freilich bemüht sich der Roman um eine Harmonie, die künstlich bleibt, und damit auch künstlerisch unbefriedigend. In einer harmonischen Gruppe endet der Roman mit einem scheinbar glücklichen Ende. Wie wenig der Dichter selbst aber dieser Harmonie getraut hat, zeigt der düstere, schwermütige, zweiflerische Unterton, der diese Schlußakkorde begleitet. Es steht nicht gut um das »glückliche Ende« der Epigonen. Balzac konnte auch hier in der Wirklichkeit des zeitgenössischen Frankreich genauere und wirklichkeitsgetreuere Züge entdecken. Darum endet die Geschichte seines Lucien de Rubempré als Tragödie.

VIII. NACHTGEDANKEN

I. LUDWIG BÖRNE UND DIE DEUTSCHE MISERE

»Einst war eine schönere Zeit, weil man nicht die Trauer und nicht die Sehnsucht kannte. Das Leben war ein olympisches Spiel, wo jeder durfte seine Kraft und Hurtigkeit erproben. Der Schwäche war nur das Ziel versperrt, nicht der Weg; der Preis verweigert, nicht der Kampf. Jean Paul war der Jeremias seines gefangenen Volkes. Die Klage ist verstummt, das Leid ist geblieben.«

Sätze und vielleicht sogar Schlüsselsätze aus Ludwig Börnes auch heute noch berühmtestem Text: seiner »Denkrede auf Jean Paul«. Er hielt sie kurz nach dem Tode von Jean Paul Friedrich Richter, also nach dem 14. November 1825, in Frankfurt: auf Einladung der dortigen Museumsgesellschaft. Das war eine der Unterhaltung gewidmete logenähnliche Sozietät, der auch Jean Paul angehört hatte, und in der Börne Mitglied war. Ludwig Börne sprach nicht selbst bei der Trauerfeier am 2. Dezember. Seine Rede wurde durch den Pfarrer Kirchner vorgetragen und muß ungemein stark gewirkt haben. Bereits am 4. Dezember erfolgte ein Erstdruck des Textes in der Zeitschrift »Iris. Unterhaltungsblatt für Freunde des Schönen und Nützlichen«. Ein paar Tage später sorgte Cottas berühmtes und ungemein einflußreiches »Morgenblatt für gebildete Stände« für die weiteste Verbreitung.

Die Denkrede ist, wie das unvermeidlich zu sein pflegt, bei Nachrufen für einen verehrten Toten, zugleich eine Selbstaussage des Redners. Indem er von Jean Paul Friedrich Richter zu künden hat, spricht der damals neununddreißigjährige Dr. Ludwig Börne auch von sich selbst. Von dem, was ihn, dem Selbstempfinden zufolge, mit Jean Paul verbindet; unwillentlich aber auch von dem, was ihn selbst, den Löw Baruch aus der Judengasse des Frankfurter Gettos, vom Verfasser des »Titan« und der »Flegeljahre« mit Notwendigkeit trennen muß.

Ludwig Börnes Gedenkrede auf Jean Paul ist zugleich, wenn man genau zu lesen versteht, eine Nicht-Gedenkrede auf den damals noch lebenden und wirkenden Frankfurter Landsmann Goethe. Wenn man Ludwig Börnes Namen auch noch heute nennt, obwohl der einstmals hochberühmte und vielgeliebte Kulturkritiker fast zum Gerücht geworden ist, so wird er eingereiht in die stattliche und durchaus nicht unbeträchtliche Schar der Goethe-Feinde. Ludwig Börne hat den Weimarianer gehaßt, und er hat auch dessen späten Freund gehaßt, den Philosophen Hegel. In boshafter Formulierung band Börne den mächtigen Dichter zu Weimar und den mächtigen Berliner Philosophen zusammen als: »den gereimten und den ungereimten Knecht«. Der ungereimte Knecht war natürlich Hegel. Börne spielte mit der Doppelbedeutung des Wortes »ungereimt«. Als Knechte aber seien beide anzusehen: im Gegensatz zu Jean Paul, den Börne als liebevollen Dichter nicht der Mächtigen, sondern der kleinen und unglücklichen Leute verehrte und in seiner Denkrede zu feiern gedachte. Ein Dichter nicht irgendeiner Adelsgesellschaft und des städtischen Patriziats, sondern der Armen-Advokaten, der Dorfschulmeister und der unbekannten Wundärzte irgendwo in einem deutschen Kleinstaat.

Jean Paul gleichsam, in einem heutigen Verstande, als *Schriftsteller einer Gegenkultur*. Goethe und Jean Paul als literarische *und* gesellschaftliche Antipoden. Die Hochkultur als Hofkultur. Dagegengestellt eine Dichtung, die Ludwig Börnes jüngerer Zeitgenosse Georg Büchner, der in derselben Woche sterben sollte wie Börne, als die der »leidenden und gedrückten Gestalten« bezeichnet hat.

Börnes »Denkrede auf Jean Paul« war ein *Bekenntnis zur plebejischen Literatur.* Daß er dabei die Dichtung (und auch das gesellschaftliche Denken) Goethes durchaus mißverstand, muß er gewußt haben. Allein er brauchte die Antithese. Vergessen war offenbar, daß Ludwig Börne, als er im Jahre 1818 in Frankfurt eine Zeitschrift herauszugeben gedachte mit dem Titel »Die Wage«, am 10. Mai 1818 an Goethe geschrieben hatte: »Darf der reiche Mann den armen zurückweisen, der ihn um eine milde Gabe bittet, und wird der Verfasser dieser Blätter eine Mitteilung für die angekündigte Zeitschrift, die ihn und seine Leser aufmunterte, vergebens erwarten? Gewiß nicht.«

Natürlich hat Goethe nicht geantwortet. Er wußte wohl kaum, wer dieser Dr. Börne war. Daß der Brief ausgerechnet aus Frankfurt kam, also der Vaterstadt, war auch keine Empfehlung.

Goethes Tagebuch notiert aber am 16. Mai: »Ankündigung des Dr. Börne in Frankfurt.« Immerhin hatte Börne, kein junger Mann mehr und bereits ein ziemlich bekannter Kritiker und Polemiker, jenem gegenüber die Bitte um Mitarbeit geäußert, den er später als Fürstenknecht mit Knechtsgesinnung zu denunzieren pflegte. Es hat Börne wohl auch nicht gestört, daß Goethe ein leidlich gutes Verhältnis zu dem auch in Weimar überaus beliebten Erfolgsautor Jean Paul unterhielt. Vielleicht wußte Börne sogar, daß es der »ungereimte Knecht« Hegel gewesen war, der als Heidelberger Professor der Philosophie alles daransetzte, noch vor seiner Berufung auf den Berliner Lehrstuhl, den von theologischer Seite beargwöhnten Jean Paul Friedrich Richter zum Heidelberger Ehrendoktor zu promovieren.

Ludwig Börne steht, von heute aus gesehen, also zweihundert Jahre nach seiner Geburt, in einer sonderbaren Konstellation. Zwei seiner großen Zeitgenossen hat er mißverstanden und unablässig angegriffen: Goethe wie Hegel. Zwei andere große Gestalten der Börne-Zeit, aufregend und aufreizend auch heute noch, haben sich entschieden und abschätzig *gegen* Ludwig Börne erklärt, den Denkredner einer plebejischen Literatur: und dies ausdrücklich im Bewußtsein, selbst ihre Entscheidung getroffen zu haben für die leidenden und gedrückten Gestalten, die kleinen Leute, die Plebejer, die Proletarier. Es waren *Heinrich Heine und Karl Marx*. Heinrich Heine, immerhin der spätere Dichter eines radikal-plebejischen Gedichts mit dem Titel »Die Wanderratten«, wo aller Ästhetik und Rhetorik ausdrücklich abgeschworen wird, fast mit Ludwig Börnes Worten, zugunsten einer gesellschaftlichen Praxis, die materielle Not beseitigt, bekämpfte in seiner Denkschrift über Ludwig Börne dessen angeblich unkünstlerisch-banausisches Politikertum und politisches Moralisieren.

Der 28jährige Karl Marx schreibt am 5. April 1846, neun Jahre nach Börnes Tod, aus Brüssel an Heinrich Heine in Paris: »Vor einigen Tagen fiel mir zufällig eine kleine Schmähschrift gegen Sie in die Hand und hinterlassene Briefe Börnes. Ich hätte ihn nicht für so fad, kleinlich und abgeschmackt gehalten, als es da schwarz auf weiß zu lesen ist. Und welch elendes Gekohle nun gar der Nachtrag von Gutzkow usw. Ich werde in einer deutschen Zeitschrift eine ausführliche Kritik Ihres Buchs über Börne schreiben.«

Den versprochenen Artikel über Heines polemische Schrift gegen den toten Börne hat Marx dann doch nicht geschrieben. Allein im Briefwechsel mit dem um zwei Jahre jüngeren Freund Friedrich Engels geht es in jenen Jahren immer wieder darum, den von Hause aus »jungdeutschen« Engels, den gerade Karl Gutzkow, wie im übrigen auch den Georg Büchner, zum erstenmal druckte, von allen jungdeutschen Flausen und Illusionen, auch aus der Börne-Begeisterung, zu befreien. Gutzkow hatte eine erste Würdigung Börnes verfaßt: mit großer Wirkung in Deutschland, gerade auch bei allen Anhängern einer jungdeutschen radikalen Politik und Literatur. Gutzkow und seine Freunde sagten sich vor allem wegen des Börne-Buches von Heine los, wenngleich Heine im Dezember 1835 zusammen mit ihnen, also mit Gutzkow und Mundt, Wienbarg und Heinrich Laube durch die fürstlichen Regierungen und ihren Frankfurter Bundestag ein totales Publikationsverbot erhalten hatte.

Karl Marx jedoch hielt nichts von solcher Kumpanei und Solidarität. Die plebejische Politik eines Ludwig Börne, der überdies den etwas sentimentalen utopischen Sozialismus eines Theologen, des Priesters Lamennais, unter dem Titel »Worte eines Gläubigen« übersetzt und kommentiert hatte, empfand Karl Marx einfach als schädlich. Börnes Angriffe auf Lebenswandel und politischen Immoralismus Heinrich Heines hielt Marx für läppisch. Am »Wintermärchen« läßt sich Heines Umgang mit den jungen Emigranten Marx und Engels deutlich erkennen. In den von Marx und Arnold Ruge und Friedrich Engels im Jahre 1844 herausgegebenen »Deutsch-französischen Jahrbüchern« finden sich Beiträge sowohl von Moses Hess wie von Heinrich Heine. Ob der Dr. Marx, hätte damals Börne noch gelebt, den politischen Publizisten der in Deutschland ungemein erfolgreichen »Briefe aus Paris«, den Dr. Ludwig Börne, um Mitarbeit gebeten hätte, ist ebenso fraglich wie Börnes Bereitschaft, der Einladung eines Karl Marx Folge zu leisten.

Wie ist diese sonderbar zwiespältige Konstellation zu erklären?

Daß Ludwig Börne ein großer Schriftsteller deutscher Sprache gewesen ist, kann nicht bestritten werden. Geist und Witz seiner Prosa, die Schärfe seines Denkens, die Kraft seines Gefühls haben auch die politischen Gegner unter den Zeitgenossen stets anerkannt. Börne zu lesen, ist ein Vergnügen. Man findet nichts von sentimentaler Emphase und aufdringlicher Bildungshuberei, wie in vielen späteren Texten einer deutschen kritisch-essayistischen Prosa, die man unter damaligen Zeitgenossen als schön oder gar als glanzvoll zu bezeichnen pflegte. Nennt man politisch so gegensätzliche Autoren wie den Historiker Heinrich von Treitschke und den Publizisten Maximilian Harden, so mag deutlich werden, was gemeint ist. Bei Börne gibt es nicht den Professoren-Donner Treitschkes, auch nicht die verschnörkelte, mit Zitaten und Anspielungen allzu fett gespickte Prosa Maximilian Hardens. Ludwig Börne ist ein leidenschaftlicher Schriftsteller, allein er hält beim Schreiben auf Selbstzucht. In seiner »Denkrede auf Jean Paul« steht ein Schlüsselsatz: »Für die Freiheit des Denkens kämpfte Jean Paul mit anderen; im Kampfe für die Freiheit des Fühlens steht er allein.« Ein sonderbarer Satz. Im Kampfe für die Freiheit des Denkens ist Ludwig Börne tätig gewesen mit anderen, aber auch wie kaum ein anderer. Aber hat Börne auch für die Freiheit des Fühlens gekämpft? Dann wären seine Angriffe auf Heinrich Heine und dessen Freiheitsbedürfnis in allen Lebensbereichen ganz unerklärlich.

Der Gegensatz Ludwig Börnes zu Goethe wie zu Heine besitzt eine gemeinsame Wurzel. Ursprungszeit und Ursprungsort sind leicht zu fixieren. Eine Frankfurter Jugend in der Judengasse. Seit es die fünfbändige Ausgabe von Börnes »Sämtlichen Schriften« gibt, die unter großen materiellen und anderen Schwierigkeiten zwischen 1964 und 1968 in Frankfurt erschien, betreut durch Inge und Peter Rippmann, alle Schriften aus Börnes Nachlaß und die noch vorhandenen Briefe, vor allem an seine Lebensfreundin Jeanette Wohl enthaltend, ist es leichter geworden, die Widersprüche in Börnes Denken und Handeln ebenso zu deuten wie die Sonderbarkeiten seiner schiefen Konstellation in der Beziehung zu jenem großen Quadrat aus Goethe und Hegel, Heine und Marx.

Die »Lebensdaten« im dritten Band der neuen Börne-Ausgabe,

die sich, in ausführlichen Zitaten, jeweils auf eigene Texte Ludwig Börnes oder Zeugnisse von Zeitgenossen stützen, haben vieles geklärt, was bis dahin fast als unerklärlich gelten mußte. Ludwig Börne selbst hat den 6. Mai 1786 als seinen Geburtstag bezeichnet. Eine Urkunde des Vorstandes der Frankfurter Israelitischen Gemeinde aus späterer Zeit nennt den 24. Mai. In der Judengasse und im Frankfurter Getto kam ein Kind namens Juda Löw Baruch zur Welt, Sohn des Bankiers Jakob Baruch, der (mitsamt seinem Bankhaus) hohes Ansehen besaß nicht allein in der Frankfurter Jüdischen Gemeinde, sondern auch bei seinen christlichen Geschäftspartnern: darunter dem Kaiserlichen Hof zu Wien. Ludwig Börne konnte später kurzfristig in Wien davon profitieren, daß Baruch die Politik Maria Theresias finanziell unterstützt hatte. Die Familie Jakob Baruchs gehörte zu den »Frommen«: die fünf Kinder, Löw Baruch ist das dritte Kind, wurden nach allen Regeln der jüdischen Gesetze und Gebräuche erzogen.

Die Spannung zwischen Löw und seinem reichen Vater ist auch hier vorgeprägt. Wohlstand und Orthodoxie auf Vaters Seite, ärmliche Geistigkeit und Unorthodoxie auf seiten des Sohnes scheinen ebenso determiniert wie später im Falle der Söhne Sigmund Freud, Franz Kafka oder Walter Benjamin. Löw Baruch ist ein kränkliches Kind. Vielleicht haben die Lebensverhältnisse in der Judengasse bereits den Keim gelegt zur späteren Lungenkrankheit. Das schöne Porträt des Malers Moritz Oppenheim aus dem Frühjahr 1827, das heute in Städels Kunstinstitut in Frankfurt hängt, zeigt einen traurigen, klugen und kränkelnden Menschen. Auch der Pelz, schaut man genau hin, ist einigermaßen billig und abgeschabt. Am Sonntag dürfen die Bewohner der Judengasse erst ab fünf Uhr nachmittags die übrige Stadt betreten. Promenaden und öffentliche Spazierwege sind ihnen verwehrt. Man kann sie jederzeit von dort verscheuchen. Löw Baruch hat später als Student in einer Schrift über den Zustand der Frankfurter Judenschaft im Getto, vor 1796, wie folgt geschrieben:

»Vor uns eine lange, unabsehbare Gasse, neben uns grade so viel Raum, daß wir umkehren könnten, sobald uns die Lust dazu ankäme. Über uns ist nicht mehr Himmel, als die Sonne bedarf, um ihre Scheibe daran auszubreiten ... Ein übler Geruch steigt überall herauf, und das Tuch, das uns vor Verpestung sichert, dient auch dazu, eine Träne des Mitleids aufzufangen oder ein Lächeln der Schadenfreude zu verbergen dem Blicke der lauernden Juden. Mühsam durch den Kot watend dient der verzögerte Gang dazu, unserer Beschauung die nötige Muße zu verschaffen. Scheu und behutsam wird der Fuß aufgesetzt, damit er keine Kinder zertrete. Diese schwimmen in der Gosse herum. Sie kreuchen im Kote umher, unzählig wie ein Gewürm von der Sonne Kraft dem Miste ausgebrütet. Wer gönnte nicht den armen Knaben ihre kleine Lust? Haben sie doch keinen Hofraum, kein Gärtchen im Innern des Hauses, wo sie ihre kindlichen Spiele ausüben könnten. Wohl, wenn der Kindheit Spiel das Vorbild ist von des Lebens Ernst, dann muß die Wiege dieser Kinder das Grab sein alles Mutes, aller Hochherzigkeit, aller Freundschaft und jeder Lebensfreude.«

Die freudlose Jugend hat Börnes Leben in jedem späteren Augenblick überschattet. In seinem Börne-Buch beschreibt Heinrich Heine seinen ersten Besuch bei Börne, der ihn freundlich aufnimmt und durch die Judengasse führt. Das war im Jahre 1827 und kurz nach dem Tode des Vaters Jakob Baruch. Jetzt erbte Ludwig Börne, denn nun durfte er sich so nennen und war auch als evangelischer Christ getauft worden, einen Barbetrag von 22000 Gulden und gelangte in den Genuß einer Rente, weil er im übrigen auf das Erbe von mütterlicher Seite verzichtet hatte. Die Herausgeber der Börne-Ausgabe beziffern Börnes festes Jahreseinkommen auf 1600 Gulden, setzen aber hinzu, daß es »den gesteigerten Lebensansprüchen des auf gute Wohnung und Bedienung angewiesenen kränkelnden Schriftstellers kaum genügte«. Der junge Börne muß ebenso frühreif wie eigensinnig gewesen sein. Bereits mit achtzehn Jahren darf er sich in Berlin als Student der Medizin immatrikulieren. In Berlin hatte er sich – und mit 16 Jahren – leidenschaftlich verliebt in die wesentlich ältere Henriette Herz, die Freundin der Rahel Lewin und Gattin des Arztes Dr. Markus Herz. Henriette Herz aber war seit Jahren eng befreundet mit dem Theologen und Philosophen *Friedrich Schleiermacher*. Von Schleiermacher aber gibt es einen schrecklichen Brief über Börne, der damals noch Louis

Baruch heißt, an Henriette Herz: »Louis Baruch liebt und hätschelt seine Faulheit und Eitelheit und will von allen Menschen entweder gehätschelt werden oder hochmütig über sie hinwegsehen.« Später hat Schleiermacher sein Urteil über den jungen Menschen zurückgenommen. Aber auch von Börnes Seite her bleibt die Beziehung gespannt. Börne beschreibt später sehr genau und mitleidlos, auch sich selbst gegenüber, einen gemeinsamen Spaziergang mit Joseph Görres und Friedrich Schleiermacher.

Es ist eine *romantische Welt*, und der – trotz allem – Nicht-Romantiker Jean Paul ist das leuchtende Gestirn. Hier in Berlin bildet sich wohl auch eine *zweite Wurzel des Hasses,* jedenfalls der Antipathie gegen Goethe. Die legendären literarischen und preußisch-jüdischen Salons der Henriette Herz und der Rahel Lewin stehen im Wettbewerb. Bei Rahel schwört man auf Goethe. Hier ist der Ansatz für den späteren literarischen Goethe-Kult des 19. Jahrhunderts. Der junge Heine sucht in seiner frühen Berliner Zeit den Umgang mit Rahel und insgeheim auch, ganz erfolglos natürlich, den Umgang mit Goethe. Der Frankfurter Börne aber besitzt nun eine *dreifache Wurzel der Goethe-Feindschaft*: Frankfurt; den Berliner Gegen-Salon der Henriette Herz; die erfolglose Werbung um Weimar.

In Berlin und bei Henriette Herz hatte Börne den Prinzen Louis Ferdinand kennengelernt, den Schüler Beethovens, und die Brüder Wilhelm und Alexander von Humboldt, übrigens auch den Dichter Ernst Moritz Arndt. Nach dem Tode von Markus Herz im Jahre 1803 macht der Vater Jakob Baruch aller »Verwirrung der Gefühle« beim Sohn dadurch ein Ende, daß er ihn zum Studium nach Halle schickt. Börne hält sich an den Professor Johann Christian Reil, einen der Begründer der modernen Psychiatrie. Nach der preußischen Niederlage in der Schlacht bei Jena am 17. Oktober 1806 werden die Studenten durch die französische Besatzung aufgefordert, die Stadt zu verlassen. Als der Student im Dezember 1806 nach Halle zurückkehrt, trägt er einen französischen Hut, eine französische Kokarde und einen französischen Schnurrbart, wie er selbst schreibt. Seine Schuldenlast ist erschreckend; der Vater weigert sich schließlich, weiter zu zahlen. Die Gläubiger strengen eine Klage an und bekommen schließlich recht: aber erst im Jahre 1815. Nun soll der Sohn in der Nähe bleiben, in Heidelberg. Er sattelt um und studiert an der juristischen Fakultät, beschäftigt sich aber mit Staatswissenschaften, vor allem mit dem Wirtschaftsrecht. 1808 schickt man ihn nach Gießen. Dort wird er durch den Staatsrechtler und Nationalökonomen Crome gefördert. Börne hat ein paar Arbeiten geschrieben, darunter eine »Über die geometrische Form des Staatsgebietes«, worauf Crome den jungen Juden, der nun nach französischem Recht gleichberechtigt wurde, zum Doktor der Philosophie promoviert. Dr. Baruch wird auch im selben Jahr 1808 in die Frankfurter Freimaurerloge »Zur aufgehenden Morgenröthe« aufgenommen. Nun wäre er eigentlich ein Logenbruder des Johann Wolfgang Goethe ... Allein er tritt bereits 1811 wieder aus.

Die Frankfurter Jüdische Gemeinde erkauft sich bei der Stadt Frankfurt das Bürgerrecht, und der junge Dr. Baruch wird durch Vermittlung seines Vaters als Polizeiaktuar mit Amtssitz im Frankfurter Römer eingestellt. Er soll ein guter Beamter gewesen sein, aber er ist es nicht lange, denn nach der Niederlage der französischen Truppen beginnt die unaufhaltsame Restauration in Deutschland. Die Freie Reichsstadt Frankfurt erweist sich als besonders ungerecht und judenfeindlich. Entgegen den Empfehlungen des Wiener Kongresses erklärt die Stadt Frankfurt alle Gleichberechtigung der Juden für null und nichtig. Von Wien aus interveniert Metternich ebenso wie von Berlin aus der Staatskanzler von Hardenberg, doch ohne Erfolg.

Im März 1815 verliert Börne sein Amt. Nach zähem Ringen gewährt man ihm schließlich eine reduzierte Jahrespension von 400 Gulden. Unter solchen Umständen kann Löw oder Löb Baruch nicht damit rechnen, unter seinem jüdisch klingenden Namen eine literarische Laufbahn zu beginnen. Sein Antrag auf Namensänderung wird zunächst in Frankfurt abgewiesen, schließlich bewilligt. In seiner Eingabe vom 14. März 1818 schreibt Börne: »Aber ein Umstand letzterer Art wäre der Name, den ich führe, indem er mein Religionsverhältnis zu unverkennbar bezeichnet und dem Zutrauen des lesenden Publikums in den Weg tritt, das ich gleich zum voraus in Anspruch nehmen muß, um den mit der Herausgabe einer

Zeitschrift zu verbindenden ökonomischen Vorteil mir durch Bildung einer Abonnentenliste sicherzustellen.«

Nun heißt er Ludwig Börne und wurde auch am 5. Juni 1818 durch den lutherischen Pfarrer Bertuch in Rödelheim getauft. Börnes Zeitschrift, die ihn sogleich in der Literatur berühmt machen sollte, heißt also »Die Wage«. Genauer gesagt: »Die Wage – Eine Zeitschrift für Bürgerleben, Wissenschaft und Kunst«. Sie steht damit gleichsam programmatisch gegen die sowohl von Schiller in seinen »Horen« wie von den Romantikern im »Athenäum« begründete Trennung der wissenschaftlich-ästhetischen und der politischen Sphäre. Vor allem Ludwig Börnes Literatur- und Theaterkritiken werden zur Sensation. Es gelingt ihm sogar, zumal sich seine Antipathie gegen Goethe zurückhält, die Rahel Varnhagen als Mitarbeiterin zu gewinnen. *Friedrich von Gentz* hatte sie auf Börne hingewiesen. Mit der Begründung: seit Lessing seien solche Theaterkritiken nicht erschienen.

Sehr großer Erfolg also, und auch eine sehr große Wirkung: im guten wie im unguten Sinne, denn von nun an wird Ludwig Börne die Spitzel und Zensoren nicht mehr los. Auch Friedrich von Gentz, der Berater des Fürsten Metternich, hat für sich sorgfältig die Trennung gezogen zwischen seiner Freude an Börnes Literatur und der ihm notwendig erscheinenden Repression so unstatthafter Gesinnung.

Börne ist nun alles in einem: ein Mann aus dem Getto, der gleichberechtigt wurde und doch wieder nicht. Ein Polizeiaktuarius der Freien Reichsstadt Frankfurt, den man wieder entlassen hatte. Der Herausgeber einer amtlichen Zeitschrift der Stadt Frankfurt, die schließlich eingeht, weil man ihr das Leben schwermacht. Der bewunderte Stilist und Kritiker einer Zeitschrift, die unregelmäßig erscheint und überdies durch die reaktionären »Karlsbader Beschlüsse« vom 20. September 1819 genötigt wird, mit einem neuen und repressiven Pressegesetz zu leben. Da dieses Pressegesetz festlegte, daß alle Druckschriften, die weniger als zwanzig Bogen umfassen, einer Vorzensur unterworfen seien, entschließt sich Börne dazu, den Umfang der »Wage« höher anzusetzen als zwanzig Druckbogen. Die »Wage« wird damit zum stattlichen Buch.

Das Lebensmaterial des Schriftstellers Ludwig Börne ist damit nahezu vollständig beisammen. Die unvergeßbare Jugend im Getto; Erlaubnisse und Zurücknahmen, Freiheiten und Verbote, Erfolge und Gefahren; die Lungenkrankheit, die inzwischen aufgetreten ist *und* das Außenseitertum eines Menschen, der sich nicht binden mag. Immer wieder Verlobungen und Heiratspläne mit Jeanette Wohl. Ihnen geht es ähnlich wie jenen des Franz Grillparzer, der später den Dr. Börne in Paris aufsuchen wird, aber nicht bereit ist, auf Börnes Einladung hin auch an den Zusammenkünften der Handwerksgesellen und anderer Plebejer teilzunehmen.

Von heute her gesehen ist es vermutlich jene erste Phase der literarischen Arbeit, die Ludwig Börne noch als lesenswert und lebendig erscheinen läßt. Friedrich von Gentz hatte es damals richtig gesehen: seit Lessing hatte es in der Tat, sieht man ab von wenigen Meisterwerken, keine Literaturkritik vom Range dieses Ludwig Börne gegeben. Die Brüder Schlegel, Karl Solger, vorher die großen Essays Friedrich Schillers oder Wilhelm von Humboldts waren Abhandlungen gewesen, groß angelegte Versuche. Ludwig Börne setzt die kritische Tradition eines Lessing fort: aber nicht mehr im Lessing-Sinne des Mittlertums, sondern im Sinne der Antithetik und der Polarisierung. Dadurch begründet er in der deutschen Literatur- und Kulturkritik die Gegentendenz einer plebejischen Tradition.

Als Ludwig Börne im Jahre 1829, kurz vor Ausbruch der Französischen Revolution im Juli 1830, eine Ausgabe seiner »Sämtlichen Schriften« planen darf, schreibt er, gleichsam als Ergänzung und Übergipfelung der früheren Kritiken und Rezensionen aus den Jahrgängen der »Wage«, zwei seiner wichtigsten und erfolgreichsten kritischen Analysen. Nach so viel ephemeren Autoren, die er zu behandeln hatte, muß es ihm eine Freude gewesen sein, die Kraft seiner Interpretation an großen Künstlern und Meisterwerken zu erproben: an Schillers »Wilhelm Tell« und an Shakespeares »Hamlet«.

Der Text »*Über den Charakter des Wilhelm Tell in Schillers Drama*« (1828) ist vielleicht, neben der »Denkrede auf Jean Paul«, die schönste und persönlichste Arbeit dieses großen Kritikers. Ludwig Börne, der Goethe-Feind, ist ein leidenschaftlicher Verehrer Friedrich Schillers. Auch damit steht er nicht allein unter seinen Zeitgenossen. *Christian Dietrich Grabbe* hatte genauso wie Börne den Goethe als Hofmann und Fürstenknecht abgelehnt und es dem bewunderten Schiller ausdrücklich verübelt, daß er sich mit dem berühmten Weimaraner überhaupt einließ. So weit geht Börne nicht. Schiller bleibt für ihn unangefochten, aber ein bißchen Knechtsgesinnung entdeckt Börne trotzdem. Es ist auch nicht so, daß Börne das Schauspiel »Wilhelm Tell« für mißlungen hält. Ihn stört bloß der Titelheld. Auch hier darf man die Kunst des Interpreten bewundern. Börne ist kein Banause; er hat durchaus ein dramaturgisch bedenkliches Element entdeckt. Er hätte es überdies nicht allein bei der Gestalt des Wilhelm Tell konstatieren können. Immerhin gibt es drei große Schiller-Dramen, in deren Dramaturgie der Titelheld, bösartig formuliert, bloß zu stören scheint: Fiesco, Don Carlos, Wilhelm Tell.

Mit der Gestalt des Wilhelm Tell geht Börne schroff ins Gericht. Gleich im ersten Satz sagt er: »Aus Schillers liebevollem, weltumfassenden Herzen entspringt Tells beschränktes, häusliches Gemüt und seine kleine enge Tat; die Fehler des Gedichtes sind die Tugenden des Dichters.«

Es kommt dann noch ärger: »Es tut mir leid um den guten Tell, aber er ist ein großer Philister. Er wiegt all sein Tun und Reden nach Drachmen ab, als stünde Tod und Leben auf mehr oder weniger. Dieses abgemessene Betragen im Angesicht grenzenlosen Elends und unermeßlicher Berge ist etwas abgeschmackt. Man muß lächeln über die wunderliche Laune des Schicksals, das einen so geringen Mann bei einer fürstlichen Tat Gevatter stehen und durch dessen linkisches Benehmen die ernste Feier lächerlich werden ließ. Tell hat mehr von einem Kleinbürger als von einem schlichten Landmann.«

Den Tell hält Börne für einen Untertanen und Philister. Es sei auch kein Zufall, daß der spätere Mörder Gesslers nicht teilhaben wolle oder solle beim Rütli-Schwur. Börne formuliert grausam: »Den Mann mit den breiten Schultern füllt nicht ganz seine Seele aus.« Auch Tells scheinbar so große Tat, die Tötung des Landvogts Gessler, sei eigentlich eine Untat. Das sei nicht Notwehr, sondern Rache. Hier äußert sich der einstige Polizeiaktuarius der Reichsstadt Frankfurt.

Im Grunde spricht Ludwig Börne von Deutschland und den Deutschen. Der Tell als deutscher Philister. Gewalttätig und insgeheim tatenarm. Man könnte ergänzen, mit Anspielung auf Hölderlins berühmte Formel: er sei zwar, dieser Tell, den Hölderlins Mentor Friedrich Schiller geschrieben hatte, insgeheim tatenarm, doch keineswegs gedankenvoll. Der Deutsche als Wilhelm Tell. Diese geheime, nicht unmittelbar ausgesprochene politische Anschauungsweise wird aufgenommen in jenem Paralleltext zu Schiller, also in Börnes Analyse des Prinzen Hamlet.

Die *Hamlet-Interpretation* ist umfangreicher und breiter angelegt als die Interpretation des »Wilhelm Tell«. Börne arbeitet planmäßig. Er beginnt mit dem Hinweis darauf, daß der »Hamlet« unter Shakespeares Schauspielen das einzige sei, »das nordischen Boden und nordischen Himmel hat«. Macbeth und wohl auch Lear werden hier nicht einbezogen. Börne denkt offensichtlich im engeren Sinne an die Geographie Skandinaviens. Insgeheim ist dabei wohl auch Deutschland einbezogen, denn der Schluß seines Textes *führt den Interpreten zurück in die deutsche Misere*. Wieder klingt, wie bei Börnes Polemik gegen den Philister Wilhelm Tell, der Tadel auf gegen Untätigkeit und ohnmächtige Intellektualität. Hamlet ist in der Tat gedankenvoll, aber auch tatenarm. Börne gönnt ihm nicht einmal die letzte Aktion. Hamlet ersticht zwar den König Claudius mit dem vergifteten Rapier. Allein Börne wendet ein: »Es ist die Keckheit eines Diebes, der schon unter dem Galgen steht und Gott, die Welt und seinen Richter lästert. So endet ein edler Mensch, ein Königssohn.«

Es sei eine verwirrte, aus den Fugen geratene und ungerechte Welt. Tugend und Gerechtigkeit werden selbst zerstört beim Untergang der Gerechten und Tugendhaften. Es sei sonderbar, meint Börne am Schluß, daß Shakespeare, der Brite, sein großes Schauspiel vom Prinzen Hamlet so tatenarm und ohnmächtig zu Ende geführt habe: so deutsch, wie man ergänzen könnte. Weshalb auch der letzte Satz bei Börne lautet: »Hätte ein Deutscher den Hamlet gemacht, würde ich mich gar nicht darüber wundern. Ein Deutscher braucht nur eine schöne, leserliche Hand dazu. Er schreibt sich ab, und Hamlet ist fertig.«

Deutschland ist Hamlet. Von hier aus, von Ludwig Börne her, erklang jener politische Schlachtruf, der in den Vierziger Jahren des 19. Jahrhunderts, nach Börnes Tode, doch im Zeichen eines Gedenkens an ihn, nicht mehr verstummen sollte: bis zum Ausbruch auch einer deutschen Revolution im März des Jahres 1848. Deutschland ist Hamlet. Hinter aller Literatur und politischen Lyrik des Vormärz, bei Freiligrath und Georg Herwegh, Georg Weerth und Ludwig Pfau und vielen anderen, steht immer wieder dieses Diktum Ludwig Börnes: Deutschland ist Hamlet. Aber es soll nicht zugrunde gehen wie Hamlet, sondern endlich wirken und fähig werden zur Tat.

Diese Folgerung zog Börne auch für sich selbst. Nach dem Ausbruch der Französischen Juli-Revolution und beim Ausbleiben einer deutschen Revolte ist es klargeworden für ihn, daß sein Platz nunmehr in Paris sein muß. Dorthin war er wiederholt gereist in den Zwanziger Jahren, stets jedoch nach Deutschland zurückgekehrt, nicht selten enttäuscht. Nun trifft er am 16. September 1830 in Paris ein. Heinrich Heine folgt ein Jahr später, wie bekannt. Er trifft sich dort mit Börne, und zunächst ist es nach wie vor ein freundlicher Umgang. Dann aber machen sich die Gegensätze der beiden in Lebensführung und Aufgabenstellung trennend bemerkbar. Börne ist nun bereits sehr krank. Ein Ohrenleiden wird schlimmer, Börne hört zunehmend schlechter, was ihn aller Geselligkeit entfremden muß. Er hatte niemals Freude gehabt am Geschwätz der Salons und an einer glänzenden Konversation. Witzig und glänzend war er im Gespräch mit vertrauten Freunden.

Im Gegensatz zu Heine, der es sich bei allem Hohn über den Frankfurter Bankier zu Paris doch wohl sein läßt in der Gesellschaft des Barons Rothschild, macht Börne keinerlei Anstalten, dort eingeladen zu werden. Im Palais Rothschild fürchtet man sich vor Börne, der immer wieder in seinen »Briefen aus Paris« vor deutschen Lesern herzieht über die »giftige Geldwirtschaft« und vorschlägt, der Bürgerkönig Louis-Philippe solle sich in Paris in der Kirche Notre-Dame de la Bourse krönen lassen, und zwar durch den Baron Rothschild. Börnes Umgang in Paris sind die Plebejer. Heinrich Heine hat sich später, nach Börnes Tod, über Börnes Plebejertum mokiert. Trotzdem spürt man in Heines Schilderung den geheimen Respekt vor der moralischen Integrität des anderen:

»Es waren Zusammenkünfte von Handwerkern deutscher Zunge, die in einem großen Saal des Passage Saumon oder in den Faubourgs sich versammelten ... da der Republikanismus eine so grade Sache ist und leichter begreifbar als z. B. die konstitutionelle Regierungsform, ... so dauerte es nicht lange und Tausende von deutschen Handwerksgesellen wurden Republikaner und predigten die neue Überzeugung ... vielleicht weit mächtiger als Börnes geschriebene Reden war Börnes mündliches Wort, welches er an Leute richtete, die es mit deutschem Glauben einsogen und mit apostolischem Eifer in der Heimat verbreiteten ... Wenn ich daher las, wie norddeutsche Blätter sich darüber lustig machten, daß Börne mit 600 Schneidergesellen auf den Montmartre gestiegen, um ihnen eine Bergpredigt zu halten, mußte ich mitleidig die Achsel zucken, aber am wenigsten über Börne, der eine Saat ausstreute, die früh oder spät die fruchtbarsten Früchte hervorbringt. Er sprach sehr gut, bündig, überzeugend, volksmäßig; nackte, kunstlose Rede, ganz im Bergpredigerton.«

Börne geht mehr und mehr auf in der konspirativen und revolutionären Praxis. Am 8. Januar 1831 nehmen einige Dozenten und Studenten unter Leitung des Dr. von Rauschenplatt von der Stadt Göttingen Besitz. Sie werden erst nach einer Woche und nach dem Einmarsch von 7000 Mann, also der halben Armee des Königreichs Hannover, vertrieben. Der Vorgang ist unmittelbare Ursache für jene im Jahre 1832 durch Dahlmann eingeführte Verfassung des Königreichs, die später, wie bekannt, durch den König einfach aufgekündigt wird und den Protest der Göttinger Sieben hervorrufen sollte. Ludwig Börne hatte Verbindung mit den »Stadtbesetzern«. Am 9. April trifft er sich mit dem flüchtigen Rauschenplat irgendwo an der französischen Grenze.

Im September 1831 veröffentlicht Börne seine gesammelten »Briefe aus Paris« in Buchform. Der Band erscheint beim eigentlichen Verleger des »Jungen Deutschland«, auch Heinrich Heines: bei Julius Campe, also bei Hoffmann und Campe in Hamburg. Die Auflage beträgt 2000 und ist bald vergriffen. Die letzten Exemplare werden im November durch die Obrigkeit beschlagnahmt. Campe wird bei einer Strafe von 100 Talern der weitere Verkauf eines Buches untersagt, das »die gröbsten Schmähungen gegen den Bundestag und die Fürsten und Regierungen unseres Deutschen Bundes enthält und zum Aufruhr reizt«. Ein paar Wochen später wird das Buch auch im Königreich Preußen verboten. Der Senat der Reichsstadt Frankfurt möchte nicht untätig sein und teilt dem einstigen Polizeiaktuar mit, er könne seine Pension von nun an nur dann erhalten, wenn er sie selbst in Frankfurt abhole. Jedermann wußte, was damit gemeint war. Nach kurzem Hin und Her wird trotzdem weitergezahlt.

Das Jahr 1832 bedeutet den Gipfel im politischen Leben des Republikaners und Emigranten Börne. Durch seine »Briefe aus Paris« hatte er sich viele Freunde erworben. Einer davon hieß Johann Georg August Wirth, der republikanische Herausgeber einer Zeitschrift »Die deutsche Tribüne«. Wirth war in Nürnberg am Gymnasium *ein Schüler Hegels* gewesen, als dieser, nach Schließung der Universität Jena, als Gymnasialrektor in Franken zu arbeiten hatte. Wirth aber ist, wie bekannt, der eigentliche Organisator gewesen beim *Hambacher Fest* am 27. Mai 1832. Die Namen Wirth und Siebenpfeiffer sind aufs engste mit dieser großen bürgerlichen Sammlungsbewegung gegen die deutsche Restauration verbunden.

Börne war offensichtlich durch Wirth über die Vorbereitung des Volksfestes unterrichtet worden. Er fuhr zuerst nach Baden-Baden, wo er mit Jeanette Wohl und ihrem späteren Ehemann Salomon Strauß zusammenkam. Dann traf er sich mit Wirth und Siebenpfeiffer und reiste weiter nach Hambach.

Dort ist er, wohl zum ersten und einzigen Mal in seinem Leben, leidenschaftlich gefeiert worden. Man dankte dem Autor der »Briefe aus Paris«. Beim Wartburgfest von 1817 hatten deutsche Studenten unter antisemitischen Schmährufen die Schriften zur Judenemanzipation und das Bürgerliche

Gesetzbuch Napoleons verbrannt. In Hambach brachten die Heidelberger Studenten dem Juden Löw Baruch einen Fackelzug dar. Börne schreibt nach dem Fest an Jeanette Wohl:
»Ich habe mich nach meiner Art zurückgezogen und fast versteckt. Half aber alles nichts. Gestern abend brachten mir die Heidelberger Studenten ein Vivat mit Fackelzug vor meine Wohnung. Schon früher zog mir auf den Straßen alles nach mit Geschrei: ›Es lebe Börne, es lebe der deutsche Börne, der Verfasser der Briefe aus Paris.‹«
Der Höhepunkt, doch auch ein Wendepunkt. Die deutschen Polizeistaaten antworteten mit schweren neuen Repressionen: Verboten, Verhaftungen, Prozessen. Zu Beginn des Jahres 1833 veröffentlicht Börne einen neuen Band der »Briefe aus Paris«. Am 22. Januar stellt die reaktionäre »Münchner politische Zeitung« fest: »Gleich ruchlos wie die religiösen sind die politischen Konzeptionen des Verfassers. Wahrlich, wo irgend auf deutschem Boden ein Galgen steht, wird man kein würdigeres Subjekt daran aufzuhängen finden als diesen Herrn Baruch modo Börne.«
Börne ist auch weiter mit allen Aktionen verbunden, die irgendwo in Deutschland gegen das restaurative System unternommen werden. Mit Georg Büchners Aktionen des »Hessischen Landboten« hat er nichts zu tun gehabt. Büchner erwähnt ihn einmal in einem Brief voller Hochachtung. Er ist stolz darauf, zusammen mit Börne, übrigens zu Unrecht, als Mitarbeiter einer neuen politischen Revue genannt zu werden. Während man aber, und abermals zu Unrecht, den Studenten Georg Büchner in den polizeilichen Untersuchungen in Verbindung bringt mit dem Sturm auf die Frankfurter Hauptwache und Constablerwache, hat Börne offensichtlich mit dieser Aktion revolutionärer Studenten unmittelbare Verbindung gehabt.
Der gesundheitliche Verfall ist unaufhaltsam seit dem Jahr 1834. Die Tuberkulose schreitet fort, auch das Ohrenleiden. Börne leidet an Schlaflosigkeit. Er zieht sich immer mehr zurück. Damals entdeckt er die »Paroles d'un Croyant« des Abbé Hugues Félicité Robert de Lamennais. Diese Form eines christlichen und utopischen Sozialismus begeistert ihn sogleich. Er übersetzt das Buch. Abermals mokiert sich Heinrich Heine, der zur selben

Zeit ein treuer Anhänger der utopischen Saint-Simonisten zu sein pflegte.

Als der Frankfurter Bundestag die gesamte gegenwärtige und künftige Literatur der Schriftsteller vom Jungen Deutschland verbietet, steht Börnes Name nicht auf der Verbotsliste. Der Denunziant Wolfgang Menzel, mächtiger Herausgeber des Literaturblatts bei Cotta in Stuttgart, hatte versucht, den bewunderten Börne draußenzuhalten. Börne antwortet natürlich mit krassem Undank. Seine letzte glanzvolle Schrift heißt »Menzel, der Franzosenfresser«. Inzwischen ist Börne auch in Paris zum Inbegriff eines revolutionären Republikanertums geworden. Er schreibt regelmäßig bis zu ihrem Verbot durch die französische Regierung in der Zeitschrift »Le Réformateur«, die Raspail herausgibt. François Vincent Raspail, an welchen auch heute noch in Paris ein Boulevard erinnert, war einer der großen Revolutionsmacher Frankreichs. Er kam 1815 nach Paris und gab nach der Juli-Revolution den »Réformateur« heraus. Heinrich Heine hat sich später in seinem Buch gegen Börne darüber lustiggemacht, daß das Blatt sehr rasch verboten wurde. Dadurch sei er, Heinrich Heine, der Freude beraubt worden, darin die Angriffe Börnes gegen den deutschen Landsmann lesen zu können.

Heines Spott gegen das unbekannte und rasch verbotene Blättchen wurde rasch widerlegt in der Folge. Raspail war es, der am Abend des 24. Februar 1848 die provisorische Regierung zwang, als er mit einer Volksmenge bei ihr eindrang, die Französische Republik zu proklamieren. Im Zweiten Kaiserreich wurde er verurteilt und lebte nach der Entlassung im belgischen Exil. 1869 wurde er abermals als Deputierter gewählt. Bei seinem Tode am 8. Januar 1876 war er Mitglied der Deputiertenkammer in der Dritten Französischen Republik.

Es war seine Verbindung sowohl mit den deutschen Plebejern wie mit den französischen Proletariern, die Börne auch im Bewußtsein seiner politischen Freunde viel Dankbarkeit und Hochachtung eintragen sollte. Er starb am 12. Februar 1837 in Paris und wurde am 18. auf dem Friedhof Père Lachaise beigesetzt. Berichte über das Leichenbegängnis teilen mit, daß der Leichenzug »schlechten Wetters ungeachtet dreitausend Menschen vereinigte«. Die Beisetzung Heinrich Heines auf dem

Friedhof Montmartre hat, wie man weiß, neunzehn Jahre später kaum Anteilnahme hervorgerufen.

Börne und Heine: trotz einer Fülle der Argumente und Motivationen bleibt der Zwiespalt zwischen diesen beiden deutschen Juden, die im Pariser Exil sterben sollten, fast unerklärbar. Freilich gab es den Gegensatz des Alters und der Generation. Ludwig Börne steht als Deutscher und Jude gleichsam zwischen Moses Mendelssohn und Heinrich Heine. Wie Mendelssohn kannte und kennt er noch das Getto und alle Art der Demütigung. Harry Heine vom Jahrgang 1797 wird hineingeboren in die Ära der Revolution und des Bonapartismus. Er darf Gleichheit erleben und den Napoleon bewundern. Die jüdische Orthodoxie hat Heine ebensowenig kennengelernt wie Felix Mendelssohn-Bartholdy. Den größten Teil seines Lebens muß sich Börne herumplagen mit christlichen Gehässigkeiten und Neidern zu Frankfurt am Main. Heinrich Heine kann als Gleichberechtigter studieren, nach der obligaten Taufe natürlich, in Bonn und Göttingen und Berlin. Auch dabei gibt es Demütigungen durch Deutschtümler und preußische Zensoren, allein das ist nun ein Problem der von Heine produzierten Literatur, doch kaum mehr, wie so oft beim frühen Börne, ein Problem der Geburt.

Hat Ludwig Börne den *Dichter* Heine beneidet? Es wäre denkbar. Börne war kein Dichter; er hat es gewußt. Sein Schreiben brauchte den Anlaß, das Thema, die Entrüstung. Heines glanzvolle Prosa der frühen »Reisebilder« hingegen war gleichsam ein Schreiben »an sich« ohne unmittelbaren Anlaß; ein Dichten in Prosa, das sich selbst genügte.

Eben dies hat Ludwig Börne vermutlich niemals verstanden. Heinrich Heine hatte den Gegensatz zu Börne durchaus begriffen. Heines bekannte Antithesen der Sensualisten und der Spiritualisten, der Nazarener und der Hellenen zielte zugleich auf die jüdische wie die christliche Askese und Moralität. In Heines Augen war Börne ein Spiritualist und Nazarener. Sich selbst empfand er als schönheitstrunkenen Griechen. Darin ist Heines Denken gar nicht so unverwandt der Antithese *Sören Kierkegaards* in dem Buch »Entweder – Oder«. Zu verstehen als das

Entweder einer ästhetisch-erotischen Lebensführung, konfrontiert mit dem Oder eines moralisierenden Asketismus. Die *Ähnlichkeit zwischen Heine und Kierkegaard* ist nicht zufällig. Im Gegensatz zu Börne kommen beide aus Hegels Schule. Beide aber suchen, Heine wie Kierkegaard, diesen Dualismus zu übergipfeln. Kierkegaard durch den Rückgriff, wie man heute formulieren würde, auf eine dialektische christliche Theologie. Heinrich Heine, nach eigenem Bekenntnis, durch ein »Drittes Testament« des sinnenfreudigen sozialistischen Utopismus.

Seltsam: hier wäre dann, trotz allem, eine Gemeinsamkeit möglich gewesen zwischen Börne und dem späten Heinrich Heine, für welchen die ephemere Verbindung zu Marx und Engels keine Lösung darstellte. Heine hielt fest an der sozialistischen Utopie.

Allein vielleicht lag der tiefste Gegensatz zwischen Börne und Heine in ihrer von Grund auf verschiedenartigen Beurteilung des Juden und des Judentums. Beide haben sie, Börne wie Heine, über den *Shylock* geschrieben in Shakespeares »Kaufmann von Venedig«. Beide haben sie auch, unabhängig voneinander, die Beziehung hergestellt zwischen dem Shylock bei Shakespeare und dem großen Shylock zu Paris, dem Baron Rothschild. Börne schreibt voll Haß: »Wie hätte Shakespeare unsere Shylocks, die großen Shylocks, mit christlichen Ordensbändern auf jüdischem Rockelor, geschildert! Wie hätte er die papierverkehrenden Shylocks ohne Rockelor gezeichnet, die das Fleisch und Blut ganzer Völker in Scheinen besitzen und die nicht mit Lumpen Papier, sondern mit Papier Lumpen machen!«

Heinrich Heine wählte den Umweg über die Gestalt der Porzia, um von ihr her bis zum Shylock vorzudringen. Er entwirft ein Reisebild von Venedig, sucht angeblich den Shylock auf dem Rialto, um ihm mitteilen zu können, »daß sein Vetter, Herr von Shylock in Paris, der mächtigste Baron der Christenheit geworden sei«. Während aber Börne das Jude-Sein gegen Ende seines Lebens, vielleicht nicht unähnlich dem Aufsatz von Karl Marx »Zur Judenfrage«, als Zufall einer Geburt ansah, den man mit Hilfe politischer Veränderung und durch verfassungsmäßige republikanische Gleichheit vor dem Gesetz korrigieren könne, endet die Shylock-Analyse bei Heinrich Heine mit einer nicht zu korrigierenden existentiellen Judenklage.

Ludwig Börne, der seine Kinderzeit, wie berichtet, buchstäblich im Kot der Judengasse zubringen mußte, hat sich, ganz sicher mit dem Blick hinüber zu dem glanzvoll dahinlebenden Heinrich Heine, auch noch am Schluß seines Lebens zum Außenseitertum und gleichzeitig zu einem republikanischen Prinzip Hoffnung bekannt. Börnes letzte Schrift über Menzel, den Franzosenfresser, endet mit folgenden Sätzen:

»Wer in dieser schnöden, pestbeherrschten Welt sich vor Ansteckung sichern und gesund bleiben will, muß sich in Essig baden, um alle breisüßen Herzen und verbuhlten Lavendelseelen von sich entfernt zu halten. Es gibt darum noch brave Leute genug, welche auch die sauere Hand eines ehrlichen Mannes drücken, und diese verstehen mich und lächeln mir.«

2. HEINRICH HEINE UND DIE DEUTSCHE IDEOLOGIE

Geschichtsdeutung als Selbsterkenntnis Heinrich Heines

Im Jahre 1855 entwarf Heine in französischer Sprache die Vorrede zu einer Prosaübersetzung von »Deutschland. Ein Wintermärchen«. Darin versuchte er, Distanz herzustellen zur Entstehungszeit seines letzten großen Reisebildes. Das »Wintermärchen« wurde größtenteils zu Beginn des Jahres 1844 niedergeschrieben; es erschien zuerst im September in Hamburg. Mehr als zehn Jahre später, in der Matratzengruft, berühren den Autor an diesem seinem größten politischen Gedicht vor allem der poetische Reiz und die politische Ohnmacht. Bedauernd teilt er den französischen Lesern mit, eine französische Prosaübersetzung werde nimmermehr imstande sein, von den »Wirkungen einer gleichzeitig melodischen und spaßhaften Verskunst mit grotesken Reimen und burlesken Wortspielen« ... einen Begriff zu geben. Deshalb müsse das Wintermärchen »seinen glänzendsten Zauber einbüßen«. Hingegen könne auch der französische Leser am reduzierten Text immerhin die Absichten des Autors zur Entstehungszeit des Poems erraten. Auch werde er hinter der Tollheit die Genauigkeit bemerken. Heine erhofft sich, daß französische Leser von »Deutschland. Ein Wintermärchen« durch die »Lektüre tiefer vertraut gemacht würden mit dem deutschen Denken als durch die gründlichsten Spezialabhandlungen«.

Noch etwas anderes ist merkwürdig an diesem Vorwortentwurf aus Heines Spätzeit. Er situiert nämlich das Poem des Jahres 1844 sowohl historisch wie literarhistorisch. Das Deutschland-Gedicht sei als »Gegenstück« zu verstehen zu den Helgoländer Briefen im Mittelteil des Buches über Ludwig Börne. Jenen politischen und emotionalen Momentbildern aus Helgoland bei Erleben der Nachrichten von der Pariser Juli-Revolution, einem Dokument mithin voller Bewegung und Entschlußkraft, inspiriert durch politische Ereignisse, die bewegt und bewegend waren, werde die poetische Winterreise als Dokument ironischer Skepsis gegenübergestellt: »Deutschland war«, konstatiert Heine im Jahre 1855, »von neuem eingeschlafen, und die allgemeine Schläfrigkeit und Stagnation, die jenseits des Rheins bis zur Februar-Revolution anzutreffen war, ist in dieser humoristischen Dichtung beschrieben worden«.

Konfrontation also der Helgoländer Briefe, die Heine – falls er sie in der Tat bereits in Helgoland nach Ausbruch der Juli-Revolution formuliert hatte – erst zehn Jahre später in seine Schrift über und gegen Börne aufnahm, mit dem satirischen Reisebild von 1844. *Dort* die großen Hoffnungen und Entwürfe, die Heine kaum ein Jahr später veranlassen mochten, in Frankreich seinen Wohnsitz zu nehmen, *hier* die sentimentalischen Reflexionen eines Ausgewanderten, der für die Dauer einer Familienreise in die Heimat zurückkehrt. Juli-Sonne über Natur und Gesellschaft im Jahre 1830, November-Traurigkeit beim Grenzübertritt in der Nähe von Aachen und beim Anblick des königlich-preußischen Hoheitsadlers.

Dies ist nicht Vortäuschung von ästhetischen Antithesen, sondern genaues, bis heute kaum hinreichend durchschautes Kompositionsprinzip. Da Heine fast immer noch, selbst bei Adorno und ganz gewiß bei Karl Kraus, identifiziert zu werden pflegt mit dem Autor der »Reisebilder« und der poetischen Praxis im »Buch der Lieder«, gleichsam also fixiert auf seine Schaffensphase in den Zwanziger Jahren und der integralen Restaurationsepoche einer Heiligen Allianz, lag der Schluß nahe, das Schaffen dieses Autors zu verstehen als nervöse und lyrische Sensibilität, als Augenblicksreaktion auf Zustände, die stets personalisiert würden. Dann in der Tat wurde Heines Arbeitsweise gleichgesetzt mit dem, was man bei den deutschen Romantikern als »Occasionalismus« angemerkt hatte.

Allein diese Interpretation findet bereits an jenen Texten der Zwanziger Jahre keine solide Grundlage. Sie bietet vollends ein Zerrbild, wenn versucht wird, Heines Arbeiten aus den Dreißiger Jahren, also dem ersten Pariser Jahrzehnt, unter solchen Aspekten zu deuten.

Nichts liegt Heine – seit der Helgoländer Erfahrung – ferner als ein Kultivieren der eigenen poetischen Subjektivität. Umgekehrt ist eine Wandlung dieses Schriftstellers zu konstatieren, die Objektives schaffen möchte und gültige Aussagen anstrebt, welche mehr zu verkünden hätten als höchstpersönliche Erleidnisse. Die *Wollust der Objektivierung* scheint Heine, nach so viel Lyrik und Prosa einer koketten und sentimentalen Subjektivität, erfaßt zu haben. Was er in Paris schreibt, selbst dort, wo journalistische Tagesarbeit zu leisten ist für Cotta und Leser seiner »Augsburger Allgemeinen Zeitung«, ist das Gegenteil von Zufälligkeit und Punktualität. Heine plant seine Arbeiten auf lange Sicht. *Von nun an situiert er die jeweils anfallenden neuen literarischen Projekte innerhalb eines großen Gesamtplanes.* Wie sehr er bis zum Lebensende dieser Arbeitsweise, die gleichzeitig eine neue Selbstbestimmung als Schriftsteller bedeuten sollte, treu blieb, zeigt jener französische Text vom Jahre 1855. Die Konfrontation der Helgoländer Briefe mit dem Bericht über die Deutschlandreise im Winter geht immer noch aus von einem Gesamtprojekt, das schließlich, wie der sterbenskranke Heine genau wußte, mißlungen war.

Heinrich Heines Abkehr vom literarischen Ich-Kult und Occasionalismus in Vers und Prosa vollzog sich auf verschiedenen Ebenen. Sie war *zunächst* zu verstehen als Streben nach Gültigkeit und Dauer, die dieser Autor, der nicht aufhören mochte, sich innerlich an Goethe zu messen, an der scheinbar so fraglosen Objektivität Goethescher Hervorbringungen bewunderte. Goethe hatte sich selbst schon früh, bereits in der ersten Weimarer Zeit, *historisch* gesehen: als Produkt und Produzent von konkreter Geschichtlichkeit. Das Gedicht »Ilmenau« berichtete über die poetische Begegnung eines frühen mit einem späteren Goethe. Zwar konstatierte Heinrich Heine, wie er immer wieder formulierte, zum Beispiel im Aufsatz über »Verschiedenartige Geschichtsauffassung« vom Jahre 1834, daß die »Wolfgang Goethesche Kunstperiode« vorbei sei: weil er bei aller Bewunderung für Goethe und die Werke der Kunstperiode, nicht geschichtliche Objektivität mit politischer Gleichgültigkeit oder gar Enthaltsamkeit gleichzusetzen vermochte. Heine war davon überzeugt – und viele mit ihm, etwa Ludolf Wienbarg in seinen »Ästhetischen Feldzügen« –, daß er, Heinrich Heine, dazu bestimmt sei, der neuen, auf Goethe folgenden geschichtlichen Periode das Gesetz zu verkünden. Darum war die Wendung zur Objektivität und Geschichtlichkeit gleichzeitig zu verstehen als Fixierung der eigenen geschichtlichen Situation. Weit davon entfernt, auf die Ereignisse von Revolution und Restauration in Frankreich oder Deutschland nur affektiv zu reagieren, in Vorliebe und Haß, war Heine vielmehr von nun an bestrebt, die gesellschaftlichen und geistigen Zusammenhänge, worin er wirken mußte und zu wirken gedachte, als Gewordensein zu interpretieren.

Zwei Grunderlebnisse, mit denen er sich als notwendigen Gegebenheiten immer wieder auseinanderzusetzen hatte, halfen ihm, statt daß sie die Sicht erschwert hätten, bei dieser Standortbestimmung: seine *jüdische Abstammung* und seine *Mittlerstellung zwischen deutschen und französischen Zuständen.* Dem Juden schien es, wie Heine empfand, leichter zu sein, die Geschichte eines Volkes zu verstehen, weil er sie nicht als eigene Geschichte interpretieren mußte. Die Konfrontation aber von deutschen und französischen Erfahrungen ergab zwar wenig für Heines

Frankreich-Bild, half umgekehrt aber, mit Hilfe von Divergenzen und historischen Ungleichzeitigkeiten, die spezifischen deutschen Probleme von einem Standpunkt her zu deuten, der sich *außerhalb* befand: geographisch, politisch, philosophisch und poetisch.

Daraus ergaben sich wesentliche Veränderungen für *Heines neue Schreibweise.* Ein Vergleich zwischen seinen literarischen Polemiken mit *August von Platen* und *Ludwig Börne* wird das bestätigen. In beiden Fällen steht – neben Gereiztheit, Ressentiment, wohl auch Feindschaft – eine Gegensätzlichkeit von politischen und ästhetischen Positionen hinter den oft widerwärtigen Klatschgeschichten. Dennoch ist der Ton in der Auseinandersetzung mit Börne anders als zur Zeit der »Bäder von Lucca«. Das hat wenig mit der größeren Affinität Heines zu Börne als zu Platen zu tun, weit mehr mit Heines neuem Bedürfnis, sich selbst im Vergleich mit einem anderen, hier also mit dem Nazarener, Spiritualisten und politischen Moralisten Ludwig Börne, zu situieren. In der Auseinandersetzung mit Platen meinte Heine natürlich die eigene Konzeption von Dichtung, die abzugrenzen war gegen Platens angeblichen Formalismus; aber Platen war im übrigen für Heine kein Anlaß zur Selbstdeutung. Die Auseinandersetzung mit Börne hingegen, unternommen erst nach dem Tod des Gegenspielers, suchte die eigene, Heinesche Position dadurch zu gewinnen, daß sie sich gegen Werdegang, Aktionen und Meinungen des Anderen abgrenzte. Das Buch über Ludwig Börne wurde von den Zeitgenossen und auch von Späteren, darunter noch Thomas Mann, immer wieder interpretiert als müßige, politisch schädliche, ästhetisch freilich glanzvolle Literatenfehde. In Wirklichkeit bedeutete es für Heine gleichzeitig Abrundung und Abbruch des großen Projektes seiner Mannesjahre: objektiv, gültig und geschichtlich zu werden.

Das Deutschland-Projekt in Heines Schaffen

Das Mittel dazu erblickte Heine im gewaltigen Konzept eines *Deutschland-Buches.* Schon die ersten Ergänzungstexte zu den »Reisebildern« weisen auf diese neuen Pläne hin. Eine der merkwürdigsten Schriften, mit dem umständlichen Titel »Einleitung zu: Kahldorf über den Adel in Briefen an den Grafen M. von Moltke«: letzter Text, den Heine schrieb und in Druck gab, bevor er Deutschland verließ, also in den ersten Monaten des Jahres 1831, ist nicht nur, wie Heine entschuldigend am 1. April 1831 an Varnhagen von Ense schreibt, durch »angstschnellen schlechten Stil« belastet, sondern durch das Provisorische einer Arbeit, die irgendeinen Vorwand benutzte, um längst Projektiertes wenigstens *anzukündigen.* Schon diesmal arbeitet Heine mit Verweisungen und Vertröstungen: »Doch ich berühre hier einen Punkt, der erst in einer späteren Schrift beleuchtet werden soll ...« Solche Wendungen kehren in den Schriften der Dreißiger Jahre von nun an fast leitmotivisch wieder. Im Vorwort zur ersten Auflage des Buches »Zur Geschichte der Religion und Philosophie in Deutschland«, datiert vom Dezember 1834, läßt er den deutschen Leser wissen, was mit diesen Texten beabsichtigt sei: »Sie gehören nämlich zu einer Überschau deutscher Geistesvorgänge, wovon ich bereits früher dem französischen Publikum einige Teile vorgelegt und die auch in deutscher Sprache als Beiträge ›Zur Geschichte der neueren schönen Literatur in Deutschland‹ erschienen sind. Die Anforderungen der periodischen Presse, Übelstände in der Ökonomie derselben, Mangel an wissenschaftlichen Hilfsmitteln, französische Unzulänglichkeiten, ein neulich in Deutschland promulgiertes Gesetz über ausländische Drucke, welches nur auf mich seine Anwendung fand, und dergleichen Hemmungen mehr erlaubten mir nicht, die verschiedenen Teile jener Überschau in chronologischer Reihenfolge und unter einem Gesamttitel mitzuteilen. Das gegenwärtige Buch, trotz seiner inneren Einheit und seiner äußerlichen Geschlossenheit, ist also nur das Fragment eines größeren Ganzen.«

Ein Jahr später (1835) heißt es ganz ähnlich in der Vorrede zur endgültigen Fassung seines Buches über die »Geschichte der neueren schönen Literatur in Deutschland«, das später (1836) den Titel »Die romantische Schule« erhielt: »Es war meine Absicht, auch die spätere Periode unserer Literatur in ähnlicher Form zu besprechen; aber dringendere Beschäftigungen und äußere Verhältnisse erlaubten mir nicht, unmittelbar ans Werk

zu gehen. Überhaupt ist die Art der Behandlung und die Weise der Herausgabe bei meinen letzten Geisteserzeugnissen immer von zeitlichen Umständen bedingt gewesen. So habe ich meine Mitteilungen ›Zur Geschichte der Religion und Philosophie in Deutschland‹ als einen zweiten Teil des ›Salon‹ publizieren müssen; und doch sollte diese Arbeit eigentlich die allgemeine Einleitung in die deutsche Literatur bilden.«
Alles deutet auf umfangreiches Planen hin, das stets durch äußere Widerwärtigkeiten mit Verlegern, journalistischen Tagesaufgaben, schließlich durch massive politische Verfolgung in Deutschland durchkreuzt wird. Gegen den Schluß der Übersicht deutscher religiöser und philosophischer Evolutionen von Luther bis Hegel bedient sich Heine, während er Schelling behandelt, abermals einer solchen Projektankündigung: »Wir gelangen hier zu einer neuen Phase des deutschen Gedankens. Wir erwähnten die Namen Joseph Schelling und Naturphilosophie; da nun ersterer hier fast ganz unbekannt ist und da auch der Ausdruck Naturphilosophie nicht allgemein verstanden wird, so habe ich beider Bedeutung zu erklären. Erschöpfend können wir solches nun freilich nicht in diesen Blättern; ein späteres Buch werden wir einer solchen Aufgabe widmen.«
Daraus geht hervor, daß Heine den Dualismus der beiden Bücher über Religion und Philosophie und über die Romantiker nicht als gültige Realisierung des Deutschland-Projektes anerkennen mochte. Es fehlte immer noch die Rückschau auf die spezifisch *literarische Entwicklung* in Deutschland bis hin zu Goethe und später zur romantischen Schule. Heine war keineswegs der Meinung, daß die deutsche Selbstverwirklichung mit Ausgang des 18. Jahrhunderts hinübergewechselt habe von der Religion und Philosophie zur schönen Literatur. Dieser Illusion war Madame de Staël erlegen: unter dem Einfluß von August Wilhelm Schlegel, und zu Heines Mißvergnügen. Umgekehrt schien es notwendig zu sein, im Gesamtplan des Deutschland-Buches eine Entwicklung genauer nachzuzeichnen, die gerade *nicht* als Transition von der Wissenschaft zur Kunst interpretiert werden durfte, sondern umgekehrt als strenge Dualität zu verstehen war von Goethe und Hegel.
Gelang es zwar, die religiöse und philosophische Entwicklung

weitgehend bis zu Hegel zu führen, dem Berliner Lehrer und Gesprächspartner, so bildeten Heines Bemerkungen über Goethe, in der »Romantischen Schule«, kaum mehr als einen Absprung und geistigen Ansatzpunkt. Es fehlte, wie Heine sehr wohl wußte, die notwendige *Darstellung der literarischen Aufklärung in Deutschland*, denn Lessing wurde in dem Komplementärbuch nur als Gesamtgestalt und »Fortsetzung« Luthers interpretiert, nicht aber als Dramatiker, überhaupt als literarisches Phänomen. Keine Betrachtung des Sturm und Drang, der dichterischen Entwicklung Goethes, keine sorgfältige Beschäftigung mit Schiller. Daß Heine in diesem Gesamtkonzept auch eine Beschäftigung mit der Volksdichtung, den Auffassungen Herders, der Antithetik von Volkspoesie und Kunstpoesie eingeplant hatte, dringt immer wieder durch: im Text über die »Elementargeister« und an vielen Stellen seiner Auseinandersetzung mit den Romantikern.

Dennoch ist Heines Deutschland-Buch vermutlich nicht, im Bewußtsein des Autors, an solchen Lücken und Disproportionen gescheitert; wohl auch nicht so sehr an Schwierigkeiten äußerer Art. Die Krise, die das Buch während der Arbeit befiel, und welcher es schließlich erlag, betraf den scheinbar leichtesten und evidentesten Teil der Gesamtkomposition: die *Darstellung der deutschen Entwicklung in der Gegenwart Heines,* in jenem Jahrzehnt zwischen der Juli-Revolution von 1830 und der Veröffentlichung des Börne-Buches im Jahre 1840. An diesem Thema und Zeitabschnitt brach das große, von Heine so ehrgeizig geplante Unternehmen auseinander. Es wird zu zeigen sein, daß Heines Deutschland-Buch nicht an Schwierigkeiten einer *Gegenwartsanalyse* zerfiel, sondern an der, nach Heines Ansicht und Erfahrung, *Obskurität einer Zukunftsbestimmung*. Der scheinbar so eitle und egozentrische Heine blieb redlich in diesen Grundfragen der eigenen Arbeit. Objektivität in der Zeitsituierung und Selbstsituierung verstand er nicht als interesseloses Wohlgefallen am historischen Metier: ohne eigenes Interesse als das Interesse an der Nachzeichnung von geschichtlichen Linien. Bereits in der »Verschiedenartigen Geschichtsauffassung« hatte er Leopold von Ranke gehöhnt und die »Weltweisen der historischen Schule«. Er war ein Schüler Hegels, nicht Rankes.

Das Deutschland-Buch durfte kein ästhetisches Fresko werden, sondern sollte helfen, die deutsche Zukunft, und mit ihr die französische, zu projektieren. Daß Selbstbewußtsein durch geschichtliches Verstehen zustande kommt und eben dadurch sogleich auch Veränderung bewirkt, die sich ihrerseits dann wieder als Veränderung von Bewußtsein manifestiert: das hatte Heine in Hegels Schule gelernt. Hegel war gestorben. Sein System war gleichzeitig vollendet und anachronistisch. Das Deutschland-Buch Heinrich Heines intendierte nichts Geringeres als die Weiterführung eines Bewußtseinsprozesses über Hegel hinaus. Aber verstanden als Entwicklung von materialen Gegebenheiten: Deutschland und Frankreich.

Französische Revolution und Deutsche Ideologie

Da man die Hypothese wagen darf, Heine sei, nach Verzicht auf das umfassende Deutschland-Projekt, einmal wenigstens noch auf die Grundthematik seines ersten französischen Jahrzehnts zurückgekommen: nämlich im »Wintermärchen«, nimmt es nicht wunder, daß der beherrschende Gedanke aller Schriften zur deutschen Ideologie und Geschichte darin abermals wiederkehrt. Die wichtigste Ausprägung findet sich im Caput VI. Heine sah den Rhein wieder, den Strom seiner Jugend, steht »in der stillen Mondnacht zu Köllen«, und berichtet von einer nächtlichen Begegnung. Sie repetiert scheinbar das alte romantische Motiv vom *Doppelgänger.* Da spielt Hoffmanns Geschichte vom verlorenen Spiegelbild ebenso hinein wie Chamissos Erzählung vom Peter Schlemihl. Im »Buch der Lieder« hatte auch Heine ihn besungen, den Doppelgänger, den bleichen Gesellen. Aber das lyrische Produkt sprach damals von gespaltener Subjektivität, die erlebt, erlitten und genossen wurde. Eine Partie des lyrischen Ego war gefühlsgebannt im Liebesweh, während die andere, die des Doppelgängers, aus gedanklicher und räumlicher Entfernung beobachtete und das reale Leid in imitiertes verwandelte: also in Dichtung. Franz Schubert vertonte in seinem letzten Liederzyklus dies Heine-Gedicht als Inkarnation romantischer Zerrissenheit.

Das Gespräch mit dem Doppelgänger im »Wintermärchen« meint gleichfalls ein Verhältnis der dialektischen Wechselwirkung, aber nicht zwischen Ich und Ich, sondern zwischen Idee und Aktion. Der Doppelgänger, vom Reisenden in nächtlicher Stunde zur Rede gestellt, weist kaum Ähnlichkeit im Physischen auf mit dem aus Frankreich heimgekehrten deutschen Dichter: von »untersetzter Statur, die Augen wie zwei Sterne«, unter dem verhüllenden Mantel blitzt es gleich einem Richtbeil.
Dies aber ist kein Doppelgänger im eigentlichen Sinne; das Verhältnis von Verfolger und Verfolgtem auf dem Kölner Domplatz wirkt nicht als Konfrontation zwischen fühlendem und reflektierendem Ich, sondern als eine solche von Ursache und Wirkung. So erklärt es der Verfolger-Doppelgänger:

Ich bin von praktischer Natur,
Und immer schweigsam und ruhig.
Doch wisse: was du ersonnen im Geist,
Das führ ich aus, das tu ich.

Und gehn auch Jahre drüber hin,
Ich raste nicht, bis ich verwandle
In Wirklichkeit, was du gedacht;
Du denkst, und ich, ich handle.

Die Erklärung wird noch deutlicher, beschränkt sich nicht einmal mehr auf die Relation von gedanklicher Ursache und politischer Aktion. Ursache und Folge sind nicht eng benachbart wie Donner und Blitz, Planung und Ausführung. Zwischen ihnen besteht ein zeitlicher Abstand. Der Gedanke nimmt vorweg, die Tat folgt, als Verspätung möglicherweise, dann hinterdrein.

Dem Konsul trug man ein Beil voran
Zu Rom, in alten Tagen.
Auch du hast deinen Liktor, doch wird
Das Beil dir nachgetragen.

Ich bin dein Liktor, und ich geh
Beständig mit dem blanken

Richtbeile hinter dir – ich bin
Die Tat von deinem Gedanken.

Dieser Vergleich mit der konsularischen Gewalt vom alten Rom ist in der Römerstadt Köln nicht willkürlich. Liktoren mit dem Beil gab es nicht nur als antike Reminiszenz. Die Römertravestie in der Französischen Revolution verstand auch das Fallbeil als ererbten Machtausdruck des altrömischen Republikanismus. Das Bündel mit dem Beil, Symbol, wie hier bei Heine, der Gewalt über Leben und Tod, il fascio, wurde im danach benannten italienischen *Faschismus* in gleicher Weise allegorisiert.
Der Unterschied zur konsularischen Gewalt ist bei Heine evident. Die römische Republik verfügte über Durchsetzungsmacht: der Liktor trägt dem Konsul und Planer das Machtsymbol voran. Heinrich Heine empfindet sich, und wird auch so vom nächtlichen Verfolger verstanden, als Denker einer Revolution, die noch aussteht. Das Beil folgt hinterher. Die Tat zu revolutionären Gedanken muß mit Verspätung in Deutschland nachgeliefert werden.
Diese Reflexion über Theorie und Praxis der politischen Umwälzung, des Republikanismus, gesellschaftlicher Gleichheit, darf als eigentliches Grundkonzept des Deutschland-Buches interpretiert werden. Heine versteht dabei die Beziehungen zwischen antizipierendem Denken und verspätetem Handeln als deutsche Eigentümlichkeit einer geschichtlich ungleichmäßigen Entwicklung. Um dies zu demonstrieren, wählt er stets die Gegenüberstellung von Deutschland und Frankreich als *Konfrontation von deutscher Ideologie und französischer revolutionärer Praxis.*
Bereits in der »Einleitung zu: Kahldorf über den Adel« hatte er für das Vorstadium der Französischen Revolution eine sorgfältige Abgrenzung vollzogen zwischen *Montesquieu* und *Rousseau.* Verstanden als Antithese von politisch unwirksamer, aber hochintellektueller Spekulation über Staatsangelegenheiten – und hochherziger Verallgemeinerung, die jedoch die Massen ergriff. »Montesquieu hatte nur eine verhältnismäßig g'ringe Anzahl Geister geweckt. Da er immer von einem historischen Standpunkte ausgeht, gewann er wenig Einfluß auf die Massen eines enthusiastischen Volks, das am empfänglichsten ist für

Gedanken, die ursprünglich und frisch aus dem Herzen quellen, wie in den Schriften Rousseaus. Als aber dieser, der Hamlet von Frankreich, der den zürnenden Geist erblickt und die argen Gemüter der gekrönten Giftmischer, die gleißende Leerheit der Schranzen, die läppische Lüge der Hofetikette und die gemeinsame Fäulnis durchschaute und schmerzhaft ausrief: ›Die Welt ist aus ihren Fugen geraten, weh mir, daß ich sie wieder einrichten soll!‹, als Jean-Jacques Rousseau halb mit verstelltem, halb mit wirklichem Verzweiflungswahnsinn seine große Klage und Anklage erhob ... da mußten die Franzosen die große Wissenschaft der Freiheit, die Politik, erst erlernen, und die ersten Anfangsgründe kamen ihnen teuer zu stehen, und es kostete ihnen ihr bestes Blut.«

Ausführlicher kommt Heine auf die Beziehung zwischen Gedanken und Tat in Deutschland, und auf die Ungleichmäßigkeiten französischer und deutscher Entwicklungen, zu sprechen am Schluß des Zweiten Buches über die »Geschichte der Religion und Philosophie in Deutschland«. Der Antithese von Montesquieu und Rousseau im *Vor*stadium der Bewegung von 1789 entspricht *jetzt* der Antagonismus von *Immanuel Kant* und *Maximilien Robespierre*. »Lessing starb zu Braunschweig, im Jahr 1781, verkannt, gehaßt und verschrien. In demselben Jahre erschien zu Königsberg die ›Kritik der reinen Vernunft‹ von Immanuel Kant. Mit diesem Buche, welches durch sonderbare Verzögerung erst am Ende der achtziger Jahre allgemein bekannt wurde, beginnt eine geistige Revolution in Deutschland, die mit der materiellen Revolution in Frankreich die sonderbarsten Analogien bietet und dem tieferen Denker ebenso wichtig dünken muß wie jene. Sie entwickelt sich mit denselben Phasen, und zwischen beiden herrscht der merkwürdigste Parallelismus. Auf beiden Seiten des Rheines sehen wir denselben Bruch mit der Vergangenheit, der Tradition wird alle Ehrfurcht aufgekündigt; wie hier in Frankreich jedes Recht, so muß dort in Deutschland jeder Gedanke sich justifizieren, und wie hier das Königtum, der Schlußstein der alten sozialen Ordnung, so stürzt dort der Deismus, der Schlußstein des geistigen alten Regimes.«

Das Thema wird im Dritten Buch fortgeführt und gleichsam zugunsten einer größeren deutschen Radikalität entschieden:

»Ehrlich gestanden, ihr Franzosen, in Vergleichung mit uns Deutschen seid ihr zahm und moderant. Ihr habt höchstens einen König töten können, und dieser hatte schon den Kopf verloren, ehe ihr köpftet. Und dabei mußtet ihr so viel trommeln und schreien und mit den Füßen trampeln, daß es den ganzen Erdkreis erschütterte. Man erzeigt wirklich dem Maximilian Robespierre zuviel Ehre, wenn man ihn mit dem Immanuel Kant vergleicht.«

In sonderbarer Weise befindet sich Heine mit diesen Gedankengängen, die durchaus ernst gemeint sind und immer wieder aufgenommen werden, gleichzeitig in Übereinstimmung *und* in markantem Widerspruch zu deutschen Traditionen des politischen Denkens. Heine ist, als Schüler des philosophischen Idealismus, überzeugt von der größeren Folgerichtigkeit der Aufklärung bei Kant und Hegel im Vergleich zu Voltaire und Rousseau, ganz zu schweigen von Robespierre. Andererseits kann er nicht leugnen, daß die deutsche Aufklärung sich nicht politisch zu entäußern vermochte. Wenn er, Heinrich Heine, verehrungsvoll noch die Radikalität im System des transzendentalen Idealismus bei Kant bewundert, so lehnt *Karl Marx,* nicht einmal zehn Jahre später, die Philosophie Kants spöttisch ab, da sie es nur zur kraftlosen Innerlichkeit einer Ethik des guten Willens gebracht habe. Es komme nicht darauf an, wie auch noch Heine gemeint hatte, die radikale deutsche Philosophie nun auch in Deutschland in praktische Aufklärung zu verwandeln. Der Grundmangel philosophischer Aufklärung in Deutschland, so Marx in der »Einleitung zur Kritik der Hegelschen Rechtsphilosophie«, sei dahin zu reduzieren: »Sie glaubte, die Philosophie verwirklichen zu können, ohne sie aufzuheben.«

Erst in dieser Konfrontation von Einschätzungen der deutschen philosophischen Aufklärung durch Heine und Marx werden nicht bloß die Gegensätze zwischen ihnen verständlich, sondern auch die Ursachen für das Scheitern eines Buches, das Heine aufgebaut sehen wollte als Kontrastentwicklung zwischen deutscher Ideologie und Französischer Revolution: wobei sich Heine die folgerichtigere Revolution, wenngleich verspätet und gleichsam nachgeliefert, wegen größerer Radikalität des deutschen Denkens, von seinem Heimatland erhoffte. Karl Marx formu-

lierte die Antwort weitaus radikaler: und zwar in jenem Text, der zeitlich im gleichen Jahr entsteht wie Heines »Wintermärchen« mit dem nächtlichen Gespräch auf dem Domplatz zu Köllen.
Heine als Autor jener Reflexionen über die Entwicklung deutscher Religion und Philosophie konnte nicht ahnen, daß im gleichen Jahr 1831, da er selbst Deutschland verließ, um in Paris heimisch zu werden, sein Berliner Lehrer *Hegel*, wenige Monate vor dem plötzlichen Tode, noch einmal, nach langen Jahren politisch-theoretischer Abstinenz, eine Schrift über oder eigentlich gegen die *englische Reformbill* von 1831 entworfen hatte, worin der Vollender der idealistischen Dialektik auch seinerseits einging auf den Kontrast zwischen deutscher radikaler Spekulation und außerdeutscher radikaler politischer Praxis. Diesmal ganz Offizialphilosoph des preußischen Königs, behauptet Hegel nicht ohne Herablassung, politische Reformen wie in England seien unnötig im Königreich Preußen, weil dort Wissenschaft und Philosophie weit größere Umwälzungen des Geistes vorweggenommen hätten: »Soviel als in Deutschland eine mehrhundertjährige stille Arbeit der wissenschaftlichen Bildung, der Weisheit und Gerechtigkeitsliebe der Fürsten bewirkt hat, hat die englische Nation von ihrer Volksrepräsentation nicht erlangt, und in der neuen Bill sind eben keine besondern Elemente enthalten, welche an die Stelle der teils rohen Ignoranz der Fuchsjäger und der Landjunker, teils einer bloß in Gesellschaften, durch Zeitungen und Parlamentsdebatten erlangten Bildung, teils der meist nur durch Routine erworbenen Geschicklichkeit der Rechtsgelehrten, vielmehr der gründlichen Einsicht und wirklichen Kenntnis ein Übergewicht verliehen.«
Dies war 1831 geschrieben. Dreizehn Jahre später antwortet Karl Marx, der genau wußte, was er selbst dem Denken Hegels zu verdanken hatte: »Wie die alten Völker ihre Vorgeschichte in der Imagination erlebten, in der Mythologie, so haben wir Deutsche unsere Nachgeschichte im Gedanken erlebt, in der Philosophie. Wir sind philosophische Zeitgenossen der Gegenwart, ohne ihre historischen Zeitgenossen zu sein. Die deutsche Philosophie ist die ideale Verlängerung der deutschen Geschichte. Wenn wir also statt die œuvres incomplètes unsrer reellen Geschichte die œuvres posthumes unserer ideellen Geschichte,

die Philosophie, kritisieren, so steht unsere Kritik mitten unter den Fragen, von denen die Gegenwart sagt: that is the question. Was bei den fortgeschrittenen Völkern praktischer Zerfall mit den modernen Staatszuständen ist, das ist in Deutschland, wo diese Zustände selbst noch nicht einmal existieren, zunächst kritischer Zerfall mit der philosophischen Spiegelung dieser Zustände.«

Daß Heine im Vergleichen von deutscher und französischer Entwicklung, Theorie und Praxis, Gedanke und Tat, Verinnerlichung und Entäußerung, für sein Deutschland-Buch einen Ansatzpunkt fand, der geschichtlich damals in höchstem Maße zeitgemäß war, ist unverkennbar. Gerade hier wird deutlich, wie fehlgehend eine Heine-Interpretation wirken muß, die das Mittlertum dieses Dichters und Publizisten zwischen Frankreich und Deutschland lediglich mit Hilfe einer vulgären Psychologie zu erklären sucht: als kosmopolitische Illusion, oder als unpatriotische Ausländerei, wenn nicht gar als jüdisches Außenseitertum. Allen Beteuerungen des Autors zum Trotz, die immer wieder insistierten: es handle sich bei diesen Schriften über Deutschland zum Gebrauch der französischen Leser vor allem um Klärung der Begriffe, um Widerlegung der Madame de Staël, um Information und Kommunikation, war Heines Deutschland-Buch hauptsächlich den *deutschen Lesern* zugedacht, kaum den französischen. Nicht Verständnis sollte geweckt werden für eine fremde Entwicklung, sondern Selbstverständnis der eigenen. Im Gegensatz zu Hegels Studie über die englische Reformbill war Heine durchaus nicht der Meinung, daß Radikalität des Bewußtseins auf Entäußerung in einer korrespondierenden Praxis verzichten könnte. Das hatte Hegel in all seinen relevanten Schriften nie vergessen; bloß leistete er sich in dieser späten und zu seinen Lebzeiten nicht gedruckten Schrift den geistigen Luxus, auf Grundprinzipien der Dialektik zugunsten restaurativer Polemik für einmal zu verzichten.

Nicht so Heine. Das Gedicht »Doktrin«, das er im Jahre 1844 in den »Neuen Gedichten« drucken und an der Spitze einer Gruppe von »Zeitgedichten« paradieren ließ, versteht das literarische und politische Credo abermals in Übereinstimmung mit dem Grundgedanken des nichtrealisierten Deutschland-Buches.

Keine Trennung von philosophischer Spekulation und politischer Aktion; auch keine Separation des Spiritualismus vom Sensualismus wie in den Antithesen des Buches gegen Börne vom Jahre 1840. Das neue und dritte Testament meint *in einem* die Leiblichkeit und die Geistigkeit, Theorie und ihre Verwirklichung. Damit versteht sich Heine als Schüler und Fortsetzer des Lehrers Hegel:

DOKTRIN

Schlage die Trommel und fürchte dich nicht,
Und küsse die Marketenderin!
Das ist die ganze Wissenschaft,
Das ist der Bücher tiefster Sinn.

Trommle die Leute aus dem Schlaf,
Trommle Reveille mit Jugendkraft,
Marschiere trommelnd immer voran,
Das ist die ganze Wissenschaft.

Das ist die Hegelsche Philosophie,
Das ist der Bücher tiefster Sinn!
Ich hab sie begriffen, weil ich gescheit,
Und weil ich ein guter Tambour bin.

Deutsche und Juden

Das *zweite* Strukturelement aller Schriften Heinrich Heines zur deutschen Ideologie findet sich, gleichwertig neben der Auseinandersetzung über französische Politik und deutsche Theorie, in der permanenten Auseinandersetzung über eine andere Form gleichzeitiger Konvergenz und Divergenz: zwischen Deutschen und Juden. Weil ihm die Klärung dieses Sachverhalts, abermals aus ideologischen Gründen und nicht bloß aus psychologischen Motivationen, beherrschend erschien, mußte Heine seine Betrachtungen über Deutschland gipfeln lassen in einer Auseinandersetzung mit einem anderen deutschen Juden und Patrioten:

mit *Ludwig Börne.* Die nach dem Tode des Gegenspielers redigierte und publizierte Schrift verhält sich zu den Betrachtungen über Deutschland und Frankreich gleichsam als *Spiegelung.* Hatte die Übersicht über französische und deutsche Aufklärung zu dem Schluß geführt, der weitaus folgerichtigeren Gedankenbewegung in Deutschland sei keine gleichwertige Entäußerung in politischer Praxis gefolgt, was Heine dieser Praxis zum Vorwurf machte, im Gegensatz zu Marx, der hier zunächst Mängel der Theorie konstatierte, so versteht sich der Angriff auf Börne als *Vorwurf eines politischen Praktizismus ohne theoretische Fundierung.* Auch hier bemüht sich Heine noch in der individuellen Polemik, einer personalisierten Politik mithin, um objektive Aussagen. Börne habe weder die Juden verstanden, noch die Deutschen. Vor allem nicht ihre – für Heine – frappierende Parallelentwicklung.

In Börnes Todesjahr 1837 bereits war Heine, zunächst scheinbar spielerisch, im Zusammenhang mit Frauengestalten Shakespeares, auf sein bedeutsames Thema eingegangen. Damals schien er noch zu hoffen, das Deutschland-Projekt realisieren zu können, weshalb er den literarischen und ephemeren Anlaß eines Buch-Auftrages zu einer ersten Formulierung benutzte. Vom »Kaufmann in Venedig« ist die Rede und von Jessica, der abtrünnigen Tochter des alten *Shylock.* Heine konstatiert eine Parallelität im Frauenideal der Juden und Germanen, um dann fortzufahren: »Es ist in der Tat auffallend, welche innige Wahlverwandtschaft zwischen den beiden Völkern der Sittlichkeit, den Juden und Germanen, herrscht. Diese Wahlverwandtschaft entstand nicht auf historischem Wege, weil etwa die große Familienchronik der Juden, die Bibel, der ganzen germanischen Welt als Erziehungsbuch diente, auch nicht, weil Juden und Germanen von früh an die unerbittlichsten Feinde der Römer und also natürliche Bundesgenossen waren: sie hat einen tiefern Grund, und beide Völker sind sich ursprünglich so ähnlich, daß man das ehemalige Palästina für ein orientalisches Deutschland ansehen könnte, wie man das heutige Deutschland für die Heimat des heiligen Wortes, für den Mutterboden des Prophetentums, für die Burg der reinen Geistheit halten sollte.

Aber nicht bloß Deutschland trägt die Physiognomie Palästinas, sondern auch das übrige Europa erhebt sich zu den Juden. Ich sage erhebt sich, denn die Juden trugen schon im Beginne das moderne Prinzip in sich, welches sich heute erst bei den europäischen Völkern sichtbar entfaltet.«

Damit werden Juden und Germanen, also Deutsche, der Welt des Geistigen zugerechnet, der Askese, wohl auch einer praxislosen Abstraktion. Griechen und Römer bilden den Gegenpart: Sinnlichkeit – scheinbar – ohne Spekulation. Man erkennt, warum Friedrich Nietzsche sich später mit solchem Nachdruck auf Heine zu berufen pflegte. Auch Heine hätte, wie Nietzsche, formulieren können: die Griechen seien »oberflächlich aus Tiefe«.

Mit dieser Themenstellung freilich geht Heine sogleich über die begrenzte Aufgabenstellung deutscher Aufklärung hinaus. Er verlangt nicht, oder nicht ausschließlich, die *staatsbürgerliche Emanzipation der Juden in Deutschland*. Wichtiger ist ihm die *Überwindung der gemeinsamen Begrenztheit* im Verhalten von Juden und Deutschen: ihrer Gedankenfülle und Tatenarmut.

Dadurch wird die Auseinandersetzung mit Ludwig Börne unvermeidlich. Denn Börne war, wie Heine zu wissen glaubte, ausschließlich fixiert an praktischen Reformen in Frankreich wie in Deutschland, ohne sich viel mit historischer und philosophischer Reflexion abzugeben.

Daß die postume Streitschrift gegen den älteren und verstorbenen Exilkollegen aus Frankfurt nicht Schurkerei bedeutet hat gegenüber schierem Edelmut im Verhalten Börnes, wird evident, wenn man Börnes Polemiken aus den Dreißiger Jahren gegen Heinrich Heine konsultiert. Da erschien im »Réformateur« vom 30. Mai 1855 eine umfangreiche Polemik Börnes gegen die französische Ausgabe von Heines Betrachtungen zur Religion und Philosophie in Deutschland. Die französisch geschriebene Polemik ist bösartig, kleinlich, auch anmaßend. In gespielter Demut verzichtet Börne darauf, die philosophische Sache selbst anzugehen und sich zu fragen, »ob die Darstellung der verschiedenen Systeme deutscher Philosophie, die Herr Heine für den Gebrauch der Opernbesucher unternimmt, wahr oder falsch sei«. Hingegen müsse er, Börne, die »handliche und angenehme Art kritisieren, mit welcher Herr Heine die ernstesten Themen behandelt«. (Ludwig Börne, Sämtliche Schriften, Bd. II, Düsseldorf 1964, Seite 885ff.) Das war eine doppelte Denunziation: einmal als Vorwurf mangelnder Sachkompetenz, dann als Kritik angeblich mangelnder Ernsthaftigkeit. Beides war ungerecht. Auch Börne glaubte immer noch, den Subjektivisten der Zwanziger Jahre zu treffen, und wollte nicht erkennen, daß es Heine für sich und seine Umwelt überaus ernst war mit Darstellung und Analyse.

So ernst, daß seine Auseinandersetzung mit dem moralischen Asketismus und politischen Rigorismus Ludwig Börnes gleichzeitig den Höhepunkt bedeuten mußte seiner Beschäftigung mit den deutschen Zuständen. Gegen Schluß des Vierten Buches der Denkschrift über Börne bringt er den Gedanken von der Parallelität des deutschen und des jüdischen Schicksals abermals vor. Wieder sind die Gegensätze in den Auffassungen Börnes und Heines durchaus frappierend. Beide hatten sie, innerhalb eines Jahrzehntes, worin sich freilich zugleich auch die Juli-Revolution ereignete, über Shakespeares »Kaufmann von Venedig« meditiert und über die Gestalt des *Juden Shylock.* Bei *Börne* geschieht das in Form einer Kritik, die lustigerweise zu einer Theatervorstellung angestellt wird, die Börne in Frankfurt (1828) *nicht* besucht hatte. Er läßt sich über den Abend berichten und meditiert weiter, wobei dem Kritiker, der Jude ist und im Frankfurter Getto geboren wurde, das Spezifische der *jüdischen* Unbill, die Shylock angetan wird, wie unwillkürlich entgleitet. Börne trennt, dualistisch und moralisierend, den Geldjuden Shylock vom getretenen Menschen: »Den Geldteufel in Shylock verabscheuen wir, den geplagten Mann bedauern wir, aber den Rächer unmenschlicher Verfolgung lieben und bewundern wir.« (Ludwig Börne, Sämtliche Schriften, a. a. O. Bd. I, Seite 501) So wird der Jude von Venedig mit raschem Griff in die Aktualität geführt, konfrontiert mit den Frankfurter Rothschilds, den »großen Shylocks, mit christlichen Ordensbändern auf jüdischem Rockelor«. Börne vollzieht die Trennung nicht zwischen jüdischen Parias und venezianischen Unterdrückern, sondern zwischen edlem und unedlem Menschentum im einzelnen Juden. Die moralische Betrachtungsweise jedoch wirkt verhüllend, ebenso edelmütig wie spielerisch.

Heinrich *Heine* wählt zehn Jahre später (1838) den Umweg über die beiden Frauengestalten aus Shakespeares venezianischer Komödie: Porzia und Jessica. Ihm aber geht es nur um Shylock. Auch er versagt sich nicht die Anspielung auf Shylocks Vetter, den »Herrn von Shylock zu Paris«, welcher »der mächtigste Baron der Christenheit« geworden sei. Allein Heine hält sich die dualistische Betrachtung fern. Für ihn bleibt Shylock nicht bloß Inbegriff des Juden: im Gegenteil erweitert er die Figur des venezianischen Hebräers zum Inbegriff eines sinnenfeindlichen Asketismus, so daß Shakespeares Kunstfigur bei Heine gleichzeitig einzustehen hat auch für das »Nazarenertum« der Christen und sogar der Mohammedaner: »Aber siegt einst Satan, der sündhafte Pantheismus, vor welchem uns sowohl alle Heiligen des Alten und des Neuen Testaments als auch des Korans bewahren mögen, so zieht sich über die Häupter der armen Juden ein Verfolgungsgewitter, das ihre früheren Erduldungen noch weit überbieten wird ...«

Wieder erscheint hinter der Kontur des Juden Shylock der Umriß des Juden Ludwig Börne, gestorben zu Paris, ein Jahr zuvor. Shylock und Börne repräsentieren gleichzeitig Judentum, Christentum und selbst jede andere Form einer buchgläubigen und kunstfeindlichen Spiritualität. Auch darin vergleicht Heine sie – Shylock und Börne –, als Prototypen eines jüdischen Denkens und Verhaltens, mit den Deutschen. Gemeinsam sei beiden die Mißachtung des Jetzt, die Aufopferung eines Nu zugunsten eines zukunftsgläubigen Messianismus. Was angeklungen war zwei Jahre vorher als Reflexion über das Theaterstück von Shakespeare, wird jetzt, in der Denkschrift über Börne, programmatisch formuliert: »Wie dem auch sei, es ist leicht möglich, daß die Sendung dieses Stammes noch nicht ganz erfüllt, und namentlich mag dieses in Beziehung auf Deutschland der Fall sein. Auch letzteres erwartet einen Befreier, einen irdischen Messias – mit einem himmlischen haben uns die Juden schon gesegnet –, einen König der Erde, einen Retter mit Zepter und Schwert, und dieser deutsche Befreier ist vielleicht derselbe, dessen auch Israel harret ...«.

Nun wird deutlicher, warum Heine in seinen Betrachtungen über deutsche Religion und Philosophie die Parallelität von Kant und Robespierre nicht zuletzt in beider *Spießbürgerlichkeit* erblickt hat. Zu den moralisierenden Philistern Kant und Robespierre gehört auch Ludwig Börne, als ihr kleinerer Nachfolger im Gedanken und in der Tat. Schon in einem frühen Bericht aus Paris vom 10. Februar 1832 hatte Heine sich, gar nicht erheitert, sondern erbittert, über eine modische Verherrlichung des Jakobinertums ereifert: »Der Terrorismus, der sich damals entfaltete, war aber mehr eine Erscheinung als ein System, und der Schrekken war ebensosehr in den Gemütern der Gewalthaber als des Volkes. Es ist töricht, wenn man jetzt, zur Nacheiferung aufreizend, den Gesichtsabguß des Robespierre herumträgt. Töricht ist es, wenn man die Sprache von 1793 wieder heraufbeschwört, wie die Amis du peuple es tun, die dadurch, ohne es zu ahnen, ebenso retrograde handeln wie die eifrigsten Kämpen des alten Regimes. Wer die roten Blüten, die im Frühlinge von den Bäumen fallen, nachher mit Wachs wieder anklebt, handelt ebenso töricht wie derjenige, welcher abgeschnittene welke Lilien in den Sand pflanzt.«

Gemeint war Distanz zu Robespierres These einer Gleichsetzung von Laster und Royalismus, Tugendhaftigkeit und Republikanertum. Drei Jahre später (1835) entwirft *Georg Büchner* in »Dantons Tod« dieselbe Antithese als nächtliches Gespräch zwischen Danton und Robespierre, und auch er beurteilt den großen Unbestechlichen nicht viel anders als Heine.

Ludwig Börne hingegen bleibt ein Verehrer Robespierres auch in der Aufrechterhaltung eines jakobinischen Normensystems politischer Moralität. Wenige Monate nach Heines kritischen Anmerkungen über den Pariser Kult mit Robespierre kehrt Ludwig Börne, hochgefeiert auf dem Hambacher Fest, nach Paris zurück und äußert sich über den Gegenspieler: »Besucht hat er mich noch nie, es ist ihm nicht behaglich bei mir. Er mißfällt mir wie immer. In seinem Charakter hat er gar nichts Genialisches; man sollte es nicht glauben, was er für ein gewöhnlicher Mensch ist ... Es ist nicht möglich, ein vernünftiges, noch weniger ein warmes Wort mit ihm zu sprechen ... Er sucht etwas darin, nichts zu lieben und nichts zu glauben. Er ist ein Jude, nur ohne Geld und mit Geist. Und der Geist sitzt ihm nur in den Fingern ... Von einem solchen Menschen hatte ich früher gar keine

Vorstellung. Und dann hat er solch eine asthenische Lüderlichkeit ...«

Von neuem verraten solche Sätze die typische Antithetik in Börnes verspätetem Jakobinismus eines deutschen Juden. Er *trennt abermals den Juden vom Menschen*, mißachtet in Heine den Juden, was heißen soll: den leidenschaftlichen und sinnlichrealen Menschen, wobei abermals Lebenswandel und politische Konzeption als Gleichschaltung behandelt werden. Robespierre bei Büchner hatte auf Dantons Behauptung, es gäbe nur Epikureer, und zwar grobe und feine, Christus war der feinste – bereits eine authentische These, die in der Französischen Revolution auftauchte, wie der leseeifrige Student Georg Büchner festgestellt hatte –, nur erwidern können: »Danton, das Laster ist zu gewissen Zeiten Hochverrat.« Dies alles war gemeint, wenn Heinrich Heine den Plan seines Deutschland-Buches in einer post mortem nachgelieferten Auseinandersetzung mit Börne gipfeln ließ, worin es galt: *weder* Partei zu ergreifen für den deutschen Moralrigorismus Kants *noch* für den französischen Fallbeilterrorismus des Maximilien Robespierre; weder für die Deutschen gegen die Juden, noch für die Juden gegen die Deutschen. Heinrich Heines Denken und seine Dichtung möchten all diese Antithesen überwinden und dialektisch aufheben. Weshalb er stets, wenn er die Gleichung Juden = Deutsche aufschreibt, zwar die antiken Griechen und Römer als Gegenspieler anführt, ohne jedoch gegen Nazarenertum und Spiritualismus in simpler Weise den Sensualismus ausspielen zu wollen. *In Übereinstimmung und doch in tiefem Kontrast zu Kierkegaard* hält auch Heinrich Heine das Entweder-Oder einer ästhetischen und moralischen Existenz für einen bloßen Scheingegensatz.

Jakobiner und Kommunisten

Daran freilich ist Heines Versuch gescheitert, die deutsche Geschichte als deutsche Ideologie zu schildern, nämlich als *falsches Bewußtsein*: ganz in jenem Wortsinne, den Marx und Engels meinten, als sie fünf Jahre nach Erscheinen der Denkschrift über Börne in ihrer Auseinandersetzung sowohl mit den

deutschen realen Zuständen wie mit den zeitgenössischen Versuchen, diese Zustände als progressives Bewußtsein zu fassen, von »Deutscher Ideologie« sprachen. Auch Marx und Engels wollten nicht Fortsetzer sein von Kant und Schiller: von ohnmächtiger Ethik des bloß guten Willens und von Schillers Aufschwung »aus der platten in die überschwängliche Misere«. Darum war es folgerichtig, wenn der junge Friedrich Engels, der zunächst, als literarischer Parteigänger des Jungen Deutschland, auf Börne geschworen und das vermeintliche Pamphlet Heinrich Heines gegen einen Toten verabscheut hatte, seit dem Zusammendenken mit Marx die Ansicht wechselte und plötzlich zum Parteigänger, fast zum Freunde Heinrich Heines werden konnte.
Auch Heine hat diese Freundschaft in seiner Art erwidert und meinte diese Marx und Engels in der französischen Fassung seiner »Geständnisse« von 1854: »Die mehr oder weniger geheimen Führer der deutschen Kommunisten sind große Logiker, deren stärkste aus der Hegelschen Schule hervorgegangen sind, und sie sind ohne Zweifel die fähigsten Köpfe, die energischsten Charaktere Deutschlands. Diese Doktoren der Revolution und ihre mitleidslos entschlossenen Schüler sind die einzigen Männer in Deutschland, die Leben in sich haben, und ihnen, fürchte ich, gehört die Zukunft.«
Dennoch gibt es in Heines Werk, trotz jener Annäherung in Paris, die für manche Gedanken im »Wintermärchen« nicht folgenlos bleiben sollte, keine Weiterführung der Sozialanalyse im Sinne des »Elends der Philosophie« von Marx aus dem Jahre 1847, ganz zu schweigen vom »Kommunistischen Manifest«. Das Deutschland-Bild im »*Wintermärchen*« vernebelt sich gegen den Schluß, als Hamburgs Stadtgöttin mit der Mauerkrone dem heimgekehrten Dichter den Stuhl der Nacht geöffnet hatte.

Die Zukunft Deutschlands erblickst du hier,
Gleich wogenden Phantasmen,
Doch schaudre nicht, wenn aus dem Wust
Aufsteigen die Miasmen!

Zukunftsduft der deutschen Revolution, wie es dem Dichter schien: rechtzeitig erinnerte er sich an Worte des Robespierre-

Freundes Saint-Just über die notwendigen Miasmen einer Säuberung durch revolutionären Terror. Zwar kommt Heine in jenem französischen Text einer Vorrede zu diesem Deutschland-Gedicht (1855) auf die Episode abermals zu sprechen und warnt den französischen Leser vor allegorischen Verwechselungen: die Hamburger Göttin Hammonia sei nicht mit der deutschen Germania gleichzusetzen.

Dennoch ist Heines Deutschland-Buch wahrscheinlich *am Entsetzen über deutsche Perspektiven* gescheitert. Mit der Denkschrift über Börne wird Heines Bemühung aus dem Jahrzehnt der Dreißiger Jahre abgeschlossen, gleichzeitig objektiv und geschichtlich zu werden. Der tiefe Wandel in Schreibweise und als Unverspieltheit war unverkennbar. Immer noch wird Heine so unvermittelt identifiziert mit der Epoche seiner »Reisebilder«, daß eine neuere Untersuchung von Wolfgang Preisendanz über den »Funktionsübergang von Dichtung und Publizistik bei Heine« die ziemlich schalen Einfälle und Späße rügt, »die erst in den nach 1831 geschriebenen Texten selten werden«. (Preisendanz, a.a.O. in: Poetik und Hermeneutik III, München 1968, Seite 368) Es wäre aber gerade zu untersuchen, warum sich dieser Stilwandel in der Tat seit der Übersiedlung nach Paris vollzog. Das geplante Deutschland-Buch wurde bis zur Abrechnung mit Börne geführt, die alles zugleich transzendieren sollte: Jakobinismus und deutsche Philosophie, bürgerliche Enge und religiösen Messianismus. Neben dem Deutschland-Projekt nahm Heine noch andere Lebenspläne mit nach Paris: das Buch der Memoiren als Einheit aus Zeitdarstellung und dichterischer Besonderheit. Gleichsam als Gegenstück zu Goethes »Dichtung und Wahrheit«. Dazu das große Konzept einer Gesamtdarstellung der Französischen Revolution.

In Paris kommt es dann zur bedeutsamen Begegnung mit dem Saint-Simonismus. Enfantins Evangelium der Sinnlichkeit und die saint-simonistischen Konzepte einer Gesellschaft jenseits der Bourgeoisie haben ihn tief berührt. Dies Jenseits der Bürgerlichkeit faszinierte Georg Büchner in Straßburg ebenso wie Chopin oder Liszt in Paris. Übrigens auch Ludwig Börne. Bei Heine resultierte aus dieser Begegnung mehr als Faszination eines Augenblicks. Davon zeugt, geschrieben im Mai 1835, die Widmung der ersten Auflage seines Deutschland-Buches in französischer Fassung an Prosper Enfantin im ägyptischen Asyl.

Vieles mochte Heine am Saint-Simonismus als Paralleldenken zu sich selbst empfinden: die Überwindung des jakobinischen Rigorismus; die Hochschätzung geistiger Leistung in einer vom bürgerlichen Profitdenken befreiten Gesellschaft; das Bündnis von Kunst und Wissenschaft, Sinnlichkeit und Gerechtigkeit in dieser eigentümlichen sozialistischen Utopie.

Den äußeren und inneren Zerfall dieses Traums einer Überwindung des rousseauistischen und moralistischen Jakobinismus durch eine sozialistische Vision aus menschlicher Freiheit und Schönheit hat Heine niemals verwunden. Als die einstigen Märtyrer aus Enfantins Gefolge unter Napoleon III. zu mächtigen Anregern der Industrialisierung wurden, meditierte der verbitterte Kranke in seiner Matratzengruft: die Märtyrer von einst trügen nicht mehr das Kreuz der Passion, sondern jenes der Ehrenlegion.

Das *neue* Konzept nach dem Saint-Simonismus präsentierte sich als *Kommunismus*: zunächst in der Nachfolge der Schüler von *Babeuf*, später in *Wilhelm Weitlings* »Evangelium des armen Sünders«, einer für Heine abermals fatalen Mischung aus sozialistischem Denken und urchristlicher Strenge. Im Sommer 1844 traf Heine in Hamburg mit dem immer wieder ausgewiesenen Weitling zusammen, der ihm seine Wundmale aus vielen Kerkern vorwies. Babeuf und Weitling: das schien abermals Rousseau zu sein und Robespierre, diesmal in einem Jenseits der Bürgerwelt, doch immer noch geprägt durch neue Formen einer religiösen Orthodoxie, durch Sinnenhaß und Kunstverachtung.

In seiner Studie über »Heine und der Kommunismus« hat Leo Kreutzer nachgewiesen, daß Heines Auffassung davon, lange vor der Begegnung mit Marx und Engels, geprägt wurde durch die Begegnungen mit den Schülern Babeufs, den Jüngern des Pfarrers Lamennais, den Börne übersetzte und zu dem er sich bekannte, schließlich durch Weitling und sein Buch »Garantien der Harmonie und Freiheit«. Kreutzer stellt fest: »Alle politischen und literarischen Fehden, in die der ›Revolutionsmann‹ Heine während der dreißiger und vierziger Jahre, ja bis zu sei-

nem Lebensende 1856, verwickelt wurde, hängen mit diesem Gegensatz zusammen, damit, daß Heine für sich stets das Voltairesche in Anspruch nimmt, das Kluge und Gewandte, Heiterkeit und Geschmeidigkeit. Und daß er in den ›Revolutionsmännern‹, die er als seine Gegner betrachtet, stets das Robespierresche bekämpft, den ›Rousseauischen Rigorismus‹. Also in Ludwig Börne und den deutschen Jakobinern überhaupt, in Wilhelm Weitling und seinem Handwerkerkommunismus, in Lamennais und seinem christlichen Sozialismus, in der deutschen Tendenzpoesie der frühen vierziger Jahre, einer ›Kunst, die eine in der Konsequenz kunstfeindliche Gesellschaft herbeisehnte‹, im – Babouvismus« (Göttingen 1970, Seite 24).
Dies war nicht rückgängig zu machen. Auch nicht durch Gespräche mit dem jungen Doktor *Karl Marx* aus Trier. Zeitweilig trat in Heines Denken und Fühlen die Angst zurück, die bevorstehende Revolution der Sozialisten und Kommunisten könne sich doch wieder vollziehen im asketischen Ritual der Spießbürger Kant, Robespierre und Börne, nicht aber als Synthese aus Sensualität und Technologie, wie bei den Saint-Simonisten. Darum wohl gab es für das Deutschland-Thema *keinen Abschluß*, denn *der hätte sich als Zukunftsvision* präsentieren müssen: als ein Jenseits von Kantianismus und Jakobinismus, deutscher wie jüdischer Spiritualität. Statt dessen die Miasmen der Göttin Hammonia, wohl auch statt dessen die *Rückkehr Heines zum Reisebild und zum Gedicht.* Sonderbare Evolution: Heine entsagt nachdrücklich der Subjektivität, die seine Verse und seine Prosa zuerst geprägt und inspiriert hatte. Er beschließt, objektiv zu werden, geschichtlich. Das große Buch über Deutschland drängt die Subjektivität zurück. Als der objektive Bericht freilich bis zur Gegenwart geführt hat und über sie hinausstreben möchte, trübt sich der Blick des Selbstdeuters und Geschichtsbetrachters in Furcht und Ekel. Geruch der Niedrigen und Dunstschwaden einer neuen Gläubigkeit.

Heine scheint nichts mehr zu besitzen vor solcher Zukunft als die eigene Subjektivität, die er mit der Kunst gleichsetzt und bewahren möchte. Als die Denkschrift über Börne gedruckt und an Weiterschreiben nicht mehr zu denken ist, vollzieht sich *gleichzeitig* eine Rückkehr zum Gedicht und zum Reisebild.

Ganz hatte Heinrich Heine diese liebgewordene Gattung niemals verleugnet. Mitten in den »Elementargeistern« präsentierte sich die Geschichte vom Ritter Tannhäuser, die Richard Wagner dort aufmerksam las, als Reisebericht zwischen Sinnlichkeit und Moralität, Sensualismus und Asketismus. Im »Wintermärchen« kulminiert einmal noch das große Deutschland-Projekt: aber nicht in der Prosa eines Geschichtsschreibers der deutschen Ideologie, sondern in kunstvoll zerbrochenen Knüttelversen. Auch nicht als objektive Darstellung, sondern als Reflexionsfolge einer umherreisenden und scheinbar schrankenlos assoziierenden Subjektivität. Heinrich Heine war unablässig versucht, sich mit den größten Künstlern der Vorzeit und auch der eigenen Ära zu messen. Am Schluß von »Deutschland. Ein Wintermärchen« nimmt er für sich die Rechte – und die Unsterblichkeit des Aristophanes in Anspruch. Mit Goethe hatte er sich immer wieder verglichen: ohne den »Divan« nicht die raffinierten Kadenzen der späten Heine-Gedichte. Ohne »Dichtung und Wahrheit« weder die Besessenheit des Memoirenschreibers noch des Geschichtsdeuters Heinrich Heine. Aber zuletzt blieb dennoch der Rückfall in eine neue Subjektivität, die bisweilen, in Einsamkeit und im Körperleiden, nicht zögerte, selbst der Regression in Gläubigkeit zu erliegen.

Unter den Strahlen der Juli-Sonne von 1830 schien Heine die Synthese möglich zu sein aus Lebensgenuß und Zukunftsvertrauen. Davon sprach er in dem Aufsatz »Verschiedenartige Geschichtsauffassung«, um mit einem Wort des Jakobiners Saint-Just zu enden. Wenige Jahre später, in Ludwig Börnes Sterbejahr und Sterbemonat, im Februar 1837, schrieb Heine die Einleitung für eine deutsche Ausgabe des »Don Quixote« von Cervantes. In einem Brief an seinen Hamburger Verleger Campe vom 3.5. 1837 bezeichnete er diesen Text als das Schlechteste, was er je geschrieben habe. Er hatte unrecht. Vielleicht meinte er auch nur, daß jener Text zuviel von Geheimnissen enthüllt habe, die dieser so schreibfreudige Mann sonst so gut zu hüten wußte. In jener Einleitung aber, verfaßt nach der Verdunkelung der saint-simonistischen Vision, verfolgt gleichzeitig von den Jungdeutschen und ihren Verfolgern, vereinsamt zwischen Rothschilds und rigoristischen neuen Jakobinern, vergleicht sich Heine diesmal nicht mit großen Dichtern, sondern mit dem Geschöpf eines großen Dichters. *Mit dem Ritter von der traurigen Gestalt*: »Ich war damals der Meinung, die Lächerlichkeit des Donquixotismus bestehe darin, daß der edle Ritter eine längst abgelebte Vergangenheit ins Leben zurückrufen wollte und seine armen Glieder, namentlich sein Rücken, mit den Tatsachen der Gegenwart in schmerzliche Reibungen gerieten. Ach, ich habe seitdem erfahren, daß es eine ebenso undankbare Tollheit ist, wenn man die Zukunft allzu frühzeitig in die Gegenwart einführen will und bei solchem Ankampf gegen die schweren Interessen des Tages nur einen sehr mageren Klepper, eine sehr morsche Rüstung und einen ebenso gebrechlichen Körper besitzt! Wie über jenen, so auch über diesen Donquixotismus schüttelt der Weise sein vernünftiges Haupt.«

ANHANG

NACHWORT

Aus alledem ist, nach mehr als drei Jahrzehnten, schließlich ein Buch geworden. Es war von Anfang an geplant, ist auch, vom Ende her betrachtet, dem ursprünglichen Gedankenentwurf weitgehend treu geblieben. Das macht: es hatte von jeher mit dem zu tun, was Karl Marx, in unvergeßbarer Formel, als »die deutsche Misere« definierte. Insofern war der Entwurf eng benachbart den eigenen Erfahrungen eines Deutschen, der im Oktober 1945 sein Exil aufgab, um zurückzukehren »in die Fremde«.

Die Amerikaner sprachen damals von der reeducation. Umerziehung? Weshalb und zu »welchem Ende?«, wie Schiller vielleicht gefragt hätte.

Die sowjetische Politik bediente sich der Formel einer »demokratischen Erneuerung Deutschlands«. Wie war sie zu verstehen, diese demokratische Erneuerung, und was hatte man sich nunmehr als »Deutschland« vorzustellen?

Daß eine Zäsur gemeint sei gegenüber der deutschen Vergangenheit, nicht allein des sogenannt Dritten Reiches, hielten wir alle damals, nach 1945, für unbestreitbar. Die Ablehnung eines »deutschen Weges« war allgemein: im Ausland und auch unter den meisten Deutschen, mit denen man sprach: als mit Überlebenden. Die Aufrechnungsgesinnung hätte man unwillig abgewehrt: Meine Leiden und Deine Leiden. Das erschien in der Tat als »niedrige Gesinnung«: nach der Mordformel des deutschen Strafgesetzbuches. Auschwitz wurde noch ernstgenommen.

Ein neuerwachter Expressionismus war auch bei solchen Heimkehrern zu spüren, die nicht ahnen mochten, was damit gemeint sein könnte. Nie wieder Krieg!: nach 1918. Nie wieder Führer und Gefolgschaft, Blut und Boden, Herrenmenschen und Untermenschen, Großdeutsches Reich, Liszt-Fanfaren bei der Sondermeldung, Warnung und Entwarnung, Deutsche Meister als Wagner-Musik, artgemäß und artfremd und abartig: nach 1945. Man wußte noch, was so getönt hatte, und was darunter zu verstehen war, kannte auch noch die Formeln aus dem Wehrmachtsbericht.

Die Weltgeschichte erzwang unter den Deutschen ein *neues*

Nachdenken über Geschichte. Das Gerede vom »Irrweg einer Nation« versimpelte die komplexen historischen Zusammenhänge; eine Kollektivschuld ließ sich nicht beweisen, freilich auch nicht schlüssig widerlegen. Noch wagte man sich, im Zeichen der Entnazifizierung, nicht an das Nachdenken über deutsche Gesinnungen und Verhaltensweisen, die Siegfried Lenz, einer der Vertriebenen aus den verlorenen Ostgebieten, fünfzehn Jahre später als „Zeit der Schuldlosen« definieren sollte: voller Skepsis und Trauer.

Die deutsche Misere. Gleich nach seiner Rückkehr aus dem Exil, im Herbst 1948, und nach der ersehnten Gründung einer eigenen Theatergruppe, des »Berliner Ensembles« in Ostberlin, machte sich *Bertolt Brecht*, angeregt vermutlich, wie in so vielen früheren Fällen, durch die Mitarbeiterin Elisabeth Hauptmann, an die Bearbeitung einer Komödie aus dem deutschen Sturm und Drang: des »Hofmeister« von Jakob Michael Reinhold Lenz. Warum er sich, fast mit Notwendigkeit, diesem Autor und dieser Periode deutscher Literaturgeschichte zuwenden sollte, wird im vorliegenden Buch erörtert. Brecht erbat sich Hilfe des Literaturforschers. Aus den Debatten im Berliner Ensemble, die der Hofmeister-Premiere am Deutschen Theater Berlin (1950) vorausgingen, entsprang vermutlich der Plan des Leipziger Professors, vor dessen Studenten Brecht bereits am 26. Januar 1949 über deutsche geschichtliche Konstellationen gesprochen hatte, jenes »Große deutsche Jahrhundert« von 1750 bis 1850, also bis zum Scheitern einer deutschen Revolution von 1848/49, als *Geschichte des Überbaus einer deutschen Misere* darzustellen. In Brechts Bearbeitung des »Hofmeister« von Lenz hatte sich im Prolog, bereits nach dem Vollzug der Selbstentmannung, der Hofmeister Läuffer als Urahn des – wohl permanenten – deutschen Schulmeisters vorgestellt. Der Hofmeister schloß seinen Vorspruch mit solchen Versen:

> Wills euch verraten, was ich lehre:
> Das ABC der Teutschen Misere!

Der teutschen wohlgemerkt, nicht der deutschen. Das Nachdenken über solche Unterschiede war damals allgemein: nach zwei

Weltkriegen. Wie war das Herausfallen einer großen Kulturnation aus ihren einstigen Denk- und Verhaltensweisen möglich geworden? War alles ein Zufall oder Unfall, eine Abkehr vom Wege, aus welchen Gründen immer? Oder war das ein Weg gewesen, an dessen Beginn das Denken und Schreiben Lessings stand und Immanuel Kants, um dann beim »Mythus des 20. Jahrhunderts« und ähnlichen Erzeugnissen eines wirren Denkens und schlechten Schreibens zu landen?

Die unglückliche deutsche Historie schien manches zu erklären: von 1648 bis 1918. Dennoch war die deutsche Misere *eher ein geistiges als ein historisch-materielles Phänomen.* Eine Krise der geistigen Emanzipation. »Verschuldete Unmündigkeit«: nach der bestürzenden Formel des Königsberger Philosophen. War es möglich, diesen Prozeß zu verstehen und, mit Hilfe geschichtlicher Beispiele, verstehbar zu machen? So etwa stelle ich mir heute die Ursprünge meiner Arbeit vor. Sie hat mich, seit etwa 1949, immerfort beschäftigt, trat niemals vor anderen Projekten völlig zurück. Weit mehr als dreißig Arbeitsjahre insgesamt.

Voraussehbar war nichts davon gewesen, als ein Exilierter, der mancherlei in Deutschland studiert hatte, am wenigsten jedoch die Germanistik, was nicht mit dem Studium der Werke deutscher Literatur verwechselt werden sollte, plötzlich in Genf daranging, ein Buch über den seit der Schulzeit tief bewunderten Georg Büchner zu schreiben. Das Manuskript wurde kurz vor Kriegsbeginn fertig. Erscheinen konnte es dann erst nach Kriegsende, aber wieder auf deutschem Boden: in Wiesbaden, der neuernannten Landeshauptstadt eines neuernannten Landes, das man ursprünglich als Großhessen vorzustellen gedachte.

Fest stand jedoch für den nunmehr in der deutschen Armut und Fremde lebenden Verfasser, daß ein nächstes Buch über literarische Zusammenhänge ins eigene Zwanzigste Jahrhundert zu führen hätte: zu Thomas Mann, zu seiner Innen- und Außenwelt. Auch dieses Buch wurde fertig und erschien im Jahre 1950: zum 75. Geburtstag des Meisters. Verlagsort Ostberlin.

Im Oktober 1948 begann die Arbeit des neuberufenen Professors an der Philosophischen Fakultät der Universität Leipzig. Fünfzehn Jahre sind daraus geworden. Alle wesentlichen Werke und Gestalten der neuhochdeutschen Literaturgeschichte haben schließlich zum Arbeitspensum gehört: von Sebastian Brant bis zu den eigenen Zeitgenossen des Leipziger Professors. Übersichtsvorlesungen und Spezialseminare, Nachdenken über die frei gewählten Arbeitsthemen der Studenten, Doktoranden und Habilitanden. Der Nicht-Germanist mußte aufholen. Seines Fleißes, betonte Lessing, darf ein jeder sich rühmen.

Tastende Versuche am Anfang mit einer Goethe-Rede in Weimar zum 200. Geburtstag des »Olympiers« im Jahre 1949. Ein Traktat über »Schiller und die Nation« im Jahre 1950. Er wollte mithelfen, dem vulgärmarxistischen Gerede über »unnütze Idealisten« zu begegnen. Die Arbeit war erwartet worden, wie sich zeigte. Ich besitze auch heute noch eine schöne chinesische, auch eine polnische Ausgabe meiner Schiller-Analyse. Der erste Text jedoch, der – in wesentlich veränderter Form – Aufnahme fand im vorliegenden Band, entstand im Jahre 1954. »Lessing, Mitwelt und Nachwelt« war damals der Titel.

Akademische Arbeit verlangte in jenen Jahren eine genaue Beschäftigung mit den deutschen Stürmern und Drängern. Das war nicht »Präromantik« gewesen, wie oft zu lesen war; auch keine Revolte der Gefühle nach allzuviel Rationalismus der Lessingzeit. Es handelte sich um eine wichtige neue Phase deutscher Dialektik und Aufklärung. Neben dem *bürgerlich-höfischen* hatten die deutschen Schriftsteller auch einen *bürgerlich-plebejischen Kompromiß* zu bestehen. Es bereitete sich damals bereits vor, was der Goldschmied Hicketier in Carl Sternheims Komödie vom »Bürger Schippel« (1913) so dekretierte: »Meine Gebiete will ich abgezirkelt nach oben und nach unten«. Das war bürgerliches Credo in einer Spätzeit. Das bürgerliche Selbstempfinden war *unglückliches Bewußtsein* seit den Anfängen um die Mitte des 18. Jahrhunderts. Alle großen Schriftsteller, von Lessing bis Heine, haben es gewußt und benannt.

Eine erste Zusammenstellung von Arbeiten zum stets selben Thema erschien im Jahre 1959 unter dem Titel »Von Lessing bis Thomas Mann. Wandlungen der bürgerlichen Literatur in Deutschland« (Neske Verlag Pfullingen). Ein Ergänzungsband »Zur deutschen Klassik und Romantik« folgte vier Jahre später (1963) im selben Verlag.

Der Weggang von Leipzig bedeutete eine Zäsur. Die neue Professur in Hannover verlangte stärkere Anteilnahme an den Konstellationen des späten Neunzehnten und des eigenen Zwanzigsten Jahrhunderts. Rückkehr zum alten Geheimprojekt erfolgte um 1971: als ein kleines Buch geschrieben werden sollte mit dem wunderlichen Titel: »Goethe. Ein Versuch über den Erfolg«. Nach Erscheinen der Arbeit (1972) stand fest, daß der Versuch nicht aufgegeben werden dürfe, all diese Wandlungen und Widersprüche einer deutschen, nur wenig »besonnten« Vergangenheit in ihrem Ablauf wie ihren Folgen als dialektische Totalität zu verstehen. Als eine geistige und seelische Wunde der Deutschen, die sich nicht schließen will.

Der Plan des Buches stand fest, nachdem das Buch »Außenseiter« im Jahre 1975 erschienen war. Dies hier ist, vom Verfasser her verstanden, ein *deutsches* Gegenstück zu den »Außenseitern«. Abermals die gescheiterte bürgerliche Aufklärung. Übrigens wieder insgeheim mit einem shakespearisierenden Leitmotiv. Bei den »Außenseitern« als Geheimkommentar zum »Kaufmann von Venedig«. Diesmal als Nachdenken über Shakespeares »Sturm«: über Prospero und Caliban, Herrschaft und Knechtschaft und die Vielfalt der Ausdrucksformen eines unglücklichen Bewußtseins. Zwischen 1975 und 1979 entstanden die Kapitel über die »Endzeit des Ancien Regime« und über die »Fernen Jakobiner«. Ein Abschluß war zu ahnen.

Abermals eine Zäsur, die fünf Jahre dauern sollte: von 1979 bis 1984. Das Material wurde weggeräumt. Erinnerungsarbeit drängte sich vor. Nachdenken über das Leben eines »Deutschen auf Widerruf«.

Nun ist daraus schließlich doch ein Buch geworden. Ein großer Essay von vielen hundert Seiten, wenn man die Gattung zu bestimmen sucht. Wie die »Außenseiter«. Übrigens auch wie das geheime Vorbild dieser beiden Bücher: das Buch »Mimesis« des Romanisten Erich Auerbach.

Alle bereits früher gedruckten Kapitel sind überarbeitet worden, doch wurde die ursprüngliche Darstellungsweise stets beibehalten. Es war nicht daran gedacht, eine stilistische Harmonisierung oder auch nur Glättung anzustreben. Da keine »Literaturgeschichte« präsentiert werden sollte, mußten die Wandlungen des Bewußtseins in jeweils wechselnden Fragestellungen fixiert werden: etwa als Zusammenhang von Leben und Werk wie bei Lenz oder Bräker oder Börne. Als Interpretation eines einzelnen Textes. In Form einer Rezeptionsgeschichte, wie im Falle der Romantiker oder Jean Pauls. Wiederholungen wurden nicht eliminiert. Sie sind bisweilen als geheime Leitmotive zu verstehen. Im Schlußkapitel wird die Konfrontation Börne – Heine, wenn sie sich – mit Notwendigkeit – dem Shakespeareschen Shylock zuwendet, einmal von Börne her interpretiert, dann aber, in ganz anderen Zusammenhängen, aus der Sicht Heinrich Heines.

Die meisten bereits früher publizierten Kapitel waren damals von einem adäquaten *Anmerkungsapparat* begleitet. Als das Buch jedoch abgeschlossen vorlag, wurde beschlossen, auf alle Anmerkungen zu verzichten. Die Gattung des Essays, auch eines großangelegten Versuchs, widerstrebt solcher Zugabe. Im Falle der »Außenseiter« war der Anmerkungsapparat nicht zu umgehen: es handelte sich um historische und literarische Vorgänge der verschiedensten Sprachen und Nationen.

Die Gesamtwerke aber der Schriftsteller deutscher Sprache, auch eines Lenz oder Bräker und Börne, liegen heute in gewissenhaften Editionen vor, auf welche im Text selbst verwiesen werden konnte. Bei wichtigen Zitaten aus der Sekundärliteratur wurden die Hinweise im Text selbst integriert.

Alles Nachdenken über das unglückliche deutsche Bewußtsein im »Großen deutschen Jahrhundert« zwischen 1750 und 1850 ist *heutiges Bewußtsein*. Deutsches = außerdeutsches Selbstempfinden nach zwei Weltkriegen.

Tübingen, 1. Juni 1986 Hans Mayer

HINWEISE

Grundpositionen: Außenwelt und Innenwelt. – Es handelt sich um die wesentlich veränderte und erweiterte Fassung eines Textes, der bereits als Eingangskapitel des erwähnten Buches »Von Lessing bis Thomas Mann. Wandlungen der bürgerlichen Literatur in Deutschland« (1959) zu dienen hatte.

Lessing, der Mittler. – Auch dieser Text greift zurück auf das Kapitel »Lessing, Mitwelt und Nachwelt« in jenem Band aus dem Jahre 1959. Ausgangspunkt war eine Rede zum Lessing-Jubiläum, die 1954 bei einer Lessing-Feier der Stadt und Universität Leipzig gehalten wurde. Der zweite Teil des vorliegenden Textes greift zurück auf Gedanken über »Lessings poetische Praxis«, die auf einer Lessing-Tagung der Joachim-Jungius-Gesellschaft im Jahre 1969 entwickelt wurden.

Wielands »Oberon«. – Erstdruck in: Hans Mayer, Zur deutschen Klassik und Romantik, 1963, S. 30ff.

Lenz oder die Alternative. – Erstdruck in: Jakob Michael Reinhold Lenz, Werke und Schriften II, Stuttgart 1967, S. 795ff.

Aufklärer und Plebejer: Ulrich Bräker, Der arme Mann im Tockenburg. – Erstdruck in: »Von Lessing bis Thomas Mann«, a. a. O., S. 110ff.

Endzeit des Ancien Regime. – Die beiden Kapitel (»Der literarische Ausklang« und »Mythos und Aufklärung«) sind bisher ungedruckt. Einzelne kleinere Abschnitte wurden aus gegebenem Anlaß beigesteuert für Festschriften zu Ehren von Hans Chemin-Petit und Pierre Bertaux.

Schillers Ästhetik und die Revolution. – Erstdruck in: Schillers Werke, IV. Band, Insel Verlag Frankfurt am Main 1966, S. 809ff.

Goethes »Märchen« als Parabel der Revolution. – Erstdruck in: »Von Lessing bis Thomas Mann«, a. a. O., S. 356ff. unter dem Titel »Vergebliche Renaissance: Das ›Märchen‹ bei Goethe und Gerhart Hauptmann«.

Heinrich von Kleist: Der geschichtliche Augenblick. – Erstdruck als selbständige Veröffentlichung unter dem selben Titel im Neske Verlag, Pfullingen 1962.

Jean Pauls Nachruhm. – Erstdruck im Sonderheft der »Etudes

Germaniques«, das im März 1963 in Paris zum 200. Geburtstag von Jean Paul herausgegeben wurde.

Die Wirklichkeit E. T. A. Hoffmanns. – Erstdruck als Einführung zu einer sechsbändigen Ausgabe von E. T. A. Hoffmanns »Poetischen Werken«, Aufbau Verlag, Berlin 1958.

Grabbe und die tiefere Bedeutung. – Vortrag, gehalten am 11. Dezember 1976 in Detmold zum 175. Geburtstag von Christian Dietrich Grabbe.

Prinz Leonce und Doktor Faust. – Erstdruck in: »Zur deutschen Klassik und Romantik«, a. a. O., S. 306ff.

Karl Immermanns »Epigonen«. – Erstdruck in: »Von Lessing bis Thomas Mann«, a. a. O., S. 247ff.

Heinrich Heine und die deutsche Ideologie. – Erstdruck in Heinrich Heine, Beiträge zur deutschen Ideologie. Ullstein Verlag, Berlin 1971, s. VIIff.

PERSONENREGISTER

Von Hans Mayer erschienen im Suhrkamp Verlag

Außenseiter. 1975
auch: *suhrkamp taschenbuch 736*
Nach Jahr und Tag. Reden. 1945-1977. 1978
Thomas Mann. 1980
auch: *suhrkamp taschenbuch 1047*
Ein Deutscher auf Widerruf. Erinnerungen I. 1982
Ein Deutscher auf Widerruf. Erinnerungen II. 1984
Aufklärung heute. Reden und Vorträge 1978-1984. 1985
Das unglückliche Bewußtsein. Zur deutschen Literaturgeschichte von Lessing bis Heine. 1986

Brecht in der Geschichte. Drei Versuche. 1971
Bibliothek Suhrkamp 284
Goethe. Ein Versuch über den Erfolg. 1973
Bibliothek Suhrkamp 367
Doktor Faust und Don Juan. 1979
Bibliothek Suhrkamp 599
Ein Denkmal für Johannes Brahms. Versuche über Musik und Literatur. 1983
Bibliothek Suhrkamp 812

Anmerkungen zu Brecht. 1965
edition suhrkamp 143
Anmerkungen zu Richard Wagner. 1966
edition suhrkamp 189
Das Geschehen und das Schweigen. Aspekte der Literatur. 1969
edition suhrkamp 342
Der Repräsentant und der Märtyrer. 1971
edition suhrkamp 463
Versuche über die Oper. 1981
edition suhrkamp 1050

Georg Büchner und seine Zeit. 1972
suhrkamp taschenbuch 58
Richard Wagner in Bayreuth. 1876-1978. 1978
suhrkamp taschenbuch 480

Über Hans Mayer. Herausgegeben von Inge Jens. 1977
edition suhrkamp 887

Materialien zu Hans Mayer »Außenseiter«. Herausgegeben von Gert Ueding. 1978
suhrkamp taschenbuch 448

Hans Mayer zu ehren. 1978

S. 12 Das unglückliche Bewußtsein (ein Begriff von Georg. Friedr., Wilh. Hegel) – S. 11. – || S. 22 Schiller: Xenien

S. 80 Die drei herkömlichen Strukturen einer logischen Ordnung

S. 83 „Der Raisonneur"

S. 90 Thomas Mann: „ . . . . . . auf den Weg der Parodie . . .
Vgl. dazu S. 91 Wielands „Oberon"

S. 111 Lenz „Hofmeisterkomödie"

S. 112 Goethe und Lenz („der Hofmeister")